KB252806

능묘와 풍수 文化

능묘와 풍수 文化

초판 1쇄 인쇄일 | 2008년 5월 13일
초판 1쇄 발행일 | 2008년 5월 16일
초판 2쇄 인쇄일 | 2012년 2월 20일
초판 2쇄 발행일 | 2012년 2월 22일

지은이 | 구중회
펴낸이 | 정구형
출판이사 | 김성달
편집이사 | 박지연
책임편집 | 정유진
본문편집 | 이하나
디자인 | 정문희 김현경
마케팅 | 정찬용
영업관리 | 김정훈 권준기 정용현
인쇄처 | 월드문화사
펴낸곳 | 국학자료원
등록일 2006 11 02 제2007-12호
서울시 강동구 성내동 447-11 현영빌딩 2층
Tel 442-4623 Fax 442-4625
www.kookhak.co.kr
kookhak2001@hanmail.net

ISBN | 978-89-6137-363-0*93380
가격 | 35,000원

능묘와 풍수 文化

구중회 지음

국학자료원

|머리말|

'도대체 풍수가 무엇입니까?'

이런 화두가 이 책을 짓도록 했습니다. '명당'이 있긴 있는 것입니까? 이것도 동의어 반복입니다. 결론은 '있다' 입니다. 그래서 '잘 모르겠다' 입니다.

시중에 가면, 풍수 책이 결코 적지 않습니다. 이들 내용을 보면, 대부분이 중국 사람이 지은 책입니다. 그러면 한국 사람이 지은 풍수 책이 없다는 말인가요? '잘 모르겠다' 입니다. 어떤 학자는 '자생풍수'가 있다고도 합니다. 결과는 '잘 모르겠다' 입니다.

풍수 책이란 '병원에서 의사가 진찰하고 내려주는 처방전'입니다. 의사는 오래 동안 전문 교육도 받았고 임상적 경험도 한 사람입니다. 이런 사람이 내린 최선의 처방전이라는 것입니다. 그러니 맞는다느니, 틀린다느니 할 수가 없습니다. 그 의사가 마음에 들지 않는다면, 그 병원에 가지 않으면, 그만일 것입니다.

처방전이란 병에 대하여 내린 의사의 결론입니다. 풍수 전문가의 '명당전'은 풍수에 따라 다를 수 있습니다. 그러나 의사는 병이 없는 사람에게 처방전을 내리지는 않는 법입니다. 풍수에 있어서 병은 '길흉'에 사로잡히는 것입니다. '죽고 살고 하는 것은 하늘에 달렸다'고 생각하며 살면, 마음이 편해집니다. 그런데 '내[사람]가 살고 싶은 대로 살고자 한다'면, 그것이 바로 스트레스가 됩니다. '길하고 흉함은 하늘에 달렸다'고 하면서, 최선[공덕]을 다하여 살아간다면 마음이 편할 것입니다.

어느 의사가 병이 낫지 말라고 처방전에 따라 내리겠습니까? 그러나, 병원에서 치료도 받고 처방전 약을 먹어도, 어디 그렇게 병이 쉽게 낫던가요? 그러면 세상살이가 무슨 걱정이겠습니까? 어느 풍수가 흉하라고 '명당전'을 내리겠습니까? 그러나, 어디 쉽게 길해지던가요?

이것이 '풍수문화'입니다.

'능묘가 무엇입니까?'

우리나라는 국토가 좁습니다. 거기를 무덤으로 채워버린다면, 어떻게 되겠습니까? '능묘'는 옛날에 귀천의 상징이었습니다. 일반인은 '봉분이 없는 묘'를 쓰도록 제도화되었습니다. 그리고 이 제도는 비교적 잘 지켜졌습니다. 그런데 '양반'이 많이 생산되면서 이 제도는 허명무실해지고 말았습니다. 그런데 요사이 봉분이 없는 묘[보기 수목장]를 주장하고 실천하는 사람도 있습니다.

오늘 날 우리 가족 제도에는 '할아버지, 할머니가 없어졌습니다.' 그래서 성도 아버지와 어머니 성씨를 각각 하나씩 따서 성씨로 사용하는 사람도 있습니다. 할아버지와 할머니가 없어졌으니, 당연한 일인지도 모르겠습니다. 그러면, 다음 세대에는 어떻게 할까요? 아버지와 어머니의 성씨가 각각 두 자 내지는 세자이니까 네 글자 혹은 대여섯 글자의 성씨가 되겠지요. 그 다음 세대에는 8~10자의 성씨가 되겠지요. '잘 모르겠습니다.'

문화라는 것은 개인·가족·사회·국가라는 틀의 계승이고 전통입니다. 능묘 문화도 이 가운데 하나입니다. 할아버지, 할머니는 물론이고 시조 할아버지 할머니까지 넣어서 생각하는 문화입니다.

먼 할아버지와 할머니는 국무총리도 있었고, 퍼스트 레디도 있었고, 과학자·발명가·예술가·큰 부자·자선사업가 할아버지 할머니도 있었습니다. 그 DNA를 우리 자손들은 모두 가지고 삽니다[반대로 좋지 못한 요소의 DNA도 물론 있을 것입니다].

이러한 DNA는 우리의 꿈이자 희망입니다. 새로운 '대안代案'입니다. 능묘문화는 이러한 상징입니다. 우리들은 항상 국무총리·퍼스트 레디·과학자·발명가·예술가·큰 부자·자선 사업가 따위의 DNA가 온 몸에 퍼져 있다는 것입니다. 이러한 커다란 문화적 체계를 설명하려면, '아버지와 어머니'만으로 감당하기엔 힘에 부칠 것입니다.

이것이 능묘문화입니다.

이 책은 '연구'로 방향을 잡았습니다. 하도 '명당전'이 많으니까, 스스로 그 진위를 알도록 하려는 것입니다. 지금까지 많은 풍수문화의 문헌 정보는 우리나라 역사의 기록이 아니라 오히려 중국의 그것에 가까웠기 때문입니다. 제도권에 진입시켜 공유하는 지식이 되도록 체계와 논리를 갖추고자 했습니다. '판단'이 아니라 '판단의 근거'를 제공하려는 것입니다. 풍수문화를 음지에서 양지로 드러내놓고 논의하기 위한 준비를 갖추려는 것입니다.

고개만 들면, 능묘가 보입니다. 그 실체와 의미가 무엇인지 알고 싶었습니다. 일차적으로는 제가 알고 싶어서 쓴 책입니다. 망주석은 조선 세종 이전의 이름이 '전죽석錢竹石'이었고, 왕릉에는 왕실의 '비표'라고 할 '세호細虎'나 '나어두羅魚頭'가 있고, 왕릉에 놓인 상은 '상석'이 아니라 '혼유석魂遊石'인 것도 흥미로웠습니다. 세조가 혁명을 일으키면서 현릉顯陵[문종의 왕릉]에 세울 신도비 만드는 책임자를 현장에서 죽이므로 그 제도가 없어졌다가 '표석'으로 숙종 때 생긴 것도 알았습니다. 명성황후의 능에는 황후가 평소 좋아했던 ≪주역≫도 같이 묻었고, 정조가 아버지 사도세자의 묘 때문에 화병이 생겼다는 것도, 송시열이 능묘비로 '정치'를 했다는 것도 알게 되었습니다. 국장國葬이 생기면 임시기관인 도감들이 생기고 '의궤'가 간행되며, '시호諡號'는 빈전에 올려지고, '능호陵號'와 '묘호廟號'['태조', '세종' 따위]가 국장도감에서 결정된다는 것도 알게 되었습니다. 발인이나 하관의 시각이 한밤중에 이루어지는 일도 알게 되었습니다.

모든 사대부의 묘는 왕릉을 원형으로 해서 조영됩니다. 그 직위와 형편에 따라 석물이 하나씩 모자란다는 것도 알게 되었습니다. 서울에서

부터 능陵→원園→묘墓로 사방으로 퍼져 나간다는 것도, 집안마다 석물 배치가 조금씩 차이가 나는 것도, 능묘는 의외로 주체성이 강하다는 것도, 한 무덤은 한 시대의 소산이 아니라 적층적인 문화가 쌓인다는 것도 알았습니다. 예컨대, 논산의 광산김씨인 김국광 묘에는 '시호'의 역사가 숨어 있습니다. 적어도 조선 시기의 신도비를 세우는 것은 예장禮葬을 지냈다는 증거입니다. 예장에는 국가에서 경비를 지불하는 영광의 소산입니다. 추증으로 신도비를 세울 때는 조상을 현창하기 위하여 집안이 모두 나섭니다. 임진왜란으로 명군의 지원군이 왔을 때 그 속에 몇 명의 풍수전문가가 있어서 군사 전략상 업무를 수행했습니다. 풍수는 일종의 군사軍事문화이기도 했던 것입니다. 능묘는 민원을 처리하는 장소로 활용되기도 했고, 이런 의미에서 묘가 매를 맞은 일도 있었습니다.

능묘문화는 우리나라 '역사의 축소판'입니다.

저는 국립대학 교수입니다. 국가에서 주는 녹봉을 먹고 있다는 뜻입니다. 가끔씩 국가에서 주는 녹봉만큼 '교수 노릇'을 하고 있는지, 반성을 합니다. 이 분야의 연구란 '돈'도 아니 되고 '관심'도 없는 줄 잘 압니다. 국립대학 교수니까 이런 분야나 해야 한다고 하면서 합니다['연구비'란 아무나 받는 것이 아닙니다]. 남들이 돌보지 않고 경제성이 적은 영역을 힘이 미칠 때까지 최선을 다하겠습니다.

이 책은 욕심을 내서 많은 과제를 한꺼번에 다루었기 때문에 미진한 점도 있을 것입니다. 그러나 과제로 남겨서 문제를 제기하고 싶은 것도 사실입니다. 많은 질정과 비판 달게 받겠습니다.

이 책자의 집필은 2여년이 걸렸습니다. '검색'이란 온라인 문화가 없었다면 불가능한 일이었습니다. 특히 공주대학교 도서관 여러분들에게 미안하다는 말씀을 드리고 싶습니다. 경제성도 없는 책을 내주신 정찬용 사장님께도 고마움을 표합니다. 교정을 보아준 김청완, 최현석과 그림을 그려준 양형민, 모두 고마운 사람들뿐입니다. 감사합니다.

2008년 5월 계룡산을 바라보며
구 중 회 적습니다.

|차례|

|제9장| 왕조별 왕릉 문화_475

|그림 목차|

제1장 서론

이 책은 '능묘' 즉 '왕릉과 민간 묘란 무덤'과 '풍수' 즉 '능묘에 얽힌 길흉화복'을 연구하기 위한 것이다. 연구하고자 하는 대상의 영역이 두 가지인 셈이다.

그러면 '능묘'의 개념부터 정의해 둘 필요가 있다.

'무덤'의 국어사전 지식은 '시체나 유골을 땅에 묻고 일정한 표시를 한 곳. 흔히 겉에 흙을 두두룩하게 쌓아 올려 떼를 입힌다.'[부록 한글용어 일람표 참조]이다. '흙을 두두룩하게 쌓아 올린 것'을 한자로는 '분墳' 또는 '봉분封墳'이라고 한다.

무덤은 '능묘'의 일반적인 개념이다. 그러나 우리나라의 역사에서의 무덤은 곧 능묘가 된다. 봉분과 함께 석물石物과 사성沙城 따위의 의물儀物을 배치 혹은 조영함으로써 능묘문화가 생긴 것이다. 그러므로 능묘은 1) 땅속의 시체나 유골, 2) 분 또는 봉분, 3) 석물, 사성을 비롯한 의물 따위로 구성된 것이라 할 수 있다.

능묘의 가장 큰 특징의 하나가 '분' 혹은 '봉분'이다.

원래 '묘墓'란 '분' 혹은 '봉분'이 없는 형태였다. 분 혹은 봉분을 처음 만든 사람이 공자孔子였다는 설이[1] 일반적인 통설이다.

'분墳'에 대한 기록은[2] ≪고려사≫'지志'에 보이기 시작한다. 경종[재위 976~981] 1년에 문무 양반의 묘지에 정할 때 분의 높이에 대하여 제도화한 것이다.

경종景宗 원년元年 2월에 문무文武 양반兩班의 묘지墓地를 정하여 1품은 방方 90보步로 하고 2품은 80보步로 하되 분墳의 높이는 모두 1장丈 6자尺이다. 3품은 70보에 높이는 1장이고 4품은 60보로 하고 5품은 50보로 하며 6품 이하는 모두 30보에 높이는 8척八尺을 넘지 못하게 하였다.[3]

분의 높이를 1~2품은 1장6자로, 3품은 1장으로, 4~6품은 8자로 제한다는 것이다. 여기서 도량 단위가 정확한 것은 알기가 어렵다. 다만 일반적으로 보는 6자를, 1장은 10자로 3.03m를, 1자는 32.21cm를 말한다. 이를 바탕으로 분을 추산하면, 1~2품은 493.26cm, 3품은 303cm, 4~6품은 257.68cm가 되는 셈이다.

주자의 ≪가례≫에는 비의 높이(4자), 형태(규수圭首), 비문('모관모공지묘某官某公之墓'), 부좌趺坐의 높이(임의), 3단의 호석, 망주석, [문·무]인석, 양석, 호석 따위가 제도적으로 완비된 것이다.

사대부 묘제가 완비되었다고 보는 것은 이후 내내 그대로 적용되고 있기 때문이다. 이런 사실은 김장생金長生(1548~1631)의 ≪가례집람家

1) 공자가 이미 부모를 방防에 합장하고 나서 말하기를 '나는 들으니, 옛날에는 무덤은 만들어도, 봉분은 만들지 않았다고 한다. 이제 구丘[공자]는 동서남북을 떠돌아다니는 사람이니 표지標識를 만들지 않을 수 없다.' 했다. 이리하여 봉분을 만들었는데 높이가 넉 자였다. ≪예기禮記≫ <단궁檀弓> 제3:48

2) ≪고려사≫에는 '분묘墳墓'가 적지 않게 등장하는 데 '분'이 '묘'와 결합한 것은 자연스러운 현상이라 생각된다.

3) 위의 책 '지' 형법 금령조

禮輯覽≫에서 확인된다.

≪광기廣記≫에 의하면, 봉왕封王은 100보 2장, 1품은 90보 1장8자, 2품은 80보 1장6자, 3품은 70보 1장4자, 4품은 60보 1장2자, 5품은 50보 1장, 6품은 40보 8자, 7품은 30보 8자이고 서인庶人은 9보이고 분 대신 천심穿心 18보步[4]이다. ≪구의丘儀≫도 ≪광기≫와 같으나 다만 '7품 이하는 6자'를 초과하지 못한다고 하여 약간의 차이가 있을 뿐이다.

영정조의 학자인 유장원柳長源의 ≪상변통고常變通攷≫에서 '천자의 분이 1자, 제후가 8자, 그 다음 등차로 2자씩 내려간다'는 생각도 이를 계승하고 있는 셈이다. 이로 보면, '분'이란 '반상班常'의 상징인 셈이다.

원래 서인들의 무덤은 봉분을 하지 못하도록 했으나 실제는 그렇게 되지 않았다는 사실이다.[5] ≪대전회통≫에 이를 증명할 사실이 발견된다.

> 석물과 망주는 쓸 수 없다. 표석表石은 2자를 초과하지 말라.[6]

연전에 중국조선족 자치주인 연길에는 한식에 묘의 봉분을 쌓아올리는 풍속이 있었다. 함경도와 평안도 일대의 유습이라고 했다. 연길에서의 봉분 높이기 풍속은 허물어진 부분을 보강한다는 실질적인 의미가 있다. 그러나 원칙적으로 능묘의 보수는 '금기' 사항이다. 그래서 한식이라는 제한이 따르게 된다. 하여튼 능묘의 봉분을 높게 하려는 관습은 조

---

4) 여기서 '보步'는 거리나 면적을 재는 단위로 보통 6자이다.

5) 중종실록 24년 11월14일조에는 시강관 김희열金希說이 사대부와 서인의 장례에 대해 건의가 실려 있다. "서인庶人은 그냥 하관下棺하고 봉封하지도 않고 심지도 않는다.'고 했습니다. 대개 관혼상제冠婚喪祭에는 존비尊卑와 귀천貴賤에 따라 높이거나 깎아내리는 등급이 있습니다. 여기에서 봉封이라는 것은 구롱丘壟이라는 것이고, 심는다는 것은 나무 심는 것을 말합니다. 천자는 소나무를, 제후는 잣나무를, 대부는 밤나무를, 사士는 느티나무를 심고, 서인은 나무를 심지 못하는 등 장사지내는 등급이 이같이 엄격합니다. 우리 나라는 다른 일은 모르지만, 유독 장사지내는 일만은 서인·천례賤隷·장사치들도 재력만 있으면 그 표석標石 등이 사대부의 분묘와 다를 것이 없습니다. 고례古禮로 본다면 지극히 참람하니, 금단을 거듭 밝히는 것이 어떻겠습니까?"

6) ≪교주 대전회통≫ 형전 금제禁制 조(693쪽)

선시기부터였다. 선대의 무덤이 '직위가 있는 집안'이라 표시하기 때문에 봉분을 점점 높여나갔던 것이다. 이러한 산물이 오늘 날처럼 능묘의 높이가 비슷해진 결과를 가져온 것이다.

능묘문화는 다른 시대와 지역이 겹치면서 성립된 적층적 산물이다. 오늘 날 개념의 능묘는 유교문화가 본격적으로 적용되면서 형성된 것이다.

> 율사가 세상을 떠날 때는 절 동쪽 큰 바위 위에 올라가서 떠나니, 제자들이 그 시체를 옮기지 않고 그대로 공양하다가 해골이 흩어져 떨어질 즈음에 이르러서 이에 흙으로 덮어 묻고 무덤幽宮으로 삼았다. 그 무덤에 푸른 소나무가 곧 났는데, 세월이 오래되자 말라죽고 다시 한 나무가 났으며, 후에 또 한 나무가 났으니 그 뿌리는 하나였다.[7]

이상은 ≪삼국유사≫에서 뽑아낸 곳이다. 여기서 무덤은 '유궁幽宮'으로 표현되었다. '以土覆藏 乃爲幽宮' 즉 '흙으로 덮어 묻고 무덤으로 삼았다'는 것은 일반적인 형태의 무덤이 아니다. 무덤 위에 [소]나무가 자랐기 때문이다.

뒤에 속인의 아이로 사태死胎한 적이 있었다. 세간에 돌아다니는 말에 이르기를 복 있는 사람의 무덤墓에 아이를 묻으면, 후손이 절대로 끊어지지 않는다 하였다. 그래서 몰래 원광圓光의 무덤墳 옆에 묻었다. 바로 그 날에 사태가 시체胎尸를 벼락이 쳐서 무덤塋 밖으로 던져 버렸다.[8]

인용문에서 보듯 '묘墓', '분墳', '영塋' 따위는 무덤의 포괄적인 범주 안에 드는 것이다. 이들 이외에도 ≪삼국유사≫에는 능陵, 총塚, 용壟 따위로 표현된다. ≪삼국사기≫에는 '묘廟'가 나타나기도 한다.

---

7) ≪삼국유사≫ 의해義解 관동풍악 발연수 석기關東楓岳鉢淵藪石記 조

8) 오성사 영인(1983), 만송문고본 ≪삼국유사≫ 318~319쪽

[미추왕味鄒王] 능陵은 흥륜사興輪寺 동편에 있었다…… 제37대 혜공왕惠恭王 때 대력大曆 14년[779] 4월에 갑자기 회오리 바람이 유신庾信 공의 무덤塚에서 일어났다.[9]

이 인용문에 의하면 무덤은 왕의 '능'과 사대부의 '총'으로 구별된다.[10]

≪삼국유사≫에서 '능'으로 표현된 왕은 경덕왕릉[23쪽[11]], 내물마립간릉[12], 문무왕릉[20], 미추릉, 미추왕릉, 죽현릉竹現陵[65], 성덕왕릉[23], 원성왕릉[25], 원성대왕릉[132], 헌강왕릉[25], 효소왕릉[22], 흥덕왕릉[25], 흥호[무]대왕릉[87], 사릉蛇陵[박혁거세릉, 56], 산릉山陵[신문왕릉, 381], 수로릉[193], 5릉五陵[56, 66] 따위에서 보듯이 왕의 무덤이 '능'으로 표현되고 있다. '총'의 사례는 석총石塚[60], 유신공총庾信公塚[65], 총塚[243, 285, 336, 359] 따위가 있어서 대비가 된다.

이러한 구별은 일연一然이 무덤을 '능'과 '총'으로 인식했다는 의미일 것이다. 일연의 이러한 '능'과 '총'의 구별과 비교하여 김부식金富軾(1075~1151)의 ≪삼국사기≫에는 '묘墓'로 사용하고 있다. 고구려 본기 5권 동천왕東川王[재위 227~247] 조, 봉상왕烽上王[재위 292~299] 조, 백제 본기 6권 의자왕義慈王[재위 641~660] 조에도 '묘墓'로 표기하고, 일반인인 사람들 보기를 들면 열전列傳의 김유신金庾信[595~673] 조, 김후직金后稷[지능증왕 증손] 조, 명임답부明臨答夫 조에도 같이 '묘墓'로 표기되어 있기 때문이다.

그러나 고구려 본기 2권 민중왕閔中王[재위 44~47] 조條의 '능묘陵墓'로, 신라 본기 7권 문무왕[재위 661~681] 조에는 '분墳'과 '[서]릉[西]陵'으로 표현된다. 고구려 본기 4권 고국천왕故國川王[재위 179~196]

9) 오성사 영인(1983), 만송문고본 ≪삼국유사≫ 65쪽

10) 여기서 짚고 넘어가야 할 것은, 인용된 글 바로 뒷편에 '김공릉金公陵'이라는 표현이 나오는데 이는 김유신이 '왕'으로 숭앙되었다는 점이다.

11) 여기서 숫자는 만송문고본 ≪삼국유사≫의 쪽수이다.

조에는 '묘廟'로 표현한 것은 능과의 구별도 인식하고 있었던 듯하다. 특히 신라 본기 10권 헌덕왕憲德王[재위 809~825] 조에서 김헌창金憲昌[?~822]을 묻어둔 '[고]총[古]塚'이란 표현에서 이를 짐작할 수 있다.

이상이 무덤의 포괄적인 개념의 역사적 기록인 셈이다. 이 가운데에서 '묘廟'와 능의 관계를 좀더 설명할 필요가 있다.

임금[수로왕]이 외로운 벼개를 비겨 비탄함을 이기지 못하더니 이오세二五歲[10년]를 지내어 헌제獻帝 입안立安[12] 4년[199] 기묘 3월23일에 세상을 버리니 수壽가 158세였다. 국인國人이 하늘이 없어진 듯이 여겨 서러워하기를 후后가 돌아갈 때보다 더하여 이에 대궐의 간방艮方 평지平地에 높이가 1장丈이요 주위周圍가 300보步나 되는 빈궁殯宮을 지어 장사지내고 수릉왕묘首陵王廟라 하였다. 그 아들 거등왕居登王으로부터 9대손 구형仇衡까지 이 묘廟에 배향配享하고 해마다 정월正月 초사흘 초일해와 5월五月 초닷새와 8월八月 초닷새 보름으로 풍결豊潔한 제전祭奠이 끊어지지 않았었다.[13]

수로왕[재위 42~199]이 죽자 빈궁殯宮을 지어 장사지내고 '수로왕묘首露王廟'로 모셨다는 내용이다. 빈궁은 대궐의 간방艮方 즉 동남간 평지에 지었는데 높이가 1장 즉 10자 약 2m이고,[14] 주위가 300보 즉 약 34.1m였다.[15] 여기서 주목해야 할 것은 묘廟가 조선 왕릉과 같이 종묘와 왕릉이 분리된 상태가 아니라 결합된 모습이라는 사실이다. 이러한 형태는 중국 왕릉에서 흔히 보던 고식古式이었다.

---

12) 연호의 기록에 의하면, '입안立安' 대신 '건안建安'으로 되어 있다.

13) 사서연역회史書衍譯會 옮김(1946) ≪삼국유사≫ 164쪽

14) 여기서 1장이 주척周尺이라면 8자이다. 주척 1척은 황종척으로 6치6리로 약 20cm이다.

15) 당척唐尺을 썼다면 1보가 6자이니 1,800자이다.

황貺[연왕燕王]이 그 말을[16] 좇아 미천왕묘美川王廟를[17] 발굴하여 그 시체를 싣고 …… 그 궁실을 불 지르고 환도성丸都城을 헐어버리고 돌아갔다.[18]

이 인용문에서 보듯이 미천왕[재위 300~331]의 묘廟도 능과 결합된 형태라고 여겨진다. 왕의 무덤을 중심으로 삼국시대의 능묘문화가 형성되었다고 정리할 수 있다.

고려 시대에 오면, 왕릉문화가 본격적으로 도입된다. ≪고려사≫에는 '원릉園陵', '능침陵寢', '침위寢圍' 따위가 등장하기 시작한다.

'원릉園陵'에 대한 것은 태조[재위 918~943]가 943년 5월에 유명遺命을 남겼다는 기록에 등장한다.

내외內外의 모든 관료는 다 태자의 처분을 따를 것이며 상장喪葬 원릉園陵의 제도는 한漢, 위魏의 두 문제文帝의 고사故事에 의거하여 다 검약을 좇도록 하라.[19]

인용문은 태조가 왕위에 오른 지 26년 천수의 나이 67세에 세상을 마치며 남긴 유명이다. 태조가 한 나라와 위魏 나라 두 문제文帝의 고사는 말 그대로 봉분을 드러내지 않고 정원과 같은 구릉丘陵을 만들라는 뜻이다. 도굴을 두려워했기 때문에 생긴 일이다.

'원릉'이란 용어가 10세기에 나타났다면, '능침陵寢'과 '침위寢圍'이란 용언는 11세기 이후 등장하고 있다.

'능침'은 ≪고려사≫ 세가世家에 5건, 지志에 2건, 열전列傳 1건 따위

16) 연왕 황은 '미천왕릉 파서 시신을 싣고 그 생모(주씨 즉 고국원왕의 어머니)을 사로 잡아 갔다가 고구려 왕 즉 고국원왕이 항복할 것을 기다려 도로 내주자'는 계책을 따랐다.

17) 번역자 이병도李丙燾는 구본舊本의 '묘廟'는 '묘墓'의 잘못이라고 했다. 그러나 이런 지적은 당시 묘제를 잘못 이해한 데서 온 결과로 잘못된 것이 옳은 것이다.

18) 이병도 옮김(1986 5판) ≪삼국사기≫ (상), 321쪽

19) ≪고려사≫ 세가 02 태조 26년[943] 계묘癸卯 5월

로 총 8건이 보인다.

세가의 덕종[재위 1031~1034] 즉위년 11월에 의하면. 임인壬寅[상장 관련 날짜]에 동여진 장군東女眞將軍 모이라毛伊羅가 와서 말[馬]을 바치고 능침을 배알하고 싶은 뜻을 전했다.

> 저의 나라[蕃地]가 궁벽하고 멀어서 장례식에 참석하지 못하였습니다. 원컨대 능침陵寢을 배알拜謁케 하여 주소서.[20]
>
> 라고 하니, 이를 허락하였다.

모이라 동여진장군이 현종[재위 992~1031]의 장례사절을 겸하여 왔던 것이라 생각할 수 있다. 세가의 예종 16년[1121], 명종 11년[1181], 충선왕 11년[1310], 충숙왕 15년[1328], 지志의 오행 금金 한재旱災, 열전의 간신 임견미林堅味 따위의 항목이 그것이다.

'침원'은 세가 32 충선왕 2년[1310] 정월조에 보인다. 침원寢園에서 제사가 있었다. 유사有司가 희생물을 죽이지 않고자 했다. 그런데 사헌 규정司憲糾正 복기卜祺가 불가하다고 했다.

> '대저 제사는 기氣를 숭상하는 것이므로 먼저 희생犧牲을 뜰에서 죽이는 것은 신神을 내리게 하는 것이니 만약 산 생牲으로써 제물祭物을 하면 어찌 예에 합당하리오.'

그래서 희생을 잡아서 제사를 지냈다. 이달에 왕이 세자世子에게 전위傳位하고자 비밀히 양학사楊學士에게 표表를 짓게 하였다. 그러나 종신從臣의 저지하여 중지하고 말았다.

세가 35 충숙왕 15년[1328] 8월조에는 '도둑이 침위寢闈의 제기祭器를 절취竊取하여 갔다.'는 기록이 보이기도 한다.

---

20) ≪고려사≫ 세가 05 덕종 즉위년[1031] 11월

능묘의 봉분은 자연스럽게 호석護石 따위의 장치를 만들어낸다. 분내지는 봉분을 보호해야 하기 때문이다. 그 뿐만 아니라 능묘문화는 권력의 상징이자 통치의 도구이기도 했다.

이런 생각은 '상설象設' 즉 '능원묘陵園墓'에 설치되는 석물이나 정자각丁字閣 또는 재실齋室 따위의 문화를 만들어냈다. 신라의 능에는 상설 제도가 있었다고 생각된다. 그러나 이러한 자료가 없어서 밝히기가 어렵고 고려에 와서야 능묘문화가 어느 정도 윤곽을 알 수 있다. 공민왕의 능인 현릉玄陵에 오면 왕릉의 제도가 완비되었다고 할 수 있다. 왕릉의 상단부인 곡장, 봉분과 난간석과 병풍석 즉 호석, 혼유석 즉 상석과 문무인석 그리고 하단부인 정자각과 비각, 수라간, 참도와 홍살문 따위의 구조가 그것이다. 이러한 무덤에 대한 제도는 능원묘의 체제로 전개된다.

지금까지 능묘문화의 개념을 역사적 변천 과정을 통하여 알아본 셈이다. 그러면 풍수문화란 무엇인가를 살펴볼 차례이다.

원래 풍수문화란 '복지卜地'나 '택조宅兆'라는 용어에서 나타난 것처럼 땅을 점치는 것이었다. 앞으로 무덤 자리에 물이 나오는 따위의 잘못되는 일이 생긴다면 낭패이기 때문이다. 득수得水·수구水口·수파水破 따위와 같은 개념이 중요한 것은 이러한 땅을 점치는 유습으로 보아야 한다.[21] 말하자면 풍수문화란 음양학의 일종이었다. ≪주역周易≫에 의하면, 양[+]은 남는 것이고 음[-]은 부족한 것이다. 부족한 것을 보충하려는 학이 풍수학이자 문화이다. 이러한 풍수학 내지 풍수문화는 후대로 내려오면서 길흉론과 명당론으로 다시 발복론으로 변모된 것이다.

---

21) '용혈사수龍穴砂水'에서 보듯이 물은 풍수문화의 가장 핵심적인 요소이다. 이렇게 중요한 자리를 점하게 된 것은 '복지'의 하나가 '생수여하生水如何'를 점쳤다는 데서 출발한 것이라 생각된다.

오늘 날에는 보통 풍수문화는 그 현장 술법 내지는 방법론으로 형국론形局論 내지 형세론形勢論으로 전개하기 마련이다. 산山·수水·방위方位·사람 따위를 조합이며, 간룡법看龍法·장풍법藏風法·득수법得水法·정혈법定穴法·좌향론坐向論·형국론形局論·소주길흉론所主吉凶論 따위의 형식논리를 갖는다[최창조]는 것이다. 이런 술법 내지 방법론이 일본인이 조선의 풍수 전문가의 도움을 받아 체계화한 ≪조선의 풍수≫에 근거한 것이었다.

그러나 이러한 풍수문화의 전개 방법이 조선시대와 그 이전에도 그랬을까 의문이 든다. 풍수문화를 '술객'이 아닌 '학자'로 파악하고 인식하려는 사람에게 당연한 궁금증일 것이다. 그러나 이러한 가설은 여러 역대의 기록을 보면서 증명되었다.

하나의 사례로 '3운三運'이라는 것이 있다. 하나의 능묘를 쓰기 위하여는 우선 당년의 해가 맞는지, 망자의 본명과 부합되는지, 산山의 운세가 맞는지를 살피는 것이 그것이다. 이 논리는 정조가 사도세자를 현륭원에 모시기 위하여 편 근간이기도 하다.

이 책의 기술은 되도록 '판단'을 유보하는 쪽으로 진행했다. '술術'이 아닌 '학學'으로써 본격적인 논의라는 점에서 '판단'은 문제를 낳을 수 있기 때문이다. 성실하게 역사상에 나타난 풍수문화의 '사실史實들'을 전하고 싶었다. 일종의 역사 자료적 성격을 지니고 있다는 뜻이다. 그런데 그 결과는 많은 새로운 사실들이 밝혀지는 성과를 거두었다.

풍수서에 의하면, 24산론二十四山論 내지는 좌향론坐向論이 비교적 자세하게 설명되어 있다. 그러나 조선왕조실록을 조사해보니 14개 좌향론은 실재했으나 10개 좌향론의 실체가 없었다. 이것은 하나의 사례에 불과할 뿐이다.

그러나 이런 학문적 사실은 풍수학 담당자에게 거의 영향을 미치지 못한다. '영험靈驗' 내지는 '응험應驗'이지 학문적인 체계논리 자체와 무관하다고 보기 때문이다. 그러나 이론이 없는 현장은 '천박淺薄한 것'

이요, 현장이 없는 이론은 '공허空虛한 것'이다.

오늘날의 풍수문화의 고민이 여기에 있다. 응험과 이론이란 균형 감각을 가지는 것이 연구의 출발점이라 여겨진다.

이 책의 특성으로 하나를 들라고 하면, 자료資料의 정리 내지는 발굴이다. 앞에서 설명한 대로 무덤의 개념을 정리하면, 거기에 알맞은 자연스럽게 자료의 정리 내지는 발굴이 떠오르게 된다. 거의 원천적인 자료가 ≪삼국사기三國史記≫ ≪삼국유사三國遺事≫ ≪고려사高麗史≫조선왕조실록朝鮮王朝實錄, 국조오례의國朝五禮儀, ≪열성지장列聖誌狀≫ ≪열성어제列聖御製≫ 따위의 역사서와 왕실사 자료가 그것이다. 김장생의≪가례집람家禮輯覽≫, 신의경申義慶의 ≪상례비요喪禮備要≫, 유장원柳長源의 ≪상변통고常變通攷≫, 윤선도尹善道의 ≪고산유고孤山遺稿≫, 이재李縡의 ≪사례편람四禮便覽≫ 따위와 주자朱子의 ≪가례家禮≫, 임소주林紹周의 ≪천기대요天機大要≫ 따위의 우리나라와 중국의 민간의례서나 각종 문집류들[보기 이규셩李圭景의 ≪오주연문장전산고五洲衍文長箋散稿≫]도 무덤을 규명하는 데 많은 근거와 전거를 제공해 주었다. 이규보李奎報의 ≪동국이상국집東國李相國集≫, 서거정徐居正 외의 ≪동문선東文選≫, 송시열宋時烈의 ≪송자대전宋子大全≫, 서사증徐師曾의 ≪문체명변文體明辯≫ 따위의 책들과 전국 각지의 문화원에서 조사한 금석문 관계 책들은 금석문을 이해하는 데 많은 자료와 근거를 마련해 주었다. 왕수王洙 외의 ≪지리신서地理新書≫, 이능화李能和(1930)의 ≪풍수사상의 연구≫도 이번에 발굴한 자료의 하나이다.

이 책의 연구하기 위한 동기를 부여한 책의 하나가 김원룡金元龍의 ≪한국고고학개설韓國考古學槪說≫였다. 도량형度量衡이 고고학 연구에 있어서 중요한 요소라는 사실은 많은 시사점을 던져 주었다.

결국 능묘문화는 능묘문화로 취급하여야 한다는 것이다. 그동안 능묘문화는 고고학, 미술학, 풍수학, 건축학, 금석학, 의례학 따위의 여러 갈래로 접근한 것이 사실이다. 능묘문화는 '능묘문화학陵墓文化學'이어야지 다른 학문의 지류로 보지 말자는 것이다.

아직 능묘문화학은 정리되지 못한 미개척 분야의 학문이다. 또한 앞으로도 정리될 가능성이 적다. '돈'이 되지 않고 또한 국토관리라는 측면에서 능묘문화는 '지는 해'이기 때문이다.

그래서 자료라도 만들어 후일을 기다리자는 것이 본 연구를 사료적史料的 관점에서 접근하게 한 또 하나의 이유이다. 오늘 날 우리 풍수문화의 현장적 접근은 중국의 풍수문화를 직접 응용하고 있기 때문에 우리나라 선대의 기록을 정리할 필요가 있다는 것이다.

본 연구를 진행하는 데 어려움 가운데 하나가 '능묘가 살아있는 유기체'라는 사실이다. 후손들은 선대를 경외하는 의미에서 능묘를 지속으로 수정하고 보강해 나간다. 사례를 들면 옛날 낡은 상석을 버리지 않고[22] 구석에 밀쳐놓고 새로운 상석으로 교체하는 것이 일반적인 현상이다. 좌의정을 지내던 분은 '예장禮葬'을 지내는 것이 보통이다. 그러면 장명등을 하는 것이 조선 후기의 묘제이다. 그런데 당시 장명등을 하지 않았던 능묘가 적지 않다. 최근 좌의정을 지낸 김국광의 능묘에 장명등을 만들어 놓았다. 그래도 '뼈대가 있다'는 집안의 선영에는 작고 풍화된 옛날 석물 대신에 크고 번듯한 석물로 교체했던 것이다. 신도비나 간혹 묘갈을 후대에 세우는 것이 대부분인 현상도 능묘가 살아있다는 증거의

22) 옛날에는 땅에 묻는 것이 관례였다. 영릉 즉 세종과 왕비의 능을 옮기면서도 그 석물을 땅에 묻었다. 신도비가 없었다가 새로 '표석'으로 만든 것은 이 때문이다. 모두 땅에 묻었던 것은 물론 아니다. 경우에 따라 천장하면서 그대로 사용하기도 했다.

하나이다. 왕릉은 사라졌지만, 왕릉의 도상인 세호細虎나 나어두羅魚頭는 여전히 오늘 날 능묘문화에 여전히 건제하다고 할 수 있다. 이러한 능묘문화의 유기체적 성격은 적층적이고 복합적인 특성을 만들어낸다.

이와 같이 구 석물과 신 석물이 공존하면 연구에 별 문제가 될 것이 없다. 그러나 구 석물을 없애는 경우 능묘의 추정이 어렵게 된다. 신설, 교체 따위와 같은 사실事實이나 신원의 복원과 같은 사실史實은 더욱 연구를 어렵게 한다. 그 뿐이 아니라 능묘문화는 집안과 지역에 의물의 차이가 있기 마련이다. 아직 능묘문화는 '연구의 단계'가 아니라 '조사의 단계'이기 때문에 전국적인 표준이 거의 없는 실정이다. 이러한 한계가 제대로 극복하지 못하고 스며 있을 것이다.

본 연구는 능묘문화학을 수립하기 위한 첫걸음이다. 하나의 완성이나 완성을 추구하지 않고 오히려 출발과 거점 마련에 힘을 쏟았다.

제2장 二二[2×2]와 22[20+02]의 문화

제1절 명당문화의 DNA

'명당'의 사전적 의미는 세 가지가 있다. 1) 주周 나라 때 임금이 정치적 종교의례를 행하는 장소, 2) 의가醫家에서 침구鍼灸의 혈穴을 점點으로 표시된 곳, 3) 감여가堪輿家는 묘 앞에 물이 모이는 곳 또는 묘 앞의 제사를 지내는 대臺 따위를 말한다. 여기에서는 3)항의 의미를 줄여서 논의하기로 한다.

'물이 모이는 곳'이란 뜻은 '산龍'의 '맥락脈絡'이 더 나가지 않고 좌정한다는 것이다. 말하자면, '명당'으로 '좋은 땅吉地'를 고른다는 것이다. ≪인자수지人子須知≫에서 산龍의 마치는 곳을 보려면 반드시 물의 경계를 살피라고 한 것은 이 때문이다. 이렇게 할 때, 망자의 '체백體魄의 안녕'이 보장되고 후손이 '발복發福'을 받게 된다는 믿음이 풍수문화인 것이다.

≪연산실록≫ 1년 1월10일조에 의하면, 비록 미천한 사람이라도 길지吉地에 장사하면 반드시 그 발복을 받고, 존귀한 사람이라도 불길한 곳에 장사하면 그 화를 받는다. '발복'과 '수흉受禍'는 길지와 관련이 있다는 관념이다.

≪세조실록≫ 10[1464]년 9월 7조에 의하면, '발복'은 혈의 크기와 관련이 있다는 견해를 보이고 있다.

≪단제수언편斷制粹言篇≫에 이르기를 '작은 명당은 비록 그렇다고 하더라도 또한 조금 발복發福을 하면 두 세대를 미치지 못하여 또한 그치고 멸망하니, 이에 이르러 바야흐로 작은 혈은 부귀가 대대로 끊어지지 않음을 알 만하다.'고 하였으며, ≪착맥부捉脈賦≫에 이르기를, '큰 벼슬과 큰 부자가 나는 혈은 관완寬緩하여 발복이 늦고 폐기하는 데에 이르면서도 또한 늦으며, 작은 벼슬과 작은 부자가 나는 혈은 긴밀히 공읍拱揖하여 발복이 쉽고 신속하며, 퇴패하는 데에 이르러서도 또한 쉽다.'고 하였다.[1)]

큰 벼슬과 부자가 나오는 혈은 발복이 늦은 반면, 작은 벼슬과 부자가 나오는 혈은 발복이 쉽고 신속하며 동시에 퇴패하는 데도 쉽다는 것이다. 혈에 따라 발복이 된다는 의미이다.

경복궁景福宮의 명당은 큰 땅으로 발복이 늦고 실폐失廢하기도 또한 늦다. 또한 백악산白岳山의 명당은 관대하며 평정平正하므로, 이는 실폐하는 것이 늦은 것이다. 혈의 크기에 따라 발복이 크고 작으며 동시에 실폐도 신속하고 빠르다는 것이다.

≪선조실록≫ 33[1600]년에 의하면, 발복은 형세가 길지라고 하더라도 수파水破의 영향을 받는다는 견해를 보여주고 있다.

수파水破의 설은 분명 술가의 책에 실려 있는데, 그 응험의 여부는 알 수 없으나, 우리 나라는 조종조로부터 산릉을 보아 정할 때 향배의 형세가 비록 길지라 하더라도 수파에 흉이 있으면 버리고 쓰지 않았습니다. 이것이 전부터 시행해 오던 규례입니다. 여염 일반인들의 장례에 있어서도 반드시 먼저 수파의 길흉을 정한 연후에 쓰고 있습니다. 비록 술가의 말로 논하더라도 꼭 친자식뿐만 아니라, 그 발복發福과 수흉受凶의

1) ≪세조실록≫ 10[1464]년 9월 7조

보응은 수은受恩과 수양受養에도 관련된다고 하였습니다.2)

'발복'이라고만 한다면, 자손이 없는 사람은 아무렇게나 묘를 써도 된다는 것인가? 명당이란 후손에게 복을 구하려는 것에 있다기보다는 '체백體魄의 안녕'에 있다는 것이다.

장례에 있어 길지를 택하려 하는 것은 오직 후손들의 복을 구하는 것이 아니라, 또한 체백體魄의 안녕을 바라는 것입니다.

명당이란 후손에게 '발복'을 받는다는 것이고 뿐만 아니라 망자 '체백의 안녕'에 있는 것이다.

이상의 논의를 수긍한다면, 왜 명당의 길지가 '발복'[길흉]과 '체백의 안녕'을 확보할 수 있다는 것인가? 이러한 명당 즉 길지의 형이상학을 밝혀 보려는 것이 이 글의 목적이다.

1 천하산천맥락론(天下山川脈絡論)

'산龍[산이 용이란 의미로 쓴다]'은 형세를 통하여 맥락이 지속된다.

그러면, '용'이란 무엇인가? '용'은 한마디로 말하자면, 태조산太祖山인 '곤륜산崑崙山'의 한 맥락인 것이다. 서선계徐善繼·서선술徐善述(≪인자수지人子須知≫), 임천오씨臨川吳氏(≪성리대전性理大全≫), 채목당蔡牧堂(≪발미론發微論≫), 도공陶公(≪착맥부捉脈賦≫), 미상(≪명산보감明山寶鑑≫) 등은 모두 이 주장에 동의하고 있다.

곽박郭璞의 ≪금낭경錦囊經≫에서 '장葬이라 하는 것은 그 비롯된 곳을 근원으로 삼아 그 머무르는 곳을 승지乘地 즉 혈로 한다.'고 했다.

2) ≪선조실록≫ 33[1600]년

그러므로 '용'은 시작의 근원이요, 혈은 그 끝을 의미한다.[3]

여기서 곤륜산은 '수미산須彌山의 네 용龍 가운데 남쪽 가지이다' 이것은 양균송楊均松과 갈계葛谿의 의견이다.

중국에는 세 가지 간룡幹龍이 있다. 남쪽으로 가는 용이 있고 중앙으로 가는 용이 있고 북쪽으로 가는 용이 있다는 것이다. 주자朱子에 의하면, 남쪽은 장강長江과, 중앙은 황하黃河와, 북쪽은 압록강鴨綠江의 세 큰 강이 있다. 우리나라의 백두산과 계룡산은 북쪽의 간룡이고 압록강과 맥락이 닿아 있다.

그림 2-1 천하산천맥락도

천하의 산천맥락은 결국 곤륜산 즉 히말라야 산맥에서 출발한다.

[설명] 천하의 산천맥락은 결국 곤륜산 즉 히말라야 맥락을 잇는다는 뜻이다. 즉 명당은 히말라야 맥락이 깃드는 곳인 것이다.

이 지도는 <천하산천맥락도天下山川脈絡圖>이다. 현재 영남대학교 박물관에 소장되어 있다. 19세기 초에 그려진 것으로 원래의 크기는 36.5 X59.3cm이다. 전체의 구성이 1첩 8절로 구성되었다. <천하산천맥락

3) 서선계徐善繼·서선술徐善述 ≪인자수지人子須知≫ 85~87쪽

도>, <조선전도朝鮮全圖>, <한성전도漢城全圖>, <남한산성도南漢山城圖>, <강도전도江都全圖>, <탐라전도耽羅全圖>, <성경여지전도盛京輿地全圖>, <일본전도日本全圖> 따위가 바로 그것이다. '천하'를 조선·중국·일본 따위로 보고 있는 것이다. 하여튼 우리나라의 산은 수미산의 남쪽 가지이자 조종산祖宗山인 곤륜산과 압록강의 맥락인 것이다.

한가지 짚고 넘어가야 할 것은 '용'과 '맥'의 구별이다. ≪인자수지≫에 의하면, '용'은 '형태'로 나타나고, '맥'은 주장主掌인 '기氣'를 말한다. 명당은 '기'를 찾아내는 일인데, 그것이 은미한 까닭에 찾기가 쉽지 않다는 것이다. 말하자면, 조종산 곤륜산의 '맥'을 찾아 자리를 잡는 것이 '혈'을 찾는 일이다.

2 천상열차분야론(天象列次分野論)

앞에서 설명한 대로 명당은 수미산-곤륜산-백두산으로 연결된 맥을 찾아 자리穴를 잡는 것이다. 그런데 결국 이러한 관념은 수미산이 불교의 이상국理想國이듯 '천상天象'과 닿아 있다. 왜냐하면 땅이란 그야말로 하나의 '천상'이기 때문이다. 유행가사에 '저 별은 나의 별'이라는 것이 있다. 별이 나를 관장한다는 관념인 것이다.

풍수문화에서 오성론五星論, 구성론九星論 따위가 있다. 초심자에 있어서 '명당'과 '별星'이 어떤 관계에 놓이는지 궁금할 것이다.

이문규(2000)는 ≪고대 중국인이 바라본 하늘의 세계≫에서, 하늘과 땅을 대응하는 분야설로 구야설九野說과 구주설九州說, 분야설分野說 따위를 정리한 바 있다.[4] 구야설과 구주설은 ≪여씨춘추呂氏春秋≫에 근거하고 있다. 하늘에는 구야九野가 있고, 땅에는 구주九州가 있다. 하늘의 구야 가운데 중앙이 균천鈞天인데 그 별자리는 각角, 항亢, 저氐 따

4) 이문규(2000) ≪고대 중국인이 바라본 하늘의 세계≫ 59~74쪽

위이다. 이런 방식으로 기술하고 있다. 구야는 균천鈞天(중앙) 이외에도 창천蒼天(동), 변천變天(동북), 현천玄天(북), 유천幽天(서북), 호천顥天(서), 주천朱天(서남), 염천炎天(남), 양천陽天(동남) 따위이다. 별자리는 28수宿로 한 하늘의 구획에 3~4개로 배정되어 있다.

분야설은 구야설과 구주설이 하늘과 땅의 일대일 대응시키는 것과는 달리 융통성 있게 배정하는 방법이었다. 근거문헌은 ≪회남자淮南子≫(<천문훈天文訓>), ≪사기史記≫ (<천관서天官書>), ≪한서漢書≫(<지리지地理志>) 따위이다. 하늘과 땅을 각각 13개 구획된 것인데, 28수의 1~3개에 지명地名 (<천문훈>)과 지역 (<천관서>), 분야 (<지리지>)를 배정한 것이다. 28수 가운데는 위수胃宿가 없을 정도로 비교적 자유스런 적용이었다. 특히 ≪진서晉書≫ <천문지>와 ≪개원점경開元占經≫의 12분야설이 세성歲星(목성)의 12진辰과 연결되면서 새로운 이론을 정립시켰다.

이러한 하늘과 땅을 동일선상의 질서로 파악하려는 관점은 중국에서만 있었던 것은 아니다. 우리 선조들이 누대의 시대를 지나면서 많은 전란과 기상 이변, 이로 인한 기근과 질병 따위를 겪었을 터이다. 이러한 어려움을 완벽하고 절대적인 '하늘의 상'을 지상에 옮겨 놓음으로써 극복할 수 있다고 믿기 때문이다. 종교 행위란 이런 신화를 실천하는 것이라고 할 수 있다. ≪성경≫의 주기도문에서 '하늘'이 땅에 임하도록 하려는 것도 좋은 보기가 될 것이다.

고려의 황도黃道 12차를 이용한 분야설(≪고려사≫)를 비롯하여 조선에 들어와 그대로 지속되었다. 이는 '학문상'의 과제에 앞서서 '실제상'의 모습이었기 때문이다. 그 대표적인 것이 1395년(태조 4)에 돌에 새긴 것이 <天象列次分野之圖>이다. 이러한 천문도와 분야도가 합쳐진 것이 '천지도天地圖'이다.

이 지도는 '천원지방天圓地方'의 모습을 보여준다.

그림 2-2 천상열차분야도

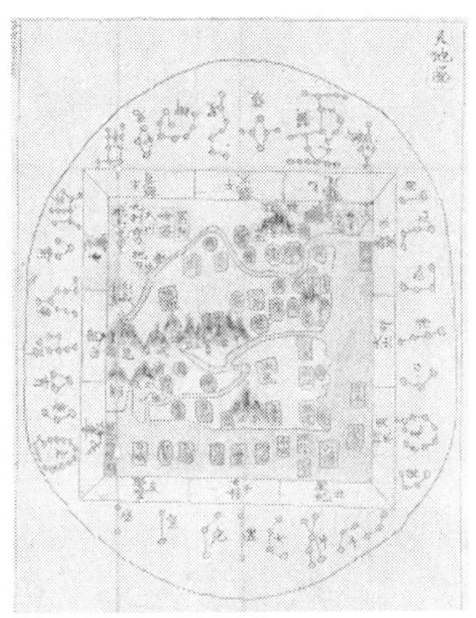

지상은 천상의 열차 분야로 대응한다.

[설명] 지상은 천산의 열차와 대응한다고 본 전통적인 지리학인 셈이다. 즉 명당은 하늘의 직할 지역이라는 의미가 된다.

이 지도는 지상이 하늘과 함께 상관관계라는 분야임을 보여주고 있다. 이러한 지도의 대표적인 것이 김수홍金壽弘(1601~1681)의 <천하고금대총편람도天下古今大總便覽圖>이다. 이후 우리나라의 고유성을 살리는 분야설이 지속적으로 등장한다. 보기를들면, 이수광李睟光(1563~1628)의 ≪지봉유설芝峰類說≫, 유형원柳馨遠(1622~1673)과 안정복安鼎福(1712~1791)의 분야설, 위백규魏伯珪(1727~1798)의 ≪환영지寰瀛誌≫, 정동유鄭東愈(1744~1808)의 ≪주영편晝永編≫, 서기徐起(1523~1591)와 조헌趙憲(1544~1592)의 동방분야도東方分野圖[5] 따위가 있다. 이러한 노력의 결과로 전 지역인 팔도군현이 28수와 대응시키는 조선중심의 분야설이 나오게 되었다. 이런 지도에 의하면 이곳 공주公州 지역은 저氐와 대응되어 있다.

5) 위의 두 책은 그 실물이 확인되지 않고 있다.

왕릉의 석물을 '상설象設'이라고 한다. 석물이 '하늘의 상'을 배열하고 있다는 의미이다. 명당은 별의 '직할 통치령'이라는 관념인 셈이다.

3 '경권'과 '변통'론(經權과 變通론)

이 항목은 세조가 체계화한 것이다. 세조는 '지리학'인 최양선崔楊善의 글을 쓸 정도로 풍수문화와 직접 관련된 임금이었다. 그 글이 <논지리유최양선論地理諭崔揚善>이다. 이 글은 ≪세조실록≫ 10년 3월11일조에도 보인다.

'지리학地理學' 최양선이 늙어서 서산군瑞山郡에 살고 있었다. 이때에 최양선은 상서上書를 올려 '천천현로穿天峴路'를 막도록 청하였다. 세조는 좌의정 구치관具致寬(1406~1470), 형조판서 김질金礩(1422~1478), 공조판서 김수온金守溫(1409~1481), 행상호군行上護軍 임원준任元濬(1423~1500) 및 승지 등을 불러서 의논하고, 이어 어서御書를 내린다. 바로 이 글이 <논지리유최양선論地理諭崔揚善>이다.

지리학 최양선이 천천현로를 막도록 청하였는데, 천천령穿川嶺을 적당하게 두터이 보토補土하고 돌을 펴서 성城을 쌓고 길을 폐지하자는 것이다. 대저 일기一氣는 음양陰陽이 없는 것이다. 또한 둘로 나누어지므로 음과 양이 되는 것이다. 음양이 있기 때문에 천지天地·일월日月·사시四時·주야晝夜가 있는 것이다. 이로 말미암아 길흉吉凶이 형성되니, 이를 '하나의 근본에 만 가지의 다름이라.'고 하는 것이다.

인간의 일신一身의 향배向背에도 스스로 음양이 있고, 말하고 침묵하는 것과 움직이고 그렇지 않음에도 모두 다 길흉이 있다. 하물며 산천山川의 향배에 음양과 길흉이 없겠는가? 이런 까닭에 길吉한 것을 따르고 흉한 것을 피하는 것이 인사人事의 큰 것이다. 어리석게 지키고, 몽매蒙昧하게 두어서 스스로 흉凶과 화禍를 되돌리게 할 수는 없다. 그렇기 때문에 지리地理·복서卜筮의 설說이 있고, 경권經權을 변통變通하여 세상의 재액災厄을 없게 하는 것이다. 이른바 패설稗說에 이르러서도 지극한 이치가 있지 아니한 것이 없는 것이다.

세조는 '피흉추길避凶追吉'이 인간의 '경권'이라는 것이다. 그러면서 경권을 설명해나간다.

경권이란 무엇인가? 천지天地가 상경常經하지 아니하여 한서寒暑가 차례를 대신하고, 인도人道가 상경하지 아니하여 문무文武를 바꾸어 쓰게 되고, 이치가 상경하지 아니하여 길흉이 섞이어 일어난다. 지리의 설은 착한 것을 상 주고, 악한 것을 벌 주며, 약한 것을 붙들어 주고, 강한 것을 누르는 데에 지나지 아니할 따름이다. 마치 나라의 치적을 내는 데에, 다스림에 정한 정치가 없고, 사람의 병을 다스림에 병에 정한 증세가 없는 것과 같다.

사람은 산천을 의지하고 산천은 사람을 우러러보며, 사람으로 인因하여 존재存在하기도 하고 상喪하기도 하고, 산천으로 인하여 화禍가 되기도 하고 복福이 되기도 한다. 흙은 살[肉]에 비하고 물은 피[血]에 비하며 돌은 뼈[骨]에 비하는 것이니, 육골肉骨인 자는 살고, 골육骨肉인 자는 죽으며, 양혈養血하는 자는 건장해지는 것이다. 그런데, 사고로 인因하여 변邊이 생기어 혹은 골육으로서 살고, 육골로서 죽으며, 피를 버림으로써 편안하게 되는데, 이것이 곧 경권經權이다. 비록 하나로 하는 자도 모름지기 경권을 변통邊通한 뒤에 세상의 재액이 없는 것이다.

세조는 자신의 혁명논리를 풍수이론에 적용하고 있다고 생각된다. 산은 인간이 있어야 존재하고, 인간은 산이 있어야 의지하는 논리가 바로 그것이다. 변통 즉음과 흉으로 변 즉 가장자리가 된 것을 양과 길로 통하게 하여야 한다는 '혁명적 사고'인 것이다.

만약 일가一家의 설에 국한한다고 하면 보토補土하는 것도 또한 군살

贅肉이다. 이제 두텁게 보토를 하고자 하는 것은 조종祖宗의 끊어질 뻔한 맥脈을 이어지게 하는 소이所以이며, 이것이 보은報恩의 땅에 포석布石하는 것을 이르는 것이다. 만약 성城을 쌓고 길을 폐한다면 돌이 비록 아름다운 물건이 아니라 하더라도 석강石岡도 또한 천성天成으로 있는 것이요, 또 두터운 흙 위에 쇄쇄碎碎한 돌로 '쌓는 것'이 어찌 끊어진 것을 잇는 데에 관계가 있겠는가? 후세에 망령되게 의논하는 자가 쉽게 길을 열까 봐 깊이 염려하는 것이다.

단산법斷山法에는 교로交路에 장사지내는 것을 불가하다 하였으므로 산가山家의 금기禁忌하려는 것이다. 어찌 중하게 여기지 않겠는가? 이러한 논리가 바로 최양선의 설說이라는 것이다. 이치로 말하면 마치 나무의 뿌리와 같아서 북돋우어 주면 지엽枝葉과 화과花果가 번식할 것이요, 선골先骨이 편안함을 얻으면 자손子孫과 종손宗孫이 번창할 것이다. 이것도 필연의 이치로서 사람이 쉽게 볼 수 있는 것이다.

그림 2-3 세조의 '논지리유최양선論地理諭崔揚善'

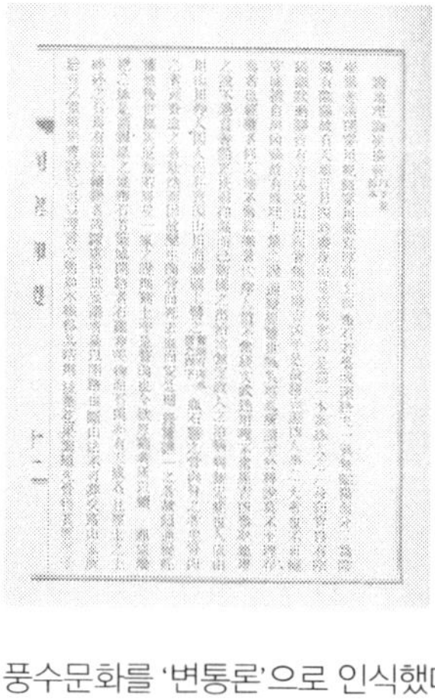

[설명] 세조는 혁명가답게 풍수문화를 '변통론'으로 인식했다. 이 글은 풍수 전문가 최양선에게 쓴 글이다.

경권의 변통이 있음에도 불구하고 재액이 있는 것에 대하여 세조는 다음과 같은 논리를 펴고 있다.

번식하는 가운데에도 편고偏姑하는 자가 있고, 번창하는 가운데에도 타락하는 자가 있으며, 편고하다가도 혹 다시 무성할 수가 있고, 궁곤窮困하다가도 혹 다시 부귀富貴할 수가 있는 것은 어떠한 까닭일까? 이것도 또한 경권이 한결같지 않고 분수分受가 가지런하지 않고 수폐修廢가 같지 않은 까닭이다. 그러하므로 이치는 반드시 하나가 될 수 없고, 일도 항상 같을 수가 없으며, 중요한 것은 인사人事에 있는 것이다. 하물며 다시 본 뿌리는 말랐으되 옮겨 심는 것은 지엽枝葉이 무성하고, 부모父母는 죽었으되 자손은 생생하게 살아 있으니, 어찌 음양의 설에 구애하겠느냐? 비록 길은 막지 않더라도 또한 가능한 것이다. 가령 천천현穿川峴을 파서 끊는다고 하면 대모大母의 산에 초목草木이 없겠는가? 반드시 깊은 도리를 찾지 말 것이다.[6)]

이상이 최양선의 풍수론을 핑계대어 전개한 세조의 경권 변통론이다.

4 태실(胎室)의 '육안태법'(六安胎法)

풍수문화에서 곧잘 제시되는 것이 '동기감응론同氣感應論'이다. '선골先骨'과 후손[의 골骨]이 '같은 기'를 가지기 때문에 서로 감응한다는 관념이다. 조상을 길지에 묻는다면, 동기가 감응하여 '발복한다'는 믿음인 것이다.

이러한 동기감응론은 동일 주파수의 진동을 통하여 실험을 하기에는 도움이 될지도 모른다. 그러나 풍수문화사를 통하여 개진된 일은 아직 발견하지 못했다. 오히려 '안태법'이 좋은 보기가 아닐까 여겨진다.

조선 왕실의 '안태법'이란 결국 태실胎室 제도로 표현된다. 태실은 조선 왕조 내내 지대한 관심 권역에 놓여 있었다. 조선 후기에 오면, 이와

6) 명문당(1983 영인) ≪열성어제列聖御製≫ 43쪽

관련 의궤를 만들어지기까지 한다.

≪문종실록≫(즉위년 즉 1450년 9월8일조)에 의하면, 문종에게 풍수학에서 왕세자의 태실을 옮기도록 청하고 있다. 그 논리적 근거는 ≪태장경胎藏經≫이었다. '태胎'가 그 사람의 현명함과 어리석음, 그리고 성함과 쇠함을 좌우한다는 것이다. 하늘이 만물을 낳게 되는데 그 귀함이 인간에서 나온다는 것이었다. 그리하여 '태'로 인하여 그 귀함이 성장하게 된다는 것이다.

≪태장경(胎藏經)≫에 이르기를, '대체 하늘이 만물萬物을 낳는데 사람으로서 귀하게 여기며, 사람이 날 때는 태胎로 인하여 장성長成하게 되는데, 하물며 그 현우賢愚와 성쇠盛衰가 모두 태에 매여 있으니 태란 것은 신중히 하지 않을 수가 없다. 무릇 태에서 내려온 지 3월에는 명칭을 화정태和正胎라 하고, 5월에는 연장태軟藏胎라 하고, 3년에는 장응태壯應胎라 하고, 5년에는 중부태中符胎라 하고, 7년에는 향양태向陽胎라 하고, 15년에는 과양태過陽胎라 하니, 이를 육안태법六安胎法이라 이른다.'고 합니다.7)

이상의 인용문에서 보면, 태는 태어난 사람의 15년까지를 관련짓고 있다. 이러한 태실 조성의 발상은 아이兒孩가 성장하지 못하고 죽는 사례가 많았기 때문에 지극히 자연스러운 일로 생각된다.

당시 사회는 '15세가 되면 남자는 학문에 뜻을, 여자는 남편을 따라야 한다.'는 분위기였다. 다시 말한다면 남자는 마땅히 연장태·중부태·향양태 가운데의 연월年月까지 간수하여 학문에 뜻을 둘 나이를 기다려야 한다. 마찬가지로 여자도 또한 화정태·장응태·과양태의 연월까지 간수하여 남편을 따라야 할 나이를 기다려야 한다.

왕실의 이러한 문제는 태의 관리이다. 그 해법이 태실의 제도이다.

---

7) ≪문종실록≫ 즉위년[1450] 9월8일조

> 남자가 만약 좋은 땅을 만난다면 총명하여 학문을 좋아하고, 구경九經에 정통精通하며 단상團爽하여 병이 없으며, 관직이 높은 곳에 승진되는 것입니다. 지금 왕세자王世子의 태실胎室이 성주星州의 여러 대군大君들의 태실胎室 옆에 기울어져 보토補土한 곳에 있으니 진실로 옳지 못합니다. 태경胎經의 땅을 가리는 법에 의하여 길지吉地를 경기京畿와 하삼도下三道에 널리 구하게 하소서.

이상의 인용문을 보면, 왜 왕실에서 태실을 중시하였는지 짐작할 수 있다. 태를 좋은 땅에 묻는다면 다음과 같은 결과를 얻을 수 있다는 믿음이 있었기 때문이다.

a 총명해진다.
b 학문을 좋아하여 구경九經에 정통하게 된다.
c 단상 즉 즐거움이 뭉치어 병이 없다.
d 벼슬이 높아진다.

태를 '좋은 땅'에 모시면, 위와 같이 네 가지 특징을 얻을 수 있다는 것이다. a항과 b항을 합하여 머리가 총명하고 학문을 좋아하여 구경에 정통한다고 하더라도 적어도 '좋은 땅'에 매장하면, 학문적 성취, 무명하여 장수, 관직의 승진 따위와 연관된다고 본 것이다.

참고로 민간 풍속에서는 지역에 따라 편차는 있으나 대략 태를 서너 가지로 처리했다. 땅에 묻거나, 불에 태우거나, 물에 흘려보내거나 드물지만 말려서 두기도 했다.

이상의 논의한 바를 정리하면. '태'는 머리가 총명해져서 학문을 좋아하고, 즐거움이 뭉치어 질병이 없어지며, 높은 벼슬길에 오르게 되는 '힘'을 갖고 있는 것이다. 이러한 '태의 힘 즉 능력'은 명당의 발복론을 설명하기에 크게 어긋나지 않을 것이다.

이러한 '태'와 '사람'(임금)과 관련된다는 것은 결국 동기감응설同氣感應說이 된다는 의미가 된다. 뼈骨' 내지는 체백體魄은 후손과 기가 같으므로 서로 응한다는 관념이다. 태실론이 특수한 사람 즉 임금만 해당되는 것이라면 후자는 뼈 내지는 체백이 혈육 관계인 여러 사람들과 영향이 있다고 확대된 것이다. 이것이 명당론의 관념이자 믿음이라고 생각된다.

그림 2-4 태실의 모습

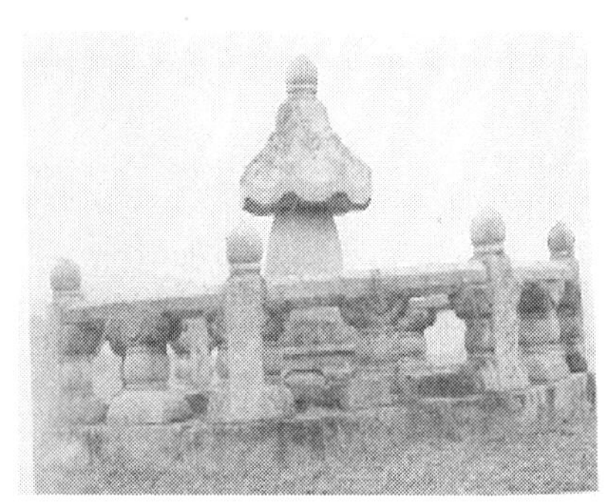

[설명] 조선 왕실의 태실에 대한 배려는 통치의 수단이면서 동시에 소위 '동기감응'의 근원지이다. 동기감응설은 근래에 만들어진 인식체계이다.

명당의 기저에는 '발복'과 '체백의 안녕'이 깔려 있다. 그것은 산의 기山氣 즉 곤륜산이 힘을 발휘하는 명당을 찾아내는 일이다. 또 하나는 하늘의 기天氣가 지상에 내려와 사람과 직통하는 명당을 찾아내는 일이다.

그런데 이러한 명당 논리는 인위적인 안목만으로 성립되지 않는다. 천우지조天佑地助 즉 하늘과 땅의 도움이 없이는 불가능한 일이다. 말하자면 많은 공덕功德을 쌓아야 이런 행운이 따르게 된다

그런데 조선 전기에 인위적인 명당론이 등장하는데 '경권'의 '변통론'이다. 보토補土, 식수植樹 따위로 부족한 명당의 요소를 보강하여 '완결

된 명당'으로 돌린다는 관념 내지는 믿음인 셈이다.

제2절 22[20+02]로 二二[2X2] 읽지 않기

1 방위(方位) 읽기

- '二二'의 '좌우'와 '22'의 '우좌'는 같다.

능묘문화를 이해하는 데 가장 혼란스러운 것 가운데 하나가 방위 개념이다. 이 혼란스러움은 두 가지 측면에서 논의할 수 있다.

그 하나가 오늘 날 사용하는 '동서남북'이 보편화되기 이전의 문화가 존재하기 때문에 생기는 용어상用語上의 혼란이다. 또 하나가 방위를 기준을 지칭하는 사람에 따라 생기는 주체상主體上의 혼란이다.

용어상의 혼란은 방위를 '간지'와 '팔괘'로 표현하던 시기의 문화적 산물이라는 점이다. 다시 말하자면 나름대로 훈련을 쌓지 않으면 '방위'를 인식하기 결코 쉽지 않다는 사실이다.

오늘 날 사용되는 '지리학적 방위'란 어떤 쪽의 위치, 공간의 어떤 점이나 방향이 기준 방향에 대하여 어느 쪽으로 향하는가를 나타내는 말이다. 어느 일정한 지섬에서 북극으로 향했다면 그 쪽이 '북'이다. 남극으로 향했다면, 그 쪽은 '남'이다. 북쪽을 보고 섰다면, 직각으로 오른 쪽이 '동'이고, 왼쪽이 '서'다.[8] 이러한 방법으로 동·서·남·북의 4방위의 설명이 가능하다. 여기에 북동·북서·남동·남서를 보탠 것이 8방위이다. 여기에 북북서·북북동·서북서·동북동·남남서·남남동·서남서·동남동 따위의 8방위를 더하면, 16방위가 된다. 더 자세하게 나누면 32방위까지 나타내게 된다. 이러한 체계가 우리가 사용하는 방위 개념이다.

---

8) 학원사(1980 중판) ≪새학습 지리사전≫ 362쪽

현대적인 방위를 능묘문화의 그것과 비교하면 다음과 같다.

A	B	C	D
[정]동	진震	묘卯	
[정]서	태兌	유酉	
[정]남	이離	오午	
[정]북	감坎	자子	
북동	간艮		동북
북서	건乾		서북
남동	손巽		동남
남서	곤坤		서남

이 그림에서 A는 현대의 방위이고 B는 팔괘의 방위이며, C는 12지의 방위이고 D는 전통사회의 방위이다. 현대인의 입장에서 볼 때 B·C·D의 방위를 이해하는 것이 쉽지 않다. D 방위는 그런대로 이해가 가능하지만, B·C 방위를 섞어서 방위를 말하는 수준에 이르면, 정서상 당혹스럽기까지 하다. 더구나 위에서 비교한 팔괘와 간지의 방위는 '후천팔괘설後天八卦說'에 근거한 것이다. 여기에 '선천팔괘설先天八卦說'을 전제한다면, 양상이 복잡해서 혼란이 가중된다고 할 수 있다.

현재 우리가 사용하는 방위는 1896년부터 수용된 서양의 방위라고 할 수 있다. 서양의 방위는 '남-북'이 기준이 된다. 그러나 그 이전의 방위는 '동-서'가 기준이었다. 그러므로 '북동'이 아니고 '동북'이다. 같은 방법으로 '북서'가 '서북', '남동'이 '동남', '남서'가 '서남'이 된다.

우리나라 전통 사회에서의 방위 개념은 기본적으로 앞前·뒤後·위上·아래下·가운데中央을 축으로 파악된다. 임의로 결정된 지점을 중심으로 주위의 공간을 분할하고 구별하는 방위인 것이다. 방향이 고정되어 있지 않고 움직인다는 것이다. 이러한 전통적인 방위 인식론은 철학적이고 우주적이고 상징적인 개념이다.

방위는 신神의 개념으로 오방의 신들과 십이지의 신들이 있고, 상징의 개념으로 팔괘가 있다. 방위의 신 개념은 오방과 십이지의 신들이 인간들을 지켜 준다는 문화적 배경이 깔려 있다. 이와 비교하여 우주론적 신화의 재생론이다. ≪주역周易≫ <설괘說卦>에 의하면, 팔괘는 일종의 우주의 창조 과정이다. 하늘天과 땅地이 그 위치를 정하면, 산山과 못澤이 서로 기운을 통하고 우뢰雷와 바람風이 서로 부딪치게 되고, 물水과 불火이 서로 침범하지 않게 된다. 이들의 상징적 모습이 '괘卦'이다.

자연[현상]	팔괘[상징]
하늘	건괘
땅	곤괘
우뢰	진괘
바람	손괘
산	간괘
못	태괘
물	감괘
불	이괘

이상이 팔괘 즉 8 괘상卦象이 64 괘卦와 괘효卦爻를 생산하면서 ≪주역≫의 내용이 된다.

천지자연의 작용은 진震에서 출발하고, 손巽에서 가지런하게 되며, 이離에서 서로 보게 되고, 곤坤에서 힘써 일하며, 태兌에서 즐겨하고, 건乾에서 싸우게 되고, 감坎에서 근심하고 괴로워하며, 간艮에서 성취하게 된다.

이러한 주역의 괘상 논리는 방위, 계절, 동물, 신체 부분, 가족 관계 따위로 적용되면서 많은 변화를 만들어낸다. 그 뿐만 아니라 음양과 오행과 결합하면서 더욱 다양하고 신비한 모습을 생산해낸다.

이와 같이 오늘 날 방위와 전통사회의 방위는 전혀 다른 모습인 것이다.

이러한 방위의 내용이 무덤문화를 이해하려는 초보자에게 혼란을 주게 된다는 것이다. 이러한 이해상의 혼란은 소극적인 개념이다. 오히려 실제상 혹은 현장 적용이라는 적극적인 개념이 되면, 그만큼 혼란은 가중된다.

무덤문화에서 천산穿山 72룡龍이라는 것이 있다. 천산 72룡은 12지지에 각각 5룡씩 배분하면, 60룡이 되고 여기에 8간(신甲·경庚·병丙·임壬·을乙·신辛·정丁·계癸)과 4유(건乾·곤坤·간艮·손巽)를 합한 것이다.

그런데 이 72룡은 길흉을 제시하기 위하여 만들어진 방위이다. 소위 빈 칸(용) 방위가 바로 그것이다. 보기를 하나 들면, 앞의 임壬은 계해癸亥·빈 칸(용龍)·갑자甲子이고, 뒤의 계癸는 임자壬子·빈 칸(용龍)·을축乙丑이다. 이렇게 빈 칸 즉 '흉凶룡龍'을 두는 것은 이 방위를 사용하지 못하도록 하기 위함이다. 이런 방식은 '5자순子旬60갑자甲子'에 근거한 것이다. 갑자순甲子旬, 병자순丙子旬, 무자순戊子旬, 경자순庚子旬, 임자순壬子旬 따위의 5개 권역으로 재편하여 길흉 관계를 도식화하기 위함이었다. 갑자순과 경자순은 냉기맥冷氣脈, 병자순은 왕기맥旺氣脈, 무자순은 패기맥敗氣脈, 임자순은 퇴기맥退氣脈 따위로 이해된다. 이들은 하나의 계통으로 반복된다는 믿음인 것이다. 따라서 빈 칸 다음의 '을축'은 갑자순으로 냉기맥이 되고, 왕생맥·패기맥·상기맥·퇴기맥 따위와 같이 반복한다는 것이다. 이들 주기에 따라 5맥과 빈 칸이 합하여 천산 72룡이 된다.[9]

---

9) 박봉주 ≪실전풍수입문≫ 127~130쪽

이와 같이 72 방위를 설명하고자 할 때, 오늘 날 방위 개념으로는 어려움을 겪을 것은 당연하다. 형식 논리상으로는 가능할지라도 실제상으로 거의 불가능한 방위가 될 것이기 때문이다.

이와는 또 다른 방위 개념이 '좌청룡우백호左靑龍右白虎'와 '남좌여우男左女右'이다.

'좌청룡우백호'는 글자 그대로 풀면, '왼쪽이 청룡靑龍'이고 '오른쪽이 백호白虎'라는 의미이다. 여기서 왼쪽과 오른쪽은 어떤 기준에 근거한 것인가가 이 화제가 핵심이다. 결론부터 말하면, '사신도四神圖'의 동양적 방위 개념의 산물이라는 것이다.

그 기준이 북쪽이며 상징적인 방위라는 것이다. 이런 사신도의 방위는 '우주론적 자연중심의 상징 방위'라 할 수 있다. 1896년부터 고종高宗(1852~1919)이 서구적 혹은 현대적 역법曆法을 채택한 이전의 방위라고 보면 큰 이의가 없을 듯하다. 이러한 '우주론적 자연중심의 상징절대 방위'는 문화적 배경으로 '북두칠성'을 바탕에 깔고 있다. 우주의 중심이 북쪽이라는 문화를 낳게 했던 것이다. 이들이 오행과 결합하면서 물水이 되었다. 이 방위에서 남쪽을 향하여 일선상이 될 때 동쪽과 서쪽으로 나뉘게 되는 것이다. 즉 북쪽에 현무玄武가 있고 남쪽에 주작朱雀이 있다면, 동쪽에 청룡이 있고, 서쪽에 백호가 있는 방위가 자연스럽게 생산되는 셈이다.

'남좌여우'의 방위는 존귀의 개념이기도 하다. 일종의 '존남비녀尊男卑女'의 개념인 셈이다. 그러나 이는 다시 '존자좌 비좌우尊者左卑者右'라는 형식이 분화되고 다시 흉례와 길례의 입장으로 정리되면서 많은 변화를 가져온다.

그림 2-5 ≪천기대요≫의 복희팔괘

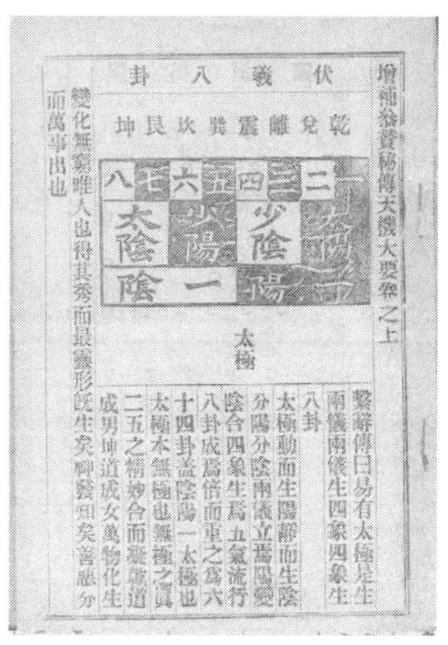

增補參贊秘傳天機大要卷之上

伏羲八卦

乾兌離震巽坎艮坤

二 三 四 五 六 七 八

少陰 少陽 太陰

陽 一 陰

太極

繫辭傳曰易有太極是生兩儀兩儀生四象四象生八卦

太極動而生陽靜而生陰分陽分陰兩儀立焉陽變陰合四象生焉五氣流行八卦成焉倍而重之爲六十四卦盡陰陽一太極也太極本無極也無極之眞二五之精妙合而凝乾道成男坤道成女萬物化生變化無窮唯人也得其秀而最靈形旣生矣神發知矣善惡分而萬事出也

[설명] 이 그림은 ≪천기대요≫의 '복희팔괘'이다. 여기서 '방위'란 실제가 아닌 동양 특유의 철학체계이다. 우주론이고 ≪주역≫ 문화의 기본적인 사고 인식론이라 할 수 있다.

여기서 한 가지 더 짚고 넘어가야 할 사항이 있다. 그런데 이런 우주론적 사고는 하나의 신화 유형을 만들어냈다. 신화모방론神話模倣論이 그것이다. 이런 우주적 공간이 형성되면 자연스럽게 신화의 성취도 그대로 이루어진다는 믿음이 있기 때문이다. 불교에서 절을 지을 때, 그 산은 수미산須彌山을 상정한다. 불교의 이상을 실현하려는 하나의 종교적 접근방식인 것이다. 다시 말하자면, '수미산'이라는 신화를 재현함으로써 국가의 경계를 떠나 보편적인 질서를 획득할 수 있는 것이다.

'좌청룡우백호'도 이러한 관점에서 이해하지 않으면 아니 된다. 위로 현무가 있고 아래로 주작이 있는 풍수상의 이상理想을 상정하고 있다는 뜻이다. 따라서 '왼쪽左'란 실제상으로는 '현무의 왼쪽'이라는 상대적인 어법이라는 것이다. '자좌오향子坐午向' [정북에서 정남을 바라보는 방위]인 경우, 좌청룡은 '정동正東'이고, 우백호는 '정서正西'가 된다. 그런데 거꾸로 '오좌자향午坐子向'[정남에서 정북을 바라보는 방위]의 경우, 좌청룡은 '정서'이고 우백호는 '정동'이 된다는 것이다. 예를 들면 정조正祖(재위 1777~1800)의 능인 건릉健陵은 '유좌묘향酉坐卯向' [정서에서 정동을 바라보는 방위]이다. 이 경우, 좌청룡은 '정북'이고 우백호는 '정남'이 된다.

이와 같이 '좌청룡우백호'의 방위 논리는 오랜 문화적 배경을 갖는다. 그런데 '남좌여우男左女右'는 또 다른 문화적 배경이 있다. 좌존우비左尊右卑[왼쪽이 높고 오른쪽이 낮다], 좌왕우비左王右妃[왕은 왼쪽에 왕비는 오른쪽], 좌묘우사左廟右社[왼쪽에 종묘宗廟, 오른쪽에 사직社稷] 따위와 같이 존비에 따를 계층 개념이 동반하고 있다는 점이다.

이와 같이 방위가 서열序列의 개념이라는 것이다.

당상관이 모임에서 앉는 자리는 정1품이 북, 종1품이 동, 2품이 서, 3품이 남이다. 만약 정1품이 없으면 종1품이 정1품 대신 북, 2품이 동, 3품이 서이다. 3품 이하 관리는 즉 3품이 북, 4품이 동, 6품 이상이 서, 7품 이하가 남이다. 3품이 없으면 4품이 북, 6품 이하가 동이다. 4품이 없으면 6품 이상이 북이고 6품 이상이 없으면 7품 이하가 아울러 북이다.[10]

원래 이 정보는 ≪대전회동大典會通≫ 예전禮典에서 나온 것이다. 이런 정보 이외에도 아문衙門, 사신과 외관外官 따위와 같이 모임이 있을 때도 동서남북의 자리를 규성하고 있다. 말하자면 동서남북은 동격이 아니고 북→동→서→남 따위로 서열이 있는 것이다.

참고로 동문반서무반東文班西武班[문반은 동쪽이고, 무반은 서쪽이다]는 산 자와 죽은 자의 이해가 다르다는 것이다. 말하자면, 죽은 자는 왼쪽이 위고 산 자는 오른쪽이 위라는 것을 이해해야 할 것이다.

---

10) ≪대전회동≫ 예전 경외관회좌京外官會座 조

여기까지 논의한 바를 정리하면, '좌청룡우백호'의 방위론은 송 나라 이후 전개된 '후천방위'라는 우주론적 사고의 소산이라는 것을 알 수 있다. 이러한 커다란 틀 안에서 수 없는 국론局論이 생산되고 있는 셈이다.

2 도량형(度量衡) 읽기

- 영조척, 주척, 조예기척, 포백척, 황종척

능묘문화의 연구에 있어서 척량에 대한 살핌은 기본 도구라고 할 수 있다. 김원룡(1974)이 ≪한국의 고분≫에서 고분 연구에서 '침향枕向'과 함께 '용척用尺'을 고려한 것은 이 때문이다. 고분은 하나의 건축물이다. 관·광·곽棺·壙·槨 따위의 크기 설정은 주먹구구식으로 만들어진 것이 아니라 일정한 제도에 의하여 결정된 것이다. 따라서 크기를 재는 데 있어서 자尺를 썼기 때문에 당시 사용하던 '용척'으로 계산하여야 한다. 그것을 통하여 시대·지역·신분과 그에 따른 고분 크기의 변천·변화 따위를 고찰할 수 있다는 것이다.

척량尺量에서[11] '자尺'은 길이를 재는 단위이다.[12] 장丈은 10자尺이고, 1자는 10분지 1장이고 치寸는 자의 10분지 1이고 푼分는 치의 10분지 1이며 리釐는 푼의 10분지 1이다.

≪국조오례의國朝五禮儀≫ <서례序例 1> 도도설度圖說에 의하면, 그 척량의 도구는 황종척黃鐘尺을 기준으로 하여 주척周尺, 영조척營造尺, 조예기척造禮器尺, 포백척布帛尺 따위를 두고 있다.

> 도度의 제도는 10리釐로 1푼分을 삼고, 10푼으로 1치寸를 삼고, 10치로 1자尺를 삼고, 10자로 1장丈을 삼는다. 주척周尺을 가지고 황종척黃

---

11) '척량尺量'이란 용어는 ≪현륭원원소도감의궤≫의 대부석소에서 사용된 것이다. '석물척량石物尺量'으로 정지대석을 비롯한 50여종을 설명한 것이다. '좌향석'도 이 가운데 하나이다.

12) ≪가례≫에서는 '척식尺式'이란 용어를 사용했다.

> 鍾尺에 맞춘다면, 주척의 길이가 6치6리이다. 영조척營造尺을 가지고 황종척에 맞춘다면 길이가 8치9푼이다. 조예기척造禮器尺을 가지고 황종척에 맞춘다면 길이가 8치2푼3리이다. 포백척布帛尺을 가지고 황종척에 맞춘다면 길이가 1자3치4푼8리이다.[13)]

이것은 ≪국조오례의≫ 도도설에서 인용한 것이다. 여기서 말하는 황종척이란 현재의 얼마의 길이를 말하는 것인가?

≪가례家禮≫ <척식尺式>에서는 고척古尺, 주척周尺, 삼사포백척三司布帛尺 따위로 남헌가南軒家의 소각본所刻本와 사마공가司馬公家의 석각본石刻本이 남아 있다고 했다.[14)]

우리나라에서는 예로부터 열손가락의 폭, 팔 길이, 걸음 폭을 길이의 기준으로 하였으나 정확하지 않아 표준척도를 정할 당위성이 제기되었다. 이에 고구려에서는 은 나라의 척량인 기전척箕田尺을 들여와 사용했다. 통일 신라 에서는 당 나라의 당대척唐大尺과 주척周尺을 들여와 기전척과 같이 통용하였다. 조선 시대부터는 명 나라의 영조척이 들여오면서 주척과 함께 썼기 때문에 기전척과 당대척은 자취를 감추게 되었다. 이러한 정리의 소산이 ≪국조오례의≫의 도도법이다.

앞에서 제시한 대로 세종 4년 9월 6일에 만들어진 산릉 제도에는 영조척을 사용한다고 되어 있다.

> 산릉제도는 자를 영조척으로 쓴다.

---

13) ≪국조오례의國朝五禮儀≫ <서례序例 1> 도도설度圖說 조

14) 고척古尺은 현재 성척省尺의 55푼 약弱에 해당하고 주척周尺은 삼사포백척三司布帛尺의 75분 약에 해당하고 절척折尺의 84푼에 해당한다. 삼사포백척과 신주神主에 쓰는 주척周尺은 역시 남헌가南軒家 소각본所刻本을 보니 비교하면, 주척이 커서 34푼이 추가된다. 즉 수척首尺과 경척京尺이 주척 34푼에 해당하고 절척折尺 1척13푼으로 사마가司馬公家의 석각본石刻本에서 사용하고 있다.

그런데 조선 후기에 오면 영조척만으로 왕릉 문화를 이해할 수 없다. 현륭원顯隆園(1789)의 좌향석坐向石에 의하면, 현릉원 조영할 때에 주척周尺, 영조척營造尺, 예기척禮器尺 따위를 사용하고 있다.[15)]

주척: 혈심穴深(무덤 구덩이의 깊이) 9자

영조척: 병풍석 圓徑 32자

예기척: 隔灰 1자, 旁灰 3자 地灰 3치

광을 파는 단위는 주척으로, 사용되는 돌의 단위는 영조척으로, 회의 단위는 예기척으로 각각 사용하고 있음을 알 수 있다.

그러므로 조선 후기의 ≪국조속오례≫와 ≪국조상례보편≫ 따위의 '치장' 첫 구절 '영조척을 쓴다'는 변화되지 않은 문구를 그대로 믿어서는 아니 된다. 세심한 살핌이 필요하다는 뜻이 된다.

그럼에도 불구하고 현륭원에서는 세부적으로 척량을 제시한 것이다. 이러한 기록은 조선 초기부터 '땅은 주척, 돌은 영조척, 회는 예기척'을 사용했는지 아니면 단순히 영조척으로 통일되었는지 확인이 어렵다. 만약에 현륭원 방식의 척량을 사용하지 않았다면, 조선 초기와 후기는 많은 변화가 있었다고 보아야 한다.

이러한 도량척에 대한 이해의 필요불가결은 무덤문화 연구 이외에도 특히 의례 분야에서 중시된다고 할 수 있다.

조선왕조실록에 의하면, 영조척에 관련된 기록은 48회가 등장한다. 태조에서 순조까지 지속적으로 논의가 전개되고 있기도 하다.

태종 14년 5월 13일조가 처음의 기록이다. 나라를 새로 세웠기 때문에 사전祀典을 정비하는 것은 시급한 일이었다. 예조에서 우사단雩祀壇 조

15) ≪현륭원원소도감의궤≫ 권1 도설圖說

성을 건의한 것은 당연한 일이라고 생각된다. 단의 높이가 '3자尺'인데, 영조척을 쓴다는 기록이다.

예조에서 우사단雩祀壇을 쌓도록 청하였다. 단의 제도는 송조宋朝의 황우풍사단皇祐風師壇의 제도에 의하여 높이가 3자尺, 둘레가 33보步인데, 영조척을 사용한다고 하니 임금이 그대로 따랐다.[16)]

송 나라 제도를 도입하면서 당시 중국에서 사용하던 영조척을 그대로 쓴 것이다. 며칠 후인 5월 18일에 우사雩祀의 신주神主 제작에도 역시 영조척을 쓴다. 높이가 2자2치, 너비가 4치5푼, 두께가 9푼이었다. 이 신주를 보호하는 부방趺方은 높이가 4치5푼, 너비가 8치5푼으로 신주보다 거의 곱으로 확대되었음을 알 수 있다.

그림 2-6 여러 가지 도량형

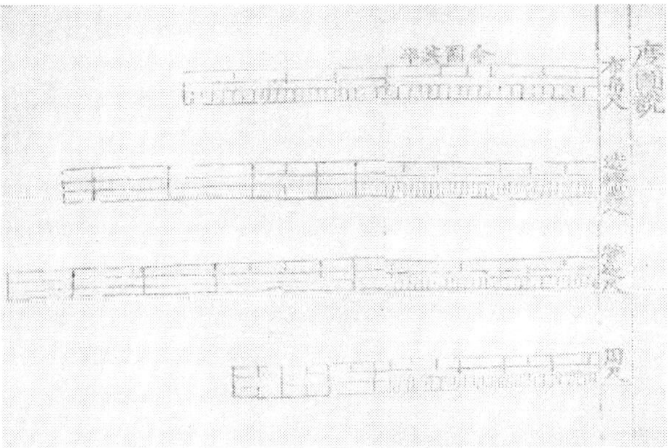

[설명] 이 그림은≪국조오례의 서례≫의 '도도설度圖說'이다. 원래는 두 쪽에 걸친 것이었는데 이를 축소하여 보인 것이다. 여기서 '도度'란 '도량형'의 '도'로 '길이'를 뜻한다.

16) 태종실록 14년5월13일조

포백척, 영조척, 조예기척, 주척 따위의 길이를 보인 것이다. 세종은 도량형을 정비한 왕이다.

영조척이 단壇의 조영에 쓰였고 신주 만드는 데에도 사용되었다. 우사단 이외에도 사직단(사방 너비 2장5자, 높이 3자, 사방으로 낸 계단이 3치이며 양쪽으로 작은 담壝), 풍운뢰우단風雲雷雨壇(사방 너비 2자3치, 높이 2자7치 작은 담은 둘), 선농단先農壇(위와 같음), 선농단先蠶壇(위와 같음), 영성단靈星壇(사방 너비 2장1자, 높이 2자5치 작은 담 하나), 마조단馬祖壇(위와 같음), 선목단先牧壇(위와 같음), 마사단馬社壇(위와 같음), 마보단馬步壇(위와 같음) 따위가 있다. 제단 조성의 도량형으로 영조척이 일정한 자리를 확립한 것처럼 보인다.

《세종실록》 4년(1442) 9월6일조에 의하면, 산릉제도의 자는 영조척으로 한다고 되어 있다. 이후 영조척은 조선 초기 산릉 조영에도 광범위하게 사용되었다.

보기 1

석실石室의 너비는 8자이며 높이는 7자, 깊이는 11자이다. 자는 영조척을 썼으니 아래의 자도 이와 같다.[17)]

보기 2

숯가루를 써서 그 가운데에 메워 다지어, 이렇게 쌓아 올리고 자는 영조척을 쓴다.[18)]

보기 3

현궁玄宮은 같이 하고 실室은 다르게 한다. 왕후의 실은 동쪽에 있고

---

17) 세종실록 2년1월3일조

18) 세종실록 28년5월13일조

수실壽室은 서쪽에 있다. 광壙의 깊이는 10자이다. 영조척을 사용한다.[19]

보기1은 세종실록 2년 1월3일조의 일부이다. 순효대왕 즉 제2대왕 정종의 산릉을 조영할 때, 석실, 능지, 지대, 돌층계, 담 따위의 규모를 논의하는 과정이다.

보기2는 산릉도감으로 석실 축조에 대한 건의를 받아드리는 부분의 일부로 토목공사에도 영조척이 사용된 것이다. 세종 23년 8월20일조 기록에 의하면, 광중壙中의 깊이에 대한 소개가 있다. '1장의 깊이 이하가 우습雨濕이 능히 이르지 못하는 바이요, 한기寒氣도 침입하지 못하는 바'라 하였다. 이외에도 광중의 깊이는 도굴의 방지, 지하수의 방지水患 따위를 고려하여 1~2장이 무난하다는 것이다.

보기3은 능실제도를 설명하는 부분이다.

이와 같이 영조척은 산릉뿐만 아니라 일반 서민의 주택도 사용하도록 하고 있다.

그런데 《단종실록》 즉위년 7월25일조에 의하면, 건원릉乾元陵의 좌혈에 능실을 만들고자 하면서 천광穿壙에서 주척을 쓰자는 주장이 나온다. 단종에 여기에 동의하고 있다. 그러나 같은 해 8월1일에 승정원에서 다시 영조척을 쓰자고 해서 다시 환원이 되고 있다. 주척을 쓰면, 매장의 깊이 측정에 문제가 있다는 것이었다.

> 그리고 서인의 집들의 간살은 보 길이 7자, 도리 길이 8자, 기둥 높이 7자, 누각 높이 12지으로 하되, 모두 영조척을 쓰게 하소서."
>
> 하므로, 그대로 따랐다.[20]

건축에도 영조척을 쓰도록 규정한 것이다.

세종 4년 9월6일조에 유거柳車 상여 만드는 대목이 소개된다. 역시 영

19) 세종실록 28년7월19일조

20) 세종실록 22년 7월27일조

조척을 사용하고 있다. 그 내용은 다음과 같다.

≪예기禮記≫ <상대기喪大記>, ≪의례경전통해속儀禮經傳通解續≫, ≪문헌통고文獻通考≫ <식관조飾棺條>에 모두 이르기를, "군룡유君龍帷가 셋, 지池·진용振容·보황화黼荒火가 셋, 열불列黻이 셋, 열소금저列素錦楮에 유황帷荒과 훈뉴纁紐를 덧붙인 것이 여섯, 제齊가 다섯, 채采가 다섯, 패貝·어약불지魚躍拂池·훈대纁戴가 여섯, 수장繡杖이 여섯"이라 하였는데, 이제 이 제도를 사용하면서 참작하여 만들었다. 자는 영조척을 사용한다.[21]

영조척이 위와 같이 목공예에 사용되었지만 석공예에도 사용되었다. 세종 6년 12월12일조에 의하면, 왕릉에 사용된 석물을 다듬는 과정에서 백성들의 피해를 고려하여 개혁안이 나오게 된다. 고려 시대의 제도를 계승하여 산릉에 석물을 설치하는 데 더위와 추위로 고통이 따르고 운반도 어렵기 때문에 이 제도를 없애자는 것, 고려 시기의 소산인 장명등 제도를 폐지하자는 것, 무덤의 세 계단을 다듬은 돌로 만들지 말라는 것, 무덤의 네 방위 주위에 호석莎臺만을 다듬은 돌을 사용하되, 높이가 1자를 넘지 않고 하고, 대석일지라도 땅에 묻히는 것은 잡석을 사용하되 역시 1자를 넘지 않게 하라는 것 따위였다.[22] 이들은 잘 지켜지지 않았으나 이들 석조물 공예에 영조척이 사용되었다.

새 영조척營造尺으로써 곡斛·두斗·승升·홉[合]의 체제를 다시 정했다. 곡斛의 용량容量이 20두인 것은 길이가 2자, 너비가 1자1치2푼, 깊이가 1자7치5푼으로서 용적이 3920치가 되게 한다. 용량이 15두인 것은 길이가 2자, 너비가 1자, 깊이가 1자4치7푼으로서 용적이 2천 940치가 되게 하며, 두의 길이가 7치, 너비가 7치, 깊이가 4치로서 용적이 1백 96촌

21) 세종실록 4년 9월6일조

22) 세종실록 6년12월12일조

이 되게 하고, 승의 길이가 4치9푼, 너비가 2치, 깊이가 2치로서 용적이 19촌 6푼이 되게 하며, 홉[合]의 길이가 2치, 너비가 7푼, 깊이가 1치4푼으로서 용적이 1치9푼6리厘가 되게 하소서.

하니, 그대로 따랐다.[23]

이와 같이 영조척은 도량형 전체를 주도하는 기준이 되었던 것으로 생각된다.

이런 제도가 완비된다면 그 보급이 뒤따라야 실효를 거둔다고 할 수 있다. 세종이 영조척 40개를 서울과 지방에 나누어 준 것은 이 때문이다. 이 40개 중에서 삼척에 두었던 영조척이 조일전쟁(임진왜란)으로 잃어버린 기준척을 확보하는 전기를 마련하기도 한다.[24] 조선 시기의 영조척은 세종에 의하여 완성되었다고 할 것이다.

세종 4년 9월 6일에 '산릉 제도'와 함께 만들어진 '의장儀仗 제도'를 보면 그 의미가 보다 분명해진다. 의장은 길장吉仗과 흉장凶仗이 있다. 이 중에서 옥책玉冊으로 시책諡冊[시호를 올리는 문서]이 48간簡[여기서 간이란 대나무를 엮은 것을 말한다.], 애책哀冊이 84간이다.

간簡의 길이가 6척이며 너비가 7푼이고 두께가 4푼이다.

여기서 사용되는 자는 포백척이다.

이와는 달리 '반우우주反虞虞主'의 규정은 '조기례척造器禮尺'을 쓴다.

---

23) 세종실록 28년9월27일조

24) 영조 16년 4월5일조. 유척기가 말하기를, "세종世宗 때에 포백척이 삼척부三陟府에 있으니, 해조該曹를 시켜 가져오게 하여 최천약崔天若 같은 솜씨 좋은 자를 시켜 ≪대전大典≫ 칫수에 따라 교정較正하게 하면, 황종척·주척·예기척·영조척도 다 그 제도에 맞아 차이 나지 않을 수 있을 것이고, 완성되고 나면 중외에 반포할 수 있을 것입니다." 하니, 임금이 그대로 따랐다.

뽕나무로 길이가 1자, 모方이 5치, 윗 이마가 직경이 18푼, 상하 사방으로 구멍을 뚫는데, 직경이 9푼이다. 검을 칠을 된 궤匱이다. 그 궤 밑에는 네모方底로 되어 위로 올라가게 만들고, 덮개蓋는 위에서 아래로 내려오되 바닥底와 가지런하게 한다. ≪두씨통전杜氏通典≫ 및 본국[조선] 종묘 신주宗廟神主의 체제에 의하여 만들고, 자尺는 주문공朱文公의 석전의식釋奠儀式 안에 있는 조례기척造禮器尺을 사용한다.

영조척은 길이를 재는 자의 하나로 목공과 건축 따위에 많이 사용하여 목공척木工尺이라고도 한다. 영조척은 실용성이 많아 시대에 따라 변하지 않았다.

≪증보문헌비고≫에 의하면, 1 영조척은 황종척의 0.899에 해당된다. 현재 덕수궁에 소장된 구리 제품인 황종척이 34.1cm인데 이로 계산하면 영조척은 30.65cm이다.

이러한 자척의 이해는 풍수문화에서 절대적으로 중요한 일이다. 100리의 땅이 넓고 1000개 산이 있어도 혈은 하나다. 그런데 그 혈은 '털끝만큼이라고 어긋나면 화와 복은 1000리나 틀린다는 ≪명산론明山論≫의 논리가 있다. 이러한 혈의 화복론은 세종 27년 4월4일 하연河演(1376~1453), 김종서金宗瑞(1390~1453) 등이 수릉壽陵을 살피고 와서 올린 상소문에서 그대로 나타난다.

명산론明山論에 이르기를, '백리百里의 땅이 펀펀하고 넓으며 천산千山이 많이 모였다 하나, 기운을 받은 땅은 단지 한 혈만 있으니, 호리毫釐라도 어긋나면 화복禍福이 천리千里만큼 틀린다.' 하였다.

인조 4년 2월15일에 예장도감禮葬都監에서 석물의 '척수尺數'에 대해 건의한 일이나 영조 즉위년 10월9일 봉릉封陵하면서 원경圓徑을 결정하는 과정도 이런 도량형의 변천과 무관하지 않을 것이다.

3 시진(時辰)[시간] 읽기

- '3년상'은 2년이다

이런 동·서양의 시간관의 편차는 아직도 정리가 되지 못한 느낌이다. 방송과 언론 매체들을 보면, 관련자의 나이 따위를 적을 때 만滿(서양적 시간관)으로 혹은 전통적(동양적 시간관)으로 적느냐를 두고 혼재하고 있기 때문이다.

흔히 '3년상三年喪'이란[25] 상례喪禮가 있다. 이것은 서양적 시간관에 의하면, '2년상'에 불과하다. 동양적 시간관으로는 상이 있는 당해년이 1년이고, 소상小喪이 2년이고, 대상大喪이 3년이기 때문이다. 실질적인 기간은 '2년'에 '장례 기간'을 합한 것이 '삼년상'인 것이다.

이러한 동·서양의 시간관의 편차를 인식하면서 전통문화에 접근해야 한다는 것이다. 1895년(전통적 시간관)과 1896년(서양적 시간관)은 그런 면에서 갈림길이 된다.

또 다른 좋은 보기가 있다. '시時'에 대한 이해이다. 1895년 이전까지의 시時는 '시진時辰'의 준말이다. 하루가 12시진인 것이다. 자시子時는 오늘 날 시간으로 23시~01시이다. 이와 같은 방식으로 축시丑時는 01~03시이고, …… 해시亥時는 21시~23시인 것이다. 그러나 이러한 2시간 단위의 시진을 이해한다면, 이는 잘못된 시간의 측정법이다. 전통적인 시간관은 '부정시제不定時制'를 사용하고 있기 때문이다. 하루를 밤·낮을 각각 6시진으로 나눈다면, 하지의 오시와 동지의 자시는 2시간보다 많기 때문이다. 이와는 반대로 하지의 자시와 동지의 오시는 2시간보다 모자랄 것이다.

지금까지 내용을 정리하면, 전통적 시간관으로 하루는 12시진이지만

25) 지두환(1994)은 '국상 복제 논의' ≪조선전기 의례연구≫(225~265쪽)에서 3년상의수용·논의·확립 과정을 다루고 있다. 참고하기 바란다.

서양적 시간관으로는 24시간이다. 거기다가 '정시제定時制'와 '부정시제不定時制'로 이해하였기 때문에 '하루'를 서로 같다고 보기가 어려울 정도이다. '일日'과 '시時'에만 한정된 것이 아니다.

2-7 흉례의궤

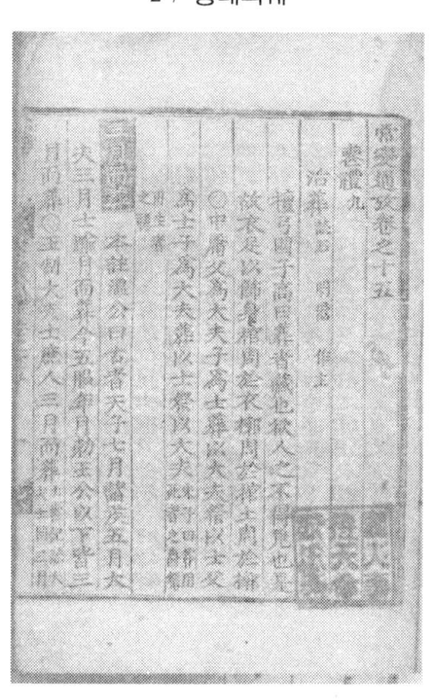
喪禮通攷卷之十五
喪禮九
治葬
檀弓國子高曰葬者藏也欲人之不得見也是
故衣足以飾身棺周於衣槨周於棺土周於槨
◎中庸父爲大夫子爲士葬以大夫祭以士父
爲士子爲大夫葬以士祭以大夫
本註通分曰古者天子七月諸侯五月大
夫三月士踰月而葬今五服年月勑王公以下皆三
月而葬◎王制大夫士庶人三月而葬

[설명] 상례는 흉례의 하나이다. 원래 연월일시의 소위 사주는 그 사람 운명의 상징체계로 인식하는 데서 비롯된다. 우리 사는 공간이 '천상열차분야'라면 우리 사는 시간은 '연월일시'인 것이다.

'해年'와 '달月'도 역시 동·서양의 시간관은 이해의 편차가 적지 않다. '달'의 경우 누구나 아는 것처럼 전통사회에서는 '태음력太陰曆'을, 서양사회에는 '태양력太陽曆'을 사용해 왔다. 여기서 '태음'이 '달'을, '태양'이 '해'를 뜻한다는 사실을 알 것이다. 서양에서 '달력'을 'calendar'라고 한다. '카렌다'의 어원이 '초하루'라고 한다. 한 달에 초하루가 하루밖에 없으니, 12달로 달력이 되는 셈이다. 그렇다고 전통사회에서 태음력만 사용한 것은 아니다. 태양력인 24절기와 함께 상호 보완 관계의 시간관을 가지고 있었기 때문이다.

'연호年號'라는 것이 있다. 황제가 자리에 오르면, '연호'를 선포하게 된다. '연호'란 글자 그대로 '해의 이름'이다. 해에 이름를 붙이고자 하는 의도는 하늘의 중심天帝인 해의 '직계直系'이며 '천손天孫'의 업을 '대행代行'한다의 의미이다. 하늘이 인정한 정통성이 확보된 것임을 천명하려는 것이다. 고종 황제가 '대한제국大韓帝國'을 선포하면서 연호를 사용한 것은 이 때문이다. 이러한 연호의 사용은 서양사회의 '서력기원西曆紀元'과 다른 차원이라고 여겨진다.

오늘 날 사용되는 '태양력'은 달리 '그레고리우스력'이라고도 부른다. 추기경 그레고리우스가 교황으로 등극하여 만든 책력冊曆이기 때문이다. 그레고리우스가 추기경 시절부터 '역법曆法'에 대하여 지대한 관심을 가지고 고치고자 했던 것은 종교적 과제 때문이었다. 그 이전의 역법인 율리우스력에 의하면, 원래의 부활절復活節 날짜와 책력상의 날짜가 맞지 않는다는 인식을 했던 것이다.

율리우스 카이사르가 폼페이우스를 무찌른 뒤 소아시아와 아프리카 원정에서 많은 진과를 올리고 기원전 46년에 로마로 돌아왔다. 로마 공화정 말기에 대제관들은 달력과 태양의 운행을 일치시키도록 윤년閏年의 도입을 결정할 권한을 갖고 있었다. 그런데 이들 대제관들은 자신의 임기를 늘이거나 새로운 임기를 빨리 시작하고 싶어 했다. 그 결과 율리우스 카이사르가 로마로 개선한 해는 36개월이나 연장된 445일이나 되는 혼란스런 체계였다. 카이사르는 이를 개혁하여 기원전 45년 11월1일(kalendae januarius)부터 율리우스력을 사용하도록 했던 것이다. 율리우스력의 1년을 365.25일로 삼았다. 그런데 그레고리우스력의 1년은 365.2425일이다. 율리우스력의 0.05와 그레고리우스력의 0.0425의 편차가 있었기 때문에 그레고리우스력은 1582년 10월의 4일(목요일)에서 15일(금요일)로 그간의 11일의 간극을 메꾸었던 것이다. 이로 말미암아 예수 사후 당시의 부활절에 접근하고자 했던 것이다.

참고로 서양에서의 한 해의 역사는 1달, 5달, 6달, 10달, 12달 따위가 있다. 1달이 1년이 된 보기는 ≪성경≫ <창세기> 5장에 나타난 인류의 계보에서 찾을 수 있다. 므두셀라는 969세를 살았다. 1달이 29.53일이며 1해가 365.24일이다. 이들을 대입하여 계산하면 79세[969살X29.53일=28,614.57일, 28,614.57일÷365.24=78.39년]가 된다. 창세기 25장 7절에 의하면, 아브라함은 175세를 살았다. 이를 5달을 1년으로 계산하면. 75세[175X5 =72.91]이다.[26)]

≪국조오례의≫ <치장>의 첫 귀절은 '5개월만에 장사를 지낸다.'고 되어 있다. 여기서 '5개월'은 얼마의 기간을 의미하는 것일까 살펴보아야 한다.

왕의 장례 기간을 살펴보면 다음과 같다.

태조 5개월[5, 6, 7, 8, 9] 〚 3개월15일 〛(1408.5. 24~9. 9.)
정종 5개월[9, 10, 11, 12, 1] 〚 3개월7일 〛(1419.9.26~1420.1.3)
태종 5개월[5, 6, 7, 8, 9] 〚 3개월26일 〛(1422.5.10~9.6)
문종 5개월[5, 6, 7, 8, 9] 〚 3개월17일 〛(1452.5.14~9.삭일)
세조 5개월[7, 8, 9, 10, 11] 〚 4개월20일 〛(1468.7.8~11.28)
예종 4개월[11, 12, 1, 2] 〚 2개월7일 〛(1469.11.28~1470.2.5)
성종 5개월[12, 1, 2, 3, 4] 〚 3개월12일 〛(1494.12.24~1495.4.6)
인종 5개월[7, 8, 9, 10] 〚 3개월14일 〛(1545.7.삭일~10.15)
명종 4개월[6, 7, 8, 9] 〚 2개월 24일 〛(1567.6.28~9.22)
숙종 5개월[6, 7, 8, 9, 10] 〚 4개월13일 〛(1720.6.8~10.21)

---

26) 이정모(2001) ≪달력과 권력≫(부·키), 40~44쪽

경종 5개월[8, 9, 10, 11, 12] 〖 4개월 〗(1724.8.25~12.26)

영조 5개월[3, 4, 5, 6, 7] 〖 4개월22일 〗(1776.3.5~7.27)

헌종 5개월[6, 7, 8, 9, 10] 〖 4개월22일 〗(1849.6.6~10.28)

철종 5개월[12, 1, 2, 3, 4] 〖 3개월29일 〗(1863.12.8~1864.4.7)

고종 2개월[1, 2] 〖 12일 〗(1918.양1.21~1919.2.3)

순종 3개월[4, 5, 6] 〖 1개월16일 〗(1926.4.25(음 3.14)~6.11(5.2)

위의 자료에는 천릉 따위로 불분명한 왕의 장례 기간은 제외했다. 그 대상이 세종, 단종, 연산군, 중종, 선조, 광해군, 인조, 효종, 현종, 정조, 순조 등이다.

≪국조오례의≫의 '5개월장'은 대체로 잘 지켜지고 있으나 예종과 명종은 4개월장을 지내고 있다. 일제기의 황제의 장례 기간은 순종이 3개월장(1개월16일간), 고종이 2개월장(12일간)에 이르러 국권의 상실을 짐작하게 한다. 실제 4개월이 넘는 장례 기간은 세조, 숙종, 경종, 영조, 헌종 등이고 나머지는 3개월 7~29일 사이가 된다.

왕비의 장례 기간은 조선 초기의 경우 3개월장이지만, 후기에 가면 5개월장 심지어는 7개월장까지 늘어난다. 왕보다 더 장례 기간이 길기도 했던 것은 풍수에서 오는 영향 때문이었다. 당시 장례는 '3운三運'이 좌우하고 있었다. 여기서 '3운'이란 연운年運, 산운山運, 본명운本命運 따위인데, 이들이 맞아야 했던 것이다. 이 부분은 뒤의 '풍수학'에서 좀더 상세하게 다룰 것이다. 그만큼 왕이 자신의 왕비를 사랑했고 '풍수학'이 사회에 많은 영향을 미치고 있었던 것으로 풀이된다.

역대 왕비의 장례 기간은 다음과 같다.

태조 계비 정릉貞陵 2개월[8, 9] 〖 19일 〗(1396.8.13~기축9.2[1409본릉에 이장])

정종비 3개월[6, 7, 8] 〖 1개월 13일 〗 (1412.6.25~8.8)

태종 원비 3개월[7, 8, 9] 〖 2개월 7일 〗 (1420.7.10~9.17)

세조비 4개월[3, 4, 5, 6] 〖 2개월 13일 〗 (1483.3.30~6.12)

예종 계비의 창릉昌陵 3개월[12, 1, 2] 〖 1개월 27일 〗 (1498.12.23~1499.2.14)

원비의 공릉恭陵 3개월[12, 1, 2] 〖 2개월 25일 〗 (1461.12.5~1462.2.25)

성종 계비의 선릉宣陵 3개월[8, 9, 10] 〖 2개월 7일 〗 (1530.8.22~10.29)

원비의 순릉順陵 3개월[4, 5, 6] 〖 1개월 22일 〗 (1474.4.15~6.7)

중종 계비의 태릉泰陵[단] 4개월[4, 5, 6, 7] 〖 3개월 8일 〗 (1565.4.7~7.15)

인종 원비 4개월[11, 12, 1, 2] 〖 2개월 16일 〗 (1577.11.29~1578.2.15)

명종과 원비 4개월[1, 2, 3, 4] 〖 3개월 〗 (1575. 정월.2~4.28)

선조 원비 7개월[6, 7, 8, 9, 10, 11, 12] 〖 5개월 5일 〗 (1600.6.27~12.2)

계비 5개월[6, 7, 8, 9, 10] 〖 3개월 8일 〗 (1632.6.28~10.6)

인조 계비의 휘릉徽陵 5개월[8, 9, 10, 11, 12] 〖 3개월 10일 〗 (1688.8.26~12.6)

효종과 원비 5개월[2, 3, 4, 5, 6] 〖 3개월 10일 〗 (1674.2.24~6.4)

현종과 원비 5개월[12, 1, 2, 3, 4] 〖 4개월 〗 (1683.12.5~1684.4.5)

숙종 1계비 5개월[8, 9, 10, 11, 12] 〖 3개월 25일 〗 (1701.8.14~12.9)

2계비 5개월[3, 4, 5, 6, 7] 〖 3개월 25일 〗 (1757.3.26~7.12)

원비 5개월[10, 11, 12, 1, 2] 〖 3개월 16일 〗 (1680.10.26~1681.2.22)

경종과 계비 5개월[6, 7, 8, 9, 10] 〖 3개월 26일 〗 (1730.6.29~10.19)

원비 3개월[2, 3, 4] 〖 2개월 11일 〗 (1718.2.7~4.19)

영조 원비 5개월[2, 3, 4, 5, 6] 〖 3개월 19일 〗 (1757.2.15~6.4)

계비 6개월[1, 2, 3, 4, 5, 6] 〖 4개월 22일 〗 (1805. 정월.12~6.4)

정조 원비 7개월[3, 4, 5, 6, 7, 8, 9] 〖 6개월 4일 〗 (1821.3.9~9.13)

순조 원비 5개월[8, 9, 10, 11, 12] 〖 4개월 13일 〗 (1857.8.4~12.17)

헌종 원비 5개월[8, 9, 10, 11, 12] 〖 3개월 7일 〗 (1843.8.25~12.2)

계비 3개월[11, 12, 1] 〖 3개월 〗 (1903.11.15~1904. 정월.29)

철종 원비 5개월[5, 6, 7, 8, 9] 〖 4개월 16일 〗 (1878.5.12~9.18)

이 자료는 장례 기간이 분명하지 못한 태조의 계비(제릉齊陵), 세종비, 문종비 단종비, 연산군 거창부인 신씨, 중종 원비(온릉溫陵), 중종 계비(희릉禧陵), 광해군 문성군부인 유씨, 인조와 원비. 고종과 원비, 순종과 원비, 계비 등은 제외했다. 그 자료가 불분명하기 때문이다.

조선 왕비의 장례 기간은 가장 짧은 것이 태조의 계비(貞陵)의 2개월장[8월과 9월] 19일장(1396.8.13~기축9.2[1409본릉에 이장])이고 가장 긴 것이 정조 원비인 7개월장(3월, 4월, 5월, 6월, 7월, 8월, 9월) 6개월 7일간이다.

4 윤도(輪圖) 읽기

- 지남철과 윤도는 별개의 문화

'윤도'는 '바퀴의 그림'이라는 뜻이다. 이 말 속에는 불교의 '윤회'와 관련되어 있다고 할 수 있다. 일종의 도덕적이고 관념적이며 철학적인 개념인 것이다.

풍수문화 현장에서는 '나경'을 사용하기도 한다. '나경'의 사전적인 의미는 '경經을 벌여놓다'이다. 여기서 '경'이란 '장경葬經'이라고 할 수 있다. 장경을 벌여놓아 택조宅兆 즉 유택을 점치거나 상지相地 즉 땅의 상을 보고자 함이다.

'나경'은 선조 시기부터 쓰이기 시작하였다. 그러나 이 용어는 중국에서 들어온 문화라고 할 수 있다. 그래서 여기서는 '윤도'라는 용어로 사용하기로 했다.

조선왕조실록에 의하면, 윤도輪圖와 나경羅經 이 외에도 규형窺衡, 범철泛鐵, 지남철指南鐵, 패철佩鐵, 침석鍼石, 지남철指南鐵 따위로 표현되고 있다.

근래 듣건대 허원許遠이란 자가 새로 지남철指南鐵을 만들었는데 단

지 해의 그림자를 취하여 남북南北을 정하니 그 법이 아주 정밀하다고 합니다.[27]

이상의 인용문은 영조실록 7년5월18일조의 일부이다. 이 글은 판부사 민진원閔鎭遠(1664~1736)이 후릉厚陵의 방혈傍穴을 간심하는 과정에서 올린 상소문에 해당한다. 그런데, 지남철을 만들었다는 허원에 대하여 알려진 바는 많지 않다.

[조선] 과학자. 1705년(숙종 31) 관상감제조로 청 나라에 건너가 역관曆官 하석河錫에게 역법曆法을 배워 가지고 돌아와 ≪세초류휘細草類彙≫를 저술, 1710년에 간행했다. [문헌]숙종실록 조선도서해제[28]

이상은 ≪한국인명대사전≫ 1980:1012의 기록이다.

나경'이란 용어가 조선 왕조에 공식적으로 나타난 것은 선조 시기이다. 총5회 등장하는데 선조 시기에 3회, 정조 시기에 2회가 그것이다.

쉽게 '분금론分金論'을 고려할 때, 이들 기기器機들의 질적인 기능을 동일한 것이라고 하기는 어려울 것이다. 예를 들면, 규형과 나경은 각각 기능의 질적인 면에서 상당한 차이가 있을 수 있다는 의미이다.

규형은 총 5회가 등장한다. 즉 세종 시기에 3회, 성종 시기에 1회, 선조 시기에 1회가 그것이다. 범철은 9회가 등장한다. 문종 시기에 1회, 세조 시기에 1회, 중종 시기에 1회, 선조 시기에 4회, 광해군 시기에 2회이다. '쇠鐵'로 사용하는 것이 가장 많은 빈도수를 보인다. 이것이 조선 전반기의 나경의 용어이다.

윤도는 3회(선조 1, 숙종 1, 정조 1), 지남철은 3회(성종 1, 숙종 1, 영조 1), 패철은 1회(정조), 침석은 3회 따위가 나타나는 데 이 시기는 조선 왕

27) 영조실록 7년5월18일조

28) 한국인명대사전편찬위원회(1980) ≪한국인명대사전≫ 1012쪽

조 후반기에 속한다.

원래 나경은 국가적으로 '금기'의 품목이었다. 나경은 고사하고 자석까지 국가는 금지시키고 있다.

≪삼국사기≫ 문무왕(상)조에 의하면, 669년(문무 9)에 자석은 금기 품목이었다.

> [문무왕] 9년 봄 정월에 신혜법사信惠法師를 정관政官 대서성大書省으로 삼았다. 당나라 중 법안法安이 와서 천자의 명령을 전하여 자석을 구했다. 2월 21일에 대왕은 여러 신하들을 모아놓고 명령을 내렸다.[29)]

당시 자석은 나라의 금기 품목이었다. 이러한 금기 품목은 조선 시기에도 마찬가지였다. 태종 7년[1407] 10월 8일조에 의하면, 세자에게 자석과 철[나경]을 바친 검교판한성부사 유한우劉旱雨를 파직시키고 있다.

> 검교판한성부사檢校判漢城府事 유한우劉旱雨를 파직하였다. 유한우가 몰래 자석磁石과 철鐵을 세자世子에게 바쳤는데, 세자가 금암역金巖驛에 이르러, 명하여 물을 가져다가 철鐵을 띄워 이를 시험하였다, 환관宦官 박영문朴英文이 이를 간하니, 허조許稠가 곧 자석과 철을 봉封하여 사헌부로 보내고, 또 글을 올려 유한우의 죄를 청하였다.[30)]

이렇게 나경은 당시 아무나 가질 수 있는 것이 아니었다.

나경의 출현은 전국시대의 무렵으로 알려지고 있다. 최초의 나경은 천연자석으로 만들어진 사남司南이란 것이었다. 바늘은 국자勺 모양이고 바닥은 둥글게 만들어 평평하고 매끄러운 지반地盤 위에서 바늘이 자유롭게 돌아가도록 만든 것이다. '사남'이란 이름이 붙은 것은 바늘이 멈추었을 때, 자루가 남쪽을 가리키기 때문이었다. 한漢 나라 시기에는

---

29) ≪삼국사기≫ 문무왕(상)조

30) 태종실록 7년[1407] 10월 8일조

지반의 둘레를 8간干 즉 갑甲·을乙·병丙·정丁·경庚·신辛·임壬·계癸와 12지支를 새기고 4유維 즉 건 乾·곤坤·간艮·손巽 따위를 배합하여 24방위를 구성했다. 이러한 기록은 ≪귀곡자鬼谷子≫의 <모편謀篇>과 왕충王充(27~?)의 ≪논형論衡≫의 <시응是應>에서 찾을 수 있다.

사남은 널리 사용되지 못했고 인공적인 자성으로 만든 것이 '지남어指南魚'와 '지남철指南鐵'이다. 태종의 세자가 금암역에서 철을 물에 띠운 것은 지남어가 아닐까 생각한다.

그림 2-8 윤도

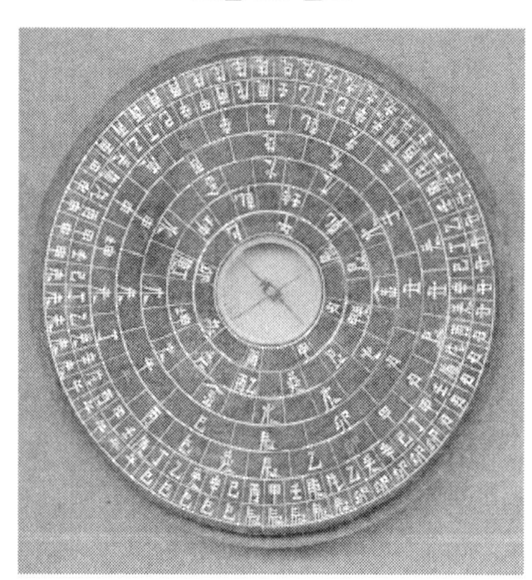

무형문화재 제20호 윤도장 김종대 제작

[설명] 이 그림은 무형문화재 제20호인 윤도장 김종대가 제작한 것이다. 이 윤도가 조선 사회에서 사용하던 기본적인 형태라 할 수 있다.

중국 문헌에서 나경에 관한 최고의 기록은 남송의 증삼이曾三異가 쓴 ≪인화록因話錄≫이다. 이 나경의 제작은 자편각磁偏角 지식이 응용되었다. 방향반의 24향向에는 자오정침子午正針 즉 자침으로 정하는 지구

자기장의 남북극 방향뿐 아니라 자오子午와 병임丙壬 사이의 봉침縫針 즉 해그림자로 정하는 지리적인 남북극 방향도 있어서 이 둘 사이에 끼인 각이 생기게 되는데 이것이 바로 '자편각'이다. 이런 유의 나경이 수라반水羅盤(북송 시기)과 한나반旱羅盤(명 나라 가정 연간) 따위로 발달하게 되었다.

현재 일반적으로 사용되는 나경 즉 지남침은 대략 12세기 말에서 13세기 초에 바닷길로 아라비아를 거쳐 유럽으로 전해진 것이 다시 동양으로 유입된 것이다.[31]

일반적으로 하나의 왕릉을 조영할 때 상지관相地官과 범철관泛鐵官이 동일한 사람일 것이라고 생각하기 쉽다.

> 어제 저녁에 산릉도감의 낭관이 와서 하는 말이, 산릉의 혈穴로 예정된 곳은 다듬어 놨으나, 범철관泛鐵官이 보니 앞서의 좌향坐向과는 다른 듯하므로 부득이 다시 간심看審한 다음에 광壙 위에다 가가假家를 짓고 정혈正穴을 파야 한다고 했는데, 신이 어제는 너무 저물었기 때문에 미쳐 와서 아뢰지 못했습니다. 오늘 예조 당상과 관상감 제조 및 상지관相地官이 함께 가서 다시 둘러보는 것이 어떻겠습니까?
>
> 하니, 아뢴 대로 하라고 전교하였다.[32]

이 기록은 종종실록 25년 9월17일조이다. 이 기록에 의하면, 범철관과 상지관이 서로 다른 것을 확인할 수 있다. 범철관이 좌향을 본 날짜와 상지관이 둘러보는 날짜가 다르게 때문이다.

---

31) ≪교양으로 엮은 교양중국사≫ 841~842쪽

32) 종종실록 25년 9월17일조

제3장 풍수(風水) 문화의 문헌(文獻) 정보

어느 영역이든지 연구의 기본은 해당 문헌 정보의 파악이다. 그보다 앞서서 영역의 범주와 대상을 정리하고, 연구의 동향과 성과 따위를 살핀 뒤에야 연구가 가능해진다는 뜻이다.

우선 능묘와 풍수문화의 연구대상 영역을 어디까지로 할 것인가 정해야 한다. 풍수가들은 풍수와 직접 관련된 문헌정보만을 그 대상으로 삼을 수 있다. 말하자면 상장제喪葬制를 제외하고 심지어는 묘제墓制까지도 연구의 대상에서 제외시킬 수 있다. 고고학에서의 그것은 고고학적 지식만을, 미술사 특히 조각이나 회화에 관련하여 예술적 지식만을, 종교학이나 의례사에서는 신앙적 의례적 지식만을 그 대상으로 삼을 수 있다.

이 글에서는 상장례와 묘제 따위를 포함하여 능묘와 풍수문화의 포괄적인 문헌정보를 연구 대상으로 삼고자 한다. 책의 제목에서 능묘 부분과 풍수 부분의 두 문헌정보를 취급 대상으로 삼았다.

능묘의 제도는 전통사회에서 '흉례凶禮'에 속한다. 흉례 가운데서도 '치장治葬' 부분이 무덤의 제도와 직접적인 영역이다. 죽어서 무덤이 만들어지는 과정까지가 여기에 속한다.

'흉례'란 오례五禮의 하나이다. 즉 길례吉禮, 가례嘉禮, 빈례賓禮, 군례軍禮 따위와 같은 선상에 놓이게 된다. 능묘의 제도가 '흉례'로 정립된 것은 조선 시기라고 여겨진다. 그 출발적인 문헌정보가 ≪세종실록世宗實錄 오례의五禮儀≫일 것이다. 그 결정판이 성종 때에 간행된 ≪국조오례의國朝五禮儀≫이다. 이들 문헌은 '국정 문서'라는 점에서 그 영향이 심대하다고 여겨진다. 그런데 후대로 갈수록 현실과 부합되지 않아 수정할 필요가 생기게 되었다. 그래서 다시 나라에서 펴낸 것이 ≪국조속오례의國朝續五禮儀≫, ≪국조상례보편國朝喪禮補編≫ 따위와 같은 문헌 정보이다.

국가만이 이런 문헌정보를 생산해낸 것은 아니다. 개인이 생산한 것도 결코 적다고 할 수 없다. '상장례喪葬禮'에 관한 정보가 그것이다. 전통사회에서의 특징 즉 유교문화의 대가족중심적인 세계는 상장례를 중시했기 때문에 국가의 중요 정보였다.

현재 유통되는 풍수문화 문헌 정보는 다소 당혹스러울 정도이다. 이들 문헌 정보는 a) '술서術書', b) 군소출판사(강의상 교재용), c) 표절하기, d) 술객 편향적 사고, 따위의 특성이 있다. 이러한 특징으로 인하여, 이 방면을 연구하려는 초심자들이 판단을 내리기가 쉽지 않다.

이러한 혼란을 극복하려면 결코 쉬운 일이 아니다. 이러한 '술서'의 수요층이 학문적 관심에 있지 않고 '기능적 습득'에만 매달리기 때문이다. 술객이 자신의 '전공'을 사설 강의하면서 그 교재로 간행하는 것이 일반적이다. 강의자가 자기가 직접 혹은 관련된 출판사에서 간행하는 형태이다. 표절이 많은 이유는 수요자 층이 '한 권의 술서'라는 최소한의 경비로 해당 영역의 '기능'을 익히려 하기 때문에 생기는 폐단이다. 문헌 정보의 역사적인 파악이나 인식이나 다른 문헌과 비교하는 과정이 없이 전개되었던 것이다.

김두규 교수의 ≪풍수학 사전≫에서 '풍수 서적'을 다음과 같이 정리한 바 있다.

우리나라(32종)

가결, 감여산록, 경록, 경위령, 구시결, 금낭가, 도선기, 도선밀기, 만국귀정, 명당경, 봉안결, 삼각산명당기, 산경표, 산릉간산시추고함답, 산릉의, 산림경제, 산법전서, 삼한회토기, 손감묘결, 송악명당기, 신지비사, 신집지리경, 옥룡기, 유씨서?, 정감록, 조선민택삼요, 지경경, 지리결정, 태장경, 택리지, 풍수지리약설, 해동비록

중국(63종)

감룡경, 감여금궤, 감여만흥, 곤감가, 궁택지형, 극택통서, 낙도가, 난대묘선, 대정수, 독장서문대, 동림조담, 명산론, 빌미론, [지리]변망, 산릉의장, 삼진통재, 설심부, 성명총괄, 소씨서, 수룡경, 심룡기, 양택대전, 양택벽류, 양택삼요, 양택십서, 양택촬요, 오행정기, 옥수진경, 육임, 응천가, 의룡경, 이순풍 소권, 인자수지, 입식가, 자미수, 장결결의, 장법도장, 장서, 장서문대, 장설, 장중가, 지남, 지리대전, 지리문정, 지리신법, 지리오결, 지리정종, 천리천기회원, 지현론, 착맥부, 천기대요[한], 천보경, 천옥경, 청랑경, 청랑서, 청랑오어, 청오경, 최관편, 탁옥부, 팔오경, 하지경, 현여자평, 황제택경

일본(1종)

조선의 풍수

김두규의 풍수문헌 정보는 능묘문화의 그것을 포함시키지 않고 있다. 또한 그것조차 소략하다는 평가를 들을 수밖에 없을 정도로 빈약한 편이다. 그래도 이를 정리한 것은 성과의 하나라고 생각된다.

이들 문헌정보는 중국의 지대한 영향을 받았기 때문에 이들도 파악이 필요하다. 그 결과가 중국의 사고전서四庫全書와 그 이후 풍수문헌을 정리한 것이다.

그러나 이러한 문헌정보는 아직 초보 수준이기 때문에 하나의 출발점

마련을 위한 것이라고 생각된다. 그만큼 섬세하지 못하다. 더구나 한꺼번에 많은 문헌정보를 포함시키려고 했기 때문이다. 앞으로의 연구에 기대를 걸어 본다.

제1절 우리나라

1 고려(高麗) 시대

고려시기에 주목되는 것은 1117년(예종 12)에 국가에서 음양과 지리와 관한 문헌을 산정刪定하였다는 사실이다. 그 책이 바로 ≪해동비록海東秘錄≫이다. 나라에서 유신儒臣과 태사관太史官에게 명하여 회령전會寧殿에서 모여 1책을 편찬하였던 것이다.

> 정유丁酉[1117]에 유신儒臣과 태사관太史官에게 명하여 회령전會寧殿에 모여 음양 지리陰陽地理에 관한 제가諸家의 서적書籍을 산정刪定하게 되었다. 이에 1책冊으로 편찬編纂하여 올리니 책명冊名을 하사下賜하여 ≪해동비록海東秘錄≫이라 하였다.[1)]

이 인용문은 ≪고려사≫세가 권12 예종의 기록 부분이다. 여기서 '유신'과 '태사관'은[2)] 구체적으로 김인존金仁存(?~1127), 박승중朴昇中(?~?), 이덕우李德羽(?~1123), 이재李載(11세기 후반에서 12세기), 최선

1) 世家 12 / 睿宗 丙戌 元年 三月條 丁酉, 命儒臣, 與太史官, 會長寧殿, 刪定陰陽地理諸家書, 編爲一冊, 以進, 賜名海東秘錄, 正本, 藏於御府, 副本, 賜中書省·司天臺, 太史局. 東北面兵馬使奏, 東女眞之訓, 率騎二千, 來屯關外, 納欵曰, 往年之戰, 非新王所知, 公牙之朝, 諭以此意, 厚賞遣歸, 上恩至渥, 豈敢忘背, 願至子孫, 恭勤朝貢.

2) 태사관이란 태사국太史局에 속하는 관리이다. 태사국은 고려 초기에 설치된 기구로 천문天文, 역수曆數, 측후測候, 각루刻漏 따위에 관한 일을 맡았다. 태사국은 충렬왕 34년 즉 1308년에는 서운관書雲觀에 병합하였다가 공민왕 18년 즉 1369년에 다시 독립하였다가 3년 뒤 다시 서운관에 흡수되었다.

崔璿(?~?) 등을 말한다.

> 김인존[?~1127]이 학문을 좋아하여 늙어도 책을 놓지 않고 그 당시의 조고詔誥가 많이 그 손에서 나왔다. 두 번 예위禮闈를 맡음에 이름난 선비를 많이 얻었고 일찍이 최선崔璿·이재李載·이덕우李德羽[?~1124]·박승중朴昇中 등과 더불어 음양陰陽·지리地理의 제서諸書를 산정刪定하여 올리거늘 ≪해동비록(海東秘錄)≫이라고 이름을 하사하였다.

이 인용문은 ≪고려사≫ 열전 제신편의 김인존金仁存에서 뽑은 것이다.

김인존의 초명은 김연金緣이다. 문과에 급제하여 직한림원直翰林院을 거쳐 내시內侍로서 선종宣宗(재위 1084~1094)·헌종獻宗(재위 1095)·숙종肅宗(재위 1096~1105)의 세 임금을 섬겼다. 1102년에는 요遼(1065~1125) 맹초孟初가 사신으로 오자 접빈관으로 응접하여 칭찬을 받아 승진했다. 1105년에는 숙종이 죽자 부고사訃告使로 요를 다녀오기도 했다. 뒤에 비서감秘書監으로 북송北宋(960~1125)에 다녀오기도 했다. 박승중과 더불어 ≪시정책요(時政策要)≫를 편찬하고 또 ≪정관정요(貞觀政要)≫를 주注하기도 했다.

이들 찬자 가운데, 이덕우李德羽는 1108년(예종 3) 사신으로 요에 가서 천흥절天興節을 축하하였고, 1112년(예종 7) 명의왕태후明懿王太后가 죽자 고애사告哀使로 요로 다녀왔다. ≪숙종실록肅宗實錄≫을 수찬한 공으로 호부시랑戶部侍郎에 올랐던 인물이다. 또한 이재李載는 1100년(숙종 5) 회회사回回使로 요에 다녀와 면직되기도 했고, 의종毅宗(재위 1147~1170) 때 우복야右僕射가 되어 김영부金永夫(?~?)와 함께 정조사正朝使로 금金(1117~1234)에 다녀오기도 했다.[3]

---

3) ≪해동비록≫의 찬자는 이들 외에도 박승중朴昇中은 이재李載, 박경작朴景綽(1055~1121), 김황원金黃元(1045~1117), 이덕우李德羽 등과 함께 상정관詳定官으로 예식을 정했고, 예종을 도와 청연각淸燕閣·보문각寶文閣 따위에서 학문을 연구하여 문명을 떨쳤다. 최선崔璿은 예의상정관禮儀詳定官와 판국자감사判國子監事를 거쳤다.

이들의 공통적인 특색은 '중국과 관련이 있다'는 것이다.

당시 중국에서는 국가적인 사업으로 무덤문화 관련 책자의 찬술이 진행되고 있었다. 그리고 이러한 내용을 고려도 잘 알고 있었다. 그 책자가 1192년에 금金(1115~1234)에 처음 간행된 ≪도해교정 지리신서圖解校訂地理新書≫였다. 이 책의 출발은 [북]송[北]宋(960~1126)부터 시작하여 남송南宋(1127~1279)을 거쳐 금나라에서 출간된 장구한 역사의 책이었다.

> 책이 이미 완성되었을 때, 고려 국왕이 표表를 올렸으므로 유사有司에게 조詔를 내려 사본寫本을 공급했다.[4)]

이 인용문에 주석까지 달려 있어서 이채롭다.

> 고려는 동이東夷의 국가 이름이다. 그 왕이 사자使者를 보내어 표를 올렸다. 조정에서 청하였으므로 조를 내려 사본을 주었다.

이들 인용문을 수긍한다면, 고려에서 중국을 다녀온 사자가 누구인지 궁금해진다. ≪해동비록≫이 1117년에 찬술되었고 그 찬술자 가운데 중국을 다녀온 사람이 있다면 일단 검토가 필요하리라 생각된다. 이런 의미에서 김인존, 이덕우, 이재 등이 그 선상에 떠오른다. 특히 이재李載에게 시선이 간다. 그의 생물 연대를 분명하지 않다. 현재까지 알 수 있는 사실만으로 짐작은 가능하다. 1100년(숙종 5) 회회사回回使로 요에 다녀와 어떤 이유인지 면직되기도 했고, 의종毅宗(재위 1147~1170) 때 우복야右僕射가 되어 김영부金永夫(?~?)와 함께 정조사正朝使로 금金을 다녀왔다는 것이다. 우복야란 품계가 정2품으로 장관인 상서령尙書令의

---

4) 왕수王洙 외 ≪도해교정 지리신서≫ <지리신서 서> 11쪽

다음 가는 직위이다. 이 벼슬은 문종(재위 1047~1083) 때 상서성(尙書省)에 처음으로 설치되었다. 상서성이란 백관을 모두 관할(이호예병형공吏戶禮兵刑工)하던 관청으로 태봉국泰封國(당시는 당평성廣評省)부터 있었다. 문종 때에 확장되면서 좌우복야가 각각 1명씩 있었다. 우복야와 좌복야가 무슨 일을 담당했는지는 알려져 있지 않다. 정조사는 정초에 중국에 정월 초하루의 새해를 축하하러 가는 사신이었다. 정초에 문헌을 요청함 직하다.

3-1 ≪지리신서≫ 서문

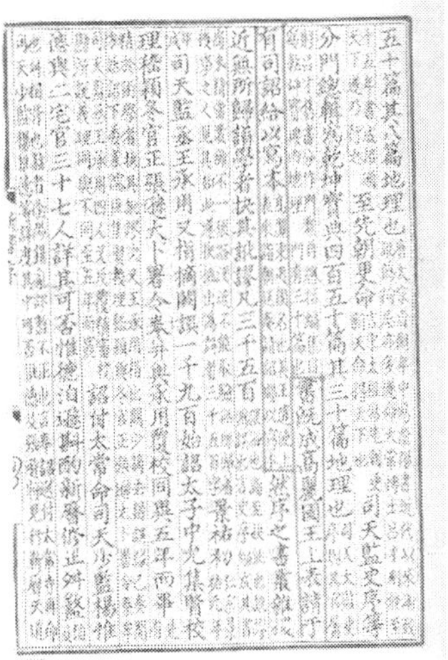

[설명] 이 그림은 왕수 외 ≪지리신서≫의 서문 그 일부이다. 고려 국왕이 이 책을 요구했다는 내용이 있어서 흥미롭다. 이 책은 조선 시대 명종 때에 중국에서 수입하는 일까지 있을 정도로 중요했다. 고려에서 조선 전기까지 소위 이법풍수를 이끌던 풍수문헌 정보라고 할 것이다.

하여튼 의종의 재위 기간 1147년에서 1170년까지는 ≪지리신서≫는 [북]송 시대인 1071년에 완성된 상태였다. 이미 책이 완성되어 사본을 공급할 수 있는 시기였다.

지리신서는 [북]송 나라에서 삼대 즉 인종仁宗-영종英宗-신종神宗에 걸쳐 21년간 수많은 전문가를 동원하여 개정 과정을 거쳐서 만들어진 역저이다. 이 책은 처음 인종이 황우皇祐 3년(1051)에 시작하여 1054년 봄에 완성하였고[5] 다시 2년 뒤 지화至和 3년(1056) 가을에 개정한 바 있다. 그러나 7년 뒤인 가우嘉祐 8년(1063)에 인종이 죽자 출판되지 못했다. 인종이 죽은 뒤 4년에 다시 영종英宗[6]이 개정하였고, 다시 신종神宗[7]이 희령熙寧 4년(1071)에 개정하고 있다. 1051년에 시작하여 1071년에 완성했으니 만 20년의 일이니 햇수로 21년이 걸린 셈이다.[8]

여기에 참여한 사람은 천소감天少監 양유덕楊惟德과 이택관二宅官 37명 등이었다. 그동안 참고한 책자로 당(618~907) 정관貞觀(627~649) 태상박사인 여재呂才의 음양서陰陽書 50편 가운데의 지리서 8편, 사천감사司天監史 등이 편찬한 ≪건곤보감乾坤寶典≫ 450편 가운데 지리서 30편이 있다고 소개하고 있다.

얼마나 국가적 노력을 기울리고 있는지 짐작할 만하다.

간행 과정도 그리 단순하지가 않다.[9]

---

5) 인종仁宗(1010~1063 재위 1023~1063)은 재위 기간 동안 서하西夏의 공격을 받아 쌍방간 커다란 타격을 받은 바 있고 전쟁 가운데도 요遼의 침략을 받아 요에 세폐歲幣를 내기로 하고 화맹했다. 말하자면 외세에 시달린 왕이라 할 수 있다. 인종은 범중엄范仲淹을 기용하여 경력신정慶曆新政을 시행하고자 했으나 반대파의 공격으로 무산되었다.

6) 영종英宗(재위 1064~1067)은 4년밖에 재위하지 못했다. 신종은 영종의 아들이다.

7) 신종神宗(1048~1085 재위 1068~1085)도 역시 재위 기간 동안 국내외적으로 많은 시달림을 받았다. 바깥으로는 요遼의 요구에 굴복하여 하동河東 변방 수백리를 떼어 주었는가 하면, 안으로는 수구파의 저항에 직면하여 그가 기용한 왕안석王安石(1021~1086)의 개혁신법을 포기했고 자신이 재창한 '원풍개제元豊改制'라는 관제 개혁도 역시 실패했다.

8) 위의 책 14~15쪽

9) 이 책의 서두는 세 가지 서문이 붙어 있다. 맨 먼저의 <도해교정지리신서 서>는 1184년에 평양필 이도平陽畢履道가 '표제表題'했고, 두 번째의 <정가교정보완지리신서精加教正補完地理新書> 는 1192년에 고대비부 장겸古戴鄙夫張謙이 '근계謹啓'했다. 끝으로 왕수王洙의 <지리신서 서>가 그것이다. 이 서두만 보아도 책의 역정을 대

이 책은 남송南宋(1127~1279)의 왕수王洙[10], ㅇ우석ㅇ禹錫ㅇ희수ㅇ羲수 등이 1184년에 찬술하여 금金(1115~1234) 나라 장종章宗 명창明昌 3년인 1192년에 초간되었기 때문이다. 원래 이 책은 북송北宋(960~1127) 인종仁宗-영종英宗-신종神宗 시기에 걸쳐 완성된 책이 남송으로 가서야 원서가 만들어져 금 나라에 가서야 초간본으로 나온 것이다. 말하자면 격변기에 나라의 수난과 같이 하며 완성된 '전문적인 지리서'였던 것이다.

이렇게 국가적인 풍수서를 일념으로 만든 것은 고려가 대장경을 만들어 나라를 구하려고 했던 것처럼 호국 정신이 있었는지 모른다. 고려는 산천비보도감山川裨補都監라는 임시 관청을 만들 정도의 풍수국가였다. 도선道詵이나 팔원八元 등과 같은 고려 초창기 풍수가에 의한 국도풍수國都風水는 기틀을 잡았지만 좀더 체계적이고 높은 수준의 문헌이 요청되었을 것이다. 다만 유감스러운 것은 현재로선 그 실체를 확인할 수 없다는 점이다.

이상을 감안한다면, ≪해동비록≫은 적어도 ≪지리신서≫의 영향을 받았을 것이다.

왕수 등이 찬술한 ≪도해교정 지리신서≫는 총15권으로 구성되어 있다. 그 1권의 목차는 다음과 같다.

> 네 방위[근거;토규도土圭圖, 토규구지중도土圭求地中圖, 정대측후도定臺測候圖, 조청지입표도祖冲之立表圖]
> 시간日影[근거;조정규일도祖定揆日圖, 참영고극도參影考極圖],
> 수지水地[근거;수지정평도水地定平圖, 후이경표도後而景表圖, 이십사기주야각루도二十四氣晝夜刻漏圖, 이위구경장단易緯咎景長短, 이지표경二至表景, 주천도수周天度數],
> 오행五行[근거;동방목東方木, 남방화南方火, 중앙토中央土, 서방금

략 짐작할 수 있다.

10) 당시 왕수의 직함은 다음과 같다. '王洙 翰林侍讀學士 兼侍講學士 朝散大夫 尙書吏部郞中充史館修撰 判國子監提擧集禧觀事上騎都尉 賜紫金魚袋臣'

西方金, 북방수北方水],

오성五姓의 속성[근거;궁음宮音, 상음商音, 각음角音, 치음徵音, 우음羽音]

성읍지형城邑地形[근거;영유營䐉, 기산岐山, 낙읍洛邑, 초구楚丘, 구연한팔괘법丘延翰八卦法, 팔괘산수생향도八卦山水生向圖], 군루지형軍壘地形[구연한영루변팔괘丘延翰營壘變八卦(城邑과 같음)]

이상에서 보듯이 방위, 시간, 수지, 오행, 오성, 성읍지형 따위를 살피는 것이 이법 풍수의 하나이다. ≪해동비록≫도 이러한 성격의 무덤문화의 문헌 정보가 아니었을까 짐작해 본다.[11] 다만 오성五姓과 성읍지형 따위는 다소 생소하다 할 것이다.

≪해동비록≫의 관리는 정본正本이 어부御府에 소장되고 부본副本을 중서성 사천대 태사국에 하사된 것으로 되어 있다.

고려 시기(918~1392)의 능묘문화 문헌정보는 '지리업地理業' 선발 고사의 시험 과목으로 그 일부의 확인이 가능하다.

가결謌決 1권卷[12]

경위령(經緯令) 2권

구시결(口示決) 4권

소씨서(蕭氏書 10권

신집지리경(新集地理經) ?권

유씨서(劉氏書) ?권

지경경(地鏡經) 4권

지리결경(地理決經 8권

11) 참고로 ≪도해교정 지리신서≫의 목차는 부록으로 제시해 두었으니 참고하기 바란다.

12) 여기서 '권'은 현재의 '권'과는 전혀 다른 개념이다. 고전 문헌 정보에서 오늘날의 '권'은 '책冊'이고, 오늘날의 '부部'나 '편編'이 바로 '권'이다.

태장경(胎藏經[13]) 1권

이상의 9종 문헌은 소실되어 확인이 어렵다.

김두규(2005) 교수는 ≪풍수학사전風水學辭典≫에서 ≪신집지리경≫, ≪지리결경≫, ≪지경경≫, ≪구시결≫, ≪가결≫ 따위의 5종이 '고려의 책인지 중국에서 수입된 것인지 확인이 불가능하다'고 했다. 다만 ≪유씨서≫는 ≪회남자淮南子≫의 편찬자 '유안劉安의 책'이라고 추측했다. ≪경위령≫은 고려 숙종 7년(1102)에 한양의 이궁離宮 조영과 조선 문종 1년(1451)에 궁궐 뒤의 불당 건설 반대를 하면서 '터 잡기의 주요 풍수서'라고 추측했다. ≪소씨서≫는 수隋 나라 소길蕭吉이 사주명리四柱命理와 음양오행서인 ≪오행대의五行大義≫의 저자라는 점에서 '소길의 저서'로 추정하고 있다. ≪태장경≫은 조선 시기의 태실을 근거한 것이라는 했다. 이 경은 육안태법六安胎法이 핵심 이론이다.[14]

여기서 궁금한 것은 ≪해동비록≫과 ≪지리신서≫를 시험 과목으로 왜 채택하지 않았는가 하는 점이다. 이러한 궁금증은 ≪해동비록≫이 ≪지리신서≫의 많은 영향을 받았고, ≪지리신서≫가 바로 ≪신집지리경≫이라는 가설을 세운다면, 어느 정도 해소될 것이다. '신집新集의 지리경地理經'은 '지리地理의 신서新書'와 의미가 같기 때문이다.[15]

고려 시기의 능묘문화 문헌 정보들이 모두 사라진 이유는 무엇일까? 이것역시 미스테리의 하나이다. 다만 짐작이 가는 부분은 조선 시기에

13) 태장경(胎藏經[1] 1450년(문종 즉위) 1권(卷)

14) 김두규 교수는 같은 책 <태실胎室>에서 '전국의 도처의 명당'이라고 했으나 이는 잘못이다. 조선왕조실록에 의하면, '삼남三南' 지방으로 제한하고 있다. 왕릉이 한양을 거점으로 했다면, 태실은 삼남을 거점으로 구별하고 있기 때문이다.

15) 김두규 교수는 채성우蔡成禹 ≪명산론明山論≫을 '지리신경地理新經'이라고 하면서 ≪지리신서地理新書≫와 동일한 문헌으로 취급하고 있다. 일반적으로 '신서新書'라고 지칭할 때, '지리신경'과 '지리신서'는 같은 용어로 사용할 수 있다. 그러나 이들 문헌을 동일한 것이라고 '단정하는 것'은 신중해야 한다.

들어서 몇 번에 걸쳐 '요탄불경妖誕不經', '요서율죄妖書律罪'의 문헌으로 지목을 받은 때문이 아닐까 하는 생각이다.

태종실록 5년 8월3일조에 의하면, 태종(재위 1401~1418)이 한양으로 환도하려 하자 의정부에서 흉년을 핑계로 반대하고 있다. 이에 대한 대응논리로 태종은 음양서로 들어 그 당위성을 펴기에 이른다.

> ≪음양서陰陽書≫에 이르기를, '왕씨王氏 5백 년 뒤에 이씨李氏가 일어나서 남경南京으로 옮긴다.' 하였는데, 지금 이씨의 흥興한 것이 과연 그러하니, 남경으로 옮긴다는 말도 믿지 않을 수 없다.16)

이런 태종의 발언은 아직까지도 고려의 무덤문화 문헌정보가 유용하다는 것을 의미한다. 신하들이 이일저일 핑계를 대니 정면으로 돌파하기에 부족하지 않다고 보았던 것이다.

궁궐터를 정할 때부터 의견이 분운紛紜하여 결정되지 않으므로, 태종은 몸소 종묘宗廟에 가서 점을 쳐 이궁離宮을 결정한 터였다. 그리하여 천도遷都할 시기를 10월로 정한 것이다. 태종은 '한경漢京'을 부왕父王께서 개창한 땅인데, 기묘년[1399, 정종 1]에 조박趙璞(1356~1408)이 상왕上王께 청하여 갑자기 송도松都로 돌아와 아직까지 돌아가지 못한 상태였다. 그 죄를 조박이 져야 한다고까지 수위를 높였다.

태종은 12년[1412] 6월 22일에 충주忠州 사고史庫에 소장하던 음양서 20질을 포쇄 즉 젖은 것을 말린다는 명목으로 서운관書雲觀에 가져오도록 했다.

> 서운관書雲觀에 간직하고 있는 참서讖書 두 상자를 불살랐다. 풍속이 전조의 습관을 인습하여 음양구기陰陽拘忌를 혹신하여 부모가 죽어도 여러 해를 장사하지 않는 자가 있었다. 임금이 박은朴訔[1370~1422]

16) 태종실록 5년 8월3일조

과 조말생趙末生[1370~1447]에게 명하여 서운관에 앉아서 음양서陰陽書를 모조리 찾아내어 요망하고 허탄하여 정상에서 어그러진 것을 골라 불태웠다.

태종이 서운관으로 음양서를 옮겨서 그 논리로 천도의 당위성을 증명하고 그 문헌을 불태웠다는 것은 한양천도를 끝내고 더 이상의 '도참지리설'을 원천봉쇄하려는 생각에서 빚어진 산물이라 여겨진다.

조선 왕들은 도참지리설을 차단하고 새로운 유학이념을 세우고자 고려류의 무덤문화 문헌정보를 파괴하는 작업을 계속했다.

세조(재위 1455~1468)는 3년[1457] 5월 26일 팔도 관찰사八道觀察使에게 유시諭示하여 개인이 비기류의 문서를 가지지 못하게 했다.

고조선 비사古朝鮮秘詞, 대변설大辯說, 조대기朝代記, 주남일사기周南逸士記, 지공기誌公記, 표훈삼성밀기表訓三聖密記, 안함·노원·동중삼성기安含·老元·董仲·三聖記), 도증기道證記, 지리성모하사량훈智異聖母河沙良訓, 문태산·왕거인·설업文泰山·王居人·설업薛業 등 삼인 기록三人記錄, 수찬기소修撰企所의 1백여 권과 동천록動天錄, 마슬록磨虱錄, 통천록通天錄, 호중록壺中錄, 지화록地華錄, 도선 한도참기道詵漢都讖記 따위의 문서文書는 마땅히 사처私處에 간직해서는 안 된다. 만약 간직한 사람이 있으면 진상進上하도록 허가하고, 자원自願하는 서책書冊을 가지고 회사回賜할 것이니, 그것을 관청·민간 및 사사寺社에 널리 효유曉諭하라.[17]

태조가 '음양서'라고 한 것은 포괄적인 시책이라면, 세조는 구체적인 문헌 이름을 거명하여 보다 강도를 높인 결과라 것이다. '진상進上'과 '자원自願하면 회사回賜'라는 당근도 함께 처방한 것이 눈에 띈다. 대체적으로 무덤문화 문헌정보가 관청과 민간 및 사사寺社까지 광범위하게

17) 세조실록 3년[1457] 5월 26일조

유포되어 있었던 것을 알 수 있다.

예종 1년 9월18일조에 의하면, 예조에 전교하기를, ≪주남일사기周南逸士記≫, ≪지공기志公記≫, ≪표훈천사(表訓天詞)≫, ≪삼성밀기三聖密記≫, ≪도증기道證記≫, ≪지이성모하사량훈智異聖母河沙良訓≫, 문태文泰·옥거인玉居仁·설업薛業 세 사람의 기記 1백여 권과 ≪호중록壺中錄≫,≪지화록地華錄≫·≪명경수明鏡數≫ 및 모든 천문天文, 지리地理, 음양陰陽에 관계되는 서적들을 수거하고 있다. 태종, 세조 때 이미 수거했는데도 아직도 미진했던 모양이다.

> 집에 간수하고 있는 자는, 경중京中에서는 10월 그믐날까지 한정하여 승정원承政院에 바치고, 외방外方에서는 가까운 도道는 11월 그믐날까지, 먼 도道는 12월 그믐날까지 거주하는 고을에 바치라. 바친 자는 2품계를 높여 주되, 상 받기를 원하는 자 및 공사 천구公私賤口에게는 면포綿布 50필匹를 상주며, 숨기고 바치지 않는 자는 다른 사람의 진고陳告를 받아들여 진고한 자에게 위의 항목에 따라 논상論賞하고, 숨긴 자는 참형斬刑에 처한다. 그것을 중외中外에 속히 유시하라.

문헌의 수거 날짜를 제시까지 한 것은 강력한 행정적 조치라고 보아야 할 것이다. 특히 공사천구 즉 천민층에 보급되어 있었다는 것을 알 수 있다. 세종 때 목효지睦孝智가 천민 출신이었다가 상민常民으로 상승(뒤에 다시 천민이 됨)된 일을 상기하면, 신분 상승의 길이라고 생각함직도 하다.

이러한 대대적인 무덤문화 문헌 정보를 비롯한 음양서의 수거는 성종 즉위년 12월 9일에도 다시 내려진다. 여러 도의 관찰사에게 천문·음양·지리에 관한 책을 수납하는 것에 대한 글을 보내고 있다

그런데 흥미로운 것은 ≪주남일사기≫·≪지공기≫·≪표훈천사≫·≪삼성밀기≫·≪도증기≫·≪지리성모하소량훈≫·문태·왕거인·설업의 삼인기三人記 1백여 권·≪호중록≫·≪지화록≫·≪명경수明鏡數≫ 이상의 9

책과 ≪태일금경식≫·≪도선참기≫는 전일의 하유下諭에 의거하여 서울로 올려 보내고 나머지의 책들은 다시 수납收納하지 말고 이미 수납한 것은 돌려주라는 변별성 있는 지시를 내리고 있다는 사실이다. 천문·지리·음양서에 대한 정리가 어느 정도 이루어졌던 모양이다.

이와 같이 네 차례의 무덤문화 문헌정보가 국가적으로 수거되어 파괴되었던 것이다. 당시 수거된 문헌들을 다시 정리하면 다음과 같다.

1417년(태종 17) 서운관 소장의 음양서

1457년(세조 3) 자고조선비사自古朝鮮秘詞, 대변설大變說, 조대기朝代記, 주남일사기周南逸士記, 지공기誌公記, 표훈천사表訓天詞, 삼성밀기三聖密記, 안함安含 노원老元 동중董仲 삼성기三聖記, 도징기道澄記, 지리성모 하사양훈地異聖母河沙良訓, 문태산文泰山 ·왕거인王居仁· 설업薛業 등等 3인 기록三人記錄 수찬기소修撰企所의 100여권, 동천록動天錄, 마슬록磨虱錄, 통천록通天錄, 호중록壺中錄, 지화록地華錄 도선한도참기道詵漢都讖記

1469년(예종 1)예종 지화록地華錄 명경수明鏡數 및 천문 지리 음양서

1469년(성종 즉위년) [천문天文 지리地理 음양陰陽] 태일금경식太一金鏡式, 도선참기道詵讖記

이상에서 보듯이 조선 건국과 함께 천문·지리·음양서를 정리하면서 자연스럽게 고려의 능묘문화 문헌 정보의 소실이 이루어졌다고 생각된다.

2 조선(朝鮮) 시대

조선 시대(1392~1896)에 들어오면서 능묘문화 문헌정보는 1519년(세종 1)에 ≪장일통요葬日通要≫라는 국가 정보를 만들어낸다.

태종(재위 1400~1418)의 명에 의하여 찬성치사贊成致事 정이오鄭以吾(1354~1434), 병조판서 조말생趙末生(1370~1447), 호조참판 김자지金自知(1367~1435), 내자시윤內資寺尹 유순도庾順道(?~?), 검교사재감정檢校司宰監正 이양달李陽達(1350~1430년대 후반) 등이 찬술한 것이었다.

> 처음에 시속이 풍수의 말을 믿고 자손이 많은 자는 금기가 더욱 심하여, 10년이 넘도록 장사하지 못하는 자가 있었으므로, 상왕[태종]은 심히 미워하였다. 태조 대왕의 상사에 있어서는, 옛날 제도에 따라 5개월장에 장사하였다. 그리고 정이오 등에게 명하여 장설葬說의 그릇된 점을 시정함과 동시에 사대부의 상사는 3개월로, 장일은 장통일葬通日만을 이용하게 하며, 또 중외 유사攸司로 하여금 기한이 지나도록 장사하지 않는 자를 사찰하게 하였다.[18)]

태종은 당시 장설葬說에 대한 그릇됨으로 인하여 10년이 넘도록 장사를 지내지 않는 것을 혁파하고 싶었던 것이다. 속내로는 오랜 갈등 관계였던 아버지[태조]의 장사 기일을 5개월장으로 치른 것의 합리화라고 볼 수 있다.

이 문헌은 장일을 정하는 데 있어서 금기가 많다. 여기서 금기란 자손에게 흉이 미치기 때문에 이를 피해야 된다는 뜻이다. 이러한 금기의 실체를 중국 역대 사례를 들어 비판하고 십전대리일十全大利日로 통용하자는 요지였다.

> ≪황서절부록黃瑞節附錄≫에도, '옛적에는 장지나 장일은 다 점쳐서 결정했는데, 지금 사람은 점하는 법을 모르니, 시속에 따라 택정하는 것도 가하다.'고 하였다. 호순신胡舜申은 각가各家의 장일법葬日法을 논하되, 광제력廣濟曆을 보면, 안장할 수 있는 날이 임신·계유·임오·갑신·을유·병

18) 세종실록 1년 3월9일조

신·정유·임인·병오·기유·경신·신유 등 12일은 십전대리일十全大利日을 만들었다. ≪지리신서地理新書≫도 이를 취했고, ≪천통天通≫·≪대명大明≫ 따위의 역서도 역시 취했다. 이 12일은 진실로 이용할 만한 날이다. 그러나 역일曆日의 주注에, 반드시 장사지내도 좋다는 문구가 붙어야 한다고 하였다.[19]

장지나 장일은 옛날에는 모두 점을 쳐서 시행했다. 그런데 점치는 법을 모르니 호순신胡舜申의 장일법葬日法을 기본으로 하되 광제력廣濟曆의 십전대리일에 안장하는 것이다. 여기서 십전대리일이란 임신·계유·임오·갑신·을유·병신·정유·임인·병오·기유·경신·신유 등 12일이다. 다만 역일의 주에 장사를 지내도 좋다는 문구가 붙어야 한다는 단서를 달고 있다. 이 설은 왕수王洙 등의 ≪지리신서地理新書≫나 역서인 ≪천통天通≫·≪대명大明≫ 따위도 이에 취했다는 것이다. 그 중요 내용은 8개 항목으로 구성되어 있다. 이 내용에 관하여는 뒷장에서 자세하게 취급할 것으므로 여기서는 이만 줄인다.

다만 이 문헌의 반포와 시행은 잘 지켜진 듯하다. 이 인쇄와 반포의 확인은 동왕 26년 12월 21일조 어효첨魚孝瞻(1405~1475)의 상소('≪장일통요≫라는 책을 만들어 중외에 반포')이나 같은 2년 뒤인 28년 6월 18일조 세종의 증언('≪장일통요≫가 만들어진 뒤로부터 장기葬期의 한계가 정하여져서, 지금은 어기는 자가 없다.')에 의하여 가능한 일이다.

그런데 장일 즉 장사의 기일은 시행 초창기부터 잘 지켜진 것은 아니었다.

세종 7년 10월23일에 공조 정랑 권시權偲가 장사 기일을 어겨서 그 죄의 대가로 속전贖錢을 바치도록 명하고 있기 때문이다.[20]

---

19) 세종실록 1년 3월9일조

20) 사헌부에서 계하기를, "공조 정랑 권시權偲는 죽은 아내를 기한이 넘도록 장사를 지내지 아니하니 장형杖刑 1백에 해당합니다."하니, 명하여 속전贖錢을 바치게 하고, 곧 좌우에게 이르기를,"존비귀천尊卑貴賤에 따라 장사 기일이 정해져 있는데, 세상 사

조선 시기의 능묘문화 문헌정보는 과거시험 과목에서 엿볼 수 있다. ≪경국대전經國大典≫예전禮典의 추제取才에 다음과 같은 과목을 확인할 수 있다.

a 청오경靑烏經 금낭경錦囊經

b 착맥부捉脈賦, 지남변망指南辨妄, 의룡疑龍, 감룡撼龍, 명산론明山論, 신감가坤鑑歌 호순신胡舜申, 지리문정地理門庭, 장중가掌中歌, 지현론至玄論, 악도가樂道歌 입시가入試歌 심룡기尋龍記, 이순풍李淳風, 극택통서克擇通書, 동림조첨洞林照膽

이상이 시험 과목의 풍수 '과목'이다. a는 배강背講 즉 책을 보지 않고 강을 하는 방식으로 b는 임문臨文 즉 책을 보면서 풀이하는 방식이다. 시험 보는 순서는 전체를 보는 것이 아니라 돌아가면서 보는 방식이었다.

≪청오경靑烏經≫은 한 나라 청오자라고 알려진 사람이 쓴 문헌이다. 서지적으로 원 나라 혹은 명 나라의 때의 위작이라는 설이 유력할 정도이다. 우리나라 인쇄본은 고종 3년(1866)에 간행된 것으로 판형은 국배판 16행17자로 9장이다. 현재 규장각 도서번호 2339로 소장되어 있다.

≪책맥부捉脈賦≫는 도연면의 증조부인 도간陶侃이 찬자로 알려지고 있다. 우리나라에서는 전승되지 않는 문헌이다. ≪지남변망指南辨妄≫의 찬자는 채성우라고 되어 있으나 분명하지 않다. ≪의룡疑龍≫은 '의룡경'으로 더 알려지고 있다. 양균송楊筠松이 찬자로 알려졌으나 역시 후세의

람은 음양이 길흉화복에 거리낀다는 말에 미혹되어, 오래도록 장사하지 못하고 기한이 지나게 되기 때문에, 일찍이 관官에 명하여 택일하는 법을 지어 이름을 ≪장일통요葬日通要≫라 하고 중외에 반포하고, 무릇 잡되고 요망한 글은 모두 불태우게 하였으나, 어찌 몰래 감추어 쓰는 이가 없으리오. 이 역시 법률 조문에 중한 것이니, 범하는 자는 그 죄로써 죄주는 것이 가하다. 침구針灸의 택일하는 법에도 역시 기忌하는 것이 많고, 믿기 어려운 글이 세상에 돌아다니니, 만약 이 방법에 의하여 기하는 날을 피해서 뜸질[灸]을 한다면 혹 1년을 지나도록 뜸질을 못하는 수가 있을 것인데, 이런 것을 누가 지었을까. 요즈음 중병 환자가 기忌하는 날을 불문하고 뜸질을 해도 낫는 사람이 퍽 많으니, 이런 잡서는 없애버리는 것이 옳지 않겠는가." 하였다.

가탁본이라는 설도 유력하다. ≪의룡경≫은 3편으로 구성되어 있다. ≪감룡撼龍≫ '감룡경撼龍經'으로 더 알려지고 있다. 양균송楊筠松이 찬자로 알려졌으나 역시 후세의 가탁본이라는 설도 유력하다.이다. ≪명산론明山論≫의 찬자는 채성우蔡成禹가 아니라 재구성한 사람이다. 총 15편으로 구성되어 있다. 규장각에는 네 가지 본이 있는데 필사본으로 도서번호는 1946이다.

이번에는 조선왕조실록의 검색창을 통하여 나타난 풍수 관계 문헌 정보는 다음과 같다.

㉠

감룡경撼龍[經], 감습撼襲, 갑지수경甲地宿經

곤감가坤鑑歌, 곽씨장서郭氏葬書, 귀곡자鬼谷子

극택전서克擇全書, 극택통서克擇通書(宋魯珍), 금낭경錦囊經

금화회동金華會同, 낙도가樂道歌

㉡

낙양기洛陽記(육기陸機)

㉢

단제수언편斷制粹言篇, 동림조담洞林照膽

㉤

만력회동萬曆會同, 망룡경望龍經, 맥결구의변오脈訣口義辯誤

명산론明山論, 명산보감明山寶鑑, 문정서門庭書

㉥

백기百忌, 변망辨妄(채성우蔡成禹), 부령경夫靈經

㉦

삼력회동三曆會同, 삼원정경三元正經, 서장서叙葬書[장서葬叙 여재呂才]

성의장력醒疑葬曆, 수금구결袖金口訣, 승흉장법乘凶葬法

습유拾遺, 신비집神祕集, 신장경神藏經
심룡기尋龍記, 십력회동十曆會同, 연길서涓吉書
ⓞ
오음지장도五音指掌圖, 옥수진경玉髓眞經, 용자경龍子經
용혈명도龍穴明圖, 원귀집元龜集[책부원귀冊府元龜], 육륜六輪
음양절목陰陽節目, 응룡疑龍, 의룡경疑龍經
의룡단제수언疑龍斷制粹言, 이순풍소권李淳風小卷, 입식가入式歌
ⓩ
장론葬論(사마온공司馬溫公), 장론葬論(사마군실司馬君實), 장서葬敍
장서葬書, 장일통요葬日通要, 장중가掌中歌
장중헐掌中歇, 정의명진론正義明眞論, 지남변망指南辨妄
지남시指南詩, 지리대전地理大全, 지리문정地理門庭
지리변망地理辨妄, 지리변정地理辨正, 지리서地理書
지리신서地理新書, 지리전서地理全書, 지리지남地理指南(소수명蘇粹明)
지주림地珠林, 지현론至玄論, 착맥부捉脈賦
ⓒ
천일경天一經, 청오경靑烏經, 총성摠聖
최관편催官篇, 출식가出式歌
ⓗ
행도제결行道諸訣, 혈법비요穴法秘要, 호수경狐首經
호순신胡舜申, 황서절부록黃瑞節附錄, 흥폐문정興廢門庭

이상으로 조선 시기의 무덤문화의 풍수 관련 문헌정보의 일단을 확인할 수 있다.

ㄱ 11권, ㄴ 1권, ㄷ 1권, ㅁ 6권, ㅂ 3권, ㅅ 12권, ㅇ 12권, ㅈ 21권, ㅊ 5권, ㅎ 6권 따위로 총 78권이 되는 셈이다. 이상은 나라의 문헌 정보이므로 상대적으로 검증이 이루어진 것으로 보아 무난할 것이다.

그림 3-2 '제실도서목록'

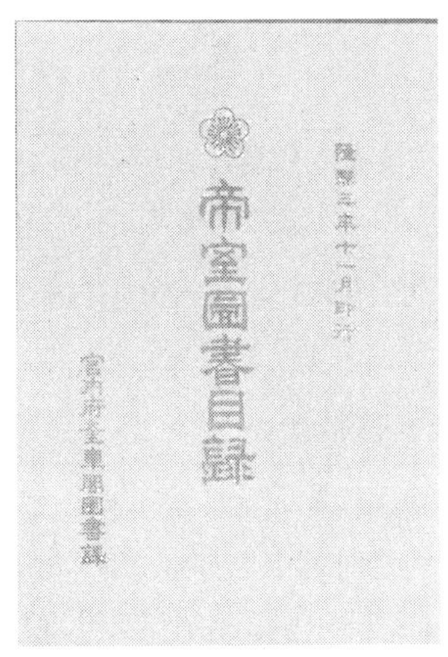

[설명] 이 그림은 일본이 조선을 강제로 통합하기 직전에 규장각 장서 목록을 정리한 것이다. '이씨 왕가'를 드러내기 위하여 배꽃 무늬를 그려 넣은 것이 보인다.

1909년 11월에 궁내부宮內府 규장각奎章閣 도서과圖書課에서 인행印行한 ≪제실도서목록帝室圖書目錄≫에 의하면, 풍수의 문헌 정보는 그리 많지 않다. 이 목록은 '경사자집經史子集'의 순서로 분류되어 있다.

경부(經部)
1 청오경靑烏經(1권) 2질…서가 10
2 금낭경錦囊經(1권) 2질…서가 10
3 감룡경撼龍經(1권)…서가 10

자부(子部) [술수류術數類]
4 호순신胡舜申(1권)…서가 7
5 명산론明山論(1권) 3질…서가 7

6 협기변방協紀辨方(28책)…서가 7
7 인자수지人者須知(16책)…서가 20

이상에서 보듯이 '경부'로 3 종류이고 '자부'로 4 종류가 있는 셈이다. ≪호순신≫, ≪협기변방≫ 따위의 이법 풍수 문헌이 있어서 균형 감각을 이룬 것이라 할 것이다.

3 일제(日帝) 시기와 현대(現代)

일제시기의 무덤문화의 문헌정보를 확인하는 것은 쉽지 않다. 1911년 광동서국光東書局에서 ≪상밀 조선산수도경詳密朝鮮山水圖經≫이 고작이다. 좀더 치밀하게 조사하면 더 발견되리라 생각한다.

그런데 비교적 소상한 자료로 1929년에 조선 전체 도의 56개 警察管에서 조사한 문헌이 있다. ≪조선전도朝鮮全道 56경찰관내五十六警察管內 조사보고調査報告≫가 바로 그것이다. 이 자료로 인하여 일제 강점기의 풍수 문헌 정보는 어느 정도 파악이 가능하다고 할 것이다. 자료의 근거는 촌산지순村山智順의 ≪조선朝鮮의 풍수風水≫(1931:253~254)이다.

㉠
각산도各山圖, 감룡경撼龍經, 감여결堪輿訣
경지론經地論, 곽박장경郭璞葬經, 구성편九星編
금귀결金龜訣,
㉡
난해難解
㉢
답산가踏山歌, 당일행간산론唐一行看山論, 당일행산서唐一行山書

도선답산가道詵踏山賦, 도선도장가道禪倒杖歌, 도선비결道詵秘訣

㉤

명당록明堂錄, 명산록名山錄, 무감편無憾篇

무기도戊己圖, 무학결舞鶴訣, 무학지상서無學地相書

㉥

박성의도식朴聖儀圖式, 변입문辨入門, 봉산도封山圖

부찰현기俯察玄機, 분야도分野圖, 비방서秘方書

㉦

사대극법四大極法, 산가서山歌書, 산가집山歌集

산법전서山法全書, 산서山書, 산세山勢

산수결山水訣, 삼사결三師訣, 삼요지리오결三要地理五訣

설신부雪神賦[21], 설심부說心賦, 설심부雪心賦

성거자지가서成居子地家書, 성정법聖淨法, 손길귀감損[涓]吉龜鑑

신증선택옥연지新增選擇玉蓮池, 심부금수心簿錦繡, 심씨지학沈氏地學

㉧[22]

안민지학安民地學, 양택대전陽宅大全, 양택대전도설陽宅大全圖說

양택삼요陽宅三要, 양택서陽宅書, 양택정종陽宅正宗

오도통서五道統書, 오두통서鰲頭統書, 옥룡자비결玉龍子秘訣

옥수진경玉髓眞經, 옥척경玉尺經, 요공지리대전寥公地理大全

요집초문要集抄文, 용갑경龍甲經, 용팔자호용론龍八字好用論

육보집六甫集, 음택정종陰宅正宗, [이의승·탄자]직지원진[李儀承·彈子]直指元眞

인자수人自修, 인자수지人子須知, 인자택지人子擇地,

인좌[자]수지人坐[子]須知, 일가귀감日家龜鑑, 일편금一片金

입지안入志眼

---

21) 설신부, 설심부說心賦, 설심부雪心賦은 같은 내용인지 확인하기는 불가하다. 풍수문헌 정보는 유통 과정에서 필사의 문제로 정확성이 떨어지고 있다.

22) 조사에서는 ≪육도삼략六韜三略≫이 들어있으나 병법의 문헌이므로 제외했다.

ⓩ

자룡자결子龍子訣, 적정경赤霆經, 점혈대전點穴大全

정교지리오결精校地理五訣, [정명도·정이천]답산가[程明道·程伊川]踏山歌

정음정양正陰正陽, 정종합편正宗合編, 주자답산부朱子踏山賦

지가서地可[家]書, 지가서地家書, 지골경地骨經

지관地觀, 지리결地理訣, 지리결삼사결초地理訣三師訣抄

지리대성地理大成, 지리대요地理大要, 지리대전地理大全

지리대전地理大典, 지리대전요결地理大全要訣, 지림묘역地理妙譯

지리변정소地理辨正疎, 지리비감地理祕鑑, 지리서地理書

지리설심부地理雪心賦, 지리오결地理五決, 지리요결地理要訣

지리요람地理要覽, 지리전서地理全書, 지리정경地理正經

지리정종地理正宗, 지리직지원진地理直指元眞, 지리총론地理總論

지리통경地理通經

ⓩ

참찬비결參贊秘訣, 천기대요天機大要, 천기전원天機全元

천기회원天機會元, 천산투지穿山透地, 천오경天五經

청낭경靑囊經, 청오경淸五經, 청오경靑烏經

청호경靑好經

ⓟ

평사옥척平沙玉尺, 포지리圃地理, 풍수록風水錄

ⓗ

하도낙서河圖洛書, 하도서河洛書, 하도전서河洛全書

협기변위協記辨僞 황제택경黃帝宅經

이상으로 일제 강점기 민간에서 전승되던 풍수학 문헌 정보의 일단을 알 수 있다.

ㄱ 10권, ㄴ 1권, ㄷ 6권, ㅁ 6권, ㅂ 6권, ㅅ 18권, ㅇ 25권, ㅈ 34권, ㅊ 10

권, ⓟ 3권, ⓗ 6권 총 125권이다. 이런 통계 숫자는 조선 시기의 거의 두 배에 해당되는 것으로 일제강점기의 능묘문화 문헌정보가 폭발적으로 할 만하다. 그러나 그 내용면을 살펴보면, 중복되고 오기가 나타나 실질적인 성과로 보기는 어렵다고 생각된다.

그런데 위의 통계 숫자는 일제강점기의 출판사에 의거한 능묘문화 문헌정보는 제외된 것이다.

이재(1900) [현토주해]사례편람(전)[懸吐註解]四禮便覽(全), 세창서관世昌書館

박창규(1900) 가정백사길흉보감家庭百事吉凶寶鑑 향민사

원영의(1911) [상밀]조선산수도경[詳密]朝鮮山水圖經, 광동서국光東書局

이재(1915) 사례편람 회동서관

미상(1917) 증보참찬비전천기대요增補參贊秘傳天機大要, 회동서관匯東書館

고유상(1924) [현행]사례의절[現行]四禮儀節, 회동서관

고경상(1924) 비서삼종秘書三種 회동서관

회동서관 편집부(1926) 증보참찬비전천기대요增補參贊秘傳天機大要, 회동서관

최상규(1930) 사례상증고축四禮常證告祝 회동서관

고유상(1934) [신교]천기대요[新校]天機大要 회동서관

임소주(?) 증보참찬비전천기대요增補參贊秘傳天機大要, 회동서관

이능화(1930) 풍수사상의 연구,《조선朝鮮》1930년 8월호~12월호

신태상(1951) 천기대요 세창서관

미상(1951) [고금제방길흉요해]진복진결[古今諸方 吉凶要害]眞福眞訣, 세창서관

미상(1956)《상택비결相宅秘訣》세창서관(1951년 등록)

황필수黃泌秀(1900) 세창서관(1958) 증보사례편람增補四禮便覽

박창규(1959) 혼상제례요감婚喪祭禮要鑑 대조사

향민사편집부(1962) 가정백사길흉보감家庭百事吉凶寶鑑 향민사
미상(1966) ≪산소자리 보는 윤도관≫ 세창서관
미상(1978) 천기대요 향민사
동곡(1979) 지리서전서地理學全書 역서보급사
서선계·서선술 지음 한송계韓松溪 옮김(1975) 명당전서明堂全書 명문당
감영소1975 음택요결陰宅要訣 상당출판
김명제1971 지리팔십팔향진결地理八十八向眞訣
김영소 역편 지리명감 음택요결地理明鑑 陰宅要訣
김천희 옮김 원본 청오경原本靑烏經
이희덕 1976 풍수지리≪한국사상의 원천≫박문문고 80
한송계 역 풍수지리 명당전서風水地理 明堂全書
한송계 명당전서明堂全書(294쪽, 2,000원)
황일순(1982) 풍수지리학개요 세창서관
최창조(1984) 한국의 풍수사상 민음사
황일순(1982) 풍수지리학개론, 세창서관
신광주(1982) 명당학강론 한국자연지리학회
지창룡(1982) 옥형한국지리총람玉衡韓國地理總覽 명문당
김성준(1982) 한국지리총론韓國地理總論[도선답산가 도선국사실록 탁옥부 촬요 한국산경표] 육지사
고려풍수지리학회(1981) 양택삼요소

이후 1990년 이후는 정리하지 않았다. 문헌의 유통 과정이 '사설私設 학원교재' 형식으로 소수량이 발행되기 때문에 파악이 쉽지 않다. 많은 책이 빠졌으리라 생각된다. 또 하나는 그 내용이 독창성이 결여되어 있는 경우가 많아 문제가 적지 않다. 이런 과제가 누군가에 의하여 정리되기를 기대해 본다.

참고로 1971년 ≪국립중앙도서관 선본해제 Ⅱ≫를 보면 다음과 같다.

감여산록堪輿散錄(1권1책)안정복安鼎福 편(1712~1719)

구천현묘비서내경九天玄妙秘書內經(1책62장)적조寂照 편해

도선답산가道詵踏山歌(1책 53장)

만향정탐연록晩香亭探硏錄(1책50장)남정숙南廷淑(고종년간)

명산론明山論(1책 23장)채성우蔡成禹

무감편無憾篇(1책40장)정두만鄭斗晩 편(1721)

분금론分金論(1책 69장)

해동명감海東明鑑(1책 74장)정태현鄭台鉉

해동보람海東寶覽부록 名堪撮要(1책43장)[이의신李懿信](광해년간)

제2절 각종 의례서(儀禮書)와 흉례(凶禮) 의궤(儀軌)들

- 산릉(山陵) 관련 정보

1 국가(國家)와 민간(民間)의 의례서

조선 시대의 무덤 문화를 알기 위해서는 먼저 국정 의례서를 보지 않으면 아니 된다. 주요 의례서는 다음과 같다.

세종 때 ≪세종실록오례의世宗實錄五禮儀≫

성종 때 ≪국조오례의國朝五禮儀≫(8권8책), ≪국조의례서례國朝五禮序例≫(5권2책),

영조 때 ≪국조속오례의國朝續五禮儀≫(5권4책), ≪국조속오례의보國朝續五禮儀補≫(2권1책),≪국조상례보편國朝喪禮補編≫(7권6책)

정조 때 ≪국조오례통편國朝五禮通編≫

고종 때 ≪[고종]대례의례大禮儀禮≫

≪세종실록오례의世宗實錄五禮儀≫는 세종 때에 정비한 오례의 규정을 수록한 국가의례서이다. 총8권으로 구성되어 있다. ≪세종실록≫ 128~135권의 부록 형식으로 되어 있다. 이러한 실록의 부록 형식은 세종이 이를 완성하지 못하고 사망하므로 단행본으로 간행되지 못한 때문이었다.

조선 건국 후 대대적인 국가제도와 법전 정비사업(≪경제육전經濟六典≫)과 함께 예제 정비도 시작되었다. 태종 때에 의례상정소儀禮詳定所가 설치되고 허조許稠(1369~1439), 변효문卞孝文(1396~?)이 길례吉禮, 서례序例, 의식儀式을 편찬했다. 세종 때는 정척鄭陟(1390~1475), 변효문 등이 주도하여 나머지 가례嘉禮, 빈례賓禮, 군례軍禮, 흉례凶禮 따위를 편찬하고 기존의 것을 수정하기도 했다. 특히 세종은 완성된 오례의를 직접 검열하고 취사선택하여 정리했다.

고려의 ≪고금상정례문古今詳定禮文≫과 중국의 예서禮書, 건국 후 시행하던 의례 등을 참조하여 정비했다. 오례의 배열 순서는 길례, 가례, 빈례, 군례, 흉례 따위로 당唐 나라의 ≪개원례開元禮≫의 차례와 같다. 이러한 책자의 체제는 서로 왕실 중심의 의례를 기술하는데 적합했던 것으로 생각된다. 내용에서도 길례와 빈례를 제외한 나머지 의례는 왕실의 의례가 중심을 이룬다.

길례는 고려 때의 원구제圜丘祭를 천자만의 의식이라고 제외시켰다. 그러므로 사직社稷, 산천제사山川祭祀, 선농先農, 마조馬祖 따위가 되었다. 가례는 3분지 2가 왕실 관련 의례와 왕실의 혼례의婚禮儀이다. 이외에는 문과전시의文科殿試儀 따위의 4개와 향음주례鄕飮酒禮 따위이다. 빈례는 중국, 일본, 유구琉球[오키나와沖繩] 사신使臣 관련 의례이다. 군례는 왕의 활쏘는 의식과 대열大閱, 강무講武, 취각령吹角令 따위의 왕을 중심으로 한 군사훈련에 중점을 두고 있다. 그런데 국가간의 전쟁과 관련된 의례는 없다. 흉례는 왕과 왕비의 상장喪葬의례가 중심이다, 중국의 것이 전염병과 전란과 같이 국가적인 불상사인 점과 비교된다.

≪국조오례의國朝五禮儀≫(1474)는 조선 초기에 최종적이고 집약하여 정리한 오례의五禮儀의 책이다. 8권 6책으로 목판본이다. 세조는 즉위한 후 ≪세종실록오례의≫이 불완전하다 하여 강희맹姜希孟(1424~1483), 성임成任(1421~1484) 등에게 명하여 ≪경국대전經國大典≫과 함께 ≪오례의주五禮儀注≫를 편찬하게 했다. 그러나 세조가 사망하여 작업이 중단되었다가, 성종 초반에 신숙주申叔舟(1417~1475)를 책임자로 작업이 재개되어 1474년(성종 5)에 완성되었다.

≪세종실록오례의≫의 개찬과정은 세조의 왕권강화 정책과 성종 초반 훈구파의 집권 따위의 정국 변동과 관련이 있다. 세조가 원구단圓丘壇을 부활시킨 것이 그 좋은 보기이다. 편찬에 참여한 사람은 신숙주申淑舟, 강희맹姜希孟, 정척鄭陟, 이승소李承召(1422~1484), 윤효손尹孝孫(1431~1503), 박숙진朴淑秦, 정영통鄭永通, 이경동李瓊仝, 유순柳洵(1441~1517), 구달손具達孫, 최숙경崔淑卿 등이다.

체제는 길례, 가례, 빈례, 군례, 흉례의 차례이다. 순서는 ≪세종실록오례의≫와 같지만, 송대 유학의 수용과 관련이 있다.

길례는 권1·2이다. 권1은 30조로 종묘, 사직, 산천 따위에 대한 국가의 제사 규정이다. 권2는 26조로 선농先農, 선잠先蠶, 기우祈雨, 석전제釋奠祭 따위를 수록했다. 주·현州縣의 포제의酺祭儀, 여제의厲祭儀, 구우영제성문의久雨禜祭城門, 악해독의嶽海瀆儀 따위의 주현 단위로 지방관이 시행하는 항목이 증설되었다. 그 외의 시행방안에서도 지방 단위의 시행을 강화했다. 이는 조선 초기 국가통치체제의 강화정책과 관련이 깊다. 맨 끝에 사대부서인사중월시향의士大夫庶人四仲月時享儀을 수록한 것은 언급할 만하다.

가례는 권 3·4인데, 대부분 왕실관계 의례이다. 권3은 21조로 정지正至, 성절聖節 때 중국에 대한 망궐례望闕禮 따위의 사대 관계 의례와 명절 때의 조하朝賀, 조참朝參, 문무관관의文武官冠儀, 납비의納妃儀, 책비의冊妃儀 따위이다. 권4에는 왕세자의 책봉, 왕실의 혼례, 방방의放榜儀 등 과거관련 의례, 양로연의養老宴儀, 각종 국내 거주 사신使臣과 외관들의 의례, 향음주의鄕飮酒儀 따위이다.

빈례는 권5인데, 6조로 외국사신을 접대하는 의례이다.

군례는 권6인데 7조로 대열의大閱儀, 강무의講武儀 따위의 군사훈련과 관련한 내용이다. 출정의出征儀 따위가 대부분이다.

흉례는 권7·8이다. 권7은 59조이고 권8은 32조이다. 모두 국장과 왕실의 상제喪制와 관련된 내용이다. 백성의 의례는 대부사서인상의大夫士庶人喪儀 1조가 있다. 규장각·장서각 등에 소장되어 있다. 무덤과 직접 관련된 부분은 권7의 '치장治葬'이다. 그 외에도 여러 부분이 겹치면서 논의되고 있다.

≪국조오례서례國朝五禮序例≫는 오례의 서례를 정한 문헌이다. 총5권으로 2책인데 도설圖說이 특색이다. 조선 초기의 세조가 조신朝臣에게 명하여 세종이 정한 모든 제사의 서례 및 오례의를 찬정한 것이다. 세조가 완성하지 못하고 예종 성종이 그 뜻을 이어 신숙주 강희맹 정척 등에 명하여 완성하였다. 1474년 여름에 간행하였다. 길가빈군흉 오례의 서례를 정하고 각기 도설을 붙였다.

그림 3-3 ≪오례의 서례 1≫표지

[설명] 이 그림은≪오례의 서례1≫의 표지이다. 오례 즉 가빈·길·흉·군례의 서열에 따라 그림으로 상세하게 설명하고 있다. 조선 사회의 전형적이고 지향적인 문화를 읽을 수 있다.

≪국조상례보편國朝喪禮補編≫은 ≪국조오례의≫에 실린 상례에 관한 부분을 보충 개편한 책이다. 총7권 6책이다. 이미 성종 때 나온 오례의가 여러 대를 내려오면서 개정된 것이 많아서 1752년(영조 33)에 국조상례보편 5권을 편찬했다. 다시 1757년(영조 33)에는 청廳까지 설치하고 홍계희洪啓禧(1703~1771) 등에 명하여 개정·증보하여 그 이듬해에 완성하였다. 전체 6권에 각 항목을 나누어 싣고 도설圖說을 따로 모아 한 권으로 하였다.

이 외에의 ≪국조오례서례國朝五禮序例≫(5권2책)는 ≪국조오례의≫

의 상보적인 의례서이다. 영조 때의 ≪국조속오례의國朝續五禮儀≫(5권 4책), ≪국조속오례의보國朝續五禮儀補≫(2권1책), ≪국조상례보편國朝喪禮補編≫(7권6책) 따위는 시대가 지남에 따라 변천이 생겼으므로 보강한 성격이 짙다. 그러나 큰 틀에서 변화가 된 것은 없다고 생각된다.

고종 때 ≪[고종]대례의례大禮儀禮≫는 대한제국의 의례서이다.

민간인에게 의례서로 본격적인 영향을 미친 것은 김장생金長生(1548~1631)의 ≪가례집람家禮輯覽≫와 ≪의례문해疑禮問解≫ 따위이다. 신의경申義慶(김장생 시기)의 ≪상례비요喪禮備要≫, 유장원柳長源(영정조 시기)의 ≪상변례통고常變禮通考≫, ≪의례별견疑禮瞥見≫이재李縡(1680~1746)의 ≪사례편람四禮便覽≫ 따위가 그것이다. 홍문관에서 발행한 ≪증보문헌비고增補文獻備考≫도 참고할 만하다.

≪상례비요喪禮備要≫는 1620년에 탈고하여 1648년에 초간본을 내고 1689년에 중간본을 낸 책이다.

지은이 신의경申義慶(?~?)이 언제 태어나고 죽었는지 알려져 있지 않다. 다만 김장생金長生(1548~1631)과 같은 시기에 살았던 사람이다. 김장생은 이 책의 서序에서 '나의 친구 신의경이 예학禮學에 깊어서 일찍부터 여러 경전의 책들을 널리 고찰하여 그 핵심을 모아 책을 만드니 이 ≪상례비요≫이다.'라고 한 사실에 그 시기의 확인이 가능하다. 중간본(咸營本, 1689)의 신흠申欽(1566~1628)의 발문(1621)에 의하면, 양호兩湖 지방의 선비들이 책을 발간하여 세상에 전한 것으로 되어 있다. 이 책은 처음에 신의경이 ≪주자의 가례≫에서 뽑아낸 것을 김장생이 실질적으로 절충하여 천명한 것으로 되어 있다.

이 책에는 '지석誌石에[23] 대하여 소개하고 있다.

23) 지석의 본문은 '某官某公 諱某字某 某州某縣人 考諱某 某官 母某氏某封 某年月日生 敍歷官薦次 某年月日終 某年月日葬 某鄉某里某處 娶某氏 某人之女 男某某官 女適某官某人'이고 덮개는 '某官某公之墓'이다.

지석은 돌 2개로 서로 면을 맞대어 철사줄로 묶는다. 위의 돌이 덮개이고 아래 돌이 본문이라는 것이다.

> 묘가 평지에 있을 때는 광내壙內의 남쪽에 가까운 곳에 묻는다. 먼저 벽돌磚을 한 겹으로 깔고 그 위에 지석을 놓는다. 또는 벽돌로서 네 주위를 만들고 그 위를 덮기도 한다.
>
> 만약 묘가 산자락 높은 곳에 있다면 광내에서 남쪽으로 몇 자 떨어진 곳에 땅을 4·5자 깊이 파고 묻는다. 이것이 묻는 법이다.[24]

그런데 실제로 지석이 덮개와 바탕돌의 두 개로 구성된 사례는 그리 흔하지 않았다. 자세한 것은 제5장 제2절 '묘지墓誌'를 참고하기 바란다. 또 하나 성분成墳의 도구를 소개한 것도 볼 만하다.

> 소석비小石碑 높이가 4자이고 활척闊尺 이상으로 그 두께가 3분지 2를 규수圭首가 차지하고 그 면面에다 지석문을 새긴다. 지석의 덮개는 그 세계世系와 이름자名字 그리고 행실을 약술하고 그 왼편에서 돌아서 뒤와 오른쪽으로 일주하여 새긴다. 아내婦人은 남편의 장례를 기다려 이에 면을 세우니, 남편이 죽은 뒤 지석 덮개에 이를 새긴다.[25]

이 인용문은 '소석비' 즉 묘표에 관한 것이다. 상석과 망주석 따위의 석물에 대한 내용도 소개되어 있다.

> 석상石牀 합장할 경우 두 벌을 갖춘다. 혹은 [공간의] 넓음과 좁음에 따라 편의에 따라 한 벌을 쓰기도 한다.

> 망주석 2개를 세우되 크고 작음은 편의에 따른다.

---

24) 신경의 ≪상례비고≫ 하지석下誌石 20a쪽

25) 같은 책 '성분지구'조

봉분의 높이는 4자이다. 작은 돌비석을 봉분 앞에 세우되 역시 높이는 4자이고 받침趺의 높이는 자를 융통성이 있다.

석인石人, 석상石牀, 망주석望柱石 역시 봉분 앞에 세운다.

이와 같은 민간인 묘제에 관한 것은 이전의 문헌에서 찾아보기 힘들다. 김장생의 ≪상례집람≫[26]과 유장원 ≪상변통고≫도 비슷한 수준에서 민간인 묘제에 대하여 논의하고 있다. 후자의 것이 보다 상세하므로 이를 소개해 보기로 한다.

그림 3-4 ≪상례비요≫·≪증보문헌비고≫·≪상변통고≫

[설명] 이 그림은 ≪상례비요≫≪증보 문헌비고≫≪상변통고≫를 보인 것이다. 이들 예론이 당시 사회의 '흉례'를 이끌었다고 할 수 있다.

≪상변통고≫는 영정조의 학자인 유장원柳長源(?~?)이 지은 문헌이다. 자는 숙원叔遠, 호는 동암東巖. 1763년(영조 39) 사마시에 합격. ≪사서찬주증보四書纂註增補≫32권, ≪사서소의고의四書小註考疑≫2권, ≪상변통고常變通考≫22권, ≪계훈류편溪訓類編≫ ≪호서류편湖書類

26) 김장생은 ≪상례집람≫에서 ≪예기≫'단궁檀弓'을 예시하며 봉분의 높이를 4자로 보았다. 그 주석에 의하면 봉토封土의 농壠이 되고 분墳이라 했다. 풍비豐碑는 4각 나무로 깎은 비로 석비 이전의 앞선 모습이다. 이러한 사항은 일반적인 것이라 여겨지나 '진석鎭石'이 등장하는 데 그 실체가 궁금하다.

編≫ ≪자경록資警錄≫ ≪학용의의學庸疑義≫ ≪근사록석의변近思錄釋義辨≫ ≪의례별견疑禮瞥見≫ ≪주천산법周天算法≫ ≪용산세고龍山世稿≫ 따위의 편저가 있다.

≪상변통고≫에서 권17이 상례 부분에 해당한다. 성분成墳(11쪽), 석물石物(15a~16a쪽), 입소석비어기전立小石碑於其前(17a~19a쪽), 묘명墓銘 (19a~20a쪽), 분영석물품식墳塋石物品式(20a~20b쪽), 고비위석물합설혹각설考妣位石物合設或各設(20b~21a쪽) 따위가 그것이다.

이들 가운데 필요하다고 생각되는 대목들을 추려 제시해 보기로 한다.

[성분成墳]

공주방묘孔子防墓는 4자이다. 구릉丘陵이 봉분이 되지만 땅을 북돋지 않았고 나무를 심지 않았다. [흙을 모으지 않고 그래서 분墳을 일으켜도 소나무와 잣나무를 심지 않는다.]

[묘墓]

조역토兆域土를 일컫고, 그 높이를 가로되 분墳이다. 천자의 묘는 1장丈, 제후 8자, 그 다음 등차로 2자씩 내려간다.

[석물石物]

묘 앞에 작은 석비를 세운다. 높이가 4자 받침趺의 높이가 융통성이 있다. 소식비小石碑의 설명은 ≪상례비요≫와 같나.

≪후한서後漢書≫ 주에 의하면 네모方이라는 것은 비碑라 일컫고 원圓이라는 것은 갈碣이라고 한다. 개원례開元禮에 의하면, 5품 이상은 이수귀부螭首龜趺 상의 높이가 9자를 넘지 못하고 7품 이상은 갈碣을 세우는데 규수방부圭首方趺 상의 높이가 4자이다. 서의書儀에 의하면, 세상 사람들이 묘의 봉분을 높게 하고 비를 크게 하기를 좋아하고 스스로 과장하여 귀함을 높게 여겨서 특별히 생각하지 않고 장례를 치루니 그 규모가 끝없이 된다. 후세 사람이 이런 석물을 본다면 금옥을 감춘 것이 많지 않다는 것을 편안하게 알겠는가? 이것은 모두 돌아간 사람에게 무익한 일이고 더욱이 정당하고 떳떳한 일이 아니다. 한漢 나라 광무光武는 수릉壽陵을 만들며 흐르는 물만을 고려했을 뿐이다. 남당南唐의 사

도司徒 이건훈李建勳은 죽으면서 집 사람들에게 경계하기를 [봉분의] 흙을 올리고 비를 세우지 말라. 사람들이 종자를 뿌리는 것을 들어라. 그리고 금릉金陵을 쓰기 위해서 왕공王公과 귀인貴人들이 피해를 입지 않음이 없었다는 것도 들거라. 유독 건훈의 무덤冢이 그 장소를 알지 못하니 이것은 모두 능히 먼 일을 생각한 때문이다.

구의丘儀에 의하면 풍비豐碑는 나무로 만드는데 그 상단에 글자를 새기지 않았다. 진한秦漢 이래로 돌石을 사용하고 그 상단에 글자를 새기고 역시 이를 일러 비라 했다. 진송晉宋 간에 신도비神道碑가 있었다. 대개 지리가들이 동남東南으로써 신도神道를 삼기 때문이다. 비를 그 땅에 세운 까닭으로 인하여 유명한 묘가 되었다. 갈碣은 근래 5품 이하로 문文과 비碑를 사용하는 것으로 묘표墓表와 같다. 즉 관리거나 관리가 아니거나 모두 표를 써서 묘의 왼쪽에 세우고 지명誌銘은 땅에 묻는 것이다.

남계南溪에 의하면, 대략 4품이상이면 이수귀부인데 그 높이가 9자로 묘의 동남에 세우니 신도비가 된다. 5품 이하는 규수방부인데 그 높이가 4자로 묘의 왼편에 세우는데 묘갈이 된다. 묘표라고 운운하는 것은 그 법을 알지 못하니 미루어 짐작하는 것이다. 묘표와 비갈은 같지 않은 것이다. 신도神道나 묘의 왼쪽 멀지 않은 곳에 세우니 신도비와 묘갈이라 한다. 묘 앞의 가까운 땅에 있으면 묘표라 한다. 그 문체는 유구柳歐 이래로 의론의 중심으로 나타나는 일이 많았다. 자못 비갈과 더불어 문장이 같지 않았다. 변체에 가로되 묘표라 했다. 즉 유관이거나 무관이 모두 그 말이 가능한 즉 학행學行과 덕이德履를 적었다. 어찌 학행과 덕이를 적고 마침내 이런 제도를 완수하는 것을 인연이라고만 하겠는가? 이제 사람들은 반드시 비갈의 바깥에 있어서 고쳐 봉분 앞에 작은 석표石表를 설치한다. 또한 앞면에 큰 글자를 쓰고 그 뒷면에 문을 새긴다. 더불어 옛날의 제도를 의론하니 어느 시기에도 알지 못하니 같다고 할 수 없는 것인가?

≪가례집람≫ 권8에는 ≪광기廣記≫에서 봉비封碑의 각기 품수品數를 제시하고 있어서 참고가 된다.

봉왕封王 이수螭首의 높이가 3자2치, 비신碑身 높이가 9자, 너비闊이 3자6치,

귀부龜趺의 높이가 3자8치

1품 이수 높이 3자, 비신의 높이 8자5치, 너비 3자4치 귀부의 높이 3자6치

2품 개蓋는 기린麒麟을 쓴다. 높이 2자8치, 비신의 높이 8자, 너비 3자2치 귀부의 높이 3자4치

3품 개蓋는 천록벽사天祿辟邪를 쓴다. 높이 2자6치, 비신의 높이 7자5치, 너비 3자 귀부의 높이 3자2치

4품 원수圓首 높이 2자4치, 몸身의 높이 7자, 너비 2자8치 방부方趺의 높이 3자5치

5품 원수圓首 높이 2자2치, 신의 높이 6자5치, 너비 2자6치 방부의 높이 2자8치

6품 원수圓首 높이 2자, 신의 높이 6자, 너비 2자4치 방부의 높이 2자6치

7품 원수圓首 높이 1자8치, 신의 높이 5자5치, 너비 2자2치 방부의 높이 2자4치

봉비의 품수 이외에도 분영墳塋의 그것을 또한 제시하고 있다.

봉왕封王 영지 주위塋地 周圍 100보 매면每面 25보 분墳의 높이 2장丈 4위 분장四圍 墳墻 높이 1장 석인石人 4 문文 2, 무武 2, 석호石虎 2, 석양石羊 2, 석마石馬 2, 석망주 2

1품 영지 주위塋地 周圍 90보 매면每面 22보 반분半墳의 높이 1장8자, 4위분장 四圍 墳墻 높이 9자, 석인石人 2, 문관文官은 문무관文武官을 쓰는데 1문 1무를 쓴다. 석호石虎 2, 석양石羊 2, 석미石馬 2, 석망주 2

2품 영지 주위塋地 周圍 80보 매면每面 20보 반분半墳의 높이 1장6자, 4위분장 四圍 墳墻 높이 8자, 석인石人 2, 문관文官은 문무관文武官을 쓰는데 1문 1무를 쓴다. 석호石虎 2, 석양石羊 2, 석마石馬 2, 석망주 2

3품 영지 주위塋地 周圍 70보 매면每面 17보 반분半墳의 높이 1장4자, 4위분장 四圍 墳墻 높이 7자, 석호石虎 2, 석양石羊 2, 석마石馬 2, 석망주 2

4품 영지 주위塋地 周圍 60보 매면每面 15보 분墳의 높이 1장2자, 4위분장 四圍 墳墻 높이 6자, 석호石虎 2, 석마石馬 2, 석망주

5품 영지 주위塋地 周圍 50보 매면每面 12보 반분半墳의 높이 1장, 4위분장 四圍 墳墻 높이 4자, 석양石羊 2, 석마石馬 2, 석망주

6품 영지 주위塋地 周圍 40보 매면每面 10보 분墳의 높이 8자
7품 영지 주위塋地 周圍 30보 매면每面 7보 반분半墳의 높이 8자
서인庶人 영지 주위塋地 周圍 9보 천심穿心 18보

또 이 책에는 ≪구의丘儀≫의 영지塋地의 품수를 소개하고 있다.

국조계고國朝稽古를 살펴보면, 제도로 영지塋地를 정하였는데 1품이 90보이다. 매품每品은 10보를 감하고 7품 이하는 30보를 넘지 못한다. 서민은 9보에서 그친다. 분墳은 1품의 높이가 1장8자에서 매품은 2자씩, 7품 이하는 6자를 초과하지 못한다. 그 석비石碑는 1품 이수螭首, 2품 기린麒麟, 3품 천록벽사는 모두 귀부龜趺를 쓴다. 4품에서 7품까지는 모두 원수방부圓首方趺를 쓴다. 그 석인石人과 석수石獸는 [키가] 큼과 작음長短이 있고 [너비가] 넓음과 좁음闊狹이 있는데 순차로 감하여 줄인다. 그 석인·석수·망석주는 모두 차제次第의 현저함著이 있어서 令甲可考가 있었다. 귀貴는 천賤과 같을 수 있으나 비록 부富는 귀貴와 같을 수 없다.

이렇게 비교적 상세히 소개한 것은 이들 문헌이 의외로 많지 않기 때문이다. 그러나 이런 규정들은 문헌의 정보일 뿐 대부분 지켜지지 않았다.

중종 24년 11월14일조에 의하면, 시강관 김희열金希說(?~?)이 사대부와 서인의 장례에 대해 건의한 내용이 있다. 이들 내용을 보면 아직 서인들의 묘를 제한하고 있다.[27] 아직 민간인 묘제가 확립되지 못했다는 것

27) 이 책[≪예기≫]에 '서인庶人은 그냥 하관**下棺**하고 봉封하지도 않고 심지도 않는다.' 고 했습니다. 대개 관혼 상제冠婚喪祭에는 존비尊卑와 귀천貴賤에 따라 높이거나 깎아내리는 등급이 있습니다. 여기에서 봉封이라는 것은 **구롱丘壟**이라는 것이고, 심는다는 것은 나무 심는 것을 말합니다. 천자는 소나무를, 제후는 잣나무를, 대부는 밤나무를, 사士는 느티나무를 심고, 서인은 나무를 심지 못하는 등 장사지내는 등급이 이같이 엄격합니다. 우리 나라는 다른 일은 모르지만, 유독 장사지내는 일만은 서인·천례賤隷·장사치들도 재력만 있으면 그 표석標石 등이 사대부의 분묘와 다를 것이 없습니다. 고례(古禮)로 본다면 지극히 참람하니, 금단을 거듭 밝히는 것이 어떻겠습니까?"

을 알 수 있다.

이와 같이 조선 후기에 묘제가 확립되는 과정을 짐작할 것이다. 이 책들은 주로 주희朱熹의 ≪가례家禮≫에 기초를 두고 조선 현실에 맞도록 개조한 내용을 주로 하고 있다.

2 각종 흉례(凶禮)의 의궤(儀軌)들

1) 각종 도감(都監)의 의궤 간행

왕[왕비]이 죽으면 임시 도감이 설치된다. 빈전도감殯殿都監과 혼전도감魂殿都監, 국장도감國葬都監, 산릉도감山陵都監 따위가 그것이다. 빈전도감은 빈전의 일을, 국장도감은 시호諡號, 묘호廟號 따위의 국장의 일을, 산릉도감은 능 조영의 일을 각각 담당한다. 혼전도감은 우주虞主로 모시는 과정 즉 빈전도감의 일이 끝나고 부묘祔廟되기 전까지의 일을 말한다.

이러한 제반 설명은 명성왕후明成王后 의궤儀軌를 보기로 삼아 그 내용을 살펴보면 다음과 같다.

≪명성황후빈전혼전도감의궤明成皇后殯殿魂殿都監儀軌≫(5책)을 들어 보기로 한다.

제1책은 시일時日[거행일시], 좌목座目, 사목事目, 조칙詔勅, 조회照會, 내조來照, 예원래조禮院來照, 의주儀註, 품목稟目, 감결甘結, 재용실입財用實入, 잡물실입雜物實入, 상전賞典, 의궤儀軌 따위를 적고 있다.

제2책은 1방의궤一房儀軌: 좌목座目, 도설圖說, 감선식監膳式, 사목事目, 진칠배일進漆排日, 관의화보식棺衣畵黼式, 서화자식書上字式, 재궁결과식梓宮結裹式, 개명정식改銘旌式, 식재궁식拭梓宮式, 각차비各差備, 금화식禁火式, 소금저조성식素錦楮造成式, 진칠식進漆式, 산릉가가조성식山陵假家造成式, 소화식燒火式, 품목稟目, 조회照會, 내조來照, 감결甘結, 수본手本, 실입實入, 축문진향문祝文進香文 따위로 기술되어 있다.

제3책은 2방의궤二房儀軌: 좌목座目, 사목事目, 성복제구成服諸具[품목稟目, 감결甘結, 실입實入, 공장工匠], 조성소造成所[조회照會, 품목稟目, 감결甘結, 실입實入, 공장工匠], 수리소修理所[조회照會, 수본手本, 감결甘結, 실입實入, 공장工匠] 따위로 구성되어 있다.

제4책은 3방위궤三房儀軌: 좌목座目, 사목事目, 초종제구初終諸具, 품목稟目, 조회照會, 감결甘結, 실입實入 따위를, 제5책은 별공작의궤別工作儀軌: 좌목座目 따위를 기록하고 있다.

본래 빈전의궤는 아직 능에 모시기 이전의 의례를 혼전의궤는 능에 모신 이후의 의례를 말한다. 그러나 명성황후의 경우 시해되어 이런 과정이 없었으므로 상징적이며 제의적인 절차로 보아야 할 것이다.

이번에는국장도감의 차례이다.

≪명성황후국장도감의궤明成皇后國葬都監儀軌≫도 여기 5책으로 구성되어 있다.

제1책은 도청 의궤都廳儀軌: 시일時日, 좌목座目, 조칙詔勅, 장계狀啓, 조회照會, 내조來朝(부附 조부照復), 의주儀註, 훈령訓令, 보고報告, 통첩通牒, 감결甘結, 재용財用, 상전賞典, 의궤儀軌, 품목稟目, 조회照會 따위를 적고 있다.

제2책은 1방 의궤一房儀軌: 품목稟目, 조회照會, 내조來朝, 감결甘結, 조성造成, 실입實入, 공장工匠, 명성황후 발인 반차도明成皇后發靷班次圖, 빈전 이운 경운궁시 반차도殯殿移封慶運宮時班次圖 따위를 기록했다.

제3책은 2방 의궤二房儀軌: 품목稟目, 조회照會, 조작造作, 실입實入, 공장工匠 따위를 기록하고 제4책은 3방 의궤三房儀軌: 품목稟目, 조회照會, 통첩通牒, 조작造作, 실입實入, 공장工匠, 시책문諡冊文, 애책문哀冊文, 대행황후행록大行皇后行錄, 예제행록睿製行錄, 홍릉 침전 상량문洪陵寢殿上樑文, 명성황후 만장明成皇后輓章 따위로 구성되어 있다.

제5책은 다시 다음과 같이 6 의궤로 구성되어 있다.

우주소 의궤虞主所儀軌: 우주虞主, 수본手本, 보고報告, 실입實入

표석소 의궤表石所儀軌: 수본手本, 감결甘結, 실입질實入秩, 공장질工匠秩

지석소 의궤誌石所儀軌: 어제御製, 예제행록睿製行錄, 수본手本, 감결甘結, 실입實入

별공작 의궤別工作儀軌: 수본手本, 조작질造作秩, 실입實入

포진소 의궤鋪陳所儀軌: 수본手本, 조회照會, 실입實入, 공장工匠

배설소 의궤排設所儀軌: 수본手本, 실입實入, 공장工匠

여기서 '우주虞主'란 빈전에서 현궁에 모시고 돌아와 부묘祔廟하기 전 혼전에 있을 때의 '임시적인 신주神主'에 해당한다.

나음은 산릉도감의[28] 일을 살펴볼 차례이다.

≪홍릉산릉도감의궤洪陵山陵都監儀軌≫는 산릉 과정의 기록이다.

시일~산릉 산릉工役의 주요 일정, 좌목座目~산릉도감의 임원, 조칙詔勅(주본奏本, 장계狀啓, 부록)~고종의 명령, 상전賞典, 조회照會(통첩通牒), 훈령訓令, 내조來朝, 재용財用과 식례式例~장례의 비용, 儀軌 제

28) 산릉도감은 조선시대의 용어이다. 고려말부터 조선 초기는 조묘도감造墓都監이라 불렀으나, 1419년[세종 1] 정종의 국상 때부터 산릉도감으로 호칭하였던 것이다.

작, 삼물소의궤三物所儀軌 조성소의궤造成所儀軌 대부석소의궤大浮石所儀軌 노야소의궤爐冶所의궤, 소부석소의궤小浮石所儀軌, 보토소의궤補土所儀軌, 수석소의궤輸石所儀軌, 별공작의궤別工作儀軌, 식물소의궤植木所儀軌, 벌목소의궤伐木所儀軌, 접견소의궤接見所儀軌 따위가 그 내용이다.

≪홍릉석의중수도감의궤洪陵石儀重修都監儀軌≫는 '대한제국'으로 황제를 칭하면서 석물을 중수하였는데 그 과정이 기술되어 있다. '석물'이라는 용어 대신에 '석의'라는 표현을 쓴 것은 바로 이 때문이다.

그 중요 내용은 시일~공사 일정, 좌목座目~임원 명단, 조칙詔勅(연설筵說, 주본奏本, 장계狀啓)~황제皇帝와 대신大臣의 대화, 석의도설石儀圖說, 재용財用, 상전賞典, 공장工匠 기타, 의궤儀軌 편찬 따위이다.

이상에서 본 것처럼 명성황후의 장례 의례는 4종의 의궤를 만들어냈다. ≪명성황후빈전혼전도감의궤≫ 5책,≪명성황후국장도감의궤≫ 5책, ≪홍릉산릉도감의궤≫과 ≪홍릉석의중수도감의궤≫ 따위가 그것이다. 각 의궤의 내용을 대략 짐작할 것이다.

2) 각종 의궤(儀軌) 현황

능묘 문화와 관련된 의궤의 종류는 빈전·혼전도감 의궤, 산릉도감의궤, 국장도감 의궤 이외에도 천릉·천봉도감 의궤, 석물과 정자각 개수의궤, 등록류 따위를 들 수 있다. 이런 자료의 현황를 정리해 두고자 한다.

빈전殯殿과 혼전魂殿 도감의궤는 빈전과 혼전의 과정을 기록한 의궤이다. 빈전과 혼전의 도감이 서로 독립되어 있는 경우와 서로 혼합되어 있는 경우가 있다. 빈궁殯宮과 혼궁魂宮이란 세자 등 '전' 아래의 의례라는 의미로 '궁'을 사용한 것이다.

그 종류로 빈전도감의궤, 빈궁도감의궤, 혼궁도감의궤, 빈전혼전도감의궤 따위를 생각할 수 있다. 중요한 의궤로는 빈궁혼궁양도감의궤殯宮魂宮兩都監儀軌(소현세자 1645 인조 23) 빈궁혼궁양도감의궤殯宮魂宮兩都監儀軌([의소세손懿昭世孫]1752 영조 28)[규14838-1-1] 따위가 있다.

산릉도감의궤는 능을 자체를 조영하는 과정을 기록한 의궤이다. 이 의궤는 처음부터 산릉이 이루어진 경우와 능을 옮기면서 이차로 이루어진 경우가 있을 수 있다.

그 종류로는 산릉도감의궤, 천릉시산릉도감의궤遷葬時山陵도감의궤 따위이다. 중요한 의궤로는 천릉시산릉도감의궤遷陵時山陵都監儀軌([인조장릉] 현릉원원소도감의궤顯隆園園所都監儀軌[장조莊祖]), 후경원원소도감의궤徽慶園園所都監儀軌 따위가 있다.

국장도감의궤는 오늘날의 '국장國葬' 개념이 여기에서 나왔다고 할 수 있다. 돌아가신 왕이나 왕비에 대한 묘호廟號, 전호殿號, 시호諡號 따위를 정하고 행장行狀, 애책哀冊 따위의 문서를 만드는 과정의 기록이다.

그 종류로는 국장도감의궤, 1방도감의궤, 2방도감의궤, 3방도감의궤, 예장도감도청禮葬都監都廳의궤 따위를 생각할 수 있다. 중요한 자료로는 예장도감의궤禮葬都監儀軌([효장세자孝章世子] 예장도감의궤禮葬都監儀軌([효순현빈孝純賢嬪], 예장도감도청의궤禮葬都監都廳儀軌([사도세자思悼世子] 따위가 있다.

국장도감의궤의 한 등급 아래로는 상례의궤喪禮儀軌([효장세자孝章世子], 궁례장의궤[[인숙원빈仁淑元嬪]정조후궁]宮禮葬儀軌[正祖後宮] 따위가 있고, 예장도감도청의궤禮葬都監都廳儀軌([문효세자文孝世子]) 예장도감의궤(1)禮葬都監儀軌[문효세자文孝世子]), 상례도감의궤喪禮都監儀軌([헌경혜빈獻敬惠嬪]), 장례도감의궤葬禮都監儀軌([현목유빈顯穆綏嬪]), 예장도감의궤禮葬都監儀軌([효명세자孝明世子]), 기타로 국장도감우주소의궤國葬都監虞主所儀軌([정순왕후貞純王后]) 따위가 있다.

천릉천봉遷陵遷奉도감의궤는 말 그대로 능을 옮기는 과정을 기록한 의궤이다. 천릉과 천봉은 다른 표현일 뿐 그 내용이 크게 다르지 않다.

중요 천릉도감의궤는 봉릉도감의궤封陵都監儀軌[사릉]봉묘도감의궤封墓都監儀軌[민회빈愍懷嬪] [단경왕후端敬王后온릉溫陵]봉릉도감의궤封陵都監儀軌 따위가 있고 중요 천봉遷奉도감의궤는 영우원천봉도감도청의궤永祐園遷奉都監都廳儀軌[장조莊祖], 건릉천봉도감내별공작의궤健陵遷奉都監內別工作儀軌 건릉천봉도감1방의궤健陵遷奉都監一房儀軌 건릉천봉도감2방의궤健陵遷奉都監二房儀軌 건릉천봉도감3방의궤健陵遷奉都監三房儀軌, 천봉도감의궤遷奉都監儀軌[건릉], 천봉도감빈전소의궤遷奉都監殯殿所儀軌[건릉] 따위가 있다.

석물와 정자각의 개수의궤는 일종의 능 관리 보수 차원의 과정을 기록한 것이다. 중요 개수의궤改修儀軌로는 명릉양릉상개수도감의궤明陵兩陵上改修都監儀軌(1744 영조 20)[파2581],사친석개수도감의궤私親誌石改修都監儀軌(1618 광해 10)[규14894], 비석중건청의궤碑石重建廳儀軌(헌릉 1695 숙종 21)[규13501], 석물추배도감의궤石物追排都監儀軌([혜릉惠陵]1722 경종 02)[규14940] 따위가 있다. 중요 정자각 따위의 개수 의궤로는 지릉정자각개건의궤智陵丁字閣改建儀軌([익조翼祖]1732 영조 08)[장2-3593], 영릉표석영건청의궤英陵表石營建廳儀軌(1744 영조 20)[파2519], 제릉신도비영건청의궤齊陵神道碑營建廳儀軌(1744 영조 20)[파2652], 표석영건청위궤表石營建廳儀軌([목릉穆陵 휘릉徽陵 혜릉惠陵]1747 영조 22)[파2574],표석영건청의궤表石營建廳儀軌([희릉禧陵 태릉泰陵 효릉孝

陵 강릉康陵 장릉章陵] 17 53 영조29)[파2589], 능표석연건청의궤陵表石營建廳儀軌([후릉厚陵, 현릉顯陵, 광릉光陵, 창릉昌陵, 선릉宣陵, 정릉靖陵]1754 영조 30)[파2441], 건원릉정자각중수도감의궤健元陵丁字閣重修都監儀軌(1764 영조 40)[규 135 00], 헌릉석물중수도감의궤獻陵石物重修都監儀軌(1768 영조 44)[규 13 89 6-1], 정릉표석영건청의궤貞陵表石營建廳儀軌(1770 영조 46)[규 13499], 능상사초개수도감의궤陵上莎草改修都監儀軌(徽慶園) 따위가 있다.

등록謄錄류의 의궤도 있다. 중요 자료로는 천봉등록遷奉謄錄[인조장릉仁祖長陵], 현빈궁상등록賢嬪宮喪謄錄[진종비眞宗妃], 상례등록喪禮謄錄[단의빈端懿嬪], 상장등록喪葬謄錄[문효세자文孝世子], 영우원천봉등록永祐園遷奉謄錄, 상례등록喪禮謄錄[혜경궁惠慶宮], 건릉천봉등록(전)健陵遷奉謄錄(全), 상장등록喪葬謄錄[현목유빈顯穆綏嬪] 상례초등록喪禮草謄錄[효명세자孝明世子] 따위가 있다.

제3절 중국(中國)

- '사고전서'(四庫全書)와 그 이후

중국문화 문헌정보의 총체적인 모습을 비교적 상세히 보여주는 자료가 있다면 청 나라 시대에 간행된 ≪사고전서四庫全書≫일 것이다.

≪사고전서≫는 청의 건륭乾隆 황제가 국가적 사업으로 편찬한 책이다. 영용永瑢, 기윤紀昀 등이 1773(乾隆 38)년에 시작하여 햇수로 10년 즉 1782년에 완성되었다. 이 책은 크게는 경經·사史·자子·집集의 4부로 작게는 그 아래 다시 44류類로 나누었다. 그 대상은 4,461종에 93,551권이었다. 당시 모을 수 있는 모든 분야의 책을 수합했다고 할 수 있다.

≪사고전서≫에서 무덤문화 관한 문헌정보는 자부子部 술수류術數類로 분류되어 있다. ≪사고전서총목제요四庫全書總目提要≫(1782년)에서[29] 그 자료를 뽑아보면 200권이 된다. 좀더 상세하게 살펴 보면, 여기서 해당되는 부분은 109권과 111권이다. 이들 2책은 '상택상묘相宅相墓'로 소개되는데 '점복占卜', '명서상서命書相書'. '음양오행陰陽五行' 따위와 같이 섞여 있다. 109권에서 빠진 것을 보충하는 형태로 111권에 배치되어 있다.[30]

여기서 상택상묘相宅相墓의 속류는 주택과 분묘의 방위로 길흉을 미리 알고 피하는 방법을 말한다. 여기에 저록著錄의 8 종 17권과 존목存目의 18 종 132권으로 전체가 26 종 149권이 있다. 여기서 '존목'이란 내용이 전하지 않고 제목만 전하는 경우를 말한다.

상고上古 [저록] 택경宅經
한漢 [존목] 한원릉비장경漢原陵祕葬經
진晉 [저록] 장서葬書
[존목] 장경葬經
당唐 [저록] 감룡경撼龍經 ·의룡경疑龍經 ·장법도장葬法倒杖, 청낭오어青囊奧語·청낭서青囊序, 천옥경내전天玉經內傳· 외편外編
[존목] 천기소서天機素書, 내전천황별극진세신서內傳天皇鼈極鎭世神書, 지리옥함찬요地理玉函纂要
남당南唐 [저록] 영성정의靈城精義
송宋 [저록] 최관편催官篇, 발미론發微論
[존목] 천옥경외전天玉經外傳·48국도四十八局圖, 구성혈법九星穴法

---

29) ≪사고전서≫는 그 대상 자료가 워낙 방대하기 때문에 이를 일목요연하게 정리한 책으로 ≪사고전서총목四庫全書總目≫이 있다. 여기서는 이 자료를 사용했다.

30) 사고전서(著錄 3,471部, 79,218권, 存目 6,819부, 94,034권 전체 저록 10,290부 173,252권)[1] 경사자집(총목 6책, 경부 2,177책, 사부 3,445책, 자부 2,077책, 집부 3,446책, 전체 11,151책 1933년 상해에서 대만 고궁박물관으로 옮길 때)에서 자부 술수서는 286 책이고 종류로는 수학數學, 점후占候, 상택상묘相宅相墓, 점복占卜, 명서상서命書相書, 음양오행陰陽五行, 잡기雜技 따위가 있다.

원元 [존목] 옥척경玉尺經

명明 [존목] 피간로담경披肝露膽經, 지리대전1집地理大全1集 2집2集, 지리총괄地理總括, 나경정문함羅經頂門鍼, 감여류찬인천공보堪輿類纂人天共寶, 나경소납정종羅經消納正宗, 촌금혈법寸金穴法

청淸 [존목] 화상도畵莢圖, 감룡경撼龍經, 정혈입향개문방수분택편람요결定穴立向開門放水墳宅便覽要訣, 산법전서山法全書, 성소천지도설尙書天地圖說(부록)

이에 대하여 109권에는 택경宅經(舊本題 黃帝宅經) 2권[31], 장서葬書(舊本題 晉 郭璞) 1권[32], 감룡경撼龍經 1권, 의룡경疑龍經 1권, 장법도장葬法倒杖 1권, 청낭오어靑囊奧語 1권, 청낭서靑囊序 1권, 천옥경天玉經 내전內傳 3권, 外編 1권(이상 舊本題 唐 楊均松), 영성정의靈城精義(舊本題 南唐 何溥) 2권, 최관편催官篇(宋 賴文俊) 2권[33], 발미론發微論(宋 蔡元定) 1권[34] 따위가 소개되어 있다.

제111에는 '존목存目'이라 하여 한원릉비장경漢原陵祕葬經 10권, 장경葬經(세칭 靑烏先生葬經 金 兀欽仄 註) 1권, 천기소서天機素書(舊本題 唐 邱延翰) 4권, 내전천황오극진세신서內傳天皇鼇極鎭世神書(舊本題 邱延翰正傳 楊筠松 補義, 吳景鸞 解蒙) 3권, 지리옥함찬요地理玉函纂要(찬자 미상) 2권, 천옥경 외전天玉經外傳 1권, 48국도四十八局圖 1권(이사 舊本題 宋 吳克誠), 구성혈법九星穴法(구본제 송 廖瑀) 4권, 옥척경玉尺經(구본제 元 劉秉忠) 4권, 피간로담경披肝露膽經(舊題 明 劉基) 1권, 지리대전地理大典(明 李國木) 1집 30권 2집 25권, 지리총괄地理總括(明

31) 兩江總督採進本 舊本題 黃帝宅經 漢志形法家 宮宅地形 20권 즉 相宅의 책으로 相墓爲古

32) 爾雅註已著錄

33) 통행본

34) 통행본

羅珏 1574) 3권, 나경정문침羅經頂門鍼 (明 徐之鏌) 2권, 감여류찬인천기보堪輿類纂人天其寶(明 黃愼) 12권, 나경소납정종羅經消納正宗(명 沈昇) 2권, 금촌혈법寸金穴法 2권, 화협도畵莢圖(淸 孫光?(昜 +火)) 1권 감룡경撼龍經 1권, 정혈입향개문방수분택편람요결定穴立向開門放水墳宅便覽要訣(淸 梅自實) 4권, 산법전서山法全書(淸 葉泰) 19권, 상서천지도설尙書天地圖說(淸 潘咸) 6권 따위가 소개되어 있다.

이 외에도 한원릉비장경漢原陵祕葬經 10권(영락대전본永樂大典本 미상), 장경葬經 1권[35], 천기소서天機素書 4권(통행본으로 구본제舊本題에는 당唐 구연한邱延翰 찬), 내전천황별극진세신서內傳天皇鼈極鎭世神書 3권(구본제 구연한정전邱延翰正傳 절강순무浙江巡撫 채진본採進本 양균송 補義, 오경란吳景鸞 해몽解蒙), 지리옥함찬요地理玉函纂要 2권[36], 천옥경외전天玉經外傳 1권, 48국도四十八局圖 1권(통행본 구본제 宋 吳克誠 찬), 구성혈법九星穴法 4권(통행본 구본제 송 廖瑀 찬), 옥척경玉尺經 4권(통행본 구본제 元 劉秉忠 찬), 피간로담경披肝露膽經 1권(통행본 구제 明 劉基 찬), 지리대전地理大典 1집 30권 2집 25권(통행본이며 명明 이국목李國木 찬)[37], 지리총괄地理總括 3권(절강순무 채진본 明 나각羅珏 찬 萬歷 2년), 나경정문함羅經頂門鍼 2권 (내부장본內府藏本 명 서지막徐之鏌 찬 33층), 감여류찬인천기보堪輿類纂人天其寶 12권(安徽순무 채진본 明 黃愼 찬), 나경소납정종羅經消納正宗 2권(양회염정 채진본 명 沈昇 찬)[38] 존금혈법寸金穴法 2권(절강순무 채진본 찬자

35) 양강총독채진본兩江總督採進本이란 제목으로 청오선생장경靑烏先生葬經이 있다. 대금大金의 승상 올흠측兀欽仄이 주석했다.

36) ≪지리옥함찬요≫, 찬자 미상 절강순무 채진본. 옥함의 이름은 邱延翰書에서 전한다고 하나 책이 오래 되어 전하지 않는다.

37) 자세한 내용은 다음과 같다.1집 1~2권 곽박 장경 3~6권 당 구연한 천기소서 7~10권 양균송 감룡경 의룡경 장법도장 11~14권 송 요유 구성혈법 15권 채원정 발미론 16권 명 유기 피간로담경 17~30권 搜元曠覽(청) 2집 1권 唐 증문천曾文辿 청낭서 2권 양균송 청낭오어 3~6권 양균송 천옥경 내전외편 7~11권 원 유병충 玉尺經[부록 遯菴元經圖說] 12~14권 송 뇌문준 최관편[부록 둔암이기혈법] 15~16권 송 오극성 천옥외전사십팔국도설 17~25권 색은원종索隱元宗 이국목李國木 자찬自撰

미상)[39] 화협도畵莢圖 1권, 撼龍經 1권(양회염정 채진본 淸 孫光?(昜 + 火) 찬) 정혈입향개문방수분택편람요결定穴立向開門放水墳宅便覽要訣 4권(절강순무 채진본 淸 梅自實 찬), 산법전서山法全書 19권(강소 周厚堉 家藏本 청 섭태葉泰 찬) 따위가 있다.

≪사고전서≫ 이후에 다시 정리된 무덤문화 문헌정보가 있다. 유영명劉永明이 주동이 되어 강소광릉고적각인사江蘇廣陵古籍刻印社에서 발행한 ≪증보사고미수 술수류 고적대전增補四庫未收術數類古籍大全≫이 그것이다. 이 책은 '감여집성堪輿集成'라는 분류로 총31책으로 105종이 정리되어 있다. 이들을 보이면 다음과 같다.

㉠
가전득일록家傳得一錄, 감룡撼龍 10권, 감여보堪輿譜
감여설비堪輿泄秘, 감여정경堪輿正經(일명 청낭경靑囊經) 1권
강씨백문목강선사지리서江氏百問目講禪師地理書 1권
곽씨장경산정郭氏葬經刪定 1권, 교위校僞 1권, 구성혈법九星穴法 4권
국일산방산법비고菊逸山房山法備考 1권, 귀원록歸原錄 20권
㉡
나경비규도서羅經秘竅圖書 10권, 나경해羅經解 1권, 난해難解 24편篇 1권
뇌공천성편교賴公天星篇校 1권
㉢
도圖 1권, 도천보조경都天寶照經 1권
㉤
망극록罔極錄 2권

---

38) 책의 앞4부분은 72룡으로, 뒷부분은 60룡으로 나누었다.
39) 이 책은 속본俗本으로 요우廖瑀의 九星穴法의 조종이 된다.

ⓑ

번괘애성도결고저翻卦挨星圖訣考著 1권, 복씨설심부산정卜氏雪心賦刪定 1권

비성부통석飛星賦通釋 1권, 비전수룡경秘傳水龍經 5권

ⓢ

사마두타달승문답司馬頭陀達僧問答 1권, 사십팔규도설四十八竅圖說 1권

산수충간집적요山水忠肝集摘要 1권, 삼자청낭경三字靑囊經 1권

상장잡설喪葬雜說 1권, 상지골경相地骨經 1권, 상지지미相地指迷 10권

상택경찬相宅經纂, 상택신편相宅新編,, 상택요설相宅要說

색은현종索隱玄宗 9권, 석함평사옥척경찬石函平砂玉尺經纂 1권

선시조명選時造命 4권, 성시록誠是錄 1권, 속교續校 1권

수반팔침법水盤八針法 1권, 수법水法 1권, 수현광람搜玄曠覽 14권

신전당씨수성新鐫唐氏壽城 1권, 신종록요愼終錄要 1권, 심득요지心得要旨 1권

ⓞ

양공금함경산정楊公金函經刪定 1권, 양기부陽基部 1권, 양명안색陽明按索 5권

양택론陽宅論, 양택지남陽宅指南 1권, 양택촬요陽宅撮要 2권

오공교자서吳公敎子書(일명 천옥경天玉經 외편外篇) 1권, 옥척경玉尺經 4권

옥함진의고경가玉函眞義古鏡歌 3권, 요공사법심경廖公四法心鏡 1권

운간장씨가전지리진서雲間蔣氏家傳地理眞書, 원경도식原經圖式 1권

유강동가장선본장서劉江東家藏善本葬書 1권

유문숭리절충감여완효록儒門崇理折衷堪輿完孝錄 8권

음양보해삼원옥경기서陰陽寶海三元玉鏡奇書(일명 삼백보해三白寶海) 3권

음택류陰宅謬 1권, 의룡疑龍 3권

ⓩ

자미두수紫微斗數 3권, 자백결통석紫白訣通釋 1권, 장경익葬經翼 1권

장경전주葬經箋注 1권, 장고葬考 1권, 장서葬書 2권

전가양택득일록傳家陽宅得一錄 1권, 전국안분입택全局安墳立宅 입식가入式歌 1권

정험도어征驗圖語 4권, 조수론潮水論, 주신진경珠神眞經 2권

주역장설周易葬說, 증씨수룡경교曾氏水龍經校(일명 청낭경서靑囊經序) 1권

지리답간地學答間 1권, 지리말학地理末學 6권, 지리미서地理微緖 1권

지리변정도설地理辨正圖說 1권, 지리변정보의地理辨正補義 5권

지리변정보정地理辨正補正 3권, 지리비규地理秘竅 1권

지리색은地理索隱[사부砂部 이기부理氣部, 작용부作用部, 용부龍部, 수부水部, 경제요언警世要言, 혈부穴部] 1권

지리수법요결地理水法要訣 5권, 지리여주地理驪珠 1권

지리장서집주地理葬書集注 1권, 지리지언地理枝言, 지리진종地理眞踪 1권

ⓒ

채씨발미론교蔡氏發微論校 1권, 천기소서天機素書 4권, 천옥경天玉經 1권

청낭서靑囊敍 1권, 청낭오어靑囊奧語 1권, 청낭천옥통의靑囊天玉通義 5권

청오서언靑烏緖言 1권, 초목유미경草木幽微經 1권, 촉산장서蜀山葬書 2권

최관편催官篇 4권, 칠십이장법七十二葬法 1권

ⓔ

택보수방최생宅譜修方催生 5권, 택보이언宅譜邇言 2권, 택보지요宅譜指要 4권

ⓟ

팔택명경八宅明鏡 2권, 평상론平詳論

풍수거옥風水祛玉 1권, 피간로담경披肝露膽經 1권

㉭
현공비지통석玄空秘旨通釋 1권, 현녀해각경찬玄女海角經纂 1권
혈정부穴情賦 1권, 황제택경黃帝宅經 2권

❶ 11권, ❷ 4권, ❸ 2권, ❹ 1권, ❺ 4권, ❻ 21권, ❼ 17권, ❽ 26권, ❾ 11권, ⓫ 3권 ⓬ 4권, ⓭ 4권 총 108종이다. 현재 우리나라에서 취급되고 있는 문헌정보는 이 중에서 몇 종에 지나지 않는다.

제4장 능묘의 '상설'(象設)과 조영(造營)

조선시기의 상장喪葬 제도는 국장國葬, 예장禮葬, 사장私葬이 있었다.

국장은 왕, 왕비, 왕세자가 훙거薨去했을 때 행하는 상장의례이다. 예장은 왕비의 부모, 빈·귀인, 왕자, 군, 부인夫人, 공주, 옹주 및 의빈儀賓, 종친의 2품 이상, 문무관의 종1품 이상 및 공신으로 관곽棺槨 및 담군擔軍을 국가가 제공했다. 사장은 사가에서 빈핍하게 행해졌다. 관리의 경우 관을 관아에서 지급했다. 분묘는 후장을 했으므로 폐단이 많아 신분상 제한을 하게 되었다.1)

능묘의 석물을 비롯한 조영도 이러한 상장제도에 따라 차등이 생기게 되었다. 국장, 예장, 사장 순으로 소략해졌다고 할 수 있다. 국장이라도 당시의 상황에 따라 변화가 있기도 했다. 보기를 하나 들면, 영릉英陵 즉 세종과 왕비의 능은 호석이 없이 난간석만 있다. 이것은 세조의 유명에 따라 예종이 천릉하면서 생긴 결과였다.

본 글은 국장의 석물과 조영을 따라 설명하되 예장과 사장의 경우를 포함시키는 내용으로 진행했다. 예를 들면, 국장의 경우 '상석床石'은 제물을 차리는 도구가 아니라 '혼유석'이다. 그러나 사장의 경우 상석은 글자 그대로 제물을 차리는 상이 되고 혼유석은 봉분과 상석 사이에 조그

1) 조선총독부 중추원(1938) ≪교주 대전회통≫ 부록 대전회통해제 60쪽

만 형태로 변형된다.

공간상의 배치로 볼 때, 왕의 무덤王陵은 위와 아래 부분으로 나뉘어 있다. 봉분을 중심으로 하는 즉 곡담曲墻에서 무인석武人石과 마석馬石까지의 위의 공간과 정자각丁字閣을 중심으로 비각碑閣에서 홍살문과 금천교까지의 아래의 공간이다.

그 상단부는 무덤의 주인인 왕이나 왕비 등의 정사를 처리하는 조정朝廷의 자리이고, 그 하단부는 무덤의 주인들이 사적인 생활의 자리이다. 이러한 구조는 중국의 경우 전한前漢 시대에 이루어진 것으로 알려졌다.[2)]

이러한 왕릉의 배치 구성을 '상설象設'이라고 한다. 황제릉의 경우는 '석의石儀'로 격상시켜 불렀다. 그렇다면, 왜 이런 배치 구성을 하게 되었을까? 여기에 대한 답변은 두어 가지가 가능하다.

그림 4-1 '묘소석물배열도'

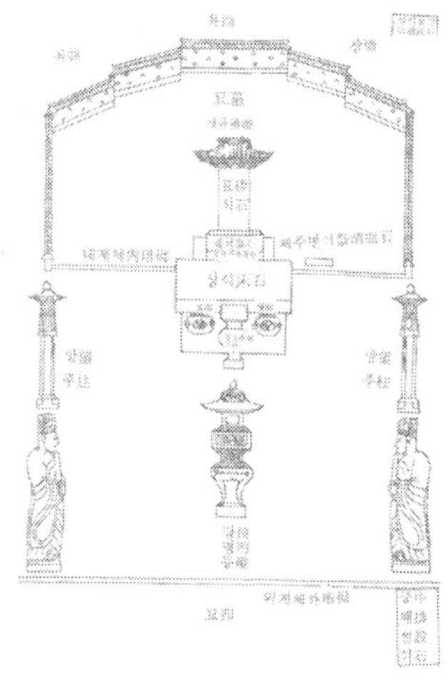

2) ≪문답으로 엮은 교양 중국사≫(2005) 586~587쪽

[설명] 이 그림은 1800년 석물배치도이다. 이 능묘는 유좌묘향으로 되어 있다. 따라서 봉분-묘비-상석-향로-장명등 따위가 중심축선에 놓이게 된다. 왕릉의 봉분 앞에서의 의례는 원래 진행되지 않는다. 모든 의례는 정자각에서 이루어지기 때문이다. 여기서는 향로석이 놓인 것으로 보아 어떤 형태이든지 의례가 있었음을 보여준다. 모든 석물과 의례는 따로 떼어서 생각할 수 없다. 능묘의 주인공의 사후 공간이자 시간의 전체인 연유이다.

처음이 인조 때의 예조 판서 이정귀李廷龜(1564~1635) 등이 예장 도감과 대신들이 상의하여 내린 결론이다. 인조 4년(1626) 2월 3일이다. 이러한 상설은 '국상國喪 때 문무백관을 형상한 제도'라는 것이다.

> 전일 대신들과 같이 의논할 때 신들도 이점에 대해 생각해 보았습니다. 그러나 예문禮文에 문석인文石人의 모습은 관대冠帶에 홀笏을 잡고 있는 형상이고 무석인武石人의 모습은 갑주甲胄에 검劍을 차고 있는 형상으로 되어 있는데 이것은 바로 국상國喪 때 문무 백관文武百官을 형상한 제도로서 혐핍嫌逼에 관계되는 것입니다.

이상은 관대에 홀을 잡은 문인석과 갑주에 검을 찬 무인석 그리고 뒤의 석마를 배치한 것은 '국상 때의 형상'이라는 설명이다. 그래도 봉분과 곡장 사이의 호석虎石과 양석羊石이 무엇을 의미하는가 하는 설명은 분명하지 않다.

이런 점에서 두 번째의 답변이 가능하다. 왕릉 석실의 덮개돌蓋石에 그려진, '하늘과 땅 그리고 별天地星辰'들이 힌트가 되는 것은 아닐까.

묘실의 천정에 하늘을 상정한 전통은 고구려 시기부터였다, 강서대묘, 강서중묘, 진파리 1호분 따위에서 그 보기를 확인할 수 있다. 고구려연구재단(2005) ≪평양일대 고구려 유적≫에 의하면, 이들 세 고분의 널방의 벽면은 동(청룡), 서(백호), 남(주작, 산악: 강서대묘), 북(현무, 산악: 강서중묘)이다. 이에 대하여 천정고임돌은 천상天象의 이미지인 것이다.[3)]

위 왕릉의 천정 고임돌과 천정의 무늬는 한 마디로 당대의 우주관이라고 할 만다. 이런 점에서 상설의 배치 구조는 왕과 왕비가 죽은 뒤의 세계 즉 우주에의 참여일 것이다

이와 같이 왕릉에 조영된 세계는 상설을 중심으로 체계적으로 구상된 구조라고 할 수 있다.

> 본릉本陵의 왼편은 지세地勢가 평탄하게 여유가 있어서 상석象石의 설치를 물려서 안배하기에 충분하였으며, 곡장曲墻 밖의 보토補土할 곳은 수십 자尺 안팎에 불과하였습니다.

이 기록은 순조실록 5년1월25일조이다. 본릉을 조영하기 전에 미리 상석의 배치를 고려했던 것임을 알 수 있다.

왕릉의 경우 상설 제도는 고려와 조선을 거치면서 '산릉山陵'이란 이름으로 정리되었다. 왕릉의 산릉제도 좁은 의미로 상설제도는 세종 때의 ≪오례의≫에 의하여 확립된 것이라 할 수 있다.

ㄱ 세종 1년[1419]에 큰 아버지인 정종定宗(1357~1419, 재위 1398~1400)
ㄴ 세종 2년[1420]에 어머니인 원경왕후元敬王后(1365~1420)
ㄷ 세종 4년[1422]에 아버지인 태종太宗(1367~1422, 재위 1400~1418)
ㄹ 세종 28년[1446]에 아내인 소헌왕후昭憲王后(1395~1446)

---

3) 고구려 세 고분의 보기로 들어보기로 한다. a <강서대묘> 천정 고임돌: [동] 비선飛仙, 산악, 서조瑞鳥, 인동연꽃, 구름무늬, [서] 승조선인乘鳥仙人, 비선飛仙, 산악, 비렴, 서수瑞獸, 서조瑞鳥 구름무늬, [남] 비선飛仙, 서수瑞獸, 서조瑞鳥, 인동연꽃, 구름무늬, [북] 비천, 비렴, 봉황, 인동, 연꽃 천정: 황룡, 인동, 연꽃b <강서중묘> 천정 고임돌:[동] 해, 인동연꽃, [서] 달, 인동연꽃, [남] 서조瑞鳥, 인동연꽃, [북] 瑞鳥 인동연꽃천정: 연꽃 c <진파리 1호분> 천정 고임돌:[동] 인동연꽃, 인동당초, 구름무늬, [서] 인동연꽃, 인동당초, 구름무늬, [남] 인동연꽃, 인동당초, 구름무늬, [북] 인동연꽃, 인동당초, 구름무늬천정: 해, 달, 별자리, 인동연꽃

세종은 이렇게 네 번의 '흉례凶禮'를 거치면서 '오례의'를 완성했다. 이 산물이 ≪세종오례의≫이고 ≪국조오례의≫라고 할 것이다

> 이와 같이 왕릉의 위엄을 상설로 표현하기 때문에 사대부의 묘는 신분상의 많은 제약이 불가피했다. 그런데 왕실의 종친을 중심으로 왕릉문화가 민간인 묘 문화로 들어오면서 오늘날과 같은 모습을 지니게 된 것이다. 왕실의 제약과 장려가 교차되면서 끊임없이 왕릉문화와 가까워진 것이다.

보기를 들면, 상석의 받침돌이면서 동시에 장식인 족석足石은 본래 왕릉의 '위엄'이라 할 수 있다. 그러므로 북돌이 4개인가 5개인가로 논의가 되기도 했다. 이런 문화가 공주나 옹주의 출가와 종실의 무덤문화로 진입하면서 2개가 되고 나중에는 4개가 되었던 것이다. 그 대신 왕릉의 '나어두'를 사용하지 못한다. 그러나 이마저도 후대에 오면 '나어두'를 사용하는 사람이 등장하게 된다. 이 부분은 뒤에서 상세하게 다룰 것이다.

민간인 묘가 왕릉문화를 모방한다는 것은 왕릉이 있는 서울에서 멀리 떨어질수록 상설이 소략한 연유가 여기에서 비롯한다.

제1절 봉분(封墳)의 북(北)쪽

이 영역의 '상설'은 담장曲墻, 미당階, 양돌羊石, 호랑이돌虎石 따위로 구성되어 있다.

봉분 위의 담장은 동·서·북 3면을 담으로 두른다. 담장의 높이는 3자4치이다. 담 높이는 9자 3치이며, 길이는 58자 8치이다. 지대는 높이가 9치이다. 담의 높이가 2자 3치며, 길이가 55자이다. 지대의 높이는 9치이다.

담 밑에는 2 마당을 설치한다. 동·서 담 밑의 마당이 각 1등급이니, 높이가 9치, 너비가 각 2자이다. 봉분의 북쪽 마당과 동·서쪽 마당의 너비

가 각 6자이며, 북쪽 담 밑의 마당階節은 1급級이니, 높이가 3자 3치, 너비가 2자 5치이다.

안쪽에 양돌羊石이 2개 혹은 4개인데,동·서에 각각 1개 혹은 2개를 설치한다. 바깥쪽에 호랑이돌虎石이 2개 혹은 4개인데, 북에 2개, 동·서에 각각 1개씩 설치한다. 호랑이돌은 양돌 사이에 자리하되, 모두 밖을 향하게 한다.

1 곡장(曲墻)

- 원장垣墻. 곡장曲墻, 북장北墻

왕릉 봉분에서 북쪽에 있다. 동·서·북의 3면이 연결되어 있다.

곡장曲墻 이외에도 원장垣墻 및 북장北墻이라고 불렀다. '곡장'은 담장이 구부러져 처져 있어서 붙은 이름이다. '원장'은 그냥 담장이라는 의미이고 '북장'이란 북쪽의 담장이란 뜻이다.

곡장은 능역의 주위에 따라 여러 번 꺾어서, 단순하게 '冂'자로, 혹은 반원半圓으로 조성되기도 한다. 다만 곡장의 중앙이 되는 곳 즉 곡장의 중앙-상석의 중앙-장명등 따위가 일치하는 선상이 되도록 한다. 변광보邊光輔(1644~1662)의 묘(경기도 여주군 장흥리 장흥마을 대렴봉)에서는 비틀어진 네모인 돌을 넣어 구별하고 있다.

이와 같이 묘지 조영의 환경에 따라 편차가 있었다.

원장垣墻이란 담장의 중심부를 말하고, 곡장曲墻은 그 좌우의 담장을 말한다. 후대에 가면 원장까지를 포함하여 모두 '곡장'이라고 했다.

곡장은 조선 시대의 초창기 왕릉의 전유물이었다. 그런데 17세기에 들어가면 곡장이 사대부의 무덤에도 등장하기에 이른다. 2006년 여주군 향토사료관 · 여주문화원 · 여주군사편찬위원회에서 여주군사 기초자료 조사보고로 낸 ≪여주의 능묘와 석물≫에 의하면, 세 가지 사례가 있다. 변광보邊光輔(1644~1662)의 묘(경기도 여주군 금사면 장흥리 장흥

마을 대렴봉), 원몽린元夢鱗(1648~1674)의 묘(경기도 여주군 대신면 상구리 안말 원주원씨 세장지), 이완李浣(1602~1674)의 묘(경기도 여주군 여주읍 상거리 안말터) 따위가 그것이다.

변광보는 소현세자昭顯世子(1612~1645) 즉 인조의 맏아들로 그의 따님인 경순공주慶順公主(1643~1662)와 혼인하여 봉순대부황창부위奉順大夫黃昌副尉[4]가 된 사람이다. 원몽린은 효종의 따님인 숙경공주淑敬公主와 혼인하여 흥평위興平尉가 된 사람이다. 이들은 모두 왕실의 사위이기 때문에 곡장이 가능했던 것이다. 이완은 효종과 송시열(1607~1689) 등과 북벌 계획을 하면서 훈련대장을 역임했고 1674년에는 우의정에 오른 사람이다. 이완의 경우는 왕실과 관련이 없음에도 불구하고 곡장으로 상설했다. 이 시기 즉 17세기 후기에 오면, 일반 사대부까지도 곡장이 허용되었던 것을 알 수 있다.

2 양석(羊石)

왕릉의 경우, 담장과 봉분 사이의 동쪽과 서쪽에 각각 위치하지만, 사대부 묘의 경우, 망주석과 문인석 중간 지점에 백호와 청룡 방위에 각각 자리하고 있다.

2 마리에서 4 마리까지였다. 일반적으로 국장[왕릉급]의 경우는 좌우의 4마리이고 예장[원과 묘급]의 경우는 2마리였다.

왕조실록에 의하면, 주로 '석양石羊'(18회)이라 일컬어졌나. 나만 영조왕조실록에 '양석羊石'이란 용어가 사용되었다. 이 글에서 '양석'으로

4) 봉순대부는 조선 초기 정3품 의빈儀賓에게 주던 당상관의 관계였다. 후기에 가면 이 제도는 폐지되고 동반과 같이 통정대부通政大夫를 받았다. 여기서 의빈이란 임금이나 왕세자의 사위를 말한다.≪경국대전≫에 의하면, 위尉에는 정1품에서 종2품까지의 구별이 있었다. 위란 공주에게 장가간 사람은 처음 종1품의 위를 주었다가 정1품으로, 옹주에게 장가든 사람은 종2품에서 정2품으로 주는 제도였다. 부위副尉는 정3품으로 군주郡主 즉 왕세자의 적녀嫡女에게 장가든 사람에게, 첨위僉尉는 정·종 3품으로 현주縣主 즉 왕세자의 서녀庶女에게 장가든 사람에게 각각 처음 주는 위계였다.

통일한 것은 문인석, 난간석 따위와 같이 단어의 끝에 '석'을 일관성이 있도록 통일하려는 의도에서였다.

왕릉의 경우, 서 있는 모습이며 네 다리 사이의 중앙 부분은 파지 않고 풀 모양草形을 새겼다. 그런데 사대부 묘의 경우, 풀 모양을 새기지 않기도 했다.

그림 4-2 양석 도설

세종 2년의 후릉[정종: 세종의 큰 아버지]과 같은 해의 산릉[원경왕후: 세종의 어머니]의 양돌에 대한 규격은 다음과 같다.

> 양돌이 4개이니, 【좌우에 각각 2개씩 있다.】 길이가 각 5자, 너비가 각 2자 8치, 높이가 2자 5치이다.

양석의 위치와 호석의 거리는 세종 2년 산릉[원경왕후: 세종 어머니]에 다음과 같이 제시되어 있다.

> 호랑이돌은 남쪽에 있고, 양돌은 북쪽에 있게 하되, 서로 사이하여 놓는데, 모두 밖을 향한다. 난간석부터 호석까지 거리는 4자 5치요, 양석과 호석의 거리는 11자이다.

오례의에 오면 양석의 규격과 도설이 제시되어 있다.

북장北墻 아래에 2개의 층계를 설치하고 담[墻] 안에 양돌 4개를 세운다. 그 높이는 각각 3자, 너비는 각각 2자, 길이는 각기 5자이다. 네 개의 다리 안에는 파지 아니하고서 풀 모양草形을 새긴다. 대석臺石은 발과 연하여 높이가 1자이다. 대석면臺石面은 땅과 가지런하게 한다.

양석의 규격이 달라진 것을 알 수 있다. 높이는 커지고 너비는 작아지며 길이는 변화가 없다.

1789년 ≪현륭원원소도감 의궤≫ <도설>의 설명은 다음과 같다.

양돌은 서 있는 모양을 새기니 그 높이가 2자7치, 너비가 1자3치5푼, 길이가 4자5치이다. 그리고 네 다리 사이의 중앙 부분은 파지 않고 풀 모양을 새겼다. 대석은 호석과 동일하게 하였다.

양돌의 규격에 변동이 있으나 도설에는 변화가 없다. ≪홍릉석의중수도감의궤≫ <석의도설>에 대한 설명은 다음과 같다.

서 있는 형태로 길이는 4자6치, 높이는 2자5치, 너비는 1자4치, 대석臺石은 1자이다. 네 다리 중간을 뚫지 않으며 초형草形을 새긴다.

양돌의 규격은 주위 환경에 따라 변화가 많았으나 도설을 거의 바꾸지 않았다.

양석이 왕릉에 나타난 양석의 변천이라면, 사대부 묘에서는 18세기 초부터 나타나기 시작하여 현대까지 이르른다. 흔한 석물이라고 하기는 어렵다. 여주향토사료관 외(2005)≪여주의 능묘와 석물≫에 의하면, 다음과 같은 6 경우가 있다.

a 권일형權一衡(1700~?) 묘(경기도 여주군 강천면 강천리 상동)

b 이성중李成中(1706~1760) 묘(경기도 여주군 능서면 용은리 용거동) 균형잡힌 몸매의 양석은 사실적으로 조각되었으며 다리와 다리 사이의 공간에는 꽃이 활짝 핀 난초가 새겨져 있다. 청룡의 양석은 머리가 훼손되었으나 백호의 양석은 상태가 양호한 편이다. 86쪽

c 원중회元重會(1713~1772) 묘(경기도 여주군 북내면 가정리 가정리 마을) 양석은 몸체에 비해 목이 너무 길게 표현되어 있다. 눈과 뿔이 사실적으로 조각되었으나 입 부분이 훼손되어 시멘트로 보수했다. 151쪽

* 무신

d 박준원朴準源(1739~1807) 묘(경기도 여주군 여주읍 가업리 가업리 마을) 향토유적 제9호

e 민치록閔致祿(1799~1858) 묘(경기도 여주군 가남면 안금리)

f 조창근趙昌根(1836~1909) 묘(경기도 여주군 금사면 이포리 이포마을) 1933년 석물

3 호석(虎石)

왕릉에서 담장 아래 봉분의 동쪽과 서쪽에 위치한다.

좌우 2마리씩 4 마리이다. 양석과 같이 국장과 예장에 따라 달랐다. 사대부 묘에서는 발견되지 않는다.

왕조실록에 의하면 주로 '석호石虎'(16회)가 사용되었다. '호석'(3회)은 영조 시대에 사용되었다. 이 글에서 '호석'으로 정리한 것은 '양석'의 경우와 같다.

주저앉은 모양으로 머리는 눈과 귀로 입으로 되어 있거 꼬리는 오른 발까지 구부린 상태이다.

그림 4-3 호석虎石 도설

[설명] 이 그림은 홍릉 즉 고종황제비 명성황후의 호석虎石이다. 앞의 호석은 아직 황제비가 되기 이전의 '상설'이고 뒤의 그것은 황제비가 된 후의 '석의'이다. 왕후보다 황후의 것이 더 어눌해 보인다.

세종 2년의 후릉[정종: 세종의 큰 아버지]과 같은 해의 산릉[원경왕후: 세종의 어머니]의 호석에 대한 규격은 다음과 같다.

> 호석이 4개이니 좌우에 각각 2개씩 있다. 그 길이가 각 4자, 너비가 각 2자, 높이가 각 3자 9치이다.

오례에 의하면 다음과 같이 호석의 규격과 배치가 제시되어 있다.

> 동쪽과 서쪽에 각각 2개씩을 설치하고, 호랑이돌 4개를 세웠다. 그 높이가 각각 3자 5치, 너비가 각각 2자, 길이가 각각 5자이다. 대석臺石은 양돌과 같다. 북쪽에 2개, 동쪽과 서쪽에 각각 1개를 설치하되, 양돌의 사이에 있다. 모두 밖을 향하게 한다.

1789년 ≪현륭원원소도감 의궤≫ <도설>의 설명은 다음과 같다.

> 호석은 주저앉은 모양을 새긴다. 그 높이가 앞이 3자1치, 뒤가 1자9치

이며 너비가 4자9치이다. 대석臺石은 땅 속에 1자가 들어가서 그 면이 땅과 가지런하게 하였다.

≪홍릉석의중수도감의궤≫ <석의도설>에 대한 설명은 다음과 같다.

앉은 형태로 길이가 5자, 높이가 3자, 너비가 1자5치5푼, 대석臺石이 1자이다.

호석의 규격은 주위 환경에 따라 변화가 많았으나 역시 도설은 거의 바뀌지 않았다.

4 섬돌階와 계체석(階砌石)

섬돌은 곡장 안의 공간을 말한다. 북·동·서의 세 마당은 곡장으로 막히게 된다.

계階는 섬돌, 층계, 계단이라고 번역할 수 있다. 그러나 여기서는 마당이라고 부르기로 한다. 달리 계절階節이라고도 불렀다. 1718년 숙빈최씨의 능인 소령원 석물배열도에 의하면, 곡장 안까지를 '내계체석內階砌石', 석상에서 문인석까지를 '외계체석外階砌石'이라는 명칭을 사용했다.

곡장 밑에는 2 마당을 설치한다. 동·서 담 밑의 마당이 각 1등급이니, 높이가 9치, 너비가 각 2자이다. 봉분의 북쪽 마당과 동·서쪽 마당의 너비가 각 6자이며, 북쪽 담 밑의 마당階節은 1급級이니, 높이가 3자 3치, 너비가 2자 5치이다.

5 사성(莎城)

달리 사성沙城이라 쓰기도 한다. 사성砂城으로 쓰기도 했으나 일제 시기이후부터이다.

> 두뇌에서부터 혈을 둘러싼 것을 말한다. 천연으로 그리 생긴 것은 거의 없기 때문에 으레 뒤와 옆을 둘러 흙을 모아서 쌓는다.[5)]

≪고양시 문화재대관≫(1994)에는 사성을 풍수문화의 하나로 위와 같이 해석하고 있다. 그런데 고양시 일대의 왕실과 사대부 묘들이 사성을 두고 있다는 것이다. 이는 풍수상의 이유보다도 오히려 묘의 보호장치와 같은 것으로 여겨진다. 일종의 곡장과 같은 장치로 생각한 것이 아닌가 여겨진다. 고려 시대의 문인으로 대제학을 지낸 강회중姜淮仲의 묘[6)]와 강홍중姜弘重(1577~1642)의 묘[7)]가 좋은 보기인데 '돌로 쌓아 만든 축대'가 있다. 이는 분명 곡장의 역할이라 할 것이다. 고양시에 많은 왕자나 공주의 묘를 고려할 때 곡장을 하지 못할 때 사성을 추측해 볼 수 있기 때문이다.

고양시의 문화재 가운데서 국가지정이나 경기도 지정과 고양시 지정 능묘가 거의 곡장 제도를 취하고 있다. 비지정문화재가 유독 사성이 많은 것도 이런 해석의 가능성을 보여준다고 할 것이다.

참고로 사성이 있는 묘지를 보이면 다음과 같다.

이숙야李叔野(이색의 손자)의 묘, 조대림趙大臨(1387~1430) · 경정공주慶貞公主(1384~1455)의 묘[단분], 정종본鄭宗本의 묘(1443 묘비 건립), 근녕군 이농謹寧君李禯(1401~1461) 묘, 경혜공주敬惠公主(남편 정종鄭悰 ?~1461)의 묘, 수춘군 이현壽春君李玹(1446~1463)의 묘, 율원군 이종栗元

---

5) 고양문화원(1994) ≪고양시 문화재대관≫ 문화재용어해설 933쪽

6) 강회중 묘는 경기도 고양시 관산동 시묘동 마을에 위치해 있다.

7) 강홍중 묘는 경기도 고양시 대자동 용복면 마을에 위치해 있다.

君李徖(1432~1476)의 묘, 강자평姜子平(1430~1486)의 묘, 온녕군 이정溫寧君李裎(태종의 아들)의 묘, 영인군 이순寧仁君李揗(1448~1505) 묘, 숙원남양홍씨(묘비 1534 건립)의 묘, 유여림兪汝霖(1476~1538)의 묘, 창성군 이요명昌成君李堯命(1499~1546), 영성군 이계寧城君李계[王+季]의 묘, 신광한申光漢(1484~1555)의 묘, 이정화李廷華(1520~1558)의 묘, 심봉원沈逢源(1497~1574)의 묘, 신확申確(묘비 1629년 건립)의 묘, 김일진金一振(1633~1665)의 묘, 조한영曺漢英(1608~1670)의 묘, 임성군 이황臨城君李愰(1665~1690)의 묘 따위가 있다.

이런 점을 감안할 때 사성은 15세기의 묘부터 나타난다고 할 것이다.

그렇다고 모든 묘마다 사성이 있었던 것은 아니다. 경기도 기념물 제165호인 한백겸韓百謙(1552~1615) 묘(경기도 여주군 강천면 부평리 가마섬 부도마을), 박인朴寅(1520~1587) 묘(경기도 여주군 대신면 가산리 재개울), 윤옥尹玉(1511~1584) 묘(경기도 여주군 대신면 보통리 새터), 원두표元斗杓(1593~1664)[8], 조겸행趙謙行(1616~1693) 묘(경기도 여주군 대신면 천서리 나란마을), 조하성曺夏盛(1667~1719) 묘(경기도 여주군 대신면 송촌리 큰송구티 마을) 따위가 그것이다. 이 경우에는 풍수상의 이유를 고려할 수 있을 것이다.

6 산신석(山神石)

그 위치는 좌청룡에 자리한다. 왕릉의 경우는 곡장 바깥이 된다. 김장생은 그 근거를≪예기≫단궁檀弓에서 찾고 있다. 묘의 좌에서 후토后土에게 제사를 올린 데서 유래했다는 것이다.[9] 조선 후기에 산신이 가람신으로 들어오게 됨에 따라 자연스럽게 산신이 능묘를 지키는 신으로 자리 매김한 것이 아닌가 한다.[10]

8) 원두표의 묘는 경기도 문화재 자료 제128호이다.

9) ≪가례집람≫8권 31b [祀后土於墓左] 檀弓 旣反哭主人與有司以几筵舍 奠於墓左 反日中而虞

≪제청급석물조성시등록祭廳及石物造成時謄錄≫(1718)의 '묘소석물배열도' 즉 영조의 생모인 숙빈최씨 묘소의 제청 설치와 석물 조성 그림에 의하면, '산신석상山神石床'이 곡장의 바깥 좌청룡의 방향에 보인다. 이러한 그림은 홍릉의궤에도 그대로 지속되고 있다. 그러나 대부분의 왕릉은 정자각 바로 위 좌청룡에 위치해 있다.

여기서 '묘의 왼쪽墓左'를 풀이할 필요가 있다. 묘도墓道는 남쪽을 향한다. 그러므로 동쪽이 왼쪽이 된다.[11] 인간중심의 기준이 될 때, 신도神道란 오른쪽[동]을 높게 보기 때문에 후토를 제사지낼 때 오른쪽에서 지낸다는 말로 바꿀 수 있다. 후토를 존중하는 것은 후토가 돌아가신 부모를 중시하기 때문이다. 산신은 즉 돌아가신 부모의 체백을 의탁하는 바이기 때문이다. 그러므로 제의 순서는 먼저 묘제를 지내고 뒤에 후토를 지내게 된다.[12]

역시 민간인 묘의 산신석도 봉분의 청룡 방향에 둔다.

제2절 봉분(封墳)의 그 주위(周圍)

봉분을 보호하며 장식하는 호석護石[채운돌滿石, 당긴돌引石, 얼굴돌

10) 절에서는 산신은 절을 지키고 불교를 옹호하는 신이다. 수가람신守伽藍神·호가람신護伽藍神·사신寺神이라고도 한다. 이러한 믿음은≪삼국유사≫에서 발견된다. 황룡사의 호법룡護法龍과 통도사의 독룡이 그 보기이다. 고려시대에는 최제안崔齊顔이 죽어서 절을 지키는 신이 되어 많은 영이(靈異)를 남겼다고 한다. 고려시대 이후에는 사찰 안에 신중단神衆壇이 설치되고 신중탱화가 봉안되었으며, 가람신도 매우 다양한 유형으로 분류되었다. 사찰의 입구를 지키는 금강역사金剛力士를 비롯하여 사천왕·제석천帝釋天·대범천大梵天 따위가 대표적인 가람신으로 등장하였다. 조선시대에는 산신山神도 가람의 수호신으로 탈바꿈하였다. 특히, 화엄종에서는 화엄신중들을 가람신으로 채택하였는데, 화엄사상이 깊이 뿌리를 내렸던 우리 나라에서는 화엄신중을 대표적인 가람신으로 삼고 있다. 이와 같은 가람신의 숭배 성향은 풍수지리와도 깊은 연관을 지니고 있다. 이런 문화적 전통이 산신제를 올리게 된 것이라 추측된다.

11) 墓道向南 以東爲左

12) ≪상변통고≫ 16권 35a

面石, 모퉁이돌隅石]과 난간석欄干石[죽석竹石·박석博[薄]石·석주石柱·동자주석童子柱石·지방석地方石] 따위를 말한다.

1 난간석(欄干石)

난간석은 다른 석물의 경우처럼 '석난간石欄干'이 공식 명칭이라고 해도 좋을 정도이다.

난간석은 왕릉에만 마련하는 형식이다. 그런데 왕릉의 화려함과 간소함을 주장하던 왕들의 의지에 따라 난간석은 많은 사례를 제공하고 있다.

추존된 원종元宗(인조의 아버지과 어머니)의 장릉章陵, 진종眞宗(영조와 정빈 이씨靖嬪李氏의 소생인 효령세자孝寧世子)의 영릉永陵, 장조莊祖(영조와 영빈 이씨暎嬪李氏의 소생인 장헌세자莊獻世子)의 융릉隆陵의 경우는 난간석이 없다. 그러나 추존된 문조文祖(처음에는 익종翼宗,[13] 헌종의 아버지)의 수릉綏陵에는 마련되어 있다.

그런데 추존된 덕종德宗(성종의 아버지)과 왕비 소혜왕후昭惠王后(성종의 어머니)의 경릉敬陵에는 왕의 봉분에는 난간석이 없고 왕비릉에만 있기도 하다. 원래의 난간석은 왕릉에만 갖추도록 되어 있다. 덕종의 봉분에 난간석이 없는 것은 능을 조영할 때에 아직 왕으로 추존되지 못한 '도원군桃原君'의 신분이었기 때문이었다. 산릉제도에서 '왕우비좌王右妃左'가 기본적인 틀인데도 불구하고 경릉의 경우 '비우왕좌妃右王左'로 된 까닭도 여기에 있다.

단종의 장릉莊陵, 단종 비의 사릉思陵, 예종 원비의 공릉恭陵, 중종의 원비인 단경왕후端敬王后의 온릉溫陵 따위에도 난간석이 없다. 역시 폐위된 연산군과 광해군의 묘에도 난간석은 물론 없다.

그런데 세종과 그 왕비의 능인 영릉英陵에도 난간석이 갖추어져 있지

---

13) 조선조 후기에 들어서 '종宗'보다 '조祖'를 선호하는 경향이 있었다. 그 대표적인 보기가 '영종英宗'이 '영조英祖'로 고쳐진 경우이다.

않다. 영릉을 현재의 위치로 옮기기 이전에는 난간석과 신도비까지 갖추어져 있었다. 현재의 위치로 옮기면서, 세조의 유명遺命에 성실했던 예종이 신도비는 땅에 묻고 난간석을 세우지 못하게 한 것이다.

그림 4-4 난간석

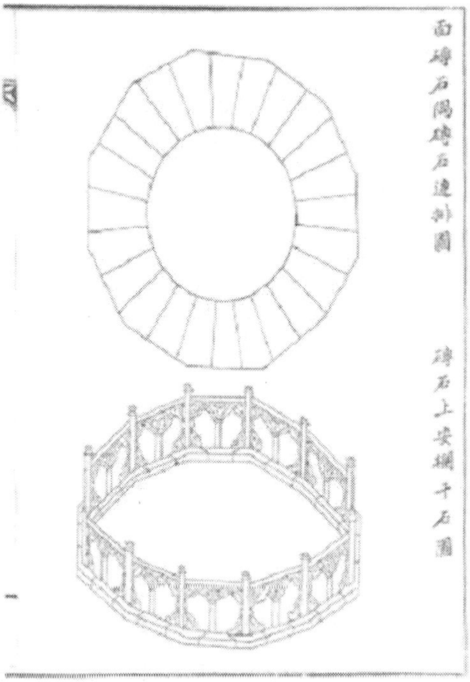

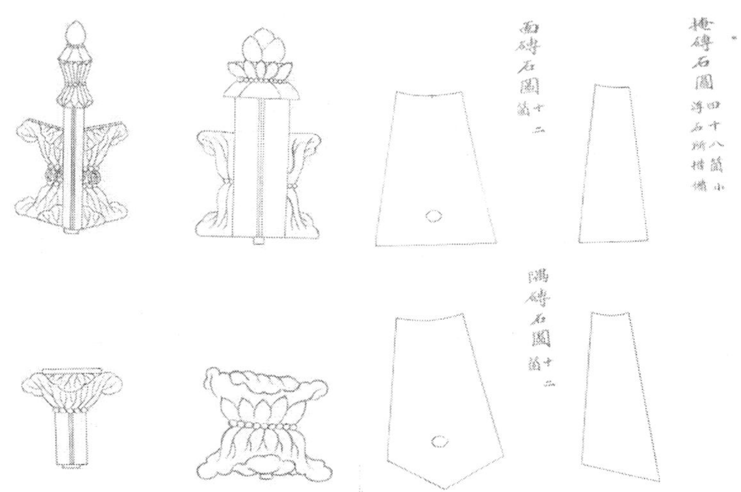

[설명] 이 그림은 난간석에 대한 의궤에서 뽑아온 것이다. 난간석의 총체적인 모습과 동자석, 면석 따위의 설계 도면이라고 해도 좋을 것이다.

≪국조오례의≫의 치장조에 의하면, 난간석은 석주石柱 12개, 죽석竹石 24개, 동자죽석童子竹石 12개 따위로 구성되어 있다.

세종 2년 '후릉'과 '산릉제도'의 경우 그 설명은 다음과 같다.

> 돌난간 초면初面 지대地臺에 배치한 돌[排石]이 12개이니, 두께가 각 1자 5치, 길이가 각 6자 8치, 너비가 각각 2자이다. 그 모퉁이 돌이 12개이다. 형상은 석경石磬과 같다. 두께가 각각 1자 5치, 길이가 각각 4자 4치, 너비가 각각 2자 5치이다.

이러한 난간석에 대한 산릉제도는 기본적인 틀이라 할 수 있다. 다만 규격에 있어서는 혈처穴處의 깊고 얕음에 따라 변화가 있을 뿐이다.

1) 죽석(竹石)·박석(博石)[薄石]·지대배석(地臺排石)

세종 2년 '후릉'의 경우, 죽석竹石이 24개이다. 그 길이가 4자 9치이며, 8면이 각 3치이며, 가로가 8치이다. 박석薄石이 24개이다. 너비가 각 2자, 두께가 각 1자, 길이가 각 5자 5치이다. 차면次面의 지대地臺에 배치한 돌[排石]이 12개이다. 두께가 각 1자 3치, 길이가 각 7자 5치, 넓이가 각 2자이다.

이러한 내용이 같은 해 '산릉제도'에서는 일부 변화가 생기는 것은 능의 조영 환경과 관련이 있다.

> 죽석竹石이 24인데, 길이가 각각 4자 9치, 여덟 면이 각각 1자, 길이가 각각 5자5치이다. 다음 지대에 까는 돌[地臺排石]이 12인데, 두께가 각각 1자 3치, 길이가 각각 7자 5치, 너비가 각각 2자이다. 모퉁이돌이 12이다. 그 형상은 석경石磬과 같다. 그 높이가 각각 1자5치, 길이가 각각 4자, 두께가 각각 1자 5치이다.

2) 석주(石柱)

석주의 경우 세종 때의 '후릉'→'산릉제도'→'세종오례의' 따위의 과정을 겪으면서 변화하는 것은 모두 조형 환경 때문이라고 할 것이다.

> 돌기둥[石柱]이 12개이니, 높이가 6자 3치이다. 1자로 둥근 머리를 만들고, 1자 3치는 나누어 앙복련仰覆蓮을 만들었다.

이것은 세종 2년 후릉의 규정이다. 석주의 숫자와 그 규격과 꾸밈에 대한 것이다.

> 석주가 12인데, 높이가 각각 6자3치이다. 1자로는 둥근 머리를 만들고, 1자3치로 나눠서 앙복련을 새겼다. 다음에 9치는 죽석竹石의 꽂 꽂는 데를 만들고, 다음 2자1치는 양 옆으로 나누어서 앙복련엽仰覆蓮葉을 새기고, 그 연잎 사이에는 둥근 여의如意 모양의 무늬를 새겼다. 앙련

엽은 죽석의 끄트머리를 받치고, 복련엽은 땅에 있는 네모돌 끝을 누른다. 복련업 아래로 1자를 깎아서 '촉을 만들어' 양옆 땅 네모진 돌에 꽂으니, 그 높이가 모두 6자 3치이다.

이것은 세종 2년 '산릉제도'의 규정이다. 석주와 죽석을 연관시켜 설명하고 있다. 그만큼 자세해진 것이다.

돌기둥이 12개인데, 높이가 각각 6자이고, 사방의 너비는 각각 1자1치이다. 상단上端 1자로 둥근 머리圓首를 만들고, 다음에 1자3치를 나누어 앙복련을 만들고, 다음에 9치로써 죽석의 끝 부분에 넣고, 다음에 2자1치로 양방兩傍에 나누어 앙복련엽을 만들고, 사이에 원주圓珠의 앙련엽과 경죽석擎竹石 끝의 복련엽을 새겨서, 우석隅石을 누르게 한다. 이들을 합하면 그 높이는 5자3치이다. 그 복련엽의 아래 7치에는 빙 둘러 원경圓徑 7치를 깎아 줄여서 우석의 판 속에 세운다.

이것은 오례의의 관련 규정이다. 석주의 높이가 6자3치에서 6자로 3치가 줄어든 것이다. 사안을 보다 구체적으로 제시하는 것을 알 수 있다.

3) 동자석주(童子石柱)와 지방석(地方石)

동자석주童子石柱는 12개이다. 1자1치로 둥근 머리를 삼고, 그 내외內外 면에 각각 운두雲頭를 하고, 그 운두는 죽석을 연접한 곳을 떠받친다. 그 높이가 각 3자 2치, 사면四面으로 너비가 각 2자1치이다. 지방석地方石이 24개이다. 그 두께가 각 1자, 너비가 각 1자1치이다. 이상이 세종 2년 '후릉'의 동자석주의 설명 부분이다.

그런데 같은 해의 '산릉제도'에 오면, 사면의 너비가 2자1치에서 1자1치로 줄어들고 새로이 길이가 4자3치라고 보강된다. 그러다가 '오례의'에 오면 상당 부분의 변화가 온다.

우석隅石의 위에 세우고, 다음에 동자석주가 12개이다. 그 높이가 각각 2자9치, 사방의 너비가 각각 1자1치이다. 상단上端의 1자1치로 앙련엽과 경죽석擎竹石의 연접連接하는 곳을 만들고, 다음에 1자1치로 기둥[柱]을 만들고, 하단下端의 7치로 빙 둘러 원경圓徑 7치를 깎아 줄여서 지대석地臺石의 판 속에 세운다.

2 호석(護石)

호석은 둘레돌, 지면석地面石, 병풍석屛風石, 사대석莎臺石, 상석裳石, 탱석撑石 따위로 여러 가지로 불린다.

호석의 구성은 채운돌·당긴돌·얼굴돌·모퉁이돌 따위로 각각 12개씩이다.

'호석護石'이란 글자 그대로 봉분을 보호해주는 돌이다.[14] 고고학 사전에 의하면, 묘역을 표시하거나 봉분의 흘러내림을 방지하기 위해 무덤의 가장자리에 두른 일종의 석렬石列 혹은 석단렬石段列을 말한다.[15]

'호석'은 일제기에 형성된 용어이다. 일제기의 용어이어서가 아니라, 기능적 요소 이외에도 미학적, 의례적, 역사적 요소가 있음에도 이를 담기가 쉽지 않은 용어이기 때문이다.

순수한 우리말로는 봉분의 가장자리를 두르고 있기 때문에 '둘레돌'이라 한다. 봉분을 두르고 있는 모양이 병풍과 같다는 점에 착안하면 '병풍석屛風石'이 될 것이다. 봉분에 닿는 면이라는 의미로 '지면석地面石'이라고도 한다. 또한 봉분인 사토莎土를 무너지지 않게 하는 기능을 중시한다면, '사대석莎臺石'이라고도 할 것이다. 이러한 용어들은 조선왕릉의 '산릉제도'에서 사용한 것들이다. '사대'라는 용어는 영조의 생모인 숙빈최씨의 능인 소령원의 제청 설치와 석물에 관한 기록인≪제청급석물조성시등록祭廳及石物造成時謄錄≫(1718)에서 사용된다.

---

14) 고분의 '호석護石'은 보통 아직 병풍석까지 이르지 못한 이전 단계라 할 것이다.

15) ≪한국고고학사전≫(2001) 335~337쪽

4-5 호석護石 도설

[설명] 호석護石의 4군자 계통의 도상과 지붕식의 설계 그림이다. 원래 호석은 신라 시기의 12지신장이었으나 조선 시대에 들어오면서 이러한 도상으로 변모했다. 배불숭유의 표현이라고 생각된다. 민간인 묘에서는 12지신의 도상 대신에 지지로 표현되기도 했다.

봉분을 만들 때 사대는 설치하지 않는다.16)

이러한 설명을 한 것은 사대가 당시 널리 성행했다는 것을 의미한다.

조선 능원제도에서 병풍석은 왕의 능에만 조영된다. 태조의 한씨부인인 능인 제릉齊陵과 정종과 왕비의 쌍분厚陵에는 각각 병풍석이 마련되었다. 이는 아직 '산릉제도'가 완비되지 못한 때문이었다.

조선 왕조 전반기에는 세조의 간소화 지시에 따라 단종莊陵에서 예종昌陵까지는 후반기에는 효종寧陵부터 철종睿陵까지 조영되지 아니했다. 한 가지 기억하여야 할 것은 세종英陵의 경우 처음에 병풍석이 있었으나 예종 때에 현재의 장소로 옮기면서 없어졌다는 점이다. 예종이 아버지 세조의 뜻을 좇아 병풍석을 갖추지 않은 까닭이다.

그러나 명종과 왕비의 쌍분康陵과 인조의 아버지로 추존된 원종元宗과 왕비의 쌍분章陵에도 후릉의 경우와 같이 왕과 왕비가 각각 마련되었다. 이는 각각 선조와 인조의 지시가 있었기 때문이었다. 왕비의 단독능에 병풍석이 마련된 경우가 태릉泰陵이다. 태릉은 중종의 제2 계비인 문정왕후文定王后 윤씨尹氏인 능이다. 문정왕후는 경원대군慶源大君, 의혜공주懿惠公主, 효순공주孝順公主, 경현공주敬顯公主, 인순공주仁順公主를 두었는데, 경원대군이 바로 명종이다. 태릉의 병풍석은 명종의 어머니에 대한 효성의 산물이라고 보아 좋을 것이다.

1) 병풍우석(屛風隅石)·우병풍석(右屛風石)

우병석右屛石은 12개이니 너비가 4자5치, 두께는 1자6치이며 네 면面의 회장回粧[병풍·족자 따위에서 테두리를 돌아가며 가늘게 꾸미는 변자邊子 즉 능의 모퉁이를 꾸미는 돌]이 3치, 높이가 2자이다.

여기에 연꽃잎을 새겨 지대석地臺石 12를 모퉁이 위에 설치(좌우에 개탕을 만들어 면석에 맞물리게 하여 물러가는 것을 막았다.)하였다.[17]

---

16) '封墓時砂臺不設'

17) ≪현릉원원소도감 의궤≫ <도설>

2) 병풍청판석(屛風廳板石)·면병풍석(面屛風石)

> 면병석面屛石은 12개로 너비가 3자7치, 두께가 1바6치, 높이가 2자이다. 여기에 모란을 조각하여 우병석隅屛石의 사이에 설치하였다.[18]

호석을 제대로 조영하기 위해서는 많은 노동과 경비가 들어야 한다. 조선 왕조에 들어서 세조가 '사대석'을 설치하지 않도록 '유교遺敎'를 남기는 것은 이 때문이다. 능원陵園을 정중하게 모시려는 견해와 겸소하게 모시려는 견해 사이에서 계속 논의되는 것이 이 호석 부분이다.

하여튼 고구려와 신라·고려를 거친 호석 제도는 조선 왕릉의 경우 세종에 의하여 정형화되기에 이른다. 사실 신라나 고려 왕릉의 호석에 대한 기록은 거의 없다. 이 점에서 그 소개가 필요하다.

> 능실陵室 밖으로 물린 땅에 대석臺石[복련覆蓮을 새겼다.]은 12개이다. 두께가 각각 1자 8치이고, 길이가 각각 9자, 너비가 각각 3자이다. 지면석地面石[아래에는 지초芝草를 그리고, 위에는 운채雲彩와 12지신地神을 새겼으니, 운채는 나누어 좌우에 있고, 지신은 복판에 있으며, 매 돌 하나에 지신이 1개씩 있다.]은 12개이다. 높이가 각각 2자 8치이고, 길이가 각각 4자 8치5푼이며, 두께가 각각 3자이다.

이상이 세종 2년[1420]의 후릉厚陵(정종의 능)의 호석 부분이다. 대석 위에 지면석을 세우는 것이 호석의 구성이라 할 것이다. 후릉은 현재 북한 지역에 위치해 있어서 검증이 쉽지 않다. 동원쌍봉同原雙封으로 계좌정향癸坐丁向이다. 정종은 1419년인 세종 1년 9월26일 63세로 인덕궁仁德宮에서 승하했다. 빈전 기간은 다음 해인 정월3일로 5개월 장례를 지냈기 때문에 세종 2년이 된다.

---

18) 위의 책

세종은 같은 해 다시 어머니 원경왕후의 장례를 지내면서, 지면석의 아래 무늬를 '지초芝草'에서 '영지靈芝'로 바꾼다. 같은 종류를 용어만 바꾸었는지는 확인하지 못했으나 적어도 기록상으로는 그러하다.

3) 만석(滿石)

만석은 12이며 가로 길이가 8자3치, 너비가 2자5치, 두께가 1자2치이다. 이 만석을 병석屛石 위에 진정鎭定(돌에 멍에하듯이 걸쳐 놓는다.)시키고 바깥 아래쪽을 깎아서 둥글게 만들어 그 모퉁이에 모란을 새겼다. 그리고 앞면 가운데의 정방위正方位[자, 축, 인, 묘, 진, 사, 오, 미, 신, 유, 술, 해 따위의 12방위]에 열두 글자를 전서篆書로 새기고 붉은 색을 메웠다.

세종 2년의 '후릉'과 '산릉제도' 설명 부분이 같다. 이 제도는 변화하지 않은 것이란 의미이다.

능원의 모퉁이에 채운돌[滿石]이 12개이다. 앙련仰蓮을 새겼다. 높이가 각 1자 8치, 길이가 각 9자, 두께는 각 3자이다.

다만 '오례의'에 오면, 다른 부분이 보강된다. 왕릉의 높이가 13자7치이다. 그리고 만석은 위로 8자, 아래로 5자7치이다. 바로 이것이다.

4) 인석(引石)

달리 가석駕石이나 가석고막지駕石古莫只라고도 한다.

당긴돌은 12개이며 길이가 4자5치, 너비가 1자1치5푼, 두께가 8치로 하였다. 그리고 바깥쪽 끝에 앙련仰蓮 잎을 만들고 잎 위에 반쪽 핀 연꽃을 만들었다. 그 높이가 모두 1자7치로 만석의 12 모퉁이가 교차되는 머리 위에다 가로로 진정鎭定시켰다. 그래서 안쪽 끝을 봉축封築 가운데에 들어가게 하였으며(만·인석 위 아래에 개탕이 맞물리게 하여 움직여 물러가는 것을 막았다.) 연꽃 전면에 간방間方[갑甲, 을乙, 손巽, 병丙, 정丁, 곤坤, 경庚, 신辛, 건乾, 임壬, 계癸, 간艮 따위의 12방위] 12글자를 전서로 새기고 붉은 색으로 메웠다.

세종 2년 '후릉'과 '산릉제도'에 설명이 보이는데, 그 내용이 같다.

당긴돌이 12개이다. 바깥 끝에는 목단牧丹·규화葵花·국화菊花를 좌우에 서로 사이하니, 매 한 끝마다 1개의 꽃이 있다. 그 길이가 각 6자이고, 그 모[方]의 너비가 각 1자1치이다.

5) 면석(面石)

면석에는 와골면석과 면와첨상석·와골우석과 우와첨상석 따위가 있다. 골면석瓦骨面石과 면와첨상석面瓦簷裳石의 설명은 다음과 같다.

면와첨석은 24개로 그 너비는 위가 2자, 아래가 2자5치5푼이다. 길이와 두께 및 기와의 제도는 우와첨석隅瓦簷石과 동일하게 되었다. 면面마다 우석隅石과 정면석正面石이 둘씩 합하여 그 너비가 9자7치로 정지대석正地臺石(안쪽 끝에 개탕을 만들어 움직여서 물러가는 것을 막았다.)에 닿게 하고 박석 위에 빙돌아 폈다.

와골우석瓦骨隅石과 우와첨상석隅瓦簷裳石의 설며은 다음과 같다.

우와첨석은 12개이며 길이가 2자7치이다. 그 길이가 2치를 나누어 기와 반쪽 모양을 가로질러 만드니 1자8치가 되고 연잇는 기와를 만드니 7치가 되었다. 처마를 만드니 그 너비는 위가 4자, 아래가 4자6치(부와夫瓦[수키와]는 4치, 여와女瓦의 너비는 7치5푼이다.)이다. 두께는 안쪽 끝이 1자3치, 바깥쪽 끝이 8치이다.

세종 2년 '후릉'의 설명은 다음과 같다. 돌난간 초면初面 지대地臺에 배치한 돌[排石]이 12개이다. 두께가 각 1자5치, 길이가 각 6자8치, 너비가 각 2자이다.

이와 비교하여 '오례의'에 오면 상당 부분의 보강이 이루어진다.

> 면석面石 12개이다. 그 높이가 각각 2자1치, 두께가 각각 3자, 길이가 각각 6자4치이다. 돌마다 외면外面 한복판에는 그 방위의 신神을 새기고, 사방에 운채雲彩를 새긴다. 그 양쪽 끝은 각각 2치이다. 깊이 5치를 깎아 줄여서 우석隅石 끝의 잇발과 서로 걸쳐서 합치게 한다. 하면下面의 외변外邊에 잇발을 만드는데, 잇발의 길이는 1치5푼, 두께는 4치이다. 지대석地臺石 상면上面 외변外邊의 깎아 줄인 곳과 서로 걸쳐서 합친다.

6) 우석(隅石)

세종 2년 '후릉'의 설명은 다음과 같다. 모퉁이돌隅石이 12개이다. 형상은 석경石磬과 같다. 그 두께가 각 1자 5치, 길이가 각 4자4치, 너비가 각 2자 5치이다. 이러한 모퉁이돌의 설명은 '산릉제도'에 오면, 많은 부분 보강이 이루어진다.

> 모퉁이돌이 12이다. 형상이 석경과 같다. 아래에는 영지靈芝를 새기고, 위에는 영저靈杵와 목탁을 새기되 영저는 왼편에 있고, 목탁은 오른편에 있다. 높이가 각각 2자8치, 길이가 각각 3자9치, 두께가 각각 3자이다.

그런데 '오례의'에 오면 상당 부분 변화가 일어난다.

> 초지대初地臺의 위에 두고, 다음에 모퉁이돌이 12개이다. 운채雲彩를 새기는데, 높이가 각각 2자1치, 두께가 각각 3자, 길이가 각각 6자이다. 돌[石]마다 양쪽 끝의 외면外面에 잇발을 만드는데, 잇발의 길이는 2

치, 두께는 4촌이며, 면석面石의 판 곳과 서로 걸쳐서 합친다. 또 하면下面의 외변外邊에 잇발을 만드는데, 길이는 1촌 5푼, 두께는 4촌이며, 지대석 상면 외변의 깎아 줄인 곳과 서로 걸쳐서 합친다. 상면의 외변에 깊이 1치5푼과 너비 4치을 깎아 줄여서 채운돌滿石 하면下面 외변의 잇발을 받게 하고, 면석과 모퉁이돌이 서로 접하는 곳에도 또한 각각 깊이 5푼과 너비 1치을 파서 사방 1이가 되는 구멍을 합쳐 만든다. 구멍은 위에서 밑바닥까지 통하는데, 유회油灰를 구멍 속에 메운다. 그 구멍은 지대석 상면의 외변에 조그마하게 네모로 판다.

상당 부분 실질적인 쪽으로 변화한 것을 알 수 있다.

제3절 봉분(封墳)의 남(南)쪽

- 봉분 아래 세 섬돌三階

계체석階砌石 선상의 석물石物을 말한다. 그 공간은 초계初階 내지는 상계上階, 중계中階, 하계下階가 있다.

1 처음 섬돌初階

달리 상계上階라도고 한다. 능묘의 상석 바로 아래의 공간을 말한다.

세종 2년 '후릉'과 '산릉제도'에 의하면, 초계는 높이가 1자이며, 남북의 너비가 14자이고 동서의 길이가 55자5치이다. 남·동·서에는 각각 작은 돌층계[石梯]가 있다. 이 경계를 나타내는 돌을 계체석階砌石이라고 한다.

이 공간의 상설은 혼유석魂遊石(石床)과 족석足石과 대석臺石, 망주석望柱石 따위가 자리한다.

1) 왕릉의 혼유석(魂遊石)과 민간인 묘의 상석(床石)

달리 석상石床, 상석床石이라고 한다. 그러나 왕릉의 경우 제사상祭祀床의 기능이 없다. 정자각에서 제의가 이루어지기 때문이다. 그러나 영조의 생모인 숙빈 최씨에 대한 능묘에서는 봉분 앞에서 이루이기도 했다.

그림 4-6 왕릉상석[혼유석]

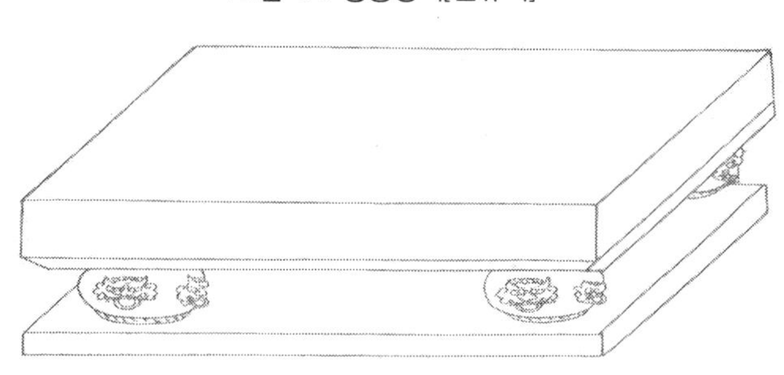

[설명] 왕릉의 경우 상석은 의례를 지내는 것이 아니라 '혼이 노니는 침상'이다.

왕릉의 경우, 봉분 정면 앞, 망주석과 같은 선상에 있다. 그런데 민간인 묘에서는 상석과 혼유석이 서로 석물로 나타나게 되었다. 즉 봉분의 성변에 있는 묘표와 상석 사이에 가운네에 조그마한 식물이 혼유식으로 나타난 것이다.

원직적으로 독립된 능마다 혼유석노 하나이나. 그러나 쌍릉일 경우에도 혼유석이 하나일 수도 있다. 조선 세종 시기에 조영된 후릉(정종)과 헌릉(태종)의 혼유석은 길이가 11자, 너비가 6자 3치, 두께가 1자 4치였다.

'혼유석'이란 '혼이 노는 돌'이다. 기능적으로 돌로 만든 평상石牀의 개념에 속한다. 주의해야 할 것은 민간인 묘의 혼유석과 전혀 다른 것이라는 점이다. 일반 묘의 혼유석은 봉분과 상석 사이에 자리하고 거의 땅바닥과 가지런할 만한 높이이고 작은 규격의 돌로 되어 있다. 이러한 관계로 석상 및 상석이란 용어 대신 '혼유석'으로 사용하기로 했다. 의궤에는 '혼유석'을 '속명'이라는 용어로 기록하고 있다.

그림 4-7 왕릉의 혼유석과 민간인 묘의 혼유석

왕릉의 혼유석

민간인 혼유석

[설명] 위의 그림은 봉분 앞의 상석에 향로석이 없다는 점에서 혼유석이다. 아래 그림은 상석과 봉분 사이게 혼유석이 놓이게 된다. 그러나 이러한 혼유석의 개념은 충청도 이남으로는 전파되지 않았기 때문에 이 지역에서 보기는 힘들다.

민간인 묘에 있어서 상석과 혼유석의 분리는 15세기 후반에 이루어진 것으로 생각된다. 특히 주목되는 것이 권총權聰(1413~1480) 묘(경기도 여주군 점동면 덕평리 오산(烏山)이다.

사대부의 묘에 있어서 혼유석의 위치는 봉분 정면의 묘표와 상석 사이에 자리하게 된다. 권총의 묘는 단분單墳으로 부부가 합장되었다. '자헌대부 지중추부사資憲大夫知中樞府事 증시령정공 권공지묘贈諡靈靖公權公之墓 정부인 완산최씨지묘貞夫人完山崔氏之墓'라는 방부하엽형 신도비가 그 사실을 알려준다. 특이하게도 봉분 정면 중앙에 있어서 묘표로 취급하기 쉽다. 그러나 비신碑身 뒷면 상단의 표제문에 '영정공 신도비 음기靈靖公神道碑陰記'라는 이양빙李陽氷의 전액篆額이 이를 증명하고 있다. 단분의 권총의 묘에는 두 개의 상석이 놓여 있다. 상석은 계체석 위에 걸쳐 있어서 계체석이 족석의 역할도 하는 형식이다. 백호쪽의 상석이 남편의 것이고 청룡 쪽의 그것이 아내의 것이다. 그 중간에 높이 13cm, 너비 64cm, 두께 42.5cm의 혼유석이 놓인 것이다.[19)]

사대부의 묘에 있어서 혼유석이 백호상석과 청룡상석의 중간에 위치한 것은 이례적인 일이다. 혼유석이 봉분의 정면과 상석 사이에 놓이는 과정으로 들어가지 이전의 초기 형식이라고 생각된다.

이를 증명하기 위하여 혼유석이 나타난 15~16세기 여주 지역의 묘들을 살펴볼 필요가 있다.

보기 1, 혼유석이 없는 묘

권규權跬(1393~1421) 묘(경기도 여주군 점동면 덕평리 능안골) 전후분, 후분(권규); 방부하엽형 묘표(1442), 상석, 족석, 전분(경안궁주);방부하엽형 묘표(1442), 상석, 족석, 문인석(2쌍), 방부하엽형 방치된 신도비

원상元庠(세종대) 묘(경기도 여주군 산북면 상품리 산나골) 단분, 방부하엽형과 규수형의 혼합 묘표(1441), 상석, 문인석

권집權輯(1431~1457) 묘(경기도 여주군 점동면 원부리 오리마을) 방부하엽형 묘표(1482), 방부운수형 묘갈(1491), 상석, 문인석

---

19) 여주군향토사료관 외(2005)≪여주의 능묘와 석물≫212쪽

임원준任元濬(1423~1500) 묘(경기도 여주군 여주읍 능현리) 전후분, 방부이수형 신도비(1500), 전분;상석(앞면에 운문雲紋), 무인석(호인상), 향토유적 제12호

임숭재任崇載(·~1505) 묘(경기도 여주군 여주읍 능현리 아래성늡마을) 방부운수형 묘표(1511), 상석, 족석, 문인석

신은윤辛殷尹(1458~1508) 묘(경기도 여주군 대신면 후포리 서촌) 쌍분, 방부하엽형 묘표(남편 마모 부인 貞夫人竹山安氏之墓 1516), 상석

장온張溫(1455~1533) 묘(경기도 여주군 흥천면 신근리 무술골)방부개첨형 묘표(1949), 신도비(1958) 상석, 문인석, * 무신임

윤사익尹思翼(1478~1563) 묘(경기도 여주군 대신면 보통리 새터), 상석 향로석, 망주석(무늬와 세호가 없음)

임천손林千孫(1478~1565) 묘(경기도 여주군 대신면 천남리 큰모득골) 회백색 개석형 신도비(1566), 상석, 족석, 향로석, 촉대석, 동자석

정대년鄭大年(1503~1578) 묘(경기도 여주군 점동면 원부리 오미마을 오산烏山) 방부원수형 백대리석 묘갈(1578), 방부이수형 신도비(1640), 상석(받침석), 향로석, 망주석, 문인석

윤옥尹玉(1511~1588) 묘(경기도 여주군 대신면 보통리 새터) 방부운수형 신도비(1587), 상석, 향로석, 문인석

정응린鄭應麟(1531~1592) 묘(경기도 여주군 흥천면 상백리) 방부개석형 묘표(1687), 상석, 향로석, 망주석, 문인석 * 무신

보기 2, 혼유석이 있는 묘

우홍부禹洪富(?~1414) 묘(경기도 여주군 대신면 상구리 양지말) 전후분. 혼유석, 상석, 향로석, 문인석

이계전李季甸(1404~1459) 묘(경기도 여주군 점동면 사곡리 가래울) 방부원수형 대리석 묘표(?, 음기는 1755), 혼유석, 상석, 향로석, 문인석 * 향토유적 제16호

권총權聰(1413~1480) 묘(경기도 여주군 점동면 덕평리 오산烏山) 방부하

엽형 신도비(중앙), 상석, 혼유석(백호상석과 청룡상석 사이), 문인석

원팽조元彭祖(1473~1542) 묘(경기도 여주군 북내면 장암리 미죄골) 단분. 방부원수형 묘표(1542), 혼유석, 상석, 족석, 향로석, 문인석

김공석金公奭(1477~1553) 묘(경기도 여주군 흥천면 상백리 원수골)쌍분. 방부규수형 묘표(송인 1516~1584 글씨), 혼유석, 상석, 망주석(8각 백대리석).

홍인우洪仁祐(1515~1554) 묘(경기도 여주군 대신면 계림리 계림동) 방부원수형 묘표(추정 1604), 혼유석, 상석, 문인석

김주金澍(1512~1563) 묘(경기도 여주군 흥천면 상백리 절골) 방부개석형 신도비(? 추기1920), 혼유석, 상석, 촉대석(상석의 좌우) 동자석, 망주석, 문인석

윤개尹漑(1494~1566) 묘(경기도 여주군 금사면 하호리 웃거리 마을) 쌍분 묘표 혼유석 상석, 부인(청룡) 혼유석 상석 망주석, 장명등, 문인석

경혼慶渾(1498~1568) 묘(경기도 여주군 흥천면 상백리 부족산) 방부개석형 묘표(1964), 개첨형 묘갈(1939), 혼유석, 상석, 족석, 향로석, 망주석, 제주병석, 동자석(상석의 좌우), 문인석, 장명등, 차일석, 배설석

경잠慶潛(1504~1581) 묘(경기도 여주군 흥천면 상백리 부족산) 쌍분. 방부운수형 묘표(1722), 혼유석, 상석, 향로석, 문인석, 동자석, 배설석,

윤희임尹希任(?~1581) 혼유석, 상석, 족석(장고형), 향로석(6각의 안상과 연주), 망주석(8각 주신 운각, 염우, 세호 짐승 모양) 재료가 백대리석 당시는 화강암으로 제작

원호元豪(1553~1592) 묘(경기도 여주군 북내면 장암리 아랫말) 방부개석형 묘표(1708) 방부개석형 신도비(1768) 혼유석, 상석(앞면에 피장자 인적 사항 각자), 향로석, 문인석

홍성민洪聖民(1536~1594) 묘(경기도 여주군 금사면 이포리 뒷골마을) 혼유석, 상석, 향로석, 망주석

박인朴寅(1520~1587) 묘(경기도 여주군 대신면 가산리 재개울) 혼유석 상석 족석 향로석 동자석 문인석

보기 3, 17세기의 혼유석이 없는 묘

홍진洪進(1541~1616) 묘(경기도 여주군 대신면 계림리 계림동) 쌍분 방부원수형 묘표(1619) 상석, 족석, 향로석, 망주석, 동자석, 문인석

박시원朴時瑗(1628~1666) 묘(경기도 여주군 대신면 하림 2리) 상석 향로석 망주석(무늬나 세호가 없음) 실직이 아님

보기 1은 권규의 1421년부터 정응린의 1592년까지 170년 사이로 혼유석이 없는 것이다. 이에 대하여 보기 2는 우홍부의 1414년부터 박인의 1587년까지 지속적으로 혼유석이 나타난 것이다. 말하자면 혼유석이 새로 나타나 그 이전의 석물 배열과 혼합된 시기인 것이다. 그런데 보기 3는 17세기가 되어도 아직 혼유석의 형식을 도입하지 않고 있는 일종의 '잔존형식'이라고 해도 좋을 것이다.

위의 보기 1, 2, 3에서 고려 시대의 자료는 제외시켰다. 박득중朴得中(충선왕대), 서필徐弼(901~965), 서희徐熙(942~998) 등이 그들이다. 이들의 묘에는 물론 혼유석이 나타나지 않기 때문이다.

그런데 권총(1413~1480)과 우홍부(?~1414)의 묘에 나타난 혼유석의 변화에 대하여 설명이 필요하다. 권총의 상석과 상석 사이의 혼유석 배열 형식보다 우홍부와 이계전(1404~1459)의 묘에 나타난 봉분 정면 묘표와 상석 사이의 배열 형식이 먼저이기 때문이다. 그 해석은 두 가지가 가능하다. 우홍부나 이계전의 묘에서 이미 나타난 혼유석 형식을 권총의 묘에서 알지 못했다는 가설이다. 권규(1393~1421)-권집(1431~1457)-권총(1413~1480)의 석물 배열 형식을 동일 선상에 놓고 본다면, 이러한 가설이 설득력을 얻게 된다. 그러나 이러한 가설은 무리가 따를 수가 있다. 여주라는 동일한 지역이고 우홍부보다 66년, 이계전보다 21년 이후의 묘라는 점을 감안할 때, 이해가 되지 않는다. 우홍부와 이계전의 묘의 석물이 권규의 묘의 그것보다 뒤에 조영되었을 가능성이다. 하여튼 사대부의 혼유석이 15세기에 형성되어 16세기에 완성되었다는 것은 분명하다고 할 것이다.

영조의 생모인 숙의최씨(1670~1718)의 소령원(보물 제1535호, 2007. 12. 31 지정)의 '묘소석물배열도'(1718)에 의하면 상석과 혼유석이 동시에 보인다. 이러한 등록의 기록은 18세기 초에는 이미 혼유석과 상석이 분리된 석물 형식으로 널리 확립되었다는 것을 말한다.

≪현륭원원소도감 의궤≫ <도설>에 설명은 다음과 같다.

> 석상石床(속명으로는 혼유석魂遊石이라고 한다.)의 길이는 9자9치, 너비는 5자9치, 두께는 1자7치8푼이다. 아래에 대석臺石(곧 박석博石을 말한다.) 두 개를 설치하니 그 길이가 4자9치5푼, 너비가 5자9치, 두께가 1자3치이다. 다음에 족석足石(일명 고석鼓石이라고 한다.)을 네 모퉁이에 설치하니 그 높이가 1자7치, 상하의 원경圓徑이 1자1치, 한복판의 원경이 2자5치로 그 형상이 북과 같은데 사면에 나어두羅魚頭를 새겼다. 이 석상을 그 위에 설치하고 석상 앞면에 '계좌癸坐'라는 두 글자를 전서로 새겨 붉은 색으로 메웠다.

(1) 족석(足石)

달리 북돌鼓石, 나어두羅魚頭, 어두魚頭 따위로 불리기도 한다. '족석', '고석', 어두魚頭, '나어두' 따위와 같이 이름이 비교적 많은 편이다. 혼유석의 발 역할을 한다고 해서 '족석足石'이라고 했다. 그런데 북과 같는 모양이기 때문에 '고석鼓石'이라고도 한다.

혼유석의 아래 대석의 위에 자리하고 있다.

그림 4-8 족석과 도상

[설명] 이 그림은 왕릉의 족석이다. 나어두의 도상이 보인다. 족석은 왕과 왕비, 세자와 세자비, 대군과 군, 또는 공주와 옹주 등에 따라 그 숫자가 다르다. 원래 왕릉의 상징적 '비표秘標'이기도 했으나 차차 민간인 묘까지로 확대되었다.

능과 원이 각각 달랐다. 왕릉 급의 경우 처음에는 5기였으나 4기가 되었다. 헌릉(태종)의 고석은 5기이고 원의 지름이 각각 2자이고 높이가 1자6치이다.

원석圓石에 '나어두羅魚頭'가 조각되어 있다. 후기에는 문고리의 도상이 등장하기도 했다. '나어두羅魚頭' 내지는 '어두魚頭'가 새겨져 있다. 인조 20년 6월29일조 우부승지 홍무적洪茂績 상소에 의하면, 관리들의 부정한 일에 대하여 그 잘못을 지적하는 언로의 상징적 신하로 '어두魚頭', '철면鐵面', '전호殿號'를 들고 있다.

> 전하께서는 어찌 어두魚頭, 철면鐵面, 전호殿號와 같은 신하를 얻어 이와 같은 기류를 진작시킬 방도를 생각지 않으십니까?

이상에서 볼 때, 어두, 철면, 전호는 신하의 이름이라는 것이다. 당시 사대부들 사이에 염치가 무엇인지 몰라서 뇌물이 공공연히 행해지고 재물을 착취하는 일을 빈번하며, 입으로는 말을 하지만 그 말이 모두 사적이라는 홍무적의 조정에 대한 인식을 반영한 것이라 여겨진다.

특이한 북돌로는 인조의 셋째 아들이며 효종의 동생인 인평대군麟坪大君(1622~1658) 묘(경기도 포천군 신북면 신평리 산46-1)의 사자상獅子像이 있다.

세종 2년 '후릉'의 설명은 다음과 같다. 족석이 5개이다. 나누어 어두魚頭를 새기었다. 원경圓徑이 각 3자, 높이가 각 1자 6치이다. 북돌 아래 대석이 5개이다.

그런데 같은 해의 '산릉제도'에는 원경이 3자에서 2자로 줄어들었다. 크기에 가감이 있다는 것이 확인된다.

(2) 대석(臺石)

북돌 나아가 혼유석의 받침돌이다. 북돌마다 받침돌이 놓이는 구성이다. 북돌이 4개이면 받침돌이 4개이고 5개이면 5개라는 말이다.

2) 향로석(香爐石)

달리 향안석香案石이라고도 한다. 민간인 묘에 있어서 향로석은 거의 상석 중앙 앞에 위치해 있다.

향로석을 조영해 놓은 것은 묘에서 제사를 지냈다는 것을 의미한다. 왕릉의 경우 능에서 직접 제례를 올리지 않고 정자각에서 이루어지기 때문에 묘 앞에 향로석이 있을 필요가 없다.

향로석은 여러 가지 형태가 있다.

그림 4-9 향로석: 왕릉과 민간인 묘

[설명] 위의 그림은 왕릉에서는 정자각의 전면에 좌우에 놓이게 된다. 아래 그림은 민간인 묘에서는 상석 앞 가운데에 놓인다. 상탁형, 장고형, 네모형, 원형 따위의 여러 모양이 있다.

3) 망주석(望柱石)

'망주석'은 달리 '석망주石望柱'라고 쓰였다. 세종 시기까지 '전죽석錢竹石'이라 불렀다. 세상에서는 일부가 '망두석望頭石' 또는 '망부석望夫石'이라고 부르기도 하나 잘못된 이름이다.

보통 양 쪽에 각각 한 개씩 한 쌍이 있다. 역대 왕릉에서 망주석을 갖추지 않은 곳은 거의 없다. 다만 정릉貞陵(조선 태조의 계후인 신덕고황후神德高皇后)과 공릉恭陵(예종대왕의 원비 장순왕후章順王后)의 두 능에는 없고, 헌릉獻陵(태종대왕과 비 원경왕후元敬王后)에는 두 쌍이 있다. 그리고 경릉敬陵(추존된 덕종대왕德宗大王 즉 예종의 아버지)의 처음 묘인 순창원順昌園에는 없었고 현재는 덕종의 비인 소혜왕후昭惠王后와 쌍분이다.

≪국조오례의≫치장 조의 설명은 다음과 같다. 그 좌우에 석망주石望柱를 세운다. 석망주의 길이는 각각 7자3치이다. 상단 1자로 원수圓首를 만들고 그 다음의 1자3치에는 위에 운두雲頭를 새기고 아래에 염의簾衣를 새기며 그 다음의 4자3치에는 8면을 만들고 염의 아래 내면에 귀를 만들어 구멍을 파며 하단의 7치는 둘레를 깎아 내어 대석의 파인 곳 가운데 세운다. 대석의 높이는 각각 3자6치이다. 상단의 2자6치는 상하층으로 균분하고 그 가운데에 허리를 만드는데 허리의 길이는 6치1푼이고 상층의 하변에 앙련엽을 새기며 하층은 상변에 복련엽을 새기고 하변에 운족을 새긴다. 상하의 원의 지름은 각각 2자1치이며 상하와 허리가 다 8면이다. 그 아래 1자는 땅 속에 들어간다.

그림 4-10 망주석

a 구조와 명칭

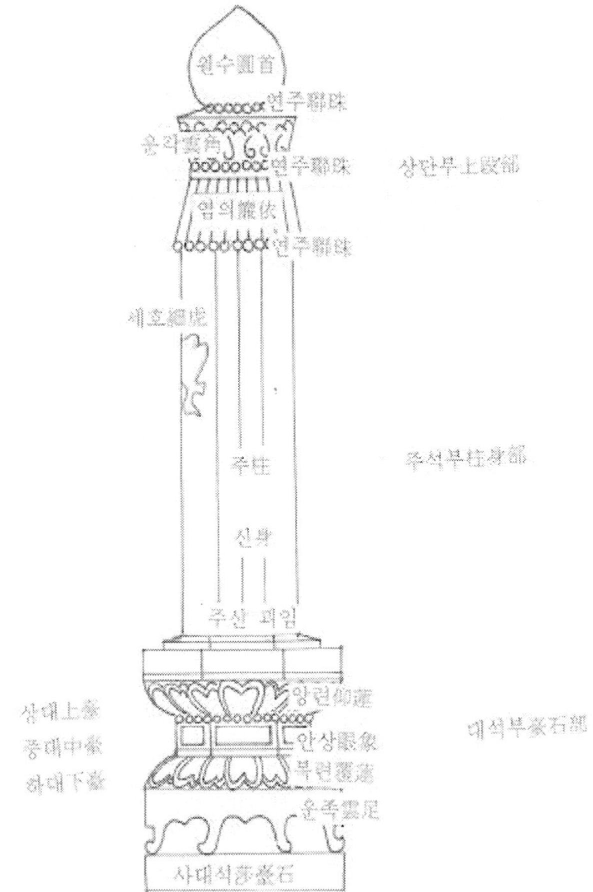

b 도설

望柱石圖

柱臺上高八尺以上端九寸爲圓首次以一寸刻蓮環次以五寸作八面實角[illegible]次以一尺二寸作扁隅[illegible]分二次以四尺六寸作柱身[illegible]內面刻細虎[illegible]下端五寸圓斷柱於臺石鑿中臺石高三尺[illegible]上層高一尺一寸分上下上刻蓮花下刻紋丹次以五寸作腰[illegible]上下刻蓮環每面刻草葉下層一尺三寸一尺入地中

[설명] 이 그림은 망주석 의궤 부분이다. 이 망주석 그림은 조선 초기부터 후대까지 거의 변모하지 않았다. 망주석의 기능에 대하여는 여러 가지가 있으나 능묘 조영상 좌우의 간격을 설정하기 위한 것이었다. 망주석의 원래 이름은 전죽석이었다.

18세기의 ≪현륭원원소도감 의궤≫ <도설>에 오면, 이름이 '석망주

石望柱'로 불리고 규격에 가감이 이루어지는 것을 확인된다.

> 주대柱臺의 높이가 7자5치5푼이며 상단에 9치로 둥근 머리를 만들었다. 그 다음에 1치로 연환連環을 새기고, 다음 4치5푼으로 여덟 면에 운각雲角(면마다 6치로 운각으로부터 대석에 이르기까지 모두 여덟 면으로 만들었다.)을 만들었다. 다음에 1자1치로 염우廉隅[물건의 모서리](면마다 5치로 하였다.)를 만들고, 다음 4자5치로 주신柱身(면마다 4치5푼으로 하였다.)을 만들었다.
>
> 내면內面에 세호細虎(왼쪽 기둥으로 올라가는 모습이고, 오른쪽 기둥으로 내려가는 모습이다.)을 새기고, 하단下端 5치를 둥글게 깎아서 대석臺石에 뚫은 구멍에 심는다. 그 대석의 높이는 2자8치(각 면은 1자1치이다)이다. 상층은 높이 1자로 상하를 나누어 위는 연꽃, 아래는 모란을 새겼다.
>
> 그 다음에 5치로 허리(면마다 8치로 하였다)를 만들고, 상하에 연환連環을 새겼으며 면마다 동심결을 새겼다. 하층은 1자3치로 1자가 땅속으로 들어갔다.

망주석의 세종 2년 '후릉'의 이름은 전죽석錢竹石이다. 그런데 같은 해 '산릉제도'에는 석망주石望柱이다. 전죽석에서 석망주로 바뀌는 과정이 세종실록에 소개되어 있다.

그림 4-11 중국의 망주석

[설명] 중국의 능묘의 망주석은 쌍주석으로 정문의 기능을 하고 있다.

조선 왕릉 초창기 즉 '후릉'과 '산릉제도'의 망주석에 나타난 도상은 변화를 겪었다. ≪국조오례의≫에 나타난 석망주의 도상이 운두雲頭와 염의簾衣였다면 위가 앙련仰蓮이고 아래가 운채雲彩였던 것이다. 왜 이런 변화가 일어났는지는 설명이 없다. 더 덧붙이고 싶은 것은 '오례의'에 오면, 다른 석물과의 자리매김이 보강되어 있다는 점이다.

> 남쪽에 세 뜰을 만드는데, 윗뜰에는 동서에 먼저 지대석 각각 하나씩을 놓고, 망주석 각각 하나씩을 지대석 위에 세운다. 석호에서부터 망주석에 이르기의 상거가 9자5치요, 동과 서의 망주석 거리는 37자이다.

[구성] 망주석은 상단부의 원두圓頭·연환連環·운각雲角·염우廉隅 혹은 앙련仰蓮, 중심부의 주신柱身과 내면內面의 세호細虎, 하단부의 지대석으로 되어 있다. 주신이 4각과 8각의 두 종류가 있다.

(1) 세호(細虎)

대체로 왕릉의 망주석 염우廉隅 아래에 주신柱身에 위치한다. 그러나 염우와 주신이 겹치는 위치나 염우에 위치하기도 했다.[20] 세호는 왕릉의 비표秘標가 아닌가 여겨진다. 조선 초기에는 거의 왕족이나 부마에게만 가능한 일이었으나 후기에는 일반인에게도 수용된 듯이 보인다. 좌우 망주석의 동일한 위치에 새겨지는데 서로 바라보도록 되어 있다.

세호는 세 가지 발달 과정을 겪는다. 1) 문고리형, 2) 상하 대칭직 신수형神獸形, 3) 다람쥐 형상의 신수형 따위가 그것이다. 문고리형은 조선 초기 왕릉부터 강릉康陵(명종과 왕비릉 1567)까지이고 상하 대칭적 신수형은 녕릉寧陵(효종과 왕비릉, 1673), 숭릉崇陵(현종과 왕비릉, 1674), 장릉長陵(인조와 왕비릉, 1731년 천릉[21]) 따위가 있고, 다람쥐 형상의 신

20) 수릉綏陵(익종翼宗, 1846 천릉)의 세호가 그 보기이다.

21) 장릉長陵은 1649년 9월 20일 파주坡州 북운천리北雲川里에 봉릉하었으나 1731년 8

수형은 명릉明陵(숙종릉, 1720)부터 꼬리의 모습을 보이다가 특히 인릉仁陵(순조와 왕비릉 1856년 천릉[22])부터 거의 다람쥐 형상을 지니게 되었다. 이후 이런 도상이 오늘날까지 유지되고 있다.

망주석望柱石의 원래 이름은 전죽석錢竹石이다. 여기서 죽석竹石의 의미를 되새겨 볼 필요가 있다. 죽석이란 석주石柱와 석주 사이를 가로지르는 빗장돌이라고 할 수 있다. 이 빗장돌을 다시 고여 주는 돌이 동자석이다. 그러니까 석주와 죽석과 동자석은 하나의 건축적 구조라고 할 수 있다.

여기서 죽석과 돈이 어떤 관계인지 정확하게 알 수는 없다. 다만 짐작되는 것은 능을 조영하기 위해 기초가 필요할 터인데, 그것이 전죽석이라고 생각된다. 말하자면 왕릉은 지하 건축으로 커다란 공간을 확보해야 한다. 그 공간의 동서의 간격을 표시하여야 한다.

월 30일 경기도 파주의 현 위치로 천릉하였다.

22) 인릉仁陵은 1835년 4월 19일 교하交河 구치후舊治後에 봉릉하였으나 1856sis 10월 11일에 현 위치로 천릉하였다.

그림 4-12 세호의 변천사

제1형 문고리형(우백호와 좌청룡이 같음)

건원릉健元陵　　영릉英陵

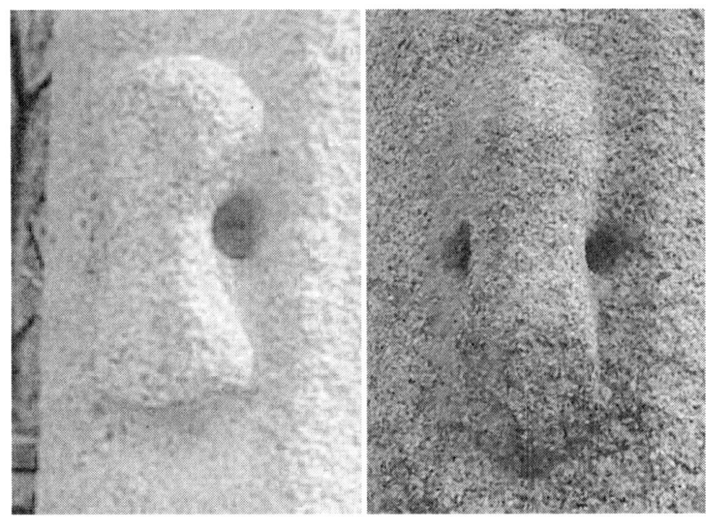

목릉穆陵

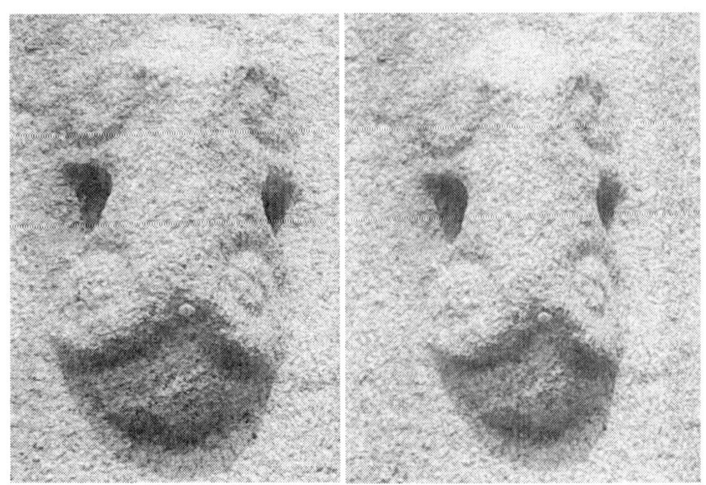

제2형 신수형(좌우가 동일함)

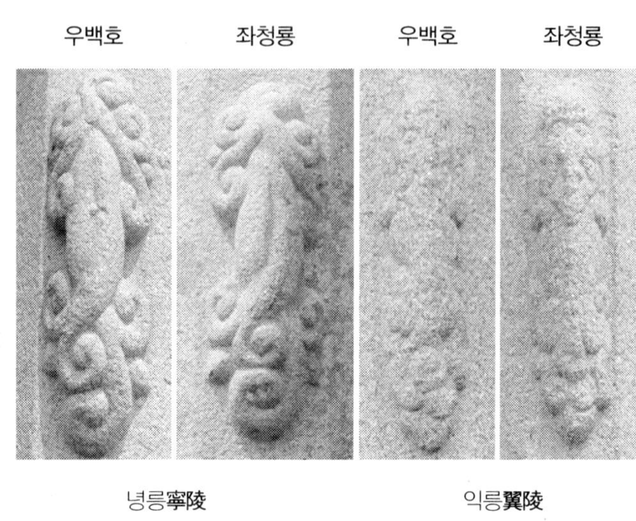

제3형 신수형(우백호승 좌청룡강)

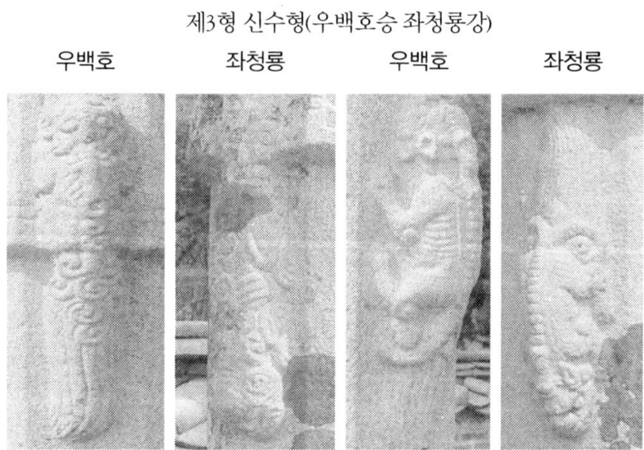

이후에는 대체적으로 우백호강 좌청룡승이 완성되었다. 그러나 황제릉인 홍릉과 유릉은 우백호승 좌청룡강이 되었다.

[설명] 세호는 원래 왕릉의 '비표'였다. 세호는 15세기까지는 문고리 형으로 금줄을 묶던 도구였다. 그러나 왕릉 조영 기술이 발달하고 안정되면서 실제 기능이 사라지고 예술

품으로 부상했는데, 대표적인 것이 17세기의 녕릉**寧陵** 즉 효종과 왕비의 능[상·하릉 형식]의 세호이다.

세호의 도상은 왕릉의 경우, 문고리형, 신수형 따위이지만, 민간인 묘에서는 다양한 모습을 하고 있다. 세호는 정자각의 의례에서 보듯이 '동입서출**東入西出**'에 따라 좌청룡이 올라가고 우백호가 내려오는 형식을 취하였다. 그러나 왕후의 단독 능은 그 반대가 되기도 했다. 음양의 순차 때문이었다.

형세론의 입장에서 능묘의 구조는 기본적으로 남북의 선상에 놓이는 구조이다. 현무[조산祖山-입수入首]-중앙[혈과 명당]-주작[안산-조산朝山] 따위의 선상에 좌우 즉 동서가 부가되었다고 할 수 있다. 최종 간심 과정에서 표석標石을 세우는 것은 이 때문이다.

그러므로 산릉 공사를 시작하려면 우선 좌우의 공간의 표시가 필요하게 된다. 그 표시가 바로 망주석이다. 이로써 능묘 영역이 사실상 결정되는 것이라 할 것이다. 그러면 금줄을 쳐서 함부로 이 영역에 들어가지 말도록 표시할 필요가 생긴다. 아직 능묘제가 확립되지 않은 상태에서 이런 금줄에 대한 표시는 중차대한 일일 것이다. 왕릉을 하나 조영하려면 적게는 5·6,000명에서 많게는 15·6,000명이 움직이기 때문에 이런 금줄은 불가결의 사항인 것이다.

망주석의 세호가 문고리형으로 구멍이 뚫린 것은 바로 금줄을 치기 위함이었다. 그런데 '전죽석錢竹石'이라 이름한 것은 인부들에게 수고를 표시하기 위하여 돈을 걸었던 데에 기인하는 것이라 여겨진다.

여주지역의 능묘와 식물을 조사한 책자에 의하면, 문고리형 세호는 차일끈을 묶기 위해 쇠고리를 걸었던 구멍이라고 했다.[23] 원형 고리를 끼우던 구멍이라는 것이다.

망주석의 상단에는 운각雲角과 염우廉隅가 장식되어 있고, 주신柱身의 문양에는 차일끈을 묶기 위해 원형圓形 고리를 끼우던 구멍이 나

23) ≪여주의 능묘와 석물≫(2005), 56쪽

있다.[24)]

이 인용문을 보면 세호를 '차일끈을 끼우던 구멍'이다. 그러나 '왕릉'이라는 신성한 공간에 차일을 친다는 것은 이해하기 어렵다. 산릉공사가 시작되면 봉분 자리는 이미 녹로轆轤 즉 금정기金井機가 들어설 자리로 금지구역인 것이다. 산릉 역사役事에 참여하는 사람은 국가와 지역에서 선발된 사람들로 장기간 머물면서 작업에 참여하기 마련이다. 역사에 참여하는 인부들이 차일치고 할 자리가 아닌 것이다. 그러므로 이러한 견해는 수용하기 어렵다.

하여튼 조선 왕조 초창기 능과 묘의 세호는 실용적 목적으로 문고리형이라는 양식이 된 것이 틀림없다. 문고리형 세호는 영릉英陵(세종과 왕비릉 1469년 천릉[25)])에서 보듯이 형태가 좌우가 동일하며 올라가고 내려가는 표시가 있을 수 없다. 문고리형 세호는 건원릉부터 시작하여 16세기 전반부까지 지속된다.

민간인 묘의 보기를 들면, 윤개尹漑(1494~1566) 문잡이형 세호는 가운데에 구멍이 뚫려 있다. 이 망주석의 높이는 203cm, 폭은 63cm, 두께는 64cm이다.

대칭적 신수형 세호는 녕릉寧陵(효종과 왕비의 상하분, 1673)의 것이 그야말로 하나의 예술조각의 극치이다. 왕릉을 조영하는 기술이 증진됨에 따라 문고리형의 투박한 세호는 실용성보다 예술품의 경지로 끌어올린 것이다. 그러나 역시 이 형의 세호는 머리와 꼬리가 구분되지 않고 올라가고 내려가는 모습도 찾을 수 없다. 다만 숭릉崇陵의 경우 머리와 꼬리 형태의 신수가 나타난다. 꼬리 부분은 녕릉과 비슷한데 머리 부분과 등뼈 부분이 새로이 나타난 것이다. 효종의 딸인 숙경공주淑敬公主와

---

24) 위의 책 134쪽

25) 원래 영릉英陵은 1450년 6월에 광주廣州 헌릉獻陵(태종과 왕비) 서쪽 산등성이에 봉릉하였다가 1469년 3월 6일 현재의 위치로 천릉하였다.

혼인한 흥평위興平尉 원몽린元夢鱗(1648~1674)의 묘(경기도 여주군 대신면 상구리 안말) 세호는 모두 올라가는 모습을 지니고 있다.

긴 꼬리 모양을 보이는 세호는 명릉明陵(숙종릉, 1720)에 보이고 올라감과 내려감을 표시하고 있다. 다만 명릉의 경우 신수형으로 다람쥐 형상과는 거리가 멀다. 오히려 무령왕릉의 진묘수와 닮은 도상을 지니고 있다. 꼬리 부분이 길어진 것은 원릉元陵(영조릉, 1776)에서 찾을 수 있다. 다람쥐 형상의 신수형 세호가 분명한 것은 인릉仁陵(순조와 왕비릉 1856년 천릉[26])을 들 수 있다. 인릉의 세호는 머리 부분은 숭릉이나 명릉과도 비슷하지만, 꼬리가 전체 몸체의 절반에 해당될 만큼 길어졌다.

현대에 생산되는 세호는 다람쥐 형태의 신수가 먹이를 물려고 하는 도상이 일반적이다. 산삼의 열매와 같은 물건을 입 앞에다 3[혹은 1]개 놓고 잡으려 하는 모습이다. 그러나 이런 도상은 최근에 형성된 것이다. 그러나 원인손元仁孫(1721~1774) 묘(경기도 여주군 대신면 상구리 안말)의 세호는 주신에 매달려 뒤를 돌아보는 모습을 하고 있다. 망주석의 어느 부분에도 무늬가 없은 것과 비교하면, 이 세호는 크기가 클 뿐 아니라 사실적이고 역동적인 조각품이라고 할 수 있다.[27]

시중에 유통되는 왕릉을 소개하는 책들은 세호에 대하여 혼란스러울 만큼 의미를 찾으려고 있는 듯하다.

우상좌하右上左下라는 세호의 운동성을 망주석에 달고 있다.[28]

이상과 같은 논리가 그 하나이다. 그러나 이러한 판단은 확실한 근거가 마련되어 있지 않다. 현륭원소도감의궤顯隆園所都監儀軌(장조莊祖, 1789년 천릉[29])와 명성황후산릉도감의궤明成皇后山陵都監儀軌(고종왕

26) 인릉仁陵은 1835년 4월 19일 교하交河 구치후舊治後에 봉릉하였으나 1856sis 10월 11일에 현 위치로 천릉하였다.

27) 여주군향토사료관 외(2005) ≪여주의 능묘와 석물≫ 112쪽

28) 장영훈(2006 3쇄) ≪왕릉풍수와 조선의 역사≫ 249쪽

비 1897)에 의하면 '우상좌하'가 세호의 양식이 아니라는 것을 확인할 수 있다

보기 1 현릉원소도감의궤顯隆園所都監儀軌
안쪽 면에 세호細虎(왼쪽 기둥으로 올라가는 모습이고, 오른쪽 기둥으로 내려가는 모습이다.)을 새긴다.

보기 2 명성왕후산릉도감의궤明成王后山陵都監儀軌
안쪽 면에 세호細虎를 새겼다. 오른쪽 망주석은 올라가는 모습이고 왼쪽은 내려가는 모습이다.[30)]

보기 1은 18세기 후반이고 보기 2는 20세기 후반이다. 보기 1은 남자가 먼저 죽고 대군大君이었고 보기 2는 여자가 먼저 죽고 황후皇后였다. 숭릉崇陵(현종과 왕비)도 보기 1처럼 왕(남자)가 먼저 죽었는데, 세호는 동쪽에서 올라가고 서쪽으로 내려온다.

서쪽으로 올라가서 동쪽으로 내려오는 세호는 온릉溫陵[중종 원비 1557], 태릉[중종 제2계비 1565] 혜릉[경종 원비 1718 경종 1720년 즉위], 홍릉洪陵, 유릉裕陵 따위에서, 동쪽으로 올라가서 서쪽으로 내려오는 세호는 홍릉弘陵(정조 원비), 영릉永陵(진종과 왕비), 인릉仁陵(순조와 왕비) 따위를 들 수 있다.

수릉綏陵[문조의 능]의 세호는 기둥 즉 주신에 위치하지 않고 염의와 주신을 걸치는 도상을 하고 있어서 특이하다.

사대부의 묘에서 올라가고 내려오는 세호의 대한 사례를 들어본다. 민진원閔鎭遠(1664~1736) 묘(경기도 여주군 가남면 안금리 쇠푸리 마을)의

---

29) 융릉隆陵 즉 현륭원은 1762년 7월 23일 양주楊州 배봉산拜蜂山에 봉원하였으나 현재의 위치로는 1789년 10월 7일에 천원하였다.

30) 內面刻細虎 右柱升形 左柱降形 ≪명성왕후홍릉산릉도감의궤≫ <도설圖說> 망주석도望柱石圖

세호는 8각형의 망주석 주신에 조각되어 있다. 우백호가 올라가고 좌청룡이 내려온다. 민시중閔著重(1625~1677)의 묘(경기도 여주군 능서면 오계리 숭계동) 망주석 세호는 우백호가 올라가고 좌청룡이 내려간다.

(2) 대석

상대석, 중대석, 하대석의 구조로 되어 있다. 뒷장에서 설명하기 때문에 생략한다.

4) 계체석(階砌石)

계체석은 보통 '一'자의 장대석이지만 다른 경우도 있다. 고려말의 문신인 박득중朴得中(?~?)의 묘(경기도 여주군 금사면 소유리 아래소유실 마을 뒷산)의 경우 안쪽 즉 봉분 앞에 내계체석은 '一'자로 바깥쪽 즉 남쪽의 마당의 외계체석은 '凹'자로 축조하여 마당을 튼튼하게 조성하였다.

2 가운데 섬돌中階

가운데 섬돌은 넓이가 21자이며, 높이가 1자이고 길이는 55자5치이다. 길이는 처음 섬돌과 같고, 남·동·서에는 각각 작은 돌층계[石梯]가 있다.

이 공간의 상설로는 장명등長明燈, 문인석文人石, 무인석武人石, 마석馬石 따위가 자리하고 있다.

1) 장명등(長明燈)

달리 석등石燈의 일종이다. 후릉厚陵(정종의 능)을 조영하던 1420년 1월3일부터 조선왕조가 망할 때까지 이 명칭을 변한 일이 없다.

장명등은 정자석과 덮개돌蓋石(이상 상단부), 화창火窓과 격석隔石(이상 중심부), 받침돌臺石(이상 하단부) 따위로 구성되어 있다.

≪세종실록오례의≫치장 조에 의하면, '중계의 한복판 북쪽 가까이에 설치'한다. 상석의 중앙에 있어서 봉분과 상석의 향로석과 장명등이 일직선이 된다.

그림 4-13 장명등 도설

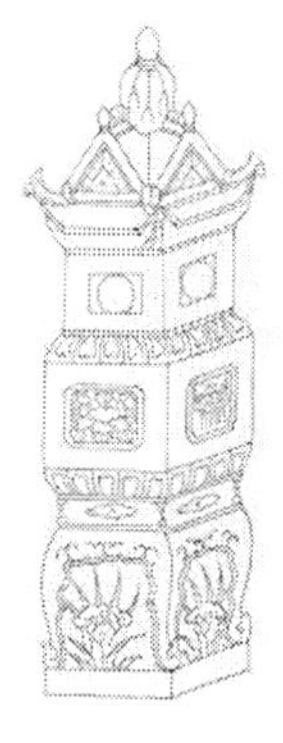

[설명] 이 그림은 의궤에 보이는 장명등이다. 앞의 장명등은 홍릉 즉 고종 황제 황후비의 그것이다. 먼저 것은 '상설'에서, 뒤의 것은 '석의'에서 나타난 그림이다. 뒤의 것이 영성하기 짝이 없다.

4각角, 6각, 8각 따위가 있다. 그런데 6각은 아직 확인하지 못했다. 장명등은 한 묘역에 하나를 갖추는 것이 일반적이다. 그런데 희릉禧陵(중종대왕의 계비 장경왕후章敬王后)과 홍릉弘陵(영조대왕의 원비 정성왕후貞聖王后)의 경우 4각과 8각의 장명등을 각각 두 기씩 갖추고 있다.

'장명등'이란 글자대로 한다면, '오래 불을 밝히는 등'이다. 그런데 실제로 불을 밝힌 것인지, 상징적인 것인지 분명하지 않다. 조선 초기에는 실제로 불을 밝힌 흔적이 있다는 보고도 있다. 그러나 후기에 오면 실제로 불을 밝혔다는 흔적이나 기록도 없다. 다만 의례적인 장치로 남게 되었다는 뜻이다. 장명등을 세웠는지는 사악한 기운을 물리치는 벽사辟邪를 상징한다.

조선 시대에는 왕릉과 일품 재상의 묘에만 설치할 수 있다. 그러므로 실제조 일품에 오르지 못한 관리는 '추증'을 기다려 장명등음 물론이고 묘표나 묘갈, 혹은 신도비 따위의 석물들을 세우는 것이 거의 일반화되었다.

이 외의 변천과정이나 현황 따위는 달리 취급하므로 여기서는 줄이기로 한다.

2) 문인석(文人石)

달리 석인石人, 문석文石, 문석인文石人, 문관석인文官石人, 의관석인衣冠石人, 관대석인冠帶石人 따위로 불리기고 한다. '문인석'은 최근에야 쓰이기 시작한 용어이다.

문인석은 모든 왕릉에 각 1쌍이 있다. 다만 후릉厚陵(정종대왕과 정안왕후定安王后)과 헌릉獻陵(태종대왕과 비 원경왕후元敬王后) 따위가 각각 2개씩이어서 특이하다.

그림 4-14 문인석

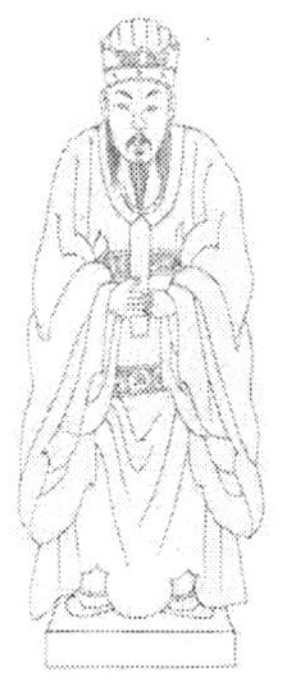
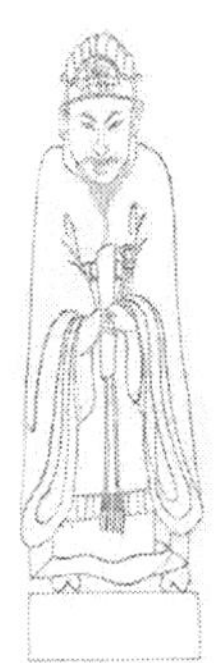

[설명] 홍릉 즉 고종황제비 의궤에 보이는 문인석이다. 먼저 것은 '상설'로, 뒤의 것은 '석의'로 준비된 것이다.

세종 2년(1420) '산릉 제도'에 의하면 '가운데 뜰中階 동서는 땅을 파고 관대석인冠帶石人 각각 한 사람을 세우고 두 사람은 서로 향해 선다.'고 규정되어 있다. 위치는 가운데 마당의 동쪽과 서쪽이고, 옷차림은 '관대'를 착용하고, 방향은 서로 향한다는 것이다.

그 규격은 그 길이가 각각 11자5치(지상으로 나온 것이 7자5치, 땅속으로 들어간 것이 4자)이고 너비가 3자이며 두께가 2자5치이다. 이러한 규격은 2년 뒤에도 변화되지 않고 지속된다.

아직 석마에 대한 기록이 없다. 그런데 1446년 즉 세종 28년 <능실 제도>에 의하면 석마가 보강된다.

> 가운데 섬돌中階의 너비는 20자인데, 한복판에 복쪽 가까이에 장명등을 설치하고 왼쪽과 오른쪽에 문관석인文官石人 각각 1개와 석마石馬 각각 1개를 세우는데 석마는 석인의 남쪽 조금 뒤에 있다. 동쪽과 서쪽에서 서로 향해 있다.[31]

---

31) 세종실록 28년 7월19일조

이런 기록으로 보아 문인석과 석마가 같이 등장한 것은 이 시기라고 생각된다.≪국조오례의≫(1474)나 ≪국조속오례의≫(1744)에서 보이는 '대석臺石'에 대한 규정은 아직 등장하지 않는다. 그 명칭도 '문석인文石人'으로 바뀌었는데, 이 명칭은 조선 왕조가 끝날 때까지 그대로 지속된다. 말하자면 '문인석'이란 일제시기 내지는 근래에 붙여진 이름인 것이다.

그림 4-15 중국의 문인석

[설명] 중국 [청 나라] 능묘의 문인석이다. 양관을 쓰지 않았디든지 홀기를 들지 않았다든지 하는 것과 대조된다.

≪국조오례의≫ 흉례 치장조에 의하면, 문인석은 관대冠帶를 갖추고 홀笏을 잡은 형상이다. 길이는 8자3치이고 너비는 3자이고 두께는 2자2치이다. 대석은 다리를 잇대는데 높이는 3자4치이다. 땅위로 나오는 부분에는 운족雲足을 새기고 땅 밑으로 2자3치가 들어간다. 석마石馬도

각각 1개를 세운다. 높이는 3자7치, 너비는 2자, 길이는 5자이다. 대석과 네 다리 안은 석양石羊과 같이 하고, 문인석의 남쪽으로 조금 뒤에 둔다.[32)]

≪현릉원원소도감 의궤≫ <도설> 문인석의 설명은 다음과 같다.

> 문석文石에 조복朝服을 입고 홀笏을 잡은 형상을 새기니 그 길이가 6자8치이다. 너비는 윗부분이 1자9치, 아랫부분이 2자6치이며 두께는 윗부분이 1자8치, 아랫부분이 2자2치이다. 대석臺石은 땅속으로 2자가 들어가 있어 그 표면이 땅과 가지런하게 하였다.

≪홍릉석의중수도감의궤≫ <석의도설>에 대한 설명은 다음과 같다.

> 금관조복에 패옥과 홀을 잡은 모습을 조각한다. 길이는 9자, 너비는 2자4치, 두께는 2자4치, 대석臺石은 1자3치이다.

문인석의 형태는 1474년에 완비된 것이라 할 수 있다.

초창기의 11자5치(땅 위 7자5치, 땅 아래 4자)의 길이가 8자3치로 변모한 것은 대석을 도입하기 때문에 생긴 것이라 여겨진다. 땅 아래로 묻힌 부분이 4자인데 대석에 3자4치이니 커다란 변모라 할 수 없다. 대석의 3자4치 가운데 땅위로 나온 6치를 더하면 결국 문인석의 높이는 8자9치로 초창기보다 더 커진 셈이다. 영조척을 썼기 때문에 현대 미터법의 평균치로 환산하면 7자인 2.1m보가 2.67m로 0.57m가 더 커진 것이다. 문인석의 이러한 높이는 조선 후기 숙종과 영정조에 이르러 실물 크기로 축소된다.

대석의 형식을 보강한 것은 보다 안정감을 확보하기 위한 것이라고 생각된다. 천재로 왕릉이 무너지는 사례가 일어났기 때문이다.

문인석의 복식은 조선 전기와 후기에 바뀌게 된다. 문인석의 기능 가

---

32) 이러한 설명은 ≪국조속오례의≫(1744)에도 수정이나 보충이 없이 그대로 이어진다.

운데 죽은 왕을 보필하는 문관 역할에 있다면 자연스럽게 복식은 변천하였으리라 생각된다. 지금까지 연구한 성과에 의하면, 조선 전기는 복두幞頭에 공복公僕 차림에 홀笏을 들었고 후기에는 금관조복金冠朝服에 홀을 들고 있다.

경기도에 위치한 묘 117기를 선정하여 문인석을 조사한 바 있다. 그 결과 금관조복 문인석의 등장 시기는 1550년(명종 5) 전후라는 것이다.[33] 이러한 연구는 젊은 학도에 의하여 진행되었다.[34]

고려 시대에는 중국의 복제에 따라 공복公服이 상복常服이었다. 본래 공복과 상복의 구별이 없었기 때문이었다. 조선도 건국 이후 고려의 제도를 계승하였다. 그러나 명에서 공·상복을 구분하는 제도가 마련되자 조선도 1426년(세종 8)에 이에 따라서 공복과 상복을 구분하기 시작하였다. 나름의 기준이 있었으나 엄격하게 지켜지지 않았기 때문이다.

이러다가 임진왜란(1592~1598) 이후에는 공복제가 폐지되었다. 광해군이 새로운 관복 즉 시복時服(黑團領)을 마련함으로써 자연스럽게 복두가 사라지기 시작한 것이다.

조선시대 문무관은 국가 큰 제사나 경축일, 설날元旦, 동지를 포함하여 조칙詔勅을 반포하고 진표進表할 때, 조복을 입고 금색 양관梁冠 즉 금관을 썼다. 즉 금관조복을 착용한 것이다. 그 조복은 ≪국조오례의≫(1474)에 의하면, 양관梁冠, 적초의赤綃衣, 폐슬蔽膝, 패옥佩玉, 백초중당白綃中單, 상裳, 대대大帶, 후수後綬, 혁대革帶, 말襪, 이履, 홀笏 따위이다. 양관의 숫자와 환수環繡, 대帶, 패옥佩玉, 홀 따위는 정1품에서 종9품까지 차등을 나타내는 도구이기도 했다. 이 점에서 문인석이 5량관을

33) 중종 29년(1534)에 복두공복이 금관조복으로 개정되었으나 묘역상의 실질적인 변화는 15년이 지난 뒤에 나타난 것이다.

34) 최윤정 조선시대 금관조복 문인석 연구 ≪여주의 능묘와 석물≫ 310쪽. 그는 금관조복의 변화를 5기로 나누어 설명하고 있다. 1기는 1540년경~1590년경, 2기는 1590년경~1640년경, 3기는 1640년경~1690년경, 4기는 1690년경~1740년경, 5기는 1740년경~1800년경이라는 것이다.

착용한 것은 왕을 모시는 정1품관이란 의미라 할 것이다.[35)]

세종 2년 '후릉'과 '산릉제도'의 설명은 다음과 같다.

> 지대석이 있는 석인石人이 4개이다. 2인은 관대冠帶하고, 2인은 의갑衣甲하니, 좌우에 각 1인씩 마주보고 있다.. 길이는 11자5치로 땅 위로 나온 것이 7자5치이며, 땅 밑으로 들어간 것이 4자이다. 너비가 각 3자, 두께가 각 2자5치이다.

그러나 '오례의'에 오면 좀더 자세한 설명이 제시된다.

> 좌우左右에 문석인文石人 각각 1개와 관대冠帶를 착용하고 홀笏을 쥐고 있는 형상을 새긴다. 키는 8자3치, 너비는 3자, 두께는 2자2이이다. 대석臺石은 발까지 연하여 높이는 3자4치이다. 땅밖에 나온 것이 6촌인데, 운족雲足을 새기고 땅에 들어간 것이 2자3치이다.

상당 부분 변화가 일어난 것을 알 수 있다.

3) 마석(馬石)

달리 석마石馬라고도 한다. 문인석 뒤에 약간 떨어져 있다.

'오례의'의 설명은 다음과 같다. 석마石馬 각각 1개씩을 세운다. 높이는 3자7치, 너비는 2자, 길이는 5자이다. 받침돌臺石과 사각四脚의 안은 석양石羊과 같다. 문석인文石人의 남쪽 조금 뒤에 있다.

석마를 처음 조영한 것은 세종 24년(1442)부터이다. 세종은 왕세자에 명하여 도승지 조서강趙瑞康를 불러 능실에 석마와 석호를 세우는 일을 의론하게 하고 있다(≪세종실록≫24년 10월18일조).

≪현릉원원소도감 의궤≫ <도설>에 대한 설명은 다음과 같다.

---

35) 김영숙(1999) 한국복식문화사전 278쪽

석마의 높이는 3자1치, 너비는 1자6치5푼으로 하고 길이는 5자로 하였다. 네 다리를 조각하는 제도와 대석은 석양과 동일하게 하였다.

≪홍릉석의중수도감의궤≫ <석의도설>에 대한 설명은 다음과 같다.

서 있는 모습으로 길이 5자, 높이 3자1치, 너비 1자5치5푼, 대석 1자이다. 네 다리 사이를 뚫지 않고 초형草形을 새긴다.

세종 23년에 왕세자 빈의 묘에 석마를 세우는 과정이 보인다. 빈嬪의 묘에 석마를 세울 것인가 아니 세울 것인가 의논했는데 황희 신개 이숙치 등이 여기에 참여했다.

선왕의 능실에는 석인 둘 석호 둘 석양 둘 망주 둘이 있고 석마가 없사오니 이번 세자빈 묘에도 역시 석마를 세우지 않는 것이 마땅합니다.36)

이들은 석마를 세자빈 묘에 세우지 말자고 주장했다. 그런데 이에 대하여 하연이 석마는 옛날 제도에 있기 때문에 능실에 모두 석마 둘을 세워야 한다는 주장을 내놓고 있다. 이에 대하여 민의생과 윤형 등이 반대의견을 다음과 같이 내고 있다.

원경왕후元敬王后의 능에는 석인 넷 석양 넷 석호 넷, 석망주 둘만 있고 석마가 없으며 정소공주貞昭公主의 묘에는 석인 둘, 석양 둘, 석호 둘만이 있사오니, 이제 석마를 세우지 말고 석양과 석호 각각 하나만을 더하게 하여 정소공주의 묘제와 구별하게 하소서.37)

그러나 세종은 하연의 주장을 받아들였다.

---

36) 세종실록 23년 8월8일조

37) 위와 같음

그림 4-16 마석 도설

[설명] 이 그림은 의궤에 보이는 마석이다.

이러한 과정을 보면 석마는 초창기 왕후의 능에도 세워지지 않았다. 그런데 이러한 초창기 규정은 시대에 따라 새로이 보강되는 과정을 겪어 오늘에 이르렀기 때문에 묘제 연구에 전후의 역사를 살펴야 그 실체를 접근할 수 있다.

3. 마지막 섬돌下階

정자각에 이르기 전 공간이다.

세종 2년 '후릉'에 의하면, 마지막 마당은 너비가 27자이며, 높이는 2자 7치이다. 지대석과 만석이 갖추어졌다. 길이는 처음 마당과 같고, 남·동·서에는 각각 작은 돌층계[石梯]가 있다.

1) 무인석(武人石)

달리 '석인石人', '무석武石', '무석인武石人', '무관석인武官石人', '갑주석인甲胄石人', 의갑석인衣甲石人이라고도 한다. '무인석'이란 최근에야 쓰이기 시작한 용어이다.

무인석은 모든 왕릉에 각 1쌍이 있다. 다만 후릉厚陵(정종대왕과 정안왕후定安王后)과 헌릉獻陵(태종대왕과 비 원경왕후元敬王后) 따위가 각각 2개씩이어서 특이하다.

그림 4-17 무인석 도설

[설명] 이 그림은 고종황제비 명성황후의 무인석이다. 앞의 무인석은 '상설'에, 뒤의 것은 '석의'에 그린 것으로 뒤의 무인석이 졸열해 보인다.

≪국조오례의≫에 의하면, 문인석 아래 계단 좌우에는 무인석을 각각 1개씩을 세운다. 갑주甲冑를 입고 검을 찬 형상을 새긴다. 길이는 9자 너비는 3자, 두께는 2자5치이며 대석은 문석인과 같다. 또한 각각 석마를 세운다. 무석인 남쪽으로 조금 뒤에 둔다.

그림 4-18 중국의 무인석

[설명] 중국 [청나라] 능묘의 무인석이다. 검을 차지 않았다는 점부터 다르다는 것을 알 수 있다.

≪현륭원원소도감 의궤≫ <도설>의 무인석에 대한 설명은 다음과 같다.

> 무석인武石人에 갑옷에다 투구를 쓰고 칼을 찬 형상을 새겼으니 칼집을 허리에 차고, 칼(칼날은 아래로 향하게 하였다.)은 손에 쥐게 하였다. 이 무석의 길이는 7자1치, 너비는 위가 2자8치, 이래가 3자, 두께는 위가 2자, 아래가 2자2치5푼이 되게 하였다. 대석은 문석과 동일하게 하였다.

≪홍릉석의중수도감의궤≫ <석의도설>에 대한 설명은 다음과 같다.

> 갑주에 패검한 모습을 조각한다. 길이는 9자5치, 너비는 2자8치, 두께

는 2자7치5푼, 대석臺石은 1자5치이다.

변천 과정은 문인석과 같다.

2) 마석馬石과 양석羊石

문인석의 마석과 같다.

4 기타 상설

1) 배석(拜石)

세종 2년 '후릉'과 '산릉제도'에 의하면 배석拜石이 1개이다. 길이가 6자1치, 너비가 3자2치이다.

'오례의'에 비교적 상세하게 설명하고 있다. 또 아랫뜰 중앙에는 남쪽 가까이 땅을 파고 배석 하나를 묻는다. 그런데 그 돌의 면이 아랫 마당의 평평한 데와 같게 한다.

2) 소전대(燒錢臺)

세종 2년 '후릉'과 '산릉제도'의 설명은 같다.

돈을 불태우는 댓돌[燒錢臺石]이 하나이다. 그 위는 4각으로 되고 평평하며, 허리가 있는데 구름 모양을 새겼다. 높이가 1자5치이고, 위아래가 모두 모가 졌는데, 사면이 각각 3자1치이다.

이와 비교하여 '오례의'에 오면 다른 측면에서 설명이 이루어진다.

또 망주석의 서쪽에 땅을 파고 잡석을 넣어 다지고, 돈을 태우는 받침돌) 하나를 잡석 위에 설치한다. 지대석에서 돈을 태우는 받침돌까지 서로의 거리는 15자다.

3) 동자석(童子石)

왕릉에 있어서 동자석에 대한 기록은 없다. 다만 왕조실록에 문인석의 숫자를 줄여 동자석으로 했다는 기록이 나온다. 인조 4년 2월 3일조에는 예조판서 이정구李廷龜가 응행 절목을 도감과 대신들이 건의한 것이 그것이다.

> 별단別單에 의거 시행하라. 석물石物가운데 무인석武石 1쌍을 더 마련하라. 그러나 이제 성교聖敎를 받들었으니 마땅히 이에 의거 마련하도록 하겠습니다만, 무인석 2쌍은 중첩된 것 같으니 1쌍은 동자석童子石으로 만드는 것이 마땅하겠습니다. 대신들의 의견도 이와 같으므로 감히 아룁니다.
>
> 하니, 따랐다.

왕릉에 있어서 동자상이 무인석과 병행하여 서게 된 연유가 여기에 있다.

그러나 민간인 묘에서는 동자상은 2기로 상석 좌우에 근접하여 있다가 점점 멀리 떨어지는 변화를 보인다. 손은 향꽂이를 잡고 있는 것으로 보아 제사를 돕는 시동으로 이해된다. 여주 지역의 경우 16세기부터 동자상이 등장하나 빈도수는 그리 많은 편은 아니다. 대체적으로 양쪽 머리를 묶은 모습이나 간혹 그렇지 않은 경우도 있다. 풍화가 많이 진행된 편이고 고개를 약간 숙이는 형상이다.

그 사례는 다음과 같다.

임천손林千孫(1478~1565) 묘(경기도 여주군 대신면 천남리 큰모득골)

김주金澍(1512~1563) 묘(경기도 여주군 홍천면 상백리 절골)

경혼慶渾(1498~1568) 묘(경기도 여주군 홍천면 상백리 부족산) 제주병석祭酒甁石, 차일석, 배설석排設石 따위와 같이 배열된 것이 특이하다.

경잠慶潛(1504~1581) 묘(경기도 여주군 홍천면 상백리 부족산) 배설석도 함께 배열되어 있다.

박인朴寅(1520~1587) 묘(경기도 여주군 대신면 가산리 재개울)

홍진洪進(1541~1616) 묘(경기도 여주군 대신면 계림리 계림동) 역시 향꽂이를 잡고 서 있는 모습이다. 방부원수형 묘표는 1619년 9월에 세운 것이다. 바로 옆 아버지 홍인우洪仁祐(1515~1554) 묘에는 동자석이 없다.

한효중韓孝仲(1559~1628) 묘(경기도 여주군 홍천면 계신리 신촌동) 동자석은 향꽂이를 잡고 있고 상석 좌우에서 다소 떨어진 위치에 있다.

조겸행趙謙行(1616~1693) 묘(경기도 여주군 대신면 천서리 나란마을) 이 동자석은 상석 좌우에서 제일 멀리 떨어져 문인석과 같은 위치에 자리하고 있다. 시대가 흐를수록 동자상이 상석 좌우에서 멀어진다는 것을 알 수 있다.

4) 촉대석(燭臺石)

왕릉의 경우 의례가 정자각에서는 진행되기 때문에 능에서는 발견될 수 없는 석물이다. 16세기 여주 지역의 사대부 묘에서 발견된다. 명종 대의 무신인 임천손林千孫(1478~1565) 묘(경기도 여주군 대신면 천남리 큰모득골)의 촉대석이 그것이다. 위 부문이 8각이며 아래 부문은 오목하여 병 모양이다. 상석(높이 18, 폭 139, 두께 85) 좌우에 위치해 있는데 그 규모는 높이 22cm, 폭 26cm, 두께 26cm이다.

제4절 정자각(丁字閣) 그 아래

1. 정자각(丁字閣)과 일자각(一字閣)

정자각은 왕과 왕비이 사후에도 그대로 궁중생활을 하는 곳이다. 그런 이유에서 정자각은 달리 '능침陵寢', '침전寢殿' '선침仙寢'이라고도 한다.

그림 4-19 정자각 도설

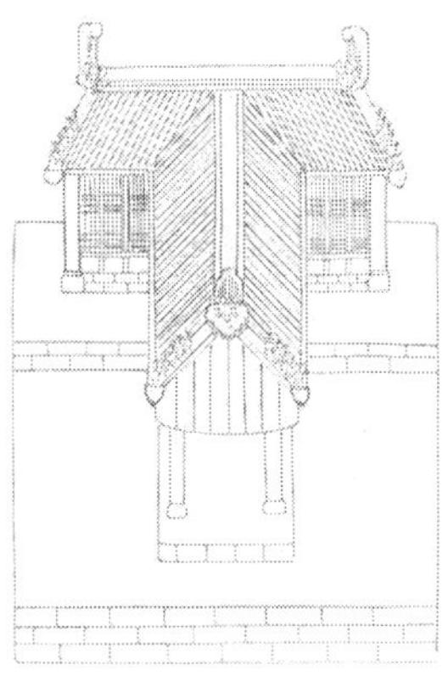

[설명] 정자각은 왕의 정전과 같은 곳이다. 황제가 되면 정자각 대신 일자각을 세운다.

봉분 중심의 상단부가 무덤의 주인인 왕이나 왕비 등이 정사를 처리하는 조정朝廷의 자리라면, 정자각 중심의 하단부는 무덤의 주인들이 사적인 생활의 자리이다. 정자각에는 무덤의 주인이 기거하는 일상의 장소로 신좌神座를 비롯하여 상床, 궤几, 갑궤匣匱 따위가 있는 것은 이런 까닭이다. 그러므로 국가에서는 궁궐에서 살아 있을 때처럼 때를 맞춰 제사를 올리는 것이다.

≪현륭원원소도감 의궤≫ <도설>에 설명은 다음과 같다.

정자각은 3칸(안쪽에 큰 대들보 두 개를 건너지르고 좌우 기둥 셋을 세웠다.)이다. 동서東西의 너비가 38자(한 가운데 1칸은 14자, 좌우의 2칸은 각각 12자이다.), 남북南北의 길이는 14자, 기둥의 높이는 10자1치로 지었다. 정실正室 남쪽 한 가운데에 연이어 두 칸(절하는 곳이다.)을 세우니 남북의 길이가 24자, 동서의 너비가 14자, 기둥의 높이는 10자6

치로 지었다. 집의 모양은 정자丁字처럼 하고 아울러 단확丹雘으로 색칠하였다.

'오례의'에 의하면, 석실의 정남쪽 50보步2자 되는 곳에 위하고 5 칸을 지었다.

정자각은 능묘의례의 중심지이다. 능묘는 올라가 둘러만 보고 내려오는 행위를 봉심奉審이라 하는 데서도 이를 알 수 있다.

일반적으로 정자각에서 모든 의례가 이루어진다. 정자각의 의례는 '동입서출東入西出'의 과정으로 이루어진다. 의례는 제수가 필수적이므로, 정자각 가까이에는 신주神廚 혹은 수라간水剌間이 있기 마련이다.

가정자각假丁字閣이 있을 수 있다. 보기로 들면, 仁顯왕후(1667~1701)가 숙종 27년 8월에 경춘전에서 승하하자 숙종 자신의 자리를 정해두는 허우제를 행하고 12월 9일 장사를 모셨다. 숙종 46년 6월 8일에 숙종이 승하하자 그해 10월 21일 명릉의 오른쪽에 장사를 모셨다. 정자각에 이미 봉안하였던 왕비의 상탁과 신위는 가정자각을 세우고 옮겨 봉안하였다가 3년후에 훼철하였다.[38] 이것이 가정자각이다.

38) 이예성 '명릉도' 해설 ≪조선왕실의 행사그림과 옛지도≫ 161쪽

그림 4-20 정자각 의례도

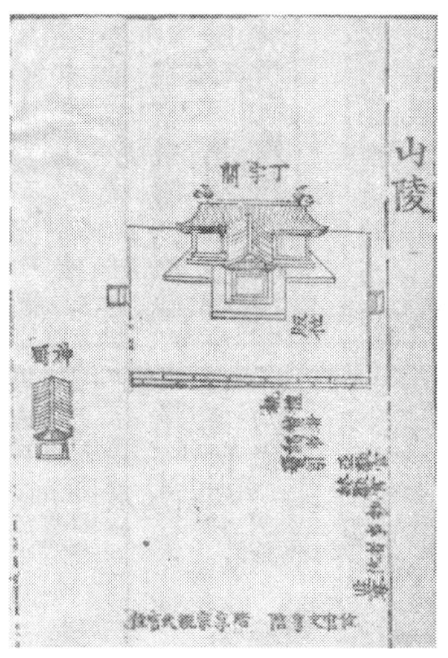

[설명] 이 그림은 정자각 의례도이다. 정자각에서 여러 가지 의례가 열리는데 그 하나의 전개 과정을 알 수 있다.

≪어정태상과과해저도식御定太常菓果醢葅圖式≫(1793)에 의하면, 매달 의례가 있다는 것을 확인할 수 있다. 그 제의와 제수는 다음과 같다.[39)]

[정월] 능궁원묘묘 정조세陵宮園廟墓正朝祭; 밤黃栗, 대추大棗, 곶감乾柿 개암열매實榛子, 잣열매實柏子, 생밤生栗, 생배生梨 따위의 10종

[2월] 영희전永禧殿 한식제, 능기신제陵忌辰祭;밤, 대추, 개암榛子, 잣柏子, 호도胡桃, 은행銀杏 따위의 10종

능궁원묘묘 한식제, 능기신제;밤, 대추, 개암, 비저榧子, 곶감, 은행 따위의 10종

능궁원묘묘 한식제;밤, 대추, 곶감, 개암열매實榛子, 잣열매實柏子, 비자열매實榧子 따위의 10종

39) 이 도표는 황정연이 작성한 것으로 ≪조선왕실의 책: 2002년 장서각 특별전≫ 56쪽

[3월] 능기신제;밤, 대추, 개암열매, 잣열매, 비자열매 따위의 10종

[4월] 능기신제;밤, 대추, 곶감, 개암열매, 잣열매, 생밤 따위의 10종

[5월] 영희전永禧殿 단오제, 능기신제;밤, 대추, 곶감, 개암열매, 잣열매, 앵도櫻桃 따위의 10종

능궁원묘묘 단오제;밤, 대추, 개암열매, 잣열매, 생밤, 호도 따위의 10종

[6월] 능기신제;밤, 대추, 개암열매, 잣열매, 생밤, 서과西瓜, 붉은배赤梨 따위의 16종

[7월] 능기신제;밤, 대추, 개암열매, 잣열매, 오얏열매李實, 능금林檎 따위의 15종

[8월] 영희전永禧殿 추석제, 능기신제;밤, 대추, 곶감, 개암열매, 잣열매, 생배, 홍시紅柿 따위의 13종

능궁원묘묘 추석제;밤, 대추, 개암열매, 잣열매, 생밤, 포도葡萄 따위의 10종

[9월] 능기신제;밤, 대추, 개암열매, 잣열매, 생배, 홍시 따위의 12종

[10월] 능기신제;밤, 대추, 개암열매, 잣열매, 홍시 따위의 11종

[11월] 영희전永禧殿 동지제, 능기신제;밤, 대추, 개암열매, 잣열매, 곶감, 생배 따위의 11종

능궁원묘묘 동지제;밤, 대추, 잣열매, 생밤, 곶감, 생배 따위의 10종

[12월] 영희전永禧殿 납향제, 능기신제;밤, 대추, 곶감, 개암열매, 잣열매,, 생밤 따위의 10종

이러한 의례 상차림은 종묘, 사직, 문묘, 대제 따위와 달랐다. 마름蔆仁이나 검인芡仁 따위는 사용하지 않는 제수용품이었다,

그러면 산릉의례의 진행 배치도를 살펴보기로 한다.

의례는 임금만 정자각 뜰 위板位에 오르고, 집례執禮, 찬자贊者, 가사記事, 찬인贊引, 아헌관亞獻官, 종헌관終獻官, 집사자執事者, 감찰監察 등의 순서로 뜰 아래 서되 서향을 한다. 입구에는 위관문향배位官文享陪이 동쪽에 계향종친무관啓享宗親務官 등이 서되 북향을 한다.

정자각을 달리 능침陵寢이라고 부르는 것은 이러한 의례가 이루어지

기 때문이다. 넓은 의미로 능침이 능묘 전체를 대신할 만큼 중요한 자리를 차지한다.

정자각은 대한제국으로 황제국이 되었을 때는 일자각日字閣으로 격상된다는 것도 알아 둘 필요가 있다. 그러므로 일자각은 고종과 순종의 능인 홍릉과 유릉에만 있는 것이 된다.

2. 신도비(神道碑)

능묘의 경우 조선 초기 신도비를 세웠다. 그러나 문종 이후 폐지되었다가 송시열의 건의로 '표석表石'으로 신도비가 다시 세워지게 되었다.

'오례의'에 의하면, 그 동쪽에는 비각碑閣을 세운다. 만약 내상內喪이 먼저 있으면, 비碑는 세우지 아니한다.

그림 4-21 비각 도설

[설명] 의궤 도설에서의 비각의 그림이다.

자세한 내용은 제5장 무덤의 비 문화의 제2절 비 문화의 유형적 접근중 신도비 부분에서 취급하기 때문에 생략한다.

3. 신주(神廚)

돌아가신 왕과 왕비의 영혼에게 드리는 음식을 마련하는 부엌이란 뜻이다. 달리 수라간水刺間이라고도 부르기도 한다. 수라水刺는 왕과 왕비의 평상시 음식을 말한다.[40] 왕과 왕비는 죽어도 그 직위를 누린다고 생각하기 때문에 수라간이라고 부른 것이다.

40) 수라상은 왕과 왕비의 평상시의 밥상을 말한다. 수라상은 소주방燒廚房[대궐 안의 음식 만드는 곳]에서 주방상궁이 차린다. 탕약湯藥을 드리는 날을 제외하고는 아침수라전에 미음이나 무리죽을 먼저 올린다. 그런 다음에 상전에서 아침수라 올리는 시각을 알려오면 거기에 맞추어 아침수라를 대령한다. 수라상을 차릴 때에는 대원반·곁반·책상반 등 모두 3개의 상을 쓴다. 각 상에 올리는 내용물은 대원반의 경우는 은수저 1벌·은입사시 1벌·흰밥·미역국·간장류·김치류·찬품류·토구 등이며, 곁반의 경우 기미용 은입사시 1벌·금테를 한 상아저 1벌·팥밥·곰국·찬품류·빈 그릇 1개·빈 접시 2개·냉수대접(여름에는 사기대접, 겨울에는 은대접) 등이다. 또한, 책상반에는 퇴선간에서 끓인 조치·전골, 찜과 더운 음식을 받았다가 원반으로 올린다. 이밖에 냉수수전자·숭늉주전자·빈 접시 1개·휘건(고운 목아사나 고운 무명)·첩뚜껑·행주·가위 등을 올린다.
수라상은 기본음식 외에 12가지 찬품이 올려지는 12첩반상을 원칙으로 한다. 그러나 그 이상이어도 상관이 없으며, 찬물의 내용은 계절에 따라 바뀐다.
수라상이 완전히 준비되면 방으로 가져간다. 대원반은 남에서 북으로 향하여 놓고, 곁반은 수라상의 동편에 약간 떨어져 나란히 놓으며, 책상반은 원반과 곁반 사이의 앞쪽에 기미상궁을 마주보도록 놓는다. 수라상을 방에다 준비한 다음에는 왕을 모시고 들어온다.
왕이 좌정하면 은쟁반에 받쳐진 찬품단자를 들여와 왕에게 보이고 내어간다. 이어 왕이 사용할 수저를 냉수대접에 한번 헹구어 행주에 닦아 바친다. 그러면 곁반과 책상반 옆에 앉아 있는 기미상궁이 기미를 하고, 수라상궁의 시중을 받으며 왕이 음식을 들기 시작한다.
왕이 수라를 드는 동안에는 그날의 번인 3명의 궁녀가 책상반 위쪽에 일렬횡대로 양수거지하고 앉아 지켜본다 ≪민족문화대백과사전≫

그림 4-22 신주[수라간]

[설명] 이 그림은 신주 즉 수라간이다. 일반적으로 정자각의 우백호 방향에 위치해 있다.

'오례의'에 의하면, 남쪽에 고방庫房을 설치하고, 그 재주齋廚와 재방齋坊은 땅의 적당한 데 따라 세운다. 정자각의 의례시에 음식을 만들고 관리하고 곳이다.

참고로 조포사造泡寺에 대하여 살필 필요가 있다. 조선은 국책상 불교를 억제하였기 때문에 절을 인정할 수 없었다. 제향때 두부 요리를 한다는 명목으로 능 가까운 곳에 절을 세우거나 지정하여 선왕의 명복을 빌었는데 이를 조포사라 했던 것이다. 광릉光陵의 봉선사奉先寺, 정릉靖陵·선릉宣陵의 봉은사奉恩寺가 그것이었다.

4 수릉서(守陵署)

달리 수복청守僕廳이라 부르기도 했다. '오례의'에 의하면, 능지기陵直 2인과 수호군守護軍 1백 호戶를 두어서 청소淸掃와, 초채樵採를 금지하는 일을 맡게 한다.

그림 4-23 수릉서

[설명] 왕릉을 지키는 사람이 머무는 곳이다.

5. 재실(齋室)

왕릉의 경우, '오례의'에 의하면, 또 능의 동남쪽 산 아래 평지 60보 가량 되는 곳에 능을 지키는 재실齋室 17칸을 짓는다.

민간인 묘의 경우, 능묘를 수호하기 위한 사무실이다. 능참봉陵參奉이 하인을 거느려 거처하고 개복청改服廳이라는 딴 채가 있어서 중앙에서 오는 제관을 대접하기도 했다.

시조나 중시조中始祖의 묘소 또는 지파支派의 회전會奠 근처에 세워진 건물을 말한다. 일반적으로 재실 근처에는 선산·종산·위토位土가 있고, 재실에는 묘지기墓直 또는 산지기山直가 살고 있다.

재실의 기능으로는 첫째, 시향제나 묘사의 준비장소로서의 기능이다. 둘째, 선산·종산·위토 등 문중공유재산문제, 재실의 유지나 수축문제, 유사나 산지기의 문제 그리고 그해 제례과정 전체평가 등을 논의하는 종회 장소로서의 기능이다.

이 종회는 종손·유사 그리고 산지기나 묘지기 등이 모여서 간략하게 행하여지기도 한다. 그 밖에 참례자의 소지품 보관, 식사 접대 준비, 원거리 참례자의 숙소 등의 장소로도 이용되었다. 경우에 따라서는 음복과 문중회의를 재실에서 행하기도 하였다.

6 예감(瘞坎)

세종 2년 '후릉'에 의하면, 예감瘞坎을 그 북쪽의 임지壬地에 판다. 의례를 끝내고 묻는 장소이다. 조선 전반부에는 매장 장소가 위아래 두 군데 있었으나 현재는 위의 것은 없어지고 아래 것만 남았다.

그림 4-24 예감

[설명] 원래는 소각하지 않고 묻는 것이 의례의 절차였다. 그러나 매각 장소에 정결하지 않았기 때문에 정조의 명에 의한 뒤부터 소각하게 되었다.

7 참도(參道)

참도는 신도神道와 어도御道가 있다. 어도는 임금이 다니는 길로 동편에 있고 신도에 비교하여 좁고 낮은 편이다. 보통 바닥에 박석을 깔아 길을 만들었다. 신도는 제사를 받을 신이 다니는 길이라 일반인이 걷거나 건너는 행위를 금지되었다.

그림 4-25 참도 (영릉의 신도와 어도)

[설명] 홍살문에서 정자각까지 박석이 깔린 길을 말한다. 이 그림은 영릉 즉 세종과 왕비[합장분]의 참도이다. 신도와 어도가 구분되어 있다.

8 판위(版位)

배위拜位라고도 한다. 보통 홍살문 동편에 자리해 있다. 여기서 절을 하고 들어가도록 되어 있다.

그림 4-26 판위

[설명] 이 그림은 판위의 모습이다.

9 홍살문(紅煞門)

능묘의 정면 앞의 붉은 물감을 칠한 나무 문을 말한다. 홍전문紅箭門, 홍살문紅煞門, 홍문紅門이라고도 한다. 둥근 기둥 두 개를 세우고 위에는 지붕이 없이 화살모양의 나무를 나란히 세워 놓았고, 그 중간에는 태극 문양이 그려져 있다.

이 태극무늬는 네가지 형태가 있다. 삼태극(), 이태극(,) 및 빛깔을 넣는 삼태극() 따위가 그것이다. 태극 무늬 위의 지창枝槍은 2지창과 3지창의 두 가지이다.

이 홍살문의 유래는 확인이 어렵다. 다만 '금기禁忌'와 '신성神聖'의 표현물이라고 이해하면 좋을 듯하다.

그림 4-27 홍살문

[설명] 홍살문의 모습이다. 이 홍살문은 보통 정자각과 봉분이 중심축선을 이루기 마련이다.

10 금문교(禁門橋)

달리 돌다리石橋라고도 한다.

능묘의 금문교는 궁중교량宮中橋梁을 모방한 것이라 생각된다. 궁중 안에 가설된 교량은 왕실의 위엄과 권위를 높이기 위하여 화려한 조각과 장식을 하였다. 특히 궁중의 재앙을 쫓기 위하여 석수나 귀면을 설치했다.

궁중의 다리는 다리의 폭이 넓고 노면은 세 부분으로 나누어졌다. 중앙부는 국왕의 통로이고 양측은 신하들의 통로였던 것으로 생각된다. 능묘의 참도로 신도神道와 어도御道의 구별이 있다는 점을 상기할 필요가 있다.

능묘의 금문교가 궁중교량을 모방한 것이라고 하더라도 그 기능은 사찰교량寺刹橋梁과 비슷하다고 할 것이다. 속세에서 왕릉으로 들어가기 위해서는 다리를 건너야 한다는 의례적인 의미가 있다.

그러나 금문교의 실용적인 목적으로 화재 방지와 수류 원활인 점도 있었다. 왕릉 주위를 해자垓字 모양으로 파놓은 것은 이 때문이다. 해자 밖에서 산불을 막기 위해 풀과 나무를 잘랐는데 이를 화소火巢라고 하는 이 때문이다.

제5장 능묘 문화의 원질적(原質的)[1] 성격(性格)

능묘문화는 종교의 밀접한 영향을 가진다. 기층적인 무덤이 새로운 문화 즉 종교와 만나면서 세련되고 체계를 세우게 된다. 말하자면 아직 이국의 영향을 받지 않은 원초적인 무덤에 외래적인 요소가 개입되면서 덧붙여지고 빠지고 하는 나름대로의 선택과 수용이 이루어졌다는 의미이다.

어느 면에서 종교의 출발은 영혼불멸설靈魂不滅說에 근거한다. 그러면 육체는 죽었지만 죽지 않은 영혼은 어떻게 할 것인가? 하는 과제가 남는다. 이러한 과제의 하나가 '무덤'이라는 형태일 것이다. 일종의 '영혼의 집'이다. 왕릉에서 상석床石을 혼유석魂遊石이라고 하는 이 때문이다. '영혼'에 대한 관념은 시대의 변천과 종교에 따라 다르게 변화되었다.

---

1) 원질原質이란 말하자면 DNA와 같은 내용이다. 그간 '토착적', '기층적', '원형적' 따위의 용어가 있었으나 적합하지 않다고 보았다.

제1절 원질신앙(原質信仰)의 전개(展開)와 조영(造營)

1 '퇴광배열도'(退壙排列圖)와 계세(繼世) 신앙(信仰)

왕릉을 조영하면서 마지막 단계로 '퇴광退壙'의 과정이 있다. 이것은 말 그대로 광중壙中에서 물러난다는 의미이다. '광중'은 단순한 구조가 아니다. ≪국조오례의≫에 나타난 사례를 종합해보면, 대략 깊이 약 3m 내외, 가로와 세로가 약 7m~9m가량 규모를 가진 지하 건축물이다. 그러므로 퇴광이란 이런 지하 건축물의 마무리로 자물쇠를 잠그고 나오는 행위에 속한다.

퇴광의 입구는 상석의 바로 아래이다. 그 아래에 연도羨道가 있어서 능실陵室로 진입했던 것이다. 이렇게 지하건축을 지어야 하는 이유는 영혼불멸 즉 계세신앙繼世信仰에 바탕을 두고 있다.

왕 내지는 왕비는 죽어서도 왕이고 왕비의 세계를 살아간다고 생각했다. 다만 바뀐 것은 땅에서 하늘로 자리를 옮긴 것밖에 없다.

이미 앞 절에서 봉분 중심의 상단부는 무덤 주인 즉 왕이 문무백관을 거느리고 정사를 본다는 세계로, 정자각 중심의 하단부는 일상 생활을 영위하는 세계로 그 공간을 설정했다고 설명한 바 있다.

임금은 살아서도 하늘의 일을 관장해왔다. 임금이 하늘을 대신하여 정사를 본1다는 상징은 용상 뒤의 '일월오악도日月五嶽圖'와[2] 임금의 장복章服[9장九章 내지는 12장十二章]에 잘 표현되어 있다. '일월오악도'란 문자 그대로 해와 달 그리고 동·서·남·북·중앙의 오악을 의미한다.

---

2) 일월오악도에 관한 연구는 이성미(1997) Ⅶ 어진御眞과 오봉산병五峰山屛 '조선왕조 어진관계 도감의궤' ≪조선시대 어진관계 도감의궤 연구≫을 참고하기 바란다. 이 연구에 의하면 '일월오악도'라는 용어 외에도 '오봉병五峯屛', '오봉산병五峰山屛', 일월병日月屛, 일월곤륜도日月崑崙圖 따위가 있다. '일월오악도'는 '생존시나 사후의 구별이 없이 어디서나 국왕의 존재가 있는 곳에는 오봉병이 그를 상징하며 동시에 보호하는 역할을 하였음을 보여준다'고 정리했다.

9장복이란 고려 말엽부터 조선조에 걸쳐 임금이 착용한 아홉 무늬九章紋이 새겨진 대례복을 뜻한다. 이 대례복은 종묘 제례, 즉위, 정조正朝의 하례식, 왕비를 맞이하는 가례식에 착용했다. 의衣에서 양 어깨의 용龍, 등의 산山, 양 소매의 화火·화충華蟲·종이宗彝, 상裳에서 조藻·분미粉米·보黼·불黻 따위를 말한다. 12장복은 9장복에 일日·월月·성신星辰 따위가 보태진다. 9장복은 일월오악도로 결국 12장복이 되는 셈이다. 하여튼 이러한 왕실 문화의 설정은 임금이 이러한 세계 즉 '하늘天'의 존재라는 의미인 것이다.

그림 5-1 일월오악도 도설[1857]

[설명] 이 그림은 일월오악도이다. 현재 알려진 것으로는 창덕궁(18), 덕수궁(1), 경복궁(1), 전주경기전(1), 호암미술관(2) 따위에 보존된 23개의 작품으로 알려지고 있다.

이러한 왕의 존재로는 죽어서도 그대로 유지된다. 석실을 조영할 때, 덮개 돌과 벽면에 일월성신과 네 신수 즉 현무, 주작, 청룡, 백호 따위가 그려지는 것은 이 때문이다. 이러한 왕릉의 세계관 내지 우주관은 고구려 고분부터 전승되는 전통적인 것이라 생각된다.

고구려연구재단(2005) ≪평양일대 고구려 유적≫에 의하면, 강서대묘 널방의 벽면(동;청룡, 서;백호, 남;주작·산악, 북;현무)과 천정(황룡·인동·연꽃), 강서중묘의 널방의 벽면(동;청룡, 서;백호, 남;주작, 북;현무·산악)과 천정고임돌(동;해·인동·연꽃, 서;달·인동·연꽃, 남;서조瑞鳥·인동·연꽃, 북;서조·인동·연꽃), 천정;연꽃), 진파리 1호분의 벽면(동;청룡 인동연꽃 새 구름무늬, 서;백호 수목 인동연꽃 연꽃 구름무늬, 남;주작 구름무늬, 북;현무 수목 인동연꽃 연꽃 구름무늬)과 천정고임돌(천정;해·달·별자리·인동·연꽃) 따위가 그 좋은 보기이다.

계세신앙의 결정적인 보기가 '퇴광배설도退壙排設圖'이다.고종황제의 황후인 명성황후明成皇后의 홍릉洪陵에는 다음과 같은 품목을 보인다.

> 애책哀冊, 증옥贈玉, 증백贈帛, 복완服玩, 소궤筲樻, 내지內旨, 내하內下, 연갑硯匣, 경소鏡梳, 악기樂器, 자기磁器, 변두籩豆, 서책書冊 3, 이함匜函, 익강타구溺江唾口

이상은 ≪홍릉국장도감의궤≫ <도설圖說>의 '퇴광배설도'이다.

≪국조오례의≫의 <명기도설明器圖說>을 중심으로 그 내용을 살펴보기로 한다.

명기는 생시와 같은 것을 상징하여 만든다. 다만 거칠고 열악할 뿐이다. 그것을 '명기'라고 하는 것은 '신명神明의 그릇'이기 때문이다. 이 때 사용한 도량형은 주척周尺이다.

그림 5-2 '퇴 광배열도'

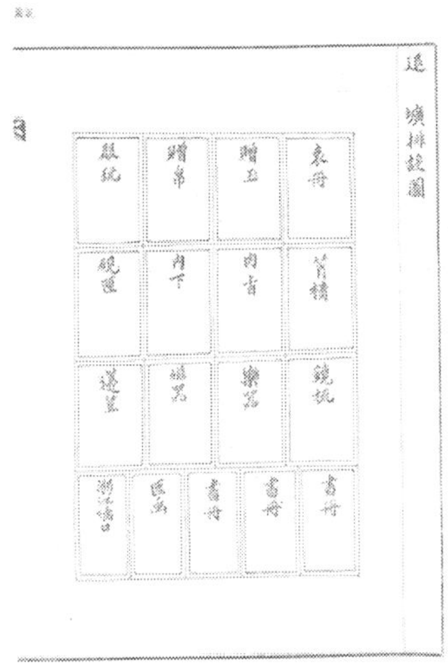

[설명]이 그림은 '퇴광배열도'이다. 이 '퇴광배열도'는 고종황제비 명성황후의 홍릉에 안치된 것이다.

내상內喪일 경우, 우羽·약籥·간干·척戚·순楯·과戈·갑甲·주冑·궁弓·착笮 따위의 명기는 쓰지 않았다.

기본적으로 주식류主食類, 부식류副食類, 주류酒類, 표주박과 국자 따위가 필요한 명기였다.

주식류를 담는 소筲[8개]는 대그릇이다. 멱冪(덮개)가 있고 원경圓徑 7치5푼, 높이는 6치4푼, 용량은 3되이다. 그 종류로는 서黍(기장)·직稷(기장)·도稻(벼)·양粱()·마麻(삼)·숙菽(대두)·맥麥(보리)小豆 따위로 각각 3승씩을 담는다.

부식류를 담는 앵罌[3개]은 자기磁器로서 멱이 있다. 입의 원경은 4치, 허리는 원경이 7치5푼, 바닥은 원경이 4치2푼이고 높이는 8치2푼이며 용량은 3되이다. 종류로는 혜醯(식초) 3되, 해醢(젓갈) 3되, 강설薑屑(생강 조각) 1되5홉과 계설桂屑(계피가루) 1되5홉을 담는다.

주류를 담는 와무瓦甒[2개]는 가운데가 넉넉하고 아래는 곧고 위는 날카로우며 멱이 있다. 입의 원경은 3치4푼, 높이는 8치, 허리의 원경은 7치5푼, 바닥의 원경은 5치5푼이고 용량은 3되이다. 종류로는 예醴(단술) 3되, 주酒(현주玄酒 즉 누룩으로 담은 술) 3되를 담는다.

표주박과 국자는 표작瓢勺[3개]으로 원의 지름이 2치5푼, 길이는 자루와 아울러 6치로 한다.

이 외에도 많은 생시와 같은 명기를 넣었다. 의례 및 의장용품, 일상생필품, 악기류, 하인 및 기타류 따위로 나눌 수 있다.

[의례 및 의장 용품]

와부瓦釜(기와 솥 즉 발이 없는 종류) 2개, 와정瓦鼎(기와 솥 발이 3개 달린 종류) 12개, 와증瓦甑(기와 시루) 1개, 와조瓦竈(기와 부엌, 향명鄕名은 풍로風爐이다) 1개

조준酒尊(자기磁器 술잔) 4개, 주병酒甁(자기 술병) 1개, 잔盞(자기 잔이고 대臺가 있다) 3개, 향로香爐(자기 향로) 1개, 향합香盒(나무로 만들어 검게 칠을 올린다) 1개

간干(방패) 1개(붉게 칠하고 검은 그림을 그린다), 척戚(도끼) 1개(자루를 검게 칠하고 날刃을 희게 칠한다), 순楯(방패) 1개(붉게 칠하고 검은 그림을 그린다), 창戈(창) 1개(자루는 검게 칠하고 날은 희게 칠한다), 갑甲 1개(구속九續 종이를 사용한다), 주胄 1개, 동궁彤弓(붉은 활) 1개, 동시彤矢(붉은 화살) 8개, 작笮(화살통) 1개 따위로 한다.

[일상 생필품]

궤几(나무로 만들며 칠하지 않는다) 1개, 장杖(나무로 만들어 흑칠을 한다) 1개

식탁食卓(나무로 만들어 흑칠을 한다) 1개, 반발飯鉢(자기 바리때) 1개, 시접匙楪(자기 젓가락 접시) 1개, 갱발羹鉢(자기 국 바리때) 1개, 찬접饌楪(자기 술그

릇 접시) 9개, 적접炙楪(자기 적 접시) 1개, 소채蔬菜·포脯·醯楪(자기 접시) 12개

식탁食卓(나무로 만들어 흑칠을 한다) 1개, 저筯((나무로 만들어 흑칠을 한다) 1개, 시匙(나무로 만들어 흑칠을 한다), 관반盥盤((나무로 만들어 흑칠을 한다) 1개, 관이盥匜(나무로 만들어 흑칠을 한다) 1개, 타우唾盂((나무로 만들어 흑칠을 한다) 1개, 흔병溷甁(나무로 만들어 흑칠을 한다) 1개, 수기溲器(나무로 만들어 흑칠을 한다) 1개

작爵(자기 술잔) 1개, 보簠(자기 바깥은 네모 안은 원형인 그릇) 2개, 궤簋(자기 그릇) 2개, 변籩(굽이 높고 뚜껑이 있는 과일 담는 그릇) 12개, 두豆 12개 따위이다.

[악기류]

와종瓦鐘 16개, 와경瓦磬 16개, 와특종瓦特鐘 1개, 와특경瓦特磬 1개, 와훈瓦壎 1개, 와방향瓦方響 16개

호篪(긴 대) 1개, 관管(피리) 1개, 당피리唐笛 1개, 약籥 1개, 우羽 1개(꿩의 꽁지깃으로 만들고 대竿가 있다), 퉁소洞簫 1개, 당필률唐觱篥 1개, 향필률鄕觱篥 1개, 대금大笒(젓대) 1개

당비파唐琵琶 1개, 향비파鄕琵琶, 현금玄琴(거문고) 1개, 가야금伽倻琴 1개, 박拍 1개, 생笙(생황) 1개, 우竽(피리의 일종) 1개, 화和 1개, 금琴(거문고) 1개, 슬瑟(큰거문고) 1개, 대쟁大箏(거문고와 비슷한 13현 악기) 1개, 아쟁牙箏(거문고와 비슷한 13현의 악기) 1개

절고節鼓 1개, 장고杖鼓 1개, 축柷(민속음악에 쓰이는 목제 타악기) 1개, 어敔(악기) 1개 따위이다.

[하인 및 기타류]

목노비木奴婢 각50명(채색으로 꾸민다), 목산마木散馬·목안마木鞍馬 각1필(홍명주실紅綃로 만들고 대나무 자루로 한다), 목공인木工人 33명, 가인歌人 8명(채색으로 꾸민다)

이러한 품목은 사후 왕비 생활에서 필요한 품목들이다. 그러나 이런

품목이 왕이나 왕비마다 모두 같은 것은 아니다.

원릉元陵(영조)의 국장도감의궤에서도 소궤筲櫃, 사기궤沙器櫃, 악기궤樂器櫃, 변두궤籩豆櫃 따위가 포함된다. 이런 과정을 보면, 국장도감의 의지 내지는 능주陵主 생시의 기호 따위에 의하여 보태지거나 빠진다는 것을 알 수 있다. 명성황후의 국장 명기로 서책이 세 종류나 들어가는 것도 같은 까닭이라 할 것이다.

일반적으로 명기의 광중 위히는 동남쪽이다. 다만 북쪽이 위이다.[3)]

퇴광하면서 모실 품목에 대한 예우가 바로 상장의례이다. 왕이나 왕비가 사후에 사용해야 할 것들이기 때문에 위엄과 장엄하게 모시기 마련이다.

영조실록 6년 10월19일조의 선의왕후宣懿王后를 의릉懿陵의 동강同崗 아래 혈 신좌申坐의 언덕에 부장祔葬하는 과정을 보이기로 한다.

모시는 의례는 10월16일에 찬궁欑宮을 열어 자시子時의 발인發靷하기 전 5각五刻부터 진행되었다. 견례遣禮, 섭통례攝通禮, 노제路祭 따위를 거쳐 능소陵所에 이르게 된다. 재궁梓宮, 혼백함魂帛函, 우주궤虞主櫃, 향안香案 등을 법도에 따라 제 위치에 설시한다. 그리고 명정銘旌, 시책보諡冊寶, 애책哀冊 등을 다음과 같이 설시하게 된다.

> 명정銘旌은 영좌의 오른쪽에 두고 시책보諡冊寶·애책哀冊 및 평시의 책보冊寶와 인印은 영좌의 왼쪽에 두었으며, 또 영침靈寢은 재궁의 동쪽에 설시하였다.

이러한 설시를 마치면, 궁인宮人이 시위侍位에 나가 처음과 같이 곡하며, 이날의 천전遷奠은 법도에 맞춰 의식을 행하게 된다. 이어서 방상씨方相氏와 함께 명기류가 현궁의 문 밖에 진열된다.

---

3) ≪가례집람≫에 의하면, '明器[註]陳於東北上 [旣石]至于壙 陳器于道 東南北上 [註]統於壙'

방상씨方相氏가 도착하여 현궁玄宮에 들어가 창으로 네 모퉁이를 두들겨보고 명기明器·복완服玩·증옥贈玉·증백贈帛을 현궁의 문 밖에 진열하였다.

섭통례가 재궁 앞에 나아가 꿇어앉아 상여에 올라 현궁으로 나아갈 것을 계청한다. 우의정 조문명趙文命[1680~1732]이 수건을 받들고 나아가 재궁을 닦았다. 좌의정 이집이 재궁을 메는 관원과 내시를 이끌고 재궁을 받들어 상여에 올리니, 내시는 삽翣과 행장行障·좌장坐障으로 재궁을 가리고 여사轝士는 상여를 받들어 왼쪽으로 돌아 북쪽으로 머리를 하고 곧 현궁으로 나아가려 하니, 궁인은 모두 곡하고 배종陪從한 백관百官들도 곡하며 걸어서 따랐다.

상여가 현궁의 방목方木 위에 이르자 녹로轆轤를 이용하여 재궁을 받들어 내리니, 내시들이 관의棺衣로 덮고 명정銘旌을 그 위에 올려놓았다. 좌의정 이집 李集[1664~1733]이 재궁을 메는 관원을 이끌고 윤여輪轝로 재궁을 받들어 연도羨道로부터 들어가 현궁의 대관大棺 안에 북쪽으로 머리하여 안치하였다.

우의정 조문명趙文命이 다시 관의棺衣와 명정을 정돈하고 영의정 홍치중洪致中[1667~1732]이 먼저 애책哀冊을 퇴광退壙의 서쪽에 드리고 다음에 증옥贈玉·증백贈帛을 애책의 남쪽에 드리니, 배종한 백관들은 부복하여 곡한 후 사배四拜를 올리고 하직하였다.

산릉도감세조山陵都監提調 이진망李眞望[1672~1737] 등은 보삽黼翣·불삽黻翣·화삽畵翣을 재궁의 양쪽 곁에 세우고 집사자執事者가 명기明器·복완服玩을 받들어 드리니, 집의執義 이현보李玄輔가 쇄폐鎖閉를 감독하였다.

우의정 조문명이 흙 아홉 삽을 덮은 다음 지석誌石을 내리고 우주虞主를 세워 전례奠禮를 의식대로 행하였다. 신시申時에 초우제初虞祭를 산릉山陵에서 행했는데, 임금은 광명전光明殿의 뜰 위에서 망곡望哭하였다.

인용문에서는 명기류만을 대상으로 삼았지만, 실은 상장례의 전체의 틀이라고 보아 무리가 없을 것이다.

2 현실(玄室)의 조영(造營)

- ≪국조오례의≫ 치장을 중심으로

1) 광중(壙中)의 구조(構造)

≪국조오례의≫에 의하면, 광壙의 전체의 구성은 깊이가 10자이고[4] 너비자 29자이며, 길이가 25자5치이다. 여기서 사용되는 척량은 영조척營造尺으로 규정하고 있다.

그림 5-3 능묘전체의 구조

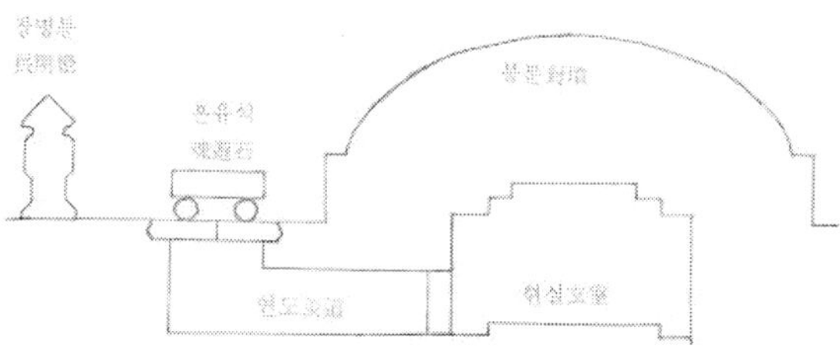

[설명] 이 그림은 능묘 전체의 구조를 보여 준다. 광중의 출구가 상석 아래이고 동시에 남쪽 방향으로 지칭되는 곳이기도 하다.

광중의 작업 순서는 동·서쪽의 벽면(이중적인 층) → 석재(방석과 중격석) → 남·쪽의 벽면(동·서와 같음) → 석재(북쪽의 우석과 남쪽의 문비석과 문의석) → 연도羨道 과정을 밟는다.

---

4) 여기서 사용하는 자척은 영조척營造尺이다.

그 세부적인 조성 과정은 다음과 같다.[5)]

우선 동쪽과 서쪽의 벽면을 조성한다. 숯가루炭末 층(두께 각각 5치)과 석회石灰·고운 모래細沙·황토黃土 등 삼물三物 층(두께 각각 4치)으로 보호벽을 만든다. 거기에 각각 방석旁石(두께 각각 2자5치)과 중격석中隔石[두 석실의 중간에 가로 막는 돌](두께 4치)을 댄다. 그러면 완성된 동실東室과 서실西室(너비 각각 5자5치)의 길이는 29자가 된다. 동·서쪽의 순수한 광의 길이는 25자5치가 된다.

다음은 남·북쪽의 작업이 이루어진다. 규격이나 방식은 동·서쪽과 같다.

역시 숯가루 층과 삼물 층으로 보호 방벽을 친다. 그리고 북우석北隅石[현궁玄宮의 북쪽에 내면에 대는 돌. 두께 2자5치], 문비석門扉石[문짝이 되는 돌. 두께 2자], 문의석門倚石[문비석을 의지하는 돌. 두께 2자]을 댄다. 그러면 남·북쪽 석실 안의 길이는 10자로 전체가 25자5치가 된다.

그리고 남면을 터서 연도羨道[무덤 입구에서 광중壙中에 이르는 길]을 만든다.

이상이 광중 전체의 구도이다.

그 세부적인 석실石室 제도는 다음과 같다.

한 능陵안에 두 실室을 만드는데 서쪽이 상실上室[왕이 묻힐 방]이다. 격석隔石·방석旁石·우석隅石 밑에 지석支石[괴는 돌]과 박석博石[크고 넓은 돌]을 깐다. 그 깊이는 지석 1자 박석 1자5치로 전체가 2자5치이다. 특별히 남면의 박석을 '문지방돌門閾石'이라고 한다.

그 밑바닥은 흙을 그대로 다져 둔다. 먼저 지석(높이 1자, 너비 1자5치, 길이 임의 적용)을 두 줄로 세로 벌여 놓는데 광 바닥과 높이가 같다. '지

---

5) 이 내용은 ≪국조오례의≫ 흉례 치장 부분을 그대로 옮겨 놓은 것이다.

석支石'이란 박석의 양 쪽 끄트머리를 받치기 때문에 붙은 이름이다.

지석 사이는 삼물로 쌓아 채운다. 즉 석회가 5분지 3이고 황토와 고운 모래가 각각 5분지 1의 비율인데 느릅나무 껍데기楡皮 삶은 물을 섞어서 쓴다. 재궁梓宮을 올려놓을 석체石砌가 놓일 곳은 길이 7촌을 더 판다. 굵은 모래와 본래 그 곳에서 나온 흙으로 도로 채우되 다지지 않고 협석挾石이 놓일 곳만 굳게 다진다.

석실 안에 동망銅網(두 방의 양쪽에 망을 하나씩 쓰는데 길이는 각각 10자2치고 너비는 각각 5자7치다)을 깐다. 동망은 실내의 길이·너비보다 조금 크다. 그 망의 네 변이 네 면의 굄돌 위로 각각 1치씩 올라가게 만든다.

지석 위에는 유회油灰(기름·재·솜을 섞어 만든 것인데 틈을 메우는 데에 사용)를 편 다음 박석(높이 1자5치, 길이 3자9치, 격석 밑의 박석은 길이 4자4치, 너비 적당히)과 문지방돌[두 방에 각각 하나 사용, 너비는 각각 3자, 두께는 각각 2자, 길이는 각각 7자5치]을 쓴다. 양쪽 끝을 깎아서 곁돌旁石 밑과 건넌 돌隔石 밑의 박석보다 각각 5치씩 들어서 만든다. 문짝이 되는 돌[두 방에 각각 하나씩 사용 너비 각각 3자, 두께 각각 2자, 길이 7자5치, 양쪽 끝을 깎아서 곁돌 밑과 건넌돌 밑의 박석보다 각각 5치씩 들어가게 만든다. 문지방돌이 들어갈 곳은 깊이 4치, 길이 6자5치, 너비 2자5치를 깎아내고 안 변은 높이 4치 너비 5치를 남겨 두어 문지방을 만드는데 그 높이는 돌방 안의 땅 바닥과 가지런하게 한다. 양쪽 돌이 맞닿는 모든 곳에는 유회를 말라서 없앤다]을 올려 놓는다.

그런 뒤에 양실 사이에 격석[높이는 5자5치고 두께는 4자이고 길이는 14자이다. 북쪽 끝으로 1자를 양쪽 모角에서 안으로 비스듬히 따 내는데 양쪽 모 사이는 여전히 4자가 되고 그 양쪽 끝을 각각 5치씩 비스듬히 따내어 뾰족하게 한 곳의 너비만 3자가 되게 만들어서 각각 5치씩 뾰족하게 넣어서 양쪽 우석이 서로 닿은 곳의 내변이 오목하게 된 사이에 닿게 한다. 남쪽 끝 3자를 동변 서변애서 각각 깊이 5치씩 따 내어 2자은 문비석이 들어갈 자리로 하고 나머지 1자은 문비 밖으로 나가게 한다.

가운데에는 창구멍窓穴을 두는데 격석의 양면에서 각각 사방 1자6치 깊이 각각 1자를 뚫어서 만든다. 사방 1자의 작은 구멍을 거듭 만드는데 구멍이 북쪽으로 우석까지 3자7치가 떨어지고 구멍에서 남쪽으로 문짝까지 4자7치가 떨어지게 한다.]을 설치한다.

그 다음에 북 우석[양실에 각각 하나씩 쓰는데 높이는 5자5치고 두께는 2자5치며 길이는 10자이다. 서실의 북우석 서쪽끝 내변의 방석의 볼록한 데에 닿은 곳을 파서 오목하게 만드는데 오목한 깊이는 5치 너비는 1자으로 하여 오른쪽 방석의 북쪽 끝 볼록한 곳이 들어갈 자리로 하고 오목한 곳의 서쪽 1자5치는 깎지 않고 방석의 북쪽 끝 서변 깎은 곳에 댄다. 동실의 북우석 동쪽 끝의 안쪽도 이와 같이 한다. 서실 우석 동쪽 끝과 오석의 서쪽 끝이 서로 닿는 곳은 그 안쪽을 파서 합하여 오목한 모양이 되게 만들어 격석의 북쪽 끝이 들어갈 자리로 하는데 오목한 깊이는 1자으로 하고 입구는 좁고 안은 넓게 하여 입구의 너비가 3자이고 안의 너비가 4자이 되게 만든다. 입구의 양 곁부터 안의 양 곁까지는 좌우를 각각 비스듬히 깎아서 키箕와 같은 모양으로 하여 격석 북쪽 끝의 양쪽 모를 오목한 안쪽의 넓은 곳에 넣어도 앞으로 밀려가지 않게 한다.] 방석[양실에 각각 하나씩 쓰는데 높이가 5자5치고 두께가 2자5치며 길이가 12자 5치다. 남쪽 끝의 내변은 2자으로 하고 깊이 5치를 파서 위에서 밑으로 통하여 문짝돌이 들어갈 자리를 만든다. 북쪽 끝의 외변을 깎아 내서 내변이 볼록하게 5치 나오고 두께가 1자이 되게 하여 북우석의 볼록한 곳에 들어가 맞게 한다. 방석·격석이 서로 닿는 깎는 곳은 다 위에서 밑으로 통하게 하는데 격석 아래와 북우석 아래의 박석은 광 안으로 각각 2치가 들어가고 방석 아래의 박석은 광 안으로 3치가 들어가고 문지방돌은 광 안으로 5치가 들어가게 한다]을 설치한다.

우석과 방석이 서로 닿는 곳은 다 파서 대인정[대인정은 허리의 길이가 1자2치1푼이고 너비가 2치7푼이고 두께가 2치2푼이며 머리의 길이가 3치고 너비가 4치9푼이다. 중인정은 허리의 길이가 1자4푼이고 너비가 2치1푼이고 두께가 2치며 머리의 길이가 2치2푼이고 너비가 4치8푼이다. 인정을 만들 때에는 먼저 시우쇠正鐵로 '工'자 모양으로 정형을 만든 다음에 무쇠水鐵을 녹여서 붓는다.]을 넣어서 밀려나가지 않게 한다. [서실의 북우석의 서쪽 끝의 내변과 오른쪽 방석의 북쪽 끝의 외변 및 동실의 북우석의 동쪽 끝 의 내변과 왼쪽 방석의 북쪽 끝의 외변이 서로 닿는 곳에는 모두 2개를 쓰고 양쪽 북우석에는 1개를 쓰고 양쪽 덮개돌이 서로 닿는 곳에는 3개를 쓰고 밖에 벌여 놓는 정지대석이 잇닿은 곳에는 모두 12개를 쓰고 면석과 우석이 서로 닿은 곳에는 모두 24개를 쓰는데 다 대인정이다. 만석이 서로 닿는 곳과 인석 아래에는 모두 14개를 쓰는데 다 중인정이다.]

그 다음에 석체[양실에 각각 하나의 전석 즉 한덩어리로 된 돌을 쓰는데 높이는 1자8치고 길이는 8자7치며 너비는 3자9치다. 그 가운데를 관통하여 파며 나머지 사변은 두께가 6치다.]를 설치하고 그 사방 곁에 다 협석[높이는 각각 1자5치고 너비는 각각 5치며 길이는 적당히 한다. 석체에서 격석 및 북우석까지는 각각 5치 떨어지고 방석까지는 1자1치 떨어지고 문짝돌까지는 8치가 떨어지게 하여 협석을 서로 떨어진 사이에 끼는데 남쪽·북쪽에는 1개씩 동쪽·서쪽에는 2개씩을 끼되 박석·문짝돌과 가지런하게 한다. 그 석체를 관통하여 판 곳에는 고운 모래와 황토를 굳에 다져 넣되 석체와 가지런하게 한다. 협석 사이는 굵은 모래와 본래 그곳에서 나온 흙을 채우되 협석과 가지런하게 한다. 석체는 땅속으로 들어가는 것이 1자3치고 땅밖으로 나오는 것이 5치며 그 외면은 모래와 흙을 다시 팠다가 도로 펴고 굳게 다지지 말아서 수기水氣가 새어나가게 한다]을 설치한다.

그 다음에 양실 위에 덮개돌 각각 하나를 올려 놓고[덮개돌은 두께가 3자이고 너비가 10자이며 길이가 14자5치다. 문짝돌에 맞닿은 덮개돌의 남쪽 끝의 아래 변 2자을 파서 깊이 4자 너비 6자5치로 하여 문짝돌이 들어갈 자리를 만든다. 짚자리草薦에 흙과 모래자갈을 담아서 양실의 안팎을 채우고 그 위에 흙을 덮은 뒤에 개석을 끌어다가 놓는다. 그 양쪽 개석이 서로 닿은 곳에는 유회를 채운다. 건넌돌이 서로 닿는 모든 곳도 같다.] 양쪽 덮개돌 사이에 덮개돌 하나[너비 5자, 가운데의 두께 1자5치, 양쪽 두께 3치, 길이 14자5치, 가운데는 높고 양쪽 가는 비스듬하게 낮아진다.]를 덧올려 놓는다.

그 다음에 건넌 돌의 창구멍을 송황장판松黃腸板 즉 질이 좋은 소나무를 켜서 만든 널빤지로 막고 수실壽室 안의 사토와 석회재 등 깨끗한 물건을 채우고 가문비석을 가로 놓고서 막고 또 수회로 틈을 바른다. 양실의 모퉁이돌·건넌돌·문짝돌의 밖으로 각각 4자 떨어진 둘레에 널빤지를 대고 석회 고운 모래 황토의 세 가지를 섞어 다져 쌓고 또 널빤지를 올리면서 점점 쌓아 올린다. 그 세 가지를 섞어 쌓은 밖에서 광 가까지 5치 안에는 숯가루를 다져 쌓고[밖에 벌여 놓은 지대석의 아래 면이 닿은 곳까지 쌓아간다. 널빤지 안의 네 모퉁이에는 작은 널빤지를 가로 세워서 빈 곳이 있게 하여 본토本土의 둘레에 잇달아 쌓을 수 있도록 한다. 만약에 작은 널빤지를 세우지 않으면 네 모퉁이가 지대석에 붙어서 본토를 쌓을 때에 서로 맥을 잇대지 못하게 될 염려가 있기 때문이다.] 둘레를 쌓아서 올려놓은 덮개돌 위까지 이르는데 가운데는 높고 사방은 낮게 하여 물이 새어 들 염려가 없게 한다.[그 덮개돌과 덧올려 놓은 덮개돌 위에 세 가지 섞음물과 숯가루를 쌓은 것은 돌의 높낮이를 헤아리지 않고 각각 그 돌 위에 따라서 위와 같이 쌓는다.]

2) 평면적(平面的) 구성(構成)

이 광 바깥 평지 위의 동·서·북 세 면은 지대석을 벌여 놓을 곳을 헤아려서 그 밑바닥을 굳게 다진다.[그 덮개돌을 끌어들일 때에 동쪽 바닥과 서쪽 바닥을 팠던 곳은 괴돌과 흙을 채워서 다져 쌓는다.]

먼저 초지대석 24개[높이는 각각 2자이고 길이는 각각 6자1치5푼이고 너비는 각각 3자3치며 12면에 각각 2개를 쓴다. 흙을 파고서 벌여 놓는데 위 바닥과 땅바닥이 가지런하게 한다. 그 돌의 위 면의 바깥 변도 5치를 깊이도 5치를 되게 파내고 외박석의 상단이 들어갈 자리를 만든다. 우석의 경우에는 경쇠磬처럼 꺾어진 모양으로 만든다. 뒤의 것도 같다. 남면에 설치하는 돌은 현궁玄宮을닫은 뒤에 설치한다. 면석面石·우석도 같다.]를 벌여 놓고서 초지대석 위에 정지대석 12개[높이는 각각 2자1치고 너비는 각각 3자이며 길이는 각각 12자3치다.

상면의 외변 5치 폭에 복련覆蓮 즉 연꽃을 엎어놓은 모양의 무늬를 새긴다. 하면은 6치 깊이로 파내어 외박석의 상단이 들어갈 자리를 만든다. 하변의 판 6치를 제외하고 박석 위로 꼭 높이 1자5치를 낸다. 그 초지대初地臺의 상변에 판 촌과 정지대의 하변에 판 6촌을 합하여 1자1치이므로 외박석의 상단의 두께 1자1치와 서로 맞는다. 돌마다 상면의 외변을 깊이 1치5푼 너비 4치를 파내어 면석 하면의 이齒를 들이맞춘다. 지대석이 서로 닿는 곳마다 외변 가까운 곳에 각각 5푼을 파서 합쳐서 넓이 사방 1치의 구멍이 되게 만들어 그 구멍 가운데에 유회를 채우는데 그 구멍은 위에서 만들어 통하도록 가로 비스듬히 밖을 향하여 외박석의 상단이 지대석 위에 들어간 곳에 닿는다. 또 상면의 외변이 면석 우석이 서로 닿는 틈 아래에 오목한 홈을 파는데 홈의 앞뒤 지름은 4치 좌우 지름은 2치 내변의 깊이는 5푼, 외변의 깊이는 1천5푼으로 하여 밖을 향하여 기울게 하여 새는 물이 있더라도 쉽게 밖으로 흘러 나가게 한다.]를 놓는다.

그림 5-4 국조오례의 흉례 치장

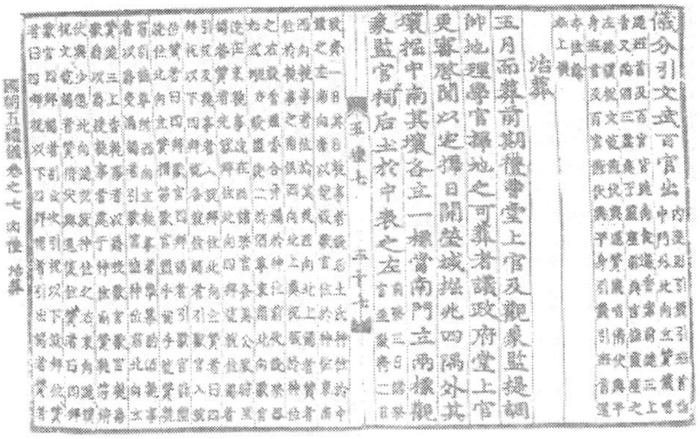

[설명] 이 그림은 ≪국조오례의≫흉례 '치장治葬' 부분이다.

그 다음에 정지대석 위에 우석 12개[운채雲彩를 새기며 높이는 각각 2자1치고 두께는 각각 3자이며 깊이는 각각 6치다. 돌마다 양쪽 끝 외면에 이를 만드는데 이는 길이가 2치고 두께가 4치며 면석의 판 곳과 서로 엇걸려 합치게 한다. 또 그 하면의 외변에 길이 1치5푼 두께 4치의 이를 만들어 지대석 상면 외변의 깎아 낸 곳과 서로 엇걸려 합하게 한다. 상면의 외변을 깊이 1치5푼 너비 4치로 깎아내어 만석滿石의 하면 외변의 이에 들어맞춘다. 면석과 우석이 서로 닿는 곳도 길이 5푼 넓이 1치를 파서 합하여 사방 1치의 구멍을 만든다. 위에서 밑으로 통하여 구멍 가운데에 유회를 채운다. 그 구멍이 대석 상면의 외변에 닿는 곳에 작은 모난 구멍을 판다.]와 면석 12개[높이는 각각 2자1치고 두께는 각각 3자이며 길이는 각각 6자4치다. 돌마다 외면 한가운데에 그 방위의 신을 새기고 사방에 운채를 새긴다. 그 양쪽 끝 각각 2치를 깊이 5치로 파내어 우석 끝의 이齒와 서로 엇걸려 합하게 한다. 하면의 외변에 이를 만드는데 이는 길이가 1치5푼이고 두께가 4치며 지대석 상면 외변의 깎아낸 곳과 서로 엇걸려 합하게 한다.]를 놓는다.

그 다음에 면석 우석 위에 만석 12개[높이는 각각 1자4치고 너비는 각각 3자3치며 길이는 각각 12자3치다. 돌마다 외면 외변의 폭 5치와 앙련 즉 연꽃을 젖혀 놓은 무양의 무늬를 새기고 또 길이 1치5푼, 두께 4치의 이를 만들어 면석 우석의 상면 외변의 깎아낸 곳과 서러 엇걸려 합하게 한다. 돌마다 끝이 서로 잇닿는 곳의 상면을 등분하여 넓이 1자5치, 길이 6자으로 깎아 파서 인석引石을 넣는다. 그 두 돌이 서로 잇닿는 끝은 조금 높고 좌우 변은 낮고 깊으며 또 내변은 조금 높고 외변은 점점 낮게하여 새는 물이 있는 경우에 스며들지 못하게 한다]를 놓고 또 만석滿石 위의 판 곳에 인석 12개[길이는 각각 6자이고 두께는 각각 1자2치다. 돌마다 외단에 모란을 새기기도 하고 해바라기꽃葵花을 새기기도 하며 서로 걸려 가며 배설排設한다. 그 꽃을 새긴 끝은 만석 밖으로 1자이 나오게 하고 하면이 만석에 닿는 곳에는 만석의 높낮이에 따라 파서 서로 엇물리게 한다]를 놓는다.

그 사면의 돌을 배설한 안의 숯가루를 채운 위에는 본래의 땅을 굳게 다져 쌓는데 만석의 상변에 5치가 못 미치는 데에서 그치고 가운데는 높고 사변을 낮게 한다. 덮개돌 내면에는 먹[유연묵油煙墨 즉 유지油脂가 불완전연소하여 생긴 그을음으로 만든 먹을 쓴다.]으로 천형天形·일월日月·성신星辰·은하銀河를 모두 전차躔次 즉 별이 운행하는 길에 따라서 그린다.[해는 주朱로 달과 성신·은하는 분粉으로 그린다.] 그 천상天象 밖과 네 방석旁石에는 모두 분으로 바탕을 칠하고서 동쪽에는 청룡을 그리고 서쪽에는 백호를 그리고[머리는 다 남쪽으로 향한다] 북쪽에는 현무를 그리고[머리는 서쪽을 향한다.] 남쪽에는 양쪽의 문짝돌이 서로 합치는 곳에 주작을 그린다[두 문짝이 합쳐서 하나의 형상이 되도록 하며 머리는 서쪽을 향한다.] 그 네 짐승의 앞머리를 건넌돌의 창 아래에서 그린다.

그 다음에 석체石砌 즉 돌섬돌에 송황장판[길이와 너비는 돌섬돌과 같고 두께는 4치인데 먹칠을 한다]를 놓고 그 위에 지의地衣와 욕석褥席

즉 요자리를 펴고 또 돌섬돌 밖의 땅 위 둘레에는 대자리와 돗자리를 깔고서 요자리 위에 재궁梓宮을 모시고[재궁을 들여 모시고 명기明器를 넣는 등의 절차는 별도 의식과 같다.] 드디어 문안에 발을 드리운다[문안의 상변 좌우에 작은 갈고리를 설치하여 발을 단다]

3) 현궁(玄宮)의 축조(築造)

산릉도감의 제조가 작공을 거느리고 현궁의 문비석門扉石을 닫는다. 문비석은 양실兩室에 각각 2개씩인데 너비는 3자2치5푼이고 높이는 6자3치며 두께는 2자이다. 그 문비는 방석旁石과 격석隔石의 파인 곳에 각각 5치씩 들어가고 개석蓋石과 문역석門閾石의 파인 곳에 각각 4치씩 들어가는데 다만 수실壽室의 문비석과 문의석門倚石은 능록陵麓의 경방庚方에 묻고 돌에 새겨 표말을 세운다.

그리고 문의석을 덧댄다. 문의석은 양실에 각각 1개씩 쓰는데, 높이는 5자이고 두께는 2자이고 너비는 6자5치다. 그 돌이 닿는 곳에 지대석을 설치하여 문역석에 적당히 잇대어 벌여 놓은 다음에 유회油灰를 가득 바르고 그 다음에 문의석을 덧대고 또 자물쇠를 설치하는 자물쇠 모양에 맞추어 파서 꼭 물려 맞게 한다.

그 의석倚石 밖에 돌로 편방便方을 만든다. 면석面石 1개의 길이는 2자2치고 높이는 1자2치고 두께는 4치다. 우석隅石이 2개인데, 길이는 각각 1자6치아고 높이는 각각 1자2치고 두께는 4치다. 문의석 밖에 면석과 우석을 설치하여 3면을 만들고 개석을 덮어서 편방을 만드는데 방 안의 길이는 2자2치고 너비는 1자2치다.

삼물三物(석회, 황토, 세사)과 숯가루를 쌓는데 3면을 쌓는 법과 같이 한다. 그 사물四物 밖에는 돌을 벌여 놓고 그 사이를 흙으로 메워 쌓은 뒤에, 석실石室 전면에 초지대석初地臺石을 벌여 놓고 그 다음에 정지대석正地臺石을 놓고 그 다음에 우석·면석을 놓고 그 다음에 만석滿石을 놓고 그 다음에 인석引石을 놓고 [돌을 벌여 놓고 흙을 쌓고 못釘을 당기는 법은 모두 3면과 같이 한다.] 그 다음에 만석 안에 삼물을 채우되 만석 상변에서 5치를 미처 쌓지 않고서 엎어놓은 가마솥의 모양처럼 둘러쌓기 시작하여 2자5치까지 쌓고[그 만석 상면의 외변 1자은 삼물을 쌓지 않았다가 본 흙을 쌓을 때에 가서 함께 쌓는다. 또 그 위에 염원剡圓까지 본 흙을 쌓고 사토莎土를 덮는데, 능의 높이가 만석으로부터 12자5치가 되게 한다.

제2절 능묘 양식(樣式)의 모색과 전개

1 주자(朱子) ≪가례家禮≫의 수용과 변용

유교가 고려 사회의 신진 사조로 자리를 잡으면서 능묘의 제도도 새로운 모색을 하게 된다. 주자의 ≪가례家禮≫는 조선의 유교 사회의 예제에서 많은 영향을 미쳤다는 것이 일반적인 통설이다. 그러나 능묘의 제도에 있어서 이러한 통설을 재고하여야 한다.

이 그림은 주자가 제시한 능묘제를 보여준다. 이 형태는 묘표 1, 봉분의 뒷면에 대칭으로 배치한 호석과 양석이 동·서 각각 2, 3단의 장대석으로 쌓은 호석, 봉분 앞에 동·서에 대칭으로 배치한 망주석과 인석人石을 각각 1쌍으로 이해할 수 있다.

그림 5-5 주자 ≪가례≫ 능묘 조영도

[설명] 이 그림은 주자 ≪가례≫의 능묘 조영도이다. 그러나 이런 석물 배치는 그야말로 그림이었지 실제로 지켜지지는 못했다.

이 주자의 능묘제의 제시는 상석·망주석·혼유석 따위가 없다. 이것은 중국 사대부의 능묘제도와 관련이 있다고 할 것이다. 민간인 묘에 있어서 상석은 제상이다. 그러므로 왕릉에서 정자각에서 제의를 지낼 때 상석은 필요가 없게 된다. 이런 설명이 옳다면 제각祭閣의 문화와 관련이 있는 셈이다.

그런데 고려 후기 능묘제에서 위의 석물을 적용한 민간인 묘를 아직까지 알지 못한다. 주자의 이러한 능묘제의 적용은 오히려 왕릉의 그것과 가깝다. 곡장과 혼유석[석상]만 배치한다면 바로 왕릉이 되기 때문이다. 능묘제의 연구는 곧 왕릉의 연구라고 주장하고 싶다. 그러므로 서울을 중심으로 멀어질수록 그 내용이 점점 간소화되고 소략해지는 것을 확인할 수 있다는 것이다.

≪가례≫의 영향권이라고 할 수 있는 것으로 묘표墓表가 있다. 원수형圓首形 묘표가 그것이다. 표제로 '모관모공지묘某官某公之墓'라 쓰고 묘

주인의 세계世系, 관직, 생몰연대 따위를 적는 것은 그대로 적용되었다.

그러나 원수형 묘표는 곧 규수형圭首形, 하엽형荷葉形, 方首形[운문형雲紋形, 일월형日月形…], 이수형螭首形 묘표라는 다양한 형태를 생산해내고 있었던 것이다.

고려시대는 이미 불교의 탑비 형식으로 방수형의 혜소국사비(1060), 규수형의 현오국사비(1127~1178 명종 15), 이수형의 회암사 선각왕사비(1377) 축적하고 있었다. 특히 회암사의 선각왕사비는 관형冠形의 도상에서 용이 여의주를 어우르고 전액篆額의 자리를 마련하여 후대 신도비와 같은 형식을 갖추고 있다는 데서 주목된다. 신도비는 전서체의 전액과 해서체의 제액과 음기라는 요소를 갖추어야 한다. 말하자면 신도비를 세우려면, 전액을 쓴 사람과 해서체로 음기를 쓴 사람과 지은 찬자가 각기 달라야만 가능한 일이다.

그림 5-6 묘비상단부의 변천

a방수형 혜소국사비 [11세기]

b 규수형 현오국사비 [12세기]

c 이수형 회암사 선각왕사비 [14세기]

d 왕족의 신도비 [15세기]

[설명] 이 그림은 비의 형태에 있어서 방수형이 11세기, 규수형이 12세기, 이수형이 14세기, 가첨형이 15세기에 채택되고 있음을 보여 준다. 上좌우 a 방수형 혜소국사비(1060) b 규수형 현오국사비(1127~1178 명종 15) 下 좌우 c 이수형 회암사 선각왕사비(1377) d 가첨형 성녕대군**誠寧大君** 묘의 신도비(1418)

이러한 안목에서 ≪가례≫의 원수형의 능묘비를 수용하기에는 미흡한 점이 많았던 것이다. 아주 장식이 없는 원수형의 능묘비는 부족을 느꼈을 것이다. 이미 지적한 것처럼 불교의 탑비 형식은 이수형의 정교한 예술적 경지를 지니고 있었으므로 더욱 그러했을 것이다.

한편으로는 불교를 억제하고 유교를 일으키려는 국가가 이를 직접적으로 수용하기에는 어려운 면도 있었을 것이다. 이러한 점에서 조선 왕릉의 경우 가첨식 형식을 신도비로 채택한 것이라 하나의 대안이 될 것이란 생각이 든다. 그러나 민간인 묘에서는 특히 고려 왕조의 지역에서는 이래저래 다양한 실험이 진행되었다.

기본적으로 원수형이면서도 보다 예술적으로 조형미를 갖춘 연꽃잎형荷葉形, 구름무늬형雲紋形, 국화무늬菊花紋形, 일월무늬형日月紋形

따위가 모색되고 있었다.

변안열邊安烈의 묘(경기도 남양주시 진건면 용정리 산 197)의 묘표 원수형 도상은 흥미롭다.[6]

그림 5-7 상단부 도상

a 토끼 b 해

[설명] 이 묘비 상단부의 도상은 조선 전반기에 많은 시도가 진행된다는 것을 증명해 주고 있다.

a 앞면으로 달의 토끼

b 뒷면으로 해의 새

이외에도 한사계 묘표의 원수형 도상은 구름 속에 해와 [조각]달이 떠 있는 모습을 나타내기도 했다.[7]

이러한 도상들은 당시의 사회에서 지니고 있던 우리 선조들의 종교적 믿음에 바탕을 둔 것이라 할 수 있다. 능묘문화에 있어서 하늘에 대한 믿음은 고구려 벽화부터 지속되던 우리 민족의 문화현상이었다.

한편으로 이수형 능묘비도 지속되면서 결국 신도비의 전형적인 도상

6) 남양주시문화원(1998) ≪남양주금석문대관 Ⅰ≫ 373~376쪽

7) 성남문화원(2003) ≪성남금석문대관≫ 119쪽

을 만들어 내기도 했다.

그림 5-8 이수형 신도비

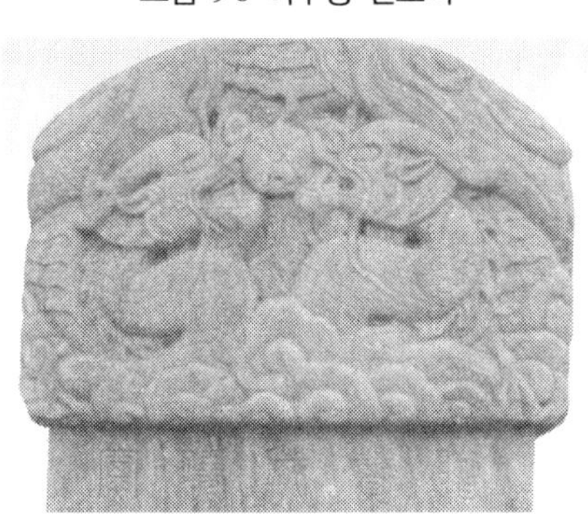

[설명] 이 그림은 심봉원沈逢源(1497~1574)의 신도비이다. 이 이수의 도상도 많은 시험 도안의 하나일 뿐이다. 중국에서 말하는 이수와는 차이가 있음을 알 수 있다.

이 도상은 이수螭首 두 마리가 여의주를 서로 물려고 다투고 있는 모습이다. 이수螭首는 뿔이 없는 용이다.

옛날 이기彝器, 비액碑額, 석주石柱, 석계石階, 인장印章, 종정鐘鼎 따위에 뿔 없는 용을 새겨 장식한 것[8]

인용문에 보면, '비액'이라고 한 데서 '이수'라는 것을 알 수 있다. 그런데 심봉원 신도비의 '용'은 큼직한 뿔이 나 있다. 뿔이 없어야 이룡이 되는 것인데[9], 뿔이 있으니 이수라고 할 수 없다. 교리蛟螭 즉 '1) 이무기. 뿔이 없는 용. 2) 수신水神 또는 용의 암컷. 용의 새끼라고도 함.'[10]이라는 해석도 역시 비슷하다.

8) 장삼식(1991) ≪한한대사전漢韓大辭典≫ 1365쪽

9) 無角曰螭龍

10) 장삼식 위의 책 1356쪽

이것은 우리나라 문화로의 적응이라고 본다. 새로운 형태의 도상을 창조해낸 것이다.

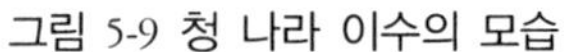
그림 5-9 청 나라 이수의 모습

[설명] 이 그림은 중국의 청 나라 건륭제의 능인 유릉裕陵[1752 완성]의 것이다. 이수가 뿔이 없다는 것을 알 수 있다.

이것이 중국 능묘의 이수이다. 뿔이 없는 용이다. 우리나라 신도비의 용과는 비교가 된다.

우리나라는 ≪삼국유사≫에 나오는 독룡毒龍으로 나중에 교화를 받아 가람신이 된 용과 같은 존재라고 해야 할 것이다. 이러한 변용이 문화의 토착화 과정이고 민족의 주체성과도 관련이 있는 부분이 될 것이다.

그림 5-10 성분도와 비석

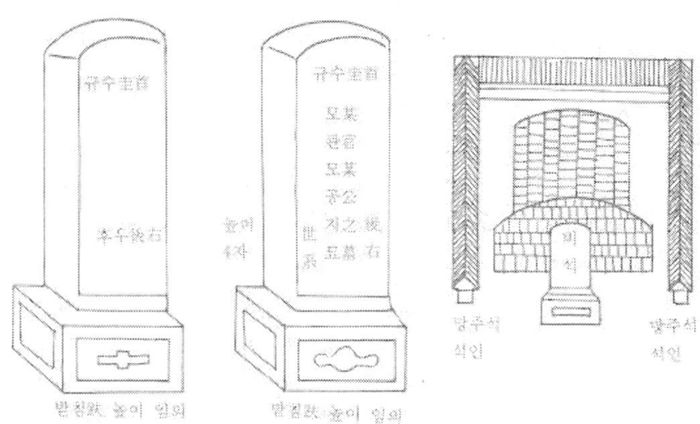

[설명] 이 그림은 ≪상례비요≫의 성분도와 묘비도이다. 조선 전기까지 민간인 능묘 제도가 보편화되지 못했다는 것을 보여준다.

2 조선(朝鮮) 능묘(陵墓) 양식(樣式)의 형성

15세기 후반부의 조선시기의 묘제는 모색 단계라고 여겨진다.

혼유석의 자리 선정이 그 하나이다. 주자의 ≪가례≫에서 보이지 않는 것중의 하나가 혼유석이다. 이미 왕릉의 상석은 혼유석의 기능을 하고 있다는 것은 설명대로이다. 다만 민간인 묘에 있어서 어떻게 혼유석이 놓일 것인가 하는 점이다.

그 좋은 사례의 15세기 후반의 권총權聰(1413~1480)의 묘이다. 혼유석이 부부의 상석 사이에 위치한 것이다.

그림 5-11 혼유석 초기 모습

[설명] 이 그림은 15세기 민간인 묘에서 혼유석이 좌우 상석에 놓여 있다. 이런 과정을 거쳐서 서울 가까운 경기도와 강원도를 중심으로 혼유석은 상석과 봉분 사이에 자리를 잡게 되었다. 충청 이남에는 아직까지도 혼유석 개념이 없는 경우가 대부분이다. 원래 혼유석은 왕릉에서 비롯된 것이다.

봉분과 상석 사이에 놓이지 않고 상석과 상석 사이에 놓인 것이다. 이것은 혼유석이 처음 자리를 잡을 때의 모습으로 여겨진다.

모색의 과정을 보여주는 사례가 묘표에도 나타난다. 역시 권총 묘의 묘표는 그 위치가 특이하다. 상석의 앞에 자리하고 있기 때문이다. 역시 묘제에 대한 모색의 과정으로 생각된다.

그림 5-12 상석 앞의 묘비

[설명] 이 그림도 혼유석과 같은 권총(1413~1480) 묘에서 묘표이다. 상석 앞에 설치되어 있어서 조선 건국 초창기 묘비 문화의 형성 과정을 보여주는 좋은 보기이다.

석물의 배치에도 역시 많은 모색 과정이 나타나고 있다. 특히 종친들의 능묘에 그런 시도가 있는 것은 그들이 왕릉을 바탕에 깔고 있기 때문이다. 심정적으로는 왕릉과 같은 수준으로 조영하고 싶겠지만, 의례에 따라야 하기 때문에 제약이 있을 수밖에 없었던 것이다. 그러나 이런 제약은 다분히 임의적이고 주관적인 단계였다. 아직 제도나 관례가 완비된 상태가 아니기 때문이었다.

그림 5-13 신수 모양의 호석虎石

a

b

[설명] 이 그림은 호석虎石의 도상이 아직 마련되지 않았다는 것을 보여준다. 이 도상

은 공양왕 호석과 왕릉 호석의 중간 형태로 보면 좋을 듯하다.

좌우 a 성녕대군**誠寧大君** 묘의 호석(1418) b 공양왕 능묘의 호석

이런 민간인 능묘문화의 석물의 배치와 형식에 있어서 형성 과정을 거쳤던 것이다. 이미 신라시대부터 왕릉의 능묘의 제도가 어느 정도 정립된 것에 비교하면 민간인 능묘제도가 아직 확립되지 못했기 때문이었다.

그 중에서 석인石人의 형식도 이와 같은 과도기적 모습을 보여주는 사례가 있다.

그림 5-14 석인의 모습

a b

[설명] 이 그림은 석인의 형성기의 과정을 보여준다.

이상의 그림에서 보듯이 왕족과 고려 사대부의 능묘제도가 조선 시대의 왕릉의 영향을 받으면서 변화하면서 형성되고 전개되면서 오늘 날의 형식을 만들었다고 할 수 있다.

신도비와 묘표를 같이 세우는 것도 우리의 능묘제의 특이한 점이다. 그리고 신도비의 형식이 앞면에는 전자篆字로, 음기陰記 즉 옆면과 뒷면에는 해자楷字로 썼던 것도 처음부터 확립된 것은 아니었다. 그 비문

을 쓰는 양식도 마찬가지였다. 현재 비문은 합장인 경우 맨 아래 부분에 '부좌祔左'라 하여 묘비의 우백호쪽에 여자 즉 배우자를 쓴다. 이러한 비문의 형식은 실제 능묘의 배치와는 반대가 된다. 남편의 체백이 우백호를 차지하고 있기 때문이다. 그런데 15세기 민간인 능묘에서는 실제 능묘와 같은 배치의 비문도 나타나고 있었던 것이다.

그림 5-15 장렴의 묘갈 비문 형식

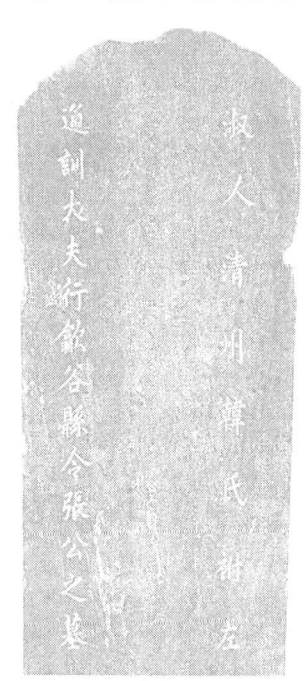

[설명] 이 그림은 철원지역의 장렴張廉(?~1458)의 묘갈이다. 이 비문 형식은 일반적인 형식과 반대로 되어 있다.

3 능묘 봉분의 전후와 좌우 문제

소위 '왕우비좌王右妃左'나 '남좌여우男左女右'라고 하는 것은 혼란스런 용어이다. 왕우비좌는 능묘를 기준으로 하여 보는 방향이고 남좌여우는 사람를 중심으로 보는 방향이기 때문이다. 그런데 남좌여우의 기준을 능묘에 둔다면 사정을 반대가 되기 때문이다.

그러나 조선 왕릉의 제도가 세종에 의하여 완비되면서 왕우비좌는 하나의 전범이 된다. 그렇지만 민간인 묘에서는 이런 규범이 형성되지 않았다.

김겸광金謙光(1419~1490) 자는 위경撝卿, 시호는 공안恭安이다. 김철산金鐵山의 아들이고, 김국광金國光의 동생이다. 1453년[단종 1] 식년문과에 급제하여 관가에 들어섰고 1471년[성종]에는 좌리공신佐理功臣 3등이 되어 광성군光城君으로 봉해졌다. 1475년 공조판서로 정조사正朝使가 되어 명을 다녀왔다. 귀국 후 우참찬右參贊·좌참찬을 역임하고 다시 광성군으로 봉해졌다.[11)]

김겸광은 세종 기해[1419] 9월에 출생하여 경술[1490 성종 21] 추7월 경오에 72세로 죽었다. 그의 묘는 논산시 연산면 우두리 충청남도 기념물 제47호인 김장생 묘일원의 건너에 위치해 있다. 쌍릉인데, 우백호에 위치한 묘가 부인의 것이고 좌청룡이 김겸광과 다른 부인과 합장되어 있다.

> [서쪽] 가첨형 [진씨] 신 묘비, 부인묘의 봉분 [전면 상석], 하엽형 묘표[두 봉분의 중앙], 김겸광[전면 상석]과 제2 부인 [전면 상석]의 합장묘 봉분과 그 앞의 하엽형 [유씨] 구 묘비, 가첨형 [유씨] 신 묘비[동쪽]

위와 같이 배열되어 있다. 묘의 방위는 동서로 되어 있다.[12)]

---

11) 한국인명대사전편찬회(1989 초판 7판) ≪한국인명대사전≫ 73쪽

12) 신도비는 묘에서 7·80m에 떨어져 있고 그 정면이 남쪽을 향하고 있다.

그림 5-16 좌우[김겸광의 부부]

[설명] 이 그림은 김겸광의 묘 일원이다. 오늘 날의 입장에서 볼 때 남편과 아내의 좌우 위치가 바뀌었다. 이는 15세기에 아직 민간인 능묘 제도가 정비되지 않았음을 보여주는 사례이다.

김겸광의 본 부인은 삼척부의 진陳씨로 남편의 직급에 따라 '정부인貞夫人'이다. 비문은 '貞夫人三陟府 陳氏之墓 附右'라고 하여 우편임을 표기해두고 있다. 전체 비문의 상단 좌우에도 '左'와 '右'라는 글자를 새겨 놓았다.이와 같이 특별하게 '좌'와 '우'를 비석에 판시해 놓은 것은 일반적이지 않다는 것을 의미한다. 이미 남자가 우백호 방위에 여자가 좌청룡이라는 통념이 형성되었음을 의미한다. 그러나 그 반대도 가능한 묘제였음을 보여주는 것이 김겸광 묘제에서 본다.

봉분의 앞(아래)과 뒤(위)의 서차도 고려해야 할 과제이다.

김국광의 봉분과 부인 장수황씨의 봉분이 그 좋은 사례이다. 장수황씨의 봉분이 김국광의 봉분보다 위 즉 뒤에 있기 때문이다. 예학파의 거두이기도 한 김장생의 봉분도 할머니 양천허씨의 봉분 위에 자리하고 있다. 이러한 봉분의 상하 즉 위아래의 순차는 집안마다 차이가 있을 수 있겠으나 거의 임진왜란 이전에는 거의 지켜지지 않았다.

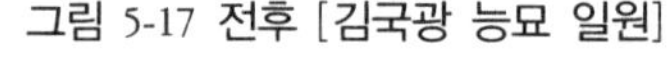
그림 5-17 전후 [김국광 능묘 일원]

[설명] 이 그림은 김국광 묘 일원이다. 위 아래나 좌우 개념이 혼재되어 있음을 알 수 있다. 조선 건국 초창기부터 형성된 능묘의 배치는 대부분 이런 배치로 되어 있다.

이상은 김국광 묘 일원의 봉분 그림이다. 남편[김국광]의 봉분이 아내[장수황씨]의 봉분 앞에 있다. 동원이강同原異岡의 형식을 빌려온 것이지만, 선대[김진일]의 봉분이 아래에 후대의 봉분[김입휘, 김국광 부부]이 배치되어 있다.

[중심축선]
① 22세 김국광 배 장수황씨의 봉분
② 22세 김국광의 봉분
③ 26세 김입휘의 봉분
④ 27세 김길생의 봉분
[오른쪽의 축선]
⑤ 21세 김진일의 봉분
⑥ 32세 김광택의 봉분

김국광 묘역의 봉분이 이렇게 위아래와 좌우의 순차가 세대의 그것과 일정하지 않다는 것이다.

남자가 우백호쪽에 여자가 좌청룡쪽 즉 흉례에서 백호쪽을 높이려는 믿음은 ≪국조오례의≫와 같은 사전祀典에 의거한다고 할 것이다.

이러한 방위의 '순차順次'는 풍수문화에 의하여 차차 흔들린다. 그러한 단초의 제공처가 명릉明陵 즉 숙종과 왕비의 능인 삼연릉三連陵이다. 숙종의 봉분과 제1계비인 인현왕후의 봉분가 쌍릉이고 제2계비인 인원왕후의 봉분은 단릉 형식으로 세 능이다. 그런데 인원왕후의 능이 우백호쪽에 자리를 잡게 되어 이는 고종 27년 5월 1일에 다시 거론되고 있다. 그러나 경릉景陵 즉 헌종과 왕비의 삼연릉에 오면, [우백호]왕-원비-계비[좌청룡]의 방향으로 다시 회복된다.

능묘의 전후와 좌우가 순차가 지니는 의미는 나라의 사전에 의하여 통념화되지만 풍수문화로 인하여 결국 그 질서가 깨지면서 다양한 묘제를 만들어낸 것이라 정리할 수 있다.

이러한 역사적 사례가 고종 때의 논의가 있다.

고종실록 27년 5월1일조에 의하면, 고종은 능묘의 전후좌우에 의거한 순자가 의론된 기록이 나온다.

고종은 현임과 전임 대신 및 총호사, 산릉 도감, 당상관을 여막[廬次]에 불러 좌우 문제를 묻고 있다.

합장을 왼쪽에 하는 것이 좋겠는지 오른쪽에 하는 것이 좋은지를 결정하도록 지시했던 것이다. 영의정 심순택沈舜澤이

> 일전에 대략 보고한 바 있지만 지형地形과 무덤자리가 고르고 방정하여 지사들이 다 아주 낫다고 말하나, 합장을 하는데 왼쪽이 좋은가 오른쪽이 좋은가 하는 것은 단지 주산主山이 마주 하는 중간이 되는가에

달렸습니다. 그러나 신은 본래 풍수보는 법을 모르기 때문에 억측으로 대답할 수 없습니다. 지사를 불러 다시 물어보고 전하의 생각으로 판단하는 것이 좋겠습니다.

라고 하였다. 판부사判府事 김홍집金弘集도

지금 받은 지시에서 정성과 예절을 다하여 일을 반드시 훌륭하게 끝내려는 전하의 생각을 알았습니다. 산릉의 혈을 잡는 것은 사당 안에서 신위神位의 순서를 정하는 것과는 좀 다른 것만큼 합장을 왼쪽에 하는가 오른쪽에 하는가 하는데 대해서는 예법을 잘 아는 사람들의 설도 한결같지 않습니다. 그리고 나라의 예법이 매우 중요하므로 감히 대답할 수 없으니 널리 물어보고 헤아려서 결정하기 바랍니다.

라고 하였다. 총호사 김병시金炳始도 합장하는 절차는 왼쪽에도 하고 오른쪽에도 하여 일정한 의논이 없고 단지 형국이 융합되고 단정한 데 따라서 자리를 잡는 것이라고 거들었다. 이에 대하여 고종이 지시를 내렸다.

이 문제는 중요한 만큼 감히 갑자기 의논할 수 없다. 그런데 옛날에 우리 인원 왕후仁元王后를 명릉明陵 오른쪽 언덕에 장사지냈기 때문에 명릉 정자각의 신위를 모신 상의 도식圖式을 가져다보니, 대왕의 신위는 복판에 있고 인현 왕후仁顯王后의 신위는 대왕 신위의 왼쪽에 있었으며, 인원 왕후의 신위는 대왕 신위의 오른쪽에 있었다. 우리 영조英祖의 효성으로 선대 임금의 능에 대한 예를 반드시 정성을 다하여 했을 것인데 신위의 손차位次를 이렇게 정했으니 어찌 오늘 본받아야 할 일이 아니겠는가?.

김홍집金弘集이

명릉明陵의 신위를 모신 상은 아마도 다 능의 본 위치에 따라 놓은 것 같습니다. 설사 선비나 서민들의 집으로 말하더라도 전처와 후처를 같이 합장하게 되면 언제나 하나는 오른쪽에, 하나는 왼쪽에 묻는 경우가 많습니다. 대개 신령은 오른쪽을 높이지만 옛 사람들은 또한 남자를 왼쪽에, 여자를 오른쪽에 묻는 제도를 쓰기도 했습니다.

라고 하였다. 고종이 지시하기를,

우리 나라의 능은 대왕大王의 능과 같은 언덕인데 왕후의 능이 윗쪽에 위치한 것이 있다. 북도北道의 선조의 능은 또한 대왕의 능과 같은 언덕인데 왕후의 능이 아래쪽에 위치하고 있으니, 산의 위치는 위아래와 왼쪽, 오른쪽에 구애되지 않는다는 것을 역시 미루어 알 수 있는 것이다.

라고 하였다. 이어 지사地師들[지관地官인 김희규金熙奎, 주운환朱雲煥, 조득원趙得元, 김중빈金重彬]에게 '능의 구덩이 자리가 왼쪽, 오른쪽 중에서 어느 쪽이 나은지 각각 소견을 말하라.'라고 지시했다.

김희규: 오른쪽은 바로 산줄기와 혈에 기운이 모였고 왼쪽은 바로 흙을 메운 곳이므로 오른쪽이 왼쪽보다 훨씬 낫다..

주운환·조득원·김중빈: 지형地形이 왼쪽으로부터 돌아서 오른쪽으로 돌았기 때문에 왼쪽에는 흙을 많이 메웠으나 오른쪽은 생흙이고 두터우니 오른쪽이 과연 왼쪽보다 훨씬 낫다.

다시 고종이 '왼쪽에는 과연 흙을 많이 메웠다. 만일 왼쪽에 합장하려고 하면 흙을 메운 가운데 들어가지 않을 수 있겠는가?'고 물었다. 이에 대하여 김희규는 '왼쪽에 합장하면 3분의 1은 아마도 혈 밖으로 나올 것 같다.'고 대답했다. 이어서 김홍집이 옛 사람이 이르기를, 장사지내는 사람은 생기를 탄다고 했고, 이전 선비들 사이에도 반드시 흙이 두텁고 물이 깊은 데를 택한다는 의논이 있었습니다. 신령이 오른쪽을 높인다는 것은 대개 원칙을 말한 것이고, 지금 이렇게 지사地師들이 말하는 것은 산릉의 산줄기와 혈의 형편을 말한 것이니, 오직 전하의 처결에 달렸습니다.

라고 하였다. 결국 고종은 오른쪽에 합장하기로 결정했다.

봉분의 좌우 문제가 순차가 아니라 길흉으로 변모된 것을 알 수 있다. 일제 강점기의 임금이 국가를 사랑하고자 하는 마음인지도 모른다.

4 장명등(長明燈)의 양식적 변용

≪가례≫의 묘제와 다른 가닥이 장명등의 존재이다.

장명등의 사전적 의미는 능묘 정면의 복판에 불을 켤 수 있도록 세운 등이다. 그런데 장명등은 아무나 세울 수 있는 의물은 아니다. 국장國葬이나 예장禮葬인 경우에만 세울 수 있기 때문이다. 국장은 왕·왕비·왕세자의 홍거薨去를 뜻한다. 이와 비교하여 예장이란 왕비의 부모, 빈·귀인, 왕자·부인, 공주·옹주 및 의빈儀賓, 종친의 2품 이상, 문무관의 종1품 이상 및 공신 따위의 상장례를 말한다.[13] 여기서 예장이란 임금의 명의로 장사에 부조가 제공되기 때문에 큰 영광이었다.

장명등은 석등의 일종이다. 석등의 기원은 한 나라의 묘제로 석비와 함께 세워졌다는 설과 불교의 죽은 자를 위하여 등불을 밝히면 33천에 다시 태어난다는 불설시등공덕경佛說施燈功德經에 의거한다는 설이 있다. 그럼에도 불구하고 장명등의 기원이 불교의 영향이라는 것은 능묘의 것보다 불교가 앞서기 때문이다. 구체적으로 말한다면, 석등은 삼국시대부터 사용되었다고 생각되나 장명등은 고려시기부터 나타나기

13) ≪교주 대전회통≫ 부록 대전회통해제(60쪽)

시작하여 조선 왕릉에서 완성된 형태라고 생각된다.

석등은 사찰의 중심부에 대웅전이나 탑파와 같은 중요한 건축물 앞에 위치한다. 석등은 달리 광명등光明燈이라고도 부른다. 부처님의 지혜와 광명을 상징하며 불을 밝히기 때문이다. 불교사전적 의미로 등燈은 Dipa 즉 니파儞播라 음역한다. 불전에 켜는 등불, 부처님의 지혜를 밝은 것이라 표시한다.[14]

주지하다시피 불교의 조형물의 도상icon은 경전에 의한다. 석등의 도상은 불설시등공덕경佛說施燈功德經에 의거한다고 할 수 있다.

불교에서는 부모의 은혜에 대하여 고마움을 전하는 두 종류의 경이 있다. 부모은중경父母恩重經이 그 하나고 우란분경盂蘭盆經이 또 하나이다.

아이를 낳을 때 서 말 여덟 되의 피를 흘리고 기를 때는 여덟 섬 네 말의 혈유血乳를 먹이는 어머니, 그런 부모님의 은혜를 생각하면 왼편 어깨에 아버지를 업고 오른편 어깨에 어머니를 업고, 살갗이 닳아서 뼈게 이르고 뼈가 닳아서 골수에 이르도록 드높은 수미산을 수천 번을 돌더라도 그 은혜를 갚을 수 없다는 내용의 말씀이다.[15]

우란분경은 목련존자가 죽은 어머니의 고통을 구했넌 사실을 설한 경전이다. 이 경은 불제자가 효를 닦으려면 현생부모와 7대 조상부모를 위하여 음력 7월 15일에 공양할 것을 권하고 있다.

> 어머니의 죄는 너무도 무거워 네 혼자 힘으로는 어쩔 도리가 없다. 다만 시방에 깨어 있는 대덕 스님들의 법력을 빌면, 가능한데 이들이 9순旬 안거를 끝내고 참회의식을 가지는 자자일自恣日 즉 7월15일에 좋은

14) 운허용하(2006, 6쇄) ≪불교사전≫ 189쪽

15) 진현종(2001 중판 2쇄) ≪한권으로 읽은 팔만대장경≫, 191쪽

> 음식과 온갖 과일을 공양하면 이 스님들의 힘으로 살아 있는 부모는 물론 7대 조상부모들과 6종 친척들이 모두 고통길에서 벗어나 해탈하고 천상에서 쾌락을 누릴 것이다.[16]

이 인용문에서 주목해야 할 점이 돌아가신 부모가 산 사람들에 의하여 '해탈'하고 천상에서 쾌락을 누릴 수 있다는 생각이다. 고려는 불교 국가였다. 위와 같은 부모에 대한 은혜와 내세적인 해탈은 고려 사람들의 믿음으로 자리를 잡고 있었다고 보아야 한다.

조선 왕실에서 이를 모를 리 없다. 이것이 장명등을 세운 이유이다. 그러나 조선은 유교 국가이다. 불교라면 석등을 세우면 그만이다. 그러나 석등을 세우면 불교문화에 포함되어 버린다. 그래서 장명등은 새로운 도상이 필요했다.

장명등이 조선 왕조 기록에 맨 먼저 등장한 기록은 세종 2년[1420.1.3]의 '순효대왕[2대 정종定宗을 말한다]의 석실·능지·지대·돌층계·담 따위의 규모를 제정하면서이다.

> 장명등은 정자석頂子石(머리는 둥글고 운채雲彩를 새겼다.)이 1개인데, 높이가 1자5치이며 원의 지름이 1자1치이다. 그 덮개돌蓋石(8면에 운각雲角을 새겼다.)이 1개인데, 높이가 2자5치이며 위의 지름이 1자1치이고 아래의 지름이 3자9치이다. 그 격석隔石(8면으로 그 가운데는 비어 있고 4면에는 구름雲이 있다.)이 1개인데 높이가 1자7치이며 가로가 2자3치이다. 그 받침돌臺石(발足에는 위아래를 조각하는데 모두 8면이다. 그 상단부는 1자3치로 앙련仰蓮을 새기고, 1자7치로 허리를 만든다. 8면은 모두를 모퉁이에 연주蓮珠를 새긴다. 다음 1자5치로 위에는 복련覆蓮을 새기고 아래로는 운족雲足을 새긴다.)이 1개인데 높이가 4자이며 가로가 3자2치이다.

16) 위의 책 192쪽

이 기록은 후릉의 장명등 부분을 알기 쉽게 풀어서 번역한 글이다.

장명등의 높이는 정자석 1자5치, 덮개돌 2자5치, 격석 1자7치, 대석 4자로 총 9자7치가 되는 셈이다. 이상이 영조척의 단위라면, 29.73m(9.7자X30.65cm)가 된다. 정자석은 높이가 원의 지름보다 큰 모양이다. 이런 모양과는 달리 덮개돌은 높이보다 너비가 훨씬 크다. 이런 너비의 비율은 후대로 가면서 변화를 일으키는 작용을 한다. 받침돌의 앙련-연주-복련 따위의 종교적인 요소와 미학적 구성은 장명등의 성격을 제시하는 듯하다. 각 부분에 새겨진 무늬로 볼 때, 장명등은 구름 속에 싸여 있고, 위로 활짝 편 연꽃과 아래로 내린 연꽃이 그 한가운데에 연밥 즉 연의 열매를 품고 있는 형상이다. 이런 의미에서 장명등은 불교적인 색채가 농후하다고 할 수 있다.

이와 같은 후릉의 장명등이 만들어진 뒤 8개월이 지나면 약간의 수정이 보태진다. 세종 2년[1420] 9월16일 산릉제도를 보완하면서의 일이다. 격석 부분에서 높이가 6치가 줄어든 1자1치였다. 왜 작게 만들게 되었는지는 알 수 없다. 그러다가 2년 뒤에 다시 원래대로 환원되었다. (≪세종실록≫4년 9월6일조).

그런데 ≪세종실록오례의≫에 오면서 대폭적인 변화가 생긴다.

> 중간中階의 한복판 북쪽 가까이에 장명등(정자석의 높이는 2자5치이다. 위의 부분은 1자5치로 둥근 머리圓首를 2층으로 만들며 층마다 아래에는 연이은 구슬連珠를 새긴다. 아래 부분은 1자 가량 빙 둘러 깎아서 덮개돌蓋石 꼭대기를 판 구멍 속에 넣는다. 그 둥근 머리의 깎은 곳에는 네 면을 오목하게 파 밑바닥에서부터 제2층의 연이은 구슬 사이에 이르게 한다. 네 면의 옆을 통해 연기煙氣가 흩어지지 않게 한다. 덮개돌은 8면이 운각雲角이다. 위의 부분은 앙련엽仰蓮葉을 새기는데, 높이가 2자5치이고 위의 지름은 1자1치, 아래 지름은 4자5치이다. 한 복판에 구멍을 파서 정자頂子의 아래 부분이 들어가도록 마련한다. 격석隔石·대석臺石·지대석地臺石을 합쳐서 높이가 6자9치인데, 그 위의 1자8치로 격

석을 만들어 8면이 된다. 그 속을 파서 네 면이 창窓이 있는데, 지름이 2자5치이다. 다음에 4자1촌으로 대석을 만들어 그 위에 1자2치의 앙련엽을 새기고 다음에 1자1치로 허리를 만들어 모퉁이마다 연이은 구슬을 새긴다. 다음에 1자8치로 복련覆蓮을 그 아래로 구름다리雲足을 새긴다. 상층·하층과 허리가 8면이고 위 아래의 지름이 각각 3자3치이다. 다음에 아래 부분의 1자으로 지대地臺를 만들어 땅속으로 들어가게 한다.

정자석頂子石는 높이는 2자5치이다. 상단의 1자5치로 원수圓首 2층을 만들어 층마다 아래에 연주連珠를 새기며 하단의 1자쯤은 둘레를 둥글게 깎아서 개석 꼭대기의 파인 구멍 가운데에 넣고 그 깎은 곳의 4면을 오목하게 파고 밑에서 제2층의 연주에 이르는 사이의 네 곁을 통해 파서 연기가 흩어지게 한다.

개석은 8면이며, 운각雲角의 상단에 앙련엽仰蓮葉을 새기며, 높이는 2자5치이고 윗지름은 1자1치이고 아랫 지름은 4자5치이다. 한 가운데에 구멍을 통해 파서 정자頂子의 하단이 들어갈 수 있게 한다.

격석隔石·대석臺石은 아울러 높이가 6자9치이다. 그 윗부분 1자8치으로 격석을 만드는데, 8면으로 하고 그 가운데를 통해 4면에 지름 2자5치의 창을 낸다. 그 다음의 4자1치로 대석을 만든다. 그 윗부분 1자2치는 새겨서 앙련엽을 만들고 그 다음 1자1치는 허리를 만들어 모퉁이마다 연주를 새기고 그 다음 1자8치는 위에 복련覆蓮을 새기고 그 아래에 운족雲足을 새기며 상하와 허리는 다 8면이고 상하의 지름은 각각 3자3치이며 그 다음의 하단 1자로 지대地臺를 만들어 땅속에 넣는다.[17]

이러한 설명은 ≪국조속오례의≫(1744)에도 수정이나 보충이 없이 그대로이다. ≪현륭원원소도감 의궤≫(1789) <도설>에 설명은 다음과 같다.

등개석燈盖石의 높이가 3자5치이니 상단上端 8치로 아직 피지 않은 연꽃을 만들고, 그 다음 1자로 이미 핀 연꽃을 만들었다. 그 다음 1자2치

17) ≪국조오례의(3)≫77~78쪽

로 2층 연꽃잎을 만들고, 이어 5치로 집모양(8면面마다 2자로 하고 개석蓋石에 대석臺石까지 모두 8면을 만들었다.)을 만들었다. 그 밑을 파서 체석體石을 받아 들어가 하니 체석의 길이는 6자6치이며 상촌을 개석蓋石의 파인 가운데에 넣었다.

그 아래 1척4치(면마다 1자5푼이다)의 네 면에 통착通鑿(사방四方을 5치로 하였다.)을 하여 각각 작은 창문을 설치하고 네 면에 '수복壽福'이라는 글자를 전서로 새겼다. 그 다음에 1자6치로 격석隔石(면마다 1자2치5푼으로 하였다.)을 만들고, 윗부분에 꽃무늬를 새기되 각각 두 면으로 나누어 연꽃·국화·모란·불로초를 새겼다. 이어서 5치로 허리(면마다 1자로 하였다.)를 만들고 연환連環[고리를 잇대어 꿴 쇠사슬]을 새겼다.

다음에 1자5치로 대석臺石(면마다 너비를 격석과 같이 하였다)을 만들고 여덟 모퉁이에 연주주連珠柱[구슬을 꿴 것처럼 들어서 기둥]를 새겼으며 면마다 운각雲角을 새기고 아래에는 운족雲足을 새겼다. 하단의 1자5치에 지대地臺를 만들어 땅속에 들어가게 하였다.

≪홍릉석의중수도감의궤≫ <석의도설>에 대한 설명은 다음과 같다.

개석 길이는 3자6치, 몸체 4면은 3자3치3푼이다. 상단上端 1자에 연봉蓮峰을 만들고, 다음 8치를 연蓮잎을 다음 1자8치를 십자각十字閣 형태를 만든다. 그 밑의 1치을 뚫어 체석體石을 받는다. 체석은 길이가 5자8치, 몸체 4 면面이 1자9치, 상단上端 1치가 개석蓋石에 연결한다. 그 밑 1자4치에 둥근 구멍[원경圓徑은 6치]으로 뚫는데 4면面을 모두 그렇게 하고, 각기 작은 창窓을 낸다. 다음 1자7치를 격석隔石[매면每面 1자9치]으로 하고 전후前後에 모란牧丹, 좌우에 연꽃을 새긴다. 다음 6치에 초룡草龍을 새겨 허리를 삼고, 다음 5치를 우판隅板이 상합相合하는 모양으로 만든다. 다음 3치에 초룡을 새겨 허리를 삼고, 다음 1자2치에 말발굽을 새긴다. 중간은 뚫리지 않으며, 4면에 영지초靈芝草를 새긴다. 그 밑 1자2치를 대석臺石으로 한다.

장명등의 하단부는 석등의 화창 부분을 수용하면서 석조부도의 상·중·하대석의 조형을 확대한 느낌을 준다.

5-18 장명등의 구조와 명칭

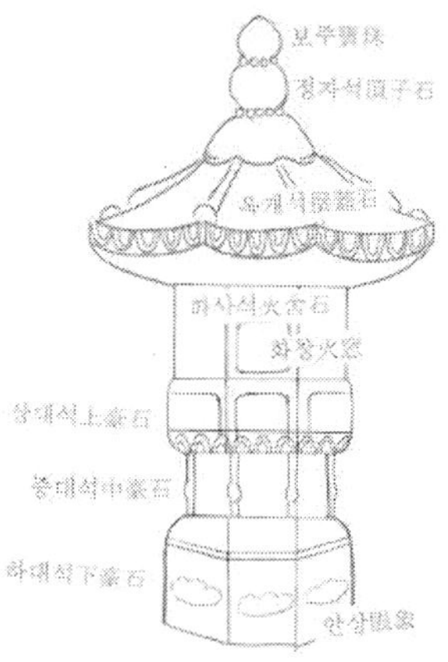

[설명] 이 그림은 장명등의 구성과 명칭을 적은 것이다. 이 장명등은 불교에서 영향을 받은 일종의 석등이다.

장명등의 구성은 보주·정자석·옥개석·화사석과 화창·상대석·중대석·하대석·안상 따위로 되어 있다. 고복형 석등과 팔각원당형 보림사 석등을 들면, 상륜부로 보주, 보개, 보륜가, 옥개석으로 옥개석과 귀꽃이, 화사석으로 화창, 화사석, 그 괴임 따위가 장명등에는 그대로 적용된다. 다만 장명등은 보주, 정자석, 옥개석, 화사석과 화창 따위가 소략한 편이다.

그런데 장명등은 보림사 석등의 하반부와 비교할 때 비중을 많이 두는 느낌을 준다. 보림사 석등의 하반부가 앙련의 상대석, 팔각형의 간주석, 복련, 귀꽃, 안상 따위가 상대석·중대석·하대석에 조형된다. 그러나 장명등의 하반부는 아름다운 선의 묵중한 사각형의 조형성에 비중을 둔다.

그림 5-19 장명등과 망주석의 상·중·하대석

a 장명등

b 망주석

[설명] 이 그림은 장명등과 망주석의 상·중.하대석이 동일한 도상이라는 것을 확인할 수 있다.

a 장명등의 상·중·하대석 b 망주석의 상·중·하대석

이러한 장명등의 하반부 형식은 망주석에도 그대로 적용된다. 일종의 조선시기의 조형 미술의 형식으로 보아도 좋을 것이다.

이러한 상·중·하대석의 볼륨 있는 구성은 왕릉 상설의 특징이 되었다고 할 수 있다

참고로 왕릉별 장명등의 종류를 보이면 다음과 같다.

4각 장명등은 정릉貞陵(조선 태조의 계후인 신덕고황후神德高皇后), 장릉莊陵(단종대왕), 사릉思陵(단종대왕 비 정순왕후定順王后), 회릉懷陵(성종대왕의 계비 폐비윤씨廢妃尹氏), 연산군묘와 그의 '부인夫人 거창신씨居昌愼氏'의 쌍분(상석과 장명등따위가 각각 갖추어져 있다.), 정릉靖陵(중종대왕), 온릉溫陵(중종대왕의 원비 단경왕후端敬王后), 광해군묘와 그의 '문성군부인文城君夫人 유씨柳氏'의 쌍분(연산군과 경우가 같다.), 명릉明陵(숙종대왕과 계비 인현왕후仁顯王后), 같은 능역에 쌍분 형태인 숙종대왕의 계비 인원왕후仁元王后)의 봉분, 의릉懿陵의 경종대왕과 그의 계비 선의왕후宣懿王后 상하분에 각각 하나씩, 혜릉惠陵(경

종대왕의 원비 단의왕후端懿王后), 원릉元陵(영조대왕과 계비 정순왕후貞純王后), 영릉永陵(추존된 진종소황제眞宗昭皇帝와 비 효순소왕후孝順昭王后), 경릉景陵(헌종성황제憲宗成皇帝와 계비 효정성황후孝定成皇后, 원비 효현성황후孝顯成皇后), 홍릉洪陵(고종태황제高宗太皇帝와 비 명성태황후明成太皇后), 유릉裕陵(순종효황제純宗孝皇帝와 비 순명효황후純明孝皇后) 따위가 있다.

8각 장명등은 건원릉乾元陵(조선 태조), 헌릉獻陵(태종대왕과 비 원경왕후元敬王后), 영릉英陵(세종대왕과 비 소헌왕후昭憲王后), 현릉顯陵(문종대왕과 비 현덕왕후顯德王后), 광릉光陵(세조대왕과 비 정희왕후貞熹王后), 경릉敬陵(추존 덕종대왕과 비 소혜왕후昭惠王后), 창릉昌陵(예종대왕과 계비 안순왕후安順王后) 각 1쌍, 공릉恭陵(예종대왕의 원비 장순왕후章順王后), 선릉宣陵(성종대왕과 계비 정현왕후貞顯王后), 순릉順陵(성종대왕의 원비), 효릉孝陵 穆陵(인종대왕의 비 인성왕후仁聖王后), 목릉穆陵(선조대왕과 원비 의인왕후懿仁王后 계비 인목왕후仁穆王后 三連陵) 각 1개씩, 장릉章陵(추존 元宗大王 즉 인조의 아버지와 비 인헌왕후仁獻王后), 장릉長陵(인조대왕과 비 인렬왕후仁烈王后), 휘릉徽陵(인도대왕의 비 계비 장렬왕후莊烈王后), 영릉寧陵(효종대왕과 비 인선왕후仁宣王后), 숭릉崇陵(현종대왕과 비 명성왕후明聖王后), 익릉翼陵(숙종대왕의 비 인경왕후仁敬王后, 융릉隆陵(추존 장조의황제莊祖懿皇帝와 비 헌경의황후獻敬懿皇后), 건릉健陵(정조선황제正祖宣皇帝와 비 효의선황후孝懿宣皇后), 수릉綏陵(추존 문조익황제文祖翼皇帝 즉 헌종의 아버지와 비 신정익황후神貞翼皇后), 예릉睿陵(철종장황제哲宗章皇帝와 비 철인장황후哲仁章皇后) 따위가 있다.

이러한 과정을 거쳐서 현재와 같은 능묘의 구성과 배치가 이루어진 것이다.

5 능묘 양식과 우주론적(宇宙論的) 사고(思考)

1899년 2월에 김홍남은 KOREA ART IN THE EITEENTH CENTURY라는 국제학회에서 조선조의 우주론적 사고에 대하여 한 논문을 발표한 일이 있다. 논문 이름은 'An Iconological Study of the Sun-and-Moon Landscape Screens Yi Palace Halls: Monarchy and the Confucian Principle of Government'(미간)이다.[18] 이는 조선 왕조의 일월오악도日月五嶽圖의 도상에 관련된 것이었다.

> 남북 축南北軸 선상에 설계된 경복궁의 전체적인 구조 안에서의 근정전勤政殿, 그 안의 오봉병五峯屛[일월오악도], 그리고 그 앞에 앉는 왕은 우주의 주축을 이루게 된다.[19]

김홍남은 일월오악도와 조선 국왕의 관계를 중국과는 별개로 우리나라 문화의 산물로 보았다. 우리나라 고유의 하늘 신앙, 조상 숭배, 오악(금강산, 백두산, 묘향산, 지리산, 삼각산) 숭배 따위의 도상이라는 것이다. 이는 정도전鄭道傳(1337~1398)이 유교를 건국이념으로 삼아 절대 왕권을 유교문화의 틀에서 자리매김하려는 기획의 설정이라는 것이다.

이런데 이성미李成美는 '어진과 오봉산풍'[≪조선왕조 어진관계 도감의궤≫Ⅶ 부분]에서 김홍남의 설이 설득력을 얻기 위해서는 '일월오악도가 경복궁 건립부터 시작되었다는 문헌적 근거와 유물의 뒷받침이 있어야 한다.'는 것이다. 그런데 16세기 중엽의 행사를 묘사한 ≪명묘조 서총대 시예도明廟朝瑞葱臺試藝圖≫에는 어좌 뒤에 일월오악도가 없었으나 19세기 이 그림을 모사한 것으로 보이는 ≪공헌대왕 친임 서총대 시예도恭憲大王親臨瑞葱臺試藝圖≫에는 일월오악도가 보인다는 것이다. 말하자면 일월오악도는 16세기 이후 19세기 이전에 형성되었다는 의미이다.[20]

---

18) 이성미·유송옥·강신항(1997)≪조선왕조 어진관계 도감의궤≫ 주) 149[97쪽]

19) 위의 책, 107쪽

그림 5-20 '고종 어진'과 일월오악도

[설명] 이 그림은 원광대학교 박물관 소장 '고종어진'[1901]이다. 이 자료는≪조선시대

20) 위의 책, 108쪽

어진관계 도감의궤 연구≫에서 가져온 것이다.

김홍남과 이성미의 두 사람의 논리를 합치면, '남북 축 선상에 조선국왕이 우주의 주축을 이루는데 이는 16~19세기 사이에 형성된 것이다.'로 정리가 가능해진다.

그러나 이런 남북 축 선상에 조선 국왕만이 놓였던 것은 아니다.

사찰의 가람배치에도 남북 축 선상으로 우주의 중심축으로 보려는 것이 있었다. 이는 연구가 필요하리라 생각되나 여기서는 논제와 다르므로 간단하게 송광사의 가람배치로 그치고자 한다. 말하자면 남북축을 우주의 중심 선상에 두려는 사고는 제의문화의 핵심적인 요체이며 인도나 중국을 비롯한 동양문화의 보편적인 소산이라는 것이다.

채색필사본(1886)인 ≪순천송광사지도順天松廣寺地圖≫(106.1Ｘ78.0㎝)의 절 배치도를 보면, 주산→설법전說法殿→대웅전→천왕문→조계관曹溪關 따위가 남북 축과 일직선상에 놓여 있다.[21]

21) 가람배치는 시대별로 차이를 보이면서 발전하였다. 일반적으로 고대에는 탑과 금당 따위의 중요한 건물들이 평지에 정형화되어 배치되다가 신라 말기 선종이 유행하면서 산지의 입지조건에 따라 가람배치가 변화한다. 이후 고려와 조선시대를 거치면서 민간신앙을 흡수하고 새로운 불교 사상들이 유입되면서 다양한 건물들이 새롭게 추가된다, 사찰의 대표적인 구성요소는 문루, 종각, 법당, 회랑, 탑 석등 따위로 다양한 건축물이 있다. 오늘 날 사찰의 가람배치는 조선후기에 성립된 것으로 추정하고 있다. 주요 건축물들은 사찰에 들어가는 진입공간부터 순차적으로 정형화되어 배치된다. 대체적으로 일주문-천왕문-금강문-불이문 따위가 배치되고, 사찰의 중심이라 할 수 있는 중요 공간에는 사찰의 신앙성격에 따라 석탑 석등 따위를 중심으로 불상을 봉안한 대웅전·비로전·관음전·명부전 따위와 같은 금당들이 배치되고, 부속 공간들에는 조사당을 비롯하여 민간신앙을 흡수하여 불교화한 건물들인 산신각, 칠성각, 독성각 따위가 전체 사찰 공간의 위계와 성격에 따라 배치된다. 사찰의 가람배채는 건물이 입지하는 형식에 따라 크게 평지형平地形과 산지형山地形으로 구분한다. 평지형은 불교 초기의 형태로 도성과 가까운 평지에 두었으며 왕실의 원당願堂이나 국찰國刹로 많이 지어졌고 도성안에 위치하여 불교의 대중화에 크게 기여하였다. 가람배치는 중문·회랑·탑파·금당 따위가 일정한 비례를 가지고 정형적으로 배치되었다. 산지형은 불교가 정착한 후 수행을 목적으로 사찰이 산속으로 입지를 정하게 되면서 초기에는 석굴을 이용하다가 점차 산지사찰을 조영하게 되면서 일반화되었다. 특히 산지가 많은 한국은 평지 사찰보다는 산지 사찰이 많이 지어지는 데 여기에는 불교 사상의 변화, 한국 고유

능묘문화도 18세기 전반기에는 이러한 사고의 흔적이 나타난다.

영조의 생모인 숙의최씨 묘의 제청 설치와 석물 조성에 관한 기록이 그것이다. 그 문서의 원래 이름은 ≪제청 및 석물 조성시 등록祭廳及石物造成時謄錄≫(1718)이다. 이 배열도는 장서각에 소장되어 있다.

이 석물 배열도에 의하면, [조산祖山→입수入首→]서쪽酉→묘(혈)→묘표標石→혼유석→석상→향로석[→장명등(화창)→정자각→참도(신도와 어도)→안산→조산朝山] 따위의 선축을 배경으로 깔고 있다.

정조의 능인 건릉(1800년)의 ≪건릉산릉도감의궤健陵山陵都監儀軌≫에서도 그대로 시행된다. 정조의 왕릉은 유좌묘향酉坐卯向 즉 서쪽에서 자리하고 동쪽을 바라보는 방향으로 조영되어 있다. 이러한 선축은 결국 정조의 어머니와 아들의 능묘는 동일한 좌향이라는 것을 알 수 있다.

이러한 능묘 문화의 선축은 민간인 묘에서도 그대로 나타난다.

변광보邊光輔(1644~1662)의 묘[경기도 여주군 금사면 장흥리 장흥] 곡장에서 중앙의 가운데이다. [조산祖山 →입수入首 →]봉분 → 표석 → 혼유석 → 향로석 → 장명등[화창] → 정자각 → 참도 → 홍살문 → 안산 → 조산朝山 따위가 일직선상에 있다는 관념을 보이고 있다.

민족 신앙의 영향 기타 종교의 영향 풍수지리 따위의 영향을 들 수 있다. 가람배치의 변화는 불교 사상의 변화와 밀접한 관련 속에서 이루어진다. 즉 사리신앙의 중시는 가람배치에서 탑파를 중심으로 하여 탑을 가람의 중심에 배치하고 탑을 신앙의 중심으로 하였다. 불교신앙의 중심으로 전환된 것은 탑파중심의 가람배치가 금당 중심으로 이전되었음을 말해준다. 다시 말해 불교 신앙적 예배대상의 중요도에 따라 가람배치도 아울러 변화되며 건축물의 규모를 결정하는 중요한 원인으로 작용하였다.

그림 5-21 능묘의 우주론적 축선

a

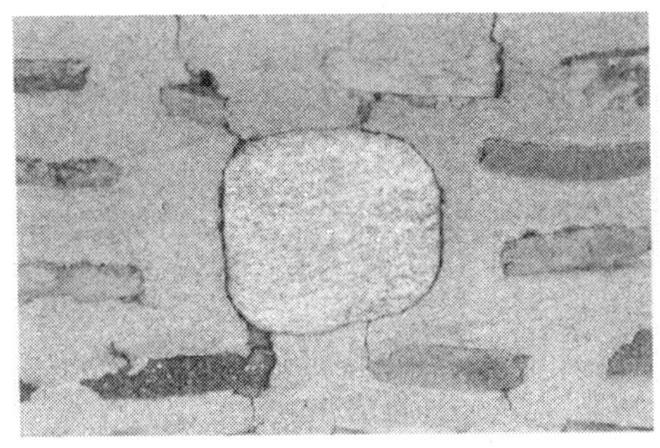

b

[설명] 이 두 그림은 능묘의 중심축선이 지나가는 '길'을 보여주는 사례이다.

a 변광보 묘 곡장의 축선 b 숭선군 묘 곡장의 축선

벽돌 가운데 사각형의 돌이 들어가 있는데 이는 입수하는 선추線軸을 보여주는 것이라 여겨진다. 이러한 사례는 18세기 묘에서도 나타나고 있다.

숭선군崇善君[?~1690]의 묘 [충남 공주시 이인면 오룡리]의 곡장 중앙이다. 충청남도 기념물 제6호이다. 이곳에 묘소가 있게 된 연유는 이괄李适의 난으로 인조의 공주 파천시 따라와서 산천 구경을 한 뒤 서울에 돌아가서도 항상 공주를 그리워하였다. 임종시 생전에 그립던 공주이니 사후에라도 가고 싶다고 유언하여 이곳에 묻혔다고 한다.

봉분은 높이 2m, 둘레 18.6m 규모로 좌·우·후의 3면을 담으로 둘리고 상석과 봉분 사이에 비석을 세웠으며, 봉분 중앙에 장명등 1기와 문무인석 2기, 망주석 2기를 시립시켜 놓았다.

봉분 주위의 하단에는 8개의 화강석 석재로 호석을 둥글게 돌렸다. 봉분 앞 비석은 수성암의 규형비로 방형의 대석을 갖추고 있다.

전면에 '왕자숭선군 증시효경공 휘소 부인 영풍신씨 부좌王子崇善君贈諡孝敬公諱消 夫人永豊申氏附左'라 하였고, 뒷면에 '숭정기원후 백이십삼년 병술팔월일립崇禎紀元後 百二十三年 丙戌八月日立[1766 영조 42]'이라 하여, 묘가 숭선군과 부인의 합장묘이라는 것을 알 수 있다.

이 묘소의 곡장의 중앙 직사각형의 돌도 이런 중심축선의 길을 보여주는 보기라 할 것이다.

제6장 능묘(陵墓)의 비(碑) 문화

능묘의 비碑 문화란 글자 그대로 능묘의 봉분 앞이나 옆 혹은 봉분 안에 돌이나 다른 물건에 글씨를 새겨서 세우거나 묻는 묘제墓制의 한 형태를 말한다. 일반적으로 묘비[명]墓碑[銘]은 무덤 앞이나 옆에 세우고 묘지[명]墓誌[銘]은 무덤 안에 묻게 된다.

능묘의 비 문화를 이해하는 데 두 가지 측면에서 혼란을 일으키기 쉽다고 생각한다.

그 처음이 용어상의 개념이 쉽게 정리되지 않는다는 점이다.

비 문화와 관련된 용어는 그 숫자가 결코 적다고만 할 수 없다. 비碑, 비석碑石, 묘비墓碑, 비문碑文, 묘갈墓碣, 묘지墓誌, 묘표墓表, 신도비神道碑 따위가 그것이다. 여기에 '명銘'이 붙은 비명碑銘, 묘비명墓碑銘, 묘갈명墓碣銘, 묘지명墓誌銘, 신도비명神道碑銘 따위가 있고. 또 다시 '병서幷序'가 붙은 묘지명 병서墓碑銘幷序, 묘갈명 병서墓碣銘幷序, 신도비명 병서神道碑銘幷序 따위가 있기 때문이다.

일반적으로 이들 용어는 각각의 변별력이 있다고 생각할 수 있다. 단순하게 정리한다면 '변별력이 없다'이다. 이들 용어는 지은이 즉 찬자撰者에 따라 왕조 혹은 시대에 따라서 사용한 내용물이므로 그 적층성積層性을 감안해야 한다는 의미이다.

그림 6-1 비석도 도설

[설명] 홍릉洪陵의 비석도[표석도] 도설

다음에 오는 혼란은 '네모난 형태가 비碑, 원형이 갈碣'이라는 해석[1)]때문이다. 이런 해석은 ≪후한서後漢書≫ 주注에서[2)] 비롯된 것이다. 그러나 이러한 형태에 관한 생각은 극단적으로 말하자면 시대를 거치면서 전연 다른 반대의 양상이 빚어질 정도였다. 구별 자체가 의미가 없게 되었던 것이다.

이들 두 혼란은 '실제 존재하지 않는 비 문화'로 역사적 사실을 현실

1) 석비는 네모난 형태의 입석은 비碑, 원형은 갈碣이라 부르며 총칭해서 비갈碑碣이라고 한다.

2) ≪후한서≫은 120권으로 위진남북조시대 송宋의 범엽范曄(398~446)이 찬한 것으로 광무제 원년[25년]부터 헌제 유협이 망한 220년까지 196년간을 기술했다.

로 수용하는 데 오는 것이었다. 사례를 들면, 신도비·묘갈·묘표 따위는 문체상의 차이일 뿐 형태상의 문제가 되지 않았다. 이것이 우리나라 역사에 나타난 비 문화의 실체이다.

이러한 과정을 살피려는 것이 본 장의 과제이다.

제1절 역대(歷代)의 비(碑)

1 고려(高麗) 시대

- 이규보의 ≪동국이상국집≫을 중심으로

≪동국이상국집東國李相國集≫은 이규보李奎報(1168~1241)의 시문집인데 53권13책(전집 41권 후집12권)으로 구성되어 있다. 전집 41권은 아들 이함李涵의 요청으로 이규보가 직접 편차를 정하고 '동국이상국집'이라는 이름을 붙였다. 이 문집에서 관련된 권수는 제35권 '비명碑銘 · 묘지墓誌'와 제36권이 '묘지墓誌 뇌서誄書'이다.

그 내용은 다음과 같다.

제35권 비명 묘지碑銘墓誌

고 화장사 주지 왕사 정인대선사 추봉 정각국사 비명 봉선술故華藏寺主持王師定印大禪師追封靜覺國師碑銘奉宣述

조계산 제2세 고 단속사 주지 수선사주 증시 진각국사 비명병서 봉선술曹溪山第二世故斷俗寺主持修禪社主贈諡眞覺國師碑銘幷序奉宣述[3)]

등사랑 검교상서 호부시랑 행상서도 관원외랑사 자금어대 윤공 묘지명登仕郎檢校尙書戶部侍郎行尙書都官員外郎賜紫金魚袋尹公墓誌銘

3) 비석을 새길 때 비면이 좁기 때문에 산삭하기를 청하였고, 여기에는 예전 것대로 하였기에 두 분이 같지 않다.

금자광록대부 참지정사 상장군 김공부인 인씨 묘지명金紫光祿大夫參知政事上將軍金公夫人印氏墓誌銘

금자광록대부 참지정사 판예부사 정공 묘지명金紫光祿大夫參知政事判禮部事鄭公墓誌銘

금자광록대부 수사공 상서좌복야 태자빈객 전공 묘지명金紫光祿大夫守司空尙書左僕射太子賓客田公墓誌銘

상자 법원 광명殤子法源壙銘

제36권

경산부부사 예부원외랑 백공 묘지명京山府副使禮部員外郞白公墓誌銘

은청광록대부 상서좌복야 치사 유공 묘지명銀靑光祿大夫尙書左僕射致仕庾公墓誌銘

벽상삼한대광 금자광록대부 수태보문하시랑 동중서문하평장사 수문전대학사 판이부사 금공 묘지명壁上三韓大匡金紫光祿大夫守太保門下侍郞同中書門下平章事修文殿大學士判吏部事琴公墓誌銘

2권에 2편의 비명류碑銘類와 7편의 묘지명墓誌銘 그리고 1편의 광명壙銘 따위가 실린 것이다.

정각국사靜覺國師(1145~1229)와 진각국사眞覺國師(1178~1234)의 '비명碑銘'과 '비명병서碑銘幷序'는 모두 '고故'와 '봉선술奉宣述', 그리고 '추봉追封 혹은 증시贈謚'라는 말이 들어 있다.

'고故'의 사전적 의미는 '이미 죽은'이다. 죽은 뒤 얼마 되지 않았다는 뜻이다.

'봉선술'은 글자 그대로 '왕명을 받들어 기술한다'는 의미이다. '봉선술'이라고 명시한 것은 '상식적인 일이 아니다'라는 의미이다. 상식적인 일이라면, 구태어 이런 용어가 필요하지 않았을 것이다. 또 한편으로는 개인의 의사가 아닌 '직접 왕명'에 의거한 과시誇示일 수도 있다. 왕명이 아니라 일반 부서에서의 일일지도 모르기 때문이다.

‘추봉과 증시’는 죽은 후 ‘추가로 봉했다’와 ‘추증하여 시호를 내렸다’는 의미가 된다. ‘증시’는 고려 인종 4년 즉 1126년 김진金縝(?~1126)에게 ‘열직烈直’이 우리나라 최초로 알져지고 있다. 이자겸李資謙(?~1126)의 난으로 동지추밀원사同知樞密院事인 김진이 스스로 불타 죽으니, 왕이 그 절의를 가상히 여겨 특히 시호를 내렸던 것이다. 이때부터 계속하여 증시의 제도가 행해졌는데, 이것이 어느 정도 제도화되었는지는 분명하지 않다. 조선 시대의 ≪경국대전≫에 의하면, 종친 및 문관·무관으로 실직實職을 역임한 정2품관 이상에게 내렸다. 다만 자신이 공신인 경우는 관직이 낮더라도 역시 시호를 내렸다. 그 절차는 봉상시奉常寺의 정正 이하의 관원이 서로 의논하여 시호를 결정하여 시호를 받을 사람의 생전 행적과 함께 이조吏曹에 보고하도록 되어 있었다. 그후 종2품, 정3품으로 기준이 완화되었다. 그 결정은 홍문관에서는 동벽東壁 즉 응교應教 이하의 관원 3명이 모여서 시호의 삼망三望을 의논하고 동벽 1명이 또 봉상시 정 이하 관원들과 상의하여 결정하도록 고쳐지기도 했다.

국사國師는 덕행이 높은 중에게 주던 칭호이다. 고려 시기의 광종光宗이 재위 19년인 968년 혜거惠居(?~974)에게 국사 칭호를 내린 것이 그 시초이다[4]. 왕사王師가 국왕의 스승이므로 국사는 국가의 사표師表로 왕사보다 한 단계 높은 승직僧職이었다.

정각국사(1145~1229)는 속명이 전지겸田志謙이고 자는 양지讓之였다. 시조는 영광군靈光郡의 태조공신太祖功臣인 운기雲騎장군인 전종회田宗會이다. 어머니의 꿈에 중이 집에 와서 기숙하였는데 실제로 임신이 되었다고 한다. 11살에 선사 사충嗣忠에게 머리를 깎고 중이 되어 그 다음 해 금산사金山寺의 계단戒壇에서 구족계具足戒를 받았다. 광종 원년에 선승禪僧의 과거에 합격하였다. 원래 이름이 학돈學敦이었는데, 도봉산 산신이 꿈에 나타나 ‘지겸’으로 이름을 쓰라고 했다고 한다. 1169

4) 혜거는 속명이 박지회朴智回로 태조의 부름을 여러 차례 받았으나 나가지 않다가 947년(정종 2)에 왕사가 되고, 968년(광종 19)에 국사가 되었다.

년(대정大定 기유)에 등고사登高寺, 1193년(명창明昌 4)에 삼중대사三重大師, 1196년에 선사禪師, 1204년(태화泰和 4)에 대선사大禪師로 승진하였다.[5] 1213년(숭경崇慶 2)에 강왕康王이 즉위하면서 최충헌崔忠獻(1149~1219)이 왕명으로 상장군 노원숭盧元崇 등 2명을 보제사普濟寺로 보내어 왕사로 모셨다. 1217년(정우貞祐 5)에 왕사를 퇴임하고 화장사에[6] 머물렀다.

1229년 6월 15일 병이 나서 7월 8일에 입적했다. 임금이 부고를 듣고 매우 슬퍼하여 측근의 신하인 장작소감將作少監 조광취趙光就와 일관日官 등에게 명하여 상사喪事를 감호監護하게 하였다. 절의 서쪽 언덕에서 화장하고, 유골을 등선산登禪山의 기슭에 장사지냈다. 나라에서는 제서制書를 내려 정각국사靜覺國師라고 시호를 추증하였다. 향년 85세이며 중으로의 생활이 75년이었다.

여기서 짚어야 할 일은 최충헌이 자신의 아들을 국사에게 보내어 머리를 깎아 불도에 들어가게 하였다는 사실이다. 그러므로 자연스럽게 그밖의 사대부들 또한 국사의 문인이 될 수밖에 없었다는 사실이다. 이렇게 제자들의 성대함은 근고에 없는 일이라고 했다.

비석을 세우게 된 것도 이러한 일과 결코 무관하지 않으리라 여겨진다. 문인이 대선사 곽운郭雲 등이 임금에게 아뢰었다.

> '국사가 돌아가신 지 오래되었으나 아직 비석을 세우지 못하였습니다. 이것을 신 등은 깊이 한스럽게 여기고 있습니다. 글 잘하는 사람에게 청하여 돌에 새겨서 그 전傳함을 영구하게 하소서'

---

5) 승직의 법계는 고려 광종 때 일반 과거 제도와 함께 승과僧科가 생기면서 마련되었다. 승과에 합격하면, 맨 처음 선·교禪·敎의 구별이 없이 '대선大選'이라는 초급 법계를 받았다. 여기서부터 차례로 대덕大德, 대사大師, 중대사重大師, 삼중대사三重大師까지 오르게 된다. 이 이상은 선·교에 따라 달랐다. 즉 선종 계통은 선사禪師, 대선사大禪師로, 교종 계통은 수좌首座, 승통僧統의 칭호를 얻게 된다.

6) 비명의 '화장사華藏寺'가 본문에는 '화華'가 '화花'로 되어 있다.

임금이 비문을 짓게 하고 이어 액額을 내려 아무개의 비라고 하였다. 신[이규보]이 감히 사절하지 못하여 두 번 절하고 명銘을 지었다.

여기서 고려 시대의 비 문화를 대략 엿볼 수 있다. 비는 개인이 마음대로 세우는 것이 아니라 국가의 허가 사항이다. 고승이 죽으면 시호를 국가에 신청하여 '제서'를 받고, 그 일로 인하여 비를 세우는데 임금이 '액'을 내린다는 사실이다. 적어도 정각국사의 경우 '시호'와 '제액題額'을 나라에서 받고 있다. 따라서 이규보가 '봉선술'이라는 용어를 사용한 것은 이런 연유라고 생각된다.

'비명병서碑銘幷序'에 대하여 살펴 보기로 한다.

'고 화장사 주지 왕사 정인대선사 추봉 정각국사 비명故華藏寺主持王師定印大禪師追封靜覺國師碑銘'이 '비명'인데, '조계산 제2세 고 단속사 주지 수선사주 증시 진각국사 비명병서曹溪山第二世故斷俗寺主持修禪社主贈諡眞覺國師碑銘幷序'이 '비명병서'이다.

정각국사의 '비명'의 구성은 1) '정법안장正法眼藏' 즉 사람이 본래 갖고 있는 마음의 묘덕妙德을 나타내는 진인眞人이 바로 '정각국사'. 즉 비명을 쓰게 된 동기. 2) 정각국사의 가계家系와 신비한 출생과 이름 얻기, 승려로서의 승계升階와 국사로서의 불사佛事 실천, 입적과 비 건립 즉 일대기, 3) 이규보의 명銘 따위이다. 그런데 진각국사의 '비명병서'도 이런 구성과 같다. 말하자면 '비명'과 '비명병서'의 차이가 없다. 적어도 이규보의 경우 그렇다. 보통 '병서幷序'라는 글자는 '크기가 작게' 취급한다. '아울러 서열序列'을 쓴다는 것은 조선 시대의 '비명'의 경우 가족의 계보를 말하게 된다. 그런데 이런 의미가 아직 이규보의 비명에는 보이지 않는다.

하여튼 이규보의 경우, 비명은 죽은 후에 '시호'가 내려지고 그 결과와 함께 임금의 '액'을 받고, 왕이 임명하는 사람이 '명'을 짓는 과정을 밟아 진행된다는 사실을 확인할 수 있다. 다분히 국가적이고 불교적인 성격과 특징을 띠고 있다고 할 것이다.

이와 비교하여 '묘지墓誌'는 다른 모습이다. 숫자로도 비명이 2편임에 대하여 묘지는 9편이나 된다. 이규보의 '개인차'라고도 할 수도 있으나, 묘지의 성격과 특징상 당연한 일로 여겨진다.

이러한 성격과 특징을 드러내는 것이 유일한 '광명壙銘'으로 기록된 '상자 법원 광명殤子法源壙銘'이다. 이 '광명'은 다음과 같다.

> 어린 중沙彌 법원은 내 아들인데, 내 성을 버리고 부처釋氏를 따른 자이다. 나이 11세에 선사 규공規公을 따라, 머리 깎고 고깔 쓴 중이 되었다. 스승 섬기기를 매우 삼가고 천성에 깨우치고 깨달아서, 모든 시키는 일을 문득 그의 생각대로 하여 일일이 지시頤指가 필요 없으니, 스승이 제일 사랑하였다. 절에서 갑자기 병이 나서 산에 묻으니, 아 어찌도 이렇게 숙홀倏忽할 것인가. 경진金龍년 11월黃鍾에 머리 깎고 중이 되었다가 임오水馬년 2월夾鐘에 저 세상으로 돌아가니, 중이 된 지 무릇 16개월이었다. 내가 드디어 명문銘詞를 지어 석자 나무 널에 새겨서 무덤 속에 넣으니, 슬픈 마음을 적은 것 뿐이다. 그 시체나 명문은 빨리 썩어 없어지는 것만 같지 못하니, 어찌 반드시 돌에 새겨, 오래도록 전하게 할 것인가. 명문에 이르기를,
>
> 중의 그 옷은 하루가 많은데
> 하물며 두 겨울하고, 또 한 해 여름인 것이
> 네가 죽은 것이, 오히려 옳은 일이다.
> 하였다.[7)]

이규보의 문집에서 '묘지'로 분류된 '상자법원광명'과 '비명'은 그 구성면이나 성격상·특징상 분명한 차이를 보인다는 것을 알 수 있다.

보다 '묘지[명]'의 내용을 밝히기 위하여 '등사랑 검교상서 호부시랑 행상서도 관원외랑사 자금어대 윤공 묘지명登仕郞檢校尙書戶部侍郞行

---

7) 국역 동문선 IX[제122권 묘지墓誌] 289쪽

尙書都官員外郞賜紫金魚袋尹公墓誌銘'을 보기로 들어 보기로 한다.

여기서 윤공尹公은 묘지[명]에 나타난 것처럼 '휘가 승혜承解요, 자가 자장子長인데, 수주수안현樹州守安縣 사람이다.' 인명사전에 의하면, 다음과 같다.

> 윤승해尹承解 [고려] 무신. 자는 자장子長, 본관은 수안守安, 삼한공신三韓功臣 봉逢의 후손. 검교호부상서檢校戶部尙書 유裕의 아들. 18세 때 사마시司馬試에 합격, 음보蔭補로 지수주사판관知水州事判官이 되고 현덕궁 녹사玄德宮錄事를 거쳐 좌우위 녹사 참군사左右衛錄事參軍事에 이어 진도현령珍島縣令이 되었으며 신호위 녹사 참군사神虎衛錄事參軍事를 지냈다. 1293년(충렬왕 19) 신호위 별장神虎衛別將 이어 합문지후閤門祗候 · 감찰어사監察御使를 거쳐 서북도 분대西北道分臺 · 상식 봉어尙食奉御 · 상서도관 원외랑尙書都官員外郞 등을 역임했다.
> [문헌] 동국이상국집東國李相國集, 조선금석총람朝鮮金石總覽[8]

이상과 같이 윤승해는 고려의 무신 집안의 관리이다. 18세에 사마시에 합격하였으나, 과거에 두 번 응시하였으나 '예조禮曹[춘관春官]에서 뽑아 주지를 않았다'. '사마시'란 일명 생진과生進科로 진사와 생원을 뽑는 소과小科를 말한다. 초시와 복시의 두 단계가 있었다. 여기에서 뽑히면, 성균관에 입학할 수 있고 대과大科[문과文科]에 응시할 수 있는 자격을 얻었다.

윤승해의 묘지에 나타난 직위는 '등사랑 검교상서 호부시랑 행상서도관원외랑登仕郞檢校尙書戶部侍郞行尙書都官員外郞'이다. '등사랑'은 공민왕 때의 관직으로 정·종 9품으로 최하위의 벼슬인 것이다. '검교'는 고려 말기에 정원 이상으로 벼슬자리를 임시로 늘이거나 공사公事를 맡기지 않고 이름만 가지게 할 경우 그 벼슬 이름 앞에 붙이던 말이다. 보기를 들면, 검교문하시중, 검교정승 따위와 같다. '상서'란 이·호·예·병·

---

8) 신구문화사(1989), 한국인명대사전 560쪽

형·공의 6부에 두었던 정3품의 관직이다. '호부'란 호조를 말한다. 이 명칭은 공민왕 때에만 네 번의 변화가 있었다. 원외랑은 고려 초창기부터 쓰이던 정6품 벼슬 이름이었다. 그러다가 충렬왕 1년(1275)에 '호부'를 '판도사版圖司'로 바꾸면서 '원외랑'도 '좌랑佐郎'으로 바뀌게 된다. 그러다가 공민왕 5년(1356)에서 11년(1368년) 사이에 다시 '원외랑'이란 이름이 복원된다.

이를 정리하면, '등사랑'이란 최하위직인정·종 9품직인데 이름만은 정 6품직인 원외랑이 된다. 그런데 이규보가 의종 22년(1168)에 태어나서 고종 28년(1241)에 죽었고 이규보의 아버지와 동료지간이었기 때문에 그 연대기를 대략 짐작할 수 있다.

이규보는 윤승해의 묘지를 이렇게 시작한다.

> 내가 글을 짓는데 있어서 진실로 그만한 사람이나 그만한 사실이 아니면 원래 거절하고 받아주지 않았으며, 마음속으로 혼자서 말하기를
> '남산南山의 돌이 무슨 죄가 있기에 그 아름다운 바탕을 다듬고 깎아내어 분에 넘치는 말을 쓸 것인가'
> 하였는데, 윤공이 세상을 떠나게 되니, 그만한 사람을 얻었고, 또 그만한 사실을 얻었으니, 그것을 서술하지 않을 수 없는 일이다.

진실한 사람이 아니면, 글을 써주지 않았다고 하는데 그만한 사실을 얻어 글을 쓴다는 것이다

문음門蔭으로 첫 부임한 지수주사판관知水州事判官의 벼슬길을 정이政異 즉 이전의 관리들의 기율이 문란하였기 때문에 이를 바로 잡으면서 시작했다.

> 수주는 풍속이 후하므로 대개 사람들이 운동해서 가려고 하기 때문에 청렴하기가 어려웠으며, 정사는 모두 그럭저럭 넘기려하여 아전들은 그것이 버릇이 되어서, 정사는 모두 그럭저럭 넘기려하여 아전들은 그

것이 버릇이 되어, 자못 완만하고 해이하며 기율紀律이 없었다.[9)]

이후 현덕궁 녹사, 좌우위록사 참군사, 진도현령으로 자리를 옮기면서 이런 기조가 그대로 지켜졌다. 이후 감찰어사로 서북도 분대의 관청 기생이 죽은 사건의 명쾌한 처리도 같은 선상이었다. 계사년 서울이 병란에 휩싸였을 때, 도망하지 않고 사수한 점도 높이 평가했다.

윤승해의 가장 결정적인 평가는 10년간 남쪽 지역의 수령들 정사 성적에서 발군의 능력을 인정받았다는 점이다. 이런 사실이 인정되어 정6품인 상서도관 원외랑에 전입되고 '금자어대金紫魚袋'[10)]를 하사 받게 되었다.

> 공은 타고난 천품이 단아하고 정직하여 어디서나 할 말을 하며 가는 곳마다 청렴하고 검소하였다. 집에는 남아도는 양식이 없지만, 집안일을 묻는 일이 없고, 즐겁고 화평한 모습으로 아침 저녁으로 관직에 충실하고 직책을 다하는 것만을 생각하였으니, 참으로 조정의 바른 사람이었다.
>
> 그런데 벼슬은 원외랑에 지나지 못했으니, 아까운 일이었다. 아들 송균松筠 등이 그의 세계世系·관작을 기록해 가지고, 내가 전부터 아는 사람을 통하여 와서 나에게 명문을 청하니, 나로서 감히 거절할 수 없는 것이다.[11)]

이규보에게 윤승해의 아들들이 다른 사람을 통하여 묘지墓誌를 부탁했다고 하지만, 실제는 세교世交가 있었다.

---

9) 서거정 국역 동문선 9, 277쪽

10) 어대魚袋는 고려 시대 관인들이 허리에 차던 물고기 모양의 주머니이다. 금어대와 은어대 2종이 있다. 문관 공복은 4품 이상이 자색, 상참常參 6품 이상이 비색, 9품 이상이 녹색으로 정하고 자색 공복에 금어대를 비색에는 은어대를 차게 하였다. 처음에는 어부魚符라고 하여 좌우 2개가 있어서 좌측의 것은 궁중에 바치고 우측의 것은 자기의 몸에 지니고 다녔다. 거기에는 관등성명이 새겨져 있어서 궁안을 출입시 이를 합쳐 보았다.

11) 서거정 앞의 책, 279쪽

어찌 되었던 이규보의 윤승해의 묘지는 '관직'보다는 '선정 내지는 인격'에 비중을 두고 썼다는 점에서 높이 평가할 수 있다.

묘지는 위에서 이미 본대로 글을 쓰게 된 동기, 세계世系, 선정 내용, 명문銘文 따위로 구성되어 있다. 역시 죽고 나서 바로 묘지가 쓰여진 것을 알 수 있다. 그 내용은 아들들이 정리한 것도 확인이 되었다.

지금까지 살핀 바를 정리한다면, 고려 시대의 비 문화는 '비명'과 '묘지'가 있다. '비명'은 '봉선술'에서 확인되는 것처럼 임금의 명에 의하여 세우는 '나라의 비'이다. '국사'로 분류되는 사람들이 그 대상이다. 이와 비교하여 '묘지'는 다분히 '개인적인 비'이다. 묘지의 개념은 '광명'까지 포함되는 것이기도 하다. 직급에 있어서도 하위직에서 부인에게 이르기까지 비교적 다양하다는 것을 알 수 있다. 그런데 비명이나 묘지의 내용상 구성은 크게 다르지 않다. 문체의 특징으로 '병서'가 붙어도 내용상의 차이가 없다.

이러한 고려 시대의 비 문화는 조선 초기에도 그대로 유지된다.

2 조선(朝鮮) 전기(前期)

- 서거정 외 ≪동문선≫을 중심으로

제목을 조선초기라고 달았으나, ≪동문선東文選≫에 수록된 것들은 대부분이 고려 시대의 비명이다. 그러나 조선 초기와 동시에 나타나기 때문에 편의상 이렇게 이름을 붙여본 것이다. 고려와 조선의 왕조 교체기의 비 문화를 비교한다면 변화가 잘 보일 것이기 때문이다.

조선 전기의 비 문화는 고려 시기의 그것을 그대로 계승하고 있다. 비명碑銘과 묘지墓誌로 나누고 있는 것이 그러하다.

그 자료을 보이면, 다음과 같다.

1) 비명(碑銘)

≪동문선≫에 수록된 비명은 총5권에 35편이다. 비명을 지은 사람은 12명이다. 시기상으로 고려부터 조선 초기(서거정이 살던 때)까지를 포함한다. 그 자료를 제시하면, 다음과 같다.

<제117권[12]>

[김구金坵]

와룡산자운사왕사증시진명국사비명병서臥龍山慈雲寺王師贈諡眞明國師碑銘幷序

[최자崔滋]

만덕산백련사원묘국사비명병서萬德山白蓮社圓妙國師碑銘幷序

[최유청崔惟淸]

백계산옥룡사증시선각국사비명白鷄山玉龍寺贈諡先覺國師碑銘

[김군수金君綏]

조계산수선사불일보소국사비명曹溪山修禪寺佛日普炤國師碑銘

<제118권>

[이규보李奎報]

고화장사주지왕사정인대선사추봉정각국사비명봉선술故華藏寺主持王師定印大禪師追封靜覺國師碑銘奉宣述/ 曹溪山第2세고단속사주지수선사주증시진각국사비명병서봉선술曹溪山第2世故斷俗寺主持修禪社主贈諡眞覺國師碑銘幷序奉宣述/ 개천사청석탑기명開天寺靑石塔記銘

[이제현李齊賢]

묘련사중흥비妙蓮寺重興碑/ 유원고려국청평산문수사시장경비有元高麗國淸平山文殊寺施藏經碑/ 광록대부평장정사상락부원군방공사당비光祿大夫平章政事上洛府院君方公祠堂碑/ 대도남성흥복사갈大都南城興福寺碣/ 해동조계산

12) 이 권에는 '행장'이 포함되어 있으나 여기서는 넣지 않았다.

수선사제십세별전종주중속조등묘명존자증시혜감국사비명병서海東曹溪山修禪寺第十世別傳宗主重續祖燈妙明尊者贈諡慧鑑國師碑銘幷序/ 유원고려국조계종자씨산영원사보감국사비명병서有元高麗國曹溪宗慈氏山塋源寺寶鑑國師碑銘幷序

[이곡李穀]

대도대흥현중흥용천사비大都大興縣重興龍泉寺碑/금강산장안사중흥비金剛山長安寺重興碑/ 대숭은복원사고려제일대사원공비大崇恩福元寺高麗第一代師圓公碑/ 왕사대조계종사일공정령뇌음변해홍진광제도대선사각엄존자증시각진국사비명병서王師大曹溪宗師一邛正令雷音辯海弘眞廣濟都大禪師覺儼尊者贈諡覺眞國師碑銘幷序

<제119권>

[이색李穡]

광통보제선사비명병서廣通普濟禪寺碑銘幷序/서천제납박타존자부도명병서西天提納薄陁尊者浮屠銘幷序/ 보제존자시선각탑명병서普濟尊者諡禪覺塔銘幷序/ 고려국증순[지]성경절동덕보조익찬공신벽상삼한삼중대광문하시중판전리사사완산부원군삭방도만호겸병마사영록대부판장작감사이공신도비명병서高麗國贈純[紙]誠勁節同德輔祚翊贊功臣壁上三韓三重大匡門下侍中判典理司事完山府院君朔方道萬戶兼兵馬使榮祿大夫判將作監事李公神道碑銘幷序/ 고려국충성수의동덕론도보리공신벽상삼한삼중대광곡성부원군증시충경공염공신도비명병서高麗國忠誠守義同德論道輔理功臣壁上三韓三重大匡曲城府院君贈諡忠敬公 廉公神道碑銘幷序

<제120권>

[권근權近]

유명조선국환왕정릉신도비명병서有明朝鮮國桓王定陵神道碑銘幷序/ 유명시강헌조선국태조지인계운성문신무대왕건원릉신도비명병서有明諡康獻朝鮮國太祖至仁啓運聖文神武大王乾元陵神道碑銘幷序/ 유명조선국승인순성신의왕

后제릉신도비명병서有明朝鮮國承仁順聖神懿王后齊陵神道碑銘幷序/ 유명조선국시문간공안공묘비명병서有明朝鮮國諡文簡公安公墓碑銘幷序/ 유명조선국추증추충직절수문병의보조공신특진보국숭록대부문하우정승판도평의사사사병조사수문전대학사영예문춘추관사서원백시문간공행광록대부형부상서집현전학사이공신도비명병서有明朝鮮國追贈推忠直節守文秉義輔祚功臣特進輔國崇祿大夫門下右政丞判都評議使司事兵曹事修文殿大學士領藝文春秋館事西原伯諡文簡公行光祿大夫刑部尙書集賢殿學士李公神道碑銘幷序

<제121권>

[변계량卞季良]

기자묘비명병서箕子廟碑銘幷序/ 유명조선국학신묘비명병서有明朝鮮國學新廟碑銘幷序/ 묘엄존자탑명妙嚴尊者塔銘/ 유명증시공정조선국태종성덕신공문무광효대왕헌릉신도비명병서有明贈諡恭定朝鮮國太宗聖德神功文武光孝大王獻陵神道碑銘幷序/ 유명조선국대광보국성녕대군변한소공신도비명병서有明朝鮮國大匡輔國誠寧大君卞韓昭公神道碑銘幷序/ 유명조선국증충근익대신덕수의협찬공신대광보국숭록대부영의정부사진양부원군하공신도비명병서有明朝鮮國贈忠勤翊戴愼德守義協贊功臣大匡輔國崇祿大夫領議政府事晋陽府院君河公神道碑銘幷序

[김수령金壽寧]

유명조선국수충위사협찬정난공신숭록대부밀산군시공효박공신도비명병서有明朝鮮國輸忠衛社協贊靖難功臣崇祿大夫密山君諡恭孝朴公神道碑銘幷序

[신숙주申叔舟]

유명조선국수충위사협찬정난동덕좌익공신대광보국숭록대부의정부좌의정춘추관사세자부길창부원군시익평공권공비명병서有明朝鮮國輸忠衛社協贊靖難同德佐翼功臣大匡輔國崇祿大夫議政府左議政春秋館事世子傅吉昌府院君諡翼平公權公碑銘幷序

이상 비명은 '나라' 혹은 '공적인' 비라는 점에서 고려시기와 구별되지 않는다. 오히려 계승이 잘 되는 것처럼 보인다. 그러나 세부적으로 들어간다면, 상당한 변화가 금방 눈에 들어온다.

가장 큰 특징의 하나가 '국사國師' 중심으로 전개되던 비명이 그 대상이 다양해졌다는 사실이다. 사찰의 중흥비·시장경비施藏經碑·부도비浮屠碑·탑명塔銘·사비명寺碑銘·사갈寺碣, 사당비祠堂碑, 고급 관리와 왕릉의 신도비명神道碑銘, 묘비명廟碑銘 따위가 그것이다.

고려 시기는 주로 국사와 절 중심의 불교문화로 전개되던 비 문화가 조선 시기로 넘어오면서 유학과 왕실 문화의 그것으로 재편된다는 사실이다. 사당비祠堂碑와 묘비명廟碑銘이 그렇고 신도비명神道碑銘이 그렇다. 특히 조선 왕실에서 신도비명을 수용한 것은 특기할 만한 일이다.

이러한 비명의 특징을 좀더 상세하게 살펴볼 필요가 있다.

위에서 이미 밝힌 대로 비명 35편에 지은이는 11명이 참가하고 있다.

김구金坵(1211~1278)--1편, 최자崔滋(1188~1260)--1편
최유청崔惟淸(1095~1174)--1편, 김군수金君綏(1123~?)--1편
이규보李奎報(1168~1241)--3편, 이제현李齊賢(1287~1367)--6편
이곡李穀(1298~1351)--4편, 이색李穡(1328~1396)--5편
권근權近(1352~1409)--5편, 변계량卞季良(1369~1430)--6편
김수녕金壽寧(1437~1473)--1편, 신숙주申叔舟(1417~1475)--1편

이들은 모두 3품 이상의 고급 관리들이거나 부원군府院君의 작호를 받은 사람들이다.

이들 중에서 김군수(1123~?)가 제일 낮은 직급이다. 김군수는 김부식金富軾(1075~1151)의 손자이며 돈중敦中(?~1170)의 아들이다. 명종 때에 문과에 장원하여 직한림원直翰林院으로 관리를 시작하여 병마사兵馬使로 마감했다. 병마사는 정3품의 벼슬로 989년(성종 8)에 설치, 옥대玉帶와 자금紫金을 달며 왕이 친히 부월斧鉞을 주어 진鎭에 부임하게

하였다. 문하시중·중서령··상서령 따위로 판병마사判兵馬事를 삼아 동·북면의 병마사를 영도했다.

이런 직급에 관한 것은 국가에서 비명을 지을 때 고급 관리 즉 3품 이상에게 짓도록 했다는 뜻이다. 그러나 거꾸로 나라에 요청하는 경우도 있었다.

이색이 지은 광통보제선사 비명병서廣通普濟禪寺碑銘幷序가 그 좋은 보기이다.

공민왕의 왕비가 4월 임진일에 죽자 휘의노국대장공주徽懿魯國大長公主라 가등加等하고 정릉正陵에 장사지냈다. 그리고 갑인년 9월 23일에는 공민왕이 홍薨하자 경효대왕敬孝大王이라는 호를 올리고 10월에 현릉玄陵의 광통보제선사廣通普濟禪寺에 장사지냈다. 광통보제선사는 대체로 두 분의 명복을 추복追福하는 곳이었다.

> 사적을 기재할 비석는 선왕께서 중국에서 구해오신 것입니다. 돌이 도착하였으나 공사工事 공역工役이 한창 많을 때이기 때문에 아직 새기지 못하였더니, 이제 공사 감독관인 척산군陟山君 신 박원경朴元鏡과 밀양군密陽君 신 박성량朴成亮 등이 공사를 마쳤다고 말하고 비석에 글 새기기를 청합니다. 신 등은 그윽히 말하기를, '신 색穡이 비문을 짓고, 신 수脩가 쓰며, 신 중화仲和가 전자篆字를 쓰게 하면 마땅하겠다고 하고, 삼가 죽음을 무릎쓰고 청하나이다.' 하였다.13)

이와 같이 먼저 준비를 다 해놓고 왕의 윤허를 받는 경우도 있었다. 그런데 꼭 왕의 윤허만으로 비명이 세워지는 것은 아니었다. 중궁中宮 즉 왕후의 명을 받아 이루어지는 경우도 있었다.

> 이것은 다만 중들의 행복만이 아니고 또한 우리 고을의 행복입니다. 하물며 중궁의 명령이 있었으니, 감히 공경하여 받들지 않을 수 있겠습

13) 서거정 앞의 책 161~162쪽

니까?[14)]

지금까지 논의를 정리한다면, 고려 시기의 비명은 국사國師 등급의 수준에서 이루었다는 점이다.

'국사'란 덕행이 높은 중에게 주던 칭호의 하나이다. 고려 광종이 혜거惠居에게 국사의 칭호를 내린 것이 그 시초였다. 왕사가 국왕의 스승의 지위인데 비해 국사는 국가의 사표師表로서 왕사보다도 높은 최고의 승직이 되었다. 974년 광종 25년에 혜거가 죽자 탄문坦文이 다시 국사가 되었다. 이 제도는 고려 시대와 조선 초기까지 행해지다가 배불 정책을 쓰면서 폐지되었다.

따라서 비명은 고려 시기의 '국사' 대신 조선 시기의 왕이나 고급 관리에게 전승된 것이라 할 것이다. 비명碑銘의 대상은 국사國師나 고급 관리(고려 때는 3품이나 조선 때는 2품), 그리고 조선 왕조의 초기 왕들에 대한 것이 많았으나, 묘墓, 사寺, 묘廟, 사당祠堂, 신도神道 따위가 되기도 했다. 비명의 영역은 비명병서碑銘幷序, 명銘(탑[기記], 부도), 명병서銘幷序, 비碑(중흥重興, 시자경施藏經), 갈碣(사寺) 따위도 포함되었다.

2) 묘지(墓誌)

≪동문선≫의 묘지 자료는 제122권~제129권으로 총69편이었다.

묘지를 쓴 사람은 12명으로 이규보(1168~1241)의 11편, 이수李需(?~?)의 2편, 최해(1287~1340)의 11편, 이제현(1287~1367)의 9편, 이곡(1298~1351)의 7편, 이인복(1308~1374)의 2편, 이달충(?~1385)의 1편, 이색(1328~1396)의 20편, 변계량(1369~1430)의 1편, 하윤(1347~1416)의 1편, 윤회(1380~1436)의 2편, 남수문(1408~1443)의 2편으로 고려 시대가 8명이 63편, 조선 시대가 4명이 6편이었다.

---

14) 위의 책 131쪽

묘지의 구별은 묘지墓誌 10편, 묘지명墓誌銘 20편, 묘지명병서墓誌銘幷序 33편, 묘명병서墓銘幷序 1편, 광명壙銘 1편, 묘표墓表 1편 따위였다. 여기서 주목되는 것이 '묘표'의 등장이다. 이는 뒤에서 논의하기로 한다.

그 자료를 보이면 다음과 같다.

<제122권>

[이규보]

등사랑 검교상서 호부시랑 행상서도관원외랑 사자금어대 윤공 묘지명 登仕郎檢校尙書戶部侍郎行尙書都官員外郎賜紫金魚袋尹公墓誌銘/ 금자광록대부참지정사상장군김공부인인씨묘지명金紫光祿大夫參知政事上將軍金公夫人印氏墓誌銘/ 금자광록대부참지정사판예부사정공묘지명金紫光祿大夫參知政事判禮部事鄭公墓誌銘/ 금자광록대부수사공상서좌복사태자빈객전공묘지명金紫光祿大夫守司空尙書左僕射太子賓客田公墓誌銘/ 상자 법원 광명殤子法源壙銘/ 경산부부사예부원외랑백공묘지명京山府副使禮部員外郎白公墓誌銘/ 은청광록대부상서좌복사치사유공묘지명銀靑光祿大夫尙書左僕射致仕庾公墓誌銘/ 벽상삼한대광금자광록대부수태보문하시랑동중서문하평장사수문전대학사 판이부사치사금공묘지명壁上三韓大匡金紫光祿大夫守太保門下侍郎同中書門下平章事修文殿大學士 判吏部事致仕琴公墓誌銘/ 은청광록대부추밀원사어사대부이공묘지명병서銀靑光祿大夫樞密院使御史大夫李公墓誌銘 幷序/ 검교군기소감행상서공부랑중사자금어대오군묘지명병서檢校軍器少監行尙書工部郎中賜紫金魚袋吳君墓誌銘幷序/ 고 조의내부사새경우산의대부보문각직학사지제고사자금어대이군묘지명병서故朝議大夫司宰卿右諫議大夫寶文閣直學士知制誥賜紫金魚袋李君墓誌銘幷序

<제123권>

[이수李需]

수태보금자광록대부문하시랑평장사수문전태학사감수국사판예부사한림원사 태자태보치사증시문순공묘지명병서守太保金紫光祿大夫門下侍郎平章事修文殿太學士監修國史判禮部事翰林院事 太子太保致仕贈謚文順公墓誌銘幷序

[최해崔瀣]

황원고려고통헌대부지밀직사사우상시상호군최공묘지명皇元高麗故通憲大夫知密直司事右常侍上護軍崔公墓誌銘/ 수녕옹주 김씨 묘지壽寧翁主金氏墓誌/ 당성군부인 홍씨 묘지唐城郡夫人洪氏墓誌/ 고 기성군 윤공 묘지故杞城君尹公墓誌/ 유원고무덕장군서경등처수수군만호겸제조정동행중서성도진무사사고려재상 원공묘지有元故武德將軍西京等處水手軍萬戶謙提調征東行中書省都鎭撫司事高麗宰相 元公墓誌/ 고밀직부사치사박공묘지故密直副使致仕朴公墓誌/ 고정당문학이공묘지故政堂文學李公墓誌/ 전백헌 묘지全柏軒墓誌/ 최태감 묘지崔太監墓誌/ 고사헌지평김군묘지명故司憲持平金君墓誌銘

<제124권>

[이제현李齊賢]

왕순비허씨묘지명王順妃許氏墓誌銘/ 추성양절공신중대광광양군최공묘지명병서推誠亮節功臣重大匡光陽君崔公墓誌銘幷序/ 광정대부첨의참리상호군나공묘지명匡靖大夫僉議參理上護軍羅公墓誌銘/ 추성익조동덕보리공신삼중대광수문전대제학영도첨의사사영가부원군증시 문정권공묘지명推誠翊祚同德輔理功臣三重大匡修文殿大提學領都僉議司事永嘉府院君贈謚 文正權公墓誌銘/유원고려국수성수의협찬보리공신벽상삼한삼중대광언양부원군증시정렬공 김공묘지명병서有元高麗國輸誠守義協贊輔理功臣壁上三韓三重大匡彦陽府院君贈謚貞烈公 金公墓誌銘幷序/ 유원고려국성근익찬경절공신중대광성산군증시문열공이공묘지명有元高麗國誠勤翊贊勁節功臣重大匡星山君贈謚文烈公李公墓誌銘/ 유원고려국광정대부도첨의참리상호군춘헌선생최양경공묘지명有元高麗國匡靖大夫都僉議參理上護軍春軒先生崔良敬公墓誌銘/ 김문영공부인허씨묘지명병서金文英公夫人許氏墓誌銘幷序/ 대원제봉요양현군고려삼한국부인이씨묘지명병서大元制封遼陽縣君高麗三韓國夫人李氏墓誌銘幷序

[이곡李穀]

유원봉의대부태상예의원판관효기위대흥현자고려순성보익찬화공신삼중대광 우문관대제학영예문관사순천군채공묘지명有元奉議大夫太常禮儀院判官驍騎尉大興縣子高麗純誠輔翊贊化功臣三重大匡右文館大提學領藝文館事順天君蔡公墓誌銘/ 대원고장사랑요양로개주판관고려국정순대부검교성균관대사성예문관제학 동지춘추관사최군묘지大元故將仕郎遼陽路蓋州判官高麗國正順大夫檢校成均館大司成藝文館제학 同知春秋館事崔君墓誌/ 고려국봉상대부전리총랑보문각직제학지제교이군묘표高麗國奉常大夫典理摠郎寶文閣直提學知製敎李君墓表*********/ 고려국정순대부밀직사우부대언종부령겸감찰집의지판도사사유군묘지명高麗國正順大夫密直司右副代言宗簿令謙監察執義知版圖司事柳君墓誌銘/ 대원고장사랑요양로개주판관고려국삼중대광흥령부원군영예문관사시문정 안공묘지명大元故將仕郎遼陽路蓋州判官高麗國三重大匡興寧府院君領藝文館事謚文貞 安公墓誌銘

<제125권>

[이곡李穀]

고려국중대광첨의찬성사상호군평양군조공묘지高麗國重大匡僉議贊成事上護軍平壤君趙公墓誌/ 고려국광정대부첨의평리예문관대제학감춘추관사상호군치사윤공묘지명高麗國匡靖大夫僉議評理藝文館大提學監春秋館事上護軍致仕尹公墓誌銘

[이인복李仁復]

한양부원군한공묘지명병서漢陽府院君韓公墓誌銘幷序/ 계림부원대군증시정헌왕공묘지명병서鷄林府院大君贈謚正獻王公墓誌銘幷序

[이달충李達衷]

고려고수성병의협찬공신중대광도첨의찬성사상의회의도감사진현관대제학지춘추관사상호군증시문온공민공묘지명병서高麗故輸誠秉義協贊功臣重大匡都僉議贊成事商議會議都監事進賢館大提學知春秋館事上護軍贈謚文溫公閔公墓誌銘幷序

<제126권>

[이색]

유원봉의대부정동행중서성좌우사랑중고려국단성좌리공신삼중대광흥안부원군 예문관대제학지춘추관사시문충공초은선생이공묘지명병서有元奉議大夫征東行中書省左右司郎中高麗國端誠佐理功臣三重大匡興安府院君 藝文館大提學知春秋館事謚文忠公樵隱先生李公墓誌銘并序/ 고려국대광완산군시문진최공묘지명병서高麗國大匡完山君謚文眞崔公墓誌銘并序/ 한문경공묘지명병서韓文敬公墓誌銘并序/ 중대광청성군한시평간공묘지명병서重大匡淸城君韓謚平簡公墓誌銘并序/ 계림부원군시문충이공묘지명鷄林府院君謚文忠李公墓誌銘/ 언양군부인김씨묘지명병서彦陽君夫人金氏墓誌銘并序/ 중대광현복군권공묘지명병서重大匡玄福君權公墓誌銘并序

<제127권>

[이색]

율정선생윤문정공묘지명병서栗亭先生尹文貞公墓誌銘并序/ 철성부원군이문정공묘지명병서鐵城府院君李文貞公墓誌銘并序/ 송당선생김공묘지명병서松堂先生金公墓誌銘并序/ 해평군시충간윤공묘지명병서海平君謚忠簡尹公墓誌銘并序/ 유원고려국충근절의찬화공신중대광서령군시문희유공묘지명병서有元高麗國忠勤節義贊化功臣重大匡瑞寧君謚文僖柳公墓誌銘并序/ 문경이공묘지명병서文敬李公墓誌銘并序/ 유원자선대부태상예의원사고려국추충수의동덕찬화공신벽상삼한삼중대광익산부원군시문충이공묘지명병서有元資善大夫太常禮儀院使高麗國推忠守義同德贊化功臣壁上三韓三重大匡益山府院君謚文忠李公墓誌銘并序/ 파평군윤공묘지명병서坡平君尹公墓誌銘并序

<제128권>

[이색]

여흥군부인민씨묘지명驪興君夫人閔氏墓誌銘/ 계림부윤시문경공안선생묘지명병서鷄林府尹謚文敬公安先生墓誌銘并序/ 판서박공묘지명병서判書朴公墓

誌銘幷序/ 오천군시문정정공묘지명병서烏川君諡文貞鄭公墓誌銘幷序/ 당성부원군홍강경공묘지명唐城府院君洪康敬公墓誌銘/ 윤모최부인묘지병서尹母崔夫人墓誌幷序

<제129권>

[변계량]

유명조선국순충동덕보작찬화공신대광보국숭록대부여흥부원군수문전대제학 시문도민공묘지명병서有明朝鮮國純忠同德輔作贊化功臣大匡輔國崇祿大夫驪興府院君修文殿大提學 諡文度閔公墓誌銘幷序

[하윤河崙]

유명조선국특진보국숭록대부한산백목은선생이문정공묘명병서有明朝鮮國特進輔國崇祿大夫韓山伯穆隱先生李文靖公墓銘幷序

[윤회尹淮]

유명조선국구충장의동덕정사좌명공신대광보국숭록대부진산부원군수문전대제학영경연춘추관서운관사세자사시문충하공묘지명병서有明朝鮮國推忠壯의동덕정사佐命功臣大匡輔國崇祿大夫晉山府院君修文殿大提學領經筵春秋館書雲觀事世子師諡文忠河公墓誌銘幷序/ 유명조선국추충익대개국공신보국숭록대부흥녕부원군시양도안공묘지명병서有明朝鮮國推忠翊戴開國功臣輔國崇祿大夫興寧府院君諡良度安公墓誌銘幷序

<제130권>

[남수문南秀文]

유명조선국대광보국숭록대부의정부좌의정영집현전경연춘추관사세자부증시문경허공묘지명병서 有明朝鮮國大匡輔國崇祿大夫議政府左議政領集賢殿經筵春秋館事世子傅贈諡 文敬許公墓誌銘幷序/ 유명조선국숭록대부판중추원사수문전대제학겸판호조사잉령치사시정숙공안공묘지명병서有明朝鮮國崇祿大夫判中樞院事修文殿大提學謙判戶曹事仍令致仕諡靖肅公安公墓誌銘幷序

이상과 같이 많은 묘지墓誌의 자료를 제시한 것은 그 대상을 살펴보기 위함이다. 물론 자료 제시만으로도 그 자체의 역할이 있다고 보기 때문이기도 하다.

우리나라에는 본래의 실제 이름을 공경하여 부르기를 꺼려하는 풍속이 있었다. 즉 복명속複名俗과 실명경피속實名敬避俗 따위가 그것이다. 자字, 호號, 시호諡號 따위가 등장한 것은 이 때문이다. 자는 관례冠禮[15] 즉 남자가 20세, 여자가 15세에 짓는 것이[16] 보통이다.≪의례 儀禮≫사관례士冠禮에 의하면, 관례를 올리면 자를 지어주어 그 본명을 높인다. 어린이가 아닌 사대부의 계층에 편입되는 의미인 것이다. 호는 본명이나 자 이외에의 이름을 말한다. 당호堂號, 아호雅號, 별호別號라고도 한다. 삼국시대부터 나타났는데 중국에서는 당 나라부터 시작하여 송 나라에 일반화된 것으로 알려지고 있다. 시호는 죽은 사람의 평생 공덕을 기리기 위하여 절차를 거쳐 정하여 주는 명호名號이다. 조선 초기에는 왕과 왕비, 왕의 종친, 실직에 있던 정 2품 이상의 문무관과 공신에게만 주었으나 점차 확대되었다. 낮은 관직인 자에게 내리는 증시贈諡와 후대에 내리는 추시追諡 제도가 있었다. 추시는 대부분 종 2품이상의 관직에 있는 사람의 아버지, 할아버지, 증조할아버지에게 주어졌으나 점차 학덕이 높은 사람에게도 주어졌다.

이런 제도로 보면 묘지墓誌의 인물들은 '자'나 '시호'가 있다. 왕비[충선왕비 순비(허씨)], 여인[왕온王昷(?~1271 왕족 배중손 등이 추대로 왕이 되었으나 진도에서 피살)(김씨) 박경朴敬(?~?)(홍씨) 김순金恂(1258~1321 문신 시호 문영文英)(허씨)], 자기 가족[이법원李法源(?~? 이규보 아들), 李自成[?~?세째 아들이 이곡李穀] 왕군王郡(?~? 이제현의 전실 처남) 이복인李復仁(?~? 이조년의 손자) 안석安碩(?~? 아들이 안축)] 따위가 기억할 만하다.

15) 여자의 경우는 계례笄禮라고 부른다.

16) ≪예기≫ 곡례曲禮 상上과 교특생郊特牲

일부 신원 파악이 곤란한 사람들이 있으나 거의 같은 부류로 보아 무리가 없을 듯하다.[17]

묘지墓誌의 서술 방식도 묘비墓碑와 유사하다. 가령 '유원 자선대부 태상예의원사 고려국 추충수의동덕찬화공신 벽상삼한삼중대광 익산부원군 시문충 이공 묘지명병서有元資善大夫太常禮儀院使高麗國推忠守義同德贊化功臣壁上三韓三重大匡益山府院君諡文忠李公墓誌銘幷序' 따위와 같은 표제에서 보는 바와 비슷한 것이다. 다른 것들도 이와 마찬가지인 것이다.

3 조선(朝鮮) 후기(後期)

- 송시열의 ≪송자대전≫과 서울 주변

송시열宋時烈(1607~1689)은 노론의 영수로 유명하지만, 비 문화에서도 중요한 인물이다. 조금 과장하여 말한다면, 비 문화를 통하여 정치를 했다고 할 정도이다. 그는 자신의 아내의 비도 쓴 바 있다.[18] 자는 영보英甫, 호는 우암尤庵 화양동주華陽洞主 수옹睡翁이며 시호는 문정文正이다. 노론의 영수이다. 송갑조宋甲祚의 셋째 아들로 사계 김장생의 문인이다. 1633년 생원시에서 합격하여 경릉참봉敬陵參奉를 관리를 시작

17) 이러한 기조는 김용선金龍善(1993)이 편한≪고려묘지명집성高麗墓誌銘集成≫에 고려 전기 110건, 무인정권시대 84건, 후기 97건, 연대 미상 14건 모두 306건에서도 그대로 유지된다.

18) 송시열의 아내는 '이씨부인李氏夫人'이다. 1625년(天啓 을축) 혼인했다. 1674년에 인선왕후仁宣王后가 별세로 자의대비慈懿大妃의 복상 문제가 제기되자 대공설大功說[9개월]을 주장했으나 남인의 기년설이 채택되었다. 효종의 장례 때 자의대비의 기년설을 주장한 것이 죄가 되었다. 1675년 덕원德源으로 유배되고, 웅천熊川을 거쳐 1679년 거제巨濟에 이배移配되었다가 1680년에 청풍淸風으로 옮겨졌다. 1677년 3월 19일에 죽었는데 72세였다. 처음 공주에 고장藁葬하였다가 1680년 유배에서 풀려나 수원水原 야동冶東 무봉산舞鳳山 만의리萬義里 부간지원負艮之原에 신해辛亥[1671]에 장사했다. 부인이씨는 이색李穡의 후손으로 아버지가 이덕사李德泗이고 어머니가 박씨였다. 1625년 혼인하여 어려운 살림에도 불평없이 50년을 살았다고 쓰고 있다.

했다. 1635년 봉림 대군鳳林大君의 사부가 되고 다음 해 병자호란에 임금을 호종했다. 청서파淸西派인 그는 공서파功西派와 갈등을 빚어서 낙향했다. 거기서 쓴 장릉지문長陵誌文에 청 나라 연호를 쓰지 않은 일로 인하여 공서파의 공격을 받아 곤욕을 치렀다. 효종의 장례로 복상문제가 일어나자 남인의 삼년설三年說에 대하여 기년설朞年說[만1년]을 건의하여 정권을 잡았다. 그러나 효종의 장지 문제, 인선왕후의 별세에 따라 제기된 복상 문제 등으로 유배와 같은 일을 당하였다. 김석주金錫胄를 옹호하는 과정에서 소장파의 비판을 받았고 윤증尹拯과의 감정 대립이 악화되어 노·소론으로 분파되었다. 왕세자[경종]의 책봉 문제로 결국에는 제주에 안치되었다가 국문을 받기 위해 돌아오는 과정에서 사사되었다. 갑술옥사甲戌獄事로 서인이 집권하면서 신원伸寃되었다. 학문은 이이李珥의 기발이승일도설氣發理乘一途說을 계승하여 사단칠정四端七情이 모두 이理라는 일원론一元論을 발전시켰다. 예론에도 밝았으나 성격이 과격하여 정적이 많았다.

그가 죽은 후 ≪송자대전宋子大全≫이 발간되었다. 이 책은 우암집尤庵集, 주자대전차의朱子大全箚疑 이정서분류二程書分類 주자어류소분朱子語類小分 논맹문의통고論孟問義通攷 심경석의心經釋義 사계선생행장沙溪先生行狀 따위를 함께 묶은 책이다. 여기에는 비 문화와 관련하여 38권 519건의 문건이 있다.

여기서 비 문화는 '비碑', '묘갈墓碣', '능지陵誌', '묘지墓誌', '묘표墓表 따위로 정리되고 있다. '문체'와 '형태'를 종합했다고 평가할 수 있다. 말하자면 송시열은 비 문화에 있어서 체계를 정립한 사람이라고 할 만하다.

여기서 한 가지 짚고 넘어가야 할 부분이 왕릉의 신도비를 부활한 사람이란 점이다. 그 이름은 왕릉의 '표석表石'이다. 조선 후기에 사용하던 신도비의 다른 이름이다.

'표석表石'은 1673년(현종 14) 송시열에 의하여 제기된 용어이다.

현종이 우정승 김수홍金壽興(1626~1690)과 호조판서 민유중閔維重(1630~1687)를 입회시키고 송시열에게 '지문誌文 속에 다섯 공주와 부마의 작호를 쓰지 않았는데 어떻게 해야 할 것인지 모르겠다'고 자문을 구해온 것이다. 이에 대한 답변으로 송시열은 표석을 세우자고 건의한 것이다.

> 고려 시대의 제왕 능묘가 표석이 없어서 그 자취가 명백하지 않다. 지금 국운이 성대하니 흥하고 망하는 것에 대하여 감히 의논할 바는 아니다. 그러나 정자程子의 말을 빌려 '인생은 끝이 없는 것이나 국가는 반드시 흥하고 망하는 이치가 있는 것이다'고 제시하며 국가가 흥하고 망하는 일을 숨기고 그 도리를 다해야 한다는 것이었다.

그것이 신릉新陵에 표석을 세우자는 송시열의 논지였다.

이러한 송시열의 주장에 대하여, 그해 9월9일 영돈녕부사 김우명金佑明(1619~1675)의 반대에 부딪친다. 국릉國陵에 표석을 세우는 일이 300년 동안 행하지 않던 일이라고 반박이었다. 그러나 송시열은 다시 소를 올려 '신릉의 석물은 일체 영릉英陵을 보고 법으로 삼아야 한다'고 주장했다. 영릉에 없는 표석을 세운다는 것은[19] 논리가 맞지 않는다는 것이다. 그런데 현종이 송시열의 건의를 받아 들임으로써 널리 표석이 세워지게 된다.[20]

---

19) 세종대왕의 능인 영릉에 신도비가 처음부터 없었던 것은 아니고 현재의 자리로 옮기면서 땅에 묻은 것이다. 현재 세종기념사업회 건물 구내에 세워져 있고 영릉에는 영조 때 세운 것이다.

20) 의궤에 나타난 표석의 건립 내용은 다음과 같다.

- 1744년(영조 20);영릉英陵(세종대왕 능) 표석
- 1747년(영조 22);목릉穆陵 휘릉徽陵 혜릉惠陵
- 1753년(영조 29);희릉禧陵, 태릉泰陵, 효릉孝陵, 강릉康陵, 장릉

1740년부터 1750년까지 영조 연간에 집중적으로 표석이 세워진 것을 알 수 있다.

이런 점들은 조선 후기 비 문화를 송시열이 확립했다는 의미이다.

1) 비(碑)

≪송자대전宋子大全≫에서 154권~171권 따위의 18권 89편이 '비碑'로 분류되어 있다. 내용으로는 신도비神道碑, 묘정비廟庭碑, 유허비遺墟碑, 정려비旌閭碑 따위이다. 이 가운데 비[문]은 총 25편이다.여기에 수록된 비[문]의 인물은 다음과 같다.

a 호號와 직급職級을 넣어 '선생先生'으로 분류된 6명

포은圃隱 정몽주鄭夢周(1337~1392), 대사성 윤탁尹倬(1472~1534), 십청 김세필金世弼(1473~1533), 남명 남식南植(1501~1572), 하서 김인후金麟厚(1510~1560) 신독재 김집金集(1574~1656)

b 호를 넣어 '공公'으로 분류된 22명

백인걸白仁傑(1497~1579),박순朴淳(1523~1589)정철鄭澈(1536~1593), 이산보李山甫(1539~1594), 황신黃愼(1560~1617), 장유張維(1587~1638), 이경여李敬輿(1585~1657), 김경여金慶餘(1597~1653), 이후원李厚源(1598~1660), 김익희金益熙(1610~1656) 송상인宋象仁(1569~1631) 윤섬尹暹(1561~1592), 이신의李愼儀(1551~1627), 홍무적洪茂績(1577~1656), 조익趙翼(1579~1655), 조석윤趙錫胤(1605~1654), 홍명하洪命夏(1608~1668), 윤문거尹文擧(1606~1672), 유계兪棨

■ 1754년(영조 30);후릉厚陵 현릉顯陵 광릉光陵 창릉昌陵 선릉宣陵 정릉靖陵,정릉표석영건청의궤貞陵表石營建廳儀軌
이러한 사실은 ≪영릉표석영건청의궤英陵表石營建廳儀軌≫, ≪표석영건청의궤表石營建廳儀軌≫, ≪정릉표석영건청의궤貞陵表石營建廳儀軌≫ 따위에서 근거한 것이다.

(1607~1667) 조위한趙緯韓(1558~1649) 조희일趙希逸(1575~1638) 이소한李昭漢(1598~1645)

c '군君'이나 '대군大君'과 '부원군府院君'으로 분류된 16명

송갑조宋甲祚(1574~1628), 심의겸沈義謙(1535~1587), 이정암李廷?(1541~1600) 신경진申景禛(1547~1632), 김만기金萬基(1633~1687) 김유金?(1571~1648), 이시백李時白(1592~1660), 구굉具宏(1577~1642), 구인후具仁?(1578~1658) 이시방李時昉(1594~1660) 구인기, 조홍 박미朴?(1592~1645) 한덕급韓德及(?~1660), 조창원趙昌遠(1583~1646) 성하종成夏宗(1573~1645)

d 왕족 5명

이보李輔(1545~1608), 이성윤李誠胤(1570~1620), 이영李岭(1513~1562) 이방번李芳蕃, 이찬

e '직급'으로 분류된 38명

황일호黃一皓(1588~1641), 정유성鄭維城(1596~1664), 이완李浣(1602~1674), 이상길李尙吉(1556~1637), 김덕성金德誠(1562~1636), 洪계원, 閔계인, 이지신李之信(1512~1581), 이시발李時發(1569~1626), 정기용, 민기, 심집 신감 강선여 조계원 소동도 민광훈 구봉서 윤강 홍처후 유황 이상일 윤명은 이홍연 유철 강유후 윤비경 이후산 이동직 이정기 정만화 이태연 조세환 이행건 이행원 이만유 이단상 금익경

f '증직'된 6명

풍천부사증병조참판 박연신, 과천현령증병조참판 이민선, 참지증판서 이상급, 참의증참판 이유겸, 익위증참판 유충길, 남명사증판서 유병언

g 고려인 3[4]명

[정몽주] 원권[첨의찬성사] 민의[복야] 임난수[장군]

이상의 거의 전부는 '신도비명병서'이다. 다만, '신도비'는 황고수옹부군[宋동조], 무안대군 이방번, 임난수 등이고 '묘비'는 고려첨의찬성사高麗僉議贊成事 원관元瓘 등이다.

그런데 유허비遺墟碑, 묘정비廟庭碑, 묘비廟碑, 정려비旌閭碑, 문비門碑, 분암기墳菴碑 따위에는 대체로 '병서'가 붙어 있지 않다. 그런데 자운서원묘정비와 윤집 묘비명廟碑銘에만 '병서'가 붙어 있다.

유허비遺墟碑 5건 조광조, 회덕 박팽년, 홍주 성삼문, 연산 성삼문, 경징군 이연

묘정비廟庭碑 8건 자운서원[병서], 죽림서원, 숭현서원[후기], 신항서원, 돈암서원, 창주서원, 화산서원, 석실서원

묘비廟碑 3건 이순신, 김응하, 윤집廟碑銘幷序

정려비旌閭碑 3건 효자 신맹경, 숙인 윤씨, 열녀 연옥

문비門碑 1건 동래남문

분암비墳菴碑 1건 인흥군 이영

이들 이외에도 '음기陰記' 3건 즉 윤계, 목은 이색, 쌍수정 등이 있고 '후기後記 1건 즉 효자 김건정 등이 있다.

송시열이 정리한 '비碑'의 범주는 대략 이상과 같다고 할 수 있다.

2) 묘갈(墓碣)

묘갈은≪송자대전≫172권~180권으로 총 9권 108명이다.

a '호'를 넣어 '공公'을 붙인 인물 12명

성수침成守琛, 성운 정황 송익필 권필 선우鮮于浹 송시영 성문준 이서 심동귀 윤형성 유집

b '자'를 붙인 인물 1명

윤선거['윤길보선거묘갈명병서']

c 직급을 넣어 '공'을 붙인 인물 58명(57건)

문근文瑾·문관文瓘, 홍익한 김신 지여해 곽은 김번 김복휘 민천부 권

징 박종남 이대방 양홍주 이안訒 권득기 박정진 이원준 김동준 권현權晛, 박안행 이후재 조행입 김해수 최유해 조정란趙廷鸞 조익趙釴, 구영 이성연 박병 이정 이구연 박대화 이척연李惕然 심지한 이집 이성기 신속申溭, 정직 박의朴漪 권성원 김홍욱 여이량 김천석 신익융 이성항 박승휴 유지경 이유택 안대남 권격 이상우 이중휘 홍주국 민주면 유명윤 홍만형 조가석

d 왕족 1명

봉산군이형신

e 증직된 인물 31[32]명

신립, 윤집 이인건 송희원 김위남 민여검 이사경 이경절 조인현 송국전 한필후 민평 성명원 김충백 송희업 맹세형 김광혁 지덕해 조석 김헌 김광찬 한수원 이회 유성오 이하악 남일성 강진소 이유겸 나성두 이정악 조이수? [윤유]

f 직급이 없는 인물 2명

- 학생 양황梁榥 군君(1575~1597 의병)
- 진사 증직 윤유['진사증장령윤공유묘갈명병서']
- 여성 2명

이서李曙(1580~1637 무신 시호는 충정忠正)의 아내인 청풍김씨['유인청풍김씨묘갈명병서'], 이우李俁의 이내인 낭신군부인성씨

이상은 예외가 없이 '묘갈명병서'이다. 다만 '묘갈'은 송익필宋翼弼, 곽은郭垠, 안대남安大楠 등이 있다. '후기'는 김번金璠, 이인건李仁健, 김복휘金復輝 등이 '음기'는 성수침成守琛(1493~1564) 등이 있다.

3) 능지(陵誌)

≪송자대전≫181권에 특별히 마련하여 3편의 능지가 실려 있다..

a 녕릉지문寧陵誌文

b 명성왕후지문明聖王后誌文

c 인경왕후지문仁敬王后誌文

4) 묘지(墓誌)

≪송자대전≫182권에서 188권까지 총7권으로 73편이 수록되어 있다.

a 호를 붙여 '선생'으로 분류한 인물 2명

김상헌, 김집

b 호를 붙여 '공'으로 분류한 인물

송준길, 김수항, 황욱, 최기, 이안눌, 이우춘, 박정원, 박대하, 신석번

c 직급을 붙여 '공'으로 분류한 인물

홍인걸, 정종명, 한필원, 민성징, 박일성, 박황, 정만화, 이태연, 권격, 이한, 이인건, 임위, 이집, 심지암, 이시현, 이시정, 홍만형, 이경절, 김동준, 이복일

d 부원군

이수일

e 왕족

사과연군 이재희

f 증직된 인물

홍위 양응수

g 일반인 남자

- 처사 이탁李琢[공] 정보연鄭普衍[군]
- 생원 정직鄭溭[군]
- 학생 박세징朴世徵[군] 정탁鄭澤[공]
- 군 최산두崔山斗

h 여성

광산부光山府부인 노씨[김제남金悌男], 정명공주, 숙부인 한씨[이명노], 정부인 연안이씨[홍광훈], 정부인 김씨[이후원], 증정경부인 정씨[송준길], 유인 윤씨[박상란], 유인 강씨[고성구], 의인 심씨[송국토], 숙인 송씨[박이창], 의인 송씨[신필상], 숙인 홍씨[심익선], 숙인 曺씨[김수증], 유인 황씨[홍성휴], 정부인 송씨[홍만용], 증정부인 윤씨[이선], 공인 권씨[김만년], 유인 정씨[이계상] 유인 이씨[홍중해] 유인 김씨[이섭], 유인 안씨[송규임] 능원대군처자영정묘명

i 송씨 일가 인물

황고묘지 황고보유 송재주 송희원 송희명 송국전 송국택 송광식 종질從姪송기선 종자從子 송기억

5) 묘표(墓表)

≪송자대전≫189권부터 201권까지 총 3권 246편이 수록되어 있다.

a '선생'을 붙인 인물

대사성 윤탁, 조헌 김상헌

b '호'와 '공公'을 붙인 인물

구수복, 박광우, 나식, 정철

c 직급과 '공'을 붙인 인물

부제학, 예조참판, 전라수사全羅水使, 영동현감, 우의정, 이조참판, 우참판, 도원수, 사간司諫, 감사監司, 참봉參奉, 가선대부嘉善大夫, 전력부위展力副尉[이군초李君楚玉]

d 증직된 인물

전적典籍 증도승지贈都承旨, 부산첨사釜山僉事 증판서, 필선弼善 증참판, 부제학 증영의정, 전부부윤全州府尹 증판서, 공조참판 증좌찬

성, 지평 증판서, 월성군[김원량金元良]

급제及第 증수찬贈修撰 이가상李嘉相, 진사進士 증좌승지 이계인李啓仁, 진사 정경흠鄭敬欽 생원

증전첨典籤 정선행鄭善行, 증영의정 평주부원군平州府院君 신화국申華國, 증정랑正郞 옥성부원군 張晩

e 고려인

전서典書 박원상朴元象

f 일반인

■ 절사節士 이려李勵[군]

■ 처사處士 신만申曼[군] 해광처사海狂處士 송제민宋濟民[공]

■ 효절孝節 김시창金始昌[공]

■ 효자孝子 백음 변경복柏陰卞景福[공]

■ 학생 황진黃璡[군]

■ 기타 강효원姜孝元 나생羅生, 김생金生, 이생李生, 진사금군 민[수재]진명閔[秀才]鎭明, 김[동자]오일金[童子]五一

g 여인[제200권]

박승추朴承樞[淳]부인 임씨任氏, 영인백씨令人白氏[백인걸白仁傑의 딸], 정부인 성씨 등 10명

i 송씨 일가[제201권]

돌아가신 할머니先祖妣柳氏[송극기宋克己의 아내], 고조高祖, 종부從祖, 숙부叔父, 당숙부堂叔父, 종씨사부공從氏師傅公, 백씨학생 중씨군수郡守[宋時默], 부인이씨[송시열처], 종질 자부子婦이씨[송기태宋基泰], 종질기환 제5손회석

외보고봉사外祖考奉事, 매제김군광로妹弟金君光老

이씨부인李氏夫人

송시열은 이와 같은 많은 비 문화의 생산자였다. 심지어는 자기 부인의 비문까지 쓸 정도이다. 다 아는 일인 것처럼 비문으로 인하여 조선 정

치사를 바꾼 인물이기도 했다.[21]

이와 같이 길게 목차를 늘어놓은 것은 당시 사대부 문화를 보여주기 위함이다. 또한 당시 사회의 이면사를 짐작하도록 하려는 것이기도 하다.

제2절 유형적(類型的) 접근(接近)

비碑는 두 가지의 의미가 있다. 협의로 비신碑身을 말하고 광의의 비는 비 전체를 말한다.

광의의 비는 봉분 주위의 석물로 묘표墓表, 묘갈墓碣, 신도비神道碑, 표석表石 따위를, 지석誌石은 봉분 안의 지석誌石과 좌향석坐向石 따위를 생각할 수 있다. 묘표와 묘갈은 봉분의 정면이나 좌우에 위치하고 신도비는 봉분과 떨어진 자리에 위치한다. 표석은 왕릉에서 쓰이는 용어로 신도비의 다른 말이다. 천장하기 이전, 세종의 능인 영릉英陵까지 새워진 것이 신도비이고 17세기 송시열의 건의에 의하여 세워진 것이 표석이다. 그런데 일반인의 묘에 있어서 신도비는 용어가 변함없이 그대로 사용되었다.

묘표·묘갈·신도비·표석 따위는 실제로 규모와 직급의 차이가 있을 뿐 원칙적으로 근본적인 차이가 없다.

신도비와 묘표는 두 가지를 같이 세우는 것이 일반적인 일이었다. 묘표를 세우고 신도비를 나중에 세우는 것도 일반적인 현상이었다.

1 신도비(神道碑)

---

21) 송시열은 친구이기도 윤선거의 묘갈을 썼다. 이미 설명한 대로, 비[명]문은 선생, 호, 공 따위의 호칭을 부르게 된다. 그런데 '자'를 붙인 인물로 유일하다. '윤길보선거묘갈명병서'가 그것이다. 여기서 윤선거는 소론의 영수 윤증의 아버지이다.

신도비란 신도에 서 있는 비란 의미이다. 일반적으로 신도비는 '동남쪽'에 세우는 것으로 되어 있다. 그러나 대체적으로 능묘가 동서의 방향이면, 신도비는 남북으로, 능비가 남북이면 신도비는 동서로 세운다. 그러나 모두 이런 질서를 지키는 것은 아니다.[22]

신도비는 달리 '표석表石' 혹은 '대비大碑'라고도 한다. 왕릉에 있어서 신도비가 영릉英陵(세종과 왕비의 능) 이후 없어진 것을 다시 세우기 시작하면서 '표석'이라고 불렀고 의궤에도 역시 이 용어를 사용하고 있다.

중국의 경우 후한 때 능묘 앞에 석주를 세웠고 비각碑刻은 진송晉宋 이후부터로 알려져 있다. 천자 제후만을 세웠고 그 문은 '모제某帝 모관 신도지비某官神道之碑'라고 했다.

조선 왕릉의 경우 세종 때까지만 세우고 그 뒤는 폐지되었다. 아픈 역사가 유래와 관련돼 전해온다.[23]

계유정난을 감행할 때에 한명회의 살생부에 올라 있던 당시 병조판사 민신閔伸은 현릉顯陵(문종과 왕비) 조영에서 비석소 일을 주관했다. 그리하여 한명회가 보낸 자들이 비석소에서 그를 베었다. 이로 인하여 석역石役이 중단되어 신도비를 세울 수 없게 되었다. 이 일을 계기로 세조가 신도비를 세우지 못하게 하였다는 것이다.

현재 영릉英陵(세종과 왕비)에는 신도비가 없다. 현재의 장소로 옮기면서 땅에 묻었기 때문이다. 세조의 아들인 예종은 선왕의 명에 따라서 사대부의 무덤과 같이 신도비를 세울 필요가 없다는 이유에서였다. 그러나 건원릉(태조)과 제릉(태조의 비 한씨), 헌릉(태종)의 신도비는 기왕에 세워진 것이므로 허무는 것이 불경스러운 일이라고 하여 그대로 두었다.

표석은 1673년(현종 14년 8월 18일)에 송시열(판부사)의 건의에 세우기 시작했던 것으로 생각된다.

---

22) 장태상 교수는 신도비를 세우는 방위가 없다고 증언해주었다.

23) 권광옥(1989) ≪선원보감璿源寶鑑 Ⅱ≫ <해제> 95쪽

현종이 김수흥金壽興(우의정)과 민유중閔維重(호조판서)를 입회시키고 송시열에게 '지문誌文 속에 다섯 공주와 부마의 작호를 쓰지 않았는데 어떻게 해야 하는지 모르겠다'고 자문을 구해온 것이다. 이에 대하여 표석을 세울 것을 건의한 것이다. 즉 고려 시대의 제왕 능묘가 표석이 없어서 그 자취가 명백하지 않다. 지금 국운이 성대하니 흥하고 망하는 것에 대하여 감히 의논할 바는 아니다. 그러나 정자程子의 말을 빌려 '인생은 끝이 없는 것이나 국가는 반드시 흥하고 망하는 이치가 있는 것이다'고 제시하며 국가가 흥하고 망하는 일을 숨기고 그 도리를 다해야 한다는 것이었다. 그것이 신릉新陵에 표석을 세우자는 것이었다.

그러면 여러 능에도 모두 세워야 하는 것인가를 물었을 때 그렇다고 대답했다. 다만 일의 완급이 있으니 먼저 신릉부터 세우자고 했던 것이다. 여기에 현종은 그대로 따랐다.

참고로 이러한 송시열의 주장에 대하여 그해 9월9일 김우명金佑明(영돈녕부사)이 국릉國陵에 표석을 세우는 것은 300년 동안 행하지 않던 일이라고 반대 의견을 제시했다. 송시열의 소 가운데서 '신릉의 석물을 일체 영릉英陵을 보고 법으로 삼아야 한다'고 하면서 영릉에 없는 표석을 세운다는 것은 논리가 맞지 않는다는 것이다. 이에 대하여 현종은 김수흥이 돌아오는 것을 기다려 서로 의논하자고 유보적인 태도를 보였다.

왕릉의 경우 정자각의 왼쪽 우리가 바라보기에 오른쪽에 위치한다. 일반인들의 묘에는 묘에서 상당한 거리에 떨어져 있는 것이 보통이다. 조선 초기에는 묘 가까이에 위치했으나 후대로 갈수록 씨족 단위의 선영先塋이 형성되면서 그 입구에 세워지게 되었다.

우리나라 전국에 산재해 있는 신도비의 숫자는 헤아리기 어려울 정도로 많다. 그래서 편의상 철원문화원(2004) ≪철원금석문대관≫을 자료로 제시하기로 한다.

황순경黃舜卿 1564년(사망) - 1580년(건립)[17년]
김응해金應海 1666년(사망) - 1684년(건립)[19년]
백시구白時耉 1722년(사망) - 1786년(건립)[65년]
김응하金應下 1619년(사망) - 1899년(건립)[281년]
박창령朴昌齡 1449년(사망) - 1921년(건립)[473년]
장희건張希騫 1593년(사망) - 1936년(건립)[344년]

이상의 자료에서 보듯이 왕릉이 아닌 일반인 묘의 신도비 건립 시기는 적게는 17년에서 많게는 400여년이 걸렸다는 것을 알 수 있다.

황순경(1494~1564)의 신도비 건립은 17년이 지난 후였다. 제액에서 보듯이 '추증직追贈職'[증자헌대부 호조판서 겸지의금부사 오위도총부 도총관 행통훈대부 내자시부적贈資憲大夫戶曹判書兼知義禁府事五衛都摠府都摠管行通訓大夫內資寺副正]'과 관련이 있는 듯하다.

> 종친 및 문무관으로 실직實職 2품이상의 관직에 있는 자는 그의 부모, 조부모, 증조부모의 3대에 관직을 추증한다. [부모는 본인의 품계에 준하고 조부모, 증조부모는 각각 차례로 1등씩 체강遞降한다.][24]

이상은 서거정 외(1469) ≪경국대전≫이조吏曹 추증追贈조이다.

황순경은 4남3녀를 두었는데, 둘째 아들인 황림黃琳이 공조판서工曹判書로 '판상判相'이란 자헌계資憲階에 올랐다. 이로 말미암아 황순경은 '호조판서'로 추증되고 동시에 부인 조씨曺氏도 정부인貞夫人에 봉해진 것이다.

이와 같이 아들이 벼슬이 높아지자 아들 황림은 자신의 명예를 널리 소개하며 동시에 아버지의 명예까지 알리는 사업으로 신도비를 건립한 것이다. 신도비의 지은이는 박계현朴啓賢으로 자현대부 예조판서 겸 동지경연 성균관사 홍문관제학이었는데 황림의 장인이었다. 원래 신도비

24) 서거정 외(1469)≪경국대전≫이조吏曹 추증追贈조

의 지은이는 왕릉의 경우 왕의 명을 받아 수행하는 자리로 영광으로 여겼다. 박계현은 황순경의 신도비(1580) 묘명의 찬을 허락하는 이유로 통가通家(인척姻戚)의 우호가 있기 때문이라고 의리상 사양할 수가 없다고 했다. 신도비문의 뒷부분에 이러한 겸양지덕을 보이는 것은 이 문체의 특징이라고도 할 수 있다.

신도비는 전액篆額, 음기陰記의 지은이撰者와 서예가의 글씨書로 구성되어 있다.

'전액'은 비명의 제목이라고 할 수 있다. 전서체로 쓰고 '사액賜額'을 받은 것이기 때문에 붙은 이름이다. 보통 신도비 맨 위에 가로로 쓴다. 명예와 함께 미학적 구성도 배려한 형식으로 여겨진다. 제목으로 세로로 전서체가 아닌 보통 해서체의 '제액題額'이 붙는 것을 고려할 필요가 있다.

[전액篆額]
증호조판서 황공 신도비명贈戶曹判書黃公神道碑銘

[음기 제액題額]
증자헌대부 호조판서 겸지의금부사 오위도총부도총관 행통훈대부 내자시부적贈資憲大夫戶曹判書兼知義禁府事五衛都摠府都摠管行通訓大夫內資寺副正黃公之墓

이상은 1580년에 세워진 황순경 신도비의 전액과 음기의 제액이다. 전액은 가로로 '~황공신도비명'이고 음기의 제액은 세로로 '~황공지묘'라는 것을 알 수 있다.

일반적으로 사대부의 묘에서 신도비는 묘표와 같이 세워지는 것이 보편적인 형식이었다. 경기도 지역에 산재한 묘표와 신도비를 같이 세운 사례를 들어본다.

민후진(1659~1720) 묘표(1721) 신도비(1732)

한백겸(1552~1615) 묘표(1615 피장자 신원만 썼을 뿐 3면에 기록이 없다.) 신도비(1644 귀부이수龜趺螭首, 우선右旋 귀부의 등 귀갑문, 이수의 쌍룡쟁주雙龍爭珠 좌우에 단룡롱주單龍弄珠이다. 이수 위는 별도의 하엽보주荷葉寶珠가 있다. 이는 고려 시대의 이수 제작 기법의 영향으로 불교의 탑비에서 전승된 것으로 생각된다.)

원몽린(1648~1674) 묘표(? 앞면 유명~공주부좌有明~公主祔左 3면 기록이 없음), 신도비(1761 방부개석 아들 추기)

원두표(1593~1664) 묘표(? 앞면 해자체 원두표와 부인 신원. 음기는 있으나 표제表題와 찬서撰書는 없음), 신도비(1765)

원유남(1561~1631 무신) 묘표(? 팔작지붕의 개석, 복련 대석 앞면 피장자 신원 음기는 비신 뒤와 좌측면 표제와 찬서자 없음)

원호元豪(1553~1592) 묘표(1708 앞면 피장자 신원 3면 음기 찬서자 없음), 신도비(1768 방부개석)

민유중(1630~1687) 묘표(추정(미기록) 1687, 촉체蜀體;조선화된 송설체松雪體의 피장자 신원 숙종(국고國舅)의 친필), 신도비(1707 좌선 귀부. 용두에 '王'자. 권중하 찬 큰 아들 사위 둘째 전액)

민정중(1628~1692) 묘표(1721 음기 김창흡金昌翕 찬 증손 서), 신도비(1744, 방부개석, 방부에 화문花紋, 안상眼象, 복련覆蓮)

이완(1602~1674 무신) 묘표(? 위치;봉분의 좌측 전면이 봉분 측면이 앞, 조각;방부이수 이수의 앞뒤에 쌍룡쟁주雙龍爭珠, 방부는 복련覆蓮, 표제; 앞면 해서체, 음기 3면 우암 해서체로 양송체兩宋體), 신도비(1688, 귀부이수, 용두는 송곳니와 턱밑 수염, 꼬리는 좌선右旋, 등에는 하엽비대荷葉碑臺)

임원준(1423~1500 전후분, 각각 석물) 묘표(없음), 신도비(1500, 방부이수 쌍룡쟁주 하단에 제액題額, 기단부가 특이하다)

민진장(1649~1700) 묘표(1734, 위치;봉분의 우측. 자세;측면이 봉분 앞면이 전방), 신도비(1743, 방부개석, 팔짝지붕 형태의 옥개석屋蓋石, 용마루에는 여의주를 입에 문 쌍룡雙龍이 또아리를 튼 채 정면 응시. 방부 앞면; 연꽃에 가득 핀 벽련꽃 사이로 노니는 현무, 좌우면;서수瑞獸, 뒷면;화문花紋)

정재년鄭大年(1503~1578) [1986 이장] 묘갈(연대1578, 형태;방부원수), 신도비(1640, 비각 방부이수 쌍룡쟁주 방부 복련과 당초문; 증손 추기)

정난종鄭蘭宗(1433~1484 쌍분) 묘표(1489 하엽비좌荷葉碑座) 신도비(1522 '익혜공신도비명翼惠公神道碑銘', 남곤 찬, 강징姜澂 글씨, 이수와 비신이 같은 돌, 전면과 후면;용두 2 마리 이무기가 여의주를 마주 보고 농주弄珠. 운문雲紋에 감싸임, 좌우면;운문雲紋, 대석;복련과 안상문 2단)

정광필鄭光弼(1462~1538 쌍분) 묘표 2기(1539 대리석 부부 각각), 신도비(1562 이수와 비신이 같은 돌, 전면과 후면;용두 2 마리 이무기가 여의주를 마주 보고 농주弄珠. 운문雲紋에 감싸임, 좌우면;운문雲紋과 용꼬리, 대석;복련과 안상문 2단, 장방형의 판석 위에 놓임)

곽한방郭翰邦(1486~1548 합장) 신도비(1581 '증병조판서....' 위치 봉분 바로 앞, 대석 복련과 안상문)

이기조李基祚(1595~1653 합장) 신도비(1705 증영의정...)

김진구金鎭龜(1651~1704 합장) 묘표(? 비좌원수), 신도비(1934 광은군 김공신도비...)

이상에서 보듯이 신도비와 묘표는 거의 두 종이 세워지는 것을 알 수 있다.

2 묘갈(墓碣)

우리나라 묘갈은 고려 시대 최충崔沖의 홍경사갈弘慶寺碣이 처음으로 알려지고 있다.

조선 초기는 묘의 봉분 앞에 위치했으나 후기로 갈수록 봉분의 좌우로 비껴서 세워졌다. 신도비는 국장이나 예장의 경우에 세울 수 있고 또한 지은이나 전서篆書와 해서楷書를 짓거나 쓰는 사람도 그만한 직위에 있었다. 말하자면 집안 사람이 아닌 고급 관리가 보통 참여하는 것이 보통이었다. 그러나 묘갈의 경우 예장이 아닌 상장에도 세울 수 있고 동시에 지은이나 쓴이가 높은 직위가 아니라도 가능했다.

묘갈은 머리부분이 처음 둥근 형이었다. 후한 때의 일이다. 당 나라에서는 귀부이수(4품 이상), 방부원수(5품 이사)였다. 이때부터 묘갈과 묘비의 형태가 혼용된 것이다.

임류任瀏 1528년(사망) - 1552년(건립)[25년]
황징黃澄 1512년(사망) - 1514년(건립)[3년]
장렴張廉 1458년(사망) - 1645년(건립)[187년]
김세언金世彦 1658년(사망) - 1704년(건립)[47년]
유명악兪命岳 1718년(사망) - 1735년(건립)[18년]
여산송씨廬山宋氏 1706년(사망) - 1757년(건립)[52년]
황석黃錫 1685년(사망) - 1781년(건립)[97년]
김중구金重九 1720년(사망) - 1793년(건립)[74년]
이면긍李勉兢 1812년(사망) - 1824년(건립)[11년]
윤치장尹致章 1820년(사망) - 1904년(건립)[85년]
고계하高啓河 1926년(사망) - 1928년(건립)[3년]
안주국安住國 1797년(사망) - 1935년(건립)[139년]
고운하高運河 1936년(사망) - 1937년(건립)[2년]

묘갈의 경우도 신도비보다는 비교적 빠른 편이지만, 2년에서 100여년 정도가 되어서 세워지고 있다.

■ 임류任瀏(1453~1528) 건립 1552(명종 7)

정사룡 찬撰, 송인 서書, 박공량 전篆

[전액] 증참판임공묘갈명 5.5cm[25)]

[음기] 유명조선국 증가선대부 예조참판 겸 동지춘추관 성균관사 행어모장군 훈련원 부정 임공묘갈병서 2.0

■ 장렴張廉(1386~1458) 건립 1645(인조 23)

이경석 찬 심구 서 김경경? 전

[앞면]숙인청주한씨부좌/통훈대부행합곡현장공지묘 4.0

[전액]합곡현령장공묘갈7.3

[음기]유명조선국 통훈대부 합곡현령 장공묘갈명 2.5

■ 김세언金世彦(1630~1658) 건립 1704(숙종 30)

신완 찬 김구 서 김집 전

[앞면] 증호조참판김세언지묘/증정부인진주강씨부좌 9.5

[음기] 통덕랑 증가선대부호조참판김공묘갈명

[추기] 손자 김집金潗 2.0

■ 유명악兪命岳(1667~1718) 건립 1735(영조 11)

이재 찬, 김진상 서, 유척기 전

[전액]목사 증판서 유공묘갈명 11.5

[음기]유명조선국 통훈대부 묘갈명 병서 2.5

■ 여산 송씨(1679~1706) 건립 1757

권상하 찬, 권상하 서, 유척기 전, 이창의 추서

전액11.0 음기 2.2 추기 1.8

■ 김중구金重九(1660~1720) 건립 1793(정조 17)

유광소 찬, 조윤형 서, 조윤형 전

이상에서 보듯이 묘갈은 신도비처럼 지은이撰者와 해서체와 전서체

25) 5.5는 글자의 크기를 말한다. 이하는 cm는 생략한다.

가 각각의 서예가書者 등이 다르다는 것을 확인할 수 있다. 그런데 김중구의 묘갈의 경우는 해서체와 전서체를 같은 사람이 쓰기도 한다.

신도비와 묘갈의 다른 점은 경비 조달 방식이다. 신도비의 경우가 국가나 관청에서 감당한다면, 묘갈은 가족들이나 관련된 사람이 부담한다는 사실이다. 김중구의 묘갈은 그의 손자가 부담하고 있다.

왕릉의 신도비이나 표석의 명문은 국가의 발령으로 작성자가 결정된다. 그런데 묘갈의 경우는 피장자의 관련자의 당부로 이루어지는 것이 특징이다.

이면긍李勉兢(1753~1812) 묘갈의 경우는 정랑(이면긍의 아들)이 일찍이 면백勉伯(찬자)에게 부탁하고 있다. 유척기兪拓基(1691~1767) 묘갈의 경우는 1769(영조 45)에 건립되었는데 자명自銘으로 짓기도 했다. 비의 앞면 글자를 집자(석봉 한호韓濩)하는 경우도 있었다.

묘갈의 조각도 신도비와 크게 다르지 않았다.

송복산宋福山(1390~1467 쌍분) 묘갈(1482 비좌하엽碑座荷葉, 하엽과 비신의 동일석, 하엽=연꽃 잎 + 보주寶珠 형상) * 1989년 귀부이수의 대리석 신도비

송숙기宋叔琪(1426~1489 쌍분) 묘갈(1489 비좌하엽, 하엽과 비신은 동일석, 하엽=연꽃 잎 + 보주 형상, 대석;복연과 안상문)* 1989 비좌하엽형 묘갈

안의安誼(1423~1468 합장) 묘갈(1503 비좌이수碑座螭首, 이수와 비신은 동일석, 쌍룡쟁주형 아래는 운문) * 1990 비좌이수의 대리석비

묘갈과 신도비은 같은 위치에 있지 않다는 것이다. 묘갈은 묘표의 한 등급 상향된 것이라 해도 좋을 것이다.

3 묘표(墓表)

묘표는 고려말기의 이곡李穀이 지은 이군묘표李君墓表가 처음으로

알려졌다. 중국의 경우 봉분 앞에 세운 천표阡表, 장사지내기 전에 세운 빈표殯表, 처음 죽었을 때 세운 영표靈表 따위가 있었으나 명 나라 이후 묘표로 통념화되었다.

고려 시기의 묘표로 최원직崔元直의 묘비가 있다. 이를 사례로 들어 당시 묘표에 대하여 살펴보기로 한다.

최원직은 최영의 아버지로 비문을 최영이 직접 쓰고 세운 것으로 알려지고 있다. 상호군, 예문관, 춘추관사를 거쳐 동원부원군으로 봉해졌다. 최원직의 묘는 경기도 고양시 대자동 대자골 최영崔瑩의 묘 뒤편에 위치한다. 현재 봉분은 4각의 호석을 했고 그 앞에는 상석, 향로석, 곡장 따위가 갖추어져 있다.

묘표는 팔작형태의 옥개석과 비신, 대석으로 되어 있다. 건립 시기는 우왕 12년 [1386] 12월로 '증 추충아호렴검 보세익찬공신 벽상삼한대광 문하부사 상호군 겸판예문춘추관사 동원부원군 최공묘贈推忠雅毫廉檢輔世翊贊功臣壁上三韓大匡門下府事上護軍兼判藝文春秋館事東原府院君崔公墓'이다. 조선 초창기 묘표가 하엽형荷葉形, 규후형圭首形, 원수형圓首形 따위가 나타나는 데 개석형蓋石形 즉 가첨식加簷式과 변별된다고 할 것이다.

묘표는 소비小碑라고도 불렀다. 신도비가 대비大碑이기 때문에 붙여진 이름이다. 조선 시기에 있어서 이들 대비인 신도비와 소비인 묘표는 하나의 짝과 같은 관계에 있었다.

조선 초기의 묘에 있어서 묘표는 대부분 봉분의 정면에 위치해 있었다. 후대에 오면서 봉분의 좌우로 세워지게 되었다.

임제任濟 1521년(사망) - 1530년(건립) [10년]
이시만李時萬 1672년(사망) - 1715년(건립) [44년]
김세성金世聲 1699년(사망) - 1718년(건립) [20년]

김세장金世章 1685년(사망) - 1725년(건립) [41년]
이백린李伯鱗 1667년(사망) - 1734년(건립) [68년]
김극련金克鍊 1650년(사망) - 1761년(건립) [112년]
김중원金重元 1716년(사망) - 1737년(건립) [22년]
이언강李彦綱 1716년(사망) - 1765년(건립) [50년]
유척기兪拓基 1767년(사망) - 1768년(건립) [2년]
이양정李養鼎 1784년(사망) - 1785년 건립 [2년]
이창의李昌誼 1772년(사망) - 1786년(건립) [15년]

이상에서 보듯이 묘표도 여러 해가 지나야 세워지는 것을 알 수 있다. 2~3년은 삼년상과 관련하여 당시에 세운 것이다.

이계전李季甸(1404~1459) 묘표(1755 위치; 봉분 앞, 앞면;피장자 신원, 뒷면; 음기 민유중 찬, 민기중 서)

이계전의 묘소는 신도비가 없고 묘표가 있는 경우가 된다.

'묘표墓表'가 건립되는 과정을 유척기兪拓基(1691~1767)의 보기로 삼아 살펴보기로 한다. 그를 선택한 것은 특별하다는 것보다는 묘표를 조성하는 과정이 비교적 소상하게 드러나 있고 흥미로운 부분이 있어서이다.

유척기의 묘는 강원도 철원군 갈말읍 문혜리 산(지혜동芝惠洞)이다. 평산 신씨인 부인과의 합장분으로 건좌乾坐이다. 석물로는 상석, 족석, 향로석, 혼유석, 계체석, 양석, 망주석 따위가 있다. 원래의 유척기 묘는 철원 지혜동芝惠洞 신좌申坐에 예장되었다. 이 장례는 1767년 10월 29일에 죽어서 1768년 정월까지 4개월 장으로 치러졌다. 부인의 묘는 그 자리에서 10보의 거리에 있었다. 그러므로 부부의 묘는 각기 다른 묘역으로 독립되어 있었던 것이다. 묘소 자리가 좋지 않다고 해서 51년 뒤인

1821년에 천봉遷奉한 자리가 현재의 위치이다.

유척기는 본관이 기계杞溪이고 자가 전보展甫이며 호가 지수재知守齋, 미음노인渼陰老人, 시호가 문익文翼이다. 대사헌 유철兪樹의 아들이고 관찰사 유성증兪省曾의 손자이다. 1714년(숙종 40) 문과에 급제하여 한원翰苑·삼사三司를 거쳤다. 경종 때는 왕세자 책봉 주청사로 청나라에 갔다가 돌아와 당인黨人들의 배척을 받고 해도海島로 유배되기도 하였다. 1725년(영조 1)에 다시 대사간으로 등용되어 호조판서와 우의정을 거쳐 영의정에 올랐다. 영의정이 되자 1721년(경종 1)에 세자 책봉 문제로 연좌되었던 김창집金昌集·이희명李頤命 두 대신을 복관시켰다. 다시 유봉휘柳鳳輝·조태구趙泰耈 등의 죄를 공정하게 처리하도록 주청하였으나 뜻을 이루지 못하고 사직하였다. 글을 즐기다가 만년에 이천보李天輔의 뒤를 이어 영의정이 되었다가 사퇴하고 기사耆社에 들어갔다.[26]

여기서 기사耆社는 기로소耆老所로 달리 경로당敬老堂이라고도 한다. 태조 때에 경로 예우를 목적으로 설치된 기구이다. 정2품 이상의 벼슬을 한 사람 중에서 70세 이상이 되었거나 임금도 나이가 들면 여기에 참가하여 등록(태조·숙종·영조 등)하였다. 임금과 신하가 함께 참여하는 것이라 하여 관청의 서열로 으뜸이었다. 참고로 기사의 최고 연령 기록을 보이면 현종 때의 윤형尹絅의 98세, 숙종 때 이구원李久源의 97세 등이 있다.

유척기는 조선 후기 사회의 최상급 관리라고 할 수 있다.

유척기의 묘표는 삼년상이 지난 1769년에 건립되었던 듯하다. 철원문화원(2004) ≪철원금석문대관≫에 의하면, 그의 묘표 건립이 '1768년(조선 영조 45)'으로 기록되어 있다. 1805년 묘명에 의하면, 유척기는 1767년 10월 29일에 죽어서 다음 해 정월에 예장한 것으로 되어 있다. 명문은

26) ≪개정증보판 국사대사전≫(1982) 1042쪽

유척기 본인이 지은 것이 1761년이고 둘째 아들이 추기한 것이 1805년이다.

삼년상과 함께 묘표를 건립한 것은 드문 일에 속한다. 왕릉을 제외하고는 대부분 '추증', '신원伸冤 복원', '천봉遷奉'(이장移葬을 말한다) 따위와 함께 이루어지기 때문이다.

유척기의 묘표는 '미음노인渼陰老人'이란 자신의 호로 지은 묘명墓銘이다. 먼저 자신의 본관, 이름, 자와 이어서 증조할아버지, 할아버지, 아버지, 외할아버지 등의 가계를 소개하는 것부터 시작하고 있다. 그 다음 자신의 출생, 과거 급제, 벼슬 과정을 보여주고 있다. 세 조정(숙종·경종·영조)의 일생에 대한 감회를 쓰고 아내에 대하여 쓰면서 같은 혈에 합장合葬할 것을 희망했다. 남녀 손자와 증손에 대하여는 뒷날에 이어서 기록하기를 당부하는 것으로 끝맺고 있다.

유척기는 ≪지수재집知守齋集≫이란 문집이 있을 뿐만 아니라 많은 비문을 남기고 있다. <신의왕후제릉신도비神懿王后齊陵神道碑>, <신라시조왕묘비新羅始祖王墓碑>, <노은동성선생유허비魯隱洞成先生遺墟碑>, <삼인당사적비三印臺事蹟碑>, <만동묘비萬東廟碑>, <통제사최숙사적비統制使崔橚事蹟碑> 등이 바로 그것이다. 신의왕후神懿王后는 태조비 한씨를 말한다. 중단되었던 왕릉의 신도비가 다시 세워지는 시기였는데 여기에 유척기가 참여했던 것이다. 왕릉급 표문을 쓸 정도이니 그 자신의 묘표를 작성한 것은 이해가 된다.

유척기의 묘표는 그가 죽기 6년 전인 1761년로 71세에 완성되었다. 벼슬을 그만 두고 1년이 지난 시기였는데, 당시 병이 깊었던 듯하다.

> 노병老病이 날로 심하여 묘문墓門에 이를 날이 임박하였기에 스스로 단석短石에 기록하여 후손들로 하여금 무덤에 표表를 하게 하노라.

이상은 유척기 '자명自銘'의 뒷부분(철원금석문대관: 324)이다. 여기서 주목해야 할 것은 '단석短石'이란 표현이다. 이 명문을 이어서 추기한 둘째 아들 유언현兪彦鉉에 의하면, 신도비를 '대석大石'으로 세우지 말 것을 자손들에게 유명遺命으로 남기고 있기 때문이다.

> 평산 신씨를 부인으로 맞이하였으니, 중승中丞의 큰 딸이요, 충경忠景의 손녀이다. 나보다 두 살이 연장이다. 성품이 □□[비석의 파손으로 2자 판독이 어려움] 함께 해로하여 장차 동혈同穴에 가려 한다. 남녀 손자와 증손은 남겨 두어 뒷날에 이어서 기록하기를 기다리노라.

부인 평산 신씨의 출생은 유척기보다 2살이 연상이라고 했으니 1689년 이고 사망은 이척기가 죽은 지 3년이라고 했으니 1771년이다. 신씨 부인의 아버지는 중승 신사원申思遠(?~?)이고 할아버지는 신임申銋(1642~1723)이다. 이들 사이에서 4남녀를 두었다. 아들은 언흠彦欽(참봉, 요절), 언현彦鉉(전 부사府使), 언진彦鎭(통덕랑, 요절), 언수彦銖(전 군수郡守)이다. 딸은 각각 홍익빈洪益彬(부사府使), 홍흠보洪欽甫(현감), 서명현徐命顯(사인士人), 윤시동尹蓍東(전 부제학)에게 시집가고 한 명은 일찍 죽었다.

흥미로운 것은 유척기 묘표의 음기는 본인, 아들 이언현李彦鉉, 증손 이츈주李春柱 등이 차례로 짓고 글씨도 한호 글자의 집자와 현손玄孫 유성환兪星煥이 썼다는 사실이다. 묘표와 신도비의 차이를 드러내는 대목이다. 묘표는 어찌보면 집안 잔치인 것이다.

묘표의 형식으로 김극련金克鍊(1608~1650)의 경우를 들어 본다. 김극련의 묘표은 1761년(영조 37)에 건립되었다.

> [앞면]글자체의 크기 6.5cm
> 贈嘉善大夫戶曹參判兼同知義禁府
> 事五衛都摠府副摠管金克鍊之墓

贈貞夫人青松沈氏 祔左

[음기] 2.0cm

묘에 오래전부터 묘표墓表만 있고 음기陰記가 없었는데, 종손 영우榮遇가 삼가 선대의 뜻을 받들어 숭정崇禎 후 세 번째 신사년(1761 영조 37)에 뒤에 추각追刻하였다. 부군府君의 계보는 이미 대비大碑에 갖추어져 있으므로 여기에 기록하지 않았다.

가선대부 행승정원 도승지 윤득양尹得養

김극련의 경우 유척기와 또 다른 묘표의 건립을 보여주는 것이 된다.

4 지석(支石)

지석은 지석함誌石函에 넣어서 무덤의 상석 [왕릉의 경우는 혼유석] 아래에 묻었다. 보통 지석은 광내의 남쪽 가까이에 묻는다. 민간인 묘의 경우, 먼제 벽돌을 놓고 그 위에 놓는다. 묘가 험한 곳에 있으면 광의 남쪽 및 몇 자 거리에 4~5자 깊이에 법에 따라 묻는다. 이황은 장사한 지 오래 되어서 지석을 할 경우 광의 남쪽이고 계체석에 몇 자 떨어진 곳에 쓴다고 했다.

그림 6-2 ≪상례비요≫의 지석도

[설명] ≪상례비요≫의 지석誌石 부분

사대부의 지석은 왕릉의 규모에 비교하여 단순하다. 덮개로 돌 두 개의 면을 맞대어 철사로 묶어서 덮는다. 덮개에 다음과 같이 쓴다.

모관모공지묘某官某公之墓

그 바닥에는 다음과 같이 썼다.

某官 某公 諱某 字某 州某縣人 考諱某 某官 母某氏 某封 某年月日生 敍歷官遷次 某年月日 終某年月日 葬某鄉 某里處 娶某氏 某人之女 子女 某某官 女適某官某人

왕릉의 경우 지석함을 사용했다. 고종황제의 황비인 명성황후明成皇

后의 지석함은 다음과 같았다.

> 함函과 금석金石으로 파서 만드니 그 길이가 3자4치, 너비가 2자9치, 높이가 1자4치, 두께가 4치가 되었다. 개석蓋石의 길이와 너비도 동일하게 하고 구리실로 동여매어 결속하였다.

지석은 지석소誌石所에서 제작하고 의궤를 만들어 기록하고 있다. 역시 '대한명성황후 홍릉지大韓明成皇后洪陵誌'의 하나인 ≪지석소의궤誌石所儀軌≫는 다음과 같다.

> <지석소의궤>는 사지석을 제작한 지석소의 기록이다. 감조관이 1명이고 3방三房에 소속되었다. 먼저 사지석의 모습과 크기가 기록되고 있다. 사지석은 모두 45장으로 되어 있으며 매장마다 '대한 명성황후 홍릉지大韓明成皇后 洪陵誌'라는 글자가 좌편 모퉁이에 들어가고 <어제지문御製誌文> (제술관은 민영소, 서사관은 윤용선)과 태자가 쓴 <예제행록>을 매장마다 8행18자로 써 넣었다. 사지석은 광주 분원에서 구워서 납품했으며 석함에 넣어 무덤 속에 묻었다.

이상은 한영우(2000) <을미지변 대한제국 성립과 ≪명성황후국장도감의궤≫해제>(≪명성황후국장도감의궤 1≫2000: 47)에서 뽑아온 것이다. 사기로 만든 지석이 명성황후의 경우 45장이라는 것을 알 수 있다.

그림 6-3 지석誌石의 신도山圖

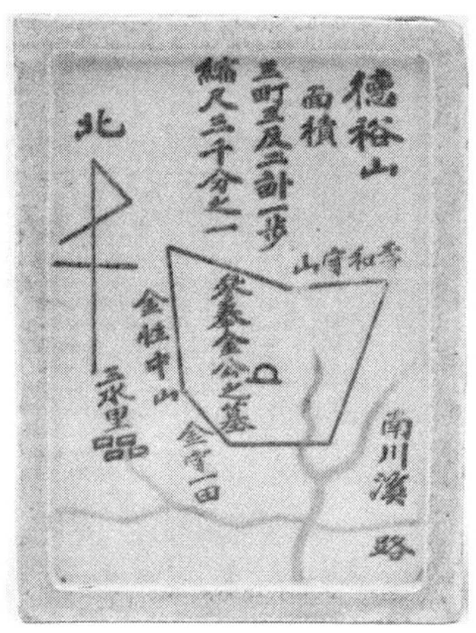

[설명] 묘지墓誌로서의 산도山圖

5 좌향석(坐向石)

좌향석은 조선 후기에 들어와 묻은 것처럼 보인다.
홍릉洪陵의 좌향석을 보이면 다음과 같다.

坐向石은 길이가 2자, 너비가 9치, 두께가 6치이다. 해지楷字로 양주楊州 천장산天藏山 아래 청량리淸凉里 홍릉洪陵 左旋乾亥行龍 丑艮翻身 坎癸逶迤 乾亥起峯 甲卯剝換 艮戌㽬寅 入首艮坐 坤向乾丙 得丁歸合 五行四十八字를 붉은 색으로 채우고 혼유석 아래 박석 아래에 안치安置하여 매장埋藏(제조 李鎬翼 쓰다)한다. 개석蓋石의 길이와 너비는 같다.

이 좌향석에 대한 도설은 다음과 같다.

그림 6-4 좌향석 도설

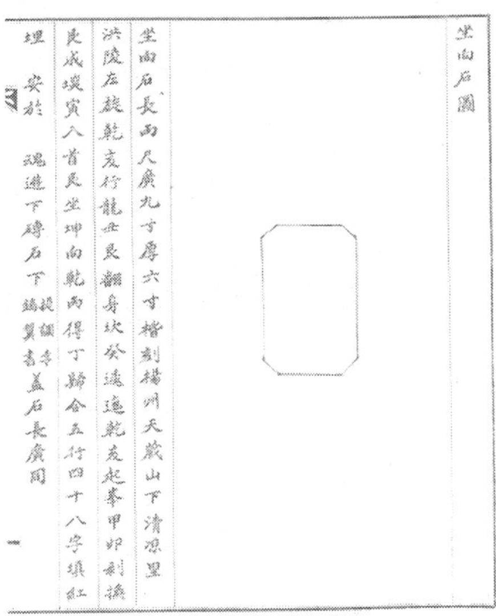

[설명] 홍릉 좌향석도

제7장 '풍수학'의 역사적 전개에서 취급하므로 여기서는 생략하기로 한다.

6 기타 금석문(金石文)

여기서 기타 금석문이란 상석, 혼유석, 호석, 문인석 따위에 나타나는 글을 대상으로 한다. 상석이나 혼유석의 경우는 주로 피장자의 신원을, 호석의 경우는 방위를 나타난 것이다.

현대의 입장에서 볼 때, 상석의 앞면에 피장자의 신원을 각자刻字하는 것은 일반적인 현상이다. 이런 상석의 각자 현상이 형성된 것은 조선 초창기라고 생각된다.

그림 6-5 상석의 금석문

[설명] 상석에 새겨진 금석문

그 좋은 사례가 김국광金國光(1415~1480) 부부의 묘(충청남도 계룡시)는 상하분이다. 상분이 부인 황씨의 무덤이고 하분이 남편 김국광의 무덤이다. 방부하엽형 묘표에서 정경부인 장수황씨貞敬夫人長水黃氏의 '부후祔後'라는 표제문이 보이는 것은 이 때문이다. 즉 부인은 '[남편의] 뒤에 모셨다'는 것이다. 김국광은 1441년(세종 23)에 출사하여 1467년(세조 13) 이시애李施愛(?~1467) 반란이 일어나자 병조판서로 난을 평정하여 적개공신敵愾功臣 2등에 올라 광산군光山君에 봉해졌다. 1471년(성종 2) 좌리공신佐理功臣 1등으로 광산부원군光山府院君에 봉해졌나. 일찍이 세종의 명을 받아 ≪경국대전≫을 착수하기도 했다.

左議政光山府院君金公墓 [좌의정 광산부원군 김공 묘]

이것은 김국광 묘의 상석에 새겨진 각자이다. 김국광의 시호는 '정정丁靖'이다. 그런데 '정丁'자가 들어간 시호는[27] 부정적인 평가에서 비롯

27) ≪경국대전≫ 이조吏曹 증시조는 '종친 및 문무관의 실직 정2품이상의 관직에 있던 자에게는 시호를 추증한다. [친공신이면 비록 직관이 낮더라고 또한 시호를 추증한다]. ○ 봉상시奉常寺의 정正 이하의 관원이 논의결정하여 시호를 받은 자의 행장을 갖추어 이조에 보고한다.'

된다는 것이다.

> 삼가 시법諡法을 살펴보니, 의義를 행하는 데 능하지 못함을 정丁이라 한다.' 하고, 주註에 이르기를, '능히 의義를 이루지 못한 것이다.' 하였으며, '몸을 공손히 하고 말을 적게 함을 정竫이라 한다.' 하고, 주에 이르기를, '몸을 공손히 하고 말이 적으니, 말이 적은 것이 적중適中)하다.'고 하였으니, '정丁'과 '정竫' 두 글자의 뜻은 선善과 악惡이 상반相反된 것인데, 신의 아비의 한 몸의 시호를 '이 두 가지로' 합하여 지었으니, 이는 선과 악이 서로 섞였으며, 시호를 명하는 예例에도 어긋남이 있습니다.

이 인용문은 성종실록 13년 [1482] 7월18일조의 일부이다. 이것은 김극유金克忸(?~?)가 아버지 김국광의 시호를 고쳐 주도록 상소하는 대목이다.

시호에서 '정丁'자를 쓰는 의義를 행하는 데에 능숙하지 않다는 인물평가에 의거한 것이라는 것이다. 능히 의를 이루지 못했다는 사후의 평가인 것이다. 이두희李斗熙, 박용규朴龍圭, 박성훈朴成勳, 홍순석洪順錫 등이 1988년에 편저한 ≪한국인자호사전韓國人字號辭典≫에 의하면, '정丁'자가 들어 있는 시호는 두 명으로 많은 수효는 아니다.[28)]

---

28) 정정丁竫의 김국광과 정도丁悼의 이영은李永垠(1434~1471)이 그들이다. 참고로 두 자의 시호 가운데 첫 자의 통계를 살펴보면 다음과 같다. 이 자료는 ≪한국인자호사전韓國人字號辭典≫에 의거한다.
각覺이 1명, 간簡이 3명, 강康이 12명, 강剛이 6명, 개介이 1명
개凱이 1명, 경景이 39명, 경敬이 16명, 공恭이 73명, 관寬이 1명
광光이 1명, 광匡이 10명, 광廣이 3명, 기祁이 1명, 낭郞이 3명
단端이 2명, 대大이 6명, 대戴이 5명, 도度이 1명, 도都이 1명
돈敦이 1명, 동洞이 1명, 명明이 5명, 무武이 27명, 무無이 1명
문文이 명, 민愍이 2명, 민敏이 3명, 발發이 5명, 법法이 3명,
보普이 5명, 보寶이 3명, 봉奉이 1명, 사思이 7명, 선先이 1명
선禪이 1명, 선善이 1명, 선宣이 3명, 성成이 4명, 성誠이 1명
세世이 1명, 소昭이 15명, 숙肅이 26명, 순純이 2명, 순順이 9명,
신信이 1명, 신神이 1명, 안安이 명, 양良이 명, 양襄이 명,
엄嚴이 1명, 열烈이 3명, 영英이 9명, 영榮이 5명, 영靈이 3명,

상소의 내용에 의하면, 김국광의 시호가 '정丁'자로 평가된 것은 동생과 사위의 '실수'라는 항변이다.

> 동생과 사위가 범한 것은 모두 동생과 사위 자신의 실수입니다. 동생과 사위의 몸은 신의 아비 [김국광]의 몸이 아니므로, 동생과 사위의 실수는 신 [김극유 등]의 아비의 실수가 아닙니다.

이러한 동생과 사위의 실수가 김국광에게 영향을 미쳐서는 아니 된다는 것이다. 이러한 과정은 이미 세조와 성종이 '분변'한 일이라는 것이다.

> 이른바 대간의 논박이란 것은 다만 익명서匿名書에 의한 것인데, 익명서는 신의 아비가 세조조世祖朝 때에 오랫동안 병권兵權을 맡아서, 임금의 총애가 날로 융성隆盛하여, 이를 꺼리는 자가 음중陰中의 술책으로 뜬말을 만들어낸 것입니다. 세조께서 요·순堯·舜과 같은 밝으심으로 신의 아비가 그러한 사실이 없는 것을 밝게 아시고 전교하시기를, '김국광金國光은 결단코 이런 일이 없다.'고 하시며, 도리어 그 때에 간원諫員이 탄핵하는 것을 허물하셨습니다. 그리고 당조當朝 [성종]에 이르러서는, 신의 아비가 두 번째로 상부相府에 들어가니 간관諫官이 이것을 지적하여 논박하므로 전하께서도 전일의 일을 상고하여 사실이 없음을 분변하였으나, 신의 아비가 진정陳情하여 굳이 사양한 뒤에 정승만을 면하기를 허락하셨습니다. 하물며 익명서는 본래 허위虛僞에서 나

예譽○ 1명 온溫○ 1명 요了○ 1명, 용容○ 1명, 원元○ 15명,
원圓○ 13명 위威○ 8명, 유柔○ 1명, 응凝○ 1명, 의毅○ 13명,
의義○ 9명 의懿○ 8명, 이夷○ 4명, 익翊○ 2명, 익翼○ 45명,
인仁○ 2명 인忍○ 1명, 자玆○ 1명, 자慈○ 2명, 장章○ 24명,
장長○ 2명, 장壯○ 15명 장莊○ 41명, 절節○ 6명, 정丁○ 2명,
정正○ 15명, 정定○ 10명, 정貞○ 152명, 정靖○ 84명, 정靜○ 4명,
제齊○ 10명, 지智○ 21명, 진眞○ 10명, 질質○ 1명, 징澄○ 1명,
철澈○ 1명, 청淸○ 10명, 충忠○ 453명, 통通○ 1명, 편編○ 1명,
평平○ 22명, 헌憲○ 9명, 헌獻○ 5명, 현玄○ 1명, 현顯○ 3명,
혜惠○ 9명, 혜慧○ 3명, 호胡○ 15명, 홍弘○ 2명, 황荒○ 1명,
회懷○ 1명, 효孝○ 117명, 희熙○ 1명, 희僖○ 13명, 창昌○ 1명

오는 것이므로, 율문律文에서 금하는 것이니, 진실로 신의 아비에게는 손익損益이 없습니다. 더구나, 세조께서 앞서 분변하시고 전하께서 뒤에 분변하시어, 만에 하나라도 의심할 만한 것이 없는 것이겠습니까?

이러한 아들의 변론는 김국광이 죽은 뒤 3년상(1480~1482)을 지내는 동안 지속되었다. 6회나 상소했다는 기록이 나오기 때문이다. 태상시太常寺에서 시호를 의논한 것이 공정치 못했다. 그래서 그 일을 가지고 여러 번 상소하여 여섯 번째에 이르렀으나, 윤허를 받지 못하였다. 슬픔을 머금고 원통한 마음을 지닌 채, 아침저녁으로 운 것이 하루나 한 달이 아니다. 아버지의 행실이 만약 시호에 적합하다면 무슨 면목으로 다시 성청聖聽을 더럽히겠는가? 시호란 것은 실덕實德을 기록하여 '후세'에 권하고 경계하는 것을 드리우는 것이다. 만약 선행善行의 실상이 있는데도 더러운 시호를 얻거나, 악행惡行의 실상이 있는데도 아름다운 시호를 얻는다면, 이는 옳고 그름을 그릇되게 하여 다음 세대를 속이는 것이니 장차 무엇으로 믿음을 취하여 권하고 경계함을 드리우겠는가? 지금 대간臺諫이 동생과 사위의 범죄가 있음을 논박論駁함이 있어 신의 아비가 결점이 있다고 지적하여 '정丁'으로 시호를 한 것이다.

이러한 논의는 일종의 연좌제에 대한 반박이라고 할 수 있다.

이런 와중에서 김국광의 시호가 들어간 묘갈을 세우기는 어려웠을 것이다. 우선 상석에 김국광의 묘표를 각자하여 시호가 정정된다면, 묘갈을 세우려고 했던 것이다. 후대에 세운 방부하엽형 묘갈의 표제문은 '유명 조선 좌의정 광산부원군 김공국광지묘 정경부인 장수황씨 부후有明朝鮮左議政光山府院君 金公國光之墓貞敬夫人長水黃氏祔後'이다.

이와 같이 상석에 각자하는 데에는 그럴 수밖에 없는 까닭이 있었던 터이다.

그런데 17세기에 오면 이와는 다른 용례가 발견된다. 원두표元斗杓(1593~1664) 묘(경기도 여주군 북내면 장암리 아랫말)가 그것이다. 이 경우 상석의 앞면 각자와 묘표를 동시에 새기고 있다는 사실이다. 이 묘는 합장의 형식이다.

방부개석형 묘표는 백대리석으로 해서체로 썼다. 표제문은 '유명 조선 정사공신 좌의정 세자부 원평부원군 시충익 원공 휘두표 정경부운 삭령 최씨 부좌有明朝鮮靖[29]社功臣左議政世子傅原平府院君謚忠翼元公諱斗杓 貞敬夫人朔寧崔氏祔左'이다. 참고로 신도비는 100년이 지난 후인 1765년에 민진원閔鎭遠이 [전서체] 표제篆을, 외가 후손인 이최중이 [해서체] 글씨書를, 김원행이 글撰을 쓴 방부가첨형이다.

상석의 각서는 앞면에만 있지 않고 청룡 측면부터 시작하는 것이 특이하다. 이러한 글자의 배치는 상석 앞면에 들어갈 글자를 배려하고 '정사공신'을 드러내기 위한 이중적 장치라 할 것이다.

朝鮮靖社功臣 [동쪽 측면]

左議政原平府院君謚忠翼元公諱斗杓墓貞敬夫人朔寧崔氏祔左 [중앙 정면]

해서체로 상하로 두자씩 내려 썼다. 단지 '斗杓'는 휘이기 때문에 한 자만 배열했다. 상석의 각자 배열은 휘와 구별하는 경향이 있었다.

氏		貞	墓	濂	景	元	原	曹	朝
祔	山	夫				公	興	參	鮮
左	李	人	贈				君	判	兵

이상은 원경렴元景濂(1704~1767) 묘(경기도 여주군 북내면 장암리 아랫말)의 상석 각자의 앞면도이다. 휘를 구별하고 있다.

29) 존경의 의미로 한 글자를 비워두고 썼다. 보통 임금이나 관련된 사항이 나오게 되면, 한 글자를 비워 두는 것은 이 때문이다.

朝鮮兵曹參判原興君元公諱景濂 贈貞夫人■山李氏祔左

그렇다고 모든 상석의 각자가 휘를 다른 글자와 구별하는 것은 아니다.

氏	平	人	敬		之	鎭	忠	閔	丹
祔	尹	坡	夫	貞	墓	遠	公	文	巖

이것은 민진원閔鎭遠(1664~1736) 묘(경기도 여주군 가남면 안금리 쇠푸리마을)의 상석 각자를 원래의 배열도이다. 여기서는 휘가 구별되어 있지 않다. 각자의 배열 방식은 본관-시호-휘 부인직위-본관-부 [합장방법] 즉 '단암민 문공 진원지묘 정경부인 파평윤씨 부丹巖閔文忠公鎭遠之墓 貞敬夫人坡平尹氏祔'의 순서이다.

氏	臨	夫	配	之	趙	漢	城	夫	通
祔	陂	人	淑	墓	公	陽	判	行	政
左	林						官	鏡	大

이 상석의 각자 배열도는 조창근趙昌根(1836~1909)의 묘(경기도 여주군 금사면 이포리 이포마을)이다. '통정대부 행경성판관 한양조공 창근지묘 배숙부인 임피임씨 부좌通政大夫行鏡城判官漢陽趙公昌根之墓 配淑夫人臨陂林氏祔左'을 위의 각자도처럼 배열한 것이다. 일반적으로 상석의 각자는 가로 10자 세로 2줄 혹은 3줄이라는 것을 짐작할 수 있다.

특히 조창근 묘의 상석 각자는 근래에 만들어졌고 '배配'라는 용어를 사용한 것도 기억할 만하다.

상석의 정면에 각자 대신 구름 무늬雲紋을 새긴 흥미로운 사례가 있다. 그 묘의 피장자는 임원준任元濬(1423~1500)이다. 1456년(세조 2)에 벼슬길에 나가 1471년(성종 2)에는 좌리공신佐理功臣이 되어 서하군西河君으로 봉해진 사람이다. 관직은 좌찬성이었고 두 손자가 각각 예종과 성종의 부마駙馬 즉 왕실에 편입되었다. 그러나 중종반정으로 모두 몰락하고 말았다.

이 묘는 전후분前後墳으로 2단 5각형의 호석으로 조성되었다. 경기도 향토유적 12호이다. 전후분의 봉분은 각각 남편과 아내의 것으로 별도의 상석과 고석 [족석]이 배치되어 있다. 그런데 전분에 놓여진 상석(높이 31, 폭 [너비] 184, 두께 85)의 앞면에 좌우의 일직선으로 운문雲紋이 양각으로 새겨져 있다. 왜 이런 구름 무늬를 새겼는지 알 길은 없다.

다만 추측되는 것은 신원을 밝혀주는 묘표를 세우지 않았다는 점에서 각자와 같은 의미가 아닐까 생각해 본다. 방부이수형 신도비가 1500년(연산 6)에 건립되었다. 이로 보아 상석도 같이 조영되었을 것이다. 당시 임원준 집안은 최고의 전성기를 누리던 시기였다. 무인석만 보더라도 카이젤 수염을 기른 호인상胡人像은 예술적으로도 수준이 높은 작품이다. 더욱이 신도비도 대석을 2단으로 처리하여 치장한 것은 가히 예술품이라 할 것이다. 이러한 점에서 상석의 앞면을 밋밋하게 두는 것보다 장식을 하고 싶었을 것이다. 이러한 무늬를 다른 묘에서 찾을 수 없기 때문에 각자의 기능까지도 가능하리라는 생각이다. 일석이조의 박선인 셈이다.

1) 호석(護石)

유량柳亮(1345~1416)의 묘(경기도 남양주시 조이면 시우리 산 21-1)는 부인과 함께 쌍분이다. 유량(서쪽) 묘의 봉분은 장대석을 이용하여 3단으로 호석을 둘렀다. 2단의 호석에 '右相柳亮之墓'이란 각자가 보인다. 동쪽 묘의 봉분은 2단인데 역시 각자가 되어 있어서 부인이라는 것을 알 수 있다.

그림 6-6 호석의 금석문

a

b

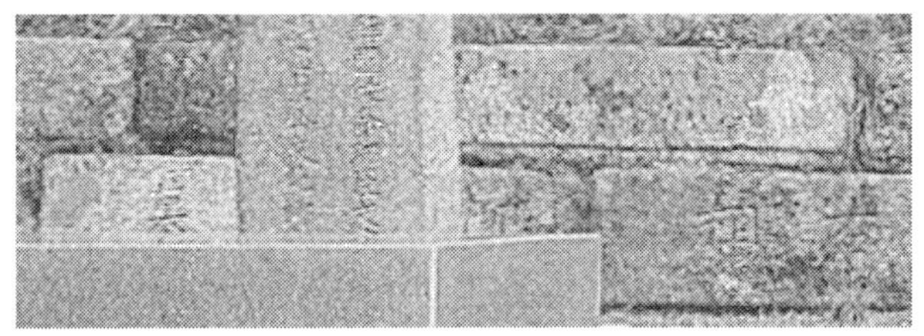

[설명] 호석에 각자한 금석문 a 전체이고 b 상세한 부분

'右相柳亮之墓'이 2단석에 각자되어 있다.

윤창운尹昌運(1601~1637)의 묘는 경기도 여주군 점동면 사곡리 밤골에 있다.[30] 부부가 쌍분雙墳으로 백호쪽의 봉분이 남편의 것이고 청룡쪽이 아내의 것이다. 이들 부부의 봉분은 각각 4각 호석을 두르고 그 앞에 혼유석을 배설하였다. 남편의 호석에는 '해평후인 윤창운지묘海平後人尹昌運之墓'으로, 아내의 그것은 '공인 전주이씨 부ㅇㅇㅇ恭人全州李氏祔ㅇㅇㅇ'이다.

참고로 부부 봉분의 백호 쪽에 방부개석형 묘표가 배열되었다. 묘표

30) 여주향토사료관(2005)≪여주의 능묘와 석물≫'윤창운 묘'

의 앞 면이 봉분을 향하여 있고 아래로 망주석과 문인석이 차례로 도열되어 있다. 역시 청룡 쪽도 방부원수형 비석과 망주석과 문인석이 도열되어 있다. 석물의 전체 배열이 좌우 양쪽에서 도열한 구성이다.

방부개석형 묘표에는 그 자료가 애석艾石이다. 그 앞면은 '통덕랑 해평윤공 숙형지묘通德郎海平尹公昌運叔亨之墓 공인 전주이씨 부좌恭人全州李氏祔左'이다. 여기서 '통덕랑'은 정5품의 동반 관계이다. 윤창운의 할아버지는 해선군 윤승길海善君尹承吉(1540~1616)이고 아버지는 평양부서윤平壤府庶尹을 지낸 윤신尹璶(1568~1624)이다. 윤창윤 본인의 품계는 '통덕랑'으로 되어 있으나 실제로는 나가지 않았다. '숙형'은 그의 자이다.

이 비의 건립 연대는 '숭정 기원후 무진 57년 갑자 8월 일립崇禎紀元戊辰後五十七年甲子八月日立' 즉 1684년(숙종 10)이다. 묘표는 그가 죽은 지 47년만에 세워진 것임을 알 수 있다. 그러므로 호석의 피장자 신원의 각자는 묘표을 세우기 이전의 장치라고 할 수 있다.

2) 혼유석(魂遊石)

혼유석에 글자가 새겨져 있다. 용인재用因齋는 원만춘元萬春[1626~1697]의 호이다. 벼슬은 한성부우윤漢城府右尹에 이르렀다. 혼유석이 상석보다 높다. 그리고 묘표가 봉분의 좌청룡쪽 [정면]에 위치해 있다. 묘는 경기도 여주군 북내면 장암리 고래골 오소산에 위치해 있다.

그림 6-7 혼유석의 금석문

[설명] 원만춘 혼유석 부분과 전체

혼유석이 상석과 봉분 사이에 위치한 것이다. 원주 원씨 세장지의 원두표元斗杓 [1593~1664]의 묘 [경기도 여주군 북내면 장암리 아래말]은 묘표- 혼유석-상석 순으로 배열되어 있다. 원두표는 원평부원군原平府院君으로 우·좌의정에 올랐고 시호는 충익忠翼이다.

3) 문인석(文人石)

문인석에도 각자한 경우가 있다.

이우량李友諒의 묘(경기도 여주읍 홍천면 귀백리 작은골)에 있는 문인석이 그 보기이다. 동쪽 문인석 뒷면 하단에 큰 글씨로 '天啓三年 呂江

李氏'라는 각자가 있다. 천계 3년은 1623년이다. 이우량의 묘역에는 동쪽에 백대리석으로 만든 방부이수형의 묘표가 있어서 석물에 특별한 관심과 재력을 보여주었다.

이우량의 생몰연대는 알 수 없고 관직은 서반직 정6품인 돈용교위敦勇校尉이었다.31)

제3절 중국(中國)의 비(碑)

- 서사증의 ≪문체명변≫을 중심으로

중국의 비 문화는 서사증徐師曾의 ≪문체명변文體明辯≫을 통하여 그 내용 파악이 가능하다. ≪문체명변≫에서 55권부터 비 문화를 취급하고 있다.

1 묘비(墓碑)문

서사증은≪문체명변≫ 55권에서 묘비문을 다음과 같이 설명하고 있다.

옛날에 장사葬事 때는 풍비豐碑가 있었다. 나무로 만들어 덧널槨의 앞뒤에 꽂았다. 그 가운데로 구멍을 뚫어서 녹로鹿盧로 삼았다. 경로를 꿰뚫어서 정하였다. 단궁檀弓에 실리기를, 공실公室에서만 풍비를 볼 수 있다고 했다. 한漢 [BC 206~AD 220] 나라 이래로 와서 비로소 죽은 자의 공로와 업적功業을 새기기 시작하였다. 처음에는 나무의 끝에 새겼으나 뒤에는 고쳐서 돌을 사용하였다. 즉 유협劉勰(약465~약532)의 글 [문심조룡文心雕龍]대로 소위 신주廟부터 분묘墳墓까지 쓰였다. 진

31) 여주군향토사료관 외(2005) ≪여주의 능묘와 석물≫ 250~251쪽

송晉 [後晋 936~946]宋 [960~1279] 간에 비로소 신도비神道碑라 칭했다. 대개 감여가堪輿家에서 동남東南으로 신도神道를 삼았으니 비를 그 자리에 세웠다. 그런 까닭에 이런 [신도비] 이름을 얻었다. 당唐 나라 비제碑制는 구부리수龜趺螭首로 5품 이상 관직官職에서 사용하였다. 근래에 너무 널리 보급되어 등차가 있으므로 이를 제지하기에 이르렀다.

그림 6-8 서사증의 ≪문체명변≫

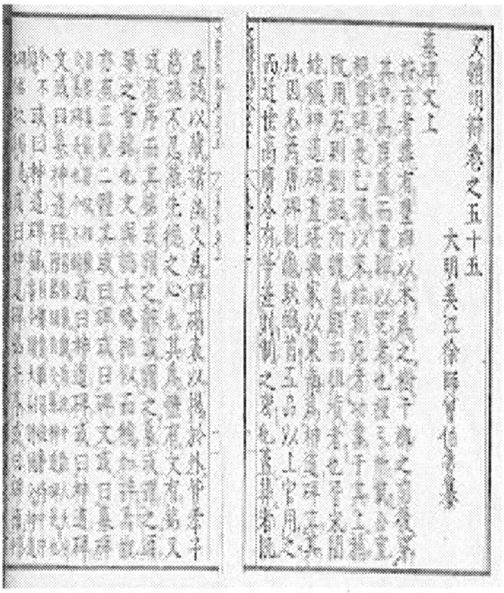
文體明辨卷之五十五
大明吳江徐師曾伯魯纂
墓碑文上

[설명] 서사증의≪문체명변≫제55권 첫 부분

대개 장사葬事가 진행되면 무덤에 묻을 지誌를 마련하거나 또한 세상에 공로와 업적을 내세울 비갈표碑碣表를 마련했다. 이것이 모두 효자孝子와 자손慈孫이 참아 숨기지 못하는 선덕先德의 마음이었다.

그 문체는 문文과 명銘이 있고 혹은 서序가 그 명銘에 있고 혹은 이를 사辭라 이르기도 하고 혹은 이를 계系라고도 하고 혹은 송요頌要라고 하기도 했다. 이들을 모두 명銘이라 한다. 문文과 지誌는 대략 비슷한데 점점 상세함이 보태어졌다. 고로 역시 정변正變의 2 문체가 있다. 그것은 비碑하고 혹은 비문碑文이라 하고 혹은 묘비墓碑라고 하고[32], 혹은 신도비神道碑라 하고 혹은 신도비문神道碑文이라고 하고[33], 혹은 신도비명神道碑銘이라 하고[34], 혹은 신도비명병서神道碑銘幷序라 하고, 혹은 비송碑頌이라[35] 한다. 이것이 모두 다른 표제이다.

불교와 도교의 장사에 이르러도 역시 비碑를 세우는데 품관品官을 흉내내 도모한다. 역대에 서로 좇아서 이교異教를 숭상하니 어찌 이를 금하지 않는가? 이런 까닭에 직접 비碑라 하고 혹은 비명碑銘이라 하고, 혹은 탑비명병서塔碑銘幷序이라 하며, 혹은 비명병서碑銘幷序이라[36] 한다. 역시 다른 표제이다.

만약에 명銘의 문체로 성립되려면, 더불어 그것은 음운을 사용하며 여러 문집에 실린 바가 비록 능히 지명誌銘으로 나누지 않는 것은 대략 역시 상통하는 까닭이다. 이것을 다시 구분할 필요가 없는 것이다.

[예문]

<정체正體>

[송 구양수歐陽修] 태위문정왕공신도비명太尉文正王公神道碑銘 외 2편

[당 한유韓愈] 조성왕비曹成王碑

---

32) 창려집昌黎集에 실리기를, '당고상권공 묘비唐故相權公墓碑'가 이것이다. 지금은 수록하지 않는다.

33) 창려집에 실리기를, '당고중산대부소부감호량공묘신도비唐故中散大夫少府監胡良公墓神道碑'가 이것이다. 지금은 수록하지 않는다.

34) 창려집에 실리기를, '사도겸시중중서령 증태위허국공 신도비명司徒兼侍中中書令贈太尉許國公神道碑銘'의 부류가 이것이다. 지금은 수록하지 않는다.

35) 채중랑집蔡中郎集에 실리기를, '태위교공비송太尉橋公碑頌'이 이것이다. 지금은 수록하지 않는다.

36) 당문수唐文粹에 실리기를, 장방蔣防이 '연주정복산료선생비명병서連州靜福山廖先生碑銘幷序'의 부류이다. 지금은 수록하지 않는다.

[한 채옹蔡邕] 한태위양공비漢太尉楊公碑 외 3편

[魏 감단순邯鄲淳] 진군비문陳君碑文

[당 한유] 청변군옥양연기비문淸邊郡玉楊燕奇碑文 一作청변군옥양공신도비淸邊郡玉楊公神道碑

[송 왕안석王安石] 증예부상서안혜주공신도비贈禮部尙書安惠周公神道碑 외 1편

[한 채옹] 곽유도림종비郭有道林宗碑 [혹은 곽유도비문郭有道碑文 또는 도선생태원곽림종비道先生太原郭林宗碑

[당 한유] 당고하동절도관찰사영양정공신도비문唐故河東節度觀察使榮陽鄭公神道碑文

[당 유종원柳宗元] 남악 [형산]설봉사화상비南嶽 [衡山]雪峰寺和尙碑

[당 양숙梁肅] 월주개원사율화상탑비명병서越州開元寺律和尙塔碑銘幷序

<변체變體>

[송 왕안석] 사농경분사남경진공신도비司農卿分司南京陳公神道碑 외 1편

[위 감단순] 조아비曹娥碑

[당 유종원] 용안해선사비龍安海禪師碑 외 1편

2 묘갈문(墓碣文)

반니潘尼가 반황문갈潘黃門碣을 지었으니 갈碣의 작품은 진晉부터 비롯되었다. 당 [618~907] 나라의 갈제碣制는 방부원수方趺圓首로 5품 이하가 관용官用으로 사용했다. 근세에 다시 널리 이를 쓰게 되니 그 제도가 끈질기다. 옛날부터 비碑와 더불어 갈碣의 근본은 서로 통하므로 후세까지 관官의 품계인 원래대로 사용된 것이다. 그 이름과 그 실질로 구분하는 것은 크게 다르지 않은 것이다. 문文과 비碑가 서로 같은 부류

이므로 이것은 명銘이 있고 없고가 되는 것이다. 오직 사람들이 사용하는 바에 따라 표제는 갈명碣銘이라 이르고 갈碣이라 갈송병서碣頌幷序라[37] 하니 모두 갈체碣體였다. 전문적인 데 이르러, 갈碣을 말하면 명銘이 있기 마련이고 혹은 겸하여 명銘을 말하면 명이 없기 마련이다. 역시 오히려 지명誌銘이 같지 않은 것이 전요典要인 셈이다. 묘갈문에는 정변正變의 2 문체가 있으니 그 명銘과 운韻이 역시 지誌와 더불어 같은 말이 되니 묘비조墓碑條의 아래를 보라.

[예문]

<묘갈명墓碣銘>

[송 구양수] 영릉현령증상서도관원외랑오군묘갈명零陵縣令贈尚書都官員外郎吳君墓碣銘

<제겸운명이각무명題兼云銘而卻無銘>

[당 한유] 당하중부법조장군묘갈명唐河中府法曹張君墓碣銘

<제단운갈이각유명題單云碣而卻有銘>

[당 유종원] 고어사주군갈故御史周君碣

<묘갈墓碣>

[송 왕안석] 내전숭반전군묘갈內殿崇班錢君墓碣

[당 유종원] 망우고비서성교서랑독고군묘갈亡友故秘書省校書郎獨孤君墓碣

[송 왕안석] 선원현태군하후씨묘갈仙源縣太君夏候氏墓碣

3 묘표(墓標)·천표(阡表)·빈표(殯表)·영표(靈表)

묘표는 동한東漢 [25~220] 안제安帝(106~125) 원년에 비롯되었다. 아뢰어 세우니 경군묘표景君墓表였다. 그 이후 그런 유래로 문체와 비갈이 동일한 개념이 되었으니, 벼슬이 있거나 없거나 비갈의 등급제한

37) 당문수唐文粹에 실리기를, 진자묘陳子昴가 지은, '소이자조씨갈송병서昭夷子趙氏碣頌幷序'이 이것이다. 지금은 수록하지 않는다.

이 같지 않더라고 모두 사용이 가능했다. 신도神道에 나무를 심고 신도표神道表라 칭했다. 그 문체는 정正과 변變의 기록이 있어서 이를 변별했다. 또한 천표阡表, 빈표殯表, 영표靈表을 취하여 간편干篇을 붙여서 원류를 소급하고 궁구했다. 대개 천阡은 무덤길墓道이다. 빈殯이란 아직 장사하지 않음을 말하고 영靈이란 죽음이라 칭하는 시작인 것이다. 영부터 빈까지, 빈부터 묘까지, 묘부터 천까지인 것이다. 명 나라 이후부터 묘표를 보편화되었다.

[예문]

<묘표墓表>

<정체正體>

[당 유종원] 선시어사부군신도표先侍御史府君神道表, 당고급사중황태자시독육문통선생묘표唐故給事中皇太子侍讀陸文通先生墓表

[송 구양수] 상서둔전원외랑증병부원외랑전군묘尙書屯田員外郎贈兵部員外郎錢君墓, 호선생묘표胡先生墓表, 태상박사주군묘표太常博士周君墓表

[송 왕안석] 태상박사정군묘표太常博士鄭君墓表, 귀지주부심군묘표貴池主簿沈君墓表

[송 구양수] 석만경묘표石曼卿墓表 (친구 구영수가 그 묘에 쓰다), 연처사묘표連處士墓表, 내전숭반설군묘갈內殿崇班薛君墓碣, 영춘현령구군묘표永春縣令歐君墓表

[송 왕안석] 처사정군묘표處士征君墓表

<변체>

[송 범중암范仲庵] 권삼사염철판관상서병부원외랑왕군묘표權三司鹽鐵判官尙書兵部員外郎王君墓表

[송 구양수] 용무장군설군묘표龍武將軍薛君墓表

<천표阡表>

[송 구양수] 농강천표瀧岡阡表

<빈표殯表>

[당 한유] 시주방사군 [이름은 무武]정부인빈표施州房使君 [이름은 武]鄭夫人殯表

<영표靈表>

[한 채옹] 태부안락후호공부인영표太傅安樂侯胡公夫人靈表

4 문체상의 특징

묘비문은 정체正體와 변체變體가 있다. 정체나 변체 모두 공히 후반부가 '~명왈銘曰', ~사왈辭曰, ~송왈頌曰, ~사왈詞曰 따위가 표현된다. 변체의 경우도 이와 같다. 다만 '~명서왈銘序曰'이란 형태가 보이는 경우가 나타난다.

구양수歐陽修의 태위문정왕공신도비명太尉文正王公神道碑銘에서 .... 명왈銘曰..., 한유韓愈의 조성왕비曹成王碑에서 .... 사왈辭曰 따위가 그 보기이다. 유종원柳宗元의 용안해선사비龍安海禪師碑에서 ...... 銘曰..따위는 불교의 명銘으로 4언이다.

묘갈이나 묘갈명의 정체나 변체도 묘비명과 동일한 경우이다. 다만 변체인 경우 명銘은 잡언雜言이 된다. 묘표墓表, 천표阡表, 빈표殯表, 영표靈表 등도 앞에서 보이는 명왈, 사왈, 명서왈 따위의 형식이 없다.

제7장 역대(歷代)의 풍수(風水) 전문가(專門家)들

풍수문화에서 '장지葬地'를 최종으로 선택하는 사람은 결국 상주喪主일 수밖에 없다. 왕릉의 경우 총호사 즉 상장을 총괄하는 관리를 중심으로 국가의 최고기관인 의정부 관리까지 포함하여 상지관相地官를 대동하여 직접 현장을 몇 차례씩 답사한 후 최종으로 '산도山圖'와 '산론山論'를 보고하게 된다. 조선 후기에 오면, 세 차례의 간심看審을 거쳐 이 과정을 밟는다. 그러나 최종 결정은 임금이 내린다.

이렇게 정리하면, '담당자'란 1) 왕, 2) 총호사를 비롯한 상지관을 대동하며 참여하는 관리들과 실제 왕릉 조영에 참여하는 각 도감들 특히 산릉도감의 제조, 3) 현장에 나가 간심하는 상지관들 따위를 말한다. 보기를 들면, 세조나 정조의 경우 특히 정조는 일반 상지관의 수준을 뛰어넘는 실력의 소유자라 할 수 있다. 관리로 하륜, 이정녕, 윤선도, 윤강 등은 당대의 일류의 풍수였다. 이러한 범주를 가지기 때문에 '담당자'라고 한 것이다.

이러한 의미에서 역대의 풍수담당자를 조사 정리한 경우는 없다. 기초적인 수준이지만, 애오라지 김두규 교수의≪풍수학사전≫(2005)과 ≪조선풍수학인의 생애와 논쟁≫(2000) 따위의 성과가 있어서 그나마 다행스런 일이다.

전자의 문헌정보에서 김 교수는 1) 한반도 역사와 풍수사에 자주 등장하는 인물, 2) 고증된 기록으로 남겨져 있는 인물, 3) 생존인물은 수록하지 않는다는 수록 기준을 적용하여 풍수문화 담당자 33명을 정리하고 있다.

고증안, 김위제, 김일룡, 남사고, 도선, 두사충(귀화), 목호룡, 목효지, 묘청, 무학대사, 문맹검, 박상의, 배종호, 백승현, 서유구, 성담기, 성지, 시문용(귀화), 신돈, 안효례, 어효첨, 윤선도, 이양달, 이의신, 이일승, 정인지, 정조, 조윤, 최양선, 최호원, 하륜, 호종단(한·중), 황득정

이들 33명의 상지자들은 중국에서 귀화한 사람을 포함한 숫자이다. '한반도에 영향을 직간법으로 끼친 인물'로 중국 사람도 38명도 함께 선정하여 소개하고 있다.[1)]

≪삼국사기≫·≪삼국유사≫·≪고려사≫·≪조선왕조실록≫ 따위를 비롯한 문헌을 조사한 결과 130여 명의 상지자들이나 되었다. 이 숫자는 산릉도감 제조를 비롯한 임시직을 맡았던 관리나 왕은 제외한 결과이다.

제1절 신라 시대

일반적으로 땅을 점쳤다는 것은 우리나라 역사의 시작과 함께 일 것이다. 무덤을 쓰거나 집을 짓거나 어디 아무데나 정할 수 없기 때문이다. 다만 '땅을 점쳤다 卜地'는 것이 '무의식적인 학'이 아니라 '경험의 체계

1) 그 38명은 명단은 다음과 같다. 곽리자, 곽박, 관로, 낙록자, 뇌문준, 도간, 동중서, 맹호, 범월봉, 복응천, 서선계·서선술, 섭정국, 소길, 심호, 양균송, 오자, 요금정, 요문전, 월사, 유기, 유차장, 이문통, 이순풍, 일행선사, 장열, 장자미, 정자, 조방, 조정동, 주자, 증문천, 채목당, 채성우, 청오자, 호순신, 홍사, 황종희

와 논리를 의식한 학'으로의 풍수문화의 출발은 언제부터일까?

문헌상에 처음 나타난 것은 ≪삼국사기≫고구려 본기 보장왕(하) 2년[686]이다.

또 다른 기록이 ≪삼국유사≫'오대산 월정사의 다섯 성중'이다. 월정사를 두고 풍수가 국내의 명산 가운데 최고의 땅이라고 평한 것이다.

> 이 월정사는 자장법사가 처음에는 띳집을 지었으며, 다음 신효거사가 와서 살았고, 그 다음에 범일의 문인 신의두타가 와서 암자를 세워 살았으며, 그 후에 수다사의 장로 유연이 와서 살았다. 그래서 점차 큰 절을 이루었다. 절의 다섯 성중과 9층 석탑은 모두 성자의 자취다. 상지자相地者가 가로되
>
> '국내國內의 명산名山 중에서도 이곳이 가장 좋은 땅이므로, 이곳은 불법佛法이 길이 번창할 곳이다'[2]

여기 등장하는 '상지자'는 땅을 점쳐서 절이 생길 것을 예언한 것이다.

상지자와 같이 등장한 용어가 '술사術士'이다. ≪삼국유사≫ <후백제의 견훤>에 의하면, 934년 즉 청태 원년에 견훤 휘하에 있던 '술사'인 종훈宗訓 등이 태조에게 항복했다는 내용이다.

> 청태 원년 갑오(934)에 ...... 태조의 장군 유금필庾黔弼 이 날랜 기병을 이끌고 진영을 덮쳐서 3천여 명을 목베니, 웅진熊津 이북의 30여 성이 소문만 듣고 자진해서 항복했고, 견훤의 휘하에 있던 술사術士 종훈宗訓과 의원 지겸之謙, 용장 상달尙達, 최필崔弼 등도 태조에게 항복했었다.

이 인용문은 백제에 술사제도 있었다는 것을 의미한다.

'술사'가 어떤 역할을 하는 지는 분명하지 않다.[3] ≪고려사≫ <고려

---

2) 相地者云 國內名山 此地最勝 佛法長興之處 云云: ≪三國遺事≫ <臺山 月精寺 五類聖衆>

세계世系> 호경虎景에서도 신라의 술사가 등장한다.

> 그의 딸 덕주德周를 아내로 삼게 하니 드디어 거사居士 [보육寶育 후에 추존하여 국조원덕대왕國祖元德大王이 됨]가 되어 마가갑摩訶岬에 목암木菴을 지었다. 신라의 술사術士가 이를 보고 말하기를,
>
> '이곳에서 살면 반드시 당唐 나라 천자天子가 와서 사위가 될 것이다.' 고 하였다.[4]

이것은 고려 건국신화의 일부이다.

여기에 등장하는 '거사'는 '보육寶育'이다. 보육은 뒤에 추존되어 국조 원덕대왕國祖元德大王이 된다. 보육은 원래 이름이 손호술損乎述인데, 강충康忠의 둘째 아들이다. 보육은 그의 형 이제건伊帝建의 딸인 덕주德周(정화왕후貞和王后와 결혼했다. 이들 부부는 두 딸을 낳았는데, 막내딸이 진의辰義였다. 이 진의가 15살 때에 언니의 꿈(오관산五冠山 꼭대기에 올라가 소변을 보니, 그 오줌이 흘러서 천하가 넘쳤다.)을 '비단 치마'와 바꾸어 사게 되었다. 그 뒤에 신라에 피신 중이던 당 나라 선종宣宗와 천침薦枕하여 임신하게 되었다. 그래서 낳은 사람이 작건제作建帝(의조경강대왕懿祖景康大王)이다. 작건제는 용녀龍女(친정이 서해용궁西海龍宮이었다. 원창왕후元昌王后)와 결혼하여 남자 아들을 넷 두었다. 그 장남은 용건龍建(뒤에 융隆으로 고침. 세조위무대왕世祖威武大王)이었다. 용건은 꿈에 본 부인과 같았던 몽부인夢夫人(위숙왕후 한씨威肅王后韓氏)과 결혼하여 왕건王建을 낳았다.[5]

---

3) 고려 초기에 설치된 기구로 태사국太史局이 있다. 이 기구는 천문天文, 역수曆數, 측후測候, 각루刻漏 따위에 관한 일을 담당했다. 당대에도 이런 일을 담당하지 않았을까 유추해볼 따름이다.

4) ≪고려사≫ 고려 세계高麗世系 호경虎景

5) ≪고려사≫에 의하여, 왕건의 세계는 5대 할아버지가 호경虎景, 고조 할아버지가 강충康忠, 증조 할아버지가 보육寶育 즉 국조원덕대왕國祖元德大王, 할아버지가 작건제作建帝 즉 의조경강대왕懿祖景康大王, 아버지가 용건龍建 즉 세조위무대왕世祖威武大王이다.

하여튼 신라의 술사는 마가감에 목암을 지어 그 땅으로 인하여 천자 즉 고려의 건국을 이룩했다는 것이다.

또 하나의 용어가 '국사國師'이다. 술사보다는 한층 높은 단계로 여겨진다. '국사'는 도선道詵(827~898)에게 내려진 칭호이다.

1) 도선(道詵) [827~898]

최유청崔惟淸(1095~1174)은 고려의 인종과 의종의 명을 받아 도선의 비명碑銘을 썼다. 비명의 표제는 '백계산 옥룡사 증시 선각국사 비명白溪山玉龍寺贈諡先覺國師碑銘'이었다. 비명에 나타난 그의 일대기는 다음과 같다.

> 국사의 휘는 도선道詵이요, 속성은 김金씨이며, 신라국 영암靈岩 사람이다. 그 선대와 부조父祖는 역사에서 기록이 빠졌다. 혹은 그가 태종대왕의 서손庶孫이라 한다.
>
> 모친 강姜씨의 꿈에, 어떤 사람이 광채나는 구슬 한 개를 주면서 삼키라 하였는데, 삼킨 후 태기가 있었다. 만삭이 되도록 매운 것 비린내 나는 것들을 가까이 하지 않고, 오직 독경과 염불에만 뜻을 두었다. 이미 젖 먹을 때부터 보통 아이들과는 아주 달랐고, 어릴 때 장난을 하며 울 때에도 그 의향이 마치 불법을 공경하고 두려워하는 것 같았다. 그의 부모가 반드시 명승名僧이 될 줄 알고 마음속으로 중이 되기를 허락했다.
>
> 나이가 15세가 되사 총명하고 숙성하며 겸하여 기예技藝에 통하였다. 월유산 화암사月遊山華岩寺에 가서 머리 깎고 불경을 읽었는데, 한 해도 채 못되어 대의大義 [화엄경]를 통달하여 문수文殊의 미묘한 지혜와 보현普賢의 법문法門도 모두 깊이 깨달으니, 여러 학도들이 놀라고 칭찬하여 귀신 같은 총명이라 했다.
>
> 문성왕文聖王 8년에는 20세이었다. 갑자기 생각하기를, '대장부가 마땅히 법을 떠나서 고요히 살아야 할 것인데 어찌 문자文字에만 부지런히 종사할까보냐'고 했다. 때마침 혜철대사惠徹大師가 서당지장西堂智

藏 대사에게 밀인密印을 전해 받고 동리산桐裏山에서 법석法席을 여니 법을 배우려는 사람들이 많이 모였다. 대사가 선문禪門에 가서 제자가 되기를 청했다. 지장대사가 그의 총명함을 가상히 여기어 지성으로 가르쳤다. 무릇 이른 바 말없는 말과 법없는 법을 가르치니 환하게 깨달았다.

23세에 천도사穿道寺에서 구족계具足戒를 받았다. 대사가 이미 깊은 이치를 통달하고는 거처하는 곳이 일정치 않았다. 연하煙霞를 밟고 천석泉石에 앉아 그윽함을 찾고, 절승한 데를 따라 일찍이 게으름이 없었다. 혹은 운봉산 밑에서 굴을 파고 참선參禪도 하고, 혹은 태백산 바위 앞에서 띠집을 짓고 여름을 지나기도 했다. 이름이 널리 퍼져 전국에서 숭배하였으며, 도를 행하는데 감응感應이 있어 신기한 자취가 자못 많았으나, 요긴치 않은 것은 기록하지 않는다.

희양현曦陽縣 백계산白鷄山에 옥룡玉龍이란 옛절이 있었다. 대사가 돌아다니다가 여기에 와서 그 그윽한 경치를 좋아하여 집을 중수하고, 깨끗하게 평생을 마칠 뜻으로 혼자 앉아 있으면서 말을 잊은 지가 35년이나 되었다. 이래서 사방에서 학도들이 구름 모이듯 그림자 따르듯이, 제자 된 자가 수백 명이 되었다. 근기根機는 차별이 있으나 한 비로 널리 적시어 눈目만이 부딪치고 마음으로 전하여 '제자들'은 텅 빈 그릇으로 왔다가 '배워서' 꽉 채워가지고 돌아오게 되었다.

헌강왕憲康王이 그 높은 덕을 숭배하고, 사신을 보내어 맞아드려 한 번 보고는 기뻐하여 궁중에 만류해 두고, 항상 현묘玄妙한 도리로 왕의 마음을 개발開發시켰다. 얼마 안 되어 성안에 있기를 좋아하지 않아 간청하여 본절로 돌아갔다. 갑자기 하루는 제자를 불러서 말하기를 '나는 장차 갈 것이다. 대저 인연을 타고 '이 세상에' 왔다가 인연이 다 되면 가는 것은 이치의 떳떳한 것이니 어찌 싫어 하겠는가' 하고 말을 마치자 가부좌跏趺坐하고 앉아서 입적하였다. 때는 당 나라 광화光化 원년 [신라 효공왕 2년] 3월 10일이다. 향년享年이 72세이다,.

사중四衆들이 눈물을 흘리고 부모를 생각하듯 의심하듯 하면서 앉은 시체를 옮기어 절 북쪽에 탑을 세웠으니 유언遺言을 따른 것이다. 효공왕이 듣고 슬퍼하여 특히 요공선사了空禪師의 시호를 주고[6] 탑 이름을 증성해등證聖慧燈이라 했다. 제자 홍적洪寂 등이 스승의 높은 행적이

6) 김두규(2005) ≪풍수학사전≫(비봉출판사) 도선 항목에서는 '요공국사了空國師'(679쪽)로 시호가 되어 있다.

전하지 못할까 두려워하여, 눈물을 머금고 표문表文을 올려 기록해 주기를 청하므로, 왕이 서서학사瑞書學士 박인범朴仁範에게 비문을 지으라고 명령했으나 마침내 돌에 새기지 못했다.

처음에 대사가 옥룡사玉龍寺를 중건하기 전에는 지리산 구령甌嶺에서 암자를 짓고 있었는데, 이상한 사람이 대사의 앞에 와서 뵙고 말하기를, '제가 세상 밖에서 숨어 산 지가 수백 년이 됩니다. 조그마한 술법이 있으므로 대사님께 바치려 하니, 천한 술법이라고 비루하게 여기지 않으신다면, 뒷날 남해의 물가에서 들리겠습니다. 이것도 역시 대보살大菩薩이 세상을 구제하고 인간을 제도하는 법입니다.'

하고, 간데 온데 없어졌다. 대사가 기이하게 생각하고 그가 말한 남해의 물가를 찾아갔더니, 과연 그런 사람이 있었는데 모래를 쌓아 산천의 순역順逆의 형세形勢를 보여 주었다. 돌아본 즉 그 사람은 없어졌다. 그 땅은 지금 구례현求禮縣의 경계인데, 그 곳 사람들이 사도촌沙圖村이라 일컫는다. 대사가 이로부터 환하게 깨달아 음양오행의 술법을 더욱 연구하여, 비록 금단金壇과 옥급玉笈의 깊은 비결이라도 모두 가슴 속에 새겨 두었다. 그 뒤 신라의 정치와 교화가 점점 흐려져서 위태하고 멸망할 조짐이 있었다.

대사가 장차 천명을 받아 특출한 자가 있을 줄 알고 간간이 송악군松岳郡에 가서 놀았다. 때마침 우리 세조世祖 [고려 태조의 아버지]가 송악군에 살림집을 짓고 있었다. 대사가 그 문앞을 지나다가 하는 말이,

'여기는 마땅히 왕이 날 자가 날 것인데, 이 집을 경영하는 자는 알지 못하는구나'

하였다. 마침 계집종이 이 말을 듣고 들어가 세조에게 알리니, 세조가 급히 영접해오게 하고, 들어가 그가 시키는 대로 고쳐 짓게 하였다. 대사가 다시 하는 말이 '고친 뒤 2년민에 빈드시 귀자를 낳으리라' 하고, 한 권의 책을 지어 봉하여 세조에게 바치면서 하는 말이, '이 글은 장차 그대가 나을 아들에게 올리는 것이다. 그러나 장년이 되거든 주라'고 하였다. 이 해 신라 헌강왕이 새 임금이 되니 당 나라 건부乾符 2년인데 4년[877]에는 우리 태조가 과연 앞서 말한 그 집에서 태어났다.

장년이 되자 그 봉해서 준 책을 받아 보고 천명天命이 자기에게 있는 것을 알고 도둑들과 포악한 무리들을 없애버린 다음 국가를 처음 이룩하였다. 생각건대 신성한 태조께서 어찌 일찍이 천하를 얻겠다는 마음

을 처음부터 두었겠는가. 그 어지러운 것을 숙청하고, 바른 길로 인도하여 백성을 잘 살 수 있는 데에 올려 놓고, 커다란 업적과 아름다운 덕택이 한없이 전하게 된 것은, 하늘이 덕 있는 자를 돕고, 백성들은 인자한 임금을 생각하는 법이다. 그러나 그 성스러운 시대를 창업하여 조용한 가운데 정해진 운수를 받은 것은, 그 원인이 모두 우리 대사로부터 시작된 것이다. 대개 그 공로와 사업의 높고 빛남이 이렇게 대단하니, 마땅히 크게 포양하고 높게 봉증封贈할 것임으로 현왕顯王은 대선사의 증직이 있었고, 숙조肅祖는 왕사의 호를 더했으며, 우리 성고聖考 [지금 임금의 돌아가신 아버지] 공효恭孝 대왕에 이르러는, 선왕들의 공로를 기념하는 덕화를 보답하려는 뜻을 더욱 선양禪揚하여, 드디어 선각국사先覺國師로 봉하고 또 사신을 보내 본사 영당影堂에 예로써 고하고, 지금 왕께서 또 그 사적을 새겨서 오랫동안 전하도록 명령하니, 정하심이 다서 더할 나위가 없도다.

신이 일찍이 시험 삼아 말하기를,

'대개 제왕帝王이 장차 일어날 때에는 그 신령스러운 위력과 기염氣焰은 반드시 남을 움직이고 울렁거리는 힘이 있을 것이다. 그러므로 높은 재주와 절등한 식견이 있는 자가 수없이 일어나, 혹은 앞서고, 혹은 뒤서서 쓰여지는 법이다. 대사가 태조왕께 대해서 그 사업이 심히 위대하였다는 것은, 태조가 탄생하기 전에 먼저 알았고, 그 효력은 자신이 죽은 뒤에 시행하게 되었으니, 그 신기하게 맞춘 것과 가만히 도운 뜻이 도저히 불가사의한 일이다. 아 대사의 도가 그 극치에 나아간 것은 불조佛祖와 합치되고, 행적에 나타난 것은 마치 장자방張子房이 신에게서 글을 받은 것과 같고, 보지寶誌대사가 앞으로 닥칠 일을 예언함과 같고, 일행一行이 술수에 정통한 것과 짝이 되리로다.'

대사가 전한 음양설은 세상에 많이 있어, 뒤에 지리를 말하는 자들이 다 숭상한다. 명銘하기를,

'과거의 모든 부처는 미묘한 법이 있다. 문자로 기록한 것도 아니요, 사수思修에 따른 것도 아니다. 초연이 바로 진심을 가리키며 일념이 천겁이다. 오직 우리 국사는 넉넉하게 그 지경에 들어갔다. 잘 배움은 배움이 없는 것이며, 참으로 공空한 것은 공空이 아니다. 정법안正法眼을 갖추었으니, 4방으로 열리고, 6모로 통했다. 오직 그 나머지 실마리로 술법에 뜻을 두었다. 시초蓍草로 점치지 않아도 미리 아는 것이 무궁하였도

다. 옛나라가 흔들리고 새 운명은 아직 감감했다. 끝나기 전에 끝날 줄 알았고, 오기 전에 올 것을 알았다. 글을 지어 미리 바쳐, 국가의 복이 시작되었다. 주周 나라 만들 듯 한漢 나라 일으키듯, 손바닥 가리키듯 환히 보았다. 성인聖人이 일어나서 왕위를 이어 받을 제, 미리 기대하고 부탁한 것이 모두 나에서 나왔다. 사람들은 세대가 달랐으나, 일은 오늘에 부합되었다. 특수한 공로와 거룩한 실적이 산하山河와 함께 했네. 300년 지낸 오늘 그 모습 보는 것 같다. 높은 유촉遺躅을 우러러보니, 하늘을 흔들 듯 헌걸차다. 옛 사당에 비를 새겨 천추에 알리노니, 듣거라. 산신령은 게으름 없이 수호하라'

하였다.

이것은 최유정이 비문을 쓰게 된 경위를 제외한 그 전문이다. 이 출전은 서거정 등이 찬술한 ≪동문선≫이다.

이렇게 도선 일대기를 길게 늘어놓는 것은[7] 그간의 '오해'를 불식시키기 위함이다. 여기서 오해란 '도선이 당 나라 일행의 제자이다.'라는 '잘못 읽은 지식'이다.

대사의 도가 그 극치에 나아간 것은 불조佛祖와 합치되고, 행적에 나타난 것은 마치 장자방張子房이 신에게서 글을 받은 것과 같고, 보지寶誌대사가 앞으로 닥칠 일을 예언함과 같고, 일행一行이 술수에 정통한 것과 짝이 되리로다.

이 인용문에서 보면, 도선은 일행이 술수에 정통한 것처럼 술수에 정통하여 일행과 '짝'이 된다는 내용이다. 그런 내용이 '일행의 제자'로 바꿨던 것이다. 최창조는 도선의 제자가 아니라는 사실을 여러 가지 사례를 들어 이를 증명한 바 있다.

도선에 대한 평가는 '도선풍수' 또는 '자생풍수의 비조'라는 말로 요

---

7) 도선에 관련된 탐구는 영암군(1988) 선각국사 도선의 신新 연구, 이병도(1948) 고려시대의 연구(을유문화사), 최창조(1997) 한국의 자생풍수 Ⅰ·Ⅱ(민음사) 따위가 있다.

약된다고 할 수 있다.[8]

2) 팔원(八元) [?~?]

신라 시대의 기억해야 할 풍수 전문가가 팔원八元이다. 한마디로 말한다면 고려의 건국을 '풍수술'로 알아낸 사람이다. 그 생몰 연대는 알지 못한다. ≪고려사≫에 의하면, 신라의 감간監干을 지냈다.

> 그 때에 신라의 감간 팔원이 풍수술을 잘하여 부소군에 왔다가 군이 부소산 북쪽에 자리 잡고 있어 산의 형세가 좋으나 초목이 없음童을 보고 강충康忠에게 말하기를,
> '만약에 군을 산의 남쪽으로 옮기고 소나무를 심어 바위가 드러나지 않게 하면 삼한을 통합하는 자가 태어나리라'
> 고 하였다.[9]

강충은 이 말을 믿고 사람들과 함께 군을 남쪽으로 옮겨 살며 소나무를 온 산에다 심고 '송악군松嶽郡'이라고 이름까지 고쳤다. 그 공로로 군郡의 상사찬上沙粲이 되었다.

팔원은 고려의 발생지 '송악松嶽'을 제시한 술객이라 할 수 있다.

제2절 고려(高麗) 시대(時代)

고려 시대의 풍수에 종사하는 사람은 정식직인 '지리업승인地理業僧人'과 임시직인 '지리사地理師', '지리박사地理博士', '지리생地理生', '지리정地理正' 등이 있었다.

---

8) 김두규(2005) ≪풍수학사전≫678쪽

9)≪고려사≫ 고려 세계世系 호경虎景

≪고려사≫ <지志> 권32 전시과田柴科에 고려 관직의 보수 체계와 그 내역이 소개해 되어 흥미롭다. 문종 30년에 다시 정한 양반의 전시과는 제18과까지가 있다. 제1과는 밭田이 100결이고 시柴가 50결이다. 중서령中書令, 상서령尙書令, 문하시중門下侍中이 여기에 해당된다.

제릉태묘승諸陵太廟丞은 제13과로 밭이 35결 시가 8결이다. 지리업승인地理業僧人은 제18과로 밭이 17결이다. 지리사地理師, 지리박사地理博士, 지리생地理生· 지리정地理正 따위도 제18과이나 별사전別賜田으로 지급되었다. 지리사는 밭 25결, 지리박사는 밭 20결, 지리생과 지리정은 각각 밭 17결이었다.

이런 전시과의 보수 체계에 의하면, 고려의 풍수는 '지리地理'라는 용어를 사용했다는 것을 알 수 있다. 지리업을 하는 승려와 일반 지리와 관련된 체제가 있음을 짐작할 수 있다. '지리업승인'이 정규직임에 대하여 '지리사', '지리박사', '지리생', '지리정' 따위는 임시직이라는 것이다. 별사전으로 지급하기 때문이다. 체제상으로는 '지리사'-'지리박사'-'지리생'과 '지리정'의 서열이 있다.

이들이 별사전으로 받는 급료는 비교적 높은 것이다. 지리사의 밭 25결은 제15과에 해당하고 지리박사의 밭 20결은 제17과에 해당하는 급료이다. 지리생과 지리정의 밭 17결만 제18과에 해당된다고 하겠다.

율학 조교律學助敎·서학박사書學博士·산학박사算學博士·사천박사司天博士·태의의정太醫醫正·사천복정司天卜正 따위가 제15과인 점을 감안하면 '지리사'은 세15과 수준이기는 하나 다소 미진한 것이라 여겨진다. 밭 22결인 의계사醫計師·사천복사司天卜師·복조교卜助敎·수의박사獸醫博士 따위가 제16과에 해당되는 점을 고려할 때 풍수의 위치가 다소 낮았다는 것 같다.

인종 14년 [1136] 11월 중서문하성中書門下省에서 아뢰어 '지리업地理業'을 비롯한 잡과 시험을 2일 내에 시행하도록 되어 있다.

무릇 지리업地理業의 격식格式은 2일 내에는 경經을 접어서 시험하되 초일初日에 ≪신집지리경新集地理經≫ 10조條를 접어서 시험하고 익일翌日에는 유씨서劉氏書 10조로 하여 양일兩日에 모두 6조 이상 통하게 하고 지리결경地理決經 8권과 경위령經緯令 2권을 아우른 10권을 읽어 문장文章을 파독破讀하고 의리義理를 겸하여 6궤机를 통하게 하되 문장 파독破讀하기를 4궤 통하게 하고 지경경地鏡經 4권과 구시결口示決 4권과 태장경胎藏經 1권과 가결謌決 1권을 아우른 10권을 읽고 문장을 파독하고 의리義理를 겸하여 6궤를 통하게 하되 문장 파독하기를 4궤 통하게 하고 또 소씨서蕭氏書 10권을 읽고 그 안에서 문장 파독하기를 1궤로 하였다.

이 인용문은 ≪고려사≫ <지志> 권27 과거의 일부분이다. 이 부분을 정리하면 다음과 같다.

a 시험은 2일 이내에 경經을 접어서 시험한다.

b 첫째 날

1) ≪신집지리경新集地理經≫ 가운데서 10조를 접어서 본다.

2) ≪유씨서劉氏書≫10조 가운데 2일간에 걸쳐 모두 6조(첫째 날 3조) 이상을 통하게 한다.

c 둘째 날

1) ≪유씨서≫10조에서 2일간에 걸쳐 모두 6조(둘째 날 3조) 이

2) ≪지리결경地理決經≫8권과 ≪경위령經緯令≫2권 총 10권에서 음독하고 번역하는 것은 6 책상(시험관)에서 하고 읽기는 4책상에서 하게 한다.

3) ≪지경경地鏡經≫4권과 ≪구시결口示決≫4권과 ≪태장경胎藏經≫1권과 ≪가결謌決≫1권 총10권을 음독하고 번역하는 것은 6책상에서 하게 하고 4책상에서 음독하게 한다.

4) ≪소씨서蕭氏書≫ 10권에서 1책상에서 음독하게 한다.

이러한 과정을 뽑힌 관리가 풍수 전문가였다.

'풍수학'이 본격적인 연구 과정은 공양왕(1389~1392) 원년에 세운 십학十學[10]에서도 확인이 가능하다. 서운관에서 배우는 '풍수음양風水陰陽 따위의 학學'을 배웠다는 기록인 것이다.

주로 ≪고려사≫를 중심으로 풍수 전문가를 찾아보면, 권중화權仲和, 김덕명金德明, 김위제金謂磾, 백승현白勝賢, 왕삼석王三錫, 왕욱王郁, 조신경曺莘卿, 은원중殷元中 등이 있다.

1) 권중화權仲和(?~?) 조선 왕조실록 44건

권중화는 서얼 출신이다. 조선 시기에 더 많은 활동을 했기 때문에 조선의 인물이라고 할 수 있다. 특히 조선 건국시 계룡산 천도와 깊은 관련이 있는 풍수 전문가이다. 여기서는 생략하기로 한다.

다만 ≪고려사≫의 한 기록으로 대신하고자 한다.

> 무자戊子에 우뢰가 쳤다. 삼사 좌사三司左使 권중화權仲和와 문하평리門下評理 조민수曹敏修가 회암檜巖에 가서 택지宅地의 모양을 살폈는데 서운관書雲觀이 도선道詵의 이른바 좌소左蘇가 곧 이 땅이라고 말하였기 때문이었다.

이러한 기록으로 그 활동을 짐작할 수 있다.

2) 김덕명金德明 (고종 춘4월)

김덕명은 음양설에 밝았던 듯하다. 최충헌崔忠獻이 그를 인정하여 낭

---

10) '십학'은, 성균관에서의 분예예학分隷禮學, 전의시典儀寺에서의 악학樂學, 군후소軍候所에서의 병학, 전법典法에서의 율학律學, 전교시典校寺에서의 자학字學, 전의시典醫寺에서의 의학醫學, 서운관書雲觀에서의 풍수지리학風水陰陽 따위의 학等學, 사역원司譯院에서의 이학吏學 따위를 말한다.

장郎將에서 지태사국사知太史局事까지 올랐다. 김명덕이 최충헌에게 신력新曆을 올린 일이 있었다. 그런데 그 신력의 내용이 구법舊法을 고친 것이어서 일관日官과 대간臺諫들은 그것을 인정하지 않았다. 그러나 최충헌을 두려워하여 감히 저적하지는 못했다. 김덕명에 대하여 그만큼 최충헌의 신임이 두터웠기 때문이었다.

거란병契丹兵이 선의문宣義門에 이르러 황교黃橋를 불사르고 물러난 일이 있었다. 이를 두고 조야朝野가 크게 흔들렸다.

이러한 변고에 대하여, 김덕명은 강종康宗의 능 즉 후릉厚陵이 풍수상 문제에서 비롯된 것으로 해석했다.

> 현종顯宗이 안종安宗 [현종의 생부生父]을 장사하고 경술년 [현종 원년 즉 1010]에 거란병契丹兵을 초치招致하게 되더니 이제 그 곁에 후릉厚陵을 장사하여 거란병이 또 내침來侵하였으니 아마 풍수상風水上으로 그렇게 되는 것 같으니 마땅히 속히 개장改葬하여야겠습니다.

이 인용문은 ≪고려사≫열전 권42에서 뽑은 것이다. 최충헌은 이를 수용하여 후릉을 개장改葬하라고 영을 내렸다. 그런데 사천대司天臺에서 김덕명의 행위를 의심하여 곧 복일卜日하지 아니했다. 이 일로 인하여 판사判事 최계량崔季良이 고란도高鸞島로 귀양을 가고 뒤에 또 대장군大將軍 이부李孚도 섬으로 귀양을 가게 되었다.

이런 역사적 사건을 보면 당시 음양설이란 풍수설까지 포함했다는 의미가 된다. 땅 잡는 사람과 옮기는 날을 점치는 사람이 분업되어 있다는 것을 알 수 있다.

3) 김위제金謂磾(?~?)

김위제의 생몰 연대는 분명하지 않다. 그는 ≪고려사≫에서 <방기方技>로 열전(金謂磾傳)에 오른 사람이다.

김위제가 남경南京 즉 서울로 도읍을 옮기자고 제안한 것은 숙종 원년 [1096]이었다. 말하자면, 오늘 날 서울의 풍수상의 기초를 마련한 사람이었던 셈이다. 김위제가 근거로 제시한 풍수서는 ≪도선밀기道詵密記≫였다.

양주楊州에 목멱木覓 땅이 있어 도읍지가 될 만한 곳입니다.

위 글은 ≪고려사≫ <지> 10 지리 양광도 남경유수관南京留守官 양주에서 뽑은 것이다. 양주는 고구려의 북한산군北漢山郡 [달리 남평양성南平壤城이라고도 불렀다.]이었다가 백제 근초고왕近肖古王이 남한산에서 도읍을 옮긴 곳이다. 지주사知州事에서 남경유수관이 된 것은 문종 21년 [1067]이다. 이웃 군민郡民을 옮겨 살게 하였다는 기록으로 보아, 지역 규모가 크지 않았다고 생각된다.

이러한 김위제의 제안을 일관日官 문상文象이 찬동하였으므로 숙종이 1099년 가을에 친히 행차하기도 했다. 왕은 평장사平章事 최사추崔思諏와 지주사知州事 윤관尹瓘에게 명하여 건축 공사役事를 감독하게 하였다. 5년이 걸려 완성되었다. 성종 시기에 별호別號로 광릉光陵이라 했고 충렬왕 34년 [1308]에 한양부漢陽府로 되었다.

예종이 즉위 [1106]하면서 남경에 '신궁新宮'을 창건하려는 논의가 있었다. 술사가 비결을 임금에게 아뢰면서 서경의 용언龍堰에 궁궐을 짓고 순행巡幸하기로 했던 것이다. 왕은 내인內人 정극공鄭克恭, 사천소감司天少監 최자현崔資顯, 태사령太史令 음덕전陰德全, 오지로吳知老, 주부동정主簿同正 김위제 등을 보내어 용언구허龍堰舊墟를 보게 하였다. 모두 찬동하였다.

그런데 오연총吳延寵이 남경 역사役事로 백성이 피곤하다는 이유로 반대하자 평장사 최홍사崔弘嗣 등이 아뢰었다.

태사관太史官의 장계狀啓에 의거하면, 말하기를 송도松都에 도읍都邑한 지 이제 200여 년이 되었으니 기업基業을 연장하려 하면 마땅히 서경西京 용언구허龍堰舊墟에 터를 정하여 신궐新闕을 세우고 이어移御하여 조회를 받고 신령新令을 반하頒下할 것입니다.

이 인용문은 ≪고려사≫ <열전> 9 제신 오연총에서 뽑은 것이다. 송도가 고려의 서울이 된 지 200년이 되어 '기업基業'을 연장하려 하면, 신궁이 필요하다는 것이다. 풍수상 지기地氣의 기간은 고려 도참비보풍수의 핵심에 놓이는 주제였다.

오연총은 세 가지 보기를 들어 논박했다.

지금 용언궁龍堰宮을 짓는 것은 세 가지 옳지 않음이 있으니 문종文宗의 명예明睿로도 오히려 술수術數에 의혹하여 서경에 좌우궁左右宮을 지었다가 조금 뒤에 회오悔悟하여 감응이 없다고 하여서 마침내 순어巡御하지 않고 재력財力만 허비하였으니 그 옳지 않음의 첫째요, 근자에 남경南京을 개창함이 8년이로되 길응吉應이 없으니 그 옳지 않음의 둘째요, 서경 구궁舊宮이 지금 구하는 바 용언龍堰과 상거相距가 멀지 않으매 지세地勢의 길흉吉凶이 반드시 다름이 있지 않을 것이요 하물며 명백한 비결秘訣을 가히 징험할 것도 없는데 조종祖宗의 구궁舊宮을 버리고 따로 신궐新闕을 지어 옥려屋廬를 헐고 백성을 소동케 하면 그 옳지 않음의 셋째이니, 엎드려 바라건대 영단英斷으로써 의심하지 마시고 한결 노신老臣의 아뢴 바에 의거하여 구궁舊宮에 순어巡御하여서 사직社稷의 장구한 계책을 강구하고 억설臆說을 좇아 망령되이 공역工役을 일으켜 사람들의 원망을 삼이 없도록 하소서.

이 인용문은 도참비보풍수가 '길응吉應'이 없다는 견해를 보여준다. 그러나 왕은 오연총의 의견 대신에 최홍사崔弘嗣 등의 의견을 받아 들였다. 고려 풍수문화의 일단이라 할 것이다.

김위제 열전(권35)의 의거하면, 그는 숙종肅宗 원년 [1096]에 위위승

동정衛尉丞同正이 되었다. 신라 말에 도선道詵이란 승僧이 있어 당唐에 들어가서 일행一行의 지리법地理法을 배우고 돌아와 비기秘記를 지었는데. 김위제는 그 술術을 배웠다. 그가 제시한 삼경론三京論은 송악·목멱양·평양 등에 각각 네 달씩 머물면 36국이 조공을 바칠 것이라는 것이었다.

도선기道詵記에 이르되,

> 고려高麗의 땅에 삼경三京이 있다. 송악松嶽은 중경中京이 되고 목멱양木覓壤은 남경南京이 되고 평양平壤은 서경西京이 된다. 11월, 12월, 1월, 2월은 중경에, 3월, 4월, 5월, 6월은 남경에, 7월, 8월, 9월, 10월은 서경에 머무르면 36국이 조공을 바칠 것이다.

라고 하였다. 이러한 명당론은 일찍이 중국 고대 국가에서 제기된 것이기도 했다. 또 이르기를, '개국 후 160여 년에 목멱양木覓壤에 도읍한다.'고 하였으니 지금이 바로 새 서울에 순주巡駐할 때라는 것이었다.

36국이 조공을 바치는 국가가 된다는 예언을 김위제는 도선의 문헌에서 확인하고 있다

그 첫째 문서가 ≪답산가踏山歌≫이다.

'송성松城이 떨어진 뒤에 어느 곳으로 향할 것인가? 삼동三冬에는 해 뜨는 평양平壤이 있다. 후대의 현사賢士가 대정大井을 열기 때문에 한강漢江의 어룡魚龍이 사해四海에 통한다.'고 했기 때문이다. 좀더 상세하게 풀어 보면, 삼동三冬에 해가 뜬다는 것은 중동절仲冬節의 해가 손방巽方 [동남간東南間]에서 뜨기 때문이고, 목멱산木覓山이 송경松京의 동남쪽에 있는 연유인 것이다. 또 다른 구절에서, '송악산은 진한辰韓과 마한馬韓의 주인이 된다. 누구의 대에 이르러 시작과 마침을 알 것인가? 꽃의 뿌리가 가늘고 약하며 가지의 잎이 그러하니 겨우 백년의 기약이니 어찌 끝나지 않겠는가? 그 뒤에 새 화세花勢를 찾고자 양강陽江을 건넌

다면, 헛되이 왔다 갔다할 뿐이다. 사해四海의 신어神魚가 한강漢江에 조회朝會하니, 나라가 태평하고 백성이 편안하여 큰 평화를 이룬다.' 라 했다. 그런 까닭에 한강의 양지에 도읍하면 기업基業이 길고 원대하고 사해四海가 와서 조공을 하니 왕족이 창성할 것이니 실로 큰 명당이 될 것이다. 또 말하기를, '후대의 현사賢士가 사람의 수명을 인식하여 한강을 넘지 않으면 만대의 소문일 뿐이고 만약 그 강을 건너 제경帝京을 짓는다면 한 자리가 중렬中裂되어 한강과 사이를 둘 것이다.'고 했다.

두 번째 문서가 ≪삼각산명당기三角山明堂記≫이다. '눈을 들고 머리를 돌려 산 모양을 살펴보면, 임壬 [북쪽]을 등지고 병丙 [남쪽]을 향한 이곳이 선오仙鼇이다. 음양의 꽃이 서너 겹으로 피었으니 몸소 옷을 벗어 제치고 산을 지고 수호하게 된다. 안전案前에 조회하는 산이 대여섯 겹이니 할머니姑·아재비叔·아버지父·어머니母의 산들이 솟고 솟았다. 내외문內外門에 개가 각각 세 마리인데 항상 용안을 모시니 마음을 딴 곳에 두지 않고, 청백靑白이 서로 등용되니 시비하지 않는다. 내외의 상인들이 각각 보배를 바치고 이름을 파는 이웃 손님들이 자식같이 오가며 나라를 돕고 임금을 바르게 함이 모두 한 마음이 된다. 임자년壬子年 중에 만약 개토開土하면 정사丁巳의 해에 성자聖子를 얻을 것이고 삼각산三角山에 의지하여 제경帝京을 지으면 9년째에 사해가 와서 조공할 것이다.'라 하였으니 이는 명왕明王 성덕盛德의 땅이다.

세 번째 문서가 ≪신지비사神誌秘詞≫이다. '칭추秤錘, 극기極器, 칭간秤幹, 부소扶踈, 양추樑錘와 같은 모양이 다섯 가지 덕五德의 땅이다. 백아강白牙岡을 극기極器로 삼으면 70국이 항복해서 조공할 것이고 그 지덕地德에 힘입어 신神을 두호할 것이며 머리와 꼬리를 정확하게 하고 일반과 위상을 고르게 하면 나라가 흥하고 크게 태형하고 보전할 것이다. 만약 삼유三諭의 땅을 버린다면 왕업이 쇠미하여 기울 것이다.'고 하였다. 이는 저울로써 삼경三京을 비유한 것이니, 극기極器는 머리이고 추錘는 꼬리이며 칭간秤幹은 제강提綱의 곳이 된다. 송악이 부소扶踈가 되니 칭간으로 비유하고, 서경이 백아강이 되니 칭수로 비유하며, 삼각산의 남방이 다섯 가지 덕의 언덕이 되니 칭추로 비유하였다. 다섯 가지 덕이란 중앙에 면악面嶽이 있어서 원형이 되니 토덕土德이고, 북쪽에 감악紺嶽이 있어서 곡형曲形이 되니 수덕水德이며, 남쪽에 관악冠嶽이 있어서 첨예尖銳하니 화덕火德이고, 동쪽에 양주楊州 남행산南行山이 있어서 직형直形이니 목덕木德이며, 서쪽에 수주樹州 북악北嶽이 있어서 방형方形이니 금덕金德이다. 이러한 것 역시 도선의 삼경의 뜻에 부합된다. 이제 국가에 중경과 서경은 있으되 남경이 빠졌다. 엎드려 바라건대 삼각산 남쪽 목멱산 북쪽의 편편한 땅에 도성을 건립하여 수시로 순주巡駐하소서. 이는 실로 사직의 흥성과 쇠망에 관련되는 것이니 감히 기휘忌諱됨을 무릅쓰고 삼가 기록하여 신주申奏한다.

이상과 같은 김위제의 논거에 일자日者인 문상文象이 좇아 호응하였다. 예종睿宗 때에 은원중殷元中이 역시 도선의 설로 제시한 바이기도 했다.

4) 백승현白勝賢(?~?)

생몰 연대는 분명하지 않다. ≪고려사≫열전 36 '폐행'에 소개되어 있다.

백승현은 풍수風水를 직업으로 하였다. 몇 가지 사례가 나와 있는데 모두 도참과 관계가 있었다.

고종高宗 말기에 낭장郎將으로 보임되었다.

왕이 강도江都에 있을 때에 기업基業이 연장될 땅에 대하여 물었다.

> 바라건대 혈구사穴口寺에 행차하여 ≪법화경(法華經)≫을 담설談設하고 또 대궐을 삼랑성三郎城에 창건하여 그 징험을 시험하소서.

백승현이 이렇게 대답했다. 왕이 양부兩府에 명하여 같이 모여 경유

景瑜와 판사천사判司天事 안방열安邦悅 등과 그 이해利害를 논난論難하게 하였다. 백승현이 여러 말馬에 도가道家의 비록秘錄과 불교 서적 음양 도참陰陽圖讖의 책을 싣고 왔다. 왼쪽에서 책을 빼고 오른쪽에서 취재하여 말하니 경유 등이 능히 그 담봉談鋒을 꺾지 못하였다. 그리하여 가궐假闕을 삼랑성 신니동神泥洞에 지었다.

원종元宗 5년(1264)의 일이다. 몽고가 왕에게 친히 입조入朝할 것을 요구하였다. 백승현이 또 김준金俊을 통하여 아뢰었다.

> 만약 마리산摩利山에 못을 파고 성城을 쌓아서 친히 초제醮祭하고 또 삼랑성三郎城 신니동神泥洞에 가궐假闕을 짓고 친히 대불정大佛頂 오성 도량五星道場을 배설하면 8월이 되기 전에 반드시 반응이 있어 가히 친히 <몽고에> 입조入朝함을 면할 것입니다. 삼한三韓이 변變하여 진단震旦이 되며 큰 나라가 와서 조공할 것입니다.

왕이 이를 받아 들여 백승현 및 내시 대장군內侍大將軍 조문주趙文柱, 국자 좨주國子祭酒 김구金坵, 장군將軍 송송례宋松禮 등에게 가궐을 창건하도록 했다.

이와 같이 백승현은 국사와 관련된 도참풍수를 행했다.

5) 왕삼석王三錫(?~?)

생몰 연대는 분명하지 않다. ≪고려사≫열전 37 폐행전의 기록이 있다.

왕삼석은 본시 남만인南蠻人이다. 성품이 경망스럽고 간특하며 경조하여 재능이나 기술이 없었다. 일찍이 상선商船을 타고 연燕 나라에 가서 남에게 의지하여 먹고 살았다. 충숙왕이 원元 나라에 있을 때 행신幸臣의 안내로 서로 만나게 되었다. 충숙왕이 신임하여 고려에 와서 의술로 총애寵愛와 권고眷顧가 받아 사부師傅라 하였다. 왕삼석은 음양陰陽과 환술幻術에도 능하였다. 왕에게 권유하여 한양漢陽, 부원富原, 용산

龍山에 행차하여 오래 머무르게 되었고 결국 공주公主가 용산龍山에서 원자元子를 낳기에 이르렀다.

왕삼석이 유학 제거儒學提擧로 있을 때 문선왕상文宣王像 [공자상孔子像]을 새기고자 했다. 성균관이 대성전을 닫고 받아들이지 않았다. 그는 박사博士 이훤李暄, 학록學錄 신집申諿 이문소理問所에 가두고 아울러 파직시키며 이를 시행하기도 했다.

6) 왕욱王郁(?~?)

생몰 연대가 분명하지 않다. ≪고려사≫세가 3 종실전의 기록이 있다. 태조의 25명의 아들의 하나이다. 어머니는 신정왕태후神成王太后 김씨金氏였다. 아들 현종顯宗이 등극하면서 안종安宗으로 추존되었다.

왕욱은 문사文辭를 잘하고 또 지리地理에 정통하였다. 일찍이 비밀히 금金 한 주머니囊을[11] 현종顯宗에게 주면서 말했다.

내가 죽거던 이 금을 술사術士에게 주고 나를 우리 현縣 성황당城隍堂 남쪽 귀룡동歸龍洞에 장사하되 반드시 엎어 묻게 하라.

성종成宗 15년(996)에 왕욱이 유배지에서 죽었다. 현종이 그 말과 같이장사를 하되 엎어묻기를 간청했다. 술사가 서두를 필요가 없다고 했는데 역시 다음해 2월에 현종이 서울로 돌아오게 되었다. 성종이 후손이 없어 현종이 즉위하게 되었다. 왕욱은 효목대왕孝穆大王으로 추존推尊되고 묘호廟號를 안종安宗이라 하였다. 현종 8년(1017) 4월에 건릉乾陵에 이장移葬하고 5월에 헌경憲景이라는 시호諡號를 더하였으며, 12년(1021)에 효목孝穆을 고쳐 효의孝懿라 하였다. 18년에 성덕聖德을 더하고 뒤에 무릉武陵이라 칭하였다.

---

11) 여기서 '금일낭金一囊'은 풍수서인 '금낭경錦囊經'을 은유적으로 보여주는 것이라 여겨진다.

왕욱이 유배된 일과 현종이 아버지와 만난 일화가 전하기에 소개하기로 한다.

왕욱의 집은 왕륜사王輪寺의 남쪽에 있었다. 경종비景宗妃 황보씨皇甫氏의 사제私第와 가까웠다. 경종景宗이 홍薨하니 비妃가 그 사제에 나가 살았는데 왕욱이 범하여 임신하게 되었다. 일이 발각되어 성종은 왕욱을 사수현泗水縣 [경남 사천泗川]에 유배시켰다. 성종 11년(992) 7월 초하루였다.

처음 왕욱이 유배되던 날에 황보씨皇甫氏는 몸을 풀고 죽었다. 성종이 보모傅姆를 택하여 그 아이를 길렀다. 아이가 두 살이 되면서 보모는 '아버지'라고 가르쳤다.

어느 날 성종이 보모를 불러서 아기를 안고 갔다. 아이는 성종의 무릎 위에 앉아서 옷깃을 만지면서 두 번이나 아버지라고 불렀다. 성종이 불쌍히 여겨 눈물을 흘리면서 아이를 사수현의 왕욱에게 돌아가게 했다. 그 아이가 바로 현종이었다.

7) 조신경曹莘卿(?~?)

생몰 연대는 분명하지 않다. ≪고려사≫열전 37 폐행의 기록이 있다.

조신경은 일찍이 중이었는데 풍수쟁이로 생업을 살았다. 조신경은 이슬람 출신인 양재의 주선으로 벼슬을 하게 되었다. 양재와 함께 전선銓選을 맡았고 드디어 대언代言으로 제학提學을 겸했다.

그러나 풍수에 대한 활동은 전하지 않아 알 수 없다.

8) 은원중殷元中(?~?)

생몰 연대는 알 수 없고 예종 때에 활동한 풍수인이다. 남경을 서울로 옮기고자 도선의 설을 근거로 제기했다는 기록이 ≪고려사≫열전 35 방기 김위제 편에 나온다.

제4절 조선 시대

조선이 건국되고 제도가 정비되면서 풍수문화도 변화하게 된다. 보기를 들면 '상지자'가 '상지관相地官'으로 국가 관리가 된 것이다.

세조 9년 10월 29일 정안사에 가서 원손의 장지를 상지하는 기록이 있다. 이 대목에서 영순군永順君 이부李溥·영천부원군鈴川府院君 윤사로尹師路·하동부원군河東府院君 정인지鄭麟趾·영의정領議政 신숙주申叔舟·우의정右議政 구치관具致寬·행상호군行上護軍 이순지李純之·호조 참판戶曹參判 임원준任元濬 등에게 명하여 상지관相地官을 거느리고 정인사正因寺에 가서 원손의 장지를 상지하게 하였다는 것이다. 이런 기록으로 볼 때 상지관은 고급 관리와 상지하는 제도가 마련된 것이라 생각된다.

'상지관'이 고려시대에 등장하지 않는 직책이다. 또 다른 용어가 '지관地官'이다. 왕조실록의 검색을 통하여 본 결과 상지관이 84회인데 지관은 71회 등장한다. '지관'은 중종 33(1451)에 처음 보인다. '지사地師'도 88회의 빈도수를 보이는데 선조 28년(1595)이 그 처음이다.

'풍수학風水學'도 ≪삼국사기≫≪삼국유사≫≪삼국사절요≫에서는 물론이고 ≪고려사≫≪동국통감≫에서도 보이지 않던 용어이다. 세종실록 7년 8월 30일조에 서운관에 소속된 천문·금루·풍수학의 정원을 정한다는 내용이 나온다.

예조에서 계하기를,

> "서운관書雲觀에 소속된 천문天文·금루禁漏·풍수학風水學은 맡은 임무가 각각 다르며 서로 관계가 없으니, 각각 인원 수를 정해서 그 일에 전력하도록 함이 마땅합니다.

풍수학이 등장하면서 자연스럽게 '풍수학관風水學官'이란 용어가 5

회 [세종 20년(1438), 1443년, 1446년, 세조 9년(1463), 성종 1년(1470)] 등장한다.

세종 20년 10월 1일조 헌릉에 제사지내고, 황희·하연·황자후·민의생·김돈 등에게 수릉자리를 정하게 한다는 내용이다.

> 친히 헌릉獻陵에 제사지내고, 영의정 황희黃喜·판서 하연河演·첨지중추원사 황자후黃子厚·참판 민의생閔義生과 도승지 김돈金墩 등에게 명하여 풍수학관風水學官을 데리고 수릉壽陵 자리를 헌릉 옆에 살펴 정하게 하였다.

이 인용문은 왕이 관리와 함께 풍수학관을 대동했다는 것이다. 앞서의 상지관을 대동했다는 점과 같은 현상이다. 관리의 명칭이 바뀌었는지 병행하여 사용했는지 알 수 없다.

'풍수학' 다음에 나온 용어가 '지리학地理學'이다. 세조실록 12년(1466) 1월15일조에 의하면, 신숙주·정인지·정현조 등에게 관직을 제수하고 관제를 다시 정하다고 있다.

> 풍수학風水學은 지리학地理學으로 이름을 고쳐서 교수·훈도 각각 하나씩을 두었다.

풍수학에서 지리학으로 바뀌었다면. 풍수학관이 지리학관으로 바뀌었다는 것은 말할 필요가 없을 것이다.[12]

≪경국대전≫에 의하면, 중앙관서인 관상감觀象監에는 정1품인 영사領事 1명, 정3품 당하관인 정正과 종3품인 부정副正, 종4품인 첨정僉正, 종5품인 판관判官, 종6품인 주부主簿, 천문학교수天文學敎授, 지리학교

12) 명종 1년(1546), 광해 즉위년(1608), 순조 즉위년(1800) 따위에서 '지리학관'이란 용어를 찾아볼 수 있다.

수地理學教授, 천문학겸교수天文學兼教授, 지리학地理學兼教授, 명과학命課學兼教授, 종7품인 직장直長, 종8품인 봉사奉事, 정9품인 부봉사副奉事, 천문학훈도天文學訓導, 지리학훈도地理學訓導, 명리학훈도命課學訓導, 종9품인 참봉參奉 따위가 있었다.

또한 각 능陵에는 종5품인 영令, 종7품인 직장, 종8품인 봉사와 별검別檢, 종9품인 참봉이 있고, 각 원園에는 이 가운데 직장과 봉사와 별검이 없는 대신 종9품직으로 수봉관守奉官이 있다. 능과 원의 신분상 차이라고 할 것이다.

'관상감'이란 글자 그대로 '상象'을 보는 기관이다. 여기서 '상'이란 천문天文, 지리地理, 역수曆數, 점주占籌, 측후測候, 각루刻漏 따위를 말한다. 이러한 담당 영역은 조선 초기의 《경국대전》부터 《속대전》에서 후기의 《증보문헌비고》와 《대전회통》까지 변하지 않고 지속되었다. 이중에서 풍수에 직접 관련된 것은 지리학교수, 지리학겸교수, 지리학훈도 따위라고 할 것이다.

《대전회통》에 의하면, 이들 교수와 훈도는 상근직이었고 삼학三學인 천문와 역주曆籌의 겸통자兼通者는 특별히 현관顯官에서 서용하도록 했다. 이들 삼학 즉 천문·지리·명과들은 서로 윤회하는 직책이었다. 임기가 만료되면, 자리를 옮기는 식이었다.

지리학 교수는 《경국대전》에는 1명이었으나《대선회통》에는 혁파되었음을 설명하고 있다. 지리학 겸교수는 《속대전》에 1명으로 나타나지만 《증보문헌비고》에 혁파되었음을 보여준다. 지리학 훈도는 1명이었다.13)

위와 같은 법전의 기록에도 불구하고 실질적인 내용은 그대로 일치하는 것은 아니었다.

《현륭원 원소도감 의궤》(1789)의 의하면, '상지관相地官'과 '지관地

13) 《대전회통》 권1 이전吏典

官'이 나뉘어 등장하고 상지관으로는 사과司果, 부사과副司果, 사용司勇, 부사과副司勇 따위가 있었던 것으로 되어 있다.[14)]

이상에서 살펴본 상지자, 상지관, 풍수학, 풍수학관, 지리학, 지리학관, 지사, 지관 등에 해당하는 풍수 전문가를 정리하면 다음과 같다. 여기서는 왕조실록에 나타난 사료를 정리하여 연구자의 기초를 마련하고자 한다.

㉠

강영조康永祚·1

○ 고종 041 38/04/18(양력) / 지관들이 진술하다

강응눌高應訥·1

○ 고종 040 37/06/24(양력) / 홍릉을 살펴보고 온 대신을 접견하다

강필제姜必濟·1

○ 순조 즉위(1800) 07/13(계사) / 현륭원 내 산릉으로 쓸 곳을 살피고 총호사 이시수 등이 장계하다

고중안高仲安·21

○ 태종 035 18/03/10(경신) / 지신사 조말생 등을 불러서 성녕의 장일에 관하여 말하다
○ 태종 035 18/05/21(경오) / 서운관 시일 이양일 등을 화주 최씨릉의 수보를 잘못한 죄로 잡아오게 하다

---

14) ≪현륭원원소도감의궤≫ 권1 <승전承傳> 9월 6일조에 의하면, 전교하기를 '명령을 기다리는 상지관相地官 부사과副司果 박대량朴大良, 사용司勇 채윤전蔡潤銓, 주남술周南述, 김양직金養直에게 양료粮料를 정급定給하라. 그리고 나머지 지관地官은 해송解送 [사람이나 물건을 호위하여 보냄]하는 일을 분부한다'라고 하였다. 경기도박물관 역주 ≪현륭원원소도감의궤≫ 51족

- 태종 035 18/05/23(임신) / 화주 목사 박윤충을 의금부에 가두다
- 태종 035 18/05/27(병자) / 이양일·고중안·고약수 등을 보방하도록 명하다
- 세종 009 02/08/10(병오) / 허조 등을 불러 풍양에 가서 상왕께 육선을 드실 것을 청하도록 하다
- 세종 009 02/09/01(병인) / 상왕이 곽존중을 임금에게 보내어 안장하는 길일을 이르다
- 세종 012 03/07/18(무인) / 영녕전의 기지를 종묘에 담 안 대실의 서쪽에 정하게 하다
- 세종 034 08/12/10(기사) / 전 소윤 정회와 부사직 고중안이 서로 심하게 다투어 고발하니 죄를 주게 하다
- 세종 049 12/07/07(을사) / 고중안이 최양선이 올린 글의 내용을 반박하는 글을 올리다
- 세종 051 13/01/12(정축) / 행 부사직 고중안의 장법과 풍수학 바로 잡기에 대한 상소
- 세종 055 14/01/15(을해) / 풍수술 술객 고중안 등에게 원묘의 터를 의논하게 하다
- 세종 061 15/07/03(갑인) / 임금이 지신사 안숭선에게 창덕궁을 옮기는 것에 대해 말하다
- 세종 061 15/07/22(계유) / 최양선·이양달·고중안·집현전 등이 헌릉의 주산 내맥에 관해 아뢰다
- 세종 061 15/07/29(경진) / 황희·신상·김자지 등이 경복궁이 명당자리를 얻어 있음을 아뢰다
- 세종 079 19/10/19(을해) / 하연에게 헌릉 서쪽 큰길의 길흉을 옛글을 상고하여 계달하게 하다
- 세종 092 23/05/21(병진) / 문소전·강녕전의 주맥을 살피도록 하다
- 세종 095 24/05/16(을해) / 이정녕·정인지 등에게 헌릉을 수즙할 것과 수릉의 일을 의논하게 하다
- 세종 095 24/05/25(갑신) / 진양 대군 이유 등에게 헌릉의 수보할 곳과 수릉의 땅을 살피게 하다
- 세종 105 26/07/14(신유) / 방술가 고중안이 헌릉의 도국에 대해 상언하니 의정부와 예조에 의논하게 하다
- 세종 105 26/07/17(갑자) / 좌찬성 하연 등을 보내 헌릉의 서쪽 혈을 보토하게 하다
- 세종 111 28/03/30(정유) / 서운관에서 왕비의 장일을 7월 7일과 19일로 정하여 아뢰니 풍수학관과 의논케 하다

권중화權仲和15)·44

○ 태종 016 08/11/23(정묘) / 영의정부사로 치사한 권중화의 졸기
○ 태조 002 01/11/27(갑진) / 정당 문학 권중화를 보내 안태할 땅을 살피게 하다
○ 태조 003 02/01/02(무신) / 태실 증고사 권중화가 태실의 길지와 신도 후보지의 지도를 바치다
○ 태조 003 02/01/07(계축) / 태실을 완산부 진동현에 안치하고 승격시켜 진주로 삼다. 신도 후보지 계룡산 행차에 대간과 의흥 친군위가 수종하도록 준비케 하다
○ 태조 003 02/02/10(을유) / 권중화가 신도에 들어설 종묘 등의 도면을 바치고, 서운관 관원 등에게 지형을 조사, 측량케 하다
○ 태조 004 02/07/27(경오) / 창업에 공이 있는 우인열·김사행·윤상·권중화 등에게 포상토록 교지를 내리다
○ 태조 004 02/09/13(을묘) / 안렴사를 폐지하고 관찰출척사를 회복시키다. 한상질 등에게 관직을 제수하다

태조 004 02/12/11(임오) / 하윤의 상언대로 계룡산의 신도 건설을 중지하고 천도할 곳을 다시 물색케 하다

○ 태조 005 03/02/14(갑신) / 하윤 등 11인에게 역대 현인들의 비결을 상고하여 요점을 뽑아 바치라고 명하다
○ 태조 005 03/02/16(병술) / 권중화 등이 ≪비록촬요≫를 바치니 하윤·이직에게 진강케 하다
○ 태조 005 03/02/20(경인) / 권중화 등에게 술을 하사하다
○ 태조 005 03/02/23(계사) / 권중화와 조준이 무악 천도를 반대하고, 하윤만이 찬성하다
○ 태조 006 03/06/27(을미) / 서운관 관원이 무악이 수도로 좋지 않다고

15) 권중화 안동 사람인데, 고려 정승 권한공權漢功의 아들이다. 지정至正 계사년 을과 제2인에 올라 공민왕 때 대언代言이 되었다. 지신사知申事로 옮기고 전선銓選을 맡았는데, 근신(謹愼)하고 주밀(周密)하여 친구(親舊)에게 사(私)를 두지 않았다. 정당문학政堂文學으로 정사년에 동지공거가 되었고, 문하에 명사 많았다. 여러 벼슬을 거쳐 문하 찬성사門下贊成事에 이르렀다. 태조가 즉위한 뒤에 기년耆年·숙덕宿德으로 판문하부사判門下府事를 제수하고 예천백醴泉伯을 봉하여, 본관으로 그대로 치사致仕하게 하였다.

고사故事에 정통하므로 무릇 상정詳定할 일이 있으면 반드시 나가서 물었다. 나이 비록 늙었으나 정력이 쇠하지 않아서 의약·지리·복서에 통하지 않은 것이 없고, 더욱이 대전大篆과 팔분八分을 잘 썼다. 나이 87세에 죽으니 조회朝會를 3일 동안 정지하고, 중관中官을 명하여 조제弔祭하였다. 유사有司에 명하여 예장禮葬하고, 문절文節이란 시호諡號를 주었다.

하니, 다른 곳을 물색하게 하다
○ 태조 006 03/07/12(기유) / 음양 산정 도감을 설치하다
○ 태조 006 03/09/09(병오) / 정도전 등에게 한양의 종묘·사직·궁궐·시장 등의 터를 정하게 하다
○ 태조 008 04/09#28(기축) / 백관이 공복을 입고 반송정에 나아가 신주를 봉영하다
○ 태조 009 05/05/12(무진) / 새 종(鐘)이 완성되다
○ 태조 009 05/06/17(계묘) / 판문하부사 권중화 등을 보내어 사돈 맺자고 한 일을 사례하다
○ 태조 010 05/11/06(경신) / 요동 백호 하질이 죽게 된 경과를 추궁하는 명 좌군 도독부의 자문
○ 태조 010 05/11/06(경신) / 권중화 등이 김적선 일행이 등주에서 배가 부서져 익사했음을 아뢰다
○ 태종 011 06/03/24(갑인) / 예조에서 계절에 따라 불씨를 갈아 쓰는 것에 대해 아뢰자 의논하여 시행케하다
○ 태종 011 06/05/27(병진) / 인소전의 터를 창덕궁 북쪽에 잡는 것에 대해 논의하다
○ 태종 012 06/08/19(을사) / 성석린 등이 백관을 거느리고 세자에게 전위하는 것을 반대하다
○ 태종 012 06/08/21(정미) / 백관의 전위 불가 주장에 옥새를 잠시 대궐로 옮겼다가 다시 세자궁으로 보내다

길영수吉永洙[16]·23

○ 034 33/12/09(양력) / 산릉을 돌아본 대신 이하를 만나보다
○ 고종 034 33/12/18(양력) / 총호사 이하를 만나보다
○ 고종 034 33/12/31(양력) / 능 자리를 돌아보고 온 대신 이하를 만나보다
○ 고종 035 34/01/03(양력) / 총호사 이하를 만나 보다
○ 고종 038 35/10/25(양력) / 윤치호 등이 심상훈, 민영기 등의 죄를 규탄하는 글을 올리다
○ 고종 038 35/11/22(양력) / 윤치호를 잡아오는 것을 그만두도록 하고 조병식 등을 귀양보내도록 지시하다
○ 고종 038 35/11/25(양력) / 조병식 등의 귀양을 집행할 것을 승인하다
○ 고종 038 35/11/26(양력) / 경한 죄수는 놓아주고 중한 범죄는 각각 한

16) 고종 때 상지관이며 정3품 농상공부 상공 국장으로 임명하되 주임관 5등을 받기도 했다. 이후 많은 직위를 두루 거쳤다.

등급씩 낮출 것을 지시하다
- 고종 038 35/11/28(양력) / 김병일 등이 조병식 등 5명의 신하를 용서할 것을 청하다
- 고종 038 35/12/24(양력) / 고영근 등이 민영기, 심상훈, 김명규를 내쫓는 문제 등을 청하다
- 고종 039 36/03/07(양력) / 송헌빈을 농상공부 광산 국장으로 임명하다
- 고종 040 37/08/15(양력) / 산릉을 재차 살피고 온 총호사 심순택 이하를 불러서 만나다
- 고종 041 38/04/21(양력) / 조병식이 피고 구본순의 안건에 대하여 건의하다
- 고종 041 38/04/23(양력) / 죄인에 대한 유배형을 정하다
- 고종 041 38/05/21(양력) / 죄인의 석방을 지시하다
- 042 39/05/06(양력) / 각 관리들에게 품계를 올려 주다
- 고종 042 39/09/29(양력) / 길영수를 철도원 감독으로 임명하다
- 고종 042 39/10/15(양력) / 백성기가 영성문 수직에 대하여 제의하다
- 고종 042 39/12/08(양력) / 연회 때 수고한 관리들에게 상을 주다
- 고종 043 40/06/26(양력) / 길영수를 철도원 감독으로 임명하다
- 고종 043 40/10/18(양력) / 윤헌을 궁내부 특진관으로, 박용대를 태의원 경으로 임명하다
- 고종 044 41/01/07(양력) / 대신들이 차자를 올려 고기가 든 음식을 들도록 청하다
- 고종 044 41/07/25(양력) / 봉상사 부제조 송규헌이 글을 올리다

김경인金景寅·1

- 순조 023 21/04/21(신축) / 건릉 이장을 수원 옛날 향교로 정하다

김광식金光植·7(일부 생략)

- 고종 035 34/01/03(양력) / 총호사 이하를 만나 보다
- 고종 038 35/09/12(양력) / 임금과 태자의 건강이 나빠진 원인을 경무청에서 규명하게 하다
- 고종 041 38/04/23(양력) / 죄인에 대한 유배형을 정하다
- 고종 041 38/05/21(양력) / 죄인 [길영수, 박인근, 오성근, 김광식, 구본순]의 석방을 지시하다

김기량金基良·2

○ 정조 001 00/04/11(임자) / 대행 대왕의 산릉을 정하고 능 이름을 원릉으로 정하다
○ 정조 001 00/07/28(정유) / 돈장한 여러 신하들에게 차등이 있게 상을 내리다

김덕원金德元·4

○ 선조 129 33/09/06(병오) / 총호사 이헌국 등이 대행 왕비의 인산에 대해 아뢰다
○ 선조 137 34/05/14(신해) / 비망기로 빈전 도감·국장 도감·산릉 도감 관계자들에게 포상하는 내용을 전교하다
○ 광해 130 10/07/11(정유) / 별의 이변으로 천문을 측후하는 문관을 차출하여 숙직하면서 측후하게 하다
○ 영조 127 52/01/20(임진) / 전 충청 도사 김덕원이 어의를 선택하고 인재를 등용할 것 등을 청하다

김미金亹.·3

○ 중종 053 20/03/21(경진) / 호조에 전교하여 대신들을 포상하게 하다
○ 중종 054 20/06/04(임진) / 승문원 제조가 새 급제자 중에서 이문과 한어에 밝은 자를 선발하여 아뢰다
○ 중종 065 24/06/28(신묘) / 임추·남세웅·조종경·상진·박수량·김미·김의정에게 관직을 제수하다 [정언 벼슬]

김상범金尙範[17)]·1

○ 효종 014 06/01/16(신축) / 관상감에서 역법에 정통한 자를 사신으로 보내 서양의 역법을 배워오길 청하다

김상현金尙鉉·6

○ 경종 014 04/05/17(기미) / 좌참찬 강현·행 사직 김상현 등이 김성 궁인의 일을 논쟁하다

---

17) 효종 때 술관으로 수시력을 비판하기도 했다.

○ 정조 001 00/04/11(임자) / 대행 대왕의 산릉을 정하고 능 이름을 원릉으로 정하다
○ 정조 003 01/07/05(무진) / 이득로 최수침 등을 개차하고 이중호 등을 추고하다
○ 철종 009 08/11/09(병술) / 서계하여 전 중화 부사 조존천 등을 탄핵한 평안남도 암행 어사 이정현을 불러 보다
○ 철종 014 13/07/25(병오) / 경상좌도 암행 어사의 서계로 전 좌병사 정주응 등을 벌하다

김석희金錫熙·1

○ 고종 001 00/12/20(임진) / 능자리를 보러 갔던 산릉 도감의 당상관을 만나보다

김수金銖·4

○ 명종 009 04/10/07(계묘) / 상진 등이 정릉을 간심하고 와서 흠잡을 데가 없음을 아뢰다
○ 순조 018 15/12/07(정사) / 공금을 축내고 민호에게 분징한 호남의 도백 김계온 등을 파직하다
○ 순조 019 16/06/10(무오) / 전라도 암행 어사 조만영이 서계에서 논한 여러 관리들의 잘못을 처벌하다
○ 순조 019 16/06#10(무자) / 한용귀가 세자의 입학과 김계온의 파직, 이황에 대한 제사 등에 대하여 아뢰다

김양직金養直·6

○ 정조 027 13/07/11(을미) / 영우원 천장 담당관들을 임명하다
○ 정조 041 18/11/16(경자) / 경기 각읍의 암행 어사와 적간 사관에게 별도로 내린 유시. 여러 어사와 사관의 결과 보고
○ 정조 050 22/11/30(기축) / 농사를 권장하고 농서를 구하는 구언 전지에 대한 배의 등 27명의 상소문①
○ 정조 050 22/11/30(기축) / 농사를 권장하고 농서를 구하는 구언 전지에 대한 배의 등 27명의 상소문④
○ 순조 001 00/07/13(계사) / 현륭원 내 산릉으로 쓸 곳을 살피고 총호사 이시수 등이 장계하다

○ 순조 025 22/03/11(병진) / 예조에서 각 식년에 서울과 지방에서 충·효·열을 정부에 보고한 것을 초계하다

김여견金汝堅·8

○ 선조 129 33/09/06(병오) / 총호사 이헌국 등이 대행 왕비의 인산에 대해 아뢰다
○ 선조 129 33/09/14(갑인) / 총호사 이헌국이 대행 왕비의 묏자리에 대해 아뢰다
○ 선조 130 33/10/09(기묘) / 대행 왕비의 묏자리에 관해 논의하다
○ 선조 130 33/10/29(기해) / 총호사 이헌국이 인산 문제로 아뢰다
○ 선조 131 33/11/09(기유) / 영의정 이항복 등과 대행 왕비의 인산에 대해 논의하다
○ 선조 132 33/12/22(신묘) / 우부승지 윤휘가 영침(靈寢) 외에 훼손된 물건이 없다고 아뢰다
○ 선조 132 33/12/27(병신) / 국장 도감에서 영악전 화재시 공로자를 추천하다
○ 광해 039 03/03/18(무오) / 사헌부가 봉릉 일의 책임 문제와 임숙영의 용납 등을 논하였으나 들어주지 않다

김원성金源 [元]性·3

○ 고종 034 33/12/09(양력) / 산릉을 돌아본 대신 이하를 만나보다
○ 고종 034 33/12/18(양력) / 총호사 이하를 만나보다
○ 고종 034 33/12/31(양력) / 능 자리를 돌아보고 온 대신 이하를 만나보다

김윤선金允善·4

○ 문종 012 02/03/28(신유) / 영릉의 비각일을 감역한 관리들을 승진시키다
○ 단종 005 01/03/13(경오) / 풍수학 김윤선 등이 현릉 앞에 있는 개경사를 다른 곳으로 옮길 것을 상서하다
○ 세조 002 01/12/27(무진) / 의정부에 전지하여 연창위 안맹담 등을 원종 공신에 녹훈하다②

김윤현金潤鉉·1

○ 고종 041 38/04/18(양력) / 지관들이 진술하다

김응일金應一·4

○ 정조 042 19/02#17(기해) / 함흥부 유학 김응일이 환조를 영흥의 본궁에 추향하는 일로 상소를 올리다
○ 정조 042 19/02#19(신축) / 예조가 환조를 영흥의 본궁에 추향하는 일로 아뢰다
○ 순조 001 00/07/13(계사) / 현륭원 내 산릉으로 쓸 곳을 살피고 총호사 이시수 등이 장계하다
○ 순조 007 05/01/22(정미) / 산릉을 간심한 여러 신하들이 간심한 내용을 보관하다

김일용金馹龍[18]·8

○ 광해 092 07/07/11(병진) / 선수 도감이 김일룡의 새 궁터에 대한 상소에 대해서 이치에 맞지 않는다고 아뢰다
○ 광해 094 07/08#02(병오) / 선수 도감에서 경복궁 옛터에 쇠를 띄워 본 견해를 아뢰다
○ 광해 115 09/05/17(경진) / 선수 도감이 정전의 터를 정하기 위한 의논을 청하다
○ 광해 116 09/06/11(갑진) / 새 궁궐을 새문동에다 건립할 것을 의논하다
○ 광해 117 09/07/13(을해) / 영건 도감이 서별궁의 바깥 담장 쌓는 일을 상께 의논드리다
○ 광해 134 10/11/22(정미) / 양궁의 건축을 위한 공장을 소집하라고 전교하다
○ 광해 187 15/03/14(갑진) / 이이첨 등이 참형을 받다
○ 인조 002 01/05/04(계사) / 김일룡을 주살하다

김재경金在璟·1

○ 고종 015 15/05/18(정묘) / 대비의 능자리에 관하여 산릉 간심 도감에서 보고하다

---

18) 김일룡金日龍으로도 .2회 즉 광해 9년과 14년에 등장한다.

김재규金在奎·1

○ 고종 015 15/05/18(정묘) / 대비의 능자리에 관하여 산릉 간심 도감에서 보고하다

김전金田.·1

○ 정조 001 00/04/11(임자) / 대행 대왕의 산릉을 정하고 능 이름을 원릉으로 정하다

김정곤金貞坤·2

○ 철종 009 08/08/12(경신) / 산릉 도감의 당상 이하를 소견하다
○ 철종 009 08/08/18(병인) / 간심하고 돌아온 시임·원임 대신과 총호사를 소견하다

김중빈金重彬·1

○ 고종 027 27/05/01(기사) / 현임과 전임 대신 및 총호사, 산릉 도감 당상관을 여막에 불러 만나다

ㄴ

남양진南陽進·1

○ 순조 023 21/04/21(신축) / 건릉 이장을 수원 옛날 향교로 정하다

남정두南定斗·1

○ 철종 009 08/08/18(병인) / 간심하고 돌아온 시임·원임 대신과 총호사를 소견하다

노목魯穆·15

○ 단종 001 00/06/06(정묘) / 세조가 목효지에게 새 능이 불가하다고 한 이유를 묻고 국문하여 치죄할 것을 아뢰다
○ 세조 002 01/12/27(무진) / 의정부에 전지하여 연창위 안맹담 등을 원

종 공신에 녹훈하다②
- ○ 세조 009 03/09/10(신미) / 정인지·강맹경 등에게 한강 남쪽 나루에 가서 왕세자의 묘지를 상지케 하다
- ○ 세조 009 03/09/12(계유) / 사평원에 가 왕세자의 묘지를 살피고, 헌릉과 건원릉에 가 새로 살피도록 하다
- ○ 세조 009 03/09/13(갑술) / 과천 인덕원 동쪽에 가서 산세를 살펴보다
- ○ 세조 009 03/09/14(을해) / 우의정 강맹경 등을 고양으로 보내 묘지를 상지케 하다
- ○ 세조 009 03/09/16(정축) / 경회루 동편방에서 좌의정 정창손 등과 원평·과천의 묘지를 의논하다
- ○ 세조 009 03/09/17(무인) / 비가 와 행행을 정지하고 정인지·강맹경 등에게 묘자리를 상지케 하다
- ○ 세조 009 03/09/19(경진) / 호조 판서 권준 등에게 양근·미원·교하·원평·용인 등지에 가 상지케 하다
- ○ 세조 009 03/09/22(계미) / 신숙주·황수신 등을 보내 금천·인천·광주·고양 등지를 상지케 하다
- ○ 세조 009 03/10/04(갑오) / 예조 참판 이순지 등을 양주·풍양에 보내 상지케 하다
- ○ 세조 009 03/10/12(임인) / 정인지·강맹경 등에게 풍양에 가 상지케 하다
- ○ 세조 009 03/10/13(계묘) / 강맹경·황수신 등에게 교하·고양 등지에 가 상지케 하다
- ○ 세조 009 03/10/14(갑진) / 고양현 봉현에 거둥하여 정이 분묘를 보고 향배를 정하게 하다
- ○ 선수 008 07/01/01(정축) / 우부승지 이이의 시폐와 재변에 관한 만언소 ①

남사고南師古·4

- ○ 선조 034 26/01/12(정묘) / 좌상 윤두수 등을 인견하고 양호의 군량 수송, 이 제독의 사우를 짓는 일을 논의하다
- ○ 선조 127 33/07/26(정묘) / 장지의 선정과 조성 문제로 대신들과 논의하다
- ○ 영조 035 09/08/18(병인) / 김원택·최봉희·정중제 등을 신문하고 죄인 윤징상·정중제·노이겸은 석방하다
- ○ 영조 035 09/08/26(갑술) / 곽처웅의 일로 남사고에 대해 묻고 잡술에 관한 방서를 금지하는 문제를 의논하다

ⓜ

마익룡馬翼龍12

- 영조 029 07/05/03(을축) / 총호사 홍치중 등이 후릉의 방혈을 봉심하고 돌아오니, 불러서 질문하다
- 영조 029 07/05/18(경진) / 민진원이 후릉의 방혈에 대해 다시 의논할 것과 교하에 천릉하는 3것에 대해 반대

목효지睦孝智·15

- 세종 093 23/08/25(기축) / 빈궁의 능소인 안산 고읍 땅이 흉악한 땅이라는 전농시의 종 목효지의 상소문
- 세종 093 23/08/26(경인) / 왕세자빈의 무덤혈을 살피게 하고 다시 길지를 찾아 보게 하다
- 세종 093 23/08/28(임진) / 다시 무덤의 혈을 정하고 목효지의 본역(本役)을 면제하다
- 세종 093 23/09/02(병신) / 목효지가 천인으로서 상언한 죄에 관해 논의하다
- 세종 120 30/04/19(갑술) / 양주 마전현의 풍수를 논한 목효지의 상서
- 세종 121 30/08/04(정사) / 목효지가 지리설로 불당설치 불가를 상소하다
- 세종 121 30/08/08(신유) / 목효지가 문맹검을 지적하여 불당 터에 대해 상서하여 도로 천인이 되다
- 단종 001 00/06/05(병인) / 전농시의 종 목효지가 새 능의 땅을 쓸 수 없다고 하여 비밀히 서간으로 아뢰다
- 단종 001 00/06/06(정묘) / 세조가 목효지에게 새 능이 불가하다고 한 이유를 묻고 국문하여 치죄할 것을 아뢰다
- 단종 003 00/09#21(경진) / 목효지를 석방하다
- 단종 013 03/02/27(계묘) / 금성 대군 이유 등의 고신을 거두고 엄자치 등 환관을 외방에 유배시키다
- 단종 013 03/03/01(병오) / 장령 이승소가 환관 엄자치 등의 고신을 거둔 것과 금성 대군 이유의 죄명을 밝힐 것을 아뢰다
- 세조 002 01/11/09(경진) / 양씨 등은 교수형에 처하고, 홍이로 등은 관노에 정속할 것을 명하다
- 세조 043 13/09/28(경인) / 권맹희가 최홍례의 치죄를 주청하니 극변에 안치하게 하다
- 정조 032 15/02/21(병인) / 장릉 배식단에 배향할 사람의 명단 [노비

목효지]

무학無學[19]·21

○ 태종 004 02/11/09(무자) / 태상왕이 함주로 향하자, 왕이 왕사 무학을 보내 환가를 청하게 하다
○ 태종 020 10/07/12(정축) / 고 왕사 무학에게 시호를 내리고, 변계량에게 그 비명을 짓게 하다
○ 선조 026 25/04/30(기미) / 승려 무학이 지은 도참기에 나오는 귀절과 도성의 동요가 유행하자 거기에 해석이 나돌다
○ 선조 131 33/11/09(기유) / 영의정 이항복 등과 대행 왕비의 인산에 대해 논의하다
○ 현종 001 00/07/02(신유) / 산릉 후보지에 대한 예조 판서 윤강·부호군 이상진의 상소문
○ 현종 001 00/09/01(기미) / 윤선도의 추고 함사
○ 현개 001 00/06/19(무신) / 총호사 심지원 등이 재차 수원의 산을 간심하고 돌아와 복명하다
○ 현개 001 00/06/26(을묘) / 완남 부원군 이후원이 차자를 올려 수원 산을 쓸 수 없음을 진술하다
○ 현개 001 00/07/02(신유) / 연양 부원군 이시백이 산릉 장소에 대해 차자를 올리다
○ 현개 001 00/07/03(임술) / 좌참찬 송시열이 차자를 올려 판의금을 사직하다
○ 현개 001 00/08/30(무오) / 윤선도의 추고 함사
○ 숙종 014 09/03/25(정묘) / 봉조하 송시열이 치사로 숙배하다
○ 영조 001 00/09/16(병진) / 산릉을 중량포에 정하다
○ 영조 003 01/01/11(경술) / 용인 유학 안절이 군정에 대하여 상소하다 [남소문 창건]
○ 영조 033 09/03/14(을미) / 좌의정 서명균이 국용이 부족하니 경비를 재감하자고 아뢰다
○ 영조 035 09/08/26(갑술) / 곽처웅의 일로 남사고에 대해 묻고 잡술에 관한 방서를 금지하는 문제를 의논하다
○ 정조 032 15/04/17(신유) / 안변 석왕사에 어제 비문을 써주다
○ 정조 034 16/04#24(임진) / 예조 판서 서호수가 복명하다
○ 순조 024 21/07/23(신미) / 형조에서 회암사의 부도 등을 파괴한 이응

19) 무학의 원래의 이름은 박자초朴自超이다.

준에 대한 법의 적용을 대신들에게 묻다
○ 철종 007 06/02/04(정유) / 봉심한 대신을 소견하다

문맹검文孟儉·10

○ 세종 105 26/07/17(갑자) / 좌찬성 하연 등을 보내 헌릉의 서쪽 혈을 보토하게 하다
○ 세종 108 27/04/04(정미) / 하연 김종서 등이 수릉을 살펴보고 올린 상서문
○ 세종 112 28/04/21(무오) / 이선로를 모함한 문맹검의 직첩을 회수하고 추문하도록 하다
○ 세종 121 30/08/08(신유) / 목효지가 문맹검을 지적하여 불당 터에 대해 상서하여 도로 천인이 되다
○ 문종 005 00/12/07(정축) / 이조에서 뇌물을 받은 신희와 문맹검을 서반에 고쳐 임명할 것을 아뢰다 [主簿]
○ 문종 005 01/01/15(을묘) / 탄핵이나 장죄를 범한 김세민·이현로의 고신을 돌려 줌은 부당함을 아뢰다
○ 문종 012 02/03/03(병신) / 풍수학 문맹검이 각릉과 각처의 풍수에 대해 상언하다
○ 단종 001 00/06/06(정묘) / 세조가 목효지에게 새 능이 불가하다고 한 이유를 묻고 국문하여 치죄할 것을 아뢰다
○ 세조 002 01/08/21(갑자) / 이조와 병조에 명하여 이백도·정의백 등의 고신을 돌려 주다
○ 세조 002 01/12/27(무진) / 의정부에 전지하여 연창위 안맹담 등을 원종 공신에 녹훈하다②

ㅂ

박경수朴京壽·2

○ 철종 009 08/08/12(경신) / 산릉 도감의 당상 이하를 소견하다
○ 철종 009 08/08/18(병인) / 간심하고 돌아온 시임·원임 대신과 총호사를 소견하다

박대희朴大熙·1

○ 철종 001 00/07/06(신축) / 산릉 간심 도감의 당상 이하의 관원을 소견하여 길한 곳을 의논하다

박상발朴祥發·1

○ 순조 031 30/06/27(계축) / 묘지를 양주 천장산 유좌로 하다

박상의朴尙義·16

○ 선조 115 32/07/14(신유) / 윤근수가 사당 건립 장소를 정했음을 아뢰다
○ 선조 129 33/09/01(신축) / 영상 이항복 등이 대행 왕비의 장지 선정에 대해 아뢰다
○ 선조 129 33/09/02(임인) / 해원 부원군 윤두수 등과 대행 왕비의 장지에 대해 논의하다
○ 선조 129 33/09/04(갑진) / 전 행 부호군 정구의 대행 왕비 장지 선정 문제에 대한 상소
○ 선조 130 33/10/02(임신) / 대행 왕비의 묏자리에 관해 논의하다
○ 선조 130 33/10/05(을해) / 대행 왕비의 묏자리에 관해 논의하다
○ 선조 130 33/10/05(을해) / 관상감 제조 정구가 대행 왕비의 묏자리에 대해 아뢰다
○ 선조 130 33/10/09(기묘) / 대행 왕비의 묏자리에 관해 논의하다
○ 선조 130 33/10/19(기축) / 박상의·이의신에게 동반직을 제수하다
○ 선조 131 33/11/09(기유) / 영의정 이항복 등과 대행 왕비의 인산에 대해 논의하다
○ 선조 131 33/11/11(신해) / 대행 왕비의 인산에 대해 논의하다
○ 선조 137 34/05/14(신해) / 비망기로 빈전 도감·국장 도감·산릉 도감 관계자들에게 포상하는 내용을 전교하
○ 광해 001 00/02/09(병인) / 총호사 허욱 등이 건원릉의 지리에 대하여 아뢰다
○ 광해 094 07/08#02(병오) / 선수 도감에서 경복궁 옛터에 쇠를 띄워 본 견해를 아뢰다
○ 광해 094 07/08#13(정사) / 박상의를 시켜 궁터의 맥을 살펴서 아뢰게 하다
○ 인조 022 08/03/19(기해) / 관상감이 선조릉을 옮길 장소에 관해 아뢰다

박인근朴寅根·8

○ 고종 034 33/12/09(양력) / 산릉을 돌아본 대신 이하를 만나보다
○ 고종 034 33/12/18(양력) / 총호사 이하를 만나보다
○ 고종 034 33/12/31(양력) / 능 자리를 돌아보고 온 대신 이하를 만나

보다
○ 고종 035 34/01/03(양력) / 총호사 이하를 만나 보다
○ 고종 035 34/03/30(양력) / 현임 대신과 전임 대신, 총호사 이하를 만나 보다
○ 고종 040 37/07/11(양력) / 산릉 도감 당상관 이하를 만나보다
○ 고종 041 38/04/23(양력) / 죄인에 대한 유배형을 정하다
○ 고종 041 38/05/21(양력) / 죄인의 석방을 지시하다

박자우朴子羽·15

○ 선조 121 33/01/29(갑술) / 윤두수의 간궤함과 이덕형의 탐오함을 들어 비판하는 사평
○ 선조 128 33/08/29(기해) / 대행 왕비의 장지 선정 문제를 논의하다
○ 선조 129 33/09/01(신축) / 영상 이항복 등이 대행 왕비의 장지 선정에 대해 이뢰다
○ 선조 129 33/09/02(임인) / 해원 부원군 윤두수 등과 대행 왕비의 장지에 대해 논의하다
○ 선조 129 33/09/04(갑진) / 전 행 부호군 정구의 대행 왕비 장지 선정 문제에 대한 상소
○ 선조 130 33/10/07(정축) / 행 충무위 사직 정구가 대행 왕비의 묏자리에 대해 아뢰다
○ 선조 130 33/10/21(신묘) / 동지 박동량이 대행 왕비의 인산에 관해 상소하다
선조 131 33/11/09(기유) / 영의정 이항복 등과 대행 왕비의 인산에 대해 논의하다
○ 선조 136 34/04/03(경오) / 사신이 섭정국의 행적을 규탄하다
○ 선수 034 33/12/22(신묘) / 의인 왕후를 유릉에 장사지내다
○ 광해 003 00/04/22(무인) / 우의정 심희수·딩흥 부원군 홍진·예조 판서 박홍로가 산릉에 관하여 아뢰다
○ 광해 094 07/08#02(병오) / 선수 도감에서 경복궁 옛터에 쇠를 띄워 본 견해를 아뢰다
○ 광해 094 07/08#10(갑인) / 선수 도감에서 문정전·명정전의 터를 변경하는 것에 대해 아뢰다
광해 121 09/11/16(정축) / 영건 도감의 도제조·제조·낭청·감역관 등에게 상을 내리다

박진문朴振文·1

○ 현개 028 15/05/07(경오) / 상의 병세가 시름시름하다

박하준朴河駿·1

○ 고종 041 38/04/18(양력) / 지관들이 진술하다

박홍중朴弘中[20]·3

○ 인조 022 08/03/14(갑오) / 우의정 이정구를 보내 풍수설을 아는 사람들을 이끌고 목릉 안의 여러 언덕을 살피도록 하다
○ 인조 022 08/06/22(경오) / 간원이 박홍중을 사판에서 제명할 것을 아뢰다 [仕版)]
○ 인조 023 08/07/27(갑진) / 유홍치의 일로서 의논한 후 국릉의 좌향에 관해 논의하다

반호의潘好義·10

○ 현종 001 00/07/07(병인) / 총호사 심지원이 기중윤이 발견한 산등성이에 관해 아뢰다
○ 현종 014 08/06/25(무술) / 도방군의 부역으로 종묘 뒤편 산맥이 파손된 곳에 흙을 채우다
○ 현종 021 14/07/07(갑술) / 산릉 도감이 파묘와 천궁의 길일을 아뢰다
○ 현개 001 00/07/07(병인) / 상이 심지원 등에게 새로 얻은 산의 형세에 대해 묻다
○ 현개 002 01/04/03(정해) / 상이 대신 및 비국의 신하들을 인견하다
○ 현개 017 08/06/25(무술) / 영녕전 수개 도감이 종묘의 지맥이 파손된 곳을 보수하도록 아뢰다
○ 현개 027 14/07/07(갑술) / 산릉 도감이 하현궁할 예정일을 아뢰다
○ 현개 027 14/09/04(경오) / 김수홍이 광중의 토질에 대해 아뢰다
○ 영조 001 00/09/16(병진) / 산릉을 중량포에 정하다 [감여사 11명 대동]
○ 정조 027 13/07/11(을미) / 금성위 박명원의 상소로 인하여 영우원을 천장하기로 결정하다

---

20) 박홍중은 잡술인.

방경국方慶國·1

○ 순조 023 21/04/21(신축) / 건릉 이장을 수원 옛날 향교로 정하다

배상충裵尙忠·6

○ 태조 003 02/02/10(을유) / 권중화權仲和가 신도에 들어설 종묘 등의 도면을 바치고, 서운관 관원 등에게 지형을 조사, 측량케 하다
○ 태조 010 05/08/20(을사) / 행주에 거둥하여 능지를 보았으나 모두 뜻에 맞지 않다
○ 태종 004 02/12/29(무인) / 김권·김온·배상충·박부금의 목을 베다
○ 태종 035 18/04/27(정미) / 의정부·육조·대간에서 신효창·박만 등의 죄를 청하다
○ 태종 035 18/05/03(임자) / 형조와 대간에서 신효창 등의 죄를 청하다
○ 숙종 018 13/01/07(병술) / 대사헌 이선이 박순에게 시호를 내리자 거두기를 청하다

ⓢ

서문지徐文智·1

○ 중종 008 04/05/24(을묘) / 의금부에서 장죄를 범한 남치명의 추안을 조율하여 아뢰니 그대로 윤허하다

서우徐祐[21]·1

○ 명종 013 07/04/15(정묘) / 승정원에서 상언을 했던 서우라는 인물이 익명임을 아뢰다

서철徐喆·1

○ 광해 094 07/08#02(병오) / 선수 도감에서 경복궁 옛터에 쇠를 띄워 본 견해를 아뢰다

21) 서우는 익명의 풍수인.

성담기成聃紀·7

○ 중종 021 10/03/12(기사) / 지리관 조윤 등에게 산릉의 묘터를 하문하다
○ 중종 084 32/04/27(을해) / 희릉을 지을 당시의 상지관에게 죄를 묻고 도석수에게 상을 내리다
○ 중종 085 32/05/06(갑신) / 조율 공사에 관해 삼공을 부르다.
○ 중종 085 32/05/06(갑신) / 삼공이 죄의 경중에 따라 각기 다르게 죄주기를 건의하다
○ 중종 085 32/06/04(신해) / 성담기를 가볍게 논죄하고, 조광세의 일은 추신없이 죄를 정하게 하다
○ 중종 085 32/06/10(정사) / 율명을 고친 것을 의정부로 하여금 중외에 효유케 하다
○ 중종 085 32/06/26(계유) / 대간이 전지를 고칠 것을 또 아뢰자 윤허하다

성지性智22)·35

○ 광해 094 07/08#02(병오) / 선수 도감에서 경복궁 옛터에 쇠를 띄워 본 견해를 아뢰다
광해 094 07/08#10(갑인) / 선수 도감에서 문정전·명정전의 터를 변경하는 것에 대해 아뢰다
○ 광해 100 08/02/21(임술) / 시문룡이 세 능의 형세를 보러 갈 때 예조의 당상·성지도 같이 가게 하다
○ 광해 101 08/03/24(갑오) / 성지·시문용 등으로 하여금 인왕산 아래에 새 궁궐터를 잡게 하다
○ 광해 101 08/03/24(갑오) / 영의정이 새 궁궐터 잡는 일에 관상감 제조 박상구를 동참하게 할 것을 청하다
○ 광해 106 08/08/27(을축) / 선수 도감에서 명정전을 보충하라는 것에 대해 어렵다고 아뢰다
○ 광해 111 09/01/13(기묘) / 풍수승 성지가 차비문에 출입하다
○ 광해 114 09/04/08(임인) / 이궁을 짓는 일로 인해 시문용을 올려 보내라고 경상 감사에게 하유하라
○ 광해 114 09/04/18(임자) / 이궁의 역사를 실시할 때 도감에게 일일이 물어서 시행하라고 하다
○ 광해 114 09/04/26(경신) / 외정전·시사전 등처를 조성할 형지를 그려 올리도록 하다

---

22) 성지性智는 성지性知 또는 성지聖智로도 기록되어 있다.

○ 광해 115 09/05/17(경진) / 선수 도감이 정전의 터를 정하기 위한 의논을 청하다
○ 광해 115 09/05/20(계미) / 선수 도감이 신궐 침전의 터 닦을 날짜가 정해져 상께 아뢰다
○ 광해 116 09/06/03(병신) / 영건 도감이 궁궐 담장을 쌓는 일을 상께 의논하다
○ 광해 116 09/06/07(경자) / 영건 도감이 사직의 담 쌓는 의견을 아뢰나 타당하지 않다고 하다
○ 광해 116 09/06/11(갑진) / 새 궁궐을 새문동에다 건립할 것을 의논하다
○ 광해 116 09/06/21(갑인) / 담장 쌓는 것을 8, 9월 안으로 마치라고 전교하다
○ 광해 121 09/11/16(정축) / 영건 도감의 도제조·제조·낭청·감역관 등에게 상을 내리다
○ 광해 121 09/11/16(정축) / 성지에게 실직을 제수하도록 명하다
○ 광해 126 10/04/13(임인) / 한명욱·최호·이강·이모·이홍엽 등에게 관직을 제수하다
○ 광해 126 10/04/19(무신) / 인경궁 별당 차지 낭청을 엄선하고 궁궐 공사에 대한 일로 전교하다
○ 광해 127 10/04#16(갑술) / 영건 도감에서 인경궁의 금천교를 궐내에 들여 짓는 일로 아뢰다
○ 광해 133 10/10/11(병인) / 정청에 전교하여 성지의 녹봉·성천 부사의 가자 등을 전교하다
○ 광해 139 11/04/25(무인) / 종루 짓는 일을 영남 승려 성지에게 문의하게 하다
○ 광해 145 11/10/19(무진) / 첨지 성지에게 높은 품계를 부표하게 하다
○ 광해 153 12/06/07(계축) / 인경궁에 쓸 재목을 사오도록 새 낭청을 뽑다
○ 광해 153 12/06/22(무진) / 백성들의 기아 구제와 장례를 명하다
○ 광해 176 14/04/18(계미) / 시문용을 감군이 있는 동안 인경궁 안이나 다른 외진 곳에 있게 하다
○ 광해 179 14/07/10(갑진) / 벼락 친 일로 정전을 피하고 음식 가짓수를 줄이고 음악을 중지하다
○ 광해 179 14/07/29(계해) / 신궐 도감이 벼락 맞은 정문의 이전을 반대하자 그 자리에 고쳐 짓게 하다
○ 광해 182 14/10/05(정묘) / 한효중이 토목 공사와 궁중 출입하는 중 복동에 대해 간하자 체차 시키다
○ 광해 184 14/12/03(갑자) / 인경궁 못을 판 곳에 누대를 지어 신하 접

견과 무사들의 시험 장소로 사용케 하다
○ 인조 001 01/03/17(정미) / 중 성지가 복주되다
○ 인조 002 01/05/04(계사) / 김일룡을 주살하다
○ 인조 045 22/02/24(계미) / 사헌부가 전 승지 최유연이 요망한 내용의 상소를 올렸다 하여 사판에서 삭제할 것을 청하다
○ 영조 003 01/01/11(경술) / 용인 유학 안절이 군정에 대하여 상소하다

손영孫榮·1

○ 성종 279 24/06/05(정묘) / 충청도 경차관 정숙지의 아룀에 따라 노모의 죽음을 조사하게 하다

송건宋健·4

○ 선조 058 27/12/13(병진) / ≪주역≫을 강하다. 호남의 토적에 대한 대책·왕세자의 문안 등의 일을 논의하다
○ 선조 129 33/09/06(병오) / 총호사 이헌국 등이 대행 왕비의 인산에 대해 아뢰다
○ 선조 130 33/10/05(을해) / 관상감 제조 정구가 대행 왕비의 묏자리에 대해 아뢰다
○ 광해 094 07/08#02(병오) / 선수 도감에서 경복궁 옛터에 쇠를 띄워 본 견해를 아뢰다

송당宋瑠·3

○ 중종 021 10/03/12(기사) / 지리관 조윤 등에게 산릉의 묘터를 하문하다
○ 중종 085 32/05/26(갑진) / 정원에 분정 등록을 상고하려는 이유를 전교하다
○ 중종 085 32/06/10(정사) / 율명을 고친 것을 의정부로 하여금 중외에 효유케 하다

송륜宋崙·4

○ 선조 26년 /07/07(기미) / 정릉 안장일을 8월 15일 이전으로 앞당기기로 하다
○ 선조 130 33/10/05(을해) / 관상감 제조 정구가 대행 왕비의 묏자리에

대해 아뢰다
○ 선조 130 33/10/09(기묘) / 대행 왕비의 묏자리에 관해 논의하다
광해 016 01/05/16(병신) / 인산 수개 도감의 전 제조인 영의정 이원익 등에게 안구마 등을 내려 주다

승원로承元老·1

○ 세종 107 27/01/01(을해) / 풍수학의 승원로·안효례 등이 거처를 옮기기를 상서하였으나 윤허하지 않다

시문룡施文龍·5

○ 광해 096 07/10/05(무신) / 경상 감사로 하여금 도망해 온 중국인 병사 시문룡을 상경하게 하다
○ 광해 097 07/11/01(계유) / 사문룡이 상경하여 경복궁 내의전의 향배를 묻게 하다
○ 광해 097 07/11/11(계미) / 문정전을 동향으로 개조할 것을 술관에게 물어 아뢰게 하다
○ 광해 100 08/02/19(경신) / 시문룡·관상감 제조 등으로 하여금 목릉·수릉·성릉의 형세를 보고 오게 하다
○ 광해 101 08/03/24(갑오) / 성지·시문용 등으로 하여금 인왕산 아래에 새 궁궐터를 잡게 하다

시문용施文用·25

○ 선조 154 35/09/25(갑신) / 의령 진사 오여온이 상소로 정인홍의 인품을 찬양하고 이시익을 논핵하다
○ 선수 037 36/05/01(병진) / 전 의금부 도사 양홍주가 정인홍의 간사한 행동 12조목을 상소하다
○ 광해 113 09/03/19(갑신) / 시문용을 올려 보낼 것을 전교하다
○ 광해 114 09/04/08(임인) / 이궁을 짓는 일로 인해 시문용을 올려 보내라고 경상 감사에게 하유하라
○ 광해 114 09/04/18(임자) / 도감에 이궁의 대문을 만들 곳에 살문을 배치하도록 하다
○ 광해 114 09/04/26(경신) / 외정전·시사전 등처를 조성할 형지를 그려 올리도록 하다

○ 광해 115 09/05/03(병인) / 시문용이 올라온 것에 대해 살펴서 아뢰도록 하다
○ 광해 115 09/05/17(경진) / 선수 도감이 정전의 터를 정하기 위한 의논을 청하다
○ 광해 115 09/05/20(계미) / 선수 도감이 신궐 침전의 터 닦을 날짜가 정해져 상께 아뢰다
○ 광해 116 09/06/03(병신) / 영건 도감이 궁궐 담장을 쌓는 일을 상께 의논하다
○ 광해 116 09/06/07(경자) / 영건 도감이 사직의 담 쌓는 의견을 아뢰나 타당하지 않다고 하다
○ 광해 116 09/06/23(병진) / 영평군 윤중삼이 자신이 공사의 감독에 적합하지 않음을 상소하다
○ 광해 116 09/06/28(신유) / 영건 도감이 도성내에 궁궐이 많음을 지적하다
○ 광해 117 09/07/13(을해) / 영건 도감이 서별궁의 바깥 담장 쌓는 일을 상께 의논드리다
○ 광해 121 09/11/16(정축) / 영건 도감의 도제조·제조·낭청·감역관 등에게 상을 내리다
○ 광해 127 10/04#16(갑술) / 영건 도감에서 인경궁의 금천교를 궐내에 들여 짓는 일로 아뢰다
광해 130 10/07/02(무자) / 시문용이 말한 탑을 건조하는 등의 일을 의논하라고 전교하다
○ 광해 161 13/02/30(임신) / 땅을 물색하는 중국인 시문용에게 급료를 지불할 것을 명하다
○ 광해 176 14/04/18(계미) / 시문용을 감군이 있는 동안 인경궁 안이나 다른 외진 곳에 있게 하다
○ 광해 179 14/07/29(계해) / 신궐 도감이 벼락 맞은 정문의 이전을 반대하자 그 자리에 고쳐 짓게 하다
○ 광해 187 15/03/14(갑진) / 이이첨 등이 참형을 받다
○ 인조 001 01/03/15(을사) / 사간 이성구가 정인홍의 국문과 장령 곽천호 등의 체직을 청하다
○ 정조 038 17/07/27(무오) / 고 의사 이사룡을 성주 목사로 추증하고, 그 자손을 녹용하라고 전교하다
○ 정조 038 17/09/02(임진) / 이사룡의 후손에게 권무 군관에 부직하도록 하교하다 [후손 14명]

신희申熙·2

- ○ 영조 007 01/09/27(신유) / 삼척 사람 신희가 삼척과 평창 등지에 지석이 있다고 아뢰자 조사하다
- ○ 순조 023 21/04/21(신축) / 건릉 이장을 수원 옛날 향교로 정하다

ⓞ

안평국安平國.·2

- ○ 선조 130 33/10/05(을해) / 관상감 제조 정구가 대행 왕비의 묏자리에 대해 아뢰다
- ○ 선조 130 33/10/26(병신) / 이상의등이 이문통이 평양의 지세를 살펴본 결과에 대해 아뢰다

안호安鎬[23]·5

- ○ 영조 016 04/03/14(갑자) / 최규서가 장흠·안박의 역모와 관련된 급변을 올리다
- ○ 영조 016 04/03/16(병인) / 안호·안박·막실이 공술하다
- ○ 영조 016 04/03/16(병인) / 김중만 공술
- ○ 영조 016 04/03/19(기사) / 민관효와 신광원을 대질시키다
- ○ 영조 047 14/02/14(병신) / 서단이 청과 화친을 청한 글을 논하다. 오명서의 뇌물수수를 대간에게 함문하는 일을 논하다

안효례安孝禮·71

- ○ 세종 107 27/01/01(을해) / 풍수학의 승원로·안효례 등이 거처를 옮기기를 상시하였으나 윤허하지 않다
- ○ 단종 011 02/04/17(무술) / 세조가 8도 및 서울의 지도를 만들고자 하다 [상지]
- ○ 세조 002 01/12/27(무진) / 의정부에 전지하여 연창위 안맹담 등을 원종 공신에 녹훈하다
- ○ 세조 007 03/03/29(임진) / 황해도 관찰사에게 장득운이 소장한 음양서를 찾아서 보내도록 명하다

---

23) 안호는 지리학교수를 지냈고 반역죄로 연루되었다.

- 세조 009 03/09/06(정묘) / 한성부 윤 이순지 등이 광주·과천 등지에 가 왕세자 묘지를 상지하다
- 세조 009 03/09/10(신미) / 정인지·강맹경 등에게 한강 남쪽 나루에 가서 왕세자의 묘지를 상지케 하다
- 세조 009 03/09/12(계유) / 사평원에 가 왕세자의 묘지를 살피고, 헌릉과 건원릉에 가 새로 살피도록 하다
- 세조 009 03/09/12(계유) / 정인지 등이 건원릉 부근에 묘자리가 없다고 하자 과천에서 살피기로 하다
- 세조 009 03/09/13(갑술) / 과천 인덕원 동쪽에 가서 산세를 살펴보다
- 세조 009 03/09/14(을해) / 우의정 강맹경 등을 고양으로 보내 묘지를 상지케 하다
- 세조 009 03/09/15(병자) / 원평에 가 묘지를 상지하고 환궁하다
- 세조 009 03/09/16(정축) / 경회루 동편방에서 좌의정 정창손 등과 원평·과천의 묘지를 의논하다
- 세조 009 03/09/17(무인) / 비가 와 행행을 정지하고 정인지·강맹경 등에게 묘자리를 상지케 하다
- 세조 009 03/09/19(경진) / 호조 판서 권준 등에게 양근·미원·교하·원평·용인 등지에 가 상지케 하다
- 세조 009 03/09/22(계미) / 신숙주·황수신 등을 보내 금천·인천·광주·고양 등지를 상지케 하다
- 세조 009 03/10/04(갑오) / 예조 참판 이순지 등을 양주·풍양에 보내 상지케 하다
- 세조 009 03/10/12(임인) / 정인지·강맹경 등에게 풍양에 가 상지케 하다
- 세조 009 03/10/13(계묘) / 강맹경·황수신 등에게 교하·고양 등지에 가 상지케 하다
- 세조 009 03/10/14(갑진) / 고양현 봉현에 거둥하여 정이 분묘를 보고 향배를 정하게 하다
- 세조 023 07/01/22(계해) / 사헌부에서 안효례의 10악의 죄에 대해 아뢰다
- 세조 033 10/07/26(정축) / 윤대에서 아뢴 것을 초록하여 들여 보내게 하다
- 세조 034 10/08/01(임오) / 사헌부가 불효로 논죄된 안효례를 훈련 부사에 임명함이 부당함을 아뢰다
- 세조 034 10/08/25(병오) / 7학 하는 사람들을 불러 강하게 하다. 봉석주에 대해 일을 불윤하다

○ 세조 034 10/08/26(정미) / 7학인으로 ≪병정≫등의 책을 읽에 고문에 대비할 것을 명하다
○ 세조 039 12/06/08(정미) / 양정이 퇴위를 권유하다 [관상감 첨정]
○ 세조 039 12/07/23(임진) / 사덕과 사단의 책제를 짓고 종신과 재추 문신에게 제술하게 하다
○ 세조 039 12/08/20(기미) / 충순당에서 활쏘기를 하고 주연을 베풀다
○ 세조 041 13/02/03(기해) / 형조 판서 서거정에게 상지관을 데리고 영응 대군의 장지를 살펴보게 하다
○ 세조 041 13/03/14(기묘) / 제신에게 주연을 베풀고 군자감 첨정 최호원 등에게 지리설 등을 논하게 하다
○ 세조 041 13/03/15(경진) / 유신·잡학인에게 업을 강하게 하고,예문관 유신에게 인지의 송을 강하게 하다
○ 세조 041 13/03/18(계미) / 성균 직강 김유 등에게 영릉에 가서 인지의로 땅을 측량해 시험하게 하다
○ 세조 042 13/04/01(병신) / 유신과 잡학인을 불러 업으로 하는 바를 강하게 하고,응방을 파하게 하다
○ 세조 042 13/04/05(경자) / 신숙주·구치관 등에게 영릉의 개장을 의논하게 하다
○ 세조 042 13/04/06(신축) / 사방지를 신창현의 노비로 소속시키고, 안효례·최호원을 국문하게 하다
○ 세조 043 13/09/02(갑자) / 최호원 등에게 조선 병선의 제도를 물었으나 그의 대답에 노하여 하옥시키다
○ 세조 043 13/09/26(무자) / 은천군 이찬 등에게 새로 지은 형전을 수교하게 하다
○ 세조 043 13/09/28(경인) / 권맹희가 최홍례의 치죄를 주청하니 극변에 안치하게 하다
○ 세조 044 13/10/13(을사) / 도성의 지도를 만들게 하고, ≪북정록≫에 기록할 만한 일을 아뢰게 하다
○ 세조 046 14/04/25(갑인) / 근정문에 나가 조참을 받다
○ 세조 046 14/05/28(정해) / 충순당으로 이어하다
○ 세조 046 14/06/04(임진) / 안효례의 고신을 돌려주고 이내·신숭선에게 관직을 제수하다
○ 세조 047 14/08/05(임진) / 안효례와 최효원이 정자영과 더불어 ≪어정주역구결≫에 대해 서로 논란하다
○ 세조 047 14/08/06(계사) / 금후로 서책을 반급할 때에는 최효원, 안효례에게도 아울러 내리게 하다

○ 세조 047 14/08/08(을미) / 안효례에게 명하여 이영은과 더불어 ≪주역≫의 이치를 강론하게 하다
○ 세조 047 14/08/10(정유) / 이영은, 김수령, 구종직 등을 불러 ≪어정주역구결≫을 의논하게 하다
○ 세조 047 14/08/12(기해) / 구종직 등에게 벼슬을 올려주다
○ 세조 047 14/08/14(신축) / 구종직, 안효례, 최호원이 선에 대해 격렬히 논란하다
○ 세조 047 14/08/17(갑진) / 김수령, 최효원, 안효례 등에게 ≪시경≫ 구결을 논하여 정하게 하다
○ 세조 047 14/08/18(을사) / 안효례와 최효원은 성실됨이 없으며 회해를 좋아하여 임금이 배우로서 이들을 용납하다
○ 세조 047 14/09/03(기미) / 혜성이 나타나자 관상감 정 안효례에게 살피게 하다
○ 예종 001 00/09/28(갑신) / 종친과 재추들에게 능침에 적합한 곳을 살펴 정하게 하다
○ 예종 001 00/10/01(정해) / 종친과 재추에게 정흠지의 묘자리가 능침에 적당한가를 아뢰게 하다
○ 예종 001 00/10/03(기축) / 안효례를 당상관으로 올리고 불러 산릉의 형세를 묻다
○ 예종 001 00/10/08(갑오) / 최호원을 석방하도록 명하다
○ 예종 001 00/10/12(무술) / 사헌부 지평 최경지가 안효례의 제수와 최호원의 용서가 잘못이라고 아뢰다
○ 예종 002 00/12/27(계축) / 천릉할 땅을 여흥 성산의 이계전의 분묘로 정하고 술자리를 베풀다
○ 예종 005 01/05/24(정미) / 안효례가 병선 1만여 척이 충청도에서 길주로 돌아가 정박하였다고 아뢰다
○ 예종 005 01/05/25(무신) / 정인지·정창손·심회 등에게 옥년 등이 말한 바를 신문하게 하다
○ 예종 006 01/07/14(을미) / 일자 안효례가 궁성을 물려서 쌓는 것을 정지하도록 청하다
○ 예종 007 01/09/14(갑오) / 임원준·안효례 등을 불러서 남소문을 막는 일을 의논하게 하다
○ 예종 007 01/09/19(기해) / 성문이 제 도수를 벗어났는데도 곧 측후하지 않은 관상감의 관리를 국문하게 하다
○ 예종 008 01/10/07(정사) / 안효례를 불러서 덕원군 이서에게 무슨 일을 구했는지 묻다

- 성종 003 01/02/21(경오) / 여러 원상과 대신에게 풍수학과 함께 창릉과 경릉을 가서 살피게 하다
- 성종 006 01/06/03(경술) / 세조의 국상 때 장례의 일을 맡은 자 가운데 상을 받지 못한 자에게 상을 주게 하다
- 성종 011 02/07/08(기묘) / 광릉의 사토 붕괴로 인해 황효원·안효례·남척 등을 처벌하다
- 성종 019 03/06/04(기사) / 대사헌 김지경 등이 최경 등에게 당상관을 제수한 것이 옳지 않다고 하다
- 성종 079 08/04/10(정미) / 승문원 터의 용도를 논하다
- 성종 079 08/04/10(정미) / 안효례가 세종조의 황희 등의 의논을 아뢰다
- 성종 079 08/04/15(임자) / 승정원에서 안효례의 국문을 청하다
- 성종 174 16/01/06(기축) / 부제학 안처량 등이 풍속의 폐단과 최호원의 말이 허탄하고 망령됨을 진술하다
- 연산 040 07/04/22(기해) / 헌납 정환 등이 의원과 내관 등에게 내린 관작이 지나치다고 하다

양종화梁鍾華·4

- 철종 001 00/07/06(신축) 산릉 간심 도감의 당상 이하의 관원을 소견하여 길한 곳을 의논하다
- 철종 007 06/02/01(갑오) / 봉심한 대신과 지사 한정후 등을 소견하다
- 철종 009 08/08/12(경신) / 산릉 도감의 당상 이하를 소견하다
- 철종 009 08/08/18(병인) / 간심하고 돌아온 시임·원임 대신과 총호사를 소견하다

오성근吳聖根·11

- 고종 034 33/12/09(양력) / 산릉을 돌아본 대신 이하를 만나보다
- 고종 034 33/12/18(양력) / 총호사 이하를 만나보다
- 고종 034 33/12/31(양력) / 능 자리를 돌아보고 온 대신 이하를 만나보다
- 고종 035 34/01/03(양력) / 총호사 이하를 만나 보다
- 고종 035 34/03/30(양력) / 현임 대신과 전임 대신, 총호사 이하를 만나 보다
- 고종 035 34/04/03(양력) / 총호사 이하를 만나다

○ 고종 036 34/10/01(양력) / 환구단을 설치할 장소를 정하다
○ 고종 040 37/07/11(양력) / 산릉 도감 당상관 이하를 만나보다
○ 고종 040 37/08/24(양력) / 산릉을 세 번째로 살피고 온 총호사 이하를 접견하다
○ 고종 041 38/04/23(양력) / 죄인에 대한 유배형을 정하다
○ 고종 041 38/05/21(양력) / 죄인의 석방을 지시하다

오택영吳擇泳·11

○ 고종 040 37/07/11(양력) / 산릉 도감 당상관 이하를 만나보다

와인평臥麟坪·2

○ 광해 069 05/08/30(을묘) / 흠경각 건설 도감이 건설 부지에 대해 아뢰다
○ 정조 054 부록 / 정조 대왕 행장(行狀)⑤

원구元龜·9

○ 세종 003 01/03/09(계축) / 정이오 등이 ≪장일통요≫를 편집하여 전문과 함께 올리다
○ 세종 033 08/07/14(을사) / 좌의정으로 치사하여 작고한 유정현에게 치제하다
○ 세조 009 03/09/10(신미) / 정인지·강맹경 등에게 한강 남쪽 나루에 가서 왕세자의 묘지를 상지케 하다
○ 세조 009 03/09/12(계유) / 사평원에 가 왕세자의 묘지를 살피고, 헌릉과 건원릉에 가 새로 살피도록 하다
○ 세조 009 03/09/12(계유) / 정인지 등이 건원릉 부근에 묘자리가 없다고 하자 과천에서 살피기로 하다
○ 세조 009 03/09/17(무인) / 비가 와 행행을 정지하고 정인지·강맹경 등에게 묘자리를 상지케 하다
○ 세조 009 03/09/19(경진) / 호조 판서 권준 등에게 양근·미원·교하·원평·용인 등지에 가 상지케 하다
○ 세조 009 03/09/22(계미) / 신숙주·황수신 등을 보내 금천·인천·광주·고양 등지를 상지케 하다
○ 세조 022 06/11/04(병자) / 대가가 남대문에 이르니 기로·성균·진사·여기 등이 가요를 올리다

유동형柳東亨·3

○ 숙종 013 08/05/15(임술) / 철산 부사 유동형 등에게 자급을 올려주고 상을 내리다
○ 정조 001 00/04/11(임자) / 대행 대왕의 산릉을 정하고 능 이름을 원릉으로 정하다
○ 정조 001 00/07/28(정유) / 돈장한 여러 신하들에게 차등이 있게 상을 내리다

유정균柳正均·2

○ 고종 041 38/04/18(양력) / 지관들이 진술하다
○ 고종 044 41/01/09(양력) / 산릉 자리를 첫 번째로 살펴본 도감의 당상관 이하를 불러 만나다

윤수구尹守九·2

○ 순조 001 00/07/13(계사) / 현륭원 내 산릉으로 쓸 곳을 살피고 총호사 이시수 등이 장계하다
○ 순조 007 05/01/22(정미) / 산릉을 간심한 여러 신하들이 간심한 내용을 보관하다

윤신달尹莘達·5

○ 태조 006 03/08/11(무인) / 왕이 무악을 둘러보고 유숙하다. 천도할 장소에 대한 분분한 의론
○ 태조 014 07/07/05(무인) / 순릉과 경안백 능실의 화려함을 사사로이 비난한 전시를 귀양보내고 박수기·횡희 등을 폄직시키다
○ 태종 002 01/07/23(경술) / 영사평부사 하윤을 태실 증고사로 삼다
○ 태종 008 04/09/09(정미) / 유한우·윤신달·이양달을 보내 한양의 이궁 터를 잡도록 하다
○ 태종 008 04/10/04(임신) / 한양과 무악 중에 어느 곳을 도읍으로 정할 만한 것인지를 논의하다

율림栗林·1

○ 성종 279 24/06/05(정묘) / 충청도 경차관 정숙지의 아룀에 따라 노모의 죽음을 조사하게 하다

이국룡李國龍·1

○ 광해 094 07/08#02(병오) / 선수 도감에서 경복궁 옛터에 쇠를 띄워본 견해를 아뢰다

이귀근李龜根·1

○ 명종 009 04/10/07(계묘) / 상진 등이 정릉을 간심하고 와서 흠잡을 데가 없음을 아뢰다

이기욱李麒旭[24]·1

○ 명종 029 18/06/19(을축) / 간원에서 도읍에 관한 지리설을 진달한 지리학 전함 이기욱 등의 추고를 청하다
○ 명종 029 18/06/19(을축) / 헌부에서 이기욱 등과 유잠 등의 추고를 청하다

이기환李淇渙·1

○ 명종 009 04/10/07(계묘) / 상진 등이 정릉을 간심하고 와서 흠잡을 데가 없음을 아뢰다

이문통李文通·11

○ 선조 129 33/09/02(임인) / 대행 왕비의 장지에 대해 전교하다
○ 선조 129 33/09/21(신유) / 윤근수가 대행 왕비의 묏자리 잡는 일로 아뢰다
○ 선조 129 33/09/23(계해) / 해평 부원군 윤근수와 대행 왕비의 묏자리에 대해 논의하다
○ 선조 129 33/09/29(기사) / 윤근수와 대행 왕비의 묏자리에 대해 논의하다

---

24) 이기욱은 명종 때 지리학 전함前銜

- 선조 130 33/10/01(신미) / 대행 왕비의 뫼자리 일로 총호사에게 전교하다
- 선조 130 33/10/01(신미) / 해원 부원군 윤두수 등이 대행 왕비의 뫼자리에 대해 아뢰다
- 선조 130 33/10/05(을해) / 대행 왕비의 뫼자리에 관해 논의하다
- 선조 130 33/10/07(정축) / 행 충무위 사직 정구가 대행 왕비의 뫼자리에 대해 아뢰다
- 선조 130 33/10/26(병신) / 이상의등이 이문통이 평양의 지세를 살펴본 결과에 대해 아뢰다
- 선조 136 34/04/03(경오) / 사신이 섭정국의 행적을 규탄하다
- 인조 022 08/03/19(기해) / 관상감이 선조릉을 옮길 장소에 관해 아뢰다

이병헌李秉憲·4

- 고종 040 37/07/11(양력) / 산릉 도감 당상관 이하를 만나보다
- 고종 040 37/08/24(양력) / 산릉을 세 번째로 살피고 온 총호사 이하를 접견하다
- 고종 040 37/10/15(양력) / 산릉을 살펴보고 온 대신들을 만나다
- 고종 040 37/10/18(양력) / 산릉을 보고 온 총호사 이하를 만나다

이승욱李承旭·2

- 세조 009 03/09/14(을해) / 별시위 박효린을 양주로 보내 묘지를 상지케 하다
- 세조 041 13/02/03(기해) / 형조 판서 서거정에게 상지관을 데리고 영응 대군의 장지를 살펴보게 하다

이양달李揚達·2

- 세종 036 09/04/28(병술) / 황해도 영강진의 성터를 사천으로 결정하다
- 세종 061 15/07/22(계유) / 최양선·이양달·고중안·집현전 등이 헌릉의 주산 내맥에 관해 아뢰다

이영석李榮錫·3

○ 순부 003 05/09/20(양력) / 이희 공의 아들을 개명시켜 이준 공으로 칭호하다
○ 고종 041 38/04/18(양력) / 지관들이 진술하다
○ 순부 003 05/09/20(양력) / 이희 공의 아들을 개명시켜 이준 공으로 칭호하다

이우경李禹卿·3

○ 중종 013 06/05/15(갑자) / 검모포 만호 이우경을 금부에 가두다
○ 중종 014 06/07/02(경술) / 대간이 이우경·유숭조를 탄핵하니 불허하다
○ 광해 094 07/08#02(병오) / 선수 도감에서 경복궁 옛터에 쇠를 띄워 본 견해를 아뢰다

이유필李幼弼·1

○ 숙종 006 03/11/13(병술) / 대신과 비변사의 제신과 삼사를 인견하다. 과천 현감 목창우를 파면하다

이의신李懿信·69

○ 선조 127 33/07/21(임술) / 지관 이의신이 장지 문제로 입계하자 이에 답하다
○ 선조 127 33/07/22(계해) / 삼공 이하가 대행 왕비의 장지 선정 문제로 회계하다
○ 선조 127 33/07/26(정묘) / 장지의 선정과 조성 문제로 대신들과 논의하다
○ 선조 128 33/08/11(신사) / 인산 문제에 대해 논의하다
○ 선조 129 33/09/01(신축) / 영상 이항복 등이 대행 왕비의 장지 선정에 대해 이뢰다
○ 선조 129 33/09/06(병오) / 총호사 이헌국 등이 대행 왕비의 인산에 대해 아뢰다
○ 선조 129 33/09/14(갑인) / 총호사 이헌국이 대행 왕비의 묏자리에 대해 아뢰다

- 선조 130 33/10/05(을해) / 관상감 제조 정구가 대행 왕비의 묏자리에 대해 아뢰다
- 선조 130 33/10/19(기축) / 박상의·이의신에게 동반직을 제수하다
- 선조 131 33/11/07(정미) / 영의정 이항복 등이 인산에 대해 아뢰다
- 선조 131 33/11/09(기유) / 영의정 이항복 등과 대행 왕비의 인산에 대해 논의하다
- 선조 131 33/11/11(신해) / 대행 왕비의 인산에 대해 논의하다
- 선조 137 34/05/14(신해) / 비망기로 빈전 도감·국장 도감·산릉 도감 관계자들에게 포상하는 내용을 전교하다
- 광해 039 03/03/16(병진) / 병조에서 봉릉의 일로 올라온 군사를 다시 내려 보낼 것을 청하니 들어주다
- 광해 056 04/08/06(정묘) / 인의 이의신이 좌도의 요언에 대해 상소하다
- 광해 057 04/09/14(을사) / 승정원에서 인의 이의신이 올린 상소에 대해 아뢰다
- 광해 059 04/11/15(을사) / 예조 판서 이정귀가 새 도성 건설을 청하는 술관 이의신의 상소에 대해 반박하다
- 광해 060 04/11#06(을축) / 홍문관이 차자를 올려 술관 이의신의 말을 배척할 것을 청하다
- 광해 062 05/01/01(기미) / 예조가 창덕궁으로 옮기는 날짜를 정하여 아뢰니 다시 택일하도록 하다
- 광해 063 05/02/19(정미) / 태학생 홍득일 등이 상소하여 이의신의 죄를 다스릴 것을 청하다
- 광해 064 05/03/13(신미) / 양사가 이의신을 정죄하고 교하에 대한 명을 거둘 것을 청하다
- 광해 065 05/04/03(신묘) / 양사가 이의신 및 교하의 일을 연계하다
- 광해 065 05/04/05(계사) / 양사가 이의신의 일을 연계하다
- 광해 065 05/04/08(병신) / 양사가 이의신과 교하의 일을 합계하다
- 광해 065 05/04/13(신축) / 이의신에 대한 양사의 합계를 불허하고, 증광 별시에 대한 사헌부 계사에 답하다
- 광해 065 05/04/16(갑진) / 양사가 이의신의 일을 연계하다
- 광해 065 05/04/19(정미) / 양사가 이의신의 일을 합계하다
- 광해 065 05/04/25(계축) / 주서 이용진이 이의신이 박응서 일당과 친했음을 아뢰다
- 광해 074 06/01/14(정묘) / 합계하여 천도의 설을 지어낸 이의신을 율대로 죄주기를 청하다
- 광해 074 06/01/15(무진) / 합계하여 이의신을 율대로 다스리기를 청

하다
○ 광해 075 06/02/22(갑진) / 이의신에게 실직을 제수하다
○ 광해 077 06/04/05(정해) / 침의와 이의신에게 실직을 제수하는 일 등을 속히 거행하라고 명하다
○ 광해 077 06/04/10(임진) / 양사가 예빈시 주부 이의신을 탄핵하며 법률에 의해 죄주기 청하다
○ 광해 077 06/04/12(갑오) / 사간원이 예빈시 주부 이의신을 법률에 의해 죄를 결정하기를 청하다
○ 광해 079 06/06/11(임진) / 이의신을 법률에 따라 죄를 정할 것을 합계하다
○ 광해 079 06/06/12(계사) / 이의신을 법률에 의거해서 죄를 정하기를 합계하다
○ 광해 080 06/07/02(임자) / 양사가 연계하여 이의신을 죄주기를 청하다
○ 광해 080 06/07/03(계축) / 양사가 연계하여 이의신을 죄율을 정하기를 청하다
○ 광해 080 06/07/04(갑인) / 양사가 이의신을 죄주고 국청을 철거하여 죄수들을 삼성으로 옮기기를 청하다
○ 광해 080 06/07/08(무오) / 사헌부가 연계하여 이의신을 법대로 죄를 정하기를 청하다
○ 광해 080 06/07/11(신유) / 양사가 연계하여 이의신을 법대로 죄를 정할 것을 청하다
○ 광해 080 06/07/17(정묘) / 양사가 연계하여 이의신을 법에 따라 죄줄 것을 청하다
○ 광해 080 06/07/22(임신) / 양사가 연계하여 이의신을 법에 따라 죄줄 것을 청하다
○ 광해 081 06/08/01(신사) / 양사가 이의신의 형률에 따른 정죄를 청하나 따르지 않다
○ 광해 081 06/08/05(을유) / 양사에서 이의신의 정죄와 송홍주의 처벌을 청하나 윤허하지 않다
○ 광해 081 06/08/26(병오) / 양사가 이의신·송홍주 등에게 죄줄 것 등을 청하나 허락하지 않다
○ 광해 081 06/08/28(무신) / 양사가 이의신의 일을 말하였으나 따르지 않다
○ 광해 082 06/09/03(임자) / 양사가 이의신의 일을 연계하니 다스릴 만한 죄가 없다도 답하다
○ 광해 082 06/09/04(계축) / 양사가 이의신의 일을 연계하였으나 따르

지 않다
- ○ 광해 082 06/09/05(갑인) / 양사가 이의신의 일을 연계하나 따르지 않다
- ○ 광해 082 06/09/09(무오) / 양사가 이의신의 일을 연계하나 따르지 않다
- ○ 광해 082 06/09/10(기미) / 양사가 이의신의 일을 연계하나 따르지 않다
- ○ 광해 082 06/09/14(계해) / 양사가 이의신의 일을 연계하다
- ○ 광해 082 06/09/16(을축) / 사간원이 이의신·홍걸 등의 일을 연계하나 따르지 않다
- ○ 광해 082 06/09/30(기묘) / 이의신·정응정·안숭헌 등의 일을 연계하나 따르지 않다
- ○ 광해 083 06/10/01(경진) / 이의신·홍걸·정응정·기여헌 등의 일을 연계하나 따르지 않다
- ○ 광해 084 06/11/27(을해) / 양사가 이의신·김덕룡·김언춘의 일을 아뢰다
- ○ 광해 085 06/12/01(기묘) / 이의신의 의법 조치와 김덕룡·김언춘·윤삼빙 등의 일을 아뢰나 따르지 않다
- ○ 광해 090 07/05/16(신유) / 이의신을 군직에 부쳐 관상감에 상사케 할 것을 전교하다
- ○ 광해 092 07/07/27(임신) / 선수 도감이 외관의 여러 술관들에 대해 아뢰니 이의신과 논변하게 하라고 하다
- ○ 광해 093 07/08/08(임오) / 창경궁을 세울 때의 풍수 논의를 ≪태조실록≫으로써 고찰하게 하다

광해 094 07/08#02(병오) / 선수 도감에서 경복궁 옛터에 쇠를 띄워 본 견해를 아뢰다

- ○ 광해 101 08/03/24(갑오) / 성지·시문용 등으로 하여금 인왕산 아래에 새 궁궐터를 잡게 하다
- ○ 광해 106 08/08/27(을축) / 선수 도감에서 명정전을 보충하라는 것에 대해 어렵다고 아뢰다
- ○ 인조 022 08/03/19(기해) / 관상감이 선조릉을 옮길 장소에 관해 아뢰다
- ○ 현종 001 00/07/02(신유) / 산릉 후보지에 대한 예조 판서 윤강·부호군 이상진의 상소문
- ○ 현개 001 00/07/02(신유) / 연양 부원군 이시백이 산릉 장소에 대해 차자를 올리다
- ○ 현개 001 00/07/03(임술) / 좌참찬 송시열이 차자를 올려 판의금을 사직하다
- ○ 현개 001 00/07/02(신유) / 연양 부원군 이시백이 산릉 장소에 대해 차자를 올리다
- ○ 현개 001 00/07/03(임술) / 좌참찬 송시열이 차자를 올려 판의금을 사

직하다

이종설李種卨·1

○ 고종 040 37/07/11(양력) / 산릉 도감 당상관 이하를 만나보다

이현李玹·1

○ 순조 031 30/06/27(계축) / 묘지를 양주 천장산 유좌로 하다.

이현필李賢弼·1

○ 고종 015 15/05/18(정묘) / 대비의 능자리에 관하여 산릉 간심 도감에서 보고하다

이희규李熙奎·1

○ 고종 027 27/05/01(기사) / 현임과 전임 대신 및 총호사, 산릉 도감 당상관을 여막에 불러 만나다

㉧

정지선丁志璿·1

○ 순조 001 00/07/13(계사) / 현륭원 내 산릉으로 쓸 곳을 살피고 총호사 이시수 등이 장계하다

정해준鄭海準·1

○ 고종 040 37/07/11(양력) / 산릉 도감 당상관 이하를 만나보다

제갈형諸葛炯·15

○ 고종 034 33/12/09(양력) / 산릉을 돌아본 대신 이하를 만나보다
○ 고종 034 33/12/18(양력) / 총호사 이하를 만나보다
○ 고종 034 33/12/31(양력) / 능 자리를 돌아보고 온 대신 이하를 만나보다

○ 고종 035 34/01/03(양력) / 총호사 이하를 만나 보다
○ 고종 040 37/07/11(양력) / 산릉 도감 당상관 이하를 만나보다
○ 고종 040 37/08/15(양력) / 산릉을 재차 살피고 온 총호사 심순택 이하를 불러서 만나다
○ 고종 041 38/04/21(양력) / 조병식이 피고 구본순의 안건에 대하여 건의하다
○ 고종 041 38/04/23(양력) / 죄인에 대한 유배형을 정하다
○ 고종 041 38/08/08(양력) / 유배 죄인을 석방하도록 명하다
○ 고종 041 38/08/09(양력) / 전현직 대신들이 차자를 올리다
○ 고종 044 41/01/09(양력) / 산릉 자리를 첫 번째로 살펴본 도감의 당상관 이하를 불러 만나다.

조득원趙得元·1

○ 고종 027 27/05/01(기사) / 현임과 전임 대신 및 총호사, 산릉 도감 당상관을 여막에 불러 만나다

조량趙涼·4

○ 현종 001 00/07/02(신유) / 산릉 후보지에 대한 예조 판서 윤강·부호군 이상진의 상소문
○ 현종 001 00/07/02(신유) / 심지원이 건원릉 서동 등을 살펴보게 하도록 청하니 따르다
○ 현개 001 00/07/02(신유) / 부호군 이상진이 서울 근교의 국장에 쓸 만한 곳 세 군데를 아뢰다
○ 현개 001 00/07/02(신유) / 건원릉 서쪽 골짜기와 불암산 화접동을 살피도록 명하다

조송남趙松男·1

○ 광해 094 07/08#02(병오) / 선수 도감에서 경복궁 옛터에 쇠를 띄워 본 견해를 아뢰다

조수종曹秀宗·5

○ 세조 009 03/09/10(신미) / 정인지·강맹경 등에게 한강 남쪽 나루에 가

서 왕세자의 묘지를 상지케 하다
○ 세조 009 03/09/12(계유) / 사평원에 가 왕세자의 묘지를 살피고, 헌릉과 건원릉에 가 새로 살피도록 하다
○ 세조 009 03/09/13(갑술) / 과천 인덕원 동쪽에 가서 산세를 살펴보다
○ 세조 009 03/09/16(정축) / 경회루 동편방에서 좌의정 정창손 등과 원평·과천의 묘지를 의논하다
○ 세조 009 03/09/17(무인) / 비가 와 행행을 정지하고 정인지·강맹경 등에게 묘자리를 상지케 하다

조윤趙倫·3

○ 연산 012 02/01/01(경진) / 승정원에 내수사의 단자를 내리다 [상지관]
○ 중종 021 10/03/12(기사) / 지리관 조윤 등에게 산릉의 묘터를 하문하다
○ 중종 021 10/03/29(병술) / 도승지 손중돈이 산릉의 묘자리에 돌이 있어 옮기는 일을 아뢰다

주운환朱雲煥·5

○ 고종 027 27/05/01(기사) / 현임과 전임 대신 및 총호사, 산릉 도감 당상관을 여막에 불러 만나다
○ 고종 034 33/12/09(양력) / 산릉을 돌아본 대신 이하를 만나보다
고종 034 33/12/18(양력) / 총호사 이하를 만나보다
○ 고종 034 33/12/31(양력) / 능 자리를 돌아보고 온 대신 이하를 만나보다
○ 고종 035 34/01/03(양력) / 총호사 이하를 만나 보다.

ⓒ

차학모車學模·1

○ 정조 022 10/09/27(정유) / 원소 뒤 산 기슭 물길을 다른 곳으로 내지 말도록 명하다

최남崔楠·4

○ 광해 094 07/08#02(병오) / 선수 도감에서 경복궁 옛터에 쇠를 띄워

본 견해를 아뢰다
○ 인조 011 04/02/09(임오) / 계운궁의 묘소를 김포로 결정하다
○ 인조 046 23/05/16(정유) / 도감 제조 김자점 등이 장사지낼 날을 다시 가릴 것을 청하다
○ 인조 046 23/08/26(을사) / 특명으로 강문성 등 4인을 먼 고을에 정배하다

최상관崔相綰·2

○ 철종 009 08/08/12(경신) / 산릉 도감의 당상 이하를 소견하다 [상지관]
○ 철종 015 14/07/03(정미) / 추도기를 행하다 [講學의 幼學]

최상일崔相一.·1

○ 순조 023 21/04/21(신축) / 건릉 이장을 수원 옛날 향교로 정하다

최석영崔錫永·1

○ 고종 040 37/07/11(양력) / 산릉 도감 당상관 이하를 만나보다

최양선崔楊善·13

○ 태종 025 13/06/19(병인) / 서전문西箭門을 열다 [풍수 학생]
○ 세종 049 12/08/21(기축) / 의정부와 육조에 최양선이 상서한 헌릉에 뚫린 고갯길을 막는 데 대한 가부를 논의하도록 명하다
○ 세종 055 14/01/15(을해) / 풍수술 술객 고중안 등에게 원묘의 터를 의논하게 하다
○ 세종 070 17/11/07(갑술) / 신서의 집을 옮기자는 의견이 있었으나 묵살하다
○ 세종 105 26/07#08(을유) / 승정원에 전지하여 최양선이 음양설을 가지고 상언하지 못하도록 하다
○ 세종 107 27/01/01(을해) / 풍수학의 승원로·안효례 등이 거처를 옮기기를 상서하였으나 윤허하지 않다
○ 세조 020 06/05/25(경자) / 이조에 졸한 이천·민심언·고득종 등을 원종 3등 공신에 기록할 것을 명하다
○ 세조 032 10/03/11(갑자) / 지리학 최양선이 천천현로를 막을 것을 상

언하다
○ 세조 033 10/04/22(갑진) / 풍수학에서 천천현의 새로를 막는 일의 편부에 대해 논의하여 아뢰다
○ 세조 034 10/09/05(을묘) / 지리학 최양선이 주불산 아래 강룡이 나타났음을 상언하다
○ 세조 034 10/09/07(정사) / 풍수학 훈도 최연원이 최양선을 반박하는 상언을 올리다
○ 성종 079 08/04/21(무오) / 임원준의 상서에 의해 간관의 국문을 명하다
○ 성종 079 08/04/22(기미) / 간관의 관직을 회복시키고 임원준 부자와 풍수학 제조를 다시 관직에 나오게 하다

최연원崔演元·5

○ 세조 034 10/09/07(정사) / 풍수학 훈도 최연원이 최양선을 반박하는 상언을 올리다
○ 예종 001 00/10/28(갑인) / 남이의 공사에 관련된 최연원 등을 추국하게 하다
○ 예종 002 00/11/07(계해) / 사사로이 남이와 천변을 추론한 최연원을 신문할 것을 의금부에서 청하다
○ 예종 002 00/11/15(신미) / 최연원의 고신을 거두고 변방에 충군하게 하다
○ 성종 018 03/05/24(경신) / 의금부에 전지하여 이미민·박맹우·탁윤신 등을 놓아 보내게 하다

최정렬崔廷烈·1

○ 철종 009 08/08/18(병인) / 간심하고 돌아온 시임·원임 대신과 총호사를 소견하다

최헌규崔獻圭·5

○ 고종 041 38/04/18(양력) / 지관들이 진술하다
○ 고종 044 41/01/09(양력) / 산릉 자리를 첫 번째로 살펴본 도감의 당상관 이하를 불러 만나다
○ 고종 044 41/01/13(양력) / 산릉 자리를 두 번째로 살펴본 대신들을 불러서 만나다

○ 고종 044 41/11/18(양력) / 원소 간심 도감의 당상관 이주영 이하와 상지관 최헌규 등을 만나다
○ 고종 044 41/11/19(양력) / 산릉 자리를 두 번째로 돌아보고 들어온 총호사 이하를 만나다

ⓗ

한정후韓廷厚·1

○ 철종 007 06/02/01(갑오) / 봉심한 대신과 지사 한정후 등을 소견하다

호종단胡宗旦·1

○ 세종 지리지1

홍종혁洪鍾爀·2

○ 고종 021 21/10/11(임오) / 친군 후영의 군사훈련을 관람할 때 참가한 장관 이하를 표창하다
○ 고종 040 37/07/11(양력) / 산릉 도감 당상관 이하를 만나보다

황득정黃得正·5

○ 중종 021 10/03/12(기사) / 지리관 조윤 등에게 산릉의 묘터를 하문하다
○ 중종 085 32/05/06(갑신) / 조율 공사에 관해 삼공을 부르다.
○ 중종 085 32/05/06(갑신) / 삼공이 죄의 경중에 따라 각기 다르게 죄주기를 건의하다
○ 중종 085 32/06/10(정사) / 율명을 고친 것을 의정부로 하여금 중외에 효유케 하다
○ 중종 085 32/06/26(계유) / 대간이 전지를 고칠 것을 또 아뢰자 윤허하다

이러한 자료는 개별적인 것이지만, 집단적인 성격이 짙다는 것이다.

예를 들면, 고종 시기의 상지관인 홍종혁, 오택영, 제갈형, 박인근, 이

종설, 오성근, 최석영, 정해준 등이 묶어서[25] 풍수문화를 형성해 나간다. 이러한 방법으로 풍수문화를 접근해야 할 것이라 생각된다.

25) 이러한 풍수문화의 집단적인 성격은 하나의 특징이라고 할 만하다. 고종 시기의 보기를 들었지만, 태종 시기의 유한우, 윤신달, 이양달 등, 세조 시기의 노목, 안효례, 원구, 조수종 등, 명종 시기의 이기환, 이귀근, 김수 등, 중종 시기의 조윤, 황득정, 송당, 성담기 등, 인조 시기의 박상의, 이의신, 김일용, 박자우, 서철, 이우경, 이국룡, 송건, 조송남, 최남, 승려 성지 등, 정조 시기의 최헌규, 김윤헌, 유정규, 이영석, 강영조, 박하준 등이 그 좋은 사례이다.

제8장 풍수문화(風水文化)의 역사적(歷史的) 전개(展開)

풍수문화의 실제적 술법 내지는 방법이 조선 시대와 그 이후인 현대의 그것은 다소간의 변화가 있었다. 현대 풍수문화는 형국론形局論 내지는 형세론形勢論에 바탕을 두고 있다. 이러한 술법과 방법은 1931년 촌산지순村山智順의 ≪조선의 풍수≫을 기점으로 최창조崔昌祚가 '자생풍수론'으로 설명하면서 확립된 것이다.

그러나 조선시대의 풍수문화의 전개는 형국론 내지는 형세론이 중심이 아니었다. 형국론 내지 형세론이 형법 풍수라면 오히려 음양오행설과 분금 따위가 중심이 되는 이법 풍수라 할 것이다. 형법·이법 풍수의 조화가 조선시대와 그 이전의 풍수문화라고 생각된다. 조선 왕조의 도서관인 규장각에 현재까지도 소장되고 있는 ≪흠정협기변방서欽定協紀辨方書≫를 보아도 이를 짐작할 수 있다.

제1절 조선시대 풍수문화(風水文化)

최창조는 풍수문화를 음양론陰陽論과 오행설五行說을 기반으로 땅에 대한 이치, 즉 지리地理를 체계화한 전통적 논리구조이며 ≪주역≫을 주요한 준거로 삼아 추길피흉追吉避凶을 목적으로 삼는 상지기술학相地技術學이라고 정리한 바 있다.[1)]

구성은 산山·수水·방위方位·사람 등 네 가지의 조합으로 성립되며, 구체적으로는 간룡법看龍法·장풍법藏風法·득수법得水法·정혈법定穴法·좌향론坐向論·형국론形局論·소주길흉론所主吉凶論 등의 형식논리를 갖는다.[2]

풍수문화의 구성은 산山·수水·방위方位·사람 따위의 네 가지 조합이며, 간룡법看龍法·장풍법藏風法·득수법得水法·정혈법定穴法·좌향론坐向論·형국론形局論·소주길흉론所主吉凶論 따위의 형식논리를 갖는다는 것이다.

여기서 한가지 궁금한 점은 언제부터 풍수문화를 산·수·방위·사람 따위의 네 가지 조합으로 보기 시작했는가? 그리고 간룡법·장풍법·득수법·정혈법·좌향론·형국론·소주길흉론을 형식논리로 한 것은 언제부터 누구에 의거한 것인가이다. 과연 조선 시대에도 이런 논리로 풍수문화를 설명했을까 하는 의문이었다.

사실 최창조의 풍수문화에 대한 형식논리는 1931년 촌산지순村山智順≪조손의 풍수≫제1편 조선의 풍수에서 제2장 풍수의 법술에서 출발하고 있는 것을 알 수 있다. 참고로 '풍수의 법술法術' 부분을 소개해 보기로 한다.

■ 간룡법看龍法

1) 용의 간지幹枝, 지룡支龍, 2) 용의 조종부모祖宗父母, 3) 용의 귀천貴賤, 장단長短, 노눈老嫩 [쇠함과 예쁨], 4) 용절龍節의 성체星體 [산은 하늘의 별星曜가 땅에다 그 형체를 이룬 것이라는 의미이다. 보기 오성정체五星正體 (목·화·토·금·수), 구성정체九星正體(탐랑성貪狼星, 염정성廉貞星, 거문성巨文星, 무곡성武曲星, 녹존성祿存星, 파군성破軍星,

1) ≪한국민족문화대백과사전≫ [풍수조] 646쪽

2) 위의 책, 같은 쪽

문곡성文曲星, 좌보성左輔星, 右弼星)], 5) 용의 생사生死, 6) 길룡 [보기 4산山:생生·복福·응應·읍揖과 흉룡 [보기 석산石山, 단산斷山, 과산過山, 독산獨山, 동산童山, 경룡驚龍, 광룡狂龍, 쇠룡衰龍, 병룡病龍, 난룡亂龍, 나룡懶龍, 극룡克龍], 7)용의 성국成局, 점혈點穴

■ 장풍법藏風法

1) 산신사四神砂(a 청룡백호, b 주작현무), 2 그 밖의 장풍사藏風砂(a 보필輔弼, b 수구사水口砂 [보기 간문桿門 <수구 양쪽을 지키는 산>, 화표華表, 북전北辰, 나성羅星], c 나성사羅星砂 [보기 용회龍會, 30~36, 20~30, 10~20, 6·6~10])

■ 득수법得水法

1) 물의 득파得破, 2) 수구水口, 3) 물의 음양 [보기 양래음수 음래양수], 4) 득수법 [길한 보기 금산金山 <사방巳方→인, 갑, 묘>, 목산木山 <해방亥方→신, 경, 유>, 수산水山 <신방申方→사, 병, 오>, 화산火山 <인방寅方→해, 임, 자>], 5) 물의 종류, 길흉 [보기 진룡수進龍水, 승룡수乘龍水, 수룡수隨龍水, 조룡수朝龍水, 요룡수遶龍水, 호룡수護龍水] a 외수外水 [보기 주작수朱雀水, 조수朝水, 거수去水], b 내수內水 [보기 팔자수八字水, 하수수蝦鬚水, 근훈수極暈水, 원진元辰;천심수天心水, 진응수眞應水: 해조海潮, 강수江水, 호수湖水, 계수溪水, 지당수池塘水, 평전수平田水: 가천嘉泉, 예천醴泉, 광천礦泉, 용천湧泉, 천천淺泉, 놀천沒泉, 냉천冷泉, 폭포瀑布]

■ 점혈법點穴法(주자朱子 <산릉의장山陵議狀> '定穴之法 譬如針灸')

1) 혈형穴形과 그 선악 a 와혈窩穴 [보기 4격格: 심와深窩·천와淺窩·광와廣窩· 협와狹窩 따위의 각각 정격과 변격], b 겸혈鉗穴 [보기 5정격 <직겸直鉗, 곡겸曲鉗, 장겸長鉗, 담겸短鉗, 쌍겸雙鉗>과 3변격<변곡변직겸邊曲邊直鉗, 변장변단겸邊長邊短鉗, 변쌍변단겸邊雙邊單鉗>], c 유혈乳穴 [보기 정격;장유, 단유, 대유, 소유, 변격;쌍유, 三垂乳, 기타 5변격, 대요帶曜8격], d 돌혈突穴 [보기 3돌: 대돌 소돌 쌍돌], e 혈성穴星과

그 취사 선택 1) 금성혈 [보기 3격;정체正體금성, 측뇌側腦금성, 평면平面금성], 2) 목성혈 [보기 3격 4상 정체목성, 측뇌목성, 평면목성], 3) 수성혈 [보기 3격4상: 정체수성, 측뇌수성, 평면수성], 4) 화성혈, 5) 토성혈 [보기 4상: 정체토성, 측뇌통성, 요뇌凹腦토성, 평면토성], f 진혈眞穴의 증좌, 1) 조산증혈朝山證穴, 2) 명당明堂, 전수前水증혈, 3) 악산樂山증혈, 4) 용호증혈, 5) 천심10도天心十道증혈, 6) 분합分合증혈, g 피해야 할 혈장穴場 [13종], h 혈에 있어서 시신의 변화와 추효追孝, i 혈의 토색土色과 심천深淺

결론부터 말하면, 조선 시기의 풍수문화는 위에서 소개한 풍수문화의 설명과 방법이 다르다. '좌향석坐向石'과 '산론山論'을 보면 그 전개 방식을 알 수 있다.

좌향석의 사례로는 현륭원顯隆園은 사도세자의 원소園所의 것을 들어본다.

a 좌향석은 길이가 2자, 너비는 1자, 두께를 5치로 만들었다.

b '현륭원顯隆園은 좌선건해룡左旋乾亥龍으로 계좌정향癸坐丁向이다.

c 병자丙子·병오丙午로 분금分金 [시신을 모시면서 관棺의 위치를 어느 방향을 취하여 정함]하였다. (분금分金으로 봉침縫針하였다.)' [顯隆園 左旋乾亥龍 癸坐丁向 丙子丙午分金 乾乙申 得水午破 穴深九尺 用周尺 屛風石圓徑三十二尺 用營造尺 隔灰一尺 旁灰三尺 用禮器尺 天灰限金井 正地臺石下用博石 環鋪博石下 築灰厚一尺七寸 分金縫針]라고 90자字를 해자楷字로 새기고 붉은색으로 메웠다. 그리고 혼유박석遊魂博石의 왼쪽에 묻어서 안치安置하고 개석蓋石의 길이와 너비를 동일하게 하였다.

d 건乾·을乙·신방申方에 득수得水하고 오방午方으로 물이 빠져 나갔다.

e 혈심穴深 [무덤 구덩이의 깊이]이 9자이다.

f 주척周尺을 사용하고, 병풍석屛風石 원경圓徑이 32자이니 영조척營造尺을 사용하였다. 격회隔灰 [관을 묻을 때, 먼저 관의 바깥 주위에 석회를 메우는 일] 1자, 방회旁灰 [광중의 관 언저리를 메우는 석회] 3자, 지회地灰 [광중에 관을 내려놓기 전에 바닥에 깔아서 다지는 석회] 3자이니 예기척禮器尺을 사용하고, 천회天灰 [광중에 관을 내려놓고 방회로 관의 가를 메운 뒤에 관위를 덮는 석회]는 h 금정金井 [금정틀. 무덤을 팔 때에 구덩이의 길이와 너비를 정하는 데에 쓰은 나무틀. 또는 묘를 쓰기 위하여 판 구덩이]으로 한정限定하였다. 정지대석正地臺石 아래에 박석博石을 사용하여 빙돌아 펴고, 박석 아래에 g 회灰를 까니 그 두께가 1자7치이다. (분금分金으로 봉침縫針하였다.)' [顯隆園 左旋乾亥龍 癸坐丁向 丙子丙午分金 乾乙申 得水午破 穴深九尺 用周尺 屛風石圓徑 三十二尺 用營造尺 隔灰一尺 旁灰三尺 用禮器尺 天灰限金井 正地臺石 下用博石 環鋪博石下 築灰厚一尺七寸 分金縫針]라고 90자字를 해자楷字로 새기고 붉은색으로 메웠다. 그리고 혼유박석遊魂博石의 왼쪽에 묻어서 안치安置하고 개석蓋石의 길이와 너비를 동일하게 하였다.

g 도청랑청都廳郎廳 서만수徐邁修가 쓰다.

현륭원의 좌향석은 풍수문화의 요소로 a 좌향석의 규격, b 좌우의 용선龍琁과 좌향, c 분금, d 득수와 득파, e 혈심, f 현궁의 조영, g 기록자 따위를 들고 있다.

산론山論의 사례로는 1718년 정조의 생모인 숙빈 최씨의 양주 고령동 옹장리 원소의 것이다.

a 右旋辛兌龍 酉坐卯向 艮巽得水 巽破

b 課曰: 旺丁頤壽 / 饒財榮華

c 讖曰: 己酉丑生人受蔭/ 丙辛之年發福

그림 8-1 조선 시대의 풍수문화론

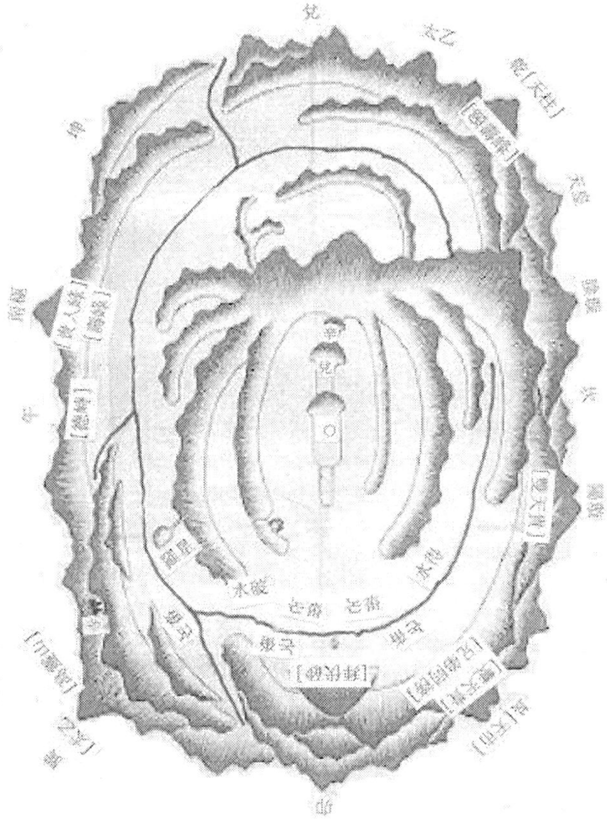

[설명] 조선 왕실에서 보는 풍수문화는 과제가 주어지고 발복 사항을 기록하고 거기에 알맞은 풍수문화를 제시했다.

d 此山來勢雄奇 作穴精妙 左抱右回 龍虎相揖 前迎後擁 主案有情 四

方砂法 谷得貴格 生養朝 水俱合方位 內堂緊密 外局寬平 龜蛇華表 捍門秀美 天關恢闊 地軸深鎖 此實難得吉地
e 兼教授 金遠鳴 / 教授 鄭倬 / 前教授 楊再興

위의 '산론'을 보면 a 좌·우 용선龍琁, b 풍수의 과제, c 풍수의 미래기讖記, d 풍수 사항 전반, e 기록자 따위가 그 구성요소이다. 이 중에서 과제와 참기가 특히 눈에 띈다.

'산도山圖'를 누가 그렸는지 알 길이 없지만 산론과 산도를 참고하면서 당시 풍수문화를 알아보기로 한다.

조선의 풍수문화에 있어서 처음은 용이 좌선左旋인가 우선右旋인가이다. 옹장리 원소는 오른쪽 선회하는 신태룡辛兌龍 즉 서쪽 [유좌酉坐]에서 동쪽 [묘향卯向]으로 가는 오른 쪽 용이다. 다음이 득수得水와 득파得破의 방위이다. 득수는 간손艮巽으로 흐르고 득파는 손巽이다.

그 다음 왕실에서 부과한 주제는 일어남이 왕성하고 오래 사는 것이다. 그리고 재산이 풍요하고 영화를 누린다. 미래의 일은 기己·유酉·축丑에 태어나는 후손은 음덕을 입고, 병丙·신辛년에는 발복이 된다.

풍수 사항으로는 다음과 같다. 내려오는 이 산세가 웅장하고 기이하고, 혈을 반든 것이 정교하고 미묘하여 왼쪽이 안고 오른쪽이 돌아본다. 용 [좌청룡과 호랑이 [우백호]가 서로 읍하고 앞에서 환영하고 뒤에서 후원한다. 수안主案은 서로 정스럽고 네 방위는 사법砂法이 있다. 계곡은 귀격을 얻어서 조정에 진휼이 생긴다. 水물은 모두 방위를 합하였다. 내당은 긴밀하고 외국은 관평하다. 귀사龜蛇는 화표華表가 되고 한문捍門은 아름다웠다. 하늘의 관문을 광활함을 회복하고 땅의 축은 깊게 닫았다. 이것은 실로 길지를 얻는 것이 어렵다는 것이다.

겸직 교수인 김원명金遠鳴, 교수 정탁鄭倬, 전교수 양재흥楊再興이

쓰다

이상이 산론의 요지이다.

산도를 참고하며 보다 구체적으로 산론을 정리해 본다.서쪽 [兌]에서 북쪽 [坎] 사이에는 태을, 천주인 건 [이수봉], 천황, 음선이 둘러 있고, 북쪽에서 동쪽 [卯] 사이에는 양선인 쌍천귀, 천시인 간의 쌍천귀 [형제와 같은 참방參榜의 모습]이 둘러 있다. 동쪽에는 배복사 [엎드려 절하는 산]이 있고 태을인 동남쪽 [巽]의 고령산과 절이 있다. 남쪽 [午]에는 덕치가 있고 남극인 귀인봉과 수봉이 있고 서남쪽 [坤] 산이 둘러져 있다. 안의 우백호에는 나성이 있다.

이러한 설명이 조선시대의 풍수문화 설명방식의 요체라고 할 것이다.

제2절 장일론(葬日論)

- '십전대리일'(十全大利日)을 중심(中心)으로

조선 시대(1392~1896)에 들어오면서 무덤문화 문헌정보는 1519년(세종 1)에≪장일통요葬日通要≫라는 국가 정보를 만들어낸다. 찬성치사贊成致事 정이오鄭以吾(1354~1434), 병조판서 조말생趙末生(1370~1447), 호조참판 김자지金自知(1367~1435), 내자시윤內資寺尹 유순도庾順道(?~?), 검교사재감정檢校司宰監正 이양달李陽達(1350~1430년대 후반) 등이 찬술한 것이었다. 세종이 인쇄하여 반포할 것을 하명하였으므로 간행되었을 것이다. 그러나 그 실체가 확인되어 있지 않다.

당시 세상의 풍속이 풍수의 말을 믿어서 자손이 많은 사람은 금기가 더욱 심하여, 10년이 넘도록 장사하지 못하는 폐단이 있었다. 더욱이 태종은 태조와의 오랜 갈등으로 옛날 제도에 따라 5개월장을 마친 뒤였다. 그래서 정이오 등에게 명하여 장설葬說의 그릇됨을 알리면서 사대부의 상사는 3개월장. 장일은 장통일에 장사하도록 하고 유사攸司로 하여금 기한이 지나지 않도록 사찰하게 한 조치였다.

함께 올린 전문箋文은 당시 무덤문화의 풍속을 이해하는 데 도움이 되기 때문에 요약하여 소개하기로 한다.

임금의 지시는 '선왕先王의 제례制禮는 천자天子·대부大夫·사士를 막론하고 장사에 대한 기한이 각각 달수로 정해 있다. 후세의 음양가들이 많은 금기禁忌에 구애되어 시기가 넘어도 장사하지 아니하니, 심히 민망한 바이다. 이를테면 태세太歲가 본명本命을 누르는 것은 장사葬師가 가장 꺼리는 것이나, 일찍이 두 번이나 증험하였으나, 아무런 해가 없었다. 이와 같은 종류는 알 수가 없으니, 마땅히 여러 서적을 두루 열람하여, 정론正論은 취하고, 사설邪說은 버리며, 성현의 요지要旨를 바탕삼고 속무俗巫의 고질을 타파하여, 하나의 글을 집성하여 올리라.'라는 것이었다.

세종은 백성으로 하여금, 산 자를 봉양케 하는 방법이 구비됨에 따라, 죽은 자를 보낼 때의 모든 금기를 염려하여, 유감이 없게 하자는 뜻이었다. 음양의 설이 황제黃帝 때부터 있었다고 하지만, 양한兩漢 이래로 부적符籍이나 예언만을 존숭하며, 조화의 근원을 탐구하지 않고 각각 길흉의 설을 세워, 그 분류가 백가百家를 헤아렸다. 그래서 세상을 의혹되게 하고 백성을 속이는 일이 너무도 심하였다. 이 때문에 여재呂才가 그릇된 점을 삭제하여 바로잡았고, 뒤에는 채성우蔡成禹 등이 그릇됨을 삭제하고 망령됨을 밝혔으나 애석하게도 일반 사람들이 알지 못하고 있다. 그러나 구식에만 치우치고 현실을 통하지 못하면, 시속의 괴히 여김을 사고, 현실에만 치우치고 구식에 통하지 못하면, 세상을 속일 뿐이니, 반드시 고금을 참작해야 양자의 폐단을 제거해야 할 것이다.

≪장일통요≫의 서두부터≪예기禮記≫·≪춘추春秋≫에 기재된 장기

葬期의 설을 든 것은 왕제王制를 문란하게 해서는 안 된다는 점을, 춘추열국春秋列國·한漢·당唐의 모든 임금의 장일葬日을 든 것은, 옛적의 장사는 날을 가리지 않는다는 점을, 여재呂才의 장서葬敍와 사마군실司馬君實의 장론葬論을 든 것은 세속의 의혹을 제거하기 위한 것이란 점을, 청오자靑烏子와 왕수王洙의 논하고 인거引擧한 장기葬記, 주희朱熹(1130~1200)의 말한 택일擇日, 호순신胡舜申의 취한 제가諸家의 장일葬日을 든 것은 하나같이 시속에 따른다는 점을 보인 것이다. 그 결과 십전대리일十全大利日은 다 장통葬通으로 세속의 구기일拘忌日이 아니라는 점을, 다음으로 승흉장법乘凶葬法·채성우의 변망辨妄·송노진宋魯珍의 극택통서尅擇通書를 든 것은 압본명壓本命이니, 횡간橫看이니, 망운亡運이니 하는 사설邪說을 타파하자는 것이다.

사람들로 하여금 죽은 자를 보내는 일이 무엇보다 중요하다는 것을 알고, 십전대리일을 앞당기고 뒤로 미루는 일이 없이, 각각 그 어버이를 장사하게 하면, 인심이 안정되고, 왕제王制가 다시 밝아질 것이다. 또한 죽은 자를 보내는 도道에 있어 거의 유감이 없을 것이다.

1) 옛날의 장사는 어느 해나 달을 가리지 아니하였다.

≪예기≫에, '천자는 7월, 제후는 5월, 대부는 3월, 선비 [士]는 한 달을 넘겨서 장사한다.' 하였고, ≪춘추전≫에, '천자는 7월만에 장사하는데, 모이지 아니하는 나라가 없이 다 모이고, 제후는 5월인데, 동맹국同盟國만이 모이고, 대부는 3월인데, 동위同位만이 모이고, 사(士)는 달을 넘는데, 외인外姻이 모인다.'고 하였다. 지금부터 ≪예경禮經≫을 따르고, 어기는 자는 유사로 하여금 가차 없이 징계하여야 한다.

2) 옛적에는 날 가리는 일이 없었다.

왕수王洙의 ≪신서新書≫에 '혹자의 말이, 옛적에는 날을 점치는 일은 있었어도 날을 가리는 일은 없었다. 그러므로 춘추 시대에 정사일에 노魯 나라 정공定公을 장사하다가 비가 와서 장사를 못하고 무오일戊午日에 장사했고, 기사일己巳日에 제齊 나라 희공僖公을 장사했고, 신사일辛巳日에 애공哀公을 장사했고, 정사일丁巳日에 노나라 희공僖公을 장사했고, 신해일에 성공成公을 장사했고, 계해일에 제강齊姜을 장사했고, 정해일에 제나라 환공桓公을 장사했고, 을해일에 송宋 나라 문공文公을 장사했고, 신해일에 정사定姒를 장사했고, 계해일에 송 나라 양공襄公을 장사했고, 신해일에 위衛나라 목공穆公을 장사했고, 기해일에 제규齊嬀를 장사했고, 정사일에 제나라 경공景公을 장사하였고, 기해일에 제나라 소공昭公을 장사하였다. 그런데 사일巳日이나 해일亥日은 지금에 와서는 크게 흉한 날이라 하고 있으니, 택일한다는 말은 유래가 없다.'고 하였다. 동서한東西漢에서 부적이나 예언을 으뜸으로 여기고, 사설邪說을 신봉하였으나, 서한 고조高祖(재위 BC 206~ BC 195)는 병인일에 장릉長陵에 장사했고, 혜제惠帝(재위 BC 195~ BC 188)는 신축일에 안릉安陵에 장사했고, 문제文帝(재위 BC 180~BC 157)는 을사일에 패릉霸陵에 장사했고, 선제宣帝(재위 BC 74~BC 49)는 신축일에 두릉杜陵에 장사했고, 원제元帝(재위 BC 49~BC 33)는 병술일에 위릉渭陵에 장사했고, 성제成帝(재위 BC 7~BC 1)는 기묘일에 연릉延陵)에 장사했고, 동한 광무光武(재위 25~57)는 정묘일에 원릉原陵에 장사했고, 명제明帝(57~75)는 임술일에 현릉顯陵에 장사했고, 장제章帝(75~88)는 계묘일에 경릉敬陵에 장사했고, 충제冲帝(144~145)는 기미일에 회릉懷陵에 장사했고, 질제質帝(145~146)는 을묘일에 정릉靜陵에 장사했다. 당唐 나라에 와서도 여재가 음양을 산정刪正하였는데, 태종太宗(626~649)은 경인일에 소릉昭陵에 장사했고, 고종高宗(649~683)은 경인일에 건릉乾陵에 장사했고, 예종睿宗(재위 684~690, 710~712)은 경오일에 교릉橋陵에 장사했고, 숙종肅宗(756~762)은 경오일에 건릉建陵에 장사했다. 송宋

나라에 와서도 술수에 정통한 양유덕楊惟德(?~?) 등이≪만년구주萬年具州≫≪통천通天≫≪총성摠聖≫≪집정集正≫따위의 역서曆書를 사용하였는데, 태조太祖(960~976)는 을묘일에 영창릉永昌陵에 장사하였다. 이상의 장일은 다 장통葬通의 일日이 아니다. 이로 보아, 택일의 법이 무사巫史에서 나왔다는 것은 명백하다.

3) 장서葬書의 망령됨을 논한다.

≪신서재당서新書載唐書≫에, '태종은 음양에 관한 서적이 와전되어 천착穿鑿이 심하고, 금기禁忌도 많기 때문에 태상박사太常博士 여재에게 해명하여, 학자 10여 명과 더불어 정오를 가리어, 그 습속을 삭제하고, 쓸 수 있는 것만을 남기어 53권의 신서新書와 구서舊書 27권을 편성하여 정관貞觀 15년 [641]에 완성되자, 조서詔書를 반포하여 행세行世하게 하였다.'고 하였다. 여재가 전고典故하여 정리正理를 질정質正하으므로, 비록 술자術者가 얕보는 경향이 있으나, 자못 경의經義에 합치되는 점이 많다. 그의 ≪서장서敍葬書≫에 이르기를, '≪주역≫에, "옛날의 장사는 섶 [薪]으로 덮고 봉분도 아니하며, 나무를 심어서 표하지도 않고 상기喪期도 일정하지 않았다. 후세의 성인聖人이 관곽棺槨을 사용하게 하였다. 이는 대과괘大過卦에서 얻은 것이다."고 하였다.≪예기≫에, "장사라는 말은 감춘다는 뜻으로 사람이 다시 보지 못하게 하자는 것이라."고 하였다. 그러나 ≪효경孝經≫에, "택조宅兆를 점쳐서 편안히 모신다."고 하였으니, 이는 복토復土하는 일이 끝나면, 길이 감모感慕하는 곳이 되며, 둔석窀穸의 예를 마치면, 영원한 혼신魂神의 집이 마련되는 것이다. 장차 조시朝市의 변천도 예측하기 어려우며, 물이 날지, 돌이 깔릴지, 땅속을 미리 알 수 없으므로, 생각다 못해 점을 쳐서 후환을 없게 하려는 것이다. 신종愼終의 예를 갖춘 뿐이요, 길흉의 의義는 없었다.

그런데 근대에 음양의 장법葬法은 연월年月의 편리를 가리고, 묘전墓

田의 원근까지 참작하여, 한 가지만 맞지 않아도 화가 미친다, 화가 생긴다고 한다. 무자巫者는 재화財貨를 탐내어 함부로 방해를 가하여 백가百家가 각각 길흉을 설명하고 구애와 금기가 많았다. 천지가 있는 이상, 건곤乾坤의 이치는 갖추어 있고, 강유剛柔가 있는 이상, 소식消息의 의義도 분명하며, 주야晝夜의 도道에 성숙되고 남녀의 화化에 감동되며, 삼광三光이 위에서 운행하고, 1기氣가 아래로 통하는 것이 음양의 대경大經이다. 이런 이치를 상사의 길흉에 견강부회하여, 요망된 말을 하고 있다.

(1) ≪춘추전≫에, "왕자는 7월만에 장사하고, 제후는 5월만에 장사하고, 사서인은 달을 넘겨 장사한다."고 하였다. 이는 귀천貴賤이 같지 않은 이상, 예도 다를 수밖에 없으며, 동맹同盟 동궤同軌로 하여금, 그 시기에 와서 조상케 하자는 것이다. 인정을 참작하여 적당하게 제정한 것이므로, 드디어 상식이 되었다. 법이 이미 일정하여, 어기지 못하기 때문에, 기한을 앞당겨 장사하면, 불회不懷라 이르고, 기한을 늦추어 장사하면, 예에 태만하다 이른다 하였다. 이로써 장사는 일정한 기한이 있고, 연월을 가리지 않는다는 증거이다.

(2)≪춘추≫에 "정사일에 정공定公을 장사하다가 비가 와서 못하고 다음날 무오일에 장사했다."고 하였다. 공양公羊씨는 칭찬하면서 장사날을 점칠 때, 하일遐日을 먼저 하는 것이 좋다고 하였다. 그 달이 다 가는 날을 택하여, 불회不懷를 피하자는 것이다. 지금≪장서≫를 보면, 기해일에 장사하는 것을 가장 흉하다고 말했지만, 춘추 시대에는 이 날에 장사한 것이 무릇 20여 건에 달한다. 이로써 장사에는 날을 가리지 않는다는 증거이다.

(3) ≪예기≫에 또 "주 나라는 적색赤色을 숭상하므로, 대사大事는 밝은 아침을 이용하고, 상 나라는 백색을 숭상하므로, 대사는 대낮을 이용하고, 하나라는 흑색을 숭상하므로, 대사는 저물녘을 이용한다."고 하였

다. 그 주석에 "대사는 곧 초상 장사를 말한 것이다."고 하였다. 이는 당시의 숭상하는 바를 직접 취한 것뿐이요, 시時의 조만早晩을 가린 것이 아니다. ≪춘추≫에 정鄭 나라(? ~ BC 376)[3] 자산子産(?~BC 522) 및 자태숙子太叔(?~?)이 간공簡公(? ~ ?)의 장사에서 묘소를 맡은 대부大夫의 집과 마주치게 되었다. 만약 그 집을 무너뜨린다면, 곧 이른 아침에 하관下棺할 수 있고, 그 집을 피하기로 한다면, 대낮에 하관하게 되는 처지였다. 자산이 그 집을 무너뜨리지 않기 위하여 대낮을 이용하고자 하였다. 자태숙은 "만약 대낮에 하관한다면, 장사에 참여하기 위하여 모인 제후·대부들에게 수고를 끼칠까 염려된다."고 하였다. 그러나 자산은 박물군자博物君子로 알려졌는데, 자태숙은 제후를 위하여 피하자고 하였다. 국가의 대사는 초상 장사보다 더한 것이 없겠거늘, 반드시 길흉의 의義가 있다면, 그들이 이용하지 아니할 이치가 없다. 지금 시時의 득실에 관계하지 않고 인사人事의 가부可否만을 논했을 뿐이다. 증자문曾子問에 "장사하다 일식日食을 만나면 길 왼쪽에 두었다가 밝아짐을 기다려서 행사하는 것은 비상을 대비하는 것이다."고 하였다. 만약 ≪장서≫에 의한다면, 흔히 건乾·간艮의 시를 이용하는데, 모두 한밤중이니, 이렇다면 글 [文]과 예禮가 서로 위반되게 된다. 지금 ≪예기≫나 ≪춘추전≫을 보면, 장사에 시를 가리지 않는 증거이다.

(4) ≪장서≫에는 "부귀 관작이 안장安葬으로 이루어지고, 보명연년保命延年이 분묘로 말미암아 얻게 된다."고 하였다. ≪효경≫에는 "몸을 바로 세우고 도를 행하여 이름을 후세에까지 들추어 부모를 현달케 한다."고 하였다. , ≪주역≫에는 "성인의 큰 보배는 곧 지위이다. 무엇으로 지위를 지키느냐. 바로 인仁이다."고 하였다. 이러므로 나날이 근신하면, 혜택이 미치고, 덕이 모자라면, 도움이 있을 리 없다. 이는 장지의 길흉을 들어 복록의 연장을 논한 것이 아니다. 장손臧孫이 노魯 나라에서 자

---

3) 연대의 기록이 맞지 않아 실제 여부도 불투명한 상태이다.

손을 두게 된다는 것은 길일의 장사와 상관이 없고, 숙오叔敖가 초 나라에서 절사絶祀되리라는 것도 묘지를 잘못 정해서 그렇지 않다. 장사에 관한 길흉은 믿기 어렵다는 증거이다.

(5) 지금 초상 장사에 대한 길흉은 모두 금목수화토金木水火土 5성姓과 결부하였다. 옛날의 장지는 다 국도國都의 북쪽에 있었다. 영역塋域이 이미 결정되어 있는 이상, 어떻게 성씨를 묘소에 관련시킬 것인가? 조趙 씨의 장지가 모두 구원九原에 있고, 한漢 나라의 산릉山陵이 여러 곳에 흩어져 있으니, 상리上利·하리下利는 거론할 여지가 없고 대묘大墓·소묘小墓의 의義는 어디 있겠는가? 그래도 그 자손들의 부귀가 끊어지지 않고, 하·상·주 3대와 더불어 풍교豊敎를 같이 했고, 혹은 6국을 나누어 왕이 되었다. 5성五姓의 의는 옛 기록에 전혀 볼 수 없다. 길흉의 이치는 어디서 생겼느냐 하는 증거이다.

(6) 인신人臣의 명망과 지위는 진퇴進退가 무상하여 처음에는 천했다가 뒤에는 귀한 수도 있고, 처음에는 통했다가 나중에는 막히는 수도 있다. 이 때문에 자문子文이 세 번 영윤令尹을 지냈고, 전금展禽이 세 번 사사士師에서 쫓겨났다. 열 번을 장사해도 한 번 정한 날은 다시 변경한 일이 없고, 분묘가 완성되면 고치질 못한다. 어찌하여 명위名位는 잠깐도 편안할 때가 없는가? 그러므로 관작官爵은 사람에게 달린 것이요, 안장安葬으로 이루어지지 않는다는 증거이다.

(7) 무식배들이 장서를 믿으므로 무지巫者가 길흉을 사칭하면, 행여나 하는 생각을 갖는다. 벽용擗踊의 즈음에 장지를 택하여 관작이나 바라며, 도독荼毒의 궁극에도 장시葬時를 가려 재록財祿을 꿈꾼다. 진일辰日에 울고 곡하는 것은 좋지 않다고 하여, 웃으며 조문을 받으며, 친속은 광중壙中에 가까이 못하는 살殺이 있다 하여, 집안 장사에 참여하지 않고 평복을 입으니, 성인의 교화가 어찌 이러하겠는가? 장사가 세속을 무너뜨리는 것이 이 지경이니, 이것이 증거이다.

왕수는 위에 말한 여재呂才의 논설이 가장 경의經義에 합치된다 하였으므로, 지금 몇 대문을 절취하여, 부록으로 후인의 의혹을 제거하자는 것이다.

4) 금기에 구애하지 않음을 논한다.

사마온공司馬溫公의 장론葬論에, '사람의 부귀와 빈부, 수요壽夭는 하늘에 매이고, 어질고 어리석은 것은 사람에게 매인 것이며, 절대로 장사와는 관계가 없다. 설사 장사葬師의 말과 같다고 하더라도, 사람의 자식된 자가 애통이 극한 처지인데, 어찌 그 어버이의 체백體魄을 이용하여 복리를 노리겠는가? 옛날 우리 조상의 장사에 집이 몹시 가난하여, 관곽도 갖추지 못했다가 태위공太尉公 이하로부터 비로소 관곽을 쓰게 되었다. 그러나 금·은·주옥珠玉의 물품은 일찍이 관 속에 넣어 본 일이 없다. 장차 태위공을 장사하려 할 때, 족인族人들이 "장사는 집안의 대사인데, 어찌하여 음양가에게 문의하지 않는가? 이는 절대로 불가하다."고 했다. 나의 형 사마백강司馬伯康이 어찌할 수 없이, "음양가에게 문의하는 것은 좋은 일이나, 어디서 훌륭한 장사葬師를 만나 문의한단 말인가.?"고 하였다. 족인들은 "가까운 마을에 사는 장생張生이란 사람은 훌륭한 지사로서, 여러 고을이 다 쓰고 있다."고 했다. 형은 곧 장생을 불러서 2만 금을 주겠다고 하니, 장생은 야부野夫로서, 대대로 장사가 되어 야인의 장사를 해 왔다. 그러나 소득은 천금을 넘은 적이 없다. 이 말을 듣고 크게 기뻐하지 않을 수 없었다. 형은 말하기를, "네가 내 말대로 한다면, 나는 너에게 장사를 맡기겠지만, 내 말을 듣지 못하겠다면, 다른 지사를 구하겠다."고 하니, 장생은 따르겠다고 했다. 그래서 형은 연·월·일·시 및 광중의 천심 광협淺深廣狹과 도로가 어디로 나야 한다는 것들을 자기 의사대로 결정했다. 다만 모두 편의를 제공하고, 장생을 시켜 장서에 결부시켜 "크게 길하다."고 하게 했다. 족인에게 보여 주니, 모두 다

기뻐하며, 달리 말하는 자가 없었다. 지금 내 형은 나이 79세로 경卿의 반열에서 퇴직하였고, 나도 나이는 66세로 시종侍從의 자리에 있다. 족속으로 벼슬길에 오른 자가 23명이니, 장서를 믿는 사람들의 집안도 별로 내 집보다 낫지 않다. 연전에 내 아내가 죽었을 때, 관이 만들어지자, 염䱥하고, 모든 준비가 갖추어지자, 행상하고, 광壙이 마련되자, 장사하고, 말 한 마디도 음양가에 묻지 아니하였으나, 지금까지 다른 사고가 없었다. 내가 음양가가 말로써 대중을 의혹케 하고, 세상의 근심거리가 되는 것을 미워하였는데, 상가에 있어서는 더욱 심하다. 그래서 지난번 간관諫官으로 있을 적에 천하의 장서를 엄금하도록 주청하였으나, 당시 집권자가 그런 뜻을 갖지 아니하였다.

지금 이 논을 저술하여, 자손으로 하여금, 장사는 반드시 제때에 행해야 하며, 장구葬具를 후히 하지 않음을 알려면, 내 선조를 보고, 장서가 족히 믿을 것 없음을 알려면, 내 집을 보라. 원풍元豐 7년 [1084] 월 일에 사마광司馬光 [1019~1086]은 서술한다.'고 하였다.

5) 택일·택지에 대하여 논한다.

≪성의장력醒疑葬曆≫에는, '청오자靑烏子의 좋은 해를 택하는 것이 좋은 달만 못하고, 좋은 달이 좋은 날만 못하고, 좋은 날이 좋은 땅만 못하다.'는 것을 인용했다. 왕수는, '좋은 해가 좋은 달만 못하고, 좋은 달이 좋은 날만 못하고, 좋은 날이 좋은 시만 못하고, 좋은 시가 좋은 땅만 못하다.'는 것을 인용하였다.≪만력회동萬曆會同≫도 이와 같으며, 주문공朱文公의≪가례≫에도, '전기해서 장사할 만한 땅을 택하여 날을 가려 천광穿壙하고 토지의 신에게 제사한다.' 하였다.≪황서절부록黃瑞節附錄≫에도, '옛적에는 장지나 장일은 다 점쳐서 결정했는데, 지금 사람은 점하는 법을 모르니, 시속에 따라 택정하는 것도 가하다.'고 하였다. 호순신胡舜申은 각가各家의 장일법葬日法을 논하되, 광제력廣濟曆을

보면, 안장할 수 있는 날이 임신·계유·임오·갑신·을유·병신·정유·임인·병오·기유·경신·신유 등 12일은 십전대리일十全大利日을 만들었다.≪지리신서≫도 이를 취했고,≪천통天通≫·≪대명大明≫ 따위의 역서도 역시 취했다. 이 12일은 진실로 이용할 만한 날이다. 그러나 역일曆日의 주注에, 반드시 장사지내도 좋다는 문구가 붙어야 한다고 하였다.

조사한 바에 의하면, 정자程子는 '땅이 좋다는 것은 흙빛이 윤택하고, 초목이 무성한 것이 그 증거이다. 부조자손父祖子孫이 하나의 동기일 것이다. 저기가 편안하면 여기도 편안하고, 저기가 위태하면 여기도 위태한 것이 역시 이치이다. 그런데 금기에 구애하는 자들이 땅의 방위를 택하고, 날의 길흉을 결단하니, 역시 편견이 아니냐.'고 하였다. 정자의 논평이 이치에 가까우니, 따르지 않을 수 없다.≪광제廣濟≫·≪백기百忌≫·≪총성摠聖≫따위의 역서 및≪삼력회동三曆會同≫·≪금화회동金華會同≫·≪십력회동十曆會同≫·≪삼원정경三元正經≫·≪수금구결袖金口訣≫·≪만력회동萬曆會同≫·≪정의명진론正義明眞論≫·≪성의력醒疑曆≫·≪연길서涓吉書≫·≪지리신서地理新書≫·≪지리변망地理辨妄≫·≪극택전서克擇全書≫·≪극택통서克擇通書≫·≪원귀집元龜集≫ 따위의 문헌을 보면, 다 12일을 크게 길하다 하였다. 장사에 있어 인寅·오午·신申·유酉일만 쓸 수 있다는 것은 인寅·오午는 화덕火德인 때문에, 금의 광채를 상징하여 금계金鷄가 우는 날이라 하고, 신申·유酉는 금덕金德인 때문에, 옥의 윤기를 상징하여, 옥견玉犬이 짖는 날이라 한 것이다. 이런 날 부모나 자손을 부르지 못한다는 것은 음양이 서로 조응하고 흉신凶神이 다 잠복한다는 말이니, 이용하는 것이 좋다고 생각된다.

지금부터 대명력大明曆의 예에 의하여, 장통일葬通日은 반드시 당년의 책력 날짜에 주註를 달아야 한다.

6) 승흉장법承凶葬法을 논한다.

호순신이 말하기를, '장사는 길흉이 있다. 길장은 졸곡卒哭을 지낸 장사, 해를 넘은 장사 이외에 연고가 있어 개장改葬하는 것을 이른다. 선택한 연·월·일·시가 반드시 좋아야 쓸 수 있다. 흉장은 졸곡 전 백일 이내를 이른다. 연·월의 흉악은 묻지 않고, 다만 좋은 일·시만을 가려라. 일체 신살神殺도 구애하지 아니하되, 만약 연·월·일·시가 다 길하면 더욱 좋다.'고 하였다.

7) 태세太歲가 본명本命을 누르면, 쓰지 못한다는 것을 논한다.

채성우의≪지리변망≫에, '세상에는 떠드는 자들이 길흉의 표준이 없기 때문에 조궁釣宮의 설을 만들어, 태세 월건月建을 중궁中宮으로 들게 하여, 순수로 돌려 9궁宮으로 가서 상극되면 흉하고, 상생되면 길하다고 했다. 또 체궁替宮의 설을 만들어, 두 번째 방편을 마련하여 만들어, 소득되는 천간天干·지지地支로써 순수로 돌리어 9궁으로 가도록 했다. 또 개궁蓋宮의 설을 만들어, 두 번째 소득되는 천간·지지로써 9성星을 취하여 9궁으로 가게 했다. 월건을 중궁으로 끌어들여, 순수로 9궁으로 가는 것을 운용해서 신살神殺을 띠게 하고, 또 신살의 궁위宮位를 더하여 태양太陽을 만들고, 태음太陰을 만들고, 복성福星·용덕龍德을 만들어 사리四利라 이르는 것이다. 월건이 신살을 띤다면, 세건歲建·일건日建·시건時建은 유독 신살을 띠지 못하란 말인가? 괘卦의 종묘효宗廟爻가 신살을 띤다면, 그 초·2·3·4·5효는 유독 신살을 띨 수 없단 말인가? 그 8괘에 종묘효만이 신살을 띤다면, 오황재중五黃在中은 또 어느 괘에 속하며, 또 어느 것이 종묘효란 말인가? 그들의 이른바 사리성四利星이 무엇에 의거한 것인가? 그러므로 9가 3원元이 된다는 설은 꿈과 같은 것이요, 조궁·체궁·개궁·사리라는 것은 꿈속에서 꿈을 되풀이하는 격이다. 그들의 이른바 자紫·백白·벽碧·황黃·녹綠·흑黑이라는 것도 다 근거 없는 설이다. 그 암건적살暗建的殺도 다 이러한 종류요, 그 초신접기超神

接氣라는 것도 둔갑술遁甲術과 근사하나, 역시 지붕 위에 지붕을 올린 격이다. 그런데 세상 사람이 그 운용하는 바가 종횡으로 15의 수數라는 것을 볼 때, 그것이 하도낙서河圖洛書에서 나온 듯이 의심하여, 그릇된 점을 알지 못하고, 겉만 보고 존숭 신앙하기 때문에, 말을 아니할 수 없다.'고 하였다.

조사한 바에 의하면, 태세가 본명을 누른다는 설은 장사할 날짜를 중궁에 넣어 순수로 돌려 9궁으로 가되, 본년 태세가 당도하는 궁에 가서 멈추고, 60갑자로 두루 헤아려서, 그 집안에 본명本命이 태세의 궁과 같은 자가 있으면, 태세가 본명을 누르는 것이 되므로, 그 사람은 마땅히 금기해야 한다는 것이다. 만약 사람이 이것에 범하기로 든다면, 1년 치고 없는 날이 없을 것이므로, 태세가 본명을 누르지 않는 날을 택하기는 어려운 일이다. 옛사람은 장사의 기한이 많아도 7개월을 넘지 않았으며, 또 한 나라와 당 나라의 여러 임금도 1, 2년 내에 장사를 못한 자는 없었으니, 이 법을 쓰지 아니한 것이 명확하다. 이것이 이른바 조궁의 유법遺法으로, 채성우가 자상히 변명하였다.

8) 장사가 흉일을 범한다는 것과 횡간도橫看圖 및 망인亡人의 운수·6륜輪 따위의 법이 허망됨을 논한다.

송노진宋魯珍의 ≪극택통서克擇通書≫에, '모든 역서를 살펴보니, 장사 날이 천탄天呑, 천건天建, 천혁天嚇을 범하면, 택장宅長에게 좋지 않고, 월탄月呑을 범하면, 장자와 장손에게 좋지 않다.' 했다. 지금 참고해 보면, 정·4·7·10월은 천덕天德이 천탄과 날이 같고, 또 옥약길성獄鑰吉星이 천건天建과 날이 같고, 또 상일相日과 날이 같고, 상일은 천혁과 날이 같고, 월궁月宮은 월탄과 날이 같건마는, 모든 역서에 크게 길하다고 하였는데, 무슨 근거로 흉일로 만들었으며, 대장일大葬日은 선현이 말한 좋은 일진으로 누차 시험하여 탈이 없으므로, 통通한 사람은 구애하지 아니하는데, 어찌 그에 의혹되겠는가. 증문전曾文展이 이르기를, '만약 다시 죽은 사람의 운수를 놓고 본다면, 분명히 죽지 않은 것으로 보인다. 사람의 목숨이 이미 없어졌는데, 또 무슨 운수를 본단 말인가. 반드시 청룡靑龍, ·백호白虎, 천강天剛, 하괴河魁가 총묘塚墓에 들기도 하고 안 들기도 할 것이다. 이는 다 세상을 속이고 인심을 의혹케 하는 설이다. 이치에 통달한 군자는 마땅히 다시 밝힐 것이다. 또 옛 역서에 망인의 운을 말한 것이 18조문으로, 모두 길흉을 상세히 추산했으나, 서로 득실이 있어 전용하기는 어렵다. 지금 세상의 장사가 혹은 오음五音이 망인의 운명에 전용된다고 말하는 모양이나, 사람이 죽은 이상, 어찌 운명이 있겠느냐.' 하였다. 양균송楊筠松은 망인의 운명에 대하여, 여러 모로 합당치 않는 것이 있다고 했고, 소수명蘇粹明의 ≪지리지남地理指南≫에 '행년行年에 있어서는 6륜(輪)을 고집하지 않는다.' 하고, 주註에, '시속의 장사葬師들이 흔히 6륜법의 연월을 사용하는데, 흔히 보면, 대소화大小火의 연월에 장사한 자는 도리어 길하고, 대소수大小水의 연월에 장사한 자는 도리어 해를 당하는 예가 많다. 이로 미루어 보면, 6륜도 신빙할 수 없는 것인데, 어찌 그것만 고집할 수 있는가.' 하였으며, 송노진의 ≪극택통서克擇通書≫ 안에 있는 6륜의 주註에, '기실은 사람의 생사도 때가 있고, 자손의 부귀도 분복이 있는데, 어찌 택일해서 죽었겠는가. 짐짓 이 설을 남겨 두어 용도에 갖추었을 따름이라.'고 하였습니다.

6륜법은 대화大火·소화小火·소금小金의 설과, 그리고 ≪용자경龍子經≫의 혈광血光·화거火車·사패死敗·표천漂遷 따위의 용세龍勢와 ≪갑지수경甲地宿經≫의 지흉地凶·지패地敗·지귀地鬼·지화地禍·지상地傷·지겁地刦 따위의 성수星數 및 여러 역서 내의 혼입묘魂入墓·장년월혼입묘葬年月魂入墓·망인집인입묘亡人執印入墓·사대혼입묘四大魂入墓·저두망운猪頭亡運·귀곡자망운鬼谷子亡運·나흉운羅凶運 따위의 법이다. 택년·택월에 대하여 다 망인의 세수歲數·행년行年으로 미루니, 사람이 이미 죽었는데, 다시 무슨 운명을 볼 것이며, 사망한 자도 택일을 잘못해서 죽었단 말은 듣지 못하였다.

■ 육륜법 중국 역대왕 침범 사례표

나라	왕	나이	장사 월일(간지)	육륜법
서한	고조高祖		5월 병인일	횡간도橫看圖(역마탄驛馬呑, 표기탄驃騎呑, 토금土禁)
西漢	혜제惠帝		9월 신축일	횡간도橫看圖(천혼天魂, 역마탄驛馬呑, 표기탄驃騎呑)
	문제文帝	46세	6월 을사일	소화小火, 지귀地鬼, 천이遷移, 날(천탄天呑, 지혼地魂)
	경제景帝	48세	2월 계유일	달(중천重遷)
	무제武帝	71세	3월 갑신일	해(중상重喪), 달(중천重遷, 지흉地凶)
	소제昭帝	22세	6월 임신일	해(소화小火, 천이遷移), 달(중천重遷), 횡건도橫看圖(천혁天嚇, 천건天建, 지건地建)
	선제宣帝		정월 신축일	달(중부重膊), 횡간도橫看圖(천혁天嚇, 지건地建, 지혁地嚇)
	원제元帝	43세	7월	해(대화大火, 천이遷移), 달(중건重遷)
	성제成帝	46세	4월 기묘일	해(소화小火, 지귀地鬼), 달(중건重遷), 날(지혼地魂)
동한	광무光武		3월 정묘일	지중地中, 백호白虎, 천금天禁

東漢	명제明帝	48세	8월 임순일	달(중건重遷), 날(지중地中, 백호白虎)
	장제章帝	33세	3월 계묘일	달(중건重遷), 날(지중地中, 백로白露, 천금天禁)
	순제順帝	30세	9월 병오일	해(소금小金, 지겁地劫), 달(중부重膊)
위	무왕武王		2월 정묘일	천황天皇, 인황人皇, 인건人建, 천금天禁
魏	문제文帝	40세	6월 무인일	해(소화小火, 지겁地劫, 천이遷移), 달(중천重遷), 날(지황地皇, 토금土禁)
	명제明帝	35세	2월 계축일	해(중상重喪), 달(중부重膊), 날(천혁天嚇, 지혁地嚇, 지혼地魂)
진	명제明帝	27세	9월 신축일	해(소금小金, 지화地禍), 날(천혼天魂, 역마탄驛馬呑, 표기탄驃騎呑)
晋	성제成帝	28세	7월 병진일	해(소화小火, 천이遷移, 지화地禍), 달(중부重膊), 날(월탄月呑)
	목제穆帝	19세	7월 무오일	해(소화小火, 지상地傷, 천이遷移), 달(중천重遷), 날(지혼地魂)
	효무제孝武帝	35세	10월 갑신일	해(중상重喪), 달(중천重遷), 날(천건天建, 팔좌八座, 지중地中, 백호白虎, 토금土禁)

	안제安帝	37세	정월 경신일	해(지화地禍, 천이遷移), 달(중천重遷), 날(지중자地中雌, 중부重聘)
송	무제武帝	60세	7월 기유일	해(지겁地劫), 날(지탄地呑, 천금天禁)
宋	문제文帝	46세	3월 계사일	해(소화小火, 지귀地鬼, 천이遷移), 날(천혁天嚇, 천탄天呑, 지황地皇)
	효무제孝武帝	35세	7월 병오일	해(소화小火, 지귀地鬼, 천이遷移), 날(천혁天嚇, 천탄天呑, 지황地皇)
	명제明帝	34세	5월 무인일	해(대화大火, 지패地敗), 달(중천重遷), 날(역마탄驛馬呑, 표기탄驃騎呑, 천금天禁)
제	고조高祖	56세	4월 병오일	해(소화小火, 지귀地鬼, 중상重喪), 날지탄地呑, 역마탄驛馬呑, 표기탄驃騎呑, 천금天禁)
齊	무제武帝	54세	8월 병인일	해(소금小金, 지패地敗), 달(중부重聘), 날(천건天建, 천혼天魂)
당	고조高祖	71세	10월 경인일	해(지흉地凶), 달(중부重聘), 날(천혁天嚇, 천탐天呑)
唐	태종太宗	52세	8월 경인일	해(대화大火, 천이遷移), 날(천건天建, 지중자地中雌, 천혼天魂)
	고종高宗	56세	8월 경인일	해(지귀地鬼, 중상重喪), 달(중부重聘), 날(천건天建, 지중자地中雌, 천혼天魂)

	중종中宗	55세	11월 기유일	해(천이遷移), 날(지황地皇, 지탄地呑, 천혼天魂, 팔좌八座), 소화小火
	예종睿宗	55세	10월 경오일	해(천이遷移), 달(중부重溥), 날(지중자地中雌, 월탄月呑), 소화小火
	현종玄宗	78세	3월 신유일	지탄地呑, 지중자地中雌, 역마탄驛馬呑, 표기탄驃騎呑, 소화小火
	숙종肅宗	52세	3월 경오일	달(중부重溥)
	대종代宗	54세	10월 기유일	해(지패地敗), 달(중천重遷), 날(지혼地魂)
	목종穆宗	30세	11월	해(상원上元, 혈광血光)
송	진종眞宗	55세	10월 기유일	해(소화小火, 천이遷移), 달(중부重溥), 날(지혼地魂)
	신종神宗	38세	10월 을유일	해(중상重喪), 달(중천重遷), 날(지혼地魂, 천탄天呑)

제3절 장지론(葬地論)

- 세종왕비 소헌왕후(昭憲王后) 재혈(裁穴)의 경우

소헌왕후 심씨昭憲王后沈氏는 1395년에 태어나 1446년에 죽었다. 세종 27년 4월 4일조에 의거한 상서문을 대상으로 조선시대 재혈 과정을 알아 보기로 한다.

이 상소문은 의정부 우의정 하연河演(1376~1453), 예조 판서 김종서金

宗瑞(1390~1453), 우참찬 정인지鄭麟趾(1396~1478), 중추원 부사 이진李蓁(?~?), 호조 참판 강석덕姜碩德(1395~1459), 이정녕李正寧(?~1455) 등이 집현전 수찬集賢殿修撰 이영서李永瑞(?~1450), 예조 좌랑 이선로李善老(?~?), 전농 주부典農主簿 안지귀安知歸(?~?), ·행사정行司正 문맹검文孟儉(?~?)과 더불어 헌릉獻陵의 서편 수릉壽陵을 살펴보고 상서上書한 것이다.

이들은 헌릉의 서혈西穴에 나아가 주봉主峯과 사방에 둘러 있는 여러 봉峯의 응대應對와 여러 물의 오고 가는 방위方位를 규형窺衡으로 측량하고 주척周尺으로 재어서 측량한 결과를 하나하나 차례대로 강론講論해 아뢴 것이다.

1 헌릉獻陵의 주혈主穴에서 백호白虎 구룡 산록九龍山麓까지는 3, 264자이고, 청룡靑龍 산록까지는 1,873자이다. 서혈 명당西穴明堂에서 외백호外白虎 구룡 산록까지는 2, 328자, 청룡 산록까지는 2, 817자, 내안산內案山까지는 2, 751자이며, 동서 양혈東西兩穴의 거리는 944자이다. 따라서 동서 두 혈이 모두 도국圖局의 한 가운데에 있고 곁에 있지 않다.

그림 8-2 영릉의 전경

[설명] 원래 자리에서 옮긴 영릉 즉 세종과 왕비의 합장릉

[증명 1]

≪습유拾遺≫에는 "지세地勢가 평탄하고 기맥氣脈을 간직한 곳은 혈穴이 그 가운데 있고 그 곁에 있지 않은 것이다. 가운데에는 복이 그 몸에 모이고, 곁에는 화禍가 그 집을 이긴다."고 했다. 그 다음 귀절에는 "'산맥이' 엎드렸다가 높이 일어나고 사방의 산이 내동來同하여 돌突가운데 와窩가 있는 것은 높은 곳에서 평평한 것이고, '와' 가운에 '돌'이 있는 것은 낮은 곳에서 높은 것이다."라 하였다. 그 주註에는 "땅은 중中이 귀한 것이나, '돌' 가운데 '와'가 있고, '와' 가운데 '돌'이 있으며, 기운은 겉모양으로 인해 나타난다."고 되어 있다.

[증명 2]

≪지현론至玄論≫에 이르기를, "길吉한 것은 가운데에 있고 곁에 있지 않다.' 고 하였다.

2 대개 팔방 응대八方應對의 길흉吉凶으로 혈을 정하는 법이다. 이 혈은 치우침이 없고 삐뚤어짐도 없으며, 팔방응대가 온전하여 이지러짐이 없는데다 또한 산이 두텁고 길어서 힘이 넉넉하고 먼 형세가 있으며, 기울어지고 삐뚤어졌든가 고단하고 쭈그러진 모양이 없으니 이른바 중정中正한 땅입니다.

[증명]

≪습유≫에는 "기울어져 비스듬하고 고단孤單하게 쭈그러진 이런 따위는 모두 복을 이루지 못한다. 이러므로 팔방 조롱八方朝隴은 그 중中을 좇고 그 정正을 취하는 바이다."고 하였다. 그 본문을 상고하면, 팔방대응편八方對應篇에는 "뒷산은 복福이 되고자 하고 앞산은 녹祿이 되고자 하며, 왼쪽 산은 굽고자 하고 오른쪽 산은 살찌고자 한다. 좌혈坐穴은

집과 같고, 명당明堂은 판 [局]과 같은데, 삼양三陽이 촉급하지 아니하고 육건六建이 모두 넉넉하면, 한 주먹 돌과 한 치의 흙이 저 금옥金玉보다 낫다. 그러므로 천일天一·태을太乙은 부귀富貴의 본원이고, 천록天祿·천마天馬는 부귀의 임용任用이다. 문관文官·무고武庫는 부귀의 응험應驗이고, 좌보左輔·우필右弼은 부귀를 유지함이며, 남창男倉·여고女庫는 부귀를 베품이다. 자손과 장정壯丁은 뒤에서 따르고, 노비奴婢와 가축은 앞에서 나가나니, 모양形을 고칠 수 없고 자리를 바꿀 수 없다. 사방과 사우四隅를 유類로 미루어 묏자리를 찾는 요지는 온전하고 이지러지지 아니함이 귀하다. 경經에는 '혈은 반드시 다 온전하여야 한다.'고 함은 이를 이른 것이니, 만약에 산이 두터우면 힘이 넉넉하고, 산이 길면 힘이 오래가며, 형세勢가 멀면 패하기가 어렵고, 형세가 가까우면 쉽게 성공하니 자연의 응應함이다. 기울어지고 삐뚤어지며 고단孤單하고 쭈그러지며, 등져서 어긋나고 놀라 미친 것 같으며, 돌아서 거스리고 뾰족하여 쏘는 것과 같은 따위는 모두 복을 이루지 못하나니, 이것은 팔방조롱八方朝隴의 그 중앙을 따르고 바름을 취하는 까닭이다." 하였다.

3 '한 판局안에 두 혈을 쓸 수 없다.'고 한 말은 망령된 것이다. 대모산大母山의 바른 용正龍이 몸을 헤치고 곧게 내려와서 두 혈을 나누어 만들었으다. 바른 자리와 곁 자리의 구분이 없으니, 어찌 낫고 못함을 의논할 수 있겠는가?

[증명]

한 판局에 여러 혈多穴이 존재한다는 문헌

a≪명도明圖≫; "네 가지四支가 가지런히 내려온 것을 아울러 쓰되 의룡상취형義龍相聚形이라 이르고 백자천손百子千孫이 효의孝義가 갈라지지 아니하는 땅이다."

b≪호순신胡舜申≫기혈론基穴論; "서북족西北族은 장사하는 집에서

한 묘지墓地를 만들어 몇 대代를 소목昭穆 차례로 벌여서 묘를 쓰고, 동남방東南方은 장사하는 묏자리가 한두 광壙에 이르면 남자만 바른 자리에 쓰고 부인은 곁에 붙여 쓰는 것은 대개 서북은 평평한 언덕이 많아서 흙이 두텁고 물이 깊으며, 동남은 높은 산이 많아서 골맥骨脈이 얕고 드러나므로 각각 그 적당한 대로 따른 것이다. 그러나, 펀펀한 언덕에 있어서도 가지 언덕支阜가 급하면 어찌 많이 장사할 수 있으며, 높은 산에 있어서도 산 언덕이 웅장하고 넉넉하면 어찌 작게 장사하는데 구애되겠는가.".

c≪혈법비요穴法秘要≫;"산맥이 두 가지로 내려와서 모두 볼 만하면 모름지기 전안前案이 난간처럼 촘촘히 막혀야 한다."

d≪동림조담洞林照膽≫재혈편裁穴篇; "무릇 산머리에서 두 갈래로 내려온 것은 두 머리가 혈이 된다."

e≪명당편明堂篇≫;"가령 땅에 세 혈穴이 있으면 명당도 각각 임자主가 있다."

이와는 반대의 설이 있으나 이는 망령된 것이다.[4)]

4 대모산 서혈은 주산主山이 임壬에 있고 머리를 숙인 것도 임壬이 되어, 순일純一하고 잡되지 아니하다. 산 뼈山骨가 역력하고, 내려온 용이 단적端的하여 연하고 붙고 비껴서 나온 형상이 없다. 좌우 안대案對가

---

4) 한 판局에 한 혈만 있다는 문헌은 즉 가지 용支龍과 줄기 용幹龍을 구분하고자 하는 데에 기인한다. 그러나 이는 잘못된 학설이다.
a≪의룡단제수언疑龍斷制粹言≫;"무릇 묏자리를 구하고자 하면 대세大勢를 볼 것이니, 백리 추회百里周回에 한 혈을 만든다."
b≪명산론明山論≫;"100리百里의 땅이 펀펀하고 넓으며 1000산千山이 많이 모였다 하나, 기운을 받은 땅은 단지 한 혈만 있으니, 호리毫釐라도 어긋나면 화복禍福이 1000리千里만큼 틀린다."
c≪의룡疑龍≫;"1000리를 오는 산이 다만 한 혈에 있으니 바른 것은 자리 [位]가 되고 옆으로 된 것은 좋지 못하다."
d≪착맥부捉脈賦≫ 주註; "정룡正龍이 내려오지 아니하고 방룡傍龍이 일어나 내려오면 정룡이 끝나고 방룡은 끊어진다."

알맞고 평평하고 바르며, 한 기운이 일어나고 엎드리면서 굼실굼실 내려와서 5천 3백여 척에 이르러 그쳤다.

어떤 자가 "모호하여 맑지 못하고, 기대어 붙고 비스듬히 비끼며, 방불하게 배치되었고, 머리를 들어 시체를 막았으니, 산 기운이 이미 어긋나서 오행을 정하기 어렵다."고 한 것은 어떤 형세를 가리켜서 말한 것인지 알지 못하겠으며, 인용한 원문의 뜻이 이 산세와는 전연 다르다.

[증명]

a≪호수경狐首經≫; "모호模糊하여 맑지 못하면 그 기운이 굳세지 못하고 기대여 붙고 비스듬히 비끼면 그 기운이 바르지 못하다. 방불하게 배치排置되었으면 그 기운이 성盛하지 못하고, 머리를 들어 시체尸를 막으면 그 기운이 응하지 아니한다. 산세山勢가 이미 어긋났으니 오행五行을 정하기 어려워 중주中主가 어지럽고 잡되니 움직이면 병이 된다."

b 본문本文 주원편主元篇; "산 뼈山骨가 역력歷歷하고, 오는 용來龍이 단적端的하며, 치우침이 없고 삐뚤어짐도 없으며, 되돌아감이 없고 빗나감이 없으며, 동북東北은 정간正艮이 되고, 서西는 정태正兌에 당하여, 순일純一하고 잡되지 아니하면 기운이 순수純粹하고, 간艮이 축丑·인寅을 띠帶고 태兌가 경庚·신辛을 띠면 내려온 산이 이미 잡되어 오행을 정하기 어려운데, 오행이 어지러우면 신神이 어찌 편함을 얻겠는가. 산이 오는 것과 떨어짐이 일체가 되면, 전재剪裁하기가 극히 쉽고, 목교目巧와 심교心巧가 자연히 이치에 합한다. 걸음을 옮기어 산을 보면 문득 방위가 달라진다. 입산立山이 감坎에 있다가 계축癸丑으로 걸음을 옮겨서 머리를 숙여 간艮이 되어 물은 더욱 앞으로 가고 산은 더욱 뒤로 행하면, 먼저 목기木氣를 받고, 다음 토기土氣를 받고는 바야흐로 수기水氣를 받는다. 3년은 1보步이고 10보는 1세世가 된다. 자세히 살펴서 쓰면, 복록福祿이 스스로 이른다. 모호하여 맑지 아니하면, 그 기운이

굳세지 못하고, 기대여 붙고 비스듬히 비끼면 그 기운이 바르지 못하며, 방불하게 배치排置되었으면 그 기운이 성하지 못하고, 머리를 들어 시체를 막으면 그 기운이 응하지 아니하며, 산세가 이미 어긋나서 오행을 정하기 어려우면 중주中主가 어지럽고 잡되어 움직이면 병이 된다.

여기서 이른바, 모호하여 맑지 못하다고 한 것은 필시 산 뼈山骨가 역력하지 못하고 내려온 용來龍이 단적端的하지 못한 것을 이른 것이고, 이른바, 기대여 붙고 비스듬히 비낀다고 한 것은 다른 데 기대여 붙어서, 치우치고 삐둘어지며 되돌아가고 옆으로 기울어진 것을 이른 것이다.

5 행룡行龍이 굴러 바뀌는 곳에 줄기 용幹龍을 찾아 얻는 법을 가리키는 것과 판局을 맺은 땅에 두 혈兩穴의 시비를 논한 것이 다르다.

[증명]

a≪감습墈龔≫; "열 가지에서 아홉 가지는 어지럽고 어지러우나, 그 가운데 한 가지는 도리어 참되도다."

b 또 원문; "혹은 큰 산에서 떨어져 낮고 작으며, 혹은 높은 봉에서 떨어져 평평하고 넓다. 물러나고 돌고 바뀌어, 몇 단段을 이루었는데, 열 가지에 아홉 가지는 어지럽고 어지럽다. 가운데 한 가지는 도리어 참되니, 만약 이것이 참일 때에는 끊어질 듯 끊어질 듯하다. 어지러운 산이 껴안은 듯이 눈 앞에 있고, 한 가지라도 밖으로 나가서는 아니 된다. 다만 참용眞龍은 좌혈坐穴 안에 있고 어지러운 산은 밖에 있어서 전산纏山이 된다."

6 이제 서혈西穴은 단적端的하게 '산맥이' 일어나고 엎드리면서 동혈東穴과 가지런히 내려왔으니 전산이라고 이를 수 없다. 어떤 자의 인용한 바가 잘못이다.

[증명]

≪의룡疑龍≫; "대저 전산纏山은 반드시 굽게 돌았으니 명당明堂을 밖에서 구하지 말라." 그 본문本文을 보면 "그대君를 위하여 이 의심을 깨뜨리려 한다. 가지와 줄기가 어지러울 때, 등背과 면面을 분별하라. 가령 두 물이 용을 끼고 올 때에, 문득 밖으로 도는 것이 어디로 향하는지를 보라. 전산纏山과 전수纏水가 안고 도는 곳에 전산과 전수의 구석이 등背에 닿는다. 전호纏護도 스스로 크고 작음이 있으니, 크고 작음은 용龍의 길고 짧음에 따라 온다. 용이 길면 전호도 길고 멀며, 용이 짧으면 전산이 가까이 맞댄다. 전산은 굽어서 도니, 명당을 밖에서 구하지 말라. 굽게 도는 모양은 반드시 면面이 되나, 다만 조문朝門이 막히고 열리지 않을까 두렵다. 전호를 찾아 얻기를 분명히 하면, 다시 떨어진 머리落頭에 요묘要妙를 찾으라. 전산·전수纏山·纏水는 병풍과 같은데, 전면의 넓음이 얼마나인가를 보라. 전산과 전수는 안산案山과 같으나, 다만 명당은 좁고 넓지 아니하다. 산이 돌고 물을 안아 비록 면面과 같으나, 바람 불고 물결 쳐서 벼랑이 차寒다. 그대는 여기 와서 등背와 면面을 보라. 물이 돌 비탈을 가르割고 용이 등져서 돈다."

이는 전산이 반드시 굽게 돌아서 껴안았기 때문에 사람들이 다만 그 껴안은 것만 보고, 그릇 명당인줄 알고 혈을 잡기 때문에, '명당을 밖에서 잡지 말라.'고 이른 것이다.

7 양쪽에 산이 있고 양쪽에 물이 있어 전산과 전수의 등과 면面을 분간하기 어려운 곳에 참 용을 찾아 아는 법이다. 어떤 자가 글을 끊어서 인용하여, 대모산大母山에서 갈린 두 혈을 가리켜 양쪽 가邊라고 하는 것은 양자兩字의 의미만 취하고 본 뜻에는 어두운 것이다.

[증명]

≪의룡疑龍≫"양쪽 가에 다 혈이 설 수 없으니, 크고 작음에 따라 어찌 귀천이 없으랴." 본문을 상고하건대, "가지와 줄기 외에 등과 앞面을 알 것이니, 벼슬이 인신人臣에 극하고 대대로 벼슬을 받을 것이다. 마침내 능히 뒤와 앞을 분별하기를 깨닫자면, 앞은 너그럽고 편편하며, 뒤는 비탈과 언덕이다. 가령 두 물이 용을 끼고 와서 굽이치고 몸을 되쳐, 때로 크게 돌아서 한 번은 엎드리고 한 번은 솟구치며, 한 번은 돌아 바뀌고 한 번은 끊어진다. 양쪽에 모두 산과 물이 조회함이 있고, 양쪽에 모두 물이 언덕을 침이 있으며, 양쪽에 모두 참 모습眞形의 모양이 있고 양쪽에 모두 산과 물의 안案이 있으며, 조회해 맞이하는 양쪽에 모두 다 볼 만하고 두 곳의 명당이 모두 입선入選될 만하다. 양쪽의 전호纏護가 다 같이 오고 양쪽의 내려온 산이 모두 돌았으면, 이같은 산은 쉽게 분간할 수 없으며, 마음에 의혹하여 판단하기 어렵다. 양쪽에 모두 혈이 설 수 없으니 크고 작음에 따라 어찌 귀천이 없으랴. 다만 화용사군花冗使君의 의심으로 인연하여 다시 호신護身이 있고 다리에 꽃잎瓣이 많으니, 이곳에 와서 참 용이 둘이라 하지 말라. 옆의 용夾龍을 인정하는 곳에 용이 반드시 돈轉다.'고 하였다.

8 청계산淸溪山 한 맥이 동쪽으로 들어와서 구룡산九龍山이 되고, 돌아서 대모산大母山 주봉主峯이 되었으며, 나른 객산客山이 길로 들어와서 주인을 다투는 형상이 없고, 깨어진 모양이 절대로 없으니, 어떤 자의 말이 크게 그릇된 것이다.

[증명]

≪입식가入式歌≫에 이르기를, '일천 산과 일만 물이 가장 형상하기 어려운데, 가운데 오는 용이 있어 주장主將이 되었도다. 앞 봉峯은 뇌락磊落하여 모두 손을 모아 읍하는데, 단정스러운 한 혈이 용 머리 위에 있

도다.' 하고, 또 이르기를, '만약 깨어져서 일정한 모양이 없으면, 다투는 용과 다투는 주장을 찾지 말라.'고 하였다.

원문을 상고하건대, '일천 산과 일만 물이 가장 형상하기 어려운데, 가운데 오는 용이 주장이 된다. 앞 봉이 뇌락하여 모두 손모아 읍하는데, 단정스러운 한 혈이 용 머리에 있도다. 하나는 높고 하나는 낮으며, 하나는 돌아보는데, 두루 합하여 정情이 있고, 함께 들어와 돕는다. 만약 산이 깨어져서 일정한 모양이 없으면 다투는 용과 다투는 주인을 찾으려 말라.' 하였다. 주註에 이르기를, '뭇산群山이 비록 많으나, 반드시 한 산이 있어 주인이 되고, 한 산은 손님이 된다. 문득 두 산이 길路로 들어와서 주인과 손님의 정이 없는 것을, 주인을 다투고 용을 다툰다고 이른다.' 하였다.

이는 여러 산 가운데 주인과 손님의 구분을 범연히 논한 것이다. '두 산이 길로 들어와서 주인과 손님의 정이 없다.'고 한 것은, 대개 주산主山 외에 따로 객산客山이 있어 주산과 더불어 용을 다투고 주인을 다투는 형상이 있음을 주인과 손님의 정이 없다고 이른 것이다. 한 산에 두 혈을 가리킨 말이 아니다.

9 한 판局 안에는 두 혈이 있을 수 있다.

[증명]

≪입식가入式歌≫에 이르기를, '멀리 멀리 온 형세가 다만 한 혈인데, 나누어 두 셋이 되면 힘이 반드시 약하다.'고 하였는데, 원문을 상고하건대, 주해에 이르기를, '뱀과 쥐의 모양과 같은 것은 토맥土脈이 작아서 만약 두 세 혈을 두면 기운이 반드시 약하다.'고 하였다. 이는 한 가지가 낮고 작아서 뱀과 쥐의 모양과 같은 곳에 만약 두 세 혈을 써서 장사하면 반드시 기운이 약한 데 이르는 것이다.

10 용을 찾고 혈을 정하는 법의 의론은 두 혈의 옳고 그름을 따진다는 뜻이 아니다.

[증명]

≪장중가掌中歌≫에 "중심의 한 혈이 천연적으로 자취를 감추었다." 고 하였는데, 원문을 상고하건대, 큰 산의 파派가 산生 것은 용과 같고, 어지러운 산은 높고 험하며, 달아나는 산奔山은 서로 따라서 혹은 갑자기 편편한 곳에서 높은 산이 중간이 끊어져 뒤에 오는 것은 잇대었고, 앞에 가는 것은 우뚝우뚝한데 중심에 한 혈이 천연적으로 자취를 감추어 굳기는 성과 같고, 혈은 천중天中과 같으며, 먼 산은 가까운 듯하고 가까운 산은 너그러워서, 그 혈에 장사하면 여러 대代에 삼공三公이 난다." 하였다.

11 만약 감산坎山이 내려와서 두 무덤의 절목節目에 대하여, 규형窺衡으로 명당에서 측정해 보면, 대모산 주봉 및 좌혈坐穴이 모두 임壬에 속하니 어찌 자子·계癸·축丑 세 자리를 건너서 간艮과 가깝겠는가? 또 곤방坤方에는 20보 안에 물이 없을 뿐만 아니라, 비록 먼 곳에라도 절대로 물이 나는 곳이 없다. 이런 이유로 길한 혈이라고 할 것이다.

[증명]

≪동림조담洞林照膽≫에 이르기를 "한 산에서 머리가 떨어져서 혈이 두 길로 건넌다는 것은, 물이 길하면 먼저 그 길함을 받고, 물이 흉하면 먼저 흉함을 받는다는 뜻이다. 만약 감산坎山이 내려와서 두 무덤이 되어 본디 내려온 혈이 간좌艮坐이고, 곤방坤方에 물이 20보에 있다. 그 왼쪽 혈은 온전히 간산艮山으로 되고, 오른쪽 혈은 감산坎山인데 약간 간艮으로 되어 있는 것은, 처음에 맏아들이 해를 본다." 이를 해석하면, 한

산에서 머리가 떨어져서 혈이 두 길로 건넌다는 것은 물이 길하면 먼저 그 길함을 받고, 물이 흉하면 먼저 그 흉함을 받는다는 것이다. 한 산에서 머리가 떨어진 곳에 두 혈이 있다면, 묘를 쓰면 물의 길흉으로 그 선후를 정하는 것이다. 또한 옛 사람이 두 혈을 쓰는 법이다.

≪호순신胡舜申≫대오행법大五行法으로 추리하건대, 임산화국壬山火局에는 임산壬山이 높으면 녹존祿存이 흉하고, 자산子山이 높으면 녹존이 흉하며, 축산丑山이 약간 높으면 탐랑貪狼이 길하고, 간산艮山이 낮으면 탐랑이 반쯤 길하고 물이 있으면 길하며, 인산寅山이 낮으면 탐랑이 반쯤 길하고, 갑산甲山이 조금 높으면 탐랑이 길하며, 묘산卯山이 가장 낮으면 문곡文曲이 길하고, 을산乙山이 가장 낮으면 문곡이 길하고 수파水波가 길하며, 진산辰山이 낮으면 문곡이 길하고, 손산巽山이 높으면 문곡이 흉한 것이다.

또 이르기를, "문곡이 건乾·곤坤·손巽·간艮에 해당하는 것은 음인陰人의 자리位가 된다. 그 산이 위가 높게 빼어나면 부녀가 어질고 귀하게 되며, 낮고 비闕면 이와 반대가 된다.'고 하였다. 사산巳山이 가장 높으면 무곡이 길하고, 물이 있으면 길하며, 병산丙山이 가장 높으면 무곡武曲이 길하고, 오산午山이 높으면 무수武水가 길하며, 정산丁山이 높으면 우필右弼이 길하고, 물이 있으면 길하며, 미산未山이 높으면 거문巨門이 길하고, 곤산坤山이 높으면 좌필左弼이 길하며, 신산申山이 높으면 염정廉貞이 흉하고, 경산庚山이 낮으면 염정이 흉하고 물이 보이면 흉하며, 유산酉山이 가장 낮으면 염정이 길하고, 신산辛山이 높으면 염정이 흉하며, 신申·신辛 두 산이 염정이다.

또 이르기를, '염정이란 것은 홍기紅旗·혈요血曜·위담威膽의 신神이 있는 바로 또한 없을 수 없다.' 하고, 또 옛 말을 이끌어 말하기를, '독화獨火의 산은 친근함을 쓰지 않을 것이다. 만약 이 자리位가 없으면 정신精神이 적다.' 하였다. 이 두 산은 친근하지 아니하고, 또 닿아 누르지도 아니하였다. 술산戌山이 낮으면 파군破軍이 길하고, 건산乾山이 낮으면 파군에 물이 나와서 흉하다고 하였다. 그런데《호순신》에는 '네 묘四幕의 땅에는 물체가 이미 죽고 기운이 홀로 여기에 간직해 머물기 때문에 물이 오고 가서는 아니되니 가는 화禍가 오는 것보다 심하다. 오는 것은 간직해 머물음이 단단하지 못하나, 가는 것은 부딪쳐 깨어져서 남음이 없다.'고 하였다.

또 이르기를, '건·곤·간·손乾·坤·艮·巽에 있어서는 범하여도 오히려 가하다.' 하였다. 해산亥山이 조금 낮으면 녹존祿存이 반쯤 길한 것이다. 어떤 자의 인용한 여러 글은 장구章句를 뽑아 따고, 주각註角을 끊어 취하였다.

원문에는 모두 용을 찾고 혈을 정하는 법으로 한 혈과 한 산의 길흉을 범연히 논한 것이다. 한 산이 머리를 숙여서 두 혈로 나누어 받은 시비를 논한 것이 아니다. 그 인용한 바의 여러 말이 본 뜻에 심히 어긋난다. 글을 상고하오면, 한 산에 마땅히 두어 혈을 쓸 것이라는 정론定論이 있다.

그림圖를 상고하건대, 이미 두어 혈을 쓴 밝은 증거가 있다. 이는 다만 기운이 모인 형세만 살핀 것이고, 한 산에 한 혈만 쓰는 데 구애될 필요가 없음이 명백하다.

《호순신》의 이론에서는, 한 지역 가운데 오히려 소목昭穆으로 몇 대를 차례로 벌여 묘를 쓴다고 하였다. 또 술사가 성하기로는 당唐 나라와 같음이 없었다. 그러나 '당나라의' 숙종肅宗은 소릉昭陵에 붙여서 장사하였고, 여러 신하를 붙여 장사하여 모시게 한 것이 또한 촘촘히 잇대었다. 이는 한 국局 안에 많이 장사하여도 불가함이 아니거늘, 하물며 바른 기운을 나누어 받은 두 혈은 의심할 이치가 없다.

대모산 정맥正脈이 임壬으로 떨어져 두 가지로 나누어서, 건해乾亥로 머물러서 헌릉獻陵의 주혈主穴이 되고, 한 가지는 임壬으로 머물러서 서혈西穴이 되었다. 또 주봉主峯과 좌우의 안대案對의 여러 봉이 모두 토산土山인데, 돌이 있으니, 이는 임壬으로써 임을 응하고 돌로써 돌을 응한 것이다.

이른바 자식이 어미를 떠나지 아니하여 기운이 온전한 땅이다. 두 혈의 길고 짧음도 서로 멀지 아니하고, 한 기운을 나누어 받아 가지런히 내려와서 중앙에 닿아 함께 우뚝 솟았다. 그런데 명당의 물이 그 오는 것은 근원이 없고, 그 가는 것은 흐름이 없으며, 사방이 합하여 두루 돌았으니 상上으로 좋은 땅이다.

한 산의 큰 국大局 안에서 동·서 두 혈의 좌향坐向이 모두 바르니, 편偏과 정正의 구분을 감히 의논할 수 없다. 산천은 하늘과 땅이 만들어 베푼 자연의 형세로서 기운의 모임이 많고 적음이 있으니 그 길흉을 분변하기 어려운 곳에는 사람이 각각 그 보는 바로 의논이 같지 아니하나, 큰 마을의 좋은 땅은 비록 육안肉眼이라도 모두 같은데, 어떤 자가 동쪽 혈은 바른 용正龍이라고 하고, 서쪽 혈은 곁 용傍龍이라 함은 크게 그릇된 것이다.

또 호순신이 대오행의 법을 옛 사람이 그르다고 하나, 세상의 술사들이 쓰기를 이미 오래 되었다. 이제≪호순신≫ 논수편論水篇을 보건대, 이르기를, '산을 말하면 방위方位의 길흉으로 서로 절제折除한다. 길한 방위가 가장 높으면, 흉한 방위가 비록 있을지라도 그 길한 것을 능히 이기지 못하며, 흉한 방위가 가장 높으면 길한 방위가 비록 있을지라도 그 흉함을 능히 이기지 못한다. 높고 낮음과 있고 없음이 맞게 서로 해당하면 길함과 흉함이 반드시 함께 있고 높고 낮음과 있고 없음이 조금 서로 이기면 길함과 흉함을 반드시 서로 가진다.'고 하였다.

지금 서쪽 혈은 다만 녹존祿存과 염정廉貞의 방위가 흉하고, 그 나머지 여러 방위는 모두 길하니 한 두 가지의 흉함이 어찌 여러 가지 길함을 이길 것인가? 비록 대오행의 술법으로 미루어 볼지라도 길함이 많고 흉함이 적을 뿐만 아니라, 역시 온전히 길한 땅이다.

또≪동림조담≫의 논수論水에 이르기를, '물이 흉하되 명당이 보이지 아니한 것은 허물이 없고, 물이 높아서 들어오는 것도 그렇다.'고 하였는데, 주해에는 '물이 만약 좌우에서 곧게 와서 가로橫로 흐르면 길하다.'

고 하였으니, 가령 물이 경방庚方에 보인다고 할지라도 을방乙方에 흘러 파破가 되고, 그 근원도 두 봉이 막혀서 보이지 아니하니, 어찌 허물이 있겠는가?"

하니, '풍수학'에 내려 의논하게 하고, 드디어 서혈로 정하였다.

제4절 상장론(喪葬論)

- 인산주의(因山儀註)를 중심으로

영조는 33년 즉 1757년 2개월 사이에 두 번의 상장례를 치른다. 2월15일부터 6월4일까지 영조 원비인 정성왕후貞聖王后(?~1757)를[5], 3월26일부터 7월12일까지 숙종의 두 번째 계비인 인원왕후仁元王后(?~1757)를[6] 모신 것이다. 이들은 '왕비'와 '5개월장'이란 공통점이 있다.

정성왕후는 a, 인원왕후는 b로 표기했다.

A

a 2월 15일 창덕궁昌德宮 관리합管理閤에서 승하하다.

b 3월 26일 창덕궁昌德宮 영모당永慕堂에서 승하하다

B

a 3월 초2일 산릉山陵을 창릉昌陵 왼쪽 산등성이에 정하여 을좌신향

5) 정성貞聖왕후는 영조의 원비로 서徐씨이다. 1757년(영조 33)2월 15일에 창덕궁 관리합觀理閤에서 승하하여 그해 6월 4일에 동구릉의 홍릉弘陵에 모셔졌다. 이 홍릉은 영조의 계비 정순貞純왕후(~1805) 김씨가 함께 모셔진 능이다. 처음에는 달성군부인達成郡夫人으로 봉해졌다가 1721년(경종 원년) 세제빈世弟嬪으로 책봉되고 1724년(경종 4) 왕비로 진봉進封 되었다.

6) 인원왕후仁元王后(?~1757)는 숙종의 두 번째 계비 김씨이다. 인원왕후仁元王后는 숙종 28년 즉 1702년에 왕비로 책봉되었다.

乙坐辛向으로 능혈陵穴을 마름질하다

b 4월 초4일 산릉山陵을 명릉明陵(숙종과 세 왕비의 능)의 우강右岡으로 정하고, 을좌신향乙坐辛向으로 재혈裁穴하다.

C

1) a 3월 19일 사시巳時; 역사役事를 시작하다

b 4월 16일 사시巳時; 역사役事를 시작하다

2) a 3월 30일 오시午時; 풀을 베고 흙을 파다.

b 4월 19일 사시巳時; 풀을 베고 흙을 파내다.

3) a 5월 초2일 사시巳時; 금정金井을 열다. 능혈의 깊이는 8자4치(영조척).

b 6월 13일 묘시卯時; 금정金井을 열다, 혈穴의 깊이는 7자4치(영조척)

D

1) a 5월 25일 사시巳時; 시보諡寶와 시책諡冊를 내입內入하다.

2) a 5월 27일 진시辰時; 내출內出하고, 사시巳時에 빈전殯殿에 증시贈諡하고, 미시未時에 명정銘旌을 고쳐 쓰다.

E

1) a 6월 초2일; 찬궁欑宮을 열다.

b 7월 초10일 묘시卯時; 찬궁欑宮을 열다.

2) a 6월 초3일 축시丑時; 발인發靷하다. 견전제遣奠祭를 의식대로 지내다.

b 7월 11일 축시丑時; 발인發靷을 하다. 견전제遣奠祭를 의식대로 지내다.

3) a 6월 초4일 축시丑時; 산릉山陵의 찬궁을 열다.

진시辰時; 현궁玄宮에 내리고 장사를 지내다.

b 7월 12일 축시丑時; 산릉에서 찬궁을 열다.

묘시卯時에 현궁玄宮에 내리고 장사를 지내다.

여기서 a는 정성왕후, b는 인원왕후의 구별이다. A는 승하일이다. B는 능혈의 마르질하는 과정이다. 정성왕후의 경우는 17일 정도가 인원왕후는 8일일 정도가 걸린 셈이다. 왕릉을 잡는 기간이 8일~17일이라는 것이다. C는 산릉 과정의 일정이다. 산릉 공사는 재혈이 결정된 뒤 11일(인원왕후)과 17일(정성왕후)만에 시작된 것이다. 풀을 베고 흙을 파내는 작업은 역사가 시작된 지 3일(인원왕후)와 11일(정성왕후)만에 진행된 것이다. 이를 종합하면 14일~28일 동안의 기초 작업을 한 셈이다. 본격적으로 금정틀을 놓고 혈을 파기 시작한 것은 4월19일~6월13일(인원왕후)와 3월20일~5월초2일(정성왕후)의 간격을 둔 뒤의 일이다. 혈의 깊이는 풍수문화의 판단에 따라 7자4치 즉 약 230cm(인원왕후)와 약 257cm(정성왕후)였다. 영조척을 썼다는 것도 명기하고 있다. 금정을 열어 현궁에 내려 장사를 마친 기간이 약 1개월이 걸리는다는 것을 알 수 있다. D는 인원왕후의 경우 확인이 어려우나 정성왕후의 경우는 시보諡寶, 시책諡冊, 증시贈諡, 명정銘旌 따위의 국장도감의 일들이 소개되어 있다.

한가지 특이한 것은 오늘 날 의례의 시간과 상당한 차이가 있다는 사실이다. 축시 즉 한밤중인 01:00시~03:00시 사이에 발인을 한다든가, 찬궁 즉 하관을 한다든지 묘시(05:00~07:00) 혹은 진시(07:00~09:00)에 장사하는 바로 그것이다. 또한 의례의 절차가 범상하지 않다.

정성왕후의 찬궁이 산릉으로 가기 전 2일전 찬궁 여는 의례를 다음과 같다.

> 왕세자가 최복衰服을 갖추고 '곡哭하는' 자리로 나아가 곡하니, 상식尙食이 향안香案 앞에 나아가 향을 올리고, 술잔에 술을 부어 영좌靈座 앞에 드리다. 전언典言이 축문祝文 읽기를 마치자, 상식이 영좌와 전奠을 전내殿內로 옮기다. 우의정 신만申晩이 꿇어앉아 아뢰기를, '삼가 좋

은 때에 찬궁을 열게 되었습니다.' 하자, 상전尙傳이 여러 내시들을 거느리고 찬궁을 걷어치우다. 상전이 수건으로 재궁梓宮을 닦고 관의棺衣를 덮으니, 내시가 영좌靈座와 영침靈寢에 휘장 설치하기를 모두 처음과 같이 하다.

왕세자의 인산례因山禮를 소개하고 있다. 왕세자가 마지막으로 승하한 왕후를 알현하는 의례라고 할 수 있다.

그림 8-3 **인산도** a　　　b

c　　　d

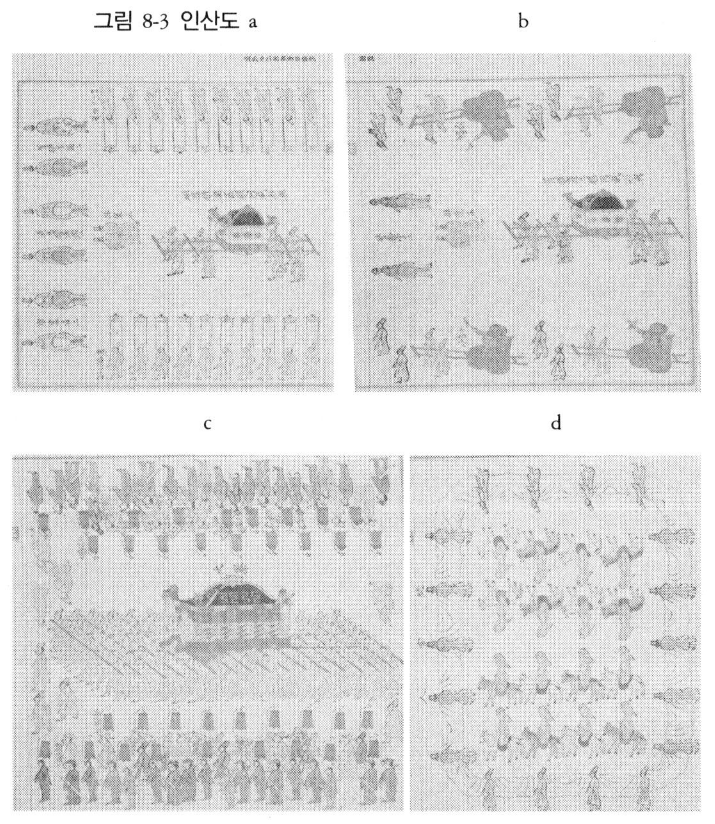

[설명] 이 그림은 인산도의 일부이다. b 방상씨를 d는 궁녀가 외부를 보지 못하도록 천

으로 가리고 움직이고 있다.

발인은 산릉에 가기 전 하루 전날 축시 즉 한밤중에 이루어지고 있다. 인원왕후의 발인 과정은 다음과 같다.

발인發靷을 하다.

임금이 몸소 견전遣奠을 거행하고 드디어 발인할 때 섭통례攝通禮가 영좌靈座 앞에 나아가 좌座에서 내려 여轝에 올릴 것을 계청啓請하다. 내시內侍가 혼백함魂帛函을 받들어 요여腰轝에 안치하고, 우주궤虞主櫃를 그 뒤에 두다. 빈전殯殿의 문 밖에 이르러 섭통례가 여에서 내려 연輦에 올릴 것을 계청하다. 섭통례는 또 재궁梓宮 앞에 나아가 순輴에 나갈 것을 계청하다. 좌의정 김상로金尙魯 [1702~?]가 여재궁관舁梓宮官과 내시內侍를 거느리고 재궁을 받들어 순에 올려서 외문外門 밖에 이르러 대여大轝에 올리니, 의위儀衛의 도종導從은 의식대로 하다.

요령鐸을 잡은 자가 요령을 흔드니, 궁인宮人이 말을 타고 곡하며 따르고 승지 두 사람도 따라가다. 영가靈駕가 출발하려고 하자 임금이 소여素輿를 타고 왕세자가 뒤를 따르다.

영가가 종묘宗廟 앞길에 이르자, 여사轝士가 대여를 돌려 북향北向하고 욕석褥席에 안치하고, 조금 뒤에 출발하다. 혼백련魂帛輦에 이르러서도 역시 똑같이 하다. 대가大駕가 종묘 앞길에 이르자 임금이 여에서 내려 걸어 지나가서는 다시 여를 타다.

영가가 숭례문崇禮門 안에 이르러서는 강杠을 바꾸어 문밖으로 나가고 다시 강을 바꾸어 노제소路祭所에 이르다. 임금이 여에서 내려 악차幄次에 들어가고 왕세자는 막차幕次에 들어갔으며, 내시는 혼백함을 받들어 장전帳殿 가운데에 들어가 안치하다. 영가가 잠시 머무르니, 도성都城에 머물러 있던 백관百官이 향불을 피워 노제路祭를 의식대로 올리다. 왕세자가 봉사위奉辭位에 나아가 곡하고 애통함을 다하다.

영가가 출발하니 임금이 악차에서 나와 연에 올라 주정소晝停所에 이르다. 영가가 잠시 머무르고, 내시가 혼백함을 받들고 장전 가운데 들어가 안치하다. 임금이 여에서 내려 악차에 들어가니, 유사攸司가 예찬禮饌을 조석전朝夕奠과 같이 올렸다.

영가가 출발하여 경릉敬陵 [덕종과 왕비의 능] 앞길에 이르자 혼백련과 영가와 그리고 대가가 잠시 머물렀다가 오르고 내리는 절차를 모두 종묘 앞길에서 거행한 의식과 같이 하다. 명릉明陵(숙종의 능)에 이르러 임금이 연에서 내려 여에 오르다.

좌의정이 여재궁관을 거느리고 재궁을 받들어 윤여輪轝의 위에서 찬궁 안에 있는 탑상榻上에 남쪽으로 머리를 두고 안치하다. 내시가 혼백함을 받들어 영좌靈座에 안치하고 우주祔虞主櫃를 그 뒤에 놓다. 내시가 그 앞에 향안香案을 설치하고 명정銘旌을 영좌의 우측에 설치하며, 또 시책보諡冊寶와 애책哀冊 및 평상시에 쓰던 책보冊寶를 영좌의 왼쪽에 놓고 영침靈寢을 재궁의 동쪽에 설치하다.

왕과 왕세자가 인산례에 따라 창덕궁-종묘-숭례문-노제소-주정소-경릉-명릉 따위의 경로를 통하여 산릉에 오르는 것을 알 수 있다. 이 의례는 정성왕후도 동일한 과정을 겪는다. 다만 홍살문에서 판위를 거쳐 악차에 들어가는 과정이 정성왕후의 인산의주에는 생략되어 있다.

대가가 홍살문 [紅箭門] 밖에 이르러 여에서 내려 악차로 들어가 최복衰服을 갖추어 입고 장杖을 두고는 홍살문 안에 있는 판위版位에 들어가서 부복俯伏하여 곡하고 사배四拜하였다. 이어서 찬궁을 봉심奉審하고 또 능에 올라가서 봉심하고는 악차幄次에 들어갔다.

발인을 한 뒤 산릉에 도착하여 하루를 머문 뒤 현궁을 내리고 모신 뒤 다시 임금이 궁전으로 돌아오는 일정이 소개되어 있다. 다음의 경우는 인원왕후의 사례이다.

산릉에서 찬궁을 열고 묘시에 현궁玄宮에 내리다.

임금이 친히 천전遷奠을 거행하다. 방상시方相氏가 먼저 퇴광退壙 위에 이르러 창으로 4방의 구석을 치다. 섭통례가 영좌 앞에 나아가서 여에 올릴 것을 계청하다. 길유궁吉帷宮에 나아가서 여에서 내려 좌座에 올릴 것을 계청하니, 내시가 혼백함을 재궁 앞에 안치하다. 섭통례가 받들어 영좌에 나아가서 순에 올려 현궁으로 나아가기를 계청하다. 좌의정이 여재궁관을 거느리고 재궁을 받들어 윤여 위에서 순에 올리다. 담사擔士가 상여輴을 받들어 왼쪽으로 돌아 머리를 북쪽으로 하고 장차 현궁에 나아갈 때 궁인이 모두 곡하다. 임금이 악차에서 나와 장杖을 짚고 곡을 하며 봉사위에 이르니, 문무백관文武百官들이 모두 곡하면서 따르다.

상여輴이 수도각隧道閣에 이르자 임금이 소차小次에 들어가다. 좌의정이 여재궁관을 거느리고 윤여로 재궁을 받들어 소금저素錦褚를 덮고는 윤여 위에서 퇴광의 산륜散輪 위에 안치한 다음 소금저를 벗기고 해과解裹하는 것을 봉심하였다. 녹로轆轤를 사용하여 퇴광 안에 있는 윤여 위에 안치하다.

우의정 신만申晩(1703~1765)이 다시 관의棺衣와 명정을 정리하다. 임금이 전옥백위傳玉帛位에 나아가자 봉애책관奉哀冊官이 애책을 받들어 근시近侍에게 꿇어앉아 주었고, 근시는 꿇어앉아서 올리니, 임금이 그것을 받아 영의정에게 전하다. 【이때 영의정이 병으로 따라오지 못하였으므로, 좌의정이 대행하였다.】 좌의정 김상로金尙魯(1702~?)가 북향하고, 꿇어앉아 받아서 퇴광의 서쪽에 바치다. 봉옥백관奉玉帛官이 옥백을 받들어 근시에게 꿇어앉아 주니 근시가 꿇어앉아 임금에게 올리다. 임금이 받아서 좌의정에게 주다. 좌의정이 북향하여 꿇어앉아 받아서 애책의 남쪽에 바치다.

임금이 봉사위로 돌아오니, 국장도감 제조國葬都監提調 홍상한洪象漢(1701~1769)이 보굴삽보불삽과 화삽畵翣을 재궁의 양쪽 곁에 세우다. 임금이 부복하여 곡하고 애통함을 다한 뒤에 4배하니, 백관이 모두 부복하여 곡하고 4배하였다. 임금이 악차로 돌아가자 집의執義 박창윤朴昌潤(?~?)이 봉폐封閉를 감독하고, 우의정이 흙 아홉 삽을 덮은 다음 지석誌石을 내리다.

임금이 악차에서 나와 영위靈位 앞에 나아가 꿇어앉아서 우주궤虞主櫃를 받들어 향탕香湯으로 신주를 목욕시키고 수건으로 닦은 뒤, 임금이 최복을 갖추고 장杖을 두고는 손을 씻고 탁자 앞에 올라와서 서향西向하여 서고 친히 전면前面을 썼다. 내시가 우주虞主를 받들어 영좌에 안치하고 혼백함은 그 뒤에 두다. 유사가 예찬禮饌을 올리니, 상식尙食을 영좌 앞에 진설하고는 향香을 피우고 술을 따르다. 전언典言이 꿇어앉아 축문祝文을 읽자, 임금이 부복하여 곡하고 사배한 다음 악차로 돌아왔다.

임금이 장杖을 짚고 사릉위辭陵位에 나아가 부복하여 곡하고 사배한 후 홍살문 밖 악차로 나갔다. 내시가 우주궤를 받들어 연輦에 안치하고, 혼백함을 그 뒤에 두었다. 섭통례가 진발進發할 것을 계청하니 의장儀仗이 차례로 앞에서 인도하다. 임금이 악차에서 나와 지영위祗迎位에 나아가니, 우주련虞主輦이 이르다.

임금이 국궁鞠躬하고 드디어 연에 올라서 경릉敬陵(덕종과 왕비의 능) 앞길에 이르다. 우주련과 대가大駕가 잠시 머물렀는데, 오르고 내리는 절차를 의식대로 하다. 주정소에 이르러 내시가 우주궤를 받들어 영좌에 안치하고, 임금은 연에서 내려 악차에 들어가다. 유사가 예찬을 올렸는데, 모두 조석전朝夕奠과 같이 하였다.

섭통례가 영좌 앞에 나아가 좌에서 내려 연에 오를 것을 계청하다. 임금이 악차에서 나와 연에 오른 뒤에 드디어 진발하였다. 왕세자가 성문城門 밖의 모화관慕華館에 나와서 신련神輦을 공경히 맞아 부복하여 곡하고 애통함을 다하다. 종묘 앞길에 이르자 임금이 부복하여 곡하고 애통함을 극진히 하다. 우주련과 대가가 잠시 머물러 오르고 내리기를 의식대로 하였다. 임금이 신련을 따라 건복문建福門에 들어가서 효소전孝昭殿 뜰 위에 이르자, 내시가 우주궤를 받들어 영좌에 안치하니, 임금이 초우제初虞祭를 의식대로 몸소 거행하다.

임금이 현궁의 산릉례를 마치고 온 길을 다시 되짚어 궁전으로 돌아가는 과정이다.

이상의 인산례의 전반적인 과정이다.

이미 시사한 대로 인산례의 일정과 시각에 대하여 살펴볼 필요가 있다. 왜 의례의 일정이 한밤중에 이루어지는가 하는 것이다. 한마디로 '일관日官 혹은 음양가陰陽家의 구기拘忌' 때문이다. 장기가 정해진 경우에도 '예월禮月에 구기'가 있다면 불가불 한 달이 연기될 수밖에 없는 것이다.

선조 33년 즉 1600년 10월17일조에 의하면, '연극年克'에 걸려서 동지가 지나서 인산도감因山都監이 일을 했던 일이 있었다.[7] 순조 5년 1월28일에는 '예월의 구기'로 기일이 1개월 늦추고 있다.[8] 구체적인 사례로 정조는 즉위년 5월8일 기왕에 잡힌 인산의 날짜를 다시 택하도록 하교한 일이 있었다.

> 신중히 해야 하는 도리에 있어서, 이미 조금이라도 극진하지 못함을 알았다면 다시 길일을 택하지 않을 수 없으니, 인산因山 날짜를 다시 택하여 정하라."
>
> 하였다. 도청都廳 유의양柳義養 [1718~?]이 '처음에 택한 날짜에 장군살將軍煞이 들어 있음이 ≪역리통서歷理通書≫에 나왔다.'라고 아뢰었기 때문에 이런 명이 있었다.

이런 것은 살피지 못한 일정상의 구기가 있었던 것이다.

인산례의 일정이 늦추어지기고 하고 앞당겨지기도 하는 것은 이런 이유에서이다. 순조 5년 2월4일에 홍문관에서 국조의 전례가 상고한 일이 있다.

> 신 등이 삼가 국조國朝에서 이미 행한 전례를 상고하여 보았는데, 인산因山을 앞당겨 행한 예例가 열세 번 있었습니다.
>
> 정안 왕후定安王后 후릉厚陵의 인산, 원경 왕후元敬王后 헌릉獻陵의 인산, 세조 대왕世祖大王 광릉光陵의 인산, 공혜 왕후恭惠王后 순릉順陵의 인산, 장경 왕후章敬王后 희릉禧陵의 인산은 모두 3개월 만에 행하였고, 정희 왕후貞熹王后 광릉光陵의 인산, 예종 대왕睿宗大王 창릉昌陵의 인산, 문정 왕후文定王后 태릉泰陵의 인산, 인종 대왕仁宗大王 효

7) '새로 잡은 교하현(交河縣) 저현은 보토(補土)하는 역사(役事)가 신평(新坪)보다 10배나 되며, 또한 연극(年克)에 걸렸기 때문에 반드시 동지(冬至)를 지나고서야 일을 시작할 수 있습니다.' 이것은 선조실록 33년10월17일조로 인산도감이 올린 글이다.

8) 순조실록 5년1월28일조와 동년 2월2일조

릉孝陵의 인산, 인성 왕후仁聖王后 효릉孝陵의 인산, 명종 대왕明宗大王 강릉康陵의 인산, 인순 왕후仁順王后 강릉康陵의 인산은 모두 4개월 만에 행하였습니다.

물려서 행한 전례가 네 번 있었습니다.

신덕 왕후神德王后 정릉貞陵의 인산, 효종 대왕孝宗大王 녕릉寧陵의 인산은 모두 6개월 만에 행하였고, 의인 왕후懿仁王后 목릉穆陵의 인산은 7개월 만에 행하였습니다. 경신년에 건릉健陵을 물려서 행한 것은 영릉寧陵과 동부同符이기 때문이었습니다.

'구기' 때문에 당대까지 인산의 일정이 변경된 것이 17번이나 있었다는 이야기이다. 그런데 앞당겨서 행한 보기가 물려서 행한 것보다 많다. 앞당겨서 행한 보기는 조선 초기에 많았고, 물려서 행한 보기는 당시와 가까운 시기에 많았다는 것을 알 수 있다.

≪예기禮記≫를 상고하건대, '상사喪事에는 원일遠日을 우선으로 하고 길사吉事는 근일近日을 우선으로 한다.'고 했다. 이에 대해 공영달孔穎達 [574~648]이 해석하기를, '상사는 장사지내는 것과 연제練祭·상제祥祭를 말한다. 이는 슬퍼하는 마음을 앗아간다는 뜻으로 효자孝子가 바라는 것이 아니다. 그러나 복제에 있어 부득이한 것이기 때문에 날짜를 잡을 적에는 원일遠日을 따르는 것을 우선으로 한다. 이는 급급히 하는 것은 마땅하지 않다는 것을 보여서 은미하게 효심孝心을 펴기 위한 것이다.' 했습니다.

≪춘추좌씨전春秋左氏傳≫에도 '장일葬日을 잡을 적에는 원일을 우선으로 한다.'고 했는데, 두예杜預가 해석하기를, '이는 존비尊卑가 모두 그렇게 한다.'고 하였으니, 이것이 또 상례喪禮에 날을 잡을 적에는 차라리 물릴지언정 앞당기지는 않는다는 데 대한 분명한 전거인 것입니다.[9)]

장사 기간을 늦추는 것은 '효심'의 발로라는 것이다. 조역兆域을 잡고

9) 순조실록 5년2월4일조

날을 잡는 것은≪주례周禮≫에 의하면 '옛날의 성왕聖王들이 종사終事에 대해 반드시 경건히 하고 신중히 한다'는 것이라고 했다. 그러나 후세에 술수를 조종하는 고사瞽史· 무축巫祝 즉 음양가의 설을 경계해야 한다는 단서 달고 있다.

제5절 '산가'(山家)의 의론(議論)

일찍이 지리가地理家에게 들으니, 그들의 설에는 두 가지가 있다.

빈주賓主가 서로 공읍拱揖하는 형세인가를 보고 구작龜雀과 용호龍虎의 형세인가를 보며 이합취산離合聚散의 형태인가를 살피고 원만하게 모아져 물샐틈없이 치밀하게 막혔는가를 보는 것 따위는 산가山家들이 매우 중요하게 여기는 것이다.

팔괘八卦와 간지干支의 수리數理를 써서 이리저리 참작하는 묘리를 붙이고 방위와 향배向背의 이름을 설정하여 순역順逆과 길흉吉凶의 상象을 붙이는 것은 산가들이 참고로 삼는 것이다.

이 밖에도 산이 높고 낮은 것으로 화복禍福을 논하고, 물이 가고 오는 것으로 이해하여 생극쇠왕生克衰旺을 논한다. 이런 설들은 시대가 내려올수록 불어나 갈래와 주각注脚이 셀 수 없을 정도로 많아졌다.

이상은 선조실록 33년 9월4일조의 내용이다.

산가의 매우 중요하게 여기는 것은 산의 형법形法이고, 참고로 삼는 것은 산의 이법理法이라는 것이다. 그 밖의 것은 길흉화복인데, 후대로 갈수록 종류가 많아서 폐단이 생기게 되었다.[10]

---

10) 여기서 폐단은 지리서의 잘못이라고 지적하고 있다. '그런 까닭으로 사람들은 때를 바를 모르게 하고 있다. 이것은 모두 올바르지 않은 책에서 나온 것이다. 이것은 세상을 속이는 것에 지나지 않는 바 실로 산가에서 취하는 바는 아니다. 호순신이나 오행서 등을 일러 '멸만경滅蠻經'이라고 한다. 이로 인하여 만이족蠻夷族에게 멸망의 화가 있었다고 해서 이르는 말이다.'

1. 형법(刑法) 풍수(風水)

1) 산도(山圖)와 산론(山論)

지난 2007년 12월 31일에 보물 제1535년호로 영조의 생모인 숙빈최씨(1670~1718) 소녕원도昭寧園圖을 그린 묘산도墓山圖들이 지정되었다. '양주 고령동 옹장리 유좌묘향 산도급산론楊州高嶺洞瓮場里酉坐卯向山圖及山論', '소녕원昭寧園', '소녕원화소정계도昭寧園火巢定界圖', 상설배치도 따위가 그것이다.

이 가운데 '양주 고령동 옹장리 유좌묘향 산도급산론楊州高嶺洞瓮場里酉坐卯向山圖及山論'에 의하면, 상단부가 '산도山圖'가, 하단부가 '산론山論'이 나누어 소개하고 있다.

그 내용은 앞에서 설명했으므로 여기서는 부사용副司勇 오진열吳震說의 기록한 소개하개로 한다.

> 신태룡辛兌龍은 오른쪽으로 돌아 서쪽 [酉]으로 앉아 동쪽 [卯]을 향하였고 동북 [艮]에서 동남 [巽]으로 득수하고 동남 [손]에서 수파했다. 이 산의 조종은 높이 솟았고 맺은 혈은 풍후하다. 좌청룡과 우백호는 돌아보며 안았고 물의 형세水勢는 고리를 당긴 것처럼 되어 상대를 비치어 아름답고 빼어났다. 수구는 간막이로 잠그고 명당은 평평하고 정당하다. 주위 산의 격은 곱고 아름다우니 실로 곧으니 길지이다.[11]

18세기 초의 이러한 산도와 산론은 형법 풍수의 전형典型을 보여주는 보기라 할 수 있다.

---

11) 右旋辛兌龍 酉坐卯向 艮巽得水 巽破 此山 祖宗聳拔 結穴豊厚 龍虎回抱 水勢彎環 照對秀麗 水口關攔 明堂平正 砂格姸媚 實爲貞 吉之地 / 副司勇 吳震說

그림 8-4 산도

[설명] 이 그림은 산도의 일부이다. 방위가 간지로 빙 둘러 보이고 있다.

산론과 산도가 왕조실록에 등장하기 시작한 것은 1600년인 선조 33년 10월 1일조이다. 해원부원군 윤두수(1533~1601), 영상 이항복(1556~1618), 좌상 이헌국(1525~1602), 우상 김명원(1534~1602), 해평군 윤근수(1537~1616), 예조판서 홍진洪進(1541~1616), 공조판서 이충원李忠元(1537~1605), 좌윤左尹 성영成泳(1547~1623), 관상감제조 정구鄭逑(1543~1620) 등이 대행 왕비의 묏자리에 대하여 아뢰는 대목이 그것이다. 이호민李好民(?~?), 광주廣州 이증李增?~1464, 양천陽川 김응남金應南1546~1598, 부평富平 목승평睦昇平(?~?) 등 여러 집안의 묘산을 논열하였다는 것이다.

> 이번 동쪽과 서쪽으로 살펴본 산들은 매우 많았으나 의견들이 각기 서로 달라 신들이 용이하게 단정하기가 어렵습니다. 단지 한편에서 주장하기를 '전일에 여러 술관術官들이 모두 이호민李好閔 집안의 묘산을 쓸 만한 곳이라고 하였으니, 지금 이들 여러 산 중에서 이호민네 묘산보다 못한 곳들은 다시 살필 필요가 없고 그것보다 조금이라도 나은 곳들은 당연히 다시 살펴야 한다.' 하였습니다. 그래서 술관들과 하나하나 토의를 거쳐 확정지어 보니, 모두 말하기를 '광주廣州 이증李增 집안의 묘산과 양천陽川 김응남金應南 집안의 묘산 및 부평富平 목승평睦昇平 집안의 묘산들은 비록 산도山圖의 서열序列에는 끼여 있으나 모두 이호민네 묘산보다는 못한데, 이에 대해서는 서계한 산론山論 중에 이미 상세히 논열하였다.'고 하니, 이제 다시 살필 필요는 없습니다.

이 인용문은 임금 [숙종]에게 산론과 산도를 입계했다는 사실을 보여준다. 이 임금이 직접 묘산에 가서 보기가 어려운 실정이므로 묘산에 대한 풍수를 보고한 것이라 할 것이다.12) 이후에도 같은 해 11월7일조, 인조 4년 2월9일조, 현종 즉위년 7월2일조, 9월1일조, 숙종 13년 9월3일조, 36년9월5일조 따위에 산론이, 선조 33년 7월21일조, 현종 즉위년 6월19일조, 숙종 13년 9월3일조, 19년 10월8일조, 27년 8월22일조, 30년 1월12일조, 32년 5월14일조, 38년 6월3일조와 12월7일조, 영조 30년 8월17일조, 33년 4월4일조, 정조 15년 10월12일조 따위에 산도가 등장한다. 이러한 자료의 의하면, 선조 이후에 산론과 산도가 나타나 숙종 때에는 거의 정착된 것이 아닌가 여겨진다.

이런 논의 [산론]를 진행하기 위하여 반드시 짚고 넘어가야 할 매목이 있다. 그것이 윤선도尹善道(1587~1671)의 산릉의山陵議이다.≪고산

12) 여기서 흥미로운 것은 '우리 술관들과 중국인들의 술업術業은 서로 같지 않다'는 견해의 표명이다. 임진왜란을 통하여 명나라 풍수객 예를 들면, 섭정국葉靖國, 이문통李文通 등이 활동했다. 그런 과정에서 자연스럽게 조선과 중국의 풍수가 다르다는 것을 발견한 것이다.

유고孤山遺稿≫5권의 소재가 그것이다.

윤선도는 과천 임영대군 묘산果川臨瀛大君墓山, 광주 안여경 묘산廣州安汝敬墓山, 헌릉 이수기獻陵梨樹基, 영릉 홍제동英陵弘濟洞 따위의 산론을 썼다고 한다. 그런데 그 초고草稿가 전하지 않아 수록하지 못했다.

a 김영렬 묘산金英烈墓山
b 윤반 묘산尹磻墓山
c 원주속달 동래군 묘산廣州速達東萊君墓山
d 남양 홍정승 묘소 홍기영 족장南陽洪政丞墓所洪耆英族葬
e 수원호장가 후산水源戶長家後山
f 낙생역 이증 묘樂生驛李增墓
g 양재 신천산良才新薦山
h 벌아치산伐兒峙山
i 왕십리산王十里山
j 건원릉내 신득산健元陵內新得山
k 건원릉 좌일강健元陵左一岡

이상에서 보듯이 11개의 산론이 수록되어 전한다. 그 보기로 윤반의 묘산과 수원 호장가 뒷산에 대한 산론은 다음과 같다.

(1) 윤반묘산(尹磻墓山)

龍穴砂水 人皆稱贊 誠不易 得吉地也 而初非大龍 大結擬於陵寢 則不足矣 且 係是世祖大王 國舅葬地 看山之行 入於其山 亦似未安 不敢論 其可否也

그림 8-5 윤선도 문집

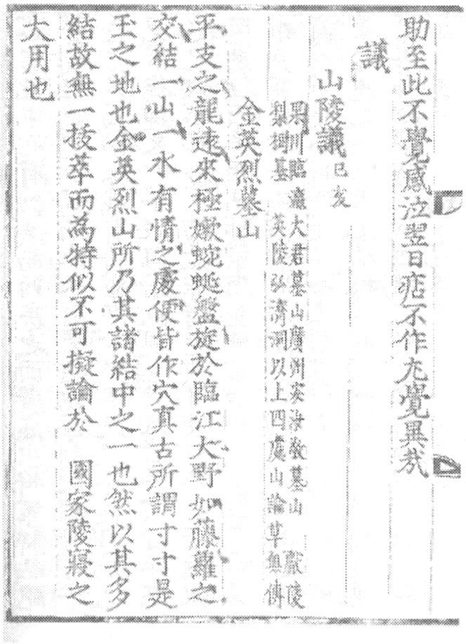

助至此不覺感泣翌日疾不作尤覺異哉

議

山陵議 己亥

驪州臨瀛大君墓山廣州安山數墓山獻陵 健元陵英陵及清州以上四處山論草無傳

金英烈墓山

乎支之龍遠來極嫩蜿蜒盤旋於臨江大野如藤蘿之交結一山一水有情之處便皆作穴真古所謂寸寸是玉之地也金英烈山所乃其諸結中之一也然以其多結故無一拔萃而爲特似不可擬論於 國家陵寢之大用也

[설명] ≪고산유고≫의 '산릉의' 부분

(2) 수원호장가후산(水原戶長家後山)

臣謹審此山 龍穴砂水 盡善盡美 而無少欠缺 眞大風 水誠千里 所無千載 一遇之地也 表裏周匝吉格 則諸術官 皆能備陳 臣不必重複詳達也. 大旣其龍局 亞於英陵龍局 朱子所謂 宗廟血食 久遠之計 亶在於此矣

水原鄕校 基在此垣局之內 亦似成就 而不可與 戶長家後山 比論矣 戶長家後山 越邊 又 新得一穴 此穴同 在一局之內 而四獸合法 比之於戶長家後山 則高下 雖懸其 亦可用之處也

문집에 '산릉의'가 수록될 정도이니, 윤선도가 산론을 완성한 사람이라고 해도 결코 지나치지 않을 것이다.

산론와 산도를 동시에 올리는 것이 전형화되어 있음을 보여준 기록이 숙종 13년 즉 1687년 9월3일이다.

> 남구만南九萬 [1629~1711] 등이 장릉長陵을 봉심奉審하고 돌아오니, 임금이 인견引見하였다. 여러 신하들이 지사地師 여러 사람의 산론山論 및 산도山圖를 올리니

임금이 보고 나서

> 방숙제方叔齊[?~?] 와 허빈許彬[?~?]이 서로 이어 상소도 진달했었거니와, 선조先朝의 능침陵寢에 이미 흠이 생겨 무너지는 데가 있었기 때문에 봉심하도록 해 놓고는 낮이나 밤이나 근심스럽고 염려되었었는데, 이제 산론山論을 보고 나니 의혹이 확 풀리게 된다. 비록 사소하게 극진하지 못한 데가 있다 하더라도 어찌 경솔하게 옮기어 모시기를 의논할 수 있겠는가?

라고 하교하고 있다. 산론를 읽고 산도를 본다면 현장을 보는 실감을 느낄 것이다. 이러한 산론과 산론으로 말미암아 숙종은 홍유귀洪有龜[?~?] 등에게 명하여 백호白虎의 낮고 평평한 곳에 흙을 쌓도록 했다. 그런데 허빈 등이 그래도 뒷말을 하므로, 남구만이 봉심奉審한 여러 신하 및 지리地理를 잘 아는 사람들과 함께 다시 시비是非의 말을 상의하여 확정해서 글로 써 입계入啓하는 조치를 내렸다. 그 뒤에도 허빈이 또 상소하여, 형국形局에 흠이 있으므로 시급하게 옮겨 모시지 않아서는 안 된다는 이유를 논할 때, 숙종은 이 상소를 비국備局에 회부하여 다시 여러 지사地師들을 모아 조목조목 논변論辨하도록 하였다.

따라서 산론과 산도는 능을 결정하는 단초를 제공한 것이라고도 해석대도 좋을 것이다.

이러한 선상에서 볼 때, 보물 1535호 숙빈최씨 소령원의 원도園圖와 원론園論는 조선 후기 풍수학 가운데서도 형법 풍수의 전범을 보여주는

것이라 생각된다.

2) 용혈사수론(龍穴砂水論)

'용혈'과 '사수'는 조선 초기 서로 결합된 요소로 논의가 이루어진 것이 아니었다. 그 좋은 보기가 세종 11년 [1429] 11월 11일조에서 확인된다. 예조에서 사전祀典의 정비를 아뢰는 상소가 그것이다.

> 앞서 경외京外의 제향祭享에 영험靈驗한 곳을 혁파하여 제사하지 않는 것은 온당치 않사오니, 원컨대, 이제부터 산천의 기암奇巖과 용혈龍穴과 사사寺社 따위의 영험한 곳에 제실祭室과 위판位版을 설치하고, 매양 4중월仲月의 길일吉日에 사자使者를 보내어 예를 행하게 하소서.

'영험한 곳'으로 '산천의 기암과 용혈'을 들고 '사사'를 든 것이다. 여기서 '용혈'은 '기암'과 상응하는 요소일 뿐이다. 세종 30년 [1448] 8월 4일조에 목효지睦孝智의 산론山論을 통하여 제시된다. 용혈은 조종산의 내맥을 근본으로 삼는 것이다. 조산의 맥이 높고 수려하며 꾸불꾸불하게 굴곡이 되어 혹은 일어나가기도 하고 엎드리기도 하다가 입수하는 곳을 말한다. 여기에 이르러 단정하고 풍후하여 단절된 곳이 없고 상파된 곳도 없어서 산 기운이 바야흐로 성하고 음덕이 장구한 것을 말한다.

> 초목에 비유하면, 근본이 튼튼하고 오래면 가지와 잎이 무성하고, 근본이 상하고 쇠잔하면 가지와 잎이 마르는 것과 같음은 필연한 이치입니다.

용혈은 이런 이치의 속성을 가진 것이다. 그런데 이런 용혈은 궁전과 사찰 즉 불당터와 승려의 왕래로 서로의 파괴相破를 일으키게 된다.

> 불당의 터를 보건대, 땅이 세 가지 마땅치 않은 것이 있으니, 동쪽 혈은 문소전文昭殿 주산主山인데 입수맥이 상파되니, 한 가지 마땅치 않

은 것이고, 서쪽 혈은 경복궁景福宮 주산인데 입수맥이 상파되니, 두 가지 마땅치 않은 것이며, 지세가 높은 것 같으나 승도僧徒들이 내왕하여 궁궐을 임하여 누르니, 이것이 세 가지 마땅하지 못한 것입니다.

목효지는 이와 같은 용혈론의 문헌 정보로 이순풍李淳風의≪소권小卷≫13),≪명산보감明山寶鑑≫14),≪지리신서(地理新書)≫15) 따위를 들고 있다. 목효지는 지형地形 즉 용혈론을 하늘을 공경하는 아름다운 명命보다 한 수 아래로 보고 있다.

역년歷年이 긴 것은 비록 하늘을 공경하는 아름다운 명命에 있으나, 옛날 사람들의 용혈론도 살피지 않을 수 없다는 것이다.

≪명산보감明山寶鑑≫에 이르기를, '사관寺觀과 신단神壇이 머리나 꼬리에 웅거하면 응살혈應殺穴이라.' 하였고, ≪곤감가坤鑑歌≫에 이르기를, '사관寺觀과 신단神壇과 도원道院은 백정과 중이 난다.' 하였으며, ≪지남指南≫에는 이르기를, '사관과 영단靈壇이 있어도 산수가 특이하면 따로 형혈形穴이 생기니 재량에 맡긴다.' 하였는데, 주註에 이르기를, '사관과 사단社壇의 앞이나 뒤에 있으면 아니되고, 또한 서로 대하여 용龍을 다투고 주인을 다투어 지신地神이 신불神佛에게 공읍拱揖하여서는 아니된다.' 하였습니다.

≪용혈명도(龍穴明圖)≫에는 이르기를, '종과 북의 소리가 들리지 않는다.' 하였으니, 이 법으로 본다면 없는 것만 같지 못합니다. 이상 사관寺觀의 의논을 혹 믿지는 못한다 하더라도, 주맥이 상하고 깨어지면 그 해가 심히 큰 것입니다. 주맥의 위가 상하고 깨지어 깊은 웅덩이가 된 곳

---

13) 이순풍李淳風의≪소권小卷≫;'성城으로 길路로 끊고 자르고 개천과 도랑을 판 것이 모두 기운을 상한 혈이다.'

14) ≪명산보감明山寶鑑≫;'기울어지고 무너지어 패한 것은 이것이 병룡病龍이 되니, 병룡은 난산難産과 긴 병에 걸린다.' 하였으며, 또 말하기를, '혹은 큰 물로 충파衝破되거나, 혹은 사람의 힘으로 상하여 깨치면, 패룡敗龍이 되는데, 패룡은 동네가 많이 패한다.'

15) ≪지리신서(地理新書)≫;'장성長城을 쌓아 산맥을 차단하였기 때문에 진秦 나라가 망하였고, 기변淇汴을 개통하여 지맥地脈을 끊었기 때문에 수隋 나라가 망하였다.'

이 있으므로, 정랑正郞 이현로李賢老가 일찍이 이미 계달하여, 흙을 메우고 보충 접속하여 용맥을 완전하게 하였는데, 다시 그 인후咽喉에 웅거하여 근맥筋脈을 끊어서 불당을 세우니, 이렇게 하면 예전 사람의 복택卜宅 상토相土하는 법에 어긋나는 것입니다. 부득이하다면 이 땅뿐이 아닙니다. 엎드려 바라옵건대, 특별히 지리에 정통한 자를 명하여 고쳐 정하여서 산맥을 완전하게 하시면 영구히 흉한 탓이 없을 것이니, 이것이 신의 지극한 소원입니다."

이상의 인용문에서 보는 것처럼 목효지는 용혈을 궁전·사관 따위와 관련시키고 있다. 다시 말하자면 용혈을 사수와 상대적인 용어로 보지 않은 것이다. 그러나 이러한 목효지의 지리설을 세종은 수용하지 않았다. 용혈을 이러한 용례는 숙종 7년 [1681] 1월 22일조, 철종 즉위년 [1489] 7월6일조 따위에서도 확인이 가능하다. 따라서 용혈이 단독으로 지속적인 쓰임에 있었고 여기에 사수가 덧붙여졌다고 할 수 있다.

용혈과 사수가 짝지어진 풍수론은 현종 즉위년 [1659]에서야 모습을 드러낸다. 예조 판서 윤강尹絳(1597~1667)과 관상감 제조 이응시李應蓍(1594~1660)가 장단長湍의 김영렬金英烈(태종 때의 문신), 교하交河의 윤반尹磻(1348~1448), 광주廣州의 정난종鄭蘭宗(1433~1489), 남양南陽의 홍언필洪彦弼(1476~1549) · 홍기영洪耆英(?~?), 광주廣州의 이증李增(?~1464) 등의 묘산墓山과 양재역良才驛 뒷산, 한강 북변의 산, 왕십리 해동촌海東村 그리고 이충작李忠綽(1521~1577)의 묘산과 정토淨土 근처 등지를 지관과 함께 다녀와서 산론을 올리게 된다. 또 다른 그룹으로 이원진李元鎭(1594~?)·윤선도尹善道(1587~1671)도 각기 품평을 가하여 별단으로 써서 올리고, 그 중에서 조금 좋다고 생각되는 네 곳은 그림으로 그려서 올리게 된다. 이 과정에서 임금은 윤강에게 그림으로 올라온 산 네 곳 중에서 제일 쓸 만한 곳부터 차례를 매겨 들여오라고 지시한다. 이에 대한 답변으로 윤강은 용혈사수를 들어 설명하고 있다.

수원의 호장戶長 집 뒷산이 용혈사수龍穴砂水가 진선진미하여 그야말로 천재일우의 곳으로 다른 산과는 단연 비교가 되지 않았습니다. 윤번의 묘소 등 네 곳은 결코 크게 쓸 곳이 못되는데, 상의 하교에 따라 여러 지관으로 하여금 차례를 매기라고 하였더니, 교하 윤씨의 산이 가장 낫고 남양이 그 다음이며 경주 정씨의 산이 또 그 다음이고 한강 북변이 네 번째라고 하였습니다.

용혈사수가 풍수론의 '진선진미'로 가치가 부과된 것이다.

이후 숙종 13년 [1687] 8월 10일조 허빈許彬(?~?)이 장릉長陵 살피기를 청하는 상소, 순조 즉위년 [1800] 7월10일조 현륭원顯隆園 국내局內의 강무당講武堂 구기舊基의 간심 과정에서도 그대로 적용된다. 특히 후자에서는 용혈사수를 들어 '대길지'로 예시하고 있다. 이는 '선왕의 영령들께서 도와주시고 성효聖孝 즉 임금의 효도에 감동된 소치'라고 했다. 또 다시 순조 5년 [1805] 1월 22일조에도 등장하는 것으로 보아 통용된 것이 아닌가 한다.

지금까지의 논의를 정리하면, '용혈'이 단독으로 쓰였고 여기에 '사수'가 붙는 형태를 취했다는 것이다. 그러나 '사수'만을 단독으로 사용하는 용례가 확인되지 않고 있다.

2 이법(理法) 풍수(風水)

1) 좌향론(坐向論)

풍수문화에 있어서 좌향론은 '땅의 성격과 길흉화복을 측정함'에 있고 적극적으로는 좋은 기를 얻기 위하여 '좌향을 조정하는 행위'까지도 포함한다는 것이 사전적 해석이다.16)

그런데 좌향론의 전개에 있어서 형법풍수와 이법풍수는 입장을 달리

---

16) 김두규(2005)≪풍수학 사전≫ '좌향론'조

해석하고 있다는 것이다. 형법 풍수문화의 대표적인 문헌은《명산론》과《지리신법》이라고 한다. 전자의 입장에서 보면, 내룡(혹은 혈처)의 좌坐를 대오행상 5국五局(4국四局)으로 분류하여 수구水口의 향向을 측정한 뒤 구성九星과 포태법胞胎法의 소속 여하에 따른 길흉을 말한다는 것이다. 좌향의 평가 기준은 송대 이후 윤도輪圖(지남침)의 발달로 이법풍수에서 중시하게 되면서 복잡해지기 시작했다. 그 결과로 의룡입향依龍立向, 안대案對 위주, 귀산鬼山이나 낙산樂山을 찾고, 의수입향依水立向 따위가 있다는 것이다.

이러한 좌향론의 범주는 좁은 의미이며, 풍수문화의 한 요소로의 의미이기도 하다.

> 좌향坐向·주산主山·안산案山·명당明堂·수구水口·파문破門 등도 정철의 도표와 같으므로, 대략 도형圖形을 만들어 다시 성상의 열람에 대비합니다.[17]
>
> 산릉山陵의 좌향坐向·수파水破·분금分金을 써서 각자刻字한 것과 선조先朝 때 산릉 우편右便의 비워 둔 곳에 묻은 분금·좌향과 전교傳敎에 의하여 새긴 것을 아울러 하전석下磚石 아래에 묻을 일을 진달하니....[18]

> 여러 지사들과 함께 정혈正穴의 좌향에 대하여 되풀이하면서 상의했는데....[19]

위의 인용문에서 보듯이 좌향은 단순히 풍수문화의 한 요소인 것이다. 그러나 이러한 좁은 의미로 즉 요소로의 좌향론은 자칫 오해를 일으킬 소지가 있다.

---

17) 인조실록 18년 9월16일조

18) 경종실록 즉위년 10월11일조

19) 순조실록 5년 정월25일조

보기 1

서종옥이 또 말하기를,

"망위례望位禮에 친림親臨하실 때 판위版位는 마땅히 말대末臺 위에 설치해야 합니까?"

하니, 임금이 말하기를,

"말대末臺의 아래 어로御路의 길이 굽은 곳에 하나의 넓은 돌을 한정해서 하면 된다."

하니, 서종옥이 말하기를,

"재실의 좌향坐向은 마땅히 축좌 미향丑坐未向으로 해야 합니다."

하였다. 임금이 말하기를,

" '땅을 쓸고 제사지낸다.'는 뜻으로 하면 재실의 계단이 어찌 높아야 하겠는가? 단지 2층으로 하고 장석長石을 쓰지 말아야 한다."[20]

보기 2

청정聽政 때 좌향坐向은 정유년의 전례대로 형편에 따르되 동향東向으로 한다.[21]

청정할 때에 좌향坐向은 역대歷代와 본조本朝의 전례前例에 의하여 서향西向한다.[22]

이 인용문 보기 1과 2는 좌향이 산릉문화에 한정된 것이 아니라는 사실이다. 보기 2는 세자가 청정하면서 앉을 좌향까지 정하는 데에는 그만한 이유가 있을 것이기 때문이다. 이때 좌향론은 정위定位[23] 즉 지위에 따른 방위의 개념이 바탕에 깔려 있고 천지창조의 행위로까지 나아가고 있다. 특히 국가 의례에서 방위 즉 좌향은 신화적 요소와 맞물려 있다.

---

20) 영조실록 21년 3월5일조

21) 영조실록 25년 정월23일조

22) 순조실록 27년 2월9일조

23) 고대 동양 사회에서 정위는 천지창조의 행위에 속한다.≪주역≫의 '천지정위天地定位'가 대표적인 보기이다. 이러한 개념은 동양문화 정체를 규명할 중요 요소로 생각되고 본 주제와는 다르므로 취급 대상에서 제외하기로 한다.

그런데 좌향론은 정리가 되지 않았던 모양이다. 그 기능에 대한 태도는 상반된 모습을 보여주기 때문이다.

보기 1

전교하기를,

"대비의 말씀이 '처음에는 광평의 자손이 일찍 죽고 또 병들었기 때문에 의심하였는데, 이제 좌향坐向을 고쳐서 정한다 하니, 무슨 의심이 있으랴.' 하셨으니…"[24]

보기 2

최명길이 아뢰기를,

"지관의 말을 듣건대 24방方 가운데 길흉吉凶의 산세山勢가 없지는 않지만 형세가 좋으면 방위에 구애될 필요가 없다고 했습니다.[25] 유릉裕陵·현릉顯陵·선릉宣陵·태릉泰陵은 모두 임좌에 병향이라고 하니 각 능을 왕래하면서 날짜만 허비할 필요가 없겠습니다....."[26]

보기 1 좌향론은 '자손이 일찍 죽고 또 병들었다는 묘'를 바로 잡을 수 있다는 믿음을 보여준다. 이와 비교하여 보기 2 좌향론은 형 법 풍수론에 밀려 부수적인 요소로밖에 역할을 하지 못함을 알 수 있다.

좌향론은 논리적으로 24좌향이 가능하다. 그런데 실제로 이런 24좌향

24) 연산군일기 1년 정월11일조

25) 이 글의 뒤에 논의한 내용은 다음과 같다. '신이 지난번 목릉穆陵에 갔을 적에 여러 등성이의 능을 두루 살펴보라는 분부가 있었기 때문에 신이 지관과 함께 두루 살펴보았는데, 어떤 것은 해산亥山이라고 하고 어떤 것은 임壬과 해亥가 서로 섞였다고 했습니다. 대체로 해산에다 임좌에 병향으로 쓰면 매우 좋다고 하는데 광중壙中을 팔 때 상당히 비스듬하게 해야 될 것이라고 했습니다. 그 이유를 물어 보니, 해방亥方으로 편주偏主되게 하는 것이 제일 길하기 때문이라고 했습니다. 그뒤 박홍중朴弘中이 특별히 이론을 제기했는데 상세한 것을 물어보니, 이는 임산壬山이기 때문에 자좌子坐에 오향午向으로 하고 싶다고 했습니다. 그러나 다른 지관들이 '뒤편이 허한 것 같다. 해산의 해좌 병향이 최고이고 임산의 해좌 병향이 그 다음이다.'고 했습니다.' 이러한 논의는 지사마다 보는 관점이 다를 수 있다는 것이다. 이 글 후반부에서 이귀가 '지관 혼자 가게 해서는 아니된다'는 당부하는 것은 이 때문이라 생각된다.

26) 인조실록 8년 7월27일조

이 실제로 존재했는지 왕조실록을 확인해 보니 흥미로운 결과가 나왔다.

1) 계좌병향癸坐丙向...15건

세종 23년;3건, 30년;1건, 지리지;3건, 단종 즉위년;1건, 연산 10년;1건, 선조 33년;1건, 인조 4년;1건, 영조 28년;1건, 정조 13년;3건

2) 자좌오향子坐午向...13건

세종 23년;1건, 세조 10년;1건, 성종 19년;1건, 중종 32년;1건, 선조 32년;1건, 33년;3건, 인조 4년;1건, 현종 15년;1건, 현종 [개수실록] 14년;1건, 15년;1건, 철종 즉위년;1건

3) 해좌사향亥坐巳向...11건

선조 8년;2건, 32년;1건, 33년;2건, 영조 52년;1건, 정조 23년;2건, 순조 5년;3건

4) 유좌묘향酉坐卯向...6건

선조 33년;1건, 41년;1건, 인조 22년;1건, 경종 즉위년;1건, 순조 1년;1건, 30년;1건

5) 임좌병향壬坐丙向...6건

세종 지리지;2건, 선조 33년;4건

6) 을좌신향乙坐辛向...6건

세종 지리지;1건, 인조 23년;1건, 영조 24년;1건, 33년;2건, 정조 14년;1건

7) 건좌손향乾坐巽向...6건

세종 지리지;1건, 단종 즉위년;1건, 성종 19년;3건, 선조 33년;1건

8) 축좌미향丑坐未向...5건

세종 10년;1건, 성종 14년;2건, 숙종 7년;1건, 영조 21년;1건

9) 갑좌경향甲坐庚向...5건

세종 지리지;2건, 인조 10년;1건, 경조 즉위년;1건, 정조 23년;1건

10) 간좌곤향艮坐坤向...3건

인조 1년;1건, 명종 즉위년;1건, 숙종 39년;1건

11) 묘좌유향卯坐酉向...3건

성종 5년;1건, 인조 14년;1건, 27년;1건

12) 신좌을향辛坐乙向...3건

선조 33년;2건, 정조 23년;1건

13) 인좌신향寅坐申向...1건

중종 8년;1건

14) 신좌인향申坐寅向...1건

영조 6년;1건

15) 진좌술향辰坐戌向, 16) 손좌건향巽坐乾向, 17) 사좌해향巳坐亥向, 18) 병좌임향丙坐壬向, 19) 오좌자향午坐子向, 20) 정좌계향丁坐癸向, 21) 미좌축향未坐丑向, 22) 곤좌간향坤坐艮向, 23) 경좌갑향庚坐甲向, 24) 술좌진향戌坐辰向

이상의 자료에서 보면, 실제 활용된 좌향은 24 방위 가운데 14좌향이고 활용되지 않은 것은 10 좌향이라는 것을 알 수 있다.[27] 여기 왕조실록에 등장한다고 실제로 능원묘의 자료라고 단언하기는 어렵다. 다만 확실한 것은 이러한 자료가 실제상 활용도를 이해하는 데 많은 도움을 준다는 사실이다.

2) 구성(九星)과 포태론(胞胎論)

세종실록 27년 4월4일조에 의하면, 소현왕후의 능으로 대모산大母山의 서혈西穴을 결정하는 과정에서 9성론九星論이 논의된 바 있다. 호순신胡舜申의 대오행법大五行法에 의하면. 임산화국壬山火局을 보기로 들어서 녹존祿存과 염정廉貞이 흉하지만 다른 구성이 길하므로 입지가 가능하다는 논지였다.

'임산화국'을 중심으로 주위의 산들과 관련하여 길흉을 살피고 있다. 이를 순서대로 정리하면, 다음과 같다.

---

27) 시중에서 유통되는 풍수문헌은 이러한 검증과정이 무시되어 있다. 24방위의 좌향론 가운데 실제상에 등장하지 않는 것도 동등하게 취급하는 형식논리를 내세우고 있는 것이다. 이러한 관점은 어느 풍수문헌을 보아도 예외가 없다. 이 점에서 풍수문헌도 이론과 실제를 겸비해야 될 것이다.

1) 임산壬山이 높으면 녹존祿存이 흉하다.
2) 자산子山이 높으면 녹존이 흉하다.
3) 축산丑山이 약간 높으면 탐랑貪狼이 길하다.
4) 간산艮山이 낮으면 탐랑이 반쯤 길하고 물水가 있으면 길하다.
5) 인산寅山이 낮으면 탐랑이 반쯤 길하다.
6) 갑산甲山이 조금 높으면 탐랑이 길하다.
7) 묘산卯山이 가장 낮으면 문곡文曲이 길하다.
8) 을산乙山이 가장 낮으면 문곡이 길하고 수파水波가 길하다.
9) 진산辰山이 낮으면 문곡이 길하다.
10) 손산巽山이 높으면 문곡이 흉하다.
11) 사산巳山이 가장 높으면 무곡이 길하고, 물이 있으면 길하다
12) 병산丙山이 가장 높으면 무곡武曲이 길하다.
13) 오산午山이 높으면 무수武水가 길하다.
14) 정산丁山이 높으면 우필右弼이 길하고 물이 있으면 길하다.
15) 미산未山이 높으면 거문巨門이 길하다.
16) 곤산坤山이 높으면 좌필左弼이 길하다.
17) 신산申山이 높으면 염정廉貞이 흉하다.
18) 경산庚山이 낮으면 염정이 흉하고 물이 보이면 흉하다.
19) 유산酉山이 가장 낮으면 염정이 길하다.
20) 신산辛山이 높으면 염정이 흉하다.
21) 술산戌山이 낮으면 파군破軍이 길하다.
22) 선산乾山이 낮으면 파군에 물이 나와서 흉하다
23) 해산亥山이 조금 낮으면 녹존祿存이 반쯤 길하다.

이를 다시 구성으로 정리하면 다음과 같다.

a 녹존祿存

길 [반길]조금 낮다

흉 임산 높다 자산이 높다

b 탐랑貪狼

길 축산이 약간 높다. 갑산이 조금 높다. [반길]간산과 인산이 낮다.

c 문곡文曲

길 묘산과 을산이 가장 낮다 진산이 낮다. 사산이 가장 높다.

흉 손산이 높다.

d 염정廉貞

흉 신산이 높다. 경산이 낮다. 신산이 높다

길 유산이 가장 낮다

e 파군破軍

길 술산이 높다

건산이 낮다.

f 거문巨門

길 미산이 높다.

g 우필右弼

길 정산이 높다.

h 좌필左弼 [좌보左輔]

길 곤산이 높다.

대모산은 헌릉과 그 서혈이 모두 명당이라는 것을 구성을 통하여 설명한 것이다.

성종실록 19년 4월15일 풍수문화의 길흉판단으로 의금부에서 김석산金石山을 심문하는 경우가 초래한다.

김석산은 건좌손향乾坐巽向의 산山에서 정방丁方이 장남長男이라는 것이었고, 다른 재상宰相들은[28] 정방丁方이 남위男位가 아니라는 것이다. 승정원承政院에서 김석산을 공초供招하는 과정에서 그의 주장은 이

28) 여기서 재상이란 윤필상尹弼商, 서거정徐居正, 임원준任元濬, 어세겸魚世謙 등을 말한다.

려하다.

> 38장도三十八將圖 내에 자좌오향의 산은 신방申方이 장남이 되고, 건좌손향의 산은 정방丁方이 장남이 되는데 그 나머지 유좌酉坐·곤좌坤坐·오좌午坐·손좌巽坐·묘좌卯坐·간좌艮坐 등의 산은 차례로 유추類推합니다. 위의 8산八山의 도국圖局 내에는 각각 천주天柱·지호地戶가 있어 포·태·양·생胞·胎·養·生의 법法으로 계산하는데, 지호地戶 앞의 1위位에서 포胞를 일으켜 순수順數로 계산합니다.

먼저 좌향을 정한 뒤 8산의 도국을 만든다는 것이다. 그 도국을 음양 즉 천주와 지호로 나누어 포태양생의 법을 적용한다는 것이다.

> 건좌손향의 산은 묘방卯方이 지호地戶가 되고, 을방乙方이 포胞가 되고, 손방巽方이 태胎가 되고, 병방丙方이 양養이 되고, 정방丁方이 장생長生과 장남長男이 되고, 곤방坤方이 목욕沐浴과 중남中男이 되고, 경방庚方이 관대冠帶와 소남小男이 되고, 신방辛方이 임관臨官이 되고, 건방乾方이 제왕帝旺이 되고, 임방壬方이 쇠衰가 되고, 계방癸方이 병病과 장녀長女가 되고, 간방艮方이 사死·중녀中女가 되고, 갑방甲方이 장葬·소녀少女가 됩니다.

이와 같은 김석산의 주장은 '당唐 나라 일행 선사一行禪師의 38장三十八將의 법法이 정묘精妙하기가 제일'이기 때문에, 호순신胡舜申의 법에 대한 대응 논리를 폈다는 것이다. 그런데 그는 '지리'를 이해하지 못하여 제시한 '편견偏見'이라는 평가를 받아 처벌은 면하였다.

3) 분금론(分金論)

시체를 광중壙中에 묻을 때 위치를 똑바로 하는 일이다. 풍수학에서 사용하는 용어로, 60갑자를 오행에 분배한 뒤 다시 둘로 나누는 방식이다. 분수分水·분화分火 따위로 일컫지 않고 분금分金이라고 총칭하는 까닭은, 금金이 오행의 우두머리인 때문이다. 이것은 ≪장경익(葬經翼)≫의 <난해難解>에 의거한 것이다.

분금론이 처음으로 제기된 것은 숙종 9년 [1683]의 일이다. 현종의 왕비인 명성왕후明聖王后(1642~1683)가 승하하였기 때문이었다. '연갑年甲에 조금 구기拘忌가 있다'는[29] 술사의 의견이 있었던 것이다.

당시의 정황이 숙종실록 10년 4월5일조에 기록되어 있다.

> 당초 숭릉을 복토復土[30]할 때에 대행 왕대비가 명하여 그 왼쪽을 비워 두어 뒷날에 쓸 여지로 삼았다. 이때에 이르러 동강이실同岡異室의 제도를 써서 유의遺意를 따랐는데, 술인術人이 '숭릉의 분금은 대행 왕대비의 연갑年甲과 조금 구기拘忌가 있다.' 하므로, 광중壙中은 신유·신묘 분금辛酉辛卯分金을 쓰고 외면은 계유·계묘 분금癸酉癸卯分金을 그대로 써서 두 능의 봉형封形에 차이가 없게 하였다.[31]

왕비의 승하는 왕과 12년의 세월이 지났기 때문에 그만큼 편차가 생긴 것이다. 이 문제는 숙종 9년 12월14일부터 제기된 것이었다.

처음에 현묘顯廟를 숭릉崇陵에 장사지낼 때, 대비의 명에 따라 그 왼쪽을 비워주고 석표石標를 묻게 하여 뒷날 배장配葬할 곳으로 삼았던 것이었다. 총호사 민정중閔鼎重(1628~1692) 등이 지사地師와 확인한 결과, 예전의 석표가 그대로 있었다.

> "청컨대 향배向背는 옛 표지標識를 따르고, 털끝과 같이 조그마한 차이는 술자術者의 분금법[32]을 따르소서."

민정중이 돌아와 임금께 이와 같이 아뢰니, 숙종이 그대로 따랐다.

---

29) 당시 능에 모시려면 3운三運運 산운山運·본명운本命運·연운年運 따위에 구기가 없어야 하기 때문에 장기葬期가 늦어지는 경우가 허다했다.

30) 복토 광중(壙中)에 하관하고 흙을 덮음

31) **숙종실록** 10년 4월5일조

32) 분금법 시체(屍體)를 묻을 때 위치를 똑바로 정하는 법.

그런데 흥미로운 사실은 동일한 내용을 다시 기록한 실록이 보인다는 점이다.

보기 1

산릉山陵의 매표埋標를 살펴보니 갑좌경향甲坐庚向이었습니다. 인현 왕후능仁顯王后陵의 분금은 경인庚寅·경신庚申인데, 표석標石에 새긴 것은 병인丙寅·병신丙申입니다. 대개 경인·경신은 대왕大王의 연갑年甲에 구기拘忌가 되어 이렇게 서로 어긋나게 된 것입니다. 일찍이 숭릉崇陵을 살펴보았더니, 유좌묘향酉坐卯向은 두 능이 모두 같았으나 대왕릉大王陵은 계유癸酉·계묘癸卯 분금이요, 왕후릉王后陵은 신유辛酉·신묘辛卯 분금이었는데, 외향外向은 두 능이 똑같았습니다.

대개 지가地家들은 외향으로써 큰 관계를 삼지 않으므로, 이제 이 분금이 왕후릉과 더불어 조금 다르나 외향은 숭릉의 예例에 의하여 전에 있던 능陵을 좇았습니다.

보기 2

산릉의 매표埋標를 봉심奉審하였더니 갑좌경향甲坐庚向이었습니다. 인현 왕후仁顯王后 능陵의 분금은 경인庚寅·경신庚申이고 각표刻標는 병인丙寅·병신丙申입니다. 대개 경인·경신은 대왕大王의 연갑年甲에 구기拘忌가 되기 때문에 이렇게 서로 어긋난 점이 있는 것입니다. 일찍이 보건대, 숭릉崇陵은 유좌묘향酉坐卯向으로 양릉兩陵이 다 같은데, 대왕의 능은 계유癸酉·계묘癸卯로 분금을 하고 왕후의 능은 신유辛酉·신묘辛卯로 분금을 하였더니 외향外向은 두 능이 동일합니다.

대개 지가地家에서는 외향을 대단한 관계로 여기지 않기 때문에 이번의 분금이 왕후의 능과는 조금 다른 것입니다. 하지만 외향은 마땅히 숭릉의 준례에 의거하여 전릉前陵을 따라서 해야 할 것입니다.

보기 1은 경종실록 즉위년 6월18일조이고, 보기 2는 경종수정실록 즉위년 6월18일조이다. 그 내용이 동일하다. 그런데 다시 수정하여 항목화한 것이다. 뒷부분 즉 가정자각과 관련된 일이라고 생각되는 바 이는 분금과도 무관하지 않다고 생각된다. 이는 '구기' 따위와 관련성이 있기 때문이다.

이후 분금론은 지속적으로 지켜진 것으로 나타난다.

> 묘소墓所는 왼쪽에서 갑·묘甲卯로 감싸 안게 되었는데 용龍이 묘卯에서 입수入首하였으며, 을좌乙坐에 신향辛向으로 되어 있다. [신묘辛卯·신유辛酉로 분금하고 해방亥方에서 득수得水[33]하여 경방庚方에서 파문破門하였다.][34]

이것은 영조 28년 정월 22일 효순현빈의 묘소와 관련된 분금 사례이다.

> 대체로 그 형국으로 말하면 비록 범인의 안목으로도 판단할 수 있다. 유두乳頭 아래 평탄한 곳에 재혈裁穴하고 작은 언덕을 안대案對해서 좌향坐向을 놓으면 바로 이른바 구슬을 안대한다는 것이다. 구슬을 안대하려면 두 봉우리 사이 빈 곳으로 안案이 가는데, 이것이 또 이른바 구슬을 안대하면 빈 곳으로 향向이 간다는 것이다. 그리고 분금(分金)도 이렇게 재혈하고 이렇게 좌향을 놓고 이렇게 안대할 것으로 결정하는 것이 마땅하다. 나의 뜻은 이미 수원으로 결정하였다. 지금 경 등을 대하여 속에 쌓아 두었던 말을 하게 되었으니, 이것이 하늘의 뜻이 음으로 돕고 신명神明이 묵묵히 도운 것이 아니겠는가.

이것은 정조실록 13년 7월11일조 영우원永祐園 즉 사도세자의 천원遷園을 결정하면서의 분금 사례이다. 정조는 두달 뒤에는 다시 분금의

---

33) 득수 풍수지리風水地理에서 산속에서 산속으로 흐르는 물을 일컫는데, 묘지墓地에서 보아서 처음 보이는 지점의 물을 득수라고 하고 나중에 보이는 지점의 물을 파문破門이라고 한다.

34) 영조실록 28년 정월22일조

의의를 강조하고 있다.

> 형국形局과 음양陰陽은 서로 안팎이 되므로 어느 한 쪽을 폐지할 수 없다. 그러나 이 두 가지 중에서 그 경중을 논한다면 형국은 체體이자 본本이고 음양은 용用이자 말末이다. 그러니 어찌 체를 제쳐두고 용을 구한다거나 본을 팽개치고 말을 잡을 수 있겠는가. 원소園所의 체세體勢가, 서린 용이 구슬을 가지고 노는 형국을 이루고 있는데, 만약 대주對珠의 뜻을 잃지 않으면서 아울러 분금의 법에 합치된다면 더없이 좋겠으나, 만약 분금에 구애되어 주안珠案을 그르치게 된다면, 천성天性의 형국을 어기고 빈주賓主의 정의를 잃는 것이니, 아무리 나경羅經의 묘용妙用을 얻은들 무슨 보탬이 되겠는가. 더구나 안산案山을 취하는 법은 해당 안산의 한 가운데에 꼭 구애받을 필요가 없고 좌우에 아울러 나아가 추이推移하여 쓰는 것이다. 그리고 매 방위에 각기 다섯 글자가 있으니 만약 구슬의 중앙이 분금의 길한 방향에 합치되지 않는다면 구슬 좌우 각의 길한 방향과 만나는 곳에 나아가 변화하여 써야 되며, 만약 구슬이 작아서 단지 한 글자와만 만나는데다 또 길한 방향에 합치되지 않는다면 차라리 분금을 제쳐두는 한이 있어도 알맞은 안산을 잃어서는 안 된다.
>
> 대체로 분금을 하는 법은 지극히 미묘하여 요새 사람 중에는 제대로 알고 있는 자가 드물다. 더구나 1백 20간지干支나 3백 60도수度數 역시 어찌 일일이 서로 합치시킬 수가 있겠는가. 진실로 그렇다고 한다면, 어찌 아득하여 알기 어려운 이치를 지나치게 믿으면서 분명하여 쉽게 알 수 있는 구슬을 잃을 수 있겠는가. 이는 불가불 십분 성의를 쏟고 십분 상세히 살펴야 될 점이다.[35)]

이상한 정조의 분금론은 이를 제대로 아는 사람이 드물어서 안산과의 합치해야 하는 묘용을 얻기가 쉽지 않다는 걱정에서 비롯된 것이었다.

하여튼 이와 같이 분금이 제기된 것은 나침반 발달과 무관하지 않다고 생각된다

---

35) 정조실록 13년 9월8일조

중국 고대문헌 가운데 나경반에 관한 최고의 기록은 남송의 증삼이曾三異가 쓴 ≪인화록因話錄≫이다. 이런 나반의 제작에 자편각磁偏角 지식이 응용되었다. 방향반의 24향向에는 자오정침子午正針뿐[36] 아니라 자오子午와 병임丙壬 사이의 봉침縫針도[37] 있어서 그 끼인 각이 생긴다. 이것이 바로 자편각이다. 이런 유의 최초의 나반은 북송 때 수라반水羅盤으로, 이는 자침을 등심지에 꿰어서 수면 위에 띄워 방향을 가리키게 한 것이다. 명 나라 가정 연간에는 못으로 자침을 지탱시킨 한나반旱羅盤이 출현했다.[38]

하여튼 숙종 이후 분금은 보편화되면서 '좌향석坐向石'이라는 형태의 무덤 문화를 만들어낸다. 좌향석은 이미 앞에서 제시한 대로이다.

하여튼 분금의 중요성은 당시 좌향석으로 묻어둘 만큼의 중대한 일임에 틀림없다. 경종실록 즉위년 10월11일조에 의하면 총호사 이건명이 산릉의 좌향 등을 써 새긴 것을 선조先朝 때 새긴 것과 아울러 묻을 것을 청한 것은 이 때문이다.[39]

---

36) 자오정침은 자침으로 정하는 지구 자기장의 남북극 방향을 말한다.

37) 봉침은 해 그림자로 정하는 지리적인 남북극 방향을 말한다.

38) 상해고적출판사 엮음 박소정 옮김(2005) ≪교양 중국사≫(이산), 843쪽

39) 총호사 이건명李健命(1663~1722)이 청대請對하여 산릉山陵의 좌향坐向·수파水破·**분금分金**을 써서 각자刻字한 것과 선조先朝 때 산릉 우편右便의 비워 둔 곳에 묻은 분금·좌향과 전교傳敎에 의하여 새긴 것을 아울러 하전석下磚石 아래에 묻을 일을 진달하니, 임금이 말하기를, "아뢴 대로 하라." 하였다.

제9장 왕조별 역대 왕릉

'왕릉'이란 일차적으로 '왕위의 능', '왕위와 왕비위의 능', '왕비위의 능'이다. 그러므로 왕릉이란 정확하게는 '왕이라는 직위를 가진 사람의 무덤'인 것이다. 만약 폐위廢位 즉 왕을 지냈다고 해도 왕위를 잃는다면, '묘'로 전락한다. 거꾸로 추존追尊 즉 실제로 왕위에 없었으나 죽어서 왕위에 오른다면 '왕릉'이 된다.

왕릉은 단릉, 쌍릉, 합장릉 따위의 형태를 지닌다. 합장릉은 조선 시대의 세종과 왕비 소현왕후의 능부터 출발한다. 이 합장릉은 이전의 왕릉이 모두 단릉이라는 것을 의미한다. 고려 시대의 왕릉은 물론이고 조선 태조의 능은 건원릉乾元陵이고 두 왕비의 능으로 각각 제릉齊陵과 정릉貞陵 따위가 그 좋은 보기이다. 고려시대 왕은 많은 왕비 내지는 후비가 있다.[1] 따라서 고려 왕비 내지는 후비는 각각의 능이 있어서 그 수를 헤아릴 수 없을 정도이다. 그런데 왕릉에는 능호陵號가 붙는다. 왕이나 왕비의 장례 기간은 원칙적으로 조선의 경우 왕이 5개월, 왕비가 3개월이 된다. 대체적으로 그 기간 동안 국장도감國葬都監國葬에서 능호를 올리게 된다. 왕명을 외울 때, '태정태세 문단세' 하는 따위는 묘호廟號이다. 묘호는 부묘祔廟와 함께 정식으로 성립된다. 능호나 묘호 이외에도 시

---

1) ≪고려사≫에는 별도로 '후비'가 있을 정도이다.

號諡號가 있다. 왕위는 죽어서 많은 이름을 얻는 셈이다.

왕위가 생길 때부터 왕릉은 있었다고 보아야 한다. 그러나 삼국이나 그 이전의 왕릉은 아직 밝혀지지 못했다. 신라의 왕릉도 역사가 오래된 관계로 아직 분명하지 못하다. 왕릉은 고려 시기의 왕부터 이지만, 역시 분단되어 그 실체의 파악이 어렵다. 다만 기록을 통하여 정리해두고자 한다. 조선에 들어와서는 의궤儀軌의 간행과 함께 왕릉이 소상하게 밝혀지게 되었다.

그 동안의 왕릉 연구는 왕릉의 탐방 내지는 답사를 중심으로 진행되었다. '상설象設'이나 능지陵誌를 근거로 하여 혹은 '풍수'라는 입장에서 개진되기도 했다.[2)]

그림 9-1 열성지장

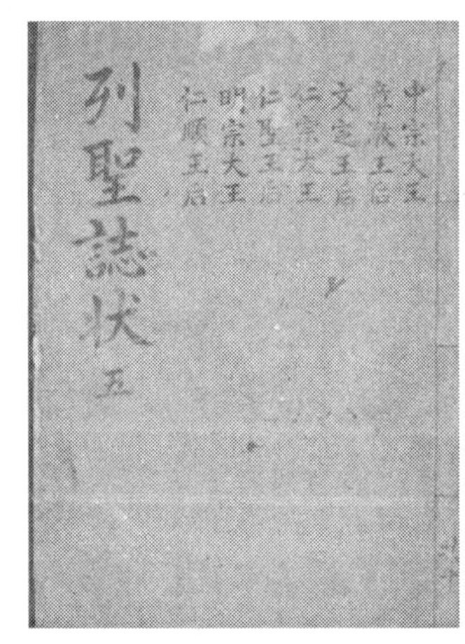

[설명] 조선 시대의 역대 왕릉에 관련된 기록을 적은 책이다.

2) 그간의 연구 내지는 조사한 결과물은 다음과 같다. 문화재관리국(1973) 무령왕릉/문화공보부 문화재관리국(1975)문화재 대관:사적편(상)/목을수(1988) 고려·조선릉지(문성당)/한국문원편집부(1995) 왕릉(한국문원)/장영훈(2000) 왕릉 풍수와 역사(대원사)/이호일(2004 2쇄) 조선의 왕릉(가람기획)/한영우(2005) 조선왕조 의궤(일지사)/서울대학교 규장각(2005) 규장각 소장 왕실 자료 해제·해설집 1·2·3·4/은광준 왕릉석물/ 선원록 장서각 도서 해제 서울시(????) 문화재대관 /한성희(2006) 여기자가 파헤친 조선왕조의 비밀 1·2(지미디어)/ 문화재청(2006) 조선왕릉 답사 수첩(술문화)

그러나 이제 왕릉 연구는 학술적으로 연구할 필요가 있다. 각종 사기史記· 왕조실록王朝實錄·의궤儀軌과 기타 역사 기록과 그간의 연구 성과를 종합할 필요가 있다. 이러한 종합 과정이 조리와 체계를 갖추어 이루어지지 못한 것이 오늘의 실정이다. 일종의 문헌연구라 할 것이다.

신라 왕릉에 대하여는 참고할 문헌 정보가 취급하지 못했다.

제1절 고려 왕릉

고려 시대는 34대 왕이 있었다. 그 왕은 다음과 같다.

1 태조太祖 2 혜종惠宗 3 정종定宗 4 광종光宗 5 경종景宗
6 태종成宗 7 목릉穆宗 8 현릉顯宗 9 덕릉德宗 10 정릉靖宗
11 문종文宗 12 순종順宗 13 선종宣宗 14 헌종獻宗 15 숙종肅宗
16 예종睿宗 17 인종仁宗 18 의종毅宗 19 명종明宗 20 신종神宗
21 희종熙宗 22 강종康宗 23 고종高宗 24 원종元宗 25 충렬왕忠烈王
26 충선왕忠宣王 27 충숙왕忠肅王, 29 충목왕忠穆王, 30 충정왕忠定王
31 공민왕恭愍王 32 폐왕 우禑 33 폐왕 창昌 34 공양왕恭讓王

왕위의 능은 34개이어야 한다. 그런데 ≪고려사≫에 의하면, 59개의 왕릉이 있다. 왕비의 능이 25개인 셈이다.

이 자료를 보이면 다음과 같다.[3] 당대의 고려 시대 왕릉 현황이라 보아 무난할 것이다.

A [47릉]

---

3) ≪고려사≫ 지 37, 병 위숙군圍宿軍 조

심릉深陵·양릉良陵·수릉壽陵·선릉宣陵·제릉濟陵·회릉懷陵·명릉明陵·은릉隱陵·덕릉德陵·정릉貞陵·제릉齊陵·질릉質陵·의릉宜陵·영릉永陵·정릉定陵·풍릉豊陵·성릉成陵·자릉慈陵·목릉穆陵·대릉戴陵·창릉昌陵·영릉寧陵·공릉恭陵·단릉端陵·장릉莊陵·현릉玄陵·이릉夷陵·유릉幽陵·원릉元陵·인릉仁陵·익릉翼陵·혜릉惠陵·견릉堅陵·평릉平陵·건릉乾陵·숭릉崇陵·영릉靈陵·용릉容陵·화릉和陵·절릉節陵·도릉悼陵·신릉信陵·정릉靜陵·광릉匡陵·간릉簡陵·숙릉肅陵·주릉周陵

B [10릉]

헌릉憲陵·순릉順陵·의릉義陵·경릉景陵·현릉顯陵·영릉英陵·강릉康陵·안릉安陵·영릉榮陵·태릉泰陵

C [2릉]

유릉裕陵·유릉幽陵

위의 자료는 고려에서 위숙군圍宿軍을 배치하는 과정을 보인 것이다. A 무리는 산직장상散職將相을 각각 2명씩을, B 무리는 4명씩을, C 무리는 6명씩을 배치하고 있다. 그러므로 당시 왕릉의 비중은 C, B, A순이 되는 셈이다. 그런데 이와 같이 많은 왕릉이 있지만, 그 기록이 많지 않다. 당대에 이미 왕릉은 국내외의 난리를 만나거나 도굴을 당하여 많은 훼손이 있었기 때문인지도 모른다.

고려 왕릉의 자료는≪고려사≫과 허흥식(2004) 고려의 왕릉과 진전眞殿사원≪고려의 문화정통과 사회사상≫, 조선총독부(1916) ≪조선고적조사보고朝鮮古蹟調査報告≫, 서울특별시사 편찬위원회(1963) ≪서울특별시사-고적편特別市史一古蹟篇≫과 각종 온라인 매체를 통하여 작성한 것이다.

조선총독부(1916) ≪조선고적발굴조사보고≫의 광종의 능인 헌릉憲陵의 조사 내용은 다음과 같이 정리할 수 있다.

경기도 개풍군 영남면 심천리에 있다. 능역은 장방형으로 너비가 48자이고, 길이가 130자로 그 좌우와 후방의 3면에 돌담장을 두른 흔적이 있다.

능역은 3계체석 섬돌로 이루어져 있다.

1 섬돌은 능의 기본 구역으로 횡폭橫幅이 48자, 전방 높이가 약 5척의 토류석벽土留石壁으로 2 섬돌과 구별하였다. 이 토류석벽 좌우에 돌계단이 하나씩 있다. 1 섬돌에는 능과 석난간石欄干·석수石獸가 남아 있는데 능의 높이가 10자, 지름이 24자이다. 병풍석屛風石의 높이가 2자로 12각형이며 십이지신상十二支神像이 새겨져 있다. 이 병풍석은 후대에 수축할 때 만들어진 것으로 보인다. 석난간은 방주형方柱形의 석주가 약간 남아 있다. 앙면식仰面式의 석수 4구가 우아하며 망주석望柱石과 상석床石이 남아 있다.

2 섬돌에는 장명등長明燈과 석인石人 한 쌍이 좌우에 있다.

3 섬돌에는 석인이 한 쌍 있었던 듯하다. 머리 부분의 파편 1개가 발견되었는데 관冠의 조각이 정교하다. 이 섬돌에는 1395년에 건립한 능비陵碑와 정자각지丁字閣址에 있던 곳으로 초석礎石·배위석軒石이 남아 있다.

능과 석물들의 파손이 심하나 계단 섬돌·초석 등이 보존되어 있어 고려 왕릉 구조를 전해주고 있다.

이런 조사 보고서를 통하여 고려 왕릉의 석물 배치 따위의 일단을 엿볼 수 있다.4)

---

4) 또 하나의 자료는 고려 고종高宗(1192~1259)의 능이다. 인천광역시 강화군 강화읍 국화리에 있다. 사적 제224호로 지정면적 298㎡이다. 9월 기미일己未日에 장례지냈는데, 그 뒤 조선 현종 때 강화유수 조복양趙復陽이 찾아내어 다시 봉분封墳하였다는 홍릉洪陵의 상설은 다음과 같다.
능역陵域은 3단면으로 되어 있고 14단에 능이 있다. 높이가 5자, 너비가 14자로 규모가 작다. 능의 네 모퉁이에 석수石獸가 각각 1구씩 배치되어 있다. 그 앞 2단면에는 각주형

지릉智陵 즉 명종明宗의 능도 일제시기에 발굴한 결과로 고려 왕릉의 내부를 확인할 수 있다.

현실玄室은 거의 정남을 향하고 있다. 동서 약 3m, 남북 약 4m의 방형方形이고 바닥에는 전塼이 깔려 있다. 천장은 3매판석三枚板石을 써서 덮고 있는 상형석실箱形石室로 되어 있다. 전부터 천장석까지의 높이는 2m를 약간 넘는다.

이 석실에는 연도羨道가 없으나 남벽南壁에는 좁은 문의석門倚石이 각 1개씩 세워져 있다. 중앙에는 밖에서 맞추어 넣은 넓은 문비석門扉石이 있다. 그리고 석실 내면은 전면에 회칠을 하고, 천장에는 성신도星辰圖를 그리고, 네 벽은 공백으로 남겨두었다.

벽 상부에 못이 돌려 있으며 사신四神을 그린 휘장을 둘러쳤던 것 같다. 그리고 바닥에는 중앙에 전을 써서 만든 관대棺臺가 있다. 그것은 하나뿐으로 단장용單葬用이다. 현실에서 청자계통의 발鉢·명皿·소명小皿·금환金環·동전銅錢 따위가 출토되었다.

이 자료로 고려 왕릉의 내부 구조를 어느 정도 파악할 수 있다고 여겨진다.

≪고려사≫에 의하면, 거의 모든 왕은 유명遺命으로 '산릉제도山陵制度는 힘써 검약儉約을 좇을 것이며, 역월易月의 복服으로 3일만 입고 제除 [服]하라.'는 당부를 보이고 있다.

흉장의 의례는 정릉正陵 즉 공민왕비의 조영 과정을 보면 고려 왕릉의 전모를 어느 정도 짐작이 가능할 것이다.

공민왕恭愍王 14년 2월 갑진甲辰에 휘의 공주徽懿公主가 홍薨했다. 3

角柱形의 문인석文人石 2쌍이 마주하고 있다. 조선 태조 초년에 건립한 소비小碑가 있다. 병풍석은 3개가 남아 있으나 12각형으로 능을 둘렀던 것 같다. 그리고 그 앞에 정자각이 있었던 흔적이 남아 있다.

일 동안 철조輟朝하고 백관百官이 현관玄冠 소복素服하고 빈전殯殿, 국장國葬, 조묘도감造墓都監 및 산소령반山所靈飯, 법위의法威儀, 상유喪帷, 이차轜車, 제기祭器, 상복喪服, 반혼返魂, 복완服玩, 소조小造, 관곽棺槨, 묘실墓室, 포진鋪陳, 진영眞影 따위의 13색을 설치하고 상사喪事를 공봉供奉하도록 하였다. 또한 제사諸司에 명命하여 전奠을 설設하였다. 4월 임진壬辰에 정릉正陵에 장사하였더. 백관百官이 현관소복玄冠素服하고 능陵에 이르도록 전송하였으며 반혼返魂함에 미쳐서는 길복吉服으로 바꾸어 입고 따라 돌아 왔다. 왕은 손수 공주의 모습을 그려두고 밤낮으로 음식을 대할 때 마다 슬피 울고 3년 동안 육선肉膳을 들지 아니하였다.

이듬해에는 왕륜사王輪寺의 동남쪽에 공주의 영전影殿을 건립하였다. 또, 1370년에는 정릉의 원찰願刹인 운암사雲巖寺 [뒤에 先巖寺로 개칭]에 토지 2,240결과 노비 46명을 시납하고, 매월 30석의 승미僧米를 지급하며 능을 관리하게 하였다. 능에 수릉호守陵戶 114호를 두었다.

이러한 왕릉의 조영시 도감 설치와 원찰 지정은 조선의 왕릉과 다르지 않다. 다만 영정을 모신 영전 건립이 약간의 차이가 있다고 할 것이다.

1대 태조(877~943)

[현릉顯陵](943)

1대 태조(877~943 즉위 918)와 신혜왕후 유씨神惠王后 柳氏의 합장능이다. 왕위의 재위가 26년이었고 천수의 나이가 67세였다. 시호는 '신성神聖'이고 묘호廟號는 '태조太祖'이다. 송악松嶽의 서쪽 기슭에 장사지내고 능호陵號는 현릉顯陵이다.

유명遺命으로 '내외內外의 모든 관료는 다 태자의 처분을 따를 것이며 상장喪葬 원릉園陵의 제도는 한漢, 위魏의 두 문제文帝의 고사故事에 의거하여 다 검약을 좇도록 하라.'를 말을 남겼다.

《고려사》사료

○ 세가 02 / 태조 26년(943) 계묘癸卯 5월/혜종 즉위년(943) 6월/정종 1년(946) 1월

○ 세가 04 현종 7년(1016) 1월/ 8년(1017) 10월/12월/ 현종 10년(1019) 11월/ 12월

○ 세가 06 정종 7년(1041) 5월

○ 세가 07 문종 4년(1050) 4월

○ 세가 08 문종 13년(1059) 5월

○ 세가 10 선종 4년(1087) 5월

○ 세가 11 숙종 1년(1096) 4월

○ 세가 12 예종 3년(1108) 4월

○ 세가 15 인종 2년(1124) 6월

○ 세가 17 의종 2년(1148) 윤 8월

○ 세가 21 신종 1년(1198) 4월/ 희종 2년(1206) 8월

○ 세가 22 고종 2년(1215) 9월/ 4년(1217) 3월

○ 세가 25 원종 2년(1261) 9월

○ 세가 28 충렬왕 2년(1276) 9월

○ 세가 41 공민왕 17년(1368) 3월

○ 세가 43 공민왕 20년(1371) 11월/ 21년(1372) 11월

○ 열전 46 신우 2년(1376) 윤 9월

○ 지 15 / 예 / 길례 대사 / 제릉 / 공민왕恭愍王

○ 지 18 / 예 / 흉례 / 국휼 / 태조太祖· [혜종惠宗]

○ 지 37 / 병 / 위숙군圍宿軍

○ 열전 01 / 후비 / 태조太祖

○ 열전 27 / 제신 / 지용수池龍壽

○ 열전 33 / 제신 / 윤소종尹紹宗 [윤회종尹會宗] ①

왕비릉으로는 정릉貞陵과 수릉壽陵이 있다. 정릉은 神成王太后 김씨의 능이다. 安宗의 어머니이다. 수릉은 神靜王太后 皇甫씨(~성종 2년 7월)의 능이다.[5] 태조의 후비는 29명인데 단릉이 2, 합장릉 [현릉 부장顯

---

5) ≪고려사≫ 열전 1 후비 태조太祖 조에 의하면 29명의 후비가 있다.

○ 신혜 왕후神惠王后 유씨柳氏는 정주인貞州人으로 삼중대광三重大匡 천궁天弓의 딸이다. 신혜 왕후神惠王后라 시호하고 현릉顯陵에 부장祔葬하였다.

○ 장화 왕후莊和王后 오씨吳氏는 나주인羅州人이니 조祖는 부돈富伅이고 부父는 다련군多憐君이다. 시호를 장화 왕후莊和王后라 하였다.

○ 신명 순성 왕태후神明順聖王太后 유씨劉氏는 충주인忠州人이니 증 태사 내사령贈太師內史令 유긍달劉兢達의 딸로 태자太子 왕태王泰, 정종定宗, 광종光宗, 문원대왕文元大王 왕정王貞, 증통국사證通國師와 낙랑樂浪, 흥방興芳 두 공주公主를 낳았다. 시호를 신명 순성 태후神明順聖太后라 하였다.

○ 신정 왕태후神靜王太后 황보씨皇甫氏는 황주인黃州人이니 태위 삼중대광 충의공太尉三重大匡忠義公 황보제공皇甫悌恭의 딸로 대종戴宗 및 대목 왕후大穆王后를 낳았다. 처음 명복궁 대부인明福宮大夫人을 봉封하였는데 성종成宗 2년 7월에 훙하니 성종이 일찍이 선의 태후宣義太后를 잃고 후后에게서 자라났으므로 애모하고 예의를 다하여 백관을 거느리고 빈전에 나아가 시호를 올려 신정 대왕태후神靜大王太后라 하였다. 수릉壽陵에 장사하였다. 목종穆宗 5년 4월에 정헌定憲이라 시호를 추가하고, 현종顯宗 5년 3월에 의경懿敬을 추가하였으며, 18년 4월에 또 선덕宣德을 추가하였다. 문종文宗 10년 10월에 자경慈景을 가시加謚했다. 인종仁宗 18년 4월에 유명柔明을 더하고 고종高宗 10년 10월에 정평貞平을 추가하였다.

○ 신성 왕태후神成王太后 김씨金氏는 신라인新羅人 잡간匝干 김억렴金億廉의 딸이다. 안종安宗을 낳았다. 현종顯宗이 즉위하매 신성 왕태후神成王太后라 추시追謚하고 능호를 정릉貞陵이라 하였다.

○ 정덕 왕후貞德王后 유씨柳氏는 정주인貞州人이니 시중侍中 유덕영柳德英의 딸로 왕위군王位君 인애군仁愛君 원장 태자元莊太子 조이군助伊君과 문혜文惠 선의宣義 두 왕후王后을 낳았다.

○ 헌목 대부인獻穆大夫人 평씨平氏는 경주인慶州人이니 좌윤佐尹 평준平俊의 딸로 수명 태자壽命太子를 낳았다.

○ 정목 부인貞穆夫人 왕씨王氏는 명주인溟州人이니 삼한 공신三韓功臣 태사 삼중대광太師三重大匡 왕경王景의 딸로 순안 왕대비順安王大妃를 낳았다.

○ 동양 원부인東陽院夫人 유씨庾氏는 평주인平州人이니 태사太師 삼중대광 유금필庾黔弼의 딸로 효목 태자孝穆太子 의義와 효은 태자孝隱太子를 낳았다.

○ 숙목 부인肅穆夫人은 사史에 그 성씨姓氏를 잃었으나 진주인鎭州人이니 대광大匡 명필名必의 딸로 원녕 태자元寧太子를 낳았다.

○ 천안 부원부인天安府院夫人 임씨林氏는 경주인慶州人이니 태수太守 임언林彦의 딸로 효성 태자孝成太子 임주琳珠와 효지 태자孝祗太子를 낳았다.

○ 홍복 원부인興福院夫人 홍씨洪氏는 홍주인洪州人이니 삼중대광 홍규洪規의 딸로 태자 왕직王稷과 공주公主 일후一後를 낳았다.

陵祔葬] 따위로 3만 알려져 있다.

2대 혜종(912~945)

[순릉順陵](945)

2대 혜종(912~945)과 의화왕후 임씨義和王后林氏와 합장 능이다. 재위가 2년이다. 시호諡號는 '의공義恭'이고 묘호廟號를 '혜종惠宗'이다.

○ 대량 원부인大良院夫人 이씨李氏는 합주인陜州人이니 대광 이원李元의 딸이다.
○ 대명주 원부인大溟州院夫人 왕씨王氏는 명주인溟州人이니 내사령內史令 왕예王乂의 딸이다.
○ 광주 원부인廣州院夫人 왕씨王氏는 광주인廣州人이니 대광 왕규王規의 딸이다.
○ 소광주 원부인小廣州院夫人 왕씨王氏도 역시 왕규王規의 딸이니 아들 광주 원군廣州院君을 낳았다.
○ 동산 원부인東山院夫人 박씨朴氏는 승주인昇州人이니 삼중대광 박영규朴英規의 딸이다.
○ 예화 부인禮和夫人 왕씨王氏는 춘주인春州人이니 대광 왕유王柔의 딸이다.
○ 대서 원부인大西院夫人 김씨金氏는 동주인洞州人이니 대광 김행파金行波의 딸이다.
○ 소서 원부인小西院夫人 김씨金氏도 역시 김행파金行波의 딸이다. 출가出家하였으므로 서경西京에 명하여 성중城中에 대소서원大小西院 양사兩寺를 지어 전민田民을 두고 각기 살게 하였으므로 대소서 원부인大小西院夫人이라 칭하였다.
○ 서전 원부인西殿院夫人은 사史에 그 씨족이 유실遺失되었다.
○ 신주 원부인信州院夫人 강씨康氏는 신주인信州人이니 아찬阿湌 강기주康起珠의 딸로 일자一子를 낳았으나 일찍 죽으매 광종光宗을 길러 아들을 삼았다.
○ 월화 원부인月華院夫人은 대광 영장英章의 딸로 사史에 성씨姓氏를 잃었다고 했다.
○ 소황주 원부인小黃州院夫人은 원보元甫 순행順行의 딸로 사史에 성씨姓氏를 잃었다고 했다.
○ 성무 부인聖茂夫人 박씨朴氏는 평주인平州人이니 삼중대광 박지윤朴智胤의 딸로 효제孝悌 효명孝明 두 태자와 법등法燈 자리資利 두 군君을 낳았다.
○ 의성 부원부인義城府院夫人 홍씨洪氏는 의성부義城府 사람이니 태사 삼중대광 홍유洪儒의 딸로 의성 부원대군義城府院大君을 낳았다.
○ 월경 원부인月鏡院夫人 박씨朴氏는 평주인平州人이니 태위 삼중대광太尉三重大匡 박수문朴守文의 딸이다.
○ 몽량 원부인夢良院夫人 박씨朴氏는 평주인平州人이니 태사 삼중대광太師三重大匡 박수경朴守卿의 딸이다.
○ 해량 원부인海良院夫人은 해평인海平人이니 대광 선필宣必의 딸로 사史에 성씨姓氏를 잃었다고 했다.

송악松嶽의 동쪽 기슭에 장사지내고 능호는 순릉順陵이다.

≪고려사≫사료

- 세가 02 / 혜종 2년(945) 9월
- 세가 15 / 인종 2년(1124) 4월
- 세가 21 / 신종 1년(1198) 5월
- 지 37 / 병 / 위숙군圍宿軍
- 열전 01 / 후비 / 혜종惠宗

3대 정종定宗(923~949)

[안릉安陵]

3대 정종定宗(923~949)과 문공왕후 박씨文恭王后朴氏와 합장 능이다. 재위는 4년이었고 천수의 나이는 27세였다. 시호는 '문명文明'이고 묘호는 '정종定宗'이다. 성의 남쪽에 장사 지내니 능호는 안릉安陵이다.

능은 경기도 개풍군 청교면 양릉리에 있다. 949년(정종 4) 3월 병진일에 왕이 제석원帝釋院에서 세상을 떠났다.

≪고려사≫사료

- 지 11 / 지리 / 전라도 / 나주목(羅州牧)
- 지 12 / 지리 / 서해도 / 안서 대도호부(安西大都護府) 해주(海州)
- 지 12 / 지리 / 북계 / 안북 대도호부(安北大都護府) 영주(寧州)
- 지 37 / 병 / 위숙군(圍宿軍)
- 열전 01 / 후비 / 정종定宗
- 세가 02 / 정종 4년(949) 3월

4대 광종光宗(925~975)

[헌릉憲陵]

4대 광종光宗(925~975)과 대목왕후 황보씨大穆王后皇甫氏의 합장 능이다. 재위는 26년이고 천수 나이는 51세였다. 시호는 '대성大成'이고, 묘호는 '광종光宗'이다. 송악松嶽의 북쪽 기슭에 장사지내고 능호는 헌릉憲陵이다.

≪고려사≫사료

○ 002 세가 02 / 광종 26년(975) 5월
○ 043 세가 43 / 공민왕 20년(1371) 윤(閏) 3월
○ 083 지 37 / 병 / 위숙군圍宿軍
○ 132 열전 45 / 반역 / 신돈辛旽 ③

제5대 경종景宗(955~981)

[영릉榮陵]

제5대 경종景宗(955~981)과 헌숙왕후 김씨獻肅王后金氏의 능이다. 재위는 6년이며 천수 나이는 26세였다. 시호는 '헌화獻花'이고 묘호는 '경종景宗'이다.기내畿內 남쪽의 산기슭에 장사지내니, 능호는 영릉이다.

유언으로 '복기服紀의 경중輕重은 마땅히 한漢 나라의 제도에 의거하여 날로써 달을 바꾸어 13일로서[6] 주상周祥(소상小祥)으로 하고 27일로서 대상大祥으로 할 것이며 왕릉의 제도는 힘써 검약을 따르도록 하라.'

6) 국휼에서 상기喪期의 월수月數를 일수日數로 바꾸에 치루는 월역제易月制는 조선조까지 시행되었다. 그러나 한편으로 이 제도가 철폐되는 방향으로 병행되었다. 오영교편(2004) 조선건국과 경국대전 체제의 형성 118~120쪽

는 말을 남겼다.

관련 능으로는 원릉元陵과 유릉幽陵이 있다.

≪고려사≫사료

- 002 세가 02 / 경종 6년(981) 7월
- 011 세가 11 / 숙종 1년(1096) 6월
- 064 지 18 / 예 / 흉례 / 국휼 / 경종(景宗)
- 083 지 37 / 병 / 위숙군(圍宿軍)

第6대 성종成宗(960~997)

[강릉康陵]

제6대 성종成宗(960~997)과 문덕왕후 유씨文德王后 劉氏의 합장 능이다. 재위 16년이고 천수 나이 38세였다. 시호는 '문의文懿'이고 묘호는 '성종成宗'이다. 남교南郊에 장사지내니, 능호는 강릉康陵이다.

≪고려사≫사료

- 003 세가 03 / 성종 16년(997) 10월
- 013 세가 13 / 예종 9년(1114) 10월
- 지 37 / 병 / 위숙군(圍宿軍)

[추존]대종戴宗(?~969)과 선의宣義왕후 유柳씨 부祔

[태릉泰陵]

고려 태조의 25명중 일곱째 사람이다. 휘는 욱旭이다. 어머니는 신정왕태후神靜王太后 황보씨皇甫氏이다. 목종의 생모 헌애왕후獻哀王后의 아버지이다. 시호로 대종戴宗이라 하였다.

≪고려사≫사료

- 지 37 / 병 / 위숙군(圍宿軍)
- 열전 03 / 종실 / 태조(太祖)

제7대 목종穆宗 [←민종愍宗](980~1009)

의릉義陵 [←공릉恭陵]

제7대 목종穆宗 [←민종愍宗](980~1009)의 첫 번째 능호는 '공릉恭陵'이었고, 천장한 두 번째 능호는 '의릉義陵'이었다. 재위는 13년이고 30세에 시해되었다.

≪고려사≫에 의하면, 목종은 1009년 강조康兆([?~1010]가 보낸 자객에게 적성현積城縣에서 시해를 당하였으며, 현의 남쪽에서 화장하였고 능을 공릉이라 하였다는 기록만 있다. 그런데 그 능의 정확한 위치를 알 수 없다. 그 뒤 1011년(현종 3) 성동城東에 이장하고 의릉義陵이라 하였다.

현종 3년 [1012]에 성의 동쪽으로 그 무덤을 옮기고 능을 고쳐 '의릉義陵'이라 하고 시호를 '선양宣讓'이라 하며 묘호를 '목종穆宗'이라 하였다

≪고려사≫사료

[공릉]

- 003 세가 03 / 목종 12년(1009) 2월

○ 030 세가 30 / 충렬왕 14년(1288) 11월
○ 083 지 37 / 병 / 위숙군(圍宿軍)

[의릉]

○ 003 세가 03 / 목종 12년(1009) 2월
○ 004 세가 04 / 현종 4년(1012) 8월
○ 030 세가 30 / 충렬왕 14년(1288) 10월
○ 083 지 37 / 병 / 위숙군(圍宿軍)

제8대 현종顯宗(992~1031)

[선릉宣陵]

제8대 현종顯宗(992~1031)의 능이다. 재위는 22년이었고 천수의 나이는 40세였다. 시호는 '원문元文'이고 묘호는 '현종顯宗'이며 송악松嶽의 서쪽 기슭에 장사지냈다.

안종安宗의 아들이다. 왕비는 성종成宗의 두 딸 원정왕후元貞王后·원화왕후元和王后와 시중 김은부金殷傅(?~1017)의 딸 원성왕후元成王后였다. 관련 능은 화릉和陵, 명릉明陵, 회릉懷陵 따위가 있다.

≪고려사≫ 사료

○ 005 세가 05 / 현종 22년(1031) 5월
○ 005 세가 05 / 덕종 즉위년(1031) 6월
○ 006 세가 06 / 정종 7년(1041) 5월
○ 007 세가 07 / 문종 4년(1050) 4월

○ 064 지 18 / 예 / 흉례 / 국휼 / 현종(顯宗)·<덕종(德宗)>
○ 083 지 37 / 병 / 위숙군(圍宿軍)

[추존] 안종安宗(?~996)

[건릉乾陵(무릉武陵)]

추존왕 안종安宗(?~996)의 능이다. 태조의 제8 왕자로 이름은 욱郁이다. 유배되었다가 1009년 아들 [현종]이 즉위하면서 효목대왕孝穆大王에 추존되고 묘호를 안종이라 하였다. 8년 [1017] 4월에 건릉乾陵에 이장移葬하고 5월에 헌경憲景이라는 시호諡號를 더하였으며, 12년 [1021]에 효목孝穆을 고쳐 효의孝懿라 하였다. 18년 [1027]에 성덕聖德을 더하고 뒤에 무릉武陵이라 칭하였다.

능은 개성에 있다. 풍수에 능하여 그 일화가 전한다

≪고려사≫사료

○ 004 세가 04 / 현종 8년(1017) 8월
○ 053 지 07 / 오행 / 수(水) / <천둥 벼락>
○ 061 지 15 / 예 / 길례 대사 / 제릉 / 현종(顯宗)
○ 083 지 37 / 병 / 위숙군(圍宿軍)
○ 090 열전 03 / 종실 / 태조(太祖)

제9대 덕종德宗(1016~1034)

[숙릉肅陵]

제9대 덕종德宗(1016~1034)의 능이다. 재위는 3년이요 천수는 19세였다. 연영전延英殿에서 홍거薨去하니 선덕전宣德殿에 빈소殯所를 모셔다. 어머니는 원성태후 김씨이고 장남이었다. 왕비는 현종의 두 딸 경성왕후敬成王后·효사왕후孝思王后이다. 시호는 '경강景康'이고 능은 '숙릉肅陵'으로 개성에 있다. 관련 능은 질릉質陵이 있다.

≪고려사≫사료

- 005 세가 05 / 덕종 3년(1034) 9월
- 006 세가 06 / 정종 즉위년(1034) 10월
- 031 세가 31 / 충렬왕 20년(1294) 7월
- 083 지 37 / 병 / 위숙군(圍宿軍)

제10대 정종靖宗(1018~1046)

[주릉周陵]

제10대 정종靖宗(1018~1046)의 능이다. 현종의 둘째 아들이고 덕종의 동생이다. 재위는 12년이고 천수는 33세이다. 시호는 '용혜容惠'이고 묘호는 '정종靖宗'이다. 북쪽 교외에 장사하여 능호는 '주릉周陵'이다. 유사有司가 유명遺命을 받들어 산릉 제도를 검약하게 하였다. 능은 개성에 있다.

왕비는 용신왕후 한씨容信王后韓氏· 용목왕후 이씨容穆王后李氏이다. 관련 능이 현릉玄陵이다.

≪고려사≫사료

- 006 세가 06 / 정종 12년(1046) 5월
- 083 지 37 / 병 / 위숙군圍宿軍

第11代 문종文宗(1019~1083)

[경릉景陵]

第11代 문종文宗(1019~1083)의 능이다. 재위는 37년이고 천수는 65세이다. 현종의 셋째 아들이다. 시호는 '인효仁孝'이고 능은 '경릉景陵'이다. 8월 갑신일甲申日에 불일사佛日寺 남쪽 기슭에 장례를 지내고 경릉이라 하였다.

고종 2년 [1215] 9월 정묘丁卯에 문종의 신주를 이곳에 묻었다. ≪경국대전≫에 소재지 수령으로 하여금 매년 능을 보살피도록 하였다. 관련 능은 대릉戴陵이 있다.

≪고려사≫사료

- ○ 009 세가 09 / 문종 37년(1083) 7월
- ○ 009 세가 09 / <순종 총서>
- ○ 010 세가 10 / 선종 4년(1087) 5월
- ○ 010 세가 10 / 선종 9년(1092) 6월
- ○ 011 세가 11 / 숙종 1년(1096) 4월
- ○ 022 세가 22 / 고종 2년(1215) 9월
- ○ 043 세가 43 / 공민왕 20년(1371) 윤(閏) 3월
- ○ 064 지 18 / 예 / 흉례 / 국휼 / 문종(文宗)·<순종(順宗)·선종(宣宗)>
- ○ 083 지 37 / 병 / 위숙군(圍宿軍)
- ○ 132 열전 45 / 반역 / 신돈(辛旽) ③

第12代 순종順宗(1047~1083)

[성릉成陵]

제12대 순종順宗(1047~1083)의 능이다. 재위는 1년이고 천수는 37세였다. 시호는 '선혜宣惠'라 하고 묘호는 '순종順宗'이다. 상차喪次에서 홍하매 빈소를 선덕전宣德殿으로 정하고 성남城南에 안장安葬했다. 능은 개성에 있다.

유조遺詔하기를 '상복喪服의 제制는 날로써 달을 바꾸고 산릉제도는 힘써 검약함을 좇도록 하라'고 했다. 문종의 맏아들이다. 왕비는 평양공기平壤公基의 딸 정의왕후貞懿王后이다.

≪고려사≫사료

- ○ 009 세가 09 / 순종 즉위년(1083) 10월
- ○ 010 세가 10 / 선종 즉위년(1083) 11월
- ○ 064 지 18 / 예 / 흉례 / 국휼 / 문종(文宗)·<순종(順宗)·선종(宣宗)>
- ○ 083 지 37 / 병 / 위숙군(圍宿軍)

제13대 선종宣宗(1049~1094)

[인릉仁陵]

제13대 선종宣宗(1049~1094)의 능이다. 재위는 11년이고 천수는 46세이다. 시호는 '사효思孝'이다. 연영전延英殿 내침內寢에서 훙薨하니 그날로 빈殯을 선덕전宣德殿에 옮겼다. 개성의 동쪽에 안장했다.

문종의 둘째 아들이다. 왕비는 이석李碩의 딸 사숙태후思肅太后이다.

≪고려사≫사료

- ○ 010 세가 10 / 선종 11년(1094) 5월
- ○ 010 세가 10 / <헌종 총서>

○ 083 지 37 / 병 / 위숙군(圍宿軍)

제14대 헌종獻宗(1084~1097)

[은릉隱陵]

제14대 헌종獻宗(1084~1097)의 능이다. 재위는 1년이고 천수는 14세이다. 신병으로 숙부 계림공 희鷄林公熙(숙종肅宗)에 양위하고 궁에 있었다. 시호는 '회상懷殤'인데, 예종睿宗이 즉위하자 '공상恭殤'으로 고쳤다. 묘호는 '헌종獻宗'이다. 개성의 동쪽에 안장安葬하니, 능호가 은릉이다.

≪고려사≫사료

○ 010 세가 10 / 헌종 1년(1095) 10월
○ 011 세가 11 / 숙종 2년(1097) 3월
○ 083 지 37 / 병 / 위숙군(圍宿軍)

제15대 숙종肅宗(1054~1105)

[영릉英陵]

제15대 숙종肅宗(1054~1105)의 능이다. 재위 11년이며 천수는 52세였다. 시호는 '명효明孝'이다.

연중輦中에서 훙했다. 영구靈柩를 받들어 영영전迎英殿에 들어갔다가 그날 선덕전宣德殿으로 옮겨 빈소殯所를 차렸다. 송림현松林縣에 안장했다.

왕비는 유홍柳洪의 딸 명의태후明懿太后로 숭릉崇陵이 있다.

≪고려사≫사료

- 012 세가 12 / 숙종 10년(1105) 10월
- 012 세가 12 / <예종 총서>
- 012 세가 12 / 예종 3년(1108) 4월
- 013 세가 13 / 예종 9년(1114) 10월
- 014 세가 14 / 예종 16년(1121) 8월
- 064 지 18 / 예 / 흉례 / 국휼 / 숙종(肅宗)·<예종(睿宗)·인종(仁宗)>
- 083 지 37 / 병 / 위숙군(圍宿軍)

第16대 예종睿宗(1079~1122)

[유릉裕陵]

예종睿宗(1079~1122)의 능이다. 예종 17년 [1122] 4월 선정전宣政殿에 빈殯하였다. 재위는 17년이고 천수는 45세였다. 시호를 문효文孝라 하고, 묘호를 예종睿宗이라 하고, 성남城南에 장사했다.

관련 능으로는 수릉綏陵과 자릉慈陵이 있다.

≪고려사≫사료

- 014 세가 14 / 예종 17년(1122) 4월
- 015 세가 15 / <인종 총서>
- 015 세가 15 / 인종 2년(1124) 6월
- 064 지 18 / 예 / 흉례 / 국휼 / 숙종(肅宗)·<예종(睿宗)·인종(仁宗)>
- 083 지 37 / 병 / 위숙군(圍宿軍)

第17대 인종仁宗(1109~1146)

[장릉長陵]

인종(1109~1146)의 능이다. 인종 24년 [1146] 2월에 보화전保和殿에서 훙거하니 빈전을 건시전乾始殿으로 옮겼다. 재위는 24년이요. 천수는 38세였다. 시호를 공효恭孝라 올리고 묘호는 인종仁宗이다. 성남城南에 장사하니 능호는 장릉長陵이라 하였다.

관련 능으로는 순릉純陵이 있다.

≪고려사≫사료

- 017 세가 17 / 인종 24년(1146) 2월
- 017 세가 17 / 의종 즉위년(1146) 3월
- 017 세가 17 / 의종 2년(1148) 윤(閏) 8월
- 020 세가 20 / 명종 16년(1187) 8월
- 021 세가 21 / 신종 1년(1198) 5월
- 064 지 18 / 예 / 흉례 / 국휼 / 숙종(肅宗)·<예종(睿宗)·인종(仁宗)>

제18대 의종毅宗(1127~1173)

[희릉禧陵]

제18대 毅宗(1127~1173)의 능이다. 의종 24년 [1170] 10월에 이의민李義旼에 의하여 곤원사坤元寺 북연상北淵上에서 시해되었다. 재위는 25년, 손위遜位 3년이고 천수는 47세였다. 시호를 장효莊孝라 하고, 묘호廟號를 의종毅宗이다.

≪고려사≫사료

- 019 세가 19 / 의종 24년(1170) 9월

- ○ 019 세가 19 / 명종 5년(1175) 5월
- ○ 064 지 18 / 예 / 흉례 / 국휼 / 명종(明宗)
- ○ 100 열전 13 / 제신 / 조위총(趙位寵)

제19대 명종明宗(1131~1202)

[지릉智陵]

제19대 명종明宗(재위 1171~1197)의 능이다. 재위는 27년이요 천수는 73세였다. 시호를 광효光孝라 하고, 묘호를 명종明宗이다. 능은 경기도 장단長湍면 장도면 두매일이다. 능호는 지릉智陵이다.

≪고려사≫사료

- ○ 020 세가 20 / 명종 27년(1197) 11월
- ○ 021 세가 21 / 신종 5년(1202) 윤(閏) 12월
- ○ 021 세가 21 / 강종 2년(1213) 4월
- ○ 024 세가 24 / 고종 42년(1255) 3월
- ○ 064 지 18 / 예 / 흉례 / 국휼 / 신종(神宗)·<희종(熙宗)>

제20대 신종神宗(1131~1202)

[양릉陽陵]

제20대 신종神宗(재위 1197~1204)의 능이다. 유조遺詔에 건시전乾始殿에 빈殯하지 말라고 하였으므로 무인戊寅에 내사동內史洞 정안궁靖安宮에 빈하였다. 재위는 8년이요 천수는 62세였다. 시호를 정효靖孝라 하고, 묘호를 신종神宗이라 하였다. 성남城南에 장사했다.

관련 능으로 진릉眞陵 [선정태후宣靖太后 김씨]이 있다.

≪고려사≫사료

- ○ 021 세가 21 / 신종 7년(1204) 1월
- ○ 021 세가 21 / <희종 총서>
- ○ 021 세가 21 / 희종 2년(1206) 9월
- ○ 042 세가 42 / 공민왕 19년(1370) 4월
- ○ 043 세가 43 / 공민왕 21년(1372) 10월
- ○ 045 세가 45 / 공양왕 2년(1390) 3월
- ○ 045 세가 45 / 공양왕 2년(1390) 9월
- ○ 046 세가 46 / 공양왕 3년(1391) 2월
- ○ 061 지 15 / 예 / 길례 대사 / 제릉 / 공양왕(恭讓王)
- ○ 064 지 18 / 예 / 흉례 / 국휼 / 신종(神宗)·<희종(熙宗)>
- ○ 126 열전 39 / 간신 / 조민수(曹敏修)

제21대 희속熙宗 [←정종貞宗](1181~1237)

[석릉碩陵]

제21대 희속熙宗(재위 1204~1211)의 능이다. 낙진궁樂眞宮으로 빈殯을 옮겼다. 재위在位가 8년이요 천수는 57세였다. 시호를 성효誠孝라 하고 묘호를 정종貞宗이라 하였다가 뒤에 희종熙宗으로 고쳤다.

관련 능으로는 소릉紹陵 [성평成平왕후 임任씨]가 있다.

≪고려사≫사료

- ○ 021 세가 21 / 희종 7년(1211) 12월
- ○ 023 세가 23 / 고종 24년(1237) 10월
- ○ 103 열전 16 / 제신 / 김경손金慶孫 / 김혼金琿

第22대 강종康宗(1152~1213)

[후릉厚陵]

第22대 강종康宗(재위 1211~1213)의 능이다. 재위 3년이요, 천수는 62세였다. 시호를 원효元孝라 하고, 묘호를 강종康宗이라 했다.

관련 능으로는 곤릉坤陵이 있다.

≪고려사≫사료

○ 021 세가 21 / 강종 2년(1213) 8월
○ 022 세가 22 / 고종 즉위년(1213) 9월
○ 022 세가 22 / 고종 2년(1215) 10월
○ 022 세가 22 / 고종 4년(1217) 3월
○ 024 세가 24 / 고종 40년(1253) 12월
○ 024 세가 24 / 고종 46년(1259) 2월
○ 064 지 18 / 예 / 흉례 / 국휼 / 강종(康宗)· <고종(高宗)· 원종(元宗)· 충렬왕(忠烈王)· 충선왕(忠宣王)>
○ 129 열전 42 / 반역 / 최충헌(崔忠獻) 【최이(崔怡)· 최항(崔沆)· 최의(崔竩)】 ④

第23대 고종高宗(1192~1259)

[홍릉洪陵]

第23대 고종高宗(재위 1213~1259)의 능이다. 재위는 47년이요 천수는 68세이다. 시호는 안효安孝요 묘호는 고종高宗이다.

능은 인천광역시 강화군 강화읍 국화리에 있고, 사적 第224호이다.

≪고려사≫사료

- ○ 024 세가 24 / 고종 46년(1259) 6월
- ○ 025 세가 25 / 원종 즉위년(1259) 9월
- ○ 025 세가 25 / 원종 2년(1261) 9월
- ○ 064 지 18 / 예 / 흉례 / 국휼 / 강종(康宗)·<고종(高宗)·원종(元宗)· 충렬왕(忠烈王)·충선왕(忠宣王)>

제24대 원종元宗(1219~1274)

[소릉韶陵]

제24대 원종元宗(재위 1259~1274)의 능이다. 왕이 제상궁堤上宮에서 훙거했다. 재위는 16년이요. 천수는 56세였다. 유조遺詔에 이르기를 역월易月의 복服은 3일로서 제거하고 산릉제도山陵制度는 힘써 검약을 따르도록 했다. 시호를 순효順孝라 하고 묘호를 원종元宗이라 하였다

관련 능으로는 가릉嘉陵이 있다.

≪고려사≫사료

064 지 18 / 예 / 흉례 / 국휼 / 강종(康宗)·<고종(高宗)·원종(元宗)·충렬왕(忠烈王)·충선왕(忠宣王)>

제25대 충렬왕(1236~1308)

[경릉慶陵]

제25대 충렬왕(재위 1274.6~1298.1, 1298.8~1308.7)의 능이다. 달리 일수왕逸壽王이라고 했다. 재위는 34년이요 천수는 73세였다. 왕의 시호를 원에 충성하라는 의미로 충자가 붙었다. 능호는 경릉으로 개성에 있다.

관련 능으로는 고릉高陵이 있다.

≪고려사≫사료

- ○ 005 세가 05 / <덕종 이제현(李齊賢)의 찬(贊)>
- ○ 032 세가 32 / 충렬왕 34년(1308) 7월
- ○ 033 세가 33 / 충선왕 복위년(1308) 10월
- ○ 034 세가 34 / 충숙왕 즉위년(1313) 7월
- ○ 043 세가 43 / 공민왕 20년(1371) 11월
- ○ 043 세가 43 / 공민왕 21년(1372) 11월
- ○ 064 지 18 / 예 / 흉례 / 국휼 / 강종(康宗)·<고종(高宗)·원종(元宗)·충렬왕(忠烈王)·충선왕(忠宣王)>
- ○ 075 지 29 / 선거 / 전주 / 환시(宦寺)의 직(職)
- ○ 108 열전 21 / 제신 / 최성지(崔誠之) 【최문도(崔文度)】
- ○ 118 열전 31 / 제신 / 조준(趙浚) ④
- ○ 120 열전 33 / 제신 / 윤소종(尹紹宗) 【윤회종(尹會宗)】 ①

제26대 충선왕忠宣王(1275~1325)

[덕릉德陵]

제26대 충선왕(재위 1298.1~1298.8, 1308.7~1313.3)의 능호이다. 시호는 충선忠宣이고 능호는 덕릉이다. 이 능은 현재 그 소재를 알 수 없다.

≪고려사≫사료

- ○ 034 세가 34 / 충선왕 5년(1313) 3월
- ○ 035 세가 35 / 충숙왕 12년(1325) 11월

- 036 세가 36 / 충혜왕 후즉위년(1339) 5월
- 038 세가 38 / 공민왕 2년(1353) 8월
- 041 세가 41 / 공민왕 15년(1366) 5월
- 043 세가 43 / 공민왕 20년(1371) 11월
- 043 세가 43 / 공민왕 21년(1372) 11월

第27代 충숙왕忠肅王(1294~1339)

[의릉毅陵]

제27대 충숙왕(재위 1313.3~1330.2, 1332.2~1339.10)의 능호이다. 시호는 의효懿孝이고 원나라 시호는 충숙이다. 능호는 의릉인데 개성에 있다.

관련 능은 영릉令陵 [명덕明德태후 홍洪씨]가 있다.

≪고려사≫사료

- 036 세가 36 / 충혜왕 후즉위년(1339) 6월
- 041 세가 41 / 공민왕 17년(1368) 3월
- 042 세가 42 / 공민왕 19년(1370) 3월
- 043 세가 43 / 공민왕 21년(1372) 11월
- 045 세가 45 / 공양왕 1년(1389) 12월
- 045 세가 45 / 공양왕 2년(1390) 4월
- 061 지 15 / 예 / 길례 대사 / 제릉 / 공민왕(恭愍王)
- 106 열전 19 / 제신 / 윤해(尹諧) / 윤택(尹澤)
- 110 열전 23 / 제신 / 이제현(李齊賢) 【이달존(李達尊)·이보림(李寶林)】 ②
- 120 열전 33 / 제신 / 윤소종(尹紹宗) 【윤회종(尹會宗)】 ①

第28大 충혜왕忠惠王(1315~1344)

[영릉永陵]

第28大 충혜왕(재위 1330.2~1332.2, 1339.10~1344.2)의 능호이다. 재위는 두 번에 걸쳐 9년이요 천수는 30세였다. 시호는 헌효獻孝이고 원나라 시호는 충혜이다. 능호가 영릉으로 개성에 있다.

관련 능으로는 경릉頃陵 [덕령德寧공주]이 있다.

≪고려사≫사료

- 036 세가 36 / 충혜왕 후5년(1344) 1월
- 037 세가 37 / 충목왕 즉위년(1344) 8월
- 038 세가 38 / 공민왕 즉위년(1351) 12월
- 039 세가 39 / 공민왕 5년(1356) 6월
- 041 세가 41 / 공민왕 16년(1367) 1월
- 044 세가 44 / 공민왕 22년(1373) 12월
- 135 열전 48 / 신우 9년(1383) 6월

第29大 충목왕忠穆王(1337~1348)

[명릉明陵]

第29大 충목왕(재위 1344.2~1348.12)의 능이다. 재위는 5년이요, 천수는 12세였다. 시호는 현효顯孝요, 원 나라 시호는 충목忠穆이다. 능호는 명릉이고 능은 개성에 있다.

≪고려사≫사료

- 037 세가 37 / 충목왕 4년(1348) 12월

- 037 세가 37 / 충정왕 1년(1349) 3월
- 041 세가 41 / 공민왕 16년(1367) 1월
- 053 지 07 / 오행 / 화(火) / <화재>
- 083 지 37 / 병 / 위숙군(圍宿軍)
- 088 열전 01 / 후비 / 현종(顯宗)

제30대 충정왕忠定王(1337~1352)

[총릉聰陵]

제30대 충정왕(재위 1348.12~1351.10)의 능이다. 재위는 4년이요, 천수는 16세였다. 시호는 충정忠定이다. 능호는 총릉으로 개성에 있다.

≪고려사≫사료

- 037 세가 37 / 충정왕 3년(1351) 10월
- 038 세가 38 / 공민왕 1년(1352) 7월
- 041 세가 41 / 공민왕 16년(1367) 1월
- 064 지 18 / 예 / 흉례 / 국휼 / 공민왕(恭愍王)

제31대 공민왕恭愍王(1330~1374)

[현릉玄陵]

제31대 공민왕恭愍王(재위 1351~1374)의 능이다. 재위는 24년이요, 천수는 45세였다. 정릉正陵 즉 왕비 노국공주魯國公主의 능 서편西便에 안장安葬하니 현릉玄陵이라 하였다. 신우辛禑 2년 [1376] 9월에 시호를 '인문 의무 용지 명령 경효 대왕仁文義武勇智明烈敬孝大王'이라 하고 11년 [1385] 9월 에 명에서 시호를 공민恭愍이라 하였다.

≪고려사≫사료

- 044 세가 44 / 공민왕 23년(1374) 10월
- 133 열전 46 / 신우 즉위년(1374) 10월
- 133 열전 46 / 신우 2년(1376) 윤(閏) 9월
- 134 열전 47 / 신우 6년(1380) 8월
- 134 열전 47 / 신우 8년(1382) 1월
- 135 열전 48 / 신우 10년(1384) 1월
- 135 열전 48 / 신우 11년(1385) 9월
- 136 열전 49 / 신우 13년(1387) 8월
- 136 열전 49 / 신우 13년(1387) 9월
- 137 열전 50 / 신우 14년(1388) 5월
- 137 열전 50 / 신우 14년(1388) 6월
- 045 세가 45 / 공양왕 2년(1390) 4월
- 046 세가 46 / 공양왕 3년(1391) 3월
- 063 지 17 / 예 / 길례 소사 / 잡사(雜祀)
- 064 지 18 / 예 / 흉례 / 국휼 / 공민왕(恭愍王)
- 073 지 27 / 선거 / 과목 / 과거(科擧)
- 088 열전 01 / 후비 / 정종(靖宗)
- 104 열전 17 / 제신 / 김방경(金方慶) / 김구용(金九容)
- 111 열전 24 / 제신 / 김속명(金續命)
- 111 열전 24 / 제신 / 조돈(趙暾) 【조인옥(趙仁沃)】
- 111 열전 24 / 제신 / 임박(林樸)
- 113 열전 26 / 제신 / 최영(崔瑩) ④
- 114 열전 27 / 제신 / 이수산(李壽山) 【이념(李恬)】
- 114 열전 27 / 제신 / 지용기(池湧奇)
- 115 열전 28 / 제신 / 이색(李穡) ③

- 116 열전 29 / 제신 / 이림(李琳)
- 116 열전 29 / 제신 / 박위(朴葳)
- 117 열전 30 / 제신 / 정몽주(鄭夢周) ②
- 117 열전 30 / 제신 / 이첨(李詹) ①
- 117 열전 30 / 제신 / 이첨(李詹) ②
- 117 열전 30 / 제신 / 성석린(成石璘)
- 118 열전 31 / 제신 / 조준(趙浚) ②
- 118 열전 31 / 제신 / 조준(趙浚) ③
- 118 열전 31 / 제신 / 조준(趙浚) ⑥
- 119 열전 32 / 제신 / 정도전(鄭道傳) ①
- 119 열전 32 / 제신 / 정도전(鄭道傳) ②
- 119 열전 32 / 제신 / 정도전(鄭道傳) ③
- 119 열전 32 / 제신 / 정도전(鄭道傳) ④
- 120 열전 33 / 제신 / 윤소종(尹紹宗) / 윤회종(尹會宗)
- 120 열전 33 / 제신 / 오사충(吳思忠)
- 120 열전 33 / 제신 / 김자수(金子粹) ①
- 120 열전 33 / 제신 / 김자수(金子粹) ②
- 122 열전 35 / 환자 / 김사행(金師幸)
- 125 열전 38 / 간신 / 지윤(池奫)
- 126 열전 39 / 간신 / 이인임(李仁任) ③
- 126 열전 39 / 간신 / 염흥방(廉興邦)
- 126 열전 39 / 간신 / 왕안덕(王安德)

[정릉正陵]

공민왕비인 노국대장공주魯國大長公主(?~1365)의 능이다. 일명 보탑실리공주寶塔實里公主로 원 나라 황족 위왕魏王의 딸이다. 1349년 원

나라에서 공민왕과 결혼하여 공민왕의 즉위와 함께 귀국했다. 1364년 난산 끝에 발병하여 이듬해 죽었다.

능은 경기도 개풍군 중서면 여릉리에 있다.

≪고려사≫사료

- 041 세가 41 / 공민왕 14년(1365) 4월
- 041 세가 41 / 공민왕 15년(1366) 5월
- 041 세가 41 / 공민왕 16년(1367) 8월
- 041 세가 41 / 공민왕 17년(1368) 3월
- 041 세가 41 / 공민왕 17년(1368) 9월
- 041 세가 41 / 공민왕 18년(1369) 2월
- 042 세가 42 / 공민왕 19년(1370) 1월
- 042 세가 42 / 공민왕 19년(1370) 3월
- 042 세가 42 / 공민왕 19년(1370) 5월
- 043 세가 43 / 공민왕 20년(1371) 3월
- 043 세가 43 / 공민왕 20년(1371) 11월
- 043 세가 43 / 공민왕 21년(1372) 6월
- 043 세가 43 / 공민왕 21년(1372) 10월
- 043 세가 43 / 공민왕 21년(1372) 11월
- 044 세가 44 / 공민왕 22년(1373) 10월
- 044 세가 44 / 공민왕 23년(1374) 2월
- 044 세가 44 / 공민왕 23년(1374) 10월
- 134 열전 47 / 신우 8년(1382) 1월
- 054 지 08 / 오행 / 금(金) / <요언(妖言)>
- 061 지 15 / 예 / 길례 대사 / 제릉 / 공민왕(恭愍王)
- 064 지 18 / 예 / 흉례 / 국휼 / 공민왕(恭愍王)

- 071 지 25 / 악 / 속악(俗樂)을 쓰는 절도(節度)
- 077 지 31 / 백관 / 제사 도감 각색(諸司都監各色) ②
- 089 열전 02 / 후비 / 공민왕(恭愍王)
- 111 열전 24 / 제신 / 유탁(柳濯)
- 112 열전 25 / 제신 / 이무방(李茂芳)
- 114 열전 27 / 제신 / 이성서(李成瑞)
- 120 열전 33 / 제신 / 윤소종(尹紹宗) 【윤회종(尹會宗)】 ①
- 122 열전 35 / 환자 / 김사행(金師幸)
- 132 열전 45 / 반역 / 신돈(辛旽) ①
- 132 열전 45 / 반역 / 신돈(辛旽) ③

제32대 우왕禑王(1365~1389)

[우왕묘墓]

우왕은 1375년부터 1388년까지 14년간 재위하였다. 이성계의 일파에 의하여 폐위되는 수모를 겪었다. 능은 알지 못한다.

제33대 창왕昌王(1380~1389)

[창왕묘墓]

창왕의 재위는 1388년부터 1389년까지 2년이었다. 우왕이 신돈의 소생이라고 하여 폐위되고 즉위했다. 뒤에 이성계 일파에 의하여 폐위되었고 강화에 쫓겨난 후 살해되었다. 능은 어디 있는지 알 수 없다.

제34대 공양왕恭讓王(1345~1394)

[공양묘]

공양왕은 1389년부터 1394년까지 재위하였다. 신종神宗의 7대손 정원부원군定原府院君의 아들이다. 1389년 즉위하였으나 이성계 일파의 압력과 간섭으로 우왕과 창왕 부자를 살해하도록 하고 덕이 없고 어리석다고 하여 폐위되었다. 처음 원주에 추방되어 공양군으로 강등되었다가 삼척에서 살해되었다. 능은 어디 있는지 알 수 없다.

제2절 조선 왕릉

1 태조 [신의왕후, 신덕왕후], 2 정종 [정안왕후] 3 태종 [원경왕후] 4 세종 [소헌왕후] 5 문종 [현덕왕후] 6 단종 [정순왕후] 7 세조 [정희왕후] ■ 덕종 [소혜왕후] 8 예종 [장순왕후, 안순왕후] 9 성종 [공혜왕후, 정현왕후, 폐비윤씨], 10 연산군 [부인거창신씨], 11 중종 [단경왕후, 장경왕후, 문정왕후], 12 인종 [인성왕후], 13 명종 [인순왕후], 14 선조 [의인왕후, 인목왕후], ■ 원종 [인헌왕후] 15 광해군 [문성군부인유씨], 16 인조 [인렬왕후, 장렬왕후], 17 효종 [인선왕후], 18 현종 [명성明聖왕후], 19 숙종 [인경왕후, 인현왕후, 인원왕후], 20 경종 [단의왕후, 선의왕후] 21 영조 [정성왕후, 정순왕후], ■ 진종 [효순왕후], ■ 장조 [경의왕후], 22 정조 [효의왕후], 23 순조 [순원왕후], ■ 익종 [신정왕후], 24 헌종 [효현왕후, 효정왕후], 25 철종 [철인왕후], 26 고종 [명성明成황후], 27 순종 [순명황후, 순정황후]

제1대 태조(太祖) 이성계(1335~1408 재위 1392~1398)

【건원릉乾元陵】 [단릉]

태조의 능이다. 능호가 보통 외자릉 즉 '■릉'인데, 두자릉이다. 봉분이 잔디가 아니고 갈대로 고향의 것이라는 이야기가 전한다.

■ 행정 구역 경기도 구리시 인창동 62 [동구릉 사적 제193호]

■ 석물 곡장 병풍석 난간석 혼유석, 장명등(8각) 망주석(1쌍), 문인석(1쌍), 무인석(1쌍), 마석馬石(2쌍), 양석羊石(2쌍), 표석(1기), 신도비(1기), 정중석正中石(1), 당중석當中石

■ 풍수 사항 계좌정향癸坐丁向(정남향에서 서쪽으로 약간 기울어짐)-유혈乳穴-금수형金水形-청룡승천형靑龍昇天形

■ 관련 의궤

건원릉 정자각 중수도감 의궤(1764 영조 40) [규 13500], 건원릉 정자각 중수도감 의궤(1764 영조 40) [규 13896-2], 건원릉 정자각 중수도감 의궤(1764 영조 40) [파 2547]

【제릉齊陵】 [단릉]

태조의 원비 신의왕후神懿王后(1337~1391)의 능이다.

■ 행정 구역 개성시 판문군 상도리 [북한]

■ 풍수 사항 갑자경향甲坐庚向(정동에서 북쪽으로 15도 기울어진 좌이고 향은 남쪽으로 15도 들어간 향)

■ 관련 의궤

제릉 신도비 영건청 의궤(1744 영조 20) [파 2652]

【정릉貞陵】 [단릉]

태조의 계비 산덕왕후神德王后(?~1396)의 능이다.

■ 행정 구역 서울시 성북구 정릉동 87-6 [사적 제208호]←1409년 서울 중구 정동, 현종(1659~1674) 개축

■ 풍수 사항 경좌갑향庚坐甲向(정동에서 북으로 15도 기울어진 향)-유혈乳穴 중 천혈天穴-비봉귀소형飛鳳歸巢形-주산 북한산

■ 관련 의궤

정릉표석영건청의궤貞陵表石營建廳儀軌(1770 영조 46) [규 13499]

[조선 선대의 추존 왕과 왕비의 능]

고조부모의 능 [덕릉德陵과 안릉安陵]

조선 태조의 고조부인 목조穆祖 [본명 李安社, 뒤에 목조로 추존]의 능이 덕릉이고 고조모 능이 안릉이다. 능은 함경남도 신흥군 가평면 능리에 있다.

그림 9-2 북도각릉전도형

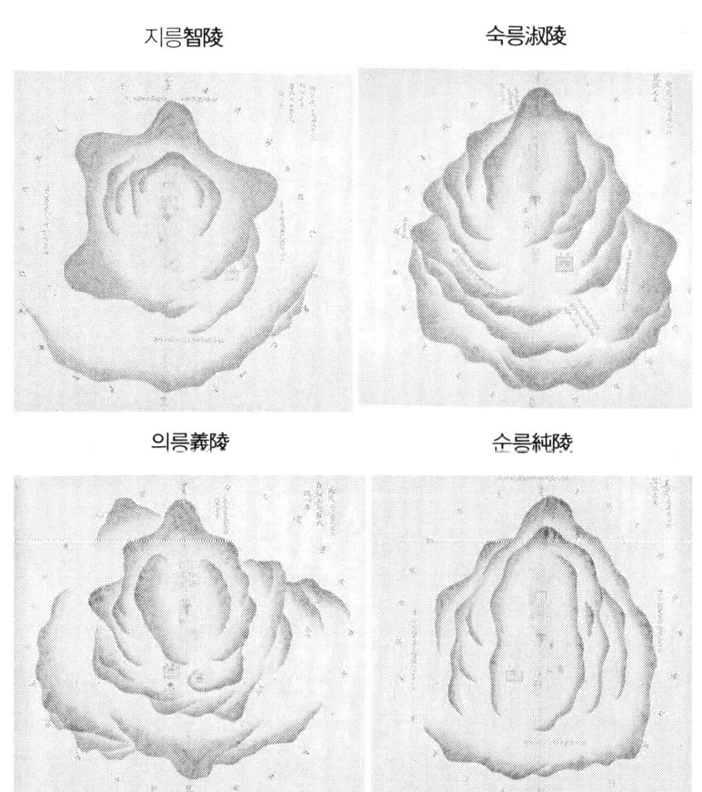

덕안릉德安陵 정화릉定和陵

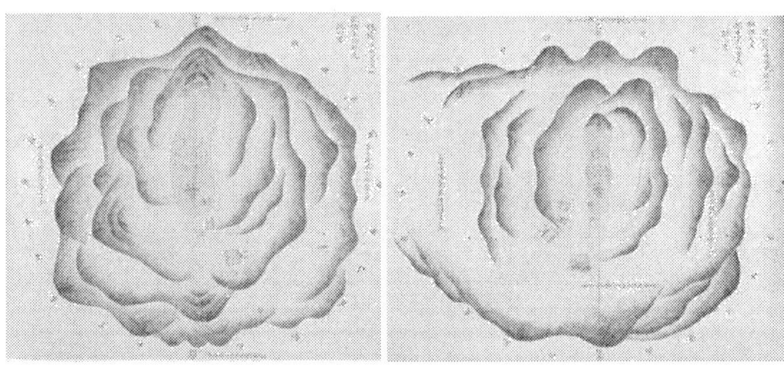

[설명] 이 태조의 선대 조상을 능묘로 하는 병풍형 그림이다.

증조부모의 능 [지릉智陵과 숙릉淑陵]

지릉智陵은 함경남도 안변군 서곡면 능리에 숙릉淑陵은 문천군 도초면 능전리에 있다. 조선 태조의 증조부인 익조翼祖와 증조모인 정숙왕후 최씨貞淑王后崔氏 능이다.

조부모의 능 [의릉義陵과 순릉純陵]

의릉은 도조度祖의 능이고 순릉은 경순왕후 문천박씨敬順王后文川朴氏(?~1342)의 능이다. 능소는 함경남도 함주군 서호면 능전리에 있다.

부모의 능 [정릉定陵과 화릉和陵]

정릉定陵은 이태조의 아버지 환조桓祖의 능이고 화릉은 선비先妣로 의혜왕후懿惠王后에 추존된 최씨崔氏의 능이다. 이들 능은 함경남도 함주군 동천면 경흥리에 있다.

이들 조선 선대 조상 능묘의 성역화는 태조가 조선왕조를 개창한 다음해인 1393년 8월 친히 선대가 묻혀 있는 동북면지방으로 행차하여 묘소에 제사를 드리고 즉위를 알리면서 능호陵號를 올린다. 그리고 재궁齋宮 [왕이 대묘大廟에 제사를 지내기 전에 재계齋戒를 위해 만든 궁전]을 짓고 능직권무陵直權務 2인과 약간의 수릉호守陵戶를 두었다. 뒤에 이 능을 보호하기 위하여 참봉 등을 두어 관리하게 하였다.

제2대 정종(定宗)(재위 1398~1400)

【후릉厚陵】 [쌍릉]

왕비 정안왕후定安王后(1355~1412)와의 쌍릉이다.

■ 행정 구역 개성시 판문군 령정리 [북한]

■ 풍수사항 계좌정향-주산 백마산

■ 관련 의궤

후릉 수개도감 의궤(1667 현종 8) [파 2653], 능표석 연건청 의궤(1754 영조 30) [파 2441]

제3대 태종(太宗)(1367~1422 재위 1400~1418)

【헌릉獻陵】 (쌍릉)

왕비 원경왕후元敬王后(1365~1420)와 동원이봉同原異封의 능이다.

■ 행정 구역 서울시 강남구 내곡동 13-1 [사적 제194호]

■ 풍수 사항 건좌손향乾坐巽向(서북간에서 동남간 방향)-인혈人穴(산중턱)-유혈乳穴중 대유大乳(정4격)-조산혈증朝山穴證(양금형陽金形)-봉황포란형鳳凰抱卵形-금산金山(정오행의 금金)-주산 대모산大母山(293m)

■ 관련 의궤

헌릉석물 중수도감 의궤(1768 영조 44) [규 13896-1], 능표석 연건청

의궤(1754 영조 30) [파2441]

제4대 세종(世宗)(1397~1450, 재위 1418~1450)

【영릉英陵】 (단릉)

왕비 소헌왕후昭憲王后(1395~1446)와의 합장 능이다.

■ 행정 구역 경기도 여주군 능서면 왕대리 산 83-1 [사적 제195호](← 1468 서울 서초구 내곡동 헌릉 옆)

■ 풍수 사항 자좌오향子坐午向(정남향)-파구가破口가 연못(산+과 연못-의 충화沖和)-봉황포란형

■ 관련 의궤

영릉 표석 영건청 의궤(1744 영조 20) [파 2519]

제5대 문종(文宗)(1414~1452, 재위 1450~1452)

【현릉顯陵】 (쌍릉)

왕비 현덕왕후顯德王后(1418~1441)와 동원이강同原異岡의 능이다. 1513년에 왕후는 소릉昭陵(현재의 안산)에서 이장되었다.

■ 풍수 사항 계좌정향-조산혈증-금수형金水形-금계포란형.

■ 행정 구역 경기도 구리시 인창동 62 [동구릉 사적 제193호]

■ 관련 의궤

능표석 연건청 의궤(1754 영조 30) [파2441]

제6대 단종(端宗)(1441~1457, 재위 1452~1455)

【장릉莊陵】 (단릉)

1516년(중종 11) 노산군묘魯山君墓)로 되었다가 1698년(숙종 7)에 복위되었다. 1698년에 단종비각 건립, 1733년(영조 9)에 정자각, 수복실 따위가 건립, 1791년(정조 15)에 배식단사配食壇祠, 영천靈泉(祭井) 등이 세워졌다.

■ 행정 구역 강원도 영월군 영월읍 영흥리 산 121-1 [사적 제196호]

■ 풍수 사항 신좌을향辛坐乙向(정서에서 북쪽으로 15도의 좌와 정동에서 남쪽으로 15도의 항)-혈형은 장유長乳-금수형金水形-흑룡승천형黑龍昇天形-주산 봉래산(土山)

■ 관련 의궤

장릉봉릉도감의궤(1698 숙종 24) [장 2-2368], 장릉봉릉도감의궤(1698 숙종 24) [파 2627], 장릉개수도감의궤(1699 숙종 25) [규13505], 장릉봉릉도감의궤(1699 숙종 25) [규 14830], 장릉개수도감의궤(1699 숙종 25) [파 2626]

【사릉思陵】 [단릉]

단종 비 정순왕후定順王后(1440~1521)의 능이다. 1698년(숙종 24)에 복위되었다.

■ 행정 구역 경기도 남양주시 진건면 사릉리 산 65 [사적 제209호]

■ 풍수 사항 계좌정향-유혈중 단유短乳- 비룡승천형-주산 양금산陽金山

■ 관련 의궤

사릉도감의궤(1698 숙종 24) [장 2-2318] 사릉봉릉도감의궤(1698 숙종 24) [장 2-2614]

제7대 세조(世祖)(1417~1468)

【광릉光陵】 (쌍릉)

왕비 정희왕후貞熹王后(1418~1483)와 동원이강同原異岡의 능이다.

■ 행정 구역 경기도 남양주시 진접읍 부평리 247 [사적 제197호]

■ 풍수 사항자좌오향(왕), 축좌미향丑坐未向(왕후. 서남간 15도 남쪽의 향)-쌍룡농주형雙龍弄珠形-음금형陰金形-주산 금산金山

■ 관련 의궤

능표석연건청의궤陵表石營建廳儀軌(1754 영조 30) [파 2441]

第8대 예종(睿宗)(1450~1469)

【창릉昌陵】(쌍릉)

왕의 계비 안순왕후安順王后(?~1498)와 동원이강의 능이다.

■ 행정 구역 경기도 고양시 용두동 산 30-1 [서오릉, 사적 제198호]

■ 풍수 사항 간좌곤향艮坐坤向(동북간에서 남서쪽으로의 향)-쌍룡농주형

【공릉恭陵】(단릉)

예종의 원비 장순왕후章順王后(1445~1461)의 능이다.

■ 행정 구역 경기도 파주시 조리면 봉일천리 산 5-1 [사적 제205호]

■ 풍수 사항 술좌진향戌坐辰向(정동에서 남쪽으로 30도의 향)-비봉귀소형

■ 관련 의궤

능표석연건청의궤陵表石營建廳儀軌(1754 영조 30) [파2441]

第9대 성종(成宗)(1457~1494)

【선릉宣陵】(쌍릉)

왕과 계비 정현왕후貞顯王后(1462~1530)과 동원이강의 능이다.

■ 행정 구역 서울시 강남구 삼성동 135-4 [사적 제199호]

■ 풍수 사항 임좌병향壬坐丙向(왕), 인좌신향寅坐申向(왕후 정서의 남쪽으로 30도의 향)-유혈乳穴-봉황포란형鳳凰抱卵形-회룡고조回龍顧祖-북고남저北高南低

【순릉順陵】(단릉)

원비 공혜왕후恭惠王后(1456~1474)의 능이다.

■ 행정 구역 경기도 파주시 조리면 봉일천리 산 15-1 [사적 제205호]

■ 풍수 사항 묘좌유향卯坐酉向(정동에서 정서의 향)-유혈乳穴-봉황포란형鳳凰抱卵形

■ 관련 의궤

능표석연건청의궤陵表石營建廳儀軌(1754 영조 30) [파2441]

【경릉敬陵】(쌍릉)

성종의 생부로 덕종德宗 [추존왕](1438~1457)으로 추대되었다. 왕비 소혜왕후昭惠王后(1437~1504)와 동원이강의 능이다.

■ 행정 구역 경기도 고양시 용두동 산 30-1 [서오릉 사적 제198호]

■ 풍수 사항 계좌정향癸坐丁向(왕), 간좌곤향艮坐坤向(왕후)-쌍룡농주형

제10대 연산군(燕山君)(1476~1506)

【연산군묘】(쌍분)

거창군부인居昌郡夫人 신씨愼氏(1474~1506 추정)와 쌍분이다.

■ 행정 구역 서울시 도봉구 방학동 산 77 [사적 제362호]
■ 풍수 사항 임좌병향-노서하전형老鼠下田形-주산 도봉산

제11대 중종中宗(1488~1544)

【정릉靖陵】(단릉)

중종의 단독 능이다.

■ 행정 구역 서울시 강남구 삼성동 135-4 [사적 제199호]
■ 풍수 사항 건좌손향乾坐巽向-복치형伏雉形-양금형陽金形
■ 관련 의궤
능표석연건청의궤陵表石營建廳儀軌(1754 영조 30) [파2441]

【온릉溫陵】(단릉)

중종의 원비 단경왕후端敬王后(1487~1557)의 능이다.

■ 행정 구역 경기도 양주군 장흥면 일영리 산 19 [사적 제210호]
■ 풍수 사항 해좌사향亥坐巳向(정남에서 동쪽으로 30도의 향)-매화락지형梅花落地形
■ 관련 의궤와 자료
봉릉도감의궤封陵都監儀軌(1739 영조 15) [규14831], 온릉도감의궤(전)(1739 영조 15) [장2-2351], 온릉봉릉도감의궤(상)(1739 영조 15) [파2694], 온릉봉릉도감의궤(하)(1739 영조 15) [파2419]

≪온릉지溫陵誌≫

1936년에 신종석愼宗錫이 2권 1책으로 간행하였다. 이 책은 목차와 본문, 편찬자의 후서後序로 구성되어 있다.

본문의 내용은 고실故實·병인손위丙寅遜位·을해청복乙亥請復·정사승

하丁巳昇遐·임자이사壬子移祀·기묘입사己卯立祠·기미복위己未復位·시호諡號·능호陵號·능침소재지명陵寢所在地名·좌우선룡팔수左右旋龍八首·좌향득수파坐向得水破·기신忌辰·시책문諡冊文·옥책문玉冊文·정자각상량문丁字閣上樑文·예조계사禮曹啓辭·봉릉월일奉陵月日·구주매안舊主埋安·능상척수陵上尺數·능하제처보수陵下諸處步數·홍전문척수紅箭門尺數·석물척수石物尺數·석개소입수石箇所入數·재실간수齋室間數·화소火巢·향탄산香炭山·봉릉도감당랑奉陵都監堂郎 따위이다.

이중에서 '능침소재지명', '좌우선룡팔수', '좌향득수파' 따위는 능 위치에 대한 기록이다. 특히 풍수지리 조건을 밝힌 뒤의 두 조목이 많은 분량을 차지한다. 능상척수부터 재실간수는 능의 규모를 기록한 것이다.

【희릉禧陵】 (단릉)

중종의 제1 계비인 장경왕후章敬王后(1491~1515)의 능이다.

■ 행정 구역 경기도 고양시 원당동 산 37-1 [서삼릉, 사적 제200호]

■ 풍수사항 간좌곤향艮坐坤向-유혈乳穴-연화부수형蓮花浮水形

■ 관련 의궤

표석영건청의궤表石營建廳儀軌(1753 영조 29) [파2589]

【태릉泰陵】 (단릉)

중종의 제2 계비 문정왕후文定王后(1501~1565)의 능이다.

■ 행정 구역 서울시 노원구 공릉동 223-19 [사적 제201호]

■ 풍수 사항 임좌병향-유혈乳穴-비좌림형飛鳥下林形

제12대 인종(仁宗)(1515~1545)

【효릉孝陵】 (쌍릉)

인종과 왕비인 인성왕후仁聖王后(1514~1577)의 쌍릉이다.

■ 행정 구역 경기도 고양시 원당동 산 37-1 [서삼릉, 사적 제200호]

■ 풍수 사항 간좌곤향-겸혈鉗穴-용호혈증龍虎穴證-비조탁목형飛鳥啄木形-주산 양금형陽金形

■ 관련 의궤

표석영건청의궤表石營建廳儀軌(1753 영조 29) [파 2589]

제13대 명종(明宗)(1535~1567)

【강릉康陵】(쌍릉)

명종과 인순왕후仁順王后(1532~1572)의 쌍릉이다.

■ 행정 구역 서울시 노원구 공릉동 223-19 [사적 제201호]

■ 풍수 사항 해좌사향-와룡형-주산 불암산佛岩山

■ 관련 의궤

표석영건청의궤表石營建廳儀軌(1753 영조 29) [파 2589]

제14대 선조(宣祖)(1552~1608)

【목릉穆陵】(쌍릉)

선조와 원비 의인왕후懿仁王后(1555~1600), 계비 인목왕후仁穆王后(1584~1632)의 목릉 [동원이강]

■ 풍수 사항 임좌병향(왕), 갑좌경향(인목왕후)-연화부수형

■ 행정 구역 경기도 구리시 인창동 62 [동구릉, 사적 제193호]

■ 관련 의궤

국장도감2방의궤(1608 광해 즉위) [규 13511], 국장도감1방의궤(1608 광해 즉위) [규 14861-1], 국장도감2방의궤(1608 광해 즉위) [규 14861-2]

목종수개의궤(1608 광해 01) [규13514], 목종천릉도감의궤(1630 인조

8) [규 13515], 목릉천봉도감의궤(1630 인조 08) [규 15070], 목릉천봉등록(전)(1638 인조 16) [장 2-2311], 목릉천장시산릉도감의궤(1638 인조 16) [파 2402]

[목릉]표석영건청위궤(1747 영조 22) [파2574]

[인목왕후仁穆王后]

국장도감의궤(1632 인조 10) [규 13516], 산릉도감의궤(1632 인조 10) [규 13517] 산릉도감의궤(1632 인조 10) [규 14822]

[의인왕후懿仁王后]

빈전혼전도감의궤(1600 선조 33) [규 14845], 산릉도감의궤(1601 선조 34) [규 14826]

제15대 광해군(光海君)(1575~1641)

【광해군묘】 (쌍분)

문성군부인文城郡夫人 유씨柳氏(1598~1623)와의 묘이다.

- 행정 구역 경기도 남양주시 진건면 송릉리 산59 [사적 제363호]
- 풍수 사항 임좌병향-와우형

제16대 인조(仁祖)(1595~1649)

【장릉長陵】 (단릉)

인조와 원비 인렬왕후仁烈王后(1594~1635)의 합장 능이다.

- 행정 구역 경기도 파주시 탄현면 갈현리 25-1 [사적 제203호]
- 풍수 사항 자좌오향-유혈-연화부수형
- 관련 의궤

국장도감청의궤(1649 효종 즉위) [규 13521], 빈전도감의궤(1649 효종 즉위) [규 14855], 산릉도감의궤(1649 효종 즉위) [규 15074] 산릉의궤(1649 효종 즉위) [장 2-2367], 국장도감도청의궤(1649 효종 즉위) [파 2552], 빈전도감의궤(1649 효종 즉위) [파 2596]

천릉도감도청의궤(1731 영조 7) [규 14597-1-7], 천릉도감도청의궤(1731 영조 7) [규 14886] 천릉도감도청의궤(1731 영조 7) [규 14887] 천봉등록(1731 영조 7) [장 2-2370], 천릉시 산릉도감의궤(1731 영조 7) [장 2-4803], 천봉시 산릉도감의궤(상)(1731 영조 7) [파 2410], 천봉시 산릉도감의궤(하)(1731 영조 7) [파 2415] 천릉도감의궤(1)(1731 영조 7) [파 2658] 천릉도감의궤(2)(1731 영조 7) [파 2656] 천릉도감의궤(3)(1731 영조 7) [파 2661] 천릉도감의궤(4)(1731 영조 7) [파 2655], 천릉도감의궤(5)(1731 영조 7) [파 2659], 천릉도감의궤(6)(1731 영조 7) [파 2660], 천릉도감의궤(7)(1731 영조 7) [파 2657]

[장릉]표석영건청의궤(1753 영조 29) [파 2589]

【휘릉徽陵】 (단릉)

인조의 계비 장렬왕후莊烈王后(1624~1688)의 능이다.

■ 행정 구역 경기도 구리시 인창동 62 [동구릉, 사적 제193호]

■ 풍수 사항 유좌묘향-유혈-비봉귀소형

■ 관련 의궤

국장도감도청의궤(1688 숙종 14) [규 14867], 산릉도감의궤(전)(1688 숙종 14) [장 2-2326] 산릉도감의궤(상)(1688 숙종 14) [파 2407], 산릉도감의궤(하)(1688 숙종 14) [파 2625], 혼전도감의궤(1688 숙종 14) [파 2502], 국장도감의궤(건)(1688 숙종 14) [파 2561], 국장도감의궤(곤)(1688 숙종 14) [파 2560], 빈전도감의궤(1688 숙종 14) [파 2607], 빈전혼전도감의궤(1688 숙종 14) [파 2628]

[휘릉]표석영건청위궤(1747 영조 22) [파 2574]

추존 원종(元宗)(1580~1619)

【장릉章陵】 (쌍릉)

원종元宗은 추존된 임금으로 인조의 아버지이다. 왕비는 좌찬성 구사맹具思孟(1531~1604)의 딸 인헌왕후仁獻王后의 능이다.

■ 행정 구역 경기도 김포군 김포읍 풍무리 산 141 [사적 제202호]

■ 풍수 사항 자좌오향-유혈-매화락지형-주산 관악산

■ 관련 의궤

예장도감의궤禮葬都監儀軌(1627 인조 05) [규 13518]

第17대 효종(孝宗)(1619~1659)

【녕릉寧陵】 (쌍릉)

왕과 인선왕후仁宣王后(1618~1674)의 쌍릉이다.

■ 행정 구역 경기도 여주시 능서면 왕대리 산 83-1 [사적 제195호]

■ 풍수 사항 자좌오향-유혈乳穴-야자형也字形

■ 관련 의궤

국장도감도청의궤(1659 현종 즉위) [규 13527], 빈정도감의궤(1659 현종 즉위) [규 13528] 국장도감도청의궤(1659 현종 즉위) [규 14866], 빈전도감의궤(1659 현종 즉위) [규 15072], 산릉도감의궤(1659 현종 즉위) [규15075], 산릉도감의궤(1659 현종 즉위) [장 2-2320], 국상도감의궤(상)(1659 현종 즉위) [파 2555] 국장도감의궤(하)(1659 현종 즉위) [파 2554] 빈전도감의궤(1659 현종 즉위) [파 2597], [녕릉]수개도감의궤(1660 현종 01) [장 2-3566], 국장도감도청의궤(1659 현종 즉위) [규 14866], 빈전도감의궤(1659 현종 즉위) [규 15072], 천릉도감도청의궤(1673 현종 14) [규 13532] 천릉도감빈전소의궤(1673 현종 14) [규 13533] 천릉도감도청의궤(1673 현종 14) [규 14885] 천릉도감의궤(1673 현종 14)

[규 15071] 산릉(천릉)도감의궤(1673 현종 14) [장 2-2321]

[인선왕후仁宣王后]

국장도감도청의궤(1674 현종 15) [규 13534], 국장도감도청의궤(1674 현종 15) [규 13535], 국장도감도청의궤(1674 현종 15) [규 14865], 산릉도감의궤(전)(1674 현종 15) [장 2-2322], 산릉도감의궤(상)(1674 현종 15) [파 2405], 산릉도감의궤(하)(1674 현종 15) [파 2413], 혼전도감의궤(1674 현종 15) [파 2497], 국장도감의궤(1)(1674 현종 15) [파 2553], 국장도감의궤(2)(1674 현종 15) [파 2633], 국장도감의궤(3)(1674 현종 15) [파 2556], 빈전도감의궤(1674 현종 15) [파 2598]

제18대 현종(顯宗)(1641~1674)

【숭릉崇陵】(쌍릉)

왕과 명성왕후明聖王后(1642~1683)의 쌍릉이다.

- 행정 구역 경기도 구리시 인창동 62 [동구릉, 사적 제193호]
- 풍수 사항 유좌묘향-유혈-연화부수형
- 관련 의궤

국장도감도청의궤(1674 숙종 즉위) [규 13539], 국장도감도청의궤(1674 숙종 즉위) [규 15077] 숭릉산릉도감의궤(1674 숙종 즉위) [규 15076], 산릉도감의궤(전)(1674 숙종 즉위) [장 2-2323], 산릉도감의궤(상)(1674 숙종 즉위) [파 2404], 산릉도감의궤(하)(1674 숙종 즉위) [파 2420], 혼전도감의궤(1674 숙종 즉위) [파 2498], 빈전도감의궤(1674 숙종 즉위) [파 2599], 빈전도감의궤(1675 숙종 1) [규 13540], 빈전도감의궤(1675 숙종 1) [규14842] 수개도감의궤(1677 숙종 03) [장 2-3568]

[명성왕후明聖王后]

빈전도감의궤(1683 숙종 9) [규 13544], [숭릉]산릉도감의궤(1683 숙종 9) [규 14832], 빈전도감의궤(1683 숙종 9) [규 14841], 숭릉산릉도감의궤(1683 숙종 9) [장 2-2325], 혼전도감의궤(1683 숙종 9) [파 2501], 숭릉산릉도감의궤(하)(1683 숙종 9) [파 2588], 빈전도감의궤(1683 숙종 9) [파2601], 숭릉산릉도감의궤(상)(1683 숙종 9) [파 2406], 국장도감2방의궤(1684 숙종 10) [규 14869], 국장도감의궤(1684 숙종 10) [파 2559]

第19대 숙종(肅宗)(1661~1720)

【명릉明陵】(쌍릉과 단릉)

왕과 제1계비 인현왕후仁顯王后(1667~1700), 제2계비 인원왕후仁元王后(1687~1757)의 쌍릉이다.

■ 행정 구역 경기도 고양시 용두동 산 30-1 [서오릉, 사적 제198호]

■ 풍수 사항 갑좌경향甲坐庚向-유혈-맹호하산형猛虎下山形, [인원왕후仁元王后 단릉]의 을좌신향

■ 관련 의궤

국장도감도청의궤(1720 경종 즉위) [규 13548-1-2], 빈전도감의궤(1720 경종 즉위) [규 13549], 혼전도감의궤(1720 경종 즉위) [규 13550], 빈전도감의궤(1720 경종 즉위) [규 14839], 혼전도감의궤(1720 경종 즉위) [규 14856], 국장도감도청의궤(1720 경종 즉위) [규 14862], 산릉도감의궤(상하)(1720 경종 즉위) [장 2-2362], 산릉도감의궤(상)(1720 경종 즉위) [파 2408], 산릉도감의궤(하)(1720 경종 즉위) [파 2418], 혼전도감의궤(1720 경종 즉위) [파 2504] 국장도감의궤(상)(1720 경종 즉위) [파 2565], 국장도감의궤(하)(1720 경종 즉위) [파 2564], 빈전도감의궤(1720 경종 즉위) [파 2603]

[인현왕후仁顯王后]

국장도감도청의궤(1701 숙종 27) [규 1355-1-2], 인현왕후빈전도감의궤(1701 숙종 27) [규 1356-1], 혼전도감의궤(1701 숙종 27) [규 1356- 2] 산릉도감의궤(1701 숙종 27) [규 14824], 국장도감도청의궤(1701 숙종 27) [규 14864] 산릉도감의궤(상하)(1701 숙종 27) [장 2-2327], 산릉도감의궤(상)(1701 숙종 27) [파2414] 혼전도감의궤(1701 숙종 27) [파 2503], 국장도감도청의궤(상)(1701 숙종 27) [파 2562], 국장도감도청의궤(1701 숙종 27) [파 2563], 빈전도감의궤(1701 숙종 27) [파 2602]

[명릉明陵]

개수도감의궤(1744 영조 20) [규 13563] 개수도감의궤(1744 영조 20) [규 13564] 개수도감의궤(1744 영조 20) [규 13565], 명릉양릉상개수도감의궤(1744 영조 20) [파 2581]

[인원왕후仁元王后]

국장도감2방의궤(1757 영조 33) [규 13557], 국장도감2방의궤(1757 영조 33) [규 13558], 빈전도감의궤(1757 영조 33) [규 13559-1], 혼전도감의궤(1757 영조 33) [규 13559-2], 산릉도감의궤(1757 영조 33) [규 13560-1-2],

명릉산릉도감도청의궤(상)(1757 영조 33) [파 2582], 명릉산릉도감도청의궤(하)(1757 영조 33) [파 2412], 혼전도감의궤(1757 영조 33) [파 2500], 국장도감의궤(상)(1757 영조 33) [파 2583], 국장도감의궤(하)(1757 영조 33) [파 2584], 빈전도감의궤(상)(1757 영조 33) [파 2605]

【익릉翼陵】(단릉)

원비 인경왕후仁敬王后(1661~1680)의 능이다.

■ 행정 구역 경기도 고양시 용두동 산 30-1 [서오릉, 사적 제198호]

■ 풍수 사항 축좌미향-와혈窩穴-와우형臥牛形

■ 관련 의궤

빈전도감의궤(1680 숙종 6) [규 13554], 산릉도감의궤(상하)(1680 숙종 6) [장 2-2324], 산릉도감의궤(상)(1680 숙종 6) [파 2411], 산릉도감의궤(하)(1680 숙종 6) [파 2421], 혼전도감의궤(1680 숙종 6) [파 2499], 빈전도감의궤(1680 숙종 6) [파 2600] 국장도감도청의궤(1681 숙종 07) [규 13553], 산릉도감의궤(상(1681 숙종 07) [파 2588], 산릉도감의궤(하)(1681 숙종 07) [파 2557]

제20대 경종(景宗)(1688~1724)

【의릉懿陵】(쌍릉)

왕과 계비 선의왕후宣懿王后의 쌍릉이다.

■ 행정 구역 서울시 성북구 석관동 산 1-5 [사적 제204호]

■ 풍수 사항 신좌인향申坐寅向(정동에서 북쪽으로 30도의 향)-장유長乳-봉황포란형-주산 천장산天藏山

■ 관련 의궤

국장도감도청의궤(1724 영조 즉위) [규 13566-1-2], 빈전도감의궤(1724 영조 즉위) [규 13567], 혼전도감의궤(1724 영조 즉위) [규 13567], 혼전도감의궤(1724 영조 즉위) [규 14844], 빈전도감의궤(1724 영조 즉위) [규14854], 국장도감도청의궤(1724 영조 즉위) [규 14871], [의릉]산릉도감의궤(상)(1724 영조 즉위) [파 2403], 산릉도감의궤(하)(1724 영조 즉위) [파2416], 혼전도감의궤(1724 영조 즉위) [파 2505], 국장도감의궤(상)(1724 영조 즉위) [파 2568], 국장도감의궤(하)(1724 영조 즉위) [파

2567], 산릉도감의궤(1724 영조 즉위) [장 2-2329]

[선의왕후宣懿王后]

국장도감의궤(1730 영조 6) [규 13576-1-2], 빈전도감의궤(1730 영조 6) [규 13577], 혼전도감의궤(1730 영조 6) [규13578], 산릉도감의궤(1730 영조 6) [규 14823-1-2], 빈전도감의궤(1730 영조 6) [규 14853], 국장도감의궤(1730 영조 6) [규 14863] 산릉도감의궤(상하)(1730 영조 6) [장2-2362] 산릉도감의궤(상)(1730 영조 6) [파 2409] 산릉도감의궤(하)(1730 영조 6) [파 2417] 혼전도감의궤(1730 영조 6) [파 2506] 국장도감의궤(상)(1730 영조 6) [파2566] 국장도감의궤(하)(1730 영조 6) [파 2569] 빈전도감의궤(1730 영조 6) [파 2604]

【혜릉惠陵】(단릉)

왕과 원비 단의왕후端懿王后(1686~1718)의 능이다.

■ 행정 구역 경기도 구리시 인창동 62 [동구릉, 사적 제193호]

■ 풍수 사항 유좌묘향酉坐卯向-유혈-봉황포란형

■ 관련 의궤

석물추배도감의궤(1722 경종 2) [규 14940], 석물추배도감의궤(1722 경종 02) [장 2-3603], 석물추배도감의궤(1722 경종 2) [파 2496]

[혜릉]표석영건청위궤(1747 영조 22) [파 2574]

제21대 영릉(英祖)(1694~1776)

【원릉元陵】(쌍릉)

왕과 계비 정순왕후貞純王后(1745~1805)의 능이다.

■ 행정 구역 경기도 구리시 인창동 62 [동구릉, 사적 제193호]
■ 풍수 사항 해좌사향亥坐巳向-유혈-와룡형
■ 관련 의궤
국장도감도청의궤(1776 정조 즉위) [규 13581-1-2], 국장도감도청의궤(1776 정조 즉위) [규 13581-1-2] 빈전도감의궤(1776 정조 즉위) [규 13583-1], 빈전도감의궤(1776 정조 즉위) [규 13583-2], 빈전도감의궤(1776 정조 즉위) [규 13584-1], 혼전도감의궤(1776 정조 즉위) [규 13584-2], 원릉산릉도감의궤(1776 정조 즉위) [규 13585-1-2], 원릉산릉도감의궤(1776 정조 즉위) [규 13586-1-2], 원릉개수도감의궤(1783 정조 7) [규 13601]

[정순왕후貞純王后]

[정순왕후]국장도감우주우주소의궤(1805 순조 5) [규 13592-1-4], [정순왕후]국장도감우주우주소의궤(1805 순조 5) [규 13593-1-4], [정순왕후]빈전혼전도감의궤(1805 순조 5) [규 13594-1-4], [정순왕후]빈전혼전도감의궤(1805 순조 5) [규 13595-1-4], [정순왕후]원릉산릉도감의궤(1805 순조 5) [규 13596-1-2], [정순왕후]원릉산릉도감의궤(1805 순조 5) [규 13597-1-2]

【홍릉弘陵】(단릉)

원비 정성왕후貞聖王后(1692~1757)의 능이다.
■ 행정 구역 경기도 고양시 용두동 산 30-1 [서오릉, 사적 제198호]
■ 풍수 사항 을좌신향乙坐辛向-와혈窩穴-연소형燕巢形
■ 관련 의궤
국장도감도청의궤(1757 영조 33) [규 13589-1-2], 빈전도감의궤(1757 영조 33) [규 13590=1], 혼전도감의궤(1757 영조 33) [규 13590-2], 산릉

도감의궤(1757 영조 33) [규 13591-1-2], 혼전도감의궤(1757 영조 33) [파 2507], 국장도감의궤(1757. 영조 33) [파 2508], 산릉도감의궤(하)(1757 영조 33) [파 2580], 빈전도감의궤(1757 영조 35) [파 2606]

홍릉산릉도감의궤(1683 숙종 9) [파 2588]

제21대 추존 왕 진종(眞宗)

【영릉永陵】 (쌍릉)

추존황제인 진종眞宗(1719~1728)과 효순소황후孝純昭皇后(1715~1751)의 동원이강 능이다.

■ 행정 구역 경기도 파주시 조리면 봉일천리 산 15-1 [사적 제205호]

■ 풍수 사항 을좌신향-유혈-연화부수형

■ 관련 의궤

[효장세자]묘소도감의궤(1728 영조 4) [규 14835], [효장세자]묘소도감의궤(1책)(1728 영조 4) [장 2-2313], [효장세자]묘소도감의궤(1728 영조 4) [장 2-2314], [진종]빈궁도감의궤(1728 영조 4) [규 14857]

[진종비眞宗妃]

현빈궁상등록賢嬪宮喪謄錄(1751 영조 27) [장2-3033]

그림 9-3 묘소도감의궤

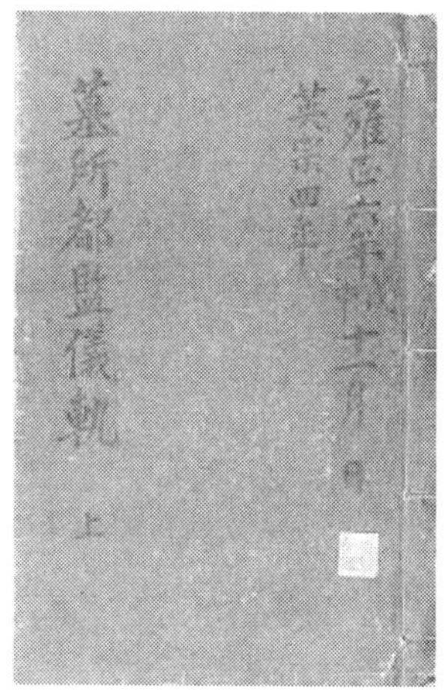

[설명] 효장세자 묘소도감 의궤 표지이다. 1728년 묘소도감에서 펴낸 것이다. 장서각 소장 번호는 2-2314이다.

【융릉隆陵】 (단릉)

'사도思悼'라는 시호를 받기도 한 추존황제 장조莊祖(1735~1762)와 헌경의황후獻敬懿皇后(1735~1815)의 합장 능이다. 수은묘垂恩墓와 영우원永佑園(양주 배봉산)을 거치고 1789년에는 현륭원顯隆園으로 천장하여 오늘에 이르고 있다.

■ 행정 구역 경기도 화성시 태안읍 안녕리 산 1-1 [사적 제206호]

■ 풍수 사항 계좌정향癸坐丁向(서쪽으로 15도의 향)-유혈-연화부수형

■ 관련 의궤

[사도세자]예장도감도청의궤(1762 영조 38) [규 13605-1-2], [사도세자]빈궁혼궁도감의궤(1762 영조 38) [규 13606-1-2], [사도세자]빈궁혼궁도감의궤(1762 영조 38) [파 2595]

[장조영우원莊祖永祐園]묘소도감의궤(1762 영조 38) [규 13607], [장

조영우원]묘소도감의궤(2)(1762 영조 38) [파 2586]

[장조]영우원천봉도감도청의궤(1789 정조 13) [규 13624-1-7], [장조]영우원천봉도감도청의궤(1789 정조 13) [규 13625], [장조]영우원천봉도감도청의궤(1789 정조 13) [규 13626]

[장조]현륭원원소도감의궤(1789 정조 13) [규 13627-1-2], [장조]현륭원원소도감의궤(1789 정조 13) [규 13628-1-2], [장조]현륭원원소도감의궤(1789 정조 13) [규 13630-1-2], [장조]현륭원원소도감의궤(1789 정조 13) [파 2467]

[장조]현륭원천원의궤(1789 정조 13) [규 13629-1-3], [장조]영우원천봉등록(1789 정조 13) [장 2-2349], 영우원천봉도감일방의궤(1789 정조 13) [파 2696]

[헌경왕후獻敬王后]

헌경혜빈상례도감의궤(1815 순조 15) [규 13609]헌경혜빈상례도감의궤(1815 순조 15) [규 13610-1-4], 헌경혜빈상례도감의궤(1815 순조 15) [규 13611-1-4], 헌경혜빈상례도감의궤(1)(1815 순조 15) [파 2470], 헌경혜빈상례도감의궤(2)(1815 순조 15) [파 2466], 헌경혜빈상례도감의궤(3)(1815 순조 15) [파 2472], 헌경혜빈상례도감의궤(4)(1815 순조 15) [파 2473]

헌경혜빈빈궁혼궁도감의궤(1815 순조 15) [규 13612], 헌경혜빈빈궁혼궁도감의궤(1815 순조 15) [규 13613-1-3], 헌경혜빈빈궁혼궁도감의궤(1815 순조 15) [규 13614-1-3], 헌경혜빈빈궁혼궁도감의궤(1815 순조 15) [규 13615-1-3], 헌경혜빈빈궁혼궁도감의궤(1)(1815 순조 15) [파 2469], 헌경혜빈빈궁혼궁도감의궤(2)(1815 순조 15) [파 2468], 헌경혜빈빈궁혼궁도감의궤(3)(1815 순조 15) [파 2471]

[헌경왕후]현륭원원소도감의궤(1815 순조 15) [규 13616-1-2], [헌경왕후]현륭원원소도감의궤(1815 순조 15) [규 13617-1-2], [헌경왕후]현

릉원원소도감의궤(1815 순조 15) [규 13618-1-2], [헌경왕후]현릉원원소도감의궤(1815 순조 15) [규 13619-1-2], 현릉원원소의궤(1)(1815 순조 15) [파 2475], 현릉원원소의궤(2)(1815 순조 15) [파 2476]

第22대 정조(正祖)(1725~1800)

【건릉健陵】 (합장)

왕과 왕비 효의선황후孝懿宣皇后(1753~1821)의 능이다.

- 경기도 화성시 태안읍 안녕리 산 1-1 [사적 제206호]
- 풍수 사항 자좌오향-유혈-비봉귀소형
- 관련 의궤

[정조]국장도감의궤(1800 순조 즉위년) [규 13634-1-4], [정조]국장도감의궤(1800 순조 즉위년) [규 13635-1-4], [정조]국장도감의궤(1800 순조 즉위년) [규 13636-1-4]

정종대왕빈전혼전도감의궤(1800 순조 즉위년) [규 13637-1-3], 정종대왕빈전혼전도감의궤(1800 순조 즉위년) [규 13638], 정종대왕빈전혼전도감의궤(1800 순조 즉위년) [규 13639]

[정조]건릉산릉도감의궤(1800 순조 즉위년) [규 13640-1-2], [정조]건릉산릉도감의궤(1800 순조 즉위년) [규 13641-1-2], [정조]건릉산릉도감의궤(1800 순조 즉위년) [규 13642-1-2]

건릉개수도감의궤(1804 순조 4) [규 13666], 건릉개수도감의궤(1804 순조 4) [규 13667]

[효의왕후孝懿王后]

국장도감의궤 (1821 순조 21) [규 13647-1-4, 국장도감의궤 (1821 순조 21) [규 13648-1-4, 국장도감의궤 (1821 순조 21) [규 13649-1-4, 국장도감

의궤(1)(1821 순조 21) [파 2454], 국장도감의궤(2)(1821 순조 21) [파 2455]

빈전혼전도감의궤(1821 순조 21) [규 13650-1-3], 빈전혼전도감의궤(1821 순조 21) [규 13651-1-3], 빈전혼전도감의궤(1821 순조 21) [규 13652], 빈전혼전도감의궤(1821 순조 21) [규 13653-1-3]

빈전혼전도감의궤(1)(1821 순조 21) [파 2445], 빈전혼전도감의궤(1)(1821 순조 21) [파 2445], 빈전혼전도감의궤(2)(1821 순조 21) [파 2540], 국장도감의궤(3)(1821 순조 21) [파 2453]

제23대 순조(純祖)(1790~1834)

【인릉仁陵】(단릉)

왕과 비 순원왕후純元王后 [←순원숙황후純元肅皇后](1789~1857)의 합장 능이다. 1856년 우백호가 불길하다고 하여 천장했다.

- 행정 구역 서울시 강남구 내곡동 13-1 [사적 제194호]
- 풍수 사항 자좌오향-유혈-비봉귀소형
- 관련 의궤

순조대왕국장도감의궤(1834 헌종 즉위) [규 13668-1-4], 순조대왕국장도감의궤(1834 헌종 즉위) [규 13669-1-4] 순조대왕국장도감의궤(1834 헌종 즉위) [규 13670-1-4] 순조대왕국장도감의궤(1834 헌종 즉위) [규 13671]

순조대왕빈전혼전도감의궤(1834 헌종 즉위) [규 13672-1-3], 순조대왕빈전혼전도감의궤(1834 헌종 즉위) [규 13673], 순조대왕빈전혼전도감의궤(1834 헌종 즉위) [규 13674], 순조대왕빈전혼전도감의궤(1834 헌종 즉위) [규 13675-1-3], 순조대왕빈전혼전도감의궤(1834 헌종 즉위) [규 13676-1-3]

[순조]인릉산릉도감의궤(1834 헌종 즉위) [규 23677-1-2], [순조]인릉산릉도감의궤(1834 헌종 즉위) [규 23678-1-2], [순조]인릉산릉도감의궤(1834 헌종 즉위) [규 23679-1-2], [순조]인릉산릉도감의궤(1834 헌종 즉위) [규 23680-1-2],

[순조인릉]산릉도감의궤(1)(1834 헌종 즉위) [파 2518],

[순조]국장도감의궤(1)(1834 헌종 즉위) [파 2632], [순조]국장도감의궤(2)(1834 헌종 즉위) [파 2631]

[순원왕후純元王后]

순원왕후국장도감의궤(1857 철종 8) [규 13683-1-4], 순원왕후국장도감의궤(1857 철종 8) [규 13684-1-4], 순원왕후국장도감의궤(1857 철종 8) [규 13685-2-4], 순원왕후국장도감의궤(1857 철종 8) [규 13686-1-4], 순원왕후국장도감의궤(1857 철종 8) [규 13687-1-4]

[순원왕후]인릉산릉도감의궤(1857 철종 8) [규 13694-1-2], [순원왕후]인릉산릉도감의궤(1857 철종 8) [규 13695-1-2] [순원왕후]인릉산릉도감의궤(1857 철종 8) [규 13696-1-2] [순원왕후]인릉산릉도감의궤(1857 철종 8) [규 13697-1-2] [순원왕후]인릉산릉도감의궤(1857 철종 8) [규 13698] [순원왕후]인릉산릉도감의궤(1857 철종 8) [규 14825]

[순원왕후]국장도감의궤(1857 철종 8) [규 14872-1-3]

순원왕후빈전혼전도감의궤(1860 철종 11) [규 13688-1-3], 순원왕후빈전혼전도감의궤(1860 철종 10) [규 13689], 순원왕후빈전혼전도감의궤(1860 철종 10) [규 13690], 순원왕후빈전혼전도감의궤(1860 철종 10) [규 13691-1-3], 순원왕후빈전혼전도감의궤(1860 철종 10) [규 13692-1-3], 순원왕후빈전혼전도감의궤(1860 철종 10) [규 13693-1-3], 순원왕후빈전혼전도감의궤(1860 철종 10) [규 14851]

【수릉綏陵】 (단릉)

추존 황제인 문조文祖(1809~1830)와 신정왕후神貞王后 [←신정익황후神貞翼皇后](1808~1890)의 능이다.

■ 행정 구역 경기도 구리시 인창동 62 [동구릉, 사적 제193호]

■ 풍수 사항 임좌병향-유혈-봉황포란형

■ 관련 의궤

[익종]연경延慶묘소도감의궤(1830 순조 30) [규 13725-1-2], [익종]연경延慶묘소도감의궤(1830 순조 30) [규 13726-1-2], [익종]연경延慶묘소도감의궤(1830 순조 30) [규 13727-1-2], [익종]연경延慶묘소도감의궤(1830 순조 30) [규 13728-1-2]

[문조]유릉천봉도감도청의궤(1846 헌종 12) [규 13759], [문조]수릉천봉도감도청의궤(1846 헌종 12) [규 13760-1-7], [문조]수릉천봉도감도청의궤(1846 헌종 12) [규 13761-1-7], [문조]유릉천봉도감도청의궤(1846 헌종 12) [규 13762-1-7], [문조]수릉천봉도감도청의궤(1846 헌종 12) [규 13763]

[문조]수릉산릉도감의궤(1846 헌종 12) [규 13764], [문조]유릉산릉도감의궤(1846 헌종 12) [규 13765-1-2], [문조]수릉산릉도감의궤(1846 헌종 12) [규 13766-1-2], [문조]수릉산릉도감의궤(1846 헌종 12) [규 13767-1-2], [문조]수릉산릉도감의궤(1846 헌종 12) [규 13768]

[문조]수릉천봉등록(1846 헌종 12) [장 2-2355], [문조]유릉천봉등록(1846 헌종 12) [장 2-2356]

[문조]수릉천봉산릉도감의궤(1846 헌종 12) [파 2612], [문조]수릉천봉산릉도감의궤(1846 헌종 12) [파 2613]

[문조]유릉천봉도감도청의궤(4)(1846 헌종 12) [파 2615], [문조]유릉천봉도감도청의궤(2)(1846 헌종 12) [파 2616] [문조]유릉천봉도감도청의궤(5)(1846 헌종 12) [파 2617] [문조]유릉천봉도감도청의궤(1)(1846 헌종 12) [파 2618] [문조]유릉천봉도감도청의궤(6)(1846 헌종 12) [파 2619] [문조]유릉천봉도감도청의궤(3)(1846 헌종 12) [파 2620] [문조]

유릉천봉도감도청의궤(7)(1846 헌종 12) [파 2621]

[신정왕후神貞王后]

신정왕후국장도감의궤(1980 고종 27) [규 13736-1-4], 신정왕후국장도감의궤(1980 고종 27) [규 13737-1-4], 신정왕후국장도감의궤(1980 고종 27) [규 13738-1-4], 신정왕후국장도감의궤(1980 고종 27) [규 13739-1-4], 신정왕후국장도감의궤(1980 고종 27) [규 13740-1-4], 신정왕후국장도감의궤(1980 고종 27) [일 305-82

신정왕후빈전혼전도감의궤(1980 고종 27) [규 13742-1-3], 신정왕후빈전혼전도감의궤(1980 고종 27) [규 13743], 신정왕후빈전혼전도감의궤(1980 고종 27) [규 13744], 신정왕후빈전혼전도감의궤(1980 고종 27) [규 13745-1-3]신정왕후빈전혼전도감의궤(1980 고종 27) [규 13746], 신정왕후빈전혼전도감의궤(1980 고종 27) [규 13747-1-3], 신정왕후빈전혼전도감의궤(1980 고종 27) [규 13747-1-3], 신정왕후빈전혼전도감의궤(1980 고종 27) [일 305-85]

[신정왕후]유릉산릉도감의궤(1980 고종 27) [규 13749-1-2], [신정왕후]유릉산릉도감의궤(1980 고종 27) [규 13750-1-2], [신정왕후]유릉산릉도감의궤(1980 고종 27) [규 13751-1-2], [신정왕후]유릉산릉도감의궤(1980 고종 27) [규 13752-1-2], [신정왕후]유릉산릉도감의궤(1980 고종 27) [규 13753-1-2], [신정왕후]유릉산릉도감의궤(1980 고종 27) [규 14829-1-2], 유릉산릉도감의궤(1980 고종 27) [일 305-83]

제24대 헌종(憲宗)(1827~1849)

【경릉景陵】 (삼연릉)

왕과 원비 효현성황후孝顯成皇后(1828~1843) 그리고 계비 효정성황후孝定成皇后(1831~1903)의 삼연릉이다.

■ 행정 구역 경기도 구리시 인창동 62 [동구릉, 사적 제193호]

■ 풍수 사항 유좌묘향-유혈(천혈)-청학포란형靑鶴抱卵形

■ 관련 의궤

헌종대왕국장도감의궤(1849 철종 즉위년) [규 13784-1-4], 헌종대왕국장도감의궤(1849 철종 즉위년) [규 13785-1-4], 헌종대왕국장도감의궤(1849 철종 즉위년) [규 13786-1-4], 헌종대왕국장도감의궤(1849 철종 즉위년) [규 13787-1-4], [헌종대왕]국장도감의궤(1)(1849 철종 즉위년) [파 2493], [헌종대왕]국장도감의궤(2)(1849 철종 즉위년) [파 2494bis], [헌종대왕]국장도감의궤(3)(1849 철종 즉위년) [파 2494], [헌종대왕]국장도감의궤(4)(1849 철종 즉위년) [파 2491]

헌종대왕빈전혼전도감의궤(1849 철종 즉위년) [규 13788-1-3], 헌종대왕빈전혼전도감의궤(1849 철종 즉위년) [규 13789-1-3], 헌종대왕빈전혼전도감의궤(1849 철종 즉위년) [규 13790-1-5], 헌종대왕빈전혼전도감의궤(1849 철종 즉위년) [규 13791-1-3], 헌종대왕빈전혼전도감의궤(1849 철종 즉위년) [규 13840], [헌종대왕]빈전혼전도감의궤(1)(1849 철종 즉위년) [파 2489], [헌종대왕]빈전혼전도감의궤(2)(1849 철종 즉위년) [파 2488], 헌종대왕빈전혼전도감의궤(3)(1849 철종 즉위년) [규 2490]

[헌종]경릉산릉도감의궤(1849 철종 즉위년) [규 13791-1-2], [헌종]경릉산릉도감의궤(1849 철종 즉위년) [규 13793-1-2], [헌종]경릉산릉도감의궤(1849 철종 즉위년) [규 13794-1-2] [헌종]경릉산릉도감의궤(1849 철종 즉위년) [규 13795], [헌종대왕]경릉산릉도감의궤(1)(1849 철종 즉위년) [파 2492], [헌종대왕]경릉산릉도감의궤(2)(1849 철종 즉위년) [파 2608]

[효현왕후孝顯王后]

효현왕후국장도감의궤(1843 헌종 9) [규 13802-1-4], 효현왕후국장도감의궤(1843 헌종 9) [규 13803-1-4], 효현왕후국장도감의궤(1843 헌종 9) [규 13804], [효현왕후]국장도감의궤(1)(1843 헌종 9) [파 2447], [효현왕후]국장도감의궤(2)(1843 헌종 9) [파 2450], [효현왕후]국장도감의궤(3)(1843 헌종 9) [파 2448], [효현왕후]국장도감의궤(4)(1843 헌종 9) [파 2449]

효현왕후빈전혼전도감의궤(1843 헌종 9) [규 13805-1-3], 효현왕후빈전혼전도감의궤(1843 헌종 9) [규 13806-1-2], 효현왕후빈전혼전도감의궤(1843 헌종 9) [규 13807-1-3], 효현왕후빈전혼전도감의궤(1843 헌종 9) [규 13808], [효현왕후]빈전혼전도감의궤(1)(1843 헌종 9) [파 2446], [효현왕후]빈전혼전도감의궤(2)(1843 헌종 9) [파 2443]

효현왕후경릉산릉도감의궤(1843 헌종 9) [규 13809-1-2], 효현왕후경릉산릉도감의궤(1843 헌종 9) [규 13810-1-2], 효현왕후경릉산릉도감의궤(1843 헌종 9) [규 13811], 효현왕후경릉산릉도감의궤(1843 헌종 9) [규 13812-1-2], [효현왕후]경릉산릉도감의궤(1)(1843 헌종 9) [파 2550], [효현왕후]경릉산릉도감의궤(2)(1843 헌종 9) [파 2551]

[효정왕후孝定王后]

[효정왕후]국장도감의궤(1903 광무 7) [규 13814-1-4], [효정왕후]국장도감의궤(1903 광무 7) [규 13815-1-4] [효정왕후]국장도감의궤(1903 광무 7) [규 13816-1-4] [효정왕후]국장도감의궤(1903 광무 7) [규 13817-1-4] [효정왕후]국장도감의궤(1903 광무 7) [규 13818-1-4], 효정왕후국장도감의궤(1903 광무 7) [일 306-1]

[효정왕후]빈전혼전도감의궤(1903 광무 7) [규 13819-1-3], [효정왕후]빈전혼전도감의궤(1903 광무 7) [규 13822-1-5], [효정왕후]빈전혼전도감의궤(1903 광무 7) [규 13823-1-5], [효정왕후]빈전혼전도감의궤

(1903 광무 7) [규 13824-1-5], [효정왕후]빈전혼전도감의궤(1903 광무 7) [규 13828-1-3], 효정왕후빈전혼전도감의궤(1903 광무 7) [일 306-2]

효정왕후경릉산릉도감의궤(1903 광무 7) [규 13829-1-2], 효정왕후경릉산릉도감의궤(1903 광무 7) [규 13831-1-2], 효정왕후경릉산릉도감의궤(1903 광무 7) [규 13832-1-2], 효정왕후경릉산릉도감의궤(1903 광무 7) [규 13833-1-2], 효정왕후경릉산릉도감의궤(1903 광무 7) [13834-1-2]효정왕후경릉산릉도감의궤(1903 광무 7) [규 13828-1-2], [효정왕후]경릉산릉도감의궤(1903 광무 7) [일 305-4]

제25대 철종(哲宗)(1831~1863)

【예릉睿陵】 (쌍릉)

왕과 왕비 철인장황후哲仁章皇后(1837~1878)의 능이다.

■ 행정 구역 경기도 고양시 원당동 산 37-1 [서삼릉, 사적 제200호].

■ 풍수 사항 자좌오향-와혈-청학포란형靑鶴抱卵形

■ 관련 의궤

철종대왕국장도감의궤(1863 고종 즉위년) [규 13843-1-4], 철종대왕국장도감의궤(1863 고종 즉위년) [규 13844-1-4], 철종대왕국장도감의궤(1863 고종 즉위년) [규 13845-1-4]

철종대왕빈전혼전도감의궤(1863 고종 즉위년) [규 13846-1-3], 철종대왕빈전혼전도감의궤(1863 고종 즉위년) [규 13847-1-3], 철종대왕빈전혼전도감의궤(1863 고종 즉위년) [규 13849-1-3], 철종대왕빈전혼전도감의궤(1863 고종 즉위년) [규 13850-1-3]

[철종]예릉산릉도감의궤(1863 고종 즉위년) [규 13851-1-2], [철종]예릉산릉도감의궤(1863 고종 즉위년) [규 13852-1-2], [철종]예릉산릉도감의궤(1863 고종 즉위년) [규 13853-1-2], [철종]예릉산릉도감의궤(1863 고종 즉위년) [규 14827-1-2],

[철인왕후哲仁王后]

철인왕후빈전혼전도감의궤(1878 고종 15) [규 13867-1-3], 철인왕후빈전혼전도감의궤(1878 고종 15) [규 13868-1-3], 철인왕후빈전혼전도감의궤(1878 고종 15) [규 13869-1-3], 철인왕후빈전혼전도감의궤(1878 고종 15) [규 14846-1-3]

[철인왕후]예릉산릉도감의궤(1878 고종 15) [규 13871-1-2], [철인왕후]예릉산릉도감의궤(1878 고종 15) [규 13872-1-2], [철인왕후]예릉산릉도감의궤(1878 고종 15) [규 13873-1-2]

예릉산릉도감의궤(1878 고종 15) [일 305-74] 철인황후국장도감의궤(1878 고종 15) [일 305-76] 철인왕후빈전혼전도감의궤(1878 고종 15) [일 305-77], [철인왕후]빈전혼전도감의궤(1878 고종 15) [장 2-3021]

第26대 고종(高宗)(1852~1919)

【홍릉洪陵】 (단릉)

황제高宗太皇帝와 황제비 명성태황후明成太皇后(1851~1895)의 합장 황제릉이다. 왕릉과 달리 이에 따라 용어도 황제의 격에 맞도록 고치고 있다.

■ 행정 사항 경기도 미금시 금곡동 141-1 [사적 제207호]

■ 풍수 사항 을좌신향乙坐辛向-유혈-봉황포란형

■ 관련 의궤

고종태황황제산릉주감主監의궤(1919년 일제시대) [장 2-2284], 고종태황황제산릉주감의궤(1919년 일제시대) [장 2-2285] 홍릉봉천산릉주감의궤(1919년 일제시대) [장 2-2287], 홍릉봉천산릉주감의궤(1919년 일제시대) [장 2-2288], 홍릉천봉주감의궤(1919년 일제시대) [장 2-2289], 홍릉천봉주감의궤(2)(1919년 일제시대) [장 2-2290], 홍릉천봉주감의궤

(1)(1919년 일제시대) [장 2-2291],

고종태황제빈전혼전주감의궤(1919년 일제시대) [장 2-2918], 고종태황제빈전혼전주감의궤(1919년 일제시대) [장 2-2919], 고종태황제어장주감의궤(1919년 일제시대) [장 2-2920], 고종태황제어장주감의궤(1919년 일제시대) [장 2-2921], 고종태황제어장주감의궤 [홍릉의궤](1919년 일제시대) [장 2-2922]

[명성황후明成皇后]

명성황후국장도감의궤(1895 고종 32) [일 305-87] [명성황후]홍릉산릉도감의궤(1895 고종 32) [일 305-88], 명성황후빈전혼전도감의궤(1895 고종 32) [일 305-90]

명성황후국장도감의궤(1898 광무 2) [규 13879-1-5], 명성황후국장도감의궤(1898 광무 2) [규 13880-1-5], 명성황후국장도감의궤(1898 광무 2) [규 13881-1-4], 명성황후국장도감의궤(1898 광무 2) [규 13883-1-4], 명성황후국장도감의궤(1898 광무 2) [규 13884]

명성황후빈전혼전도감의궤(1898 광무 2) [규 13885-1-3], 명성황후빈전혼전도감의궤(1898 광무 2) [규 13887-1-3], 명성황후빈전혼전도감의궤(1898 광무 2) [규 13888-1-3]명성황후빈전혼전도감의궤(1898 광무 2) [규 13889-1-3]명성황후빈전혼전도감의궤(1898 광무 2) [규 13890-1-3]

[명성황후]홍릉산릉도감의궤((1898 광무 2) [규 13891-1-3], [명성황후]홍릉산릉도감의궤(1898 광무 2) [규 13892-1-3] [명성황후]홍릉산릉도감의궤(1898 광무 2) [규 13893-1-3] [명성황후]홍릉산릉도감의궤(1898 광무 2) [규 13894-1-3]

명성황후국장도감의궤(1898 광무 2) [규 14868]

홍릉석의중수도감의궤(1905 광무 9) [규 13895], 홍릉석의중수도감의궤(1905 광무 9) [규 13897]홍릉석의중수도감의궤(1905 광무 9) [규

13898], 홍릉석의중수도감의궤(1905 광무 9) [규 13899] 홍릉석의중수도감의궤(1897~1905 광무 9) [일 305-89],

[순헌귀비(엄비)純獻貴妃(嚴妃)]

순헌귀비 [嚴妃]원소의궤(1911년 일제시대) [장2-2341] 순헌귀비원소의궤(1911년 일제시대) [장2-2342] 순헌귀비빈궁혼궁의궤(1911년 일제시대) [장2-2978] 순헌귀비빈궁혼궁의궤(1911년 일제시대) [장2-2979] 순헌귀비예장의궤(1911년 일제시대) [장2-2980]

第27대 순종(純宗)(1874~1926)

【유릉裕陵】(단릉)

황제純宗孝皇帝와 원비 순명효황후純明孝皇后(1872~1904) 그리고 계비 순정효황후純貞孝皇后(1894~1966)의 합장 황제릉이다.

■ 행정 구역 경기도 미금시 금곡동 141-1 [사적 제207호]

■ 풍수 사항 묘좌유향-와혈-금계포란형 일반 왕릉의 경우 산신제는 오른 쪽 능 위에서 지내나 황제의 경우 아래에서 모시도록 되어 있다.

■ 관련 의궤

유릉천봉주감의궤(1926년 일제시대) [장2-2338], 유릉천봉주감의궤(1926년 일제시대) [장2-2359] 순종효황제산릉주감의궤(1926년 일제시대) [장2-2339] 순종효황제빈전혼전주감의궤(1926년 일제시대) [장2-2975] 순종효황제어장주감의궤(1926년 일제시대) [장2-2976] 유릉천봉산릉주감의궤(1926년 일제시대) [장2-2358] [유릉천봉시]반차도班次圖(1926~1930 일제시대) 순종효황제어장주감의 [첩장]궤(1926~1930 일제시대) [장2-2977]

[순명왕후純明王后]

[순명]왕후국장도감의궤(1904 광무 8) [규 13900-1-4], [순명]왕후국장도감의궤(1904 광무 8) [규 13901-1-4], [순명]왕후국장도감의궤(1904 광무 8) [규 13902-1-4], [순명]왕후국장도감의궤(1904 광무 8) [규 13903-1-4], [순명]왕후국장도감의궤(1904 광무 8) [규 13904-1-4], [순명]왕후국장도감의궤(1904 광무 8) [규 14873-1-4], 순명비국장도감의궤(1904 광무 8) [일 305-103]

순명비빈전혼전도감도청의궤(1904 광무 8) [규 13906-1-5], 순명비빈전혼전도감도청의궤(1904 광무 8) [규 13908-1-5], 순명비빈전혼전도감도청의궤(1904 광무 8) [규13909-1-5]순명비빈전혼전도감도청의궤(1904 광무 8) [규 13910-1-5] 순명비빈전혼전도감도청의궤(1904 광무 8) [규 13911-1-5], 순명비빈전혼전도감도청의궤(1904 광무 8) [규 14859-1-5], 순명비빈전혼전도감의궤(1904 광무 8) [일 305-102]

[순명황후]유강원원소도감의궤(1904 광무 8) [규 13913-1-2], [순명황후]유강원원소도감의궤(1904 광무 8) [규 13914-1-2], [순명황후]유강원원소도감의궤(1904 광무 8) [규 13915-1-2], [순명황후]유강원원소도감의궤(1904 광무 8) [규 13916-1-2], [순명황후]유강원원소도감의궤(1904 광무 8) [규 13917-1-2], [순명황후]유강원원소도감의궤(1904 광무 8) [규 14834-1-2], 유강원원소도감의궤(1904 광무 8) [일 305-101]

순명효황후천봉주감의궤(일제시대 1940년 일제시대 즉위) [장 2-2338]

제10장 결론

전통사회에서 풍수문화는 결국 길흉론吉凶論 내지는 발복론發福論으로 귀결된다. 그러면 현대사회에서의 길흉론이나 발복론은 무슨 의미일까. 이를 살펴보기 위하여 길흉론과 발복론의 실체를 파악해 볼 필요가 있다.

길흉론이나 발복론의 바탕에는 동기감응설同氣感應說이 깔려 있다.

김두규(2005)는 ≪풍수학사전≫에서 동기감응은 '명당발복론'이라 하며 두 가지를 제시했다.

> 하나는 돌아가신 조상의 유골과 살아 있는 후손과 같은 기가 서로 감응한다는 것으로 음택풍수의 이론적 근거가 된다. 다른 하나는 주변의 기와 그곳에 거주하는 사람과의 기가 감응한다는 것으로서 양택 및 양기 풍수의 근거가 된다.[1)]

이러한 감응론은 풍수지리의 이론이 아니라 고대 중국의 사상을 동기감응과 유사한 관념들을 흡수하여 독특한 풍수지리 동기감응설을 형성했다고 했다. 여기서 고대 중국의 사상에 근거한 이론은 1) 주역의 동기감응론, 2) 유기체설 및 천지인합일 사상, 3) 지모地母 사상, 4) 황제내경

1) 김두규(2005)≪풍수학사전≫129쪽

영추편 풍기風氣 관념, 5) 회남자淮南子의 토기土氣 관념, 6) 관자管子의 수기水氣 관념, 7) 유가의 동기감응론(귀신론) 따위를 열거하고 있다. 이들 형성에 힘입어 ≪청오경≫, ≪장서≫, ≪지리신법≫, ≪명산론≫, 주자의 ≪산릉의장山陵議狀≫, 정자程子의 ≪장설葬說≫ 따위가 개진된다는 것이다.

이와 같은 김두규 교수의 동기감응설 형성의 가설은 나름대로 논리가 가능할 것이다. 그러나 이러한 논리적 구조를 들여다 보고 있으면 우리나라 선조들의 삶은 배제되어 있다.

동기감응설의 조선사회의 믿음은 '태론胎論'이 그 실체의 하나이다. 이미 이 책의 제2장 '명당'의 논리, 4 '태실의 육태안법'에서 제시한 대로이다. 좋은 땅 즉 명당에 태를 묻는다면, 그 사람 [왕]은 1) 총명해진다, 2) 학문을 좋아하여 구경九經에 정통하게 된다, 3) 단상斷傷 즉 즐거움이 뭉치어 병이 없다, 4) 벼슬이 높아진다 따위와 같이 태가 '산 사람에게 영향을 미친다'는 믿음이다. 믿음이란 증명할 수 있는 것이 아니다. 믿음이야말로 인생에 있어서 하나의 '좌표'이자 '불꽃' 즉 생명의 원천이 아닐까 생각해 본다. 믿음을 향하여 삶이 전개될 때 활력을 찾을 수 있기 때문이다. 태실론은 왕실의 믿음이라는 이야기이다.

구리거울銅鏡에서 '미앙궁未央宮'이라는 명문이 유행한 일이 있다. '미앙궁'은 황제皇帝와 동방삭東方朔이라는 신화적 인물간의 설화이다. 한漢 나라 미앙궁에서 어느 날 까닭없이 종이 스스로 울었다. 신하인 동방삭이 황제에게 구리광산이 무너졌다고 예언했다. 얼마 후 진령秦嶺에 있는 구리 광산이 무너졌다는 소식이 들려 왔다. 광산이 무너진 날짜와 미앙궁의 종이 운 날짜가 서로 일치했다. 동방삭은 이를 안 경위를 다음과 같이 설명했다.

무릇 종은 구리로 만든 것이고 구리는 광산에서 나온 것입니다. 그러니 두 기가 감응하는 것은 마치 사람이 그 부모로부터 몸을 받은 것과 마찬가지입니다.

구리광산이 무너질 때 그 구리로 만든 종이 우는 것은 마치 부모의 유해와 같은 기同氣가 자손에게 복을 입힌 것이니 자연의 이치라는 설명이다.

동기감응설의 특징의 하나는 '일방적인 수직선'이라는 점이다. 부모의 유해가 자손에게 길흉을 미친다는 견해인 것이다. 중요한 점은 이러한 동기감응同氣感應이 논리성을 획득하려면, '양방적인 수평선'이어야 한다는 점이다. 자손이 좋은 기 즉 마음이 길하면 죽은 조상의 유해 즉 체백體魄도 길할 수 있어야 한다는 것이다.

그러면 '명당'을 어떻게 설명하는 것인가?

> 웅위한 기상, 주봉主峯의 수려함, 용호龍虎의 둘러쌈, 조산이 마주하고 있음, 큰 강이 조산을 거슬러 흐름 등등 구구 절절이 법도에 맞다고 하며, 이른바 앞에 물이 흐르고 밖에 들이 펼쳐 있다는 것도 진룡眞龍이 크게 서려 있는 규모이므로 이를 이유로 하자로 삼을 것이 못 된다고 합니다. 어찌 선입견을 주로 해서 반드시 취해서는 안 될 곳을 취하겠습니까.[2]

이 인용문은 현종 즉위년 7월8일의 기록이다. 산릉의 일을 의논하는 자리에서 나온 말이다. 건원릉 안에서 찾은 이 자리는 '길지'이고 '명당'이라는 것이다.

소위 길지이고 명당이라는 것은 1) 웅위한 기상, 2) 주봉의 수려함, 3) 용호의 둘러쌈, 4) 조산朝山이 마주하고 있음, 5) 큰 강이 조산을 거슬러 흐름 따위의 요소를 갖춘 자리이다. 수려한 주봉을 용호가 둘러싸고 조

---

2) 현개 즉위년 7월8일조

산이 마주하고 있다. 큰 강이 조산을 거슬러 흐른다. 이러한 전체의 모습은 웅위한 기상이라고 할 수 있다. 풍수가 내지 산가에서는 '용세龍勢와 형국形局, 혈도穴道와 안대案對가 모두 격格에 합치된다.'고 하는 것이다. 다만 '안쪽 물 어귀가 엇갈려 잠기지 않는 것이 조금 흠'이기는 하나 풍수이론상 이미 해롭지 않다는 것이다.

이러한 산릉의 형국론 내지 형세론을 길지이고 명당이라 하는 것은 무엇인가? 임금 [주봉]이 좌우의 신하 [용호]를 거느리고 세상의 백성 [조산]을 다스리는 정사의 장면을 바탕에 깔고 있는 것은 아닐까? 큰 강이 있어서 백성을 거슬러 가는 것은 임금과 백성의 귀천을 지적한 의미가 아닐까? 이러한 생각을 해본다.

이러한 설명 방법은 일종의 유감신앙적類感信仰的 적용이라 여겨진다. 세시풍속에서도 이러한 유감신앙적 사례는 결코 적지 않다.

칠석의 풍습에 주부들이 미리 바늘 한 쌈을 준비하고 있다가 밤이 되면 별빛 아래서 실을 꿰는 것이 있다. 그 중에서 단 번에 실이 꿰진 바늘은 잘 간수하였다가 집안에서 시험보는 사람이 있으면 그 바늘을 그 사람의 옷에 몰래 꽂아 주면 틀림없이 합격한다고 했다. 이것은 어두운 곳에서 실을 쉽게 꿴 바늘이 어려운 시험에 쉽게 합격할 수 있다는 유감신앙의 사례이다.3)

하나 더 보기를 들면, 고드름과 조 이삭을 연결한 유감신앙도 있다. 겨울에 눈이 지붕에 쌓였다가 따뜻한 낮에 녹아내리면 추운 밤에는 지붕 처마가 다시 얼어 고드름이 된다. 이 고드름이 크고 많으면, 밭곡식 특히 조粟이 잘 된다고 했다. 이것은 고드름과 조 이삭의 모양이 비슷해서 생긴 풍습이라 할 것이다.4)

풍수문화에서 유감신앙의 사례는 세종 15년 7월22일조에는 실감나는 것들이 있다.

---

3) 고려대학교 민족문화연구소(1982) ≪한국민속문화대관 4: 세시풍속 전승놀이≫ 245쪽
4) 위의 책, 270쪽

최양선崔楊善은 천천穿川의 큰 길이 헌릉獻陵 즉 태종의 능의 주산 내맥이니 불가불 막아야 한다고 주장했다. 이에 대하여 이양달李陽達, 고중안高仲安 등이 반대하는 의견을 아뢰었다.

1) 양성협도陽星峽圖의 못과 호수와 돌맥 있는 것이 곧 여러 산 정맥이 벌의 허리 [蜂腰]처럼 길로 끊어진 곳이다. 좌우의 봉우리가 곧 옹호하는 협峽인 것이니, 그 등지고 달아난 땅이 아닌 것이 분명한 일이다. 이러한 주장의 논거는 ≪음양절목陰陽節目≫·≪흥폐문정興廢門庭≫·≪행도제결行道諸訣≫·≪양성론(陽星論)≫·≪의룡경(疑龍經)≫따위이다.

2) 조종祖慫되는 산의 아래에 발기산發氣山과 기색산氣色山이 있다. 발기산의 주註에 의하면, '조종祖宗에서 발족하여 크게 수그렸다 작게 일어났다 하여, 뱀이 물을 건너는 것 같고, 딱다구리가 공중을 날아가는 것 같다.' 했다. 또 '생기가 뭉치고 모여서 엎어 놓은 쇠북과도 같고 벌려 놓은 일산과도 같아서 반은 돌이요, 반은 흙으로서 단정하고 묵중하게 두드러져 보인다.' 했다. 결론은 발기된 기색산氣色山이 조종의 정맥으로 조종의 곁가닥 협이 아니다. 그 전거는 ≪지리전서地理全書≫·≪문정門庭≫ [36맥인 비금주수맥飛禽走獸脈]·≪동림조담洞林照膽≫따위이다.

3) 도로의 해가 있다는 것은 그 교차된 것과 가깝다는 뜻이다. 60보만 떨어져도 상관이 없다. 그러므로 주산에 길로 끊어졌다는 것은 주산의 지나가는 맥이 한번 일어났다 한번 엎드렸다 하여 벌의 허리처럼 되고 학鶴의 무릎처럼 된 곳이다. 사람 자취가 자연히 지나다니게 된 것이고 사람의 힘으로 끊어 놓거나 비나 물로 무너지거나 꺼진 땅을 이르는 것이 아니다. 그 전거는≪보감론寶鑑論≫·≪동림조담≫ [도로편]·≪지남시指南詩≫·≪지리신서地理新書≫ [총묘도로도塚墓道路圖][5]·≪영원

록塋原錄≫·≪지리도地理圖≫따위이다.

4) 헌릉 주산이 길로 끊어진 것은 곧 벌의 허리 된 곳이고, 또 교차하였거나 가깝거나 한 길이 아니다. 그 전거는 ≪착맥捉脈≫·≪동림조담≫[흉기편凶忌篇]·≪명산보감明山寶鑑≫ [주맥편主脈篇]·≪지리전서≫·≪곽씨장서郭氏葬書≫·≪심룡입식가尋龍入式歌≫·≪명당론明堂論≫[사형편砂刑篇] [팔괘편八卦篇]·≪문정지리門庭地理≫ [변망편辨妄篇] 따위이다.

이상에서 보듯이 길흉론 내지 발복론은 유감신앙에서 출발하고 있다고 하겠다.6)

풍수문화에서 길흉론이나 발복론의 전개가 유감신앙에만 의존하는 것은 아니다. ≪주역≫ 따위의 이법적인 요소도 많은 영향을 미치고 있다.

≪성종실록≫19년 4월15일에 좋은 사례가 보인다.

의금부義禁府에서 풍수문제로 김석산金石山을 형신刑訊하도록 계청啓請한 일이 그것이다. 김석산은 건좌손향乾坐巽向의 산山은 정방丁方이 장남長男이 된다는 것이었고, 재상宰相들은 정방丁方은 남위男位가 아니라는 논쟁이었다. 김석산이 승정원承政院에서 그 경위를 설명했다.

38장도三十八將圖 내에 자좌오향子坐午向의 산은 신방申方이 장남

5) 여기에 등장하는 ≪지리신서≫는 왕수 등이 찬술한 책이다. 김두규 교수가 ≪지리신법≫과 혼용하고 있어서 주를 달아 둔다.

6) 그러나 이러한 유감신앙에 의거한 '지리'의 설명이 저항을 받지 않은 것은 아니다. 오효첨魚孝瞻이 대표적인 사람으로 지리화복地理禍福의 설은 묘지에는 없는 것이다. 운수의 길고 짧음과 국가의 화복은 다 천명天命과 인심人心의 있고 없음에 달린 것이다. 실로 지리에는 관계가 없는 것이다는 것이 그 요지이다.

長男이 되고, 건좌손향의 산은 정방丁方이 장남이 되는데, 그 나머지 유좌酉坐·곤좌坤坐·오좌午坐·손좌巽坐·묘좌卯坐·간좌艮坐 등의 산은 차례로 유추類推합니다. 위의 8산八山의 도국圖局 내에는 각각 천주天柱·지호地戶가 있어 포·태·양·생胞·胎·養·生의 법法으로 계산하는데, 지호 앞의 1위位에서 포胞를 일으켜 순수順數로 계산합니다. 건좌 손향의 산은 묘방卯方이 지호地戶가 되고, 을방乙方이 포胞가 되고, 손방巽方이 태胎가 되고, 병방丙方이 양養이 되고, 정방丁方이 장생長生·장남長男이 되고, 곤방坤方이 목욕沐浴·중남中男이 되고, 경방庚方이 관대冠帶·소남小男이 되고, 신방辛方이 임관臨官이 되고, 건방乾方이 제왕帝旺이 되고, 임방壬方이 쇠衰가 되고, 계방癸方이 병病·장녀長女가 되고, 간방艮方이 사死·중녀中女가 되고, 갑방甲方이 장葬·소녀少女가 됩니다.' 하였다.7)

이와 같이 장남과 장녀, 중남과 중녀, 소남과 소녀 따위의 길흉론 내지는 발복론은 ≪주역≫의 설괘전說卦傳 제9장에 준거한 것이다.

건乾은 하늘을 의미한다. 그러므로 한 집안에 비하면 아버지인 것이다.

곤坤은 땅을 상징한다. 그러므로 어머니인 것이다.

진괘震卦는 맨 아래 효爻가 양효陽爻이다. 첫 번 찾아서 아들을 얻은 것이므로 진은 장남長男을 상징한다.

손괘巽卦는 맨 아래 효의 음효陰爻이다. 첫 번 찾아서 딸을 얻은 것이므로 손은 장녀長女를 상징한다.

감괘坎卦는 두 번째 찾아서 아들을 얻었으므로(아래서부터 둘째 효가 양효이므로) 중남中男이라고 한다.

이괘離卦는 두 번째 찾아서 딸을 얻었으므로(아래서부터 둘째 효가 음효이므로) 중녀中女라고 한다.

간괘艮卦는 세 번째 찾아서 아들을 얻었으므로 소남少男이라고 한다.

---

7) ≪성종실록≫ 19년 4월15일조

태괘兌卦는 세 번째 찾아서 딸을 얻었으므로 소녀少女라고 한다.[8)]

이러한 괘의 상징을 빌려서 길흉론 내지는 발복론을 설명한 것이다. 김석산의 이러한 설명 방식은 당唐 나라 일행 선사一行禪師의 38장三十八將의 법法이라고 밝히고 있다. 당시 통용되던 호순신胡舜申의 법法을 비판한 근거였던 셈이다.[9)]

'국토 관리'라는 측면에서 무덤이 들어설 곳이 없다. 그러나 부모가 없으면 자손이 없고, 자손이 없으면 부모도 없다. 적어도 무덤은 살아 있는 자의 기본적인 인문학이다. 무슨 말이 필요하겠는가?

광해군 때에 우봉 현령 엄혜嚴憓가 무덤을 80번이나 매질한 일을 있다. 이 이야기로 이 책을 마감하고 싶다.

> 원양군原陽君 송강宋康이 상소하기를,
> "우봉 현령牛峯縣令 엄혜嚴憓가 신의 부모 분묘를 매질하였습니다. 빨리 신의 죄를 다스리소서."
> 하고, 바로 가서 분묘를 살폈다. 송강은 우봉 사람으로 공신의 세도를 믿고 향리에 돌아가 불법한 짓을 자행하면서 현령을 능욕하였다. 엄혜가 이를 견딜 수 없어 이졸吏卒을 풀어 분묘에 80번 매질을 하자, 사람들이 웃었다[10)]

오늘 날 현장에서 명당明堂은 길흉론吉凶論이고 발복론發福論이다. 그 길흉과 발복의 대상은 누구인가. 죽은 자亡者 자신인가, 그 자손인가, 이런 일차적인 의문이 떠오른다. 만약 죽은 자가 자손이 없다면, 풍수학은 필요가 없는 것인가 하는 질문도 가능하기 때문이다.

어찌 되었던 인간적인 예의나 자신의 죽음에 대한 두려움을 포함하여

8) 현암사(1968) ≪주역≫, 322쪽

9) 김석산은 '지리를 이해하지 못한다'는 임금의 평가로 죄를 받지 아니했다.

10) 광해군 6년 12월16일

죽은 경건해야 하고 돌아가신 분을 잘 모셔야 한다. 이것은 살아 있는 자의 기본 예의인 것이다. 길흉과 발복은 그 다음의 문제이다.

실제로 무덤은 주검을 보호하는 장치이다. 좀더 위로를 하자면, 죽은 이가 저 세상에서 누리고 살 '유택幽宅'이다. 더 적극적인 의미는 무덤이 자손과 후세에 영향을 미친다면 얼마나 좋겠는가 하는 점이다. 이러한 인간적인 신뢰가 우리 전통문화의 믿음이자 미학인 것이다.

참고문헌

가락중앙종친회(1980) 가락왕손보감駕洛王孫寶鑑
경기도(1888) 기내릉원지畿內陵園誌
경기도(1998) 경기문화대관: 도지정편
경기도(1998) 경기문화재대관: 국가지정편
경기도(1998) 경기문화재대관: 도지정편
경기도(1999) 경기문화대관: 국가지정편
경기도박물관 영인(2006) 현륭원원소도감의궤顯隆園園所都監儀軌 [원전原典]
경기도박물관(2006) 현륭원원소도감의궤顯隆園園所都監儀軌 [역주]
계림시문물관리위원회 편(1981) 桂林石刻 계림시문물관리위원회
고려대학교 민족문화연구원(1982) 한국민속대관, 1~5
공주대학교 정신과학연구소 편(2007) 풍수지리문화風水地理文化
구중회 뽑음(2004) 조선왕조실록 소재 묘 Ⅰ~Ⅳ
구중회 뽑음(2005) 조선왕조실록 소재 무덤 Ⅰ~Ⅳ, 묘지, 분묘,
구중회 뽑음(2006) 조선왕조실록 소재 산릉 Ⅰ~Ⅲ, 왕릉
국립문화연구소(2005) 조선시대 민속문헌 해제
국립문화연구소(2006) 구한말·일제 강점기 민속문헌 해제
국립문화재연구소(2001) 회암사지 선각왕사비 보존
국립민속박물관(1990) '영원한 만남' 한국 상장례喪葬禮, 미진사
국립민속박물관(1996) 한국민속문화의 탐구, 민속원
국립지리원·대한지리학회(2000) 한국의 지도:과거·현재·미래
국장도감의궤國葬都監儀軌
국조상례보편國朝喪禮補編 7권6책 영조 명찬
국조속오례의國朝續五禮儀(1744) 5권4책) 영조 명찬
국조속오례의보國朝續五禮儀補 2권1책 영조 명찬
국조오례서례國朝五禮序例 5권2책 성종명찬

국조오례의國朝五禮儀 1~5 법제자료
국조오례의國朝五禮儀(1474) 8권8책 성종명찬 신숙주 등
권덕영權悳永 편(2002) 한국고대금석문 종합색인, 학연문화사
길림성문물고고연구소 외(2004) 집안고구려왕릉, 북경: 문물출판사
김계金谿·당부춘唐富春(1604) 중각사문유취重刻事文類聚
김기웅金基雄(1976) 신라新羅の 고분古墳
김선풍 외(1996) 한국의 민속신앙, 집문당
김헌범金憲範 편(1983) 신라2000년사新羅二千年史: 선원璿源·후예後裔
기대승奇大升 지음, 민족문화추진회 옮김(1989) 국역 고봉집高峰集
김갑천 편저(2005) 비전秘傳 풍수지리전집風水地理全書, 명문당
김두규(2005) 풍수학사전風水學辭典, 비봉출판사
김문식(2005) 조선 왕실기록문화의 꽃, 의궤, 돌베개
김영복金泳福 상례언해喪禮諺解(全)
김용남 발행(1991) 여주 영릉과 신륵사 서울: 우진문화사
김용선 편(1993) 고려묘지명집성高麗墓誌銘集成 춘천: 한림대학교 아시아문화연구소
김우임金右臨(2007) 서울·경기지역의 조선시대 사대부 묘제 연구朝鮮時代 士大夫墓制硏究, 고려대학교 대학원
김원룡(1974) 한국의 고분 동방미디어(www.KoreaA2Z)
김원룡(1986 제3판) 한국고고학개설, 서울: 일지사
김장생 가례집람家禮輯覽
김창진 외(2002) 한국의 풍수문화, 박이정
나종진羅宗眞 편(2000) 위진남북조문화魏晋南北朝文化 중화오천년문화계열, 상해: 학림출판사·상해과학교육출판사
낙양구고고발굴대洛陽區考古發掘隊(1959) 낙양소구한묘洛陽燒溝漢墓
남경박물관(2006) 남경상방손오묘南京上坊孫吳墓 남경: 남경박물관
남양주시·남양주문화원(1998) 남양주 금석문대관 I ,
남양주시·남양주문화원(1998) 남양주금석문대관
노한용盧瀚容(1930) 택보요전宅譜要典
대전광역시 사편찬위원회(1995) 대전금석문
대전사료편찬위원회(1995) 대전금석문
도선국사 지음 정관도 옮김(2003. 2판) 도선 국사 풍수문답道詵國師風水問答, 지선당

목을수(1988) 고려·조선릉지, 문성당
문경문화원(2003) 문경의 금석문Ⅰ, 향토사료 제17집
무문선사門無仙師(2007) 대천명大天命 천보天寶 제4권(전국편), 서울: 국학자료원
문화공보부 문화재관리국(1975) 문화재대관: 사적편(상)
문화재관리국(1973) 무령왕릉
문화재관리국(1991) 문화재대관
문화재청(2006) 조선왕릉 답사수첩, 술문화
미상(필사본) 상장례의喪葬禮要(全部)
미상(필사본, 歲在老蛇黑虎月老牛日獜筆于斗南精舍) 예의제요禮義提要 곤坤
박병선 편(1985) 조선조의 의궤, 한국정신문화연구원
박상진 편(2006) 은평구의 금석문화, 은평향토사료집 5, 은평문화원
박성수(2005 석사학위논문) 충남지방의 풍수설화 연구, 공주대학교 국어국문학과
박정혜·이예성·양보경(2005) 조선 왕실의 행사그림과 옛지도, 민속원
박진욱(1964) 신라무덤의 편년에 대하여 고고민속 4월 동해안 일대의 신라무덤에 대하여 고고민속 1967-3
반위빈潘偉斌(2005) 위진남북조수릉魏晉南北朝隋陵, 북경: 중국청년출판사
비변사등록備邊司謄錄
빈전도감의궤殯殿都監儀軌
빈전혼전도감의궤殯殿魂殿都監儀軌
산릉도감의궤山陵都監儀軌
상해고적출판사 편 박소정 옮김(2005) 문답으로 엮은 교양중국사, 지음: 이산
서거정徐居正 동문선東文選 권지 125~130, 민족문화추진회
서광원徐廣源(2007) 대청황릉大淸皇陵, 해구海口: 남해출판사
서사증徐師曾 지음 오성사 영인(1984) 문체명변文體明辯
서울대학교 규장각(2005) 규장각 소장 왕실자료 해제·해설집 1·2·3·4
서울특별시 문화재대관文化財大觀
서울특별시사 편찬위원회(1963), 서울특별시사: 고적편
서자강徐自强·오몽린吳夢麟(2003) 고대석각통론古代石刻通論, 북경: 자금성출판사
서호평徐湖平 편(2006) 남북릉묘조각예술南朝陵墓雕刻藝術, 북경: 문물출판사
선원보감편찬위원회(1990 재판) 선원보감 Ⅰ·Ⅱ
섭홍군葉洪軍(2002) 대명제릉도감大明帝陵圖鑑 강소: 강소고적출판사

성남시·성남문화원(2006) 성남금석문대관: 속편
세종실록오례의世宗實錄五禮儀
세창서관 편집부(1958) 현토주해 사례편람(전): 부 신식결상례
세창서관(1951) 상택비결相宅秘訣
송수환(2002) 조선전기 왕실재정 연구;조선시대사 연구총서9, 집문당
송시열宋時烈 지음 민족문화추진회 옮김(1995) 국역 송자대전宋子大全
송시열宋時烈(영인본) 송자대전宋子大全 한국문집총간韓國文集叢刊 113~ 114책
송항宋航(2006) 고묘古墓, 중경: 중경출판사
시지광柴志光, 반명권潘明權 편(2004) 상해불교비각문헌집上海佛教碑刻文獻集, 상해: 상해고적출판사
신명호(1998) 조선의 왕: 조선시대 왕과 왕실문화, 가람기획
신명호(2002) 조선 왕실의 의례와 생활: 궁중문화 2, 돌베개
신의경申義慶 지음 김장생 金長生 보정(1629), 상례비요喪禮備要
양관楊寬 지음 장인성·임대희 옮김(2005) 중국 역대 능침제도, 서울: 서경문화사
양작룡楊作龍·모양광毛陽光 편(2007) 낙양고고집성: 진한위진남북조권洛陽考古集成: 秦漢魏晋南北朝卷 상·하 북경도서관출판사
엄기표(2004, 2판) 신라와 고려시대 석조부도, 학연문화사
여수시문화원(2003) 여수시 금석문대관
여주군향토사료관 외(2005) 여주의 능묘와 석물, 여주군사 기초자료 조사보고서III
열성어제출판소(1983 영인) 열성어제列聖御製: 부 경람도附敬覽圖, 명문당
영전구永田久(1982) 지음 심우성(1991) 옮김, 역과 점의 과학, 서울: 동문선
오영교 편(2004) 조선 건국과 경국대전 체제의 형성: 연세국학총서 46, 혜안
오영기吳永琪(2004) 진시황릉급병마용秦始皇陵及兵馬俑, 서안: 삼진출판사
오청휘吳清輝 편(2006 중판 제2차) 중국전각학中國篆刻學, 항주: 서령인쇄출판사西泠印刷出版社
온양민속박물관(1992) 조선시대 지석조사 연구朝鮮時代誌石調査硏究
왕덕항王德恒(2007) 명청제왕여황릉문화明清帝王與皇陵文化, 삼하三河: 경화출판사
왕옥덕王玉德(2004), 신비한 풍수神秘的風水, 남령南寧: 광서인민출판사
왕자금王子今(2007) 중국도묘사中國盜墓史 북경: 구추출판사
원도준袁道俊 편(2003) 당대묘지唐代墓志 상해: 인민미술출판사

유원劉源(2004) 상주제조례 연구商周祭祖禮硏究, 북경: 상무인쇄관
유장원柳長遠 상변통고常變通攷
유협劉勰 지음 최동호 옮김(1994) 문심조룡文心雕龍, 민음사
윤갑원尹甲源 편(2000 개정·증보판) 정통통맥지리精通通脈地理: 가족묘지 찾는 법과 그 원리, 서울: 지선당知詵堂
윤선도尹善道(남양주문화원 영인 1996) 고산유고孤山遺稿
윤휴尹鑴 지음 오규근 옮김(1997) 국역 백호전서白湖全書, 민족문화추진회
은광준 편(1985) 조선왕릉석물지朝鮮王陵石物誌 상
이규경(명문당 영인 1982) 오주연문장전산고五洲衍文長箋散稿 상·하
이규경李圭景 지음, 간행위원회 옮김(?), 분류 오주연문장전산고五洲衍文長箋散稿 제17집~20집
이규상 편(2005) 한국의 태실, 청원군·청원문화원
이능화 지음 이재곤 옮김(2007) 조선신사지朝鮮神事誌, 동문선
이능화(1930) 조선상제례속사朝鮮喪祭禮俗史, ≪조선朝鮮≫1930.1월호~7월호
이능화(1930) 풍수사상風水思想의 연구硏究, ≪조선朝鮮≫1930.8월호~12월호
이능화(1978 영인) 이능화전집李能和全集(속집), 영신아카데미 한국학연구소
이능화(1983 영인), 한국종교사, 영신아카데미 한국학연구소
이병갑 편(1995) 중국역사사전, 학민사
이령李零(2004) 입산여출색入山與出塞, 북경;문물출판사
이상일李相一, 이희덕李熙德 외(1980 중판) 사상사상의 원천源泉, 박영사
이성미·유송옥·강신항(1997) 조선시대 어진관계 도감의궤 연구, 한국정신문화연구원
이수광李睟光 지음 남만성南晩成 옮김(1994), 지봉류설芝峰類說, 을유문화사
이수광(경인문화사 영인 1970) 지봉유설芝峰類說(전全)
이여삼李如森(2003) 한대상례속漢代喪葬禮俗, 심양: 심양출판사
이은규(2008 석사학위논문) 장례문화 변화에 관한 고찰: 화장장례에 대한 청년층의 의식구조를 중심으로, 공주대학교대학원 역리학과
이인재 엮음(2004) 횡성금석문대관 횡성문화원
이재李縡 지음, 우봉이씨대종회 옮김(1992) 국역 사례편람四禮便覽
이정모(2001) 달력과 권력, 서울: 부·키
이찬李燦(1997 2쇄) 한국韓國의 고지도古地圖 서울: 범우사
이호일(2004 2쇄) 조선의 왕릉, 가람기획

이환익李桓翼 증보(1930 3판) 백례축집百禮祝輯, 옥천: 삼광인쇄소
이훈종(1992) 민족생활어사전, 한길사
이희덕李熙德(1980 중판) 풍수지리, ≪한국사상의 원천≫, 박영사
일성록日省錄
임소주 증보참산비전천기대요增補參贊秘傳天機大要, 회동서관
장영張英, 왕사진王士禛 외(1701) 연감유함淵鑑類函
장영훈(2000) 왕릉 풍수와 조선의 역사, 대원사
장영훈(2004) 서울풍수, 담디
재등충齋藤忠 편(1983) 고대조선·일본금석문자료집성古代朝鮮·日本金石文資料集成, 길성홍문관吉川弘文館
전상운全相運(1974 재판) 한국의 고대과학: 청동기에서 첨성대까지 탐구신서 54
전주이씨대동종약원(1999) 조선의 태실 Ⅰ·Ⅱ·Ⅲ
정암鄭岩(2002) 위진남북조벽화묘연구魏晋南北朝壁畵墓硏究 문물출판사
정약용丁若鏞 지음 이익성李翼成 옮김(1977) 국역 경세유표經世遺表, 민족문화추진회
정영호鄭永鎬 감수(1988 4판) 석등石燈·부도浮屠·비碑, 한국의 미, 제15권 중앙일보사
정인국(1975) 한국의 건축, 동방미디어(www.KoreaA2Z)
조사민趙社民 편(2000) 중국명인묘장中華名人墓葬 북경: 종교문화출판사
조선광문회 편(1913) 민속원 영인(1995) 산경표山經表, 민속원
조선연구회(1910) 장릉지莊陵誌·평양속지平壤續誌
조선예조전향사朝鮮禮曹典享司 편(1640 <인조 18>~1682 <숙종 8>) 국소릉침등록國朝陵寢謄錄 1책 규장각 사본
조선왕조실록朝鮮王朝實錄
조선총독부(1916) 대정5년도 조선고적조사보고大正五年度朝鮮古蹟調査報告
조선총독부(1917) 조선고적도보朝鮮古蹟圖譜 3
조선총독부(1917~1938) 조선고족조사보고
조선총독부(1919) 조선금석총람
조선총독부(1924) 경주금관총慶州金冠塚と 기유보其遺寶
조초趙超(2003) 고대묘지통론古代墓志通論. 북경: 자금성출판사
종의명鍾義明(1995) 중국감여대사년표中國堪輿大事年表, 대만: 무릉출판유한공사

주설朱偰(2006) 건강란릉육조릉묘도고建康蘭陵六朝陵墓圖考 북경: 중화서국
주역周易
주희 지음 임민혁 옮김(1999) 주자가례, 서울: 예문서원
주희朱熹 가례家禮
증포천관曾布川寬(日) 지음 부강傅江 옮김(2004) 육조제릉六朝帝陵 남경: 남경출판사
지두환(1994) 조선전기 의례연구, 서울대학교 출판부
진단학회 편(1965 3판) 한국사韓國史, 을유문화사
진숙군陳淑君·진화문陳華文(2006) 민간상장풍속民間喪葬風俗, 북경: 중국사회출판사
진술국陳戌國(2002 제2판) 중국예제사: 위진남북조권中國禮制史: 魏晋南北朝卷 호남: 호남교육출판사
진이괴陳怡魁(2002) 풍수학연구風水學硏究, 이리인민출판사伊犁人民出版社
진형무(2008 석사학위논문) 전통적 풍수이론의 현대적 응용에 관한 연구: 아파트 실내 풍수 인테리어 중심으로, 공주대학교대학원 역리학과
철원문화원(2004) 철원금석문대관
청구도靑丘圖
청원향토문화연구회 편(2005) 청원군금석문집, 청원군·청원문화원
최원석(2004) 한국의 풍수와 비보: 영남지방 비보경관의 양상과 특성, 민속원
최중두(1996 재판) 개정판 풍수지리학 원론, 불교출판사
축목祝穆·부대용富大用·축연祝淵(1246) 신편고금사문유취新編古今事文類聚
충청남도(1996) 문화재대관文化財大觀
충청북도(1937) 의례제요儀禮提要
탕귀인湯貴仁(2003) 태산봉선여제사泰山封禪與祭祀, 산동: 제노서관齊魯書館
포렌드란인쁘(2006) 카주라호의 상들이다 뉴델리: Rk출판사
하개균何個鈞(2004) 마왕퇴한묘馬王堆漢墓 북경: 문물출판사
하남성문물고고학연구소(1996) 영성서한양국왕릉여침원永城西漢梁國王陵與寢園 정주鄭州: 중주中州고적출판사
한국고대사회사연구소 편(1992) 역주 한국고대금석문 제1권 제2권
한국문원편집부(1995) 왕릉, 한국문원
한국문화역사지리연구회 문화역사지리 제1권(1989)~제18권(2006)

한국문화원연합합회경기지부(2007) 경기도능원총람상京畿道陵園總覽 上
한국방송공사(1994) 고구려 고분벽화: 고구려특별대전, 예당藝堂
한국정신문화연구원(1987) 한국학기초자료선집韓國學基礎資料選集: 고대 편
한국정신문화연구원(1991) 한국학기초자료선집韓國學基礎資料選集: 중세 편
한국정신문화연구원 장서각(2002) 조선왕실의 책:2002 장서각 특별전, 경인문화사
한국학연구소(1979) 한국민속자료韓國民俗資料(1), 한국학자료총서 제12집
한성희(2006) 여기자가 파헤친 조선왕릉의 비밀: 1·2, 지미디어
한양릉고고진열과 편(2004) 한양릉고고학진열관, 문물출판사
한영우(2005) 조선왕조 의궤 일지사
함양시문물고고연구소 편(2006) 함양십육국묘咸陽十六國墓 북경: 문물출판사
호한생胡漢生(2007 3차) 명13릉明十三陵 북경: 중국청년출판사
혼전도감의궤魂殿都監儀軌
홍계희 열성지장통기列聖誌狀通紀
홍문관弘文館, 증보문헌비고增補文獻備考 14十四·18十八
홍순석·김희찬(1998) 포천금석문대관 포천문화원
황보의우(2008 석사학위논문) 비보풍수에 관한 고찰: 마을 비보조형물을 중심으로, 공주대학교대학원 역리학과
황필수黃泌秀 엮음(광무4년) 세창서관(1958) 증보사례편람增補四禮便覽
황효분黃曉芬(2003) 한묘적고고학연구漢墓的考古學硏究, 일장사一長沙: 악록서사岳麓書社

Benjamin Walker(2005) An Encyclopedic Survey of Hindu World, New Delhi: Rupa. Co
F. Max Muller 옮김(2007) Holy Vedas, Delhi: Vijay Goel
F. Max Muller 편 R.T.H. Griffith 옮김(2007) RIGVEDA: The Oldest Divine Book, Delhi: Vijay Goel
Mason David A(1999) Spirit of the Mountains-Korea's Sam-Shin and Traditions of Mountain-Worship, Hollym
Marilia Albanese, Architecture in India,
Mrs.Hira Nand Aswani, Raja Singh(2007) Taj Mahal: Agra & Fatehpur Sikri
Rajaram Panda(2007) Delhi, Agra & Jaipur: The Golden Triangle, Mittal Publications
S.A.A.-Naqvi(2002) Humayun's Tomb

부록

Ⅰ 한글 용어 일람표
Ⅱ 중요 풍수문헌 목차

부록 Ⅰ

무덤 시체나 유골을 땅에 묻고 일정한 표시를 한 곳. 흔히 겉에 흙을 두두룩하게 쌓아 올려 떼를 입힌다.

【속담 / 격언】

격비가 오면 모종하듯 조상의 무덤을 이장해라.

삯일에 땀 흘리면 죽었던 할아버지도 무덤 속에서 돌아눕는다.

상두꾼이 지나간 무덤 앞 같다.

일 다하고 죽은 무덤은 없다.

제가 제 무덤을 판다.

찬 소리는 무덤 앞에 가 하여라.

처삼촌 무덤에 벌초하듯.

핑계 없는 무덤 없다.

거적송장 널을 쓰지 못하고 거적으로 싼 송장. = 거적시체, 거적주검

거적쌈 거적으로 시체를 싸서 지내는 장사.

걸방석 무덤의 상석 뒤를 괴어 놓은 긴 돌.

고기밥(빗말) 물고기의 먹이감이 되는 물속의 주검.

고양이무덤 죽은 고양이를 묻는 무덤.

고임천장 무덤칸의 천장을 고임돌로 점차 좁힌 다음 뚜껑돌을 덮은 고구려 때의 천장형식.

관곽장이(棺槨-) 시체를 넣는 관과 곽을 만드는 사람. 【북한어】 관곽쟁이.

관나르기(棺-) 장례 때에 시체를 넣은 관을 나르는 것.

관머리(棺－) 시체의 머리가 놓이는 관의 위쪽.

관멤 시체를 관 속에 넣은 뒤에 그 속의 빈 곳을 다른 물건으로 메워서 채움.

관멤(棺－) 시체를 관 속에 넣은 뒤에 그 속의 빈 곳을 다른 물건으로 메워서 채움.

관싸개(棺－) 시체를 넣은 관을 싸는 천.(=관의.)

광중파기(壙中-) 시체를 묻기 위하여 구덩이를 파는 일.

굴무덤 산이나 언덕의 비탈면에 가로 굴을 파서 만든 무덤.

굴무덤 산이나 언덕의 비탈면에 가로 굴을 파서 만든 무덤.

굴왕신 무덤을 지키는 남루한 몸차림의 귀신. 몸치레를 하지 않아 모습이 매우 남루한 꼴을 비겨 이른다.

굽혀묻기 주검의 팔과 다리를 굽혀서 묻는 것.

궂은일 주검을 치르는 일.

귀틀무덤 무덤 구덩이 안에 굵은 나무로 귀틀집처럼 커다란 곽을 만든 무덤. 기원 1세기경 평양 지방의 벼슬아치들이 즐겨 썼다.

껴묻거리 죽은 사람의 시체와 함께 묻는, 죽은 사람이 살았을 때 즐겨 쓰던 물건. 광주시 월계동 장고분 발굴 현장에서 원통형토기, 나팔형토기 따위 껴묻거리 50여 점이 출토되었다. 발굴된 장고분이나 그에 딸린 방태형 주호, 원통형토기, 나팔형토기 따위 껴묻거리는 일본의 전형적인 유물이다.

껴묻기 주검을 묻을 때 패물이나 그릇, 연장 따위를 같이 묻는 일. 【틀린말】 부장副葬

나무곽돌무덤 나무로 곽을 만들고 그 위에 자갈을 덮고 다시 흙으로 쌓은 무덤. 우리 나라 삼국 시대 신라에서 흔히 쓰던 무덤이다. [북]

날송장 ① 죽은 지 오래지 않은 송장. ② 염습을 아니한 송장.

널 관이나 곽을 통틀어 일컫는 말. 시체를 넣는 관이나 곽 따위.

널길 (옛 무덤에서)무덤의 어귀에서 시체를 안치할 널방에 이르는 길.

널도깨비 관에 붙은 도깨비라는 뜻으로 '귀신'을 이름.(도깨비 가운데 가장 질이 나쁘다고 하여 부정적인 빗말로 쓴다.)

널무덤 주검을 널에 넣어 묻은 무덤

널방 (옛무덤의) 횡혈식 놀방의 일부에 있으며 무덤 속의 주검이 안치되어 있는 방

달도끼 곤봉대가리의 한 가지. 막대기 끝에 꽂아가지고 무기나 그 밖의 용도로 쓰였다고 생각되는 석기이다. 둥글넓적하게 생기고 가운데 구멍이 뚫려 있다. 우리나라 청동기 시대의 집터나 무덤에서 찾아볼 수 있다. [북]

덕대1 (1) 장사를 지내는 방법의 한 가지. 아이의 시체를 묻지 않고, 덕을 매어 그 위에 올려 놓고 용마름을 덮어놓아 두는 일. (2) 덕 위에 올려 놓은 아이의 시체.

도깨비불[1] 어두운 밤에 무덤이나 축축한 갯가 또는 고목이나 음습한 빈집에서 인의 작용으로 번쩍이는 푸른빛의 불꽃.

도래솔 무덤 가에 둘러선 소나무.

도무덤(都墓) 전사한 병사의 시체를 모아 한데 몰아서 묻을 큰 무덤. 아직 각처에 남아 있다.

독무덤(독장) 보통 두 개 이상의 토기를 맞붙여 만든 무덤. 우리 나라에서 청동기 시대 이래로 쓰이어 지금까지도 일부 섬 지방에서 하고 있다.(甕棺墓) [북]

돌각담무덤 돌각담으로 되어 있는 고구려 초기의 무덤. [북]

돌곽돌무덤 우리 나라 고대 무덤의 한 가지. 땅을 깊이 판 다음 바닥에 판돌로 장방형의 돌곽을 만들고 무덤 구덩이를 돌로 메운다. [북]

돌곽무덤 돌로 곽을 짜고 그 위에 돌이나 흙을 쌓아올려 만든 무덤. 우리 나라에서 원시 시대 말기로부터 삼국 시대에 걸쳐 쓰던 무덤이다. [북]

돌곽흙무덤 막돌 또는 깬돌로 돌곽을 마련한 다음, 흙으로 무덤 구덩이를 메우고 그 위에 흙을 쌓아올린 무덤. [북]

돌널무덤 깬돌이나 판돌을 잇대어 널을 만들어 쓴 무덤. (石棺墓) = 돌상자무덤

돌덧널무덤 깬돌이나 판돌을 섞어 쌓은. 통로가 없는 무덤. (石槨墓)

돌돌림무덤 돌을 써서 만든 고대 무덤의 한 가지. 땅을 파서 바닥을 장방형 무덤 구덩이로 만들고 관을 넣은 다음 그 두리에 막돌을 돌려놓은 무덤이다. [북]

돌말(石馬) 무덤가에 세워 놓은 돌로 만든 말

돌무덤 돌로 만든 무덤.

돌방 돌로 된 방. 무덤의 천정, 벽에 그 방위를 나타낸 그림이 있는데, 조선 초기까지 왕릉에 이 제도를 썼다. (石室)

돌방 돌로 된 방. 무덤의 천정과 벽에 그 방위를 나타낸 그림이 있는데, 조선 초기까지 왕릉에 이 제도를 썼다.

돌방무덤(石室墓) 널길이 있는, 돌로 쌓아 만든 무덤.

돌사람(石人). 무덤 앞에 세우는 돌로 만든 사람의 형상. 문석인, 무석인 또는 동자

석 따위가 있다. 신라, 고려, 조선 때의 왕릉에서 그 대표적인 것을 찾아볼 수 있다.

돌사자(- 獅子) 돌로 사자처럼 쪼아 만든 것.

돌상자무덤 우리 나라 청동기 시대에 널리 쓰던 무덤의 한 가지. 무덤의 짜임새는 지방에 따라 좀 다르나 크게 바닥과 네 벽, 뚜껑을 바른 사각형 판돌을 가지고 상자 모양으로 짠 것과, 바닥과 네 벽 뚜껑을 각각 여러 장의 판돌을 잇대어 긴 네모형의 상자처럼 만든 것이 있다.

돌칸흙무덤 돌로 무덤칸을 마련하고 그 위에 흙을 쌓아올려 만든 무덤. 3세기경 고구려에서 돌각담 무덤이 발전하는 과정에 생겼다.

두벌주검 (1)이미 죽은 사람을 다시 벌을 준다 하여 무덤 속의 송장을 파내어 극형을 가하던 일.(剖棺斬屍) (2) 검사를 하거나 해부를 한 송장.

둥근무늬무덤 무덤칸의 벽에 고리 모양의 둥근 무늬를 그린 무덤.

등걸음치다 시체는 누워서 가므로 '시체를 옮겨간다' 의 뜻.

떼무덤 한꺼번에 많이 생기는 무덤.

뗏밥 한식 때 떼가 잘 자라 무성하라고, 무덤에 뿌려 주는 흙.

뗏밥(을)주다 무덤의 떼가 잘 자라 무성하도록, 흙을 뿌려 주다. (관용구)

띠거리 칼, 검, 손칼, 무기 또는 몸에 차는 물건을 걸기 위한 고리. 한쪽 끝에는 낚시 같은 걸개가 있고 다른 쪽 끝에는 도드라진 단추가 있다. 고대 무덤에서 나오는 것은 보통 청동 제품이다.

띠고리 가슴이나 허리에 띠는 띠를 고정시키기 위한 금속제의 고리. 기원 전후 시기의 나무곽 무덤 또는 귀틀무덤에서 나온 고대의 띠고리는 금 또는 은판에 여러 가지 짐승 무늬를 놓고 보석을 박아서 화려하게 만들었다. [북]

마주잡이 (1) 장사 지낼 때에 시체를 두 사람이 앞뒤에서 마주 메는 상여나 들것.

말관자 말 대가리 앞면을 장식하는 금속판. 보통 기다란 청동판인데 고대의 무덤에서는 여러 가지 무늬로 장식된 금동제품을 볼 수 있다.

먼가래 객사한 송장을 임시로 그곳에 묻는 일.

뫼(메) 사람의 '무덤'을 이르는 말.

묏갓 조상의 무덤이 있는, 나무가 많은 산.

묏등 무덤의 일부분

묘지기 남의 산소를 지키며 거기에 딸린 일을 보살피는 사람.

무더기주검 한꺼번에 무더기로 죽은 주검.

무덤가 무덤의 가장자리.

무덤벽장(**龕室**) 무덤 안의 벽에 달려있는 자그마한 벽장.

무덤안길 주검이 있는 무덤칸을 드나드는 길.

무덤옮기기(**移葬**) 시체를 다른 무덤에 옮겨 묻는 것.

무덤제사 무덤 앞에서 지내는 제사.

무리주검(=**떼송장**) 한꺼번에 많이 난 주검.

묵무덤(**묵뫼**) 오래도록 거두지 않고 내버려 두어서 거칠게 된 무덤.

민그릇 무늬 없는 질그릇. 신석기시대 말부터 고대까지 흔히 썼다.

반주검 몹시 다치거나 맞거나 하여, 거의 주검이나 다름없이 된 상태.

벌초사래 소출을 묘제에 쓰는 것이 아니고, 묘지기가 벌초하는 값으로 부쳐 먹는 전답.

벽돌무덤 벽돌로 무덤곽을 쌓고 흙을 덮은 무덤.

벽화무덤 벽면과 천장에 그림이 그려져 있는 무덤.

벽화무덤(**壁畵古墳**) 무덤칸 안의 벽면이나 천장에 여러 가지 그림을 그린 무덤. 고구려 사람들이 흔히 이런 무덤을 썼다.

북석(**鼓石**) 무덤 앞에 놓은 상돌을 괴는, 북 모양으로 만든 돌.

빗천장 삿갓 모양으로 경사진 천장. 백제 때의 무덤에서 빗천장을 볼 수 있다.

뿔활 쇠뿔이나 쇠갈비뼈 같은 것을 여러 개 이어대서 만든 활. 활 가운데서 묶음식 활은 가장 튐성이 강한 것으로 알려져 있다. 고구려 무덤 벽화에는 다섯 마디로 이은 묶음식 활을 쏘는 모습이 그려져 있다.

사토장이(**莎土**-) [상례]무덤 만드는 일을 직업으로 하는 사람.

산역(**山役**) [상속]시체를 묻고 뫼를 만들거나 이장하는 일.

산역꾼(**山役**-) [상속]시체를 묻고 뫼를 만들거나 이장하는 일꾼.

상돌(**床石**) 무덤 앞에 돌로 상처럼 만들어 놓은 것.

상두(**喪輿**) 시체를 싣고 묘지까지 나르는 제구.

생무덤 생매장을 했거나 생주검을 묻은 무덤.

선산발치 조상의 무덤이 있는 산기슭.

세골장 (**洗骨**) [고고] 유해 처리법의 한 가지. 시체를 어느 기간 동안 보존해 연부(軟部)를 제거한 뒤, 뼈를 깨끗이 씻어 다시 매장함. 【같은 뜻말】 두벌묻기.

솔봉 소나무가 우거진 봉우리.

송장 죽은 사람의 몸뚱이.

송장벌레 송장벌렛과에 딸린 검은송장벌레, 넓적송장벌레, 송장벌레 따위의 통틀어 일컬음.

습신 염습할 적에, 시체에 신기는 종이로 만든 신.

습자배기 염습할 적에, 송장을 씻기기 위해서 향을 넣고 끓인 물을 담는 질그릇.

쓰다 시체를 묻고 무덤을 만들다.

아기능 어린 세자(世子) 나 세손(世孫)의 무덤.

안찝 송장을 넣는 널.

안칸 옛 무덤에서 시체를 두는 방.

앞칸 무덤에서 주검을 넣은 방 앞에 놓인 방. 주로 제물들을 놓는다.

여러칸무덤(多室墳) 무덤 안이 여러 칸으로 되어 있는 무덤.

염장이 (殮 -) 시체를 염습하는 일을 업으로 삼는 사람.

옆방 고구려 무덤에서, 널방의 양옆에 딸린 방. 옆벽 옆으로 있는 벽이나 담.

옛무덤 (1) 옛사람의 무덤. (2) 자손이 돌보지 않은 오래된 무덤.

올림대 입관 전에 시체를 얹어 놓는 긴 널.

옮겨묻기 [장례] 이미 있던 무덤을 없애고 시체를 옮겨 다시 묻는 것. 【틀린 말】 改葬.

외칸무덤(單室墳) 무덤 안이 외칸으고 되어있는 무덤.

움무덤 땅을 내리 판 구덩이에 주검을 넣은 무덤. 원시 시대로부터 가장 널리 쓰인 무덤의 하나이다.

의지 관 대신에 시체를 담는 물건.

잔디찰방 무덤의 잔디를 지킨다는 뜻으로, '죽어서 땅에 묻힘'을 농으로 이르는 말.

장[1] 무덤을 세는 단위.

조개더미(貝塚=조개무덤, 조개부지) 원시인이 까먹고 버린 조개껍데기가 쌓여 무덤처럼 이루어진 무더기. 주로 석기 시대의 유적인데, 그 안에 토기, 석기, 뼈. 그 밖의 여러 가지 유물이 섞여 있어 고고학상 귀중한 연구자료가 된다.

주검(1) 죽어 있는 몸뚱이. (2) '송장'의 옛스러운 말.

주검산 주검이 쌓이고 쌓여서 이룬 산'이라는 뜻. 【틀린 말】 시산屍山.

주검수레 옛날, 장사지낼 때 주검을 실어 끌던 수레.

주검얼룩 사람이 죽은 뒤에 피부의 빛이 점점 변하여 등이나 엉덩이 같은 데 생기는 검푸른 얼룩점.

주검칸 무덤에서 주검을 넣는 칸.

초주검 거의 주검이 다 된 상태. 【북한어】 초죽음. 초벌죽음.

추깃물 송장이 썩어서 흐르는 물.

큰산소 한 산에 여러 조상의 뫼가 있을 때에 그 중 가장 어른이되는 분의 뫼.

파광터(破壙 -) ① 무덤을 옮기기 위하여 광중을 파서 헤친 자리. ② 무덤을 파 옮긴 옛자리인 바로 그 자리.

혈판(穴-) 무덤 자리에 혈이 잡히어 광을 파기에 마땅한 곳.

흙무덤(흙무지 무덤;북한어) 무덤 구덩이에 주검을 넣고 흙무지를 씌운 무덤.

* 이 자료는 ≪겨레말 용례사전≫ 무덤 74건 www.KoreaA2Z.com을 정리한 것임.

부록 II

청오경靑烏經 [전내각판본前內閣版本]
대당국사大唐國師 양균송楊均松 주註

청오선생장경靑烏先生葬經 본문

심룡법尋龍法/ 굴각론窟角論/ 안산론案山論/ 산표법山標法/ 망산투지장望山透地章/ 입수삼자론入首三字論/ 사상四像/ 작혈법作穴法/ 혈파론穴破論 격팔상생隔八相生/ 입향론立向論 사불통四不通/ 분금법分金法/ 풍수론風水論 /수구론水口論/ 토색론土色論/ 생물론生物論/ 이십사론二十四論/ 천월덕론天月德論 갑경병임문甲庚丙壬文 을신정규무乙辛丁癸武/ 육십화갑자 길흉론六十花甲子吉凶論/ 사금작혈법四金作穴法/ 초기부두법初起符頭法/ 좌우선공망론左右旋空亡論/ 선후천란부두론先後天亂符頭論/ 황천살룡黃泉煞龍/ 팔요살룡八曜煞龍/ 삼형살三刑煞/ 사국국내四局局內/ 십이록궁十二祿宮/ 식신법食神法/ 공망론空亡論/ 금정론金井論/ 가지론假之論/ 삼백육십룡길흉론三百六十龍吉凶論/ 대혈론大穴論/ 연무기법年戊己法/ 월무기법月戊己法/ 십간속괘간생기법十干屬卦看生氣法/ 일괘삼산一卦三山과 유황천좌有黃泉坐/ 문로법門路法 일괘삼산법 一卦三山法/ 구묘생왕법舊墓生旺法/ 이좌산사과예지길흉법以坐山四課預知吉凶法

* 이 책은 1644년(숭정 갑신) 금고자琴高子 서문이 있음.

왕수王洙 외(1197) ≪지리신법地理新法≫
監本補完地理新書本

[권1] 네 방위 [근거;토규도土圭圖, 토규구지중도土圭求地中圖, 정대측후도 定臺測候圖, 조청지입표도祖冲之立表圖], 시간日影 [근거;조정규일도祖定揆日圖, 참영고극도參影考極圖], 수지水地 [근거;수지정평도水地定平圖, 후이경표도後而景表圖, 이십사기주야각루도二十四氣晝夜刻漏圖, 이위구경장단易緯咎景長短, 이지표경二至表景, 주천도수周天度數], 오행五行 [근거;동방목東方木, 남방화南方火, 중앙토中央土, 서방금西方金, 북방수北方水], 오성五姓의 속성 [근거;궁음宮音, 상음商音, 각음角音, 치음徵音, 우음羽音], 성읍지형城邑地形 [근거;영유營豳, 기산岐山, 낙읍洛邑, 초구楚丘, 구연한팔괘법丘延翰八卦法, 팔괘산수생향도八卦山水生向圖], 군루지형軍壘地形 [구연한영루변팔괘丘延翰營壘變八卦(城邑과 같음)] 따위와 같이 기본 개념을 정립한 부분이다.

[2~3권] 택거지형宅居地形 [근거;음양이택길흉도陰陽二宅吉凶圖, 도로강거道路溝渠], 지형길흉地形吉凶 [근거;풍수설風水說, 내외택법內外宅法], 형기길흉形氣吉凶 [근거;택거형기宅居形氣, 총묘형기冢墓形氣], 토양허실土壤虛實 [근거;굴토평중법掘土秤重法], 강원길흉岡原吉凶 [근거;상上·중中·하下 3편篇, 산형도해山形圖解] 따위로 길흉과 허실을 논의하고 있다.

[4~5권] 수세길흉水勢吉凶 [근거;유수流水, 횡료수潢潦水, 대검수帶劍水, 투수鬪水, 전수箭水, 청혈수淸血水, 난수亂水, 객수客水, 이택길흉도二宅吉凶圖, 총묘길흉도冢墓吉凶圖]와 구항도로衢巷道路 [근거;이택길흉도二宅吉凶圖, 총묘길흉도冢墓吉凶圖], 서지길흉筮地吉凶(先筮後卜) [근거;서택거筮宅居, 서조역筮兆域, 서지길흉筮地吉凶] 등 수세水勢·도로道路·서지筮地를 논의하고 있다.

[6권] 복지길흉卜地吉凶 [근거;육신행법배오향六神行法配五鄉, 복

총택형세세고하卜冢宅形勢高下, 점택오조占宅五兆, 복택지법卜宅之法], 내와종산內外從山 [근거;오음삼십팔장내종외종위五音三十八將內從外從位, 오음남녀위五音男女位, 조야역마위朝野驛馬位, 내장십칠장소주內將十七將所主, 내종이십종소주外從二十從所主, 내외종산길흉內外從山吉凶, 장종산래형세將從山來形勢], 조산사형朝山砂形 [근거;조산朝山, 귀산歸山, 도부혁표桃符革表, 문필한문文筆 捍門, 정절동어旌節銅魚, 진봉나성進奉羅城, 병장屛障, 복장福山, 관록인정官祿人丁, 자재노비資財奴婢, 전택육축田宅六畜, 수군壽軍] 등을 논의하고 있다.

[7권] 오음이의五音利宜 [근거;오음산세五音山勢, 오음상향五音尙向, 오음소의五音所宜, 오음지맥五音地脈, 취택지取宅地, 지세가부地勢佳否, 오음대이향五音大利向(그림), 오행소이향五音小利向(그림), 오음자여향五音自如向(그림), 오음조통향五音粗通向(그림), 오음흉패향五音凶敗向(그림), 오음지래세五音地來勢(금부今附), 대음대수류세大音大水流勢(금부귀차今附歸此)

[8권] 산수길흉山水凶忌 [팔풍래세八風來勢, 천지득물길흉穿地得物吉凶, 상가相家, 팔원사원길흉八元四元吉凶, 흉기지형凶忌地形, 적산賊山, 악산惡山, 십길십흉十吉十凶, 택길지법擇吉地法, 십이성十二成, 백이십패百二十敗] 등을 논의했다.

[9권] 사전史傳에 나타난 영험事驗 [사험事驗 상·하]을 소개하고 있다.

[10권]연월길흉年月吉凶 [논괴강순립성법論魁罡同旬立成法 추오성대소묘수살년월推五姓大小墓受殺年月 오성용전복지대재월사길五姓用天覆地載在月者吉 오성용오룡태기년월五姓用五龍胎忌年月, 장년오성방통립성법葬年五姓傍通立成法 장월오성방통립성법葬月五姓旁通立成法, 백일내승흉장법百日內承凶葬法] 주인년월피기主人年月避忌 [주인본명방통립성법主人本命傍通立成法 사중대통년월四仲大通年月, 사맹소통년월四孟小通年月, 사계묘살년월四季墓殺年月, 오성호리황천로통년월五姓蒿里黃泉路通年月, 오성중신입묘년월五姓重神入

墓年月, 오성광명목욕년월五姓光明沐浴年月, 오서룡호광년월五姓龍虎入壙年月, 추괴강년월推魁罡年月, 오성대소묘수살년월五姓大小墓受殺年月, 가림장년제주加臨葬年祭主, 가림제주행년加臨祭主行年, 가림제주생월加臨祭主生月, 사수복림길흉四獸覆臨吉凶, 공조전송통부工曹傳送通否]

[권11] 택일길흉擇日吉凶 [삼갑자도三甲子圖, 명폐상하불호일鳴吠上下不呼日, 가림길흉加臨吉凶, 잡길흉일雜吉凶日, 년명충파길흉年命衝破吉凶, 추제사금推諸土禁] 택시길흉擇時吉凶 [택시길흉擇時吉凶, 백각립성도百刻立成圖, 이십사기태양전도二十四氣太陽躔度, 이십사기일출입각二十四氣日出入刻, 안총혈일시오성잡기安冢穴日時五姓雜忌, 길시응후吉時應候]

[권12] 총혈길흉冢穴吉凶 [육갑치상정총혈법六甲置喪庭冢穴法, 지하명감이십사로법地下明鑑二十四路法, 이십사로내외총혈법二十四路內外冢穴法, 개삼폐구법開三閉九法, 오성육갑팔괘총혈보수五姓六甲八卦冢穴步數, 손계옹팔괘총혈개삼폐구설孫季邕八卦冢穴開三閉九說, 천복지재법天覆地載法, 호리황천법蒿里黃泉法, 건파형충建破形衝 및 총장법冢藏法, 영총월일길흉營冢月日吉凶, 문맥충천법門陌衝阡法, 음양문맥법陰陽門陌法]

[권13] 총혈길흉冢穴吉凶 [보지취혈步地取穴, 돈장와마취길흉墩葬臥馬取吉穴, 오성취혈부장도五姓取穴附葬圖, 상하리방上下利方, 취지합사수법取地合四獸法, 총혈삼회사복법冢穴三會四福法, 편상취지립성법便喪取地立成法, 야외권조길지법野外權厝吉地法, 금교육척립성법禽交六尺立成法, 논사금사수고척금척지이論四禽四獸古尺今尺之異, 금교길흉도禽交吉凶圖, 논육갑팔괘총법論六甲八卦冢法, 팔괘총금교척법八卦冢禽交尺法, 중초절벽법中焦折壁法]

[권14] 천맥경무阡陌頃畝 [천맥취삼합법阡陌取三合法, 봉수고하법封樹高下法, 경무합길혈법頃畝合吉穴法, 삼령칠분벽사십구혈도三靈

七分擘四十九穴圖] 제단위치祭壇位置 [명당제단신위明堂祭壇神位, 명당개천문지호인문귀로위렬지도明堂開天門地戶人門鬼路位列之圖] 참초건조斬草建旐 [참조기룡호부입묘년월斬草忌龍虎符入墓年月]

[권15] 행상피기行喪避忌 [삼감육도길흉三鑑六道吉凶, 육도저향六道抵向, 삼간육복제피기방위三姦六伏諸避忌方位], 송장피기送葬避忌 [괴강상문소가력魁罡喪門所加曆, 묘주재성상차삼살소가력墓主災星喪車三殺所加曆, 남녀생년입묘男女行年入墓, 오성묘내신기방위방통五姓墓內神祇方位傍通] 상제잡기喪祭雜忌 [상장喪葬, 치상治喪, 송장送葬, 부장附葬, 분영墳塋, 취토取土, 제사祭祀, 남녀생년男女行年, 오성십이월호룡법五姓十二月呼龍法, 개고부신법開故附新法, 개장개묘법改葬開墓法, 장후사묘법葬後謝墓法, 오음성씨빙험五音姓氏憑驗] 제살잡력諸殺雜曆 [세살력歲殺曆, 자웅살력雌雄殺曆, 추시살법推尸殺法, 추전부법推傳符法, 앙살출방殃殺出方, (부附)양제진염禳除鎭厭] 사술금기師術禁忌 [택사법宅師法, 화개방華蓋方, 사금방師禁方, 사후방師候方, 사명방師命方, 사우방師偶方] 풍향서응風響瑞應 [풍향길흉風響吉凶, 서응길흉瑞應吉凶, 여재론택위장서지폐呂才論宅位葬書之弊, 손계옹주폐위서명건孫季邕奏廢僞書名件

호순신胡舜申《지리신법地理新法》

〈상권〉

1 오산도식五山圖式, 2 오행론, 3 산론山論, 4 수론水論, 5 탐랑론貪狼論, 6 문곡론文曲論, 7 무곡론武曲論, 8 우필거문좌보론右弼巨門左輔論, 9 염정론廉貞論, 10 파군론破軍論, 11 녹존론祿存論, 12 형세론形勢論, 13 택지론擇地論

하권

14 정36룡 통설론定三十六龍統說論, 15 주산론主山論, 16 용호론龍虎論, 17 기혈론基穴論, 18 좌향론坐向論, 19 방수론防水論, 20 연월론年月

論, 21 조작론造作論, 22 상지론相地論, 23 변속론辨俗論

서선계徐善繼·서선술徐善述≪인자수지 자효지리학 통종人子須知資孝地理學統宗≫

제1책

제2책

제1부 중국의 산천은 제1장 서론 제2장 용과 천시원天市垣 [구주九州의 산진천택山鎭川澤, 산하양계山下兩戒, 3대간룡三大幹龍, 帝都는 星垣에 合한다. 〈북룡·중룡·남룡〉]이다. 제2부 형론은

1 용론龍論

지간총론枝幹總論, 태조산太祖山, 小祖山, 無小祖, 龍의 父母 胎息孕育, 용의 입수入首·출신出身·개장開障·박환剝換·과협過峽·지각枝脚과 효도曉棹·호송護送·방정旁正·노눈老嫩·장단長短·진가眞假·귀천貴賤·주필駐蹕·행지行止·분벽分擘·배면背面·빈부賓主·노종奴從·여기餘氣·삼세三勢·삼락三落·십이격十二格·출맥삼격出脈三格·수혈삼등受穴三等·입수오격入首五格·입혈십이맥入穴十二脈·결국삼취結局三聚

2 오성五星

총론 오성의 모양·이름·삼격三格〈청·탁·흉〉·고산평강평지高山平崗平地의 삼격·체성體性·소기所忌·소희所喜·취강聚講·연주連珠·귀원歸垣

3 혈법穴法

총론, 혈성穴星, 제형諸形

4 혈증穴證

조산朝山·명당明當·수세水勢·낙산樂山·귀성鬼星·용호龍虎·전호纏護·순전脣氈·천심십도天心十道·분합分合

5 혈의 所忌

조악粗惡, 준급峻急, 단한單寒, 옹종擁腫, 허모虛耗, 철협凹鋏, 수삭瘦削, 돌로突露, 파면破面, 흘두疙頭, 산만散漫, 유냉幽冷, 첨세尖細, 탕연蕩軟, 완경頑硬, 소암燒巖

6 정혈법定穴法

태극太極, 양의兩儀, 삼세三勢, 삼정三停, 사살四殺, 자웅雌雄, 요감饒減, 취산聚散, 향배向背, 장산식수張山食水, 침룡이각枕龍耳角, 추갈파흉장신복살趨吉避凶藏神伏殺, 근취제신近取諸身, 지장指掌, 원취증물遠取證物, 유성流星, 팔괘八卦

7 어록語錄

채집어록采輯語錄

8 괴혈怪穴

괴혈파혹가怪穴破惑歌

9 사법砂法

총론, 용룡백호靑龍白虎, 용호龍虎가 주主하는 공위公位 및 연대年代, 용호길류龍虎吉類 10격格, 용호흉격龍虎凶類 10격格, 청룡흉격靑龍凶格 24례例

10 조안朝案

총론, 안산案山, 조산朝山, 평원무조안平原無朝案, 외양불견外陽不見, 조산암공朝山暗拱, 조산난잡朝山亂雜, 고봉독수孤峰獨秀, 전응후조前應後照, 좌보우필左輔右弼, 천문지호天門地戶, 사유성국원국四維城垣局, 낙산樂山, 하수사下手砂, 수구사水口砂, 화표산華表山, 한문捍門, 북진北辰, 나성羅星, 관귀官鬼와 금요성禽曜星, 관성官星, 귀성鬼星, 금성禽星, 요성曜星, 사도砂圖설명, 구성口議

11 수법水法

총론, 발원發源·도국到局·출구出口, 조수朝水, 거수去水, 취수聚水, 수론水論 21조條, 천론泉論

12 명당明當

명당길격明當吉格 9식式, 흉격凶格 9식式

13 수역水城

5성성수五星城水

14 양기陽基

총론, 양기의 용혈사수龍穴沙水, 평지平支의 양기, 산곡山谷의 양기

15 제립식가諸立式歌

부찰본원가 부찰정법가 지리과가구성입식가 구성정명 구성정변룡격가 구성정변혈성가 전국입식가 심룡입식가 보룡인격가 낙국입식가 혈성입식가 점혈입세가 괴혈입식가 소사입식가 갈사분격가 구성정변사격가 소수입식가 변수분격가 구성정변수형가 명당입식가 명당변수가 동명괘예입식가 건도입식가 군읍입식가 입택입식가 안분입식가 작법비지가 음계양부

16 참고론

풍수요역 전도는 즉역 승생기 부론승길흉 천심 풍수는 무전미 토색은 불필구 장에 필택양기 풍수에 망가축착은 불가 풍수에 수시련

17 비리非理와 여러 오류

구성의 유謬 괘예 삼합룡지류 사룡분괘지류 성괘제위서지류 종묘수법지류 국음구향지류 단험소수지류 통서의 제신살지류

18 삼매론

만두천성 정침봉침 제가오행 태극도설

제3부 이기론理氣論

1 음양의 원뜻原旨

태극도설 하도설 낙서 원팔괘 괘서 괘화 역유태극 양의 양의생하상 사상생팔괘 복희팔괘위 문왕팔괘 원간지 원배납 팔괘납갑 간지납갑 원이십사정위 음양론(이십사위소속음양) 원오행(24위소속오행)

홍범오행 원금괘 육갑혼천후괘 육십투지룡4길3기도방정국 팔괘통60룡 응72후 금기금괘총론 원천성 열수 기포어지 원삼역 원호허왕상 원천도 황도 주천도수 부남기설 24룡소주길흉 쌍맥의 길흉, 60룡의 길흉분금 팔괘좌향 24룡제길혈 길사류(34격) 흉사류(25격) 24위수법 길흉총론 음양2국수법의 길흉 길수류(28격) 흉수류(34격), 수법정론 24위제수 길흉(음국) 24위제수길흉(양국) 진신과 퇴신2수 제산정국 14진신수(조래면 길하고 유거면 흉) 10퇴진수 만년도

* 60선명배24산 길흉 선택 일람표

흠정협기변방서欽定協紀辨方書(1739년 [건륭 4]~1780년 [건륭 45]) – 음양지속

권1~2 본원本原 1~2

권3~8 의례義例 1~6

권9 입성立成 권10 의기宜忌 권11 용사用事 권12~13 공규公規1~2

권14~19 연표年表 1~5 권20~31 월표月表1~12

권32 일표日表 권33~34 이용利用~2 권35 부록 권36 변와辨訛

권1 본원本原 1

주자가 말하되, 이 책이 원괘화原卦畵이나. 음양가류는 역시 그것의 가운데에 있다.

하도河圖/ 낙서洛書/ 선천팔괘先天八卦 순서와 방위/ 후천팔괘後天八卦의 순서와 방위/ 갑력甲曆/ 10간干·12지支·12율律·28사舍/ 사서四序/ 육신六辰/ 12월 벽괘辟卦/ 12신辰28숙宿 성상星象/ 28숙배일宿配日/ 오행/ 오행 용사用事와 생왕生旺/ 간지干支 오행/ 3합과 6합/ 오서둔五鼠遁과 오호둔五虎遁 / 오합화기五合化氣/ 납음納音과 납갑納甲

권2 本原2

24방위/ 정오행正五行/ 중침쌍산오행中針雙山五行/ 봉침삼합오행縫針三合五行/ 홍범오행洪範五行/ 묘룡변운墓龍變運/ 연월극산가年月剋山家/ 24절기방위二十四節氣方位/ 팔괘납갑삼합八卦納甲三合/ 소유년변괘小遊年變卦/ 대유년변괘大遊年變卦/ 유년변괘도遊年變卦圖

권3 義例 1

신살神殺의 선택은 옛날에는 건제建除·감여堪輿·총신叢辰 여러 가家에서 그 義를 돌아보고 제기하여 전하기를 끊이지 않았다. 그런데 용례가 하도 많고 번잡하여 오류가 많아 바르게 풀이하고 길흉의 의를 바로 잡아 세상을 혹세 하지 않기를 바란다.

총론總論/ 세덕歲德·세합덕歲德合·세간합歲幹合·세지덕歲枝德/ 태세太歲/ 세파歲破(대모大耗)/ 대장군大將軍/ 주서奏書/ 박사博士/ 역사力士/ 잠실蠶室·잠관蠶官·잠명蠶命/ 상문喪門/ 태양太陰(조객弔客)/ 군혼群醜/ 관부官符(축관畜官)/ 백호白虎/ 황번黃幡/ 표미豹尾/ 병부病符/ 사부死符(소모小耗)/ 겁살劫煞/ 재살災煞/ 세살歲煞/ 복병伏兵, 대화大禍/ 5병총도五兵總圖/ 세형歲刑/ 대살大煞/ 비렴飛廉/ 금신金神/ 5귀五鬼/ 파패오귀破敗五鬼/ 태세이하太歲以下 신살출유일太歲已下神殺出遊日/ 일유신日遊神

권4 의례2

건제建除12신神/ 건제동위이명建除同位異名/ 건建(병화兵禍, 소시小時, 토부土府)/ 제除(길기吉期, 병보兵寶)/ 만滿(복덕福德, 천 천구天狗)/ 평平(양월천강陽月天罡, 음월하괴陰月河魁, 사신死神)/ 정定(시음時陰, 관부官符, 사기死氣)/ 집執(덕 , 소모小耗)/ 파破(대모大耗)/ 위危/ 성成(천의天醫, 천희天喜)/ 수收(양월하괴陽月河魁, 음월천강陰月天罡)/ 개開(시양時陽, 생기生氣)/ 폐閉(혈지血支) 건제12신소합총신 월건 일염 염대 음양불장 음양대회 행랑 요루 고신 단음 순음 고양·순양 세박 축진 음양교하 음양격충 양파음충 음도충양 음위삼음 양차 음차 음양구차 절음 절양

권5~권10 생략

≪증보참찬비전천기대요增補參贊秘傳天機大要≫(1957, 세창서관본)

〈상권〉

[그림]

복희팔괘伏羲八卦, 용마하도龍馬河圖, 신귀락서神龜洛書, 복희선천도伏羲先天圖

[본문]

선천수先天數, 후천수後天數, 정오행正五行, 육십화갑자六十花甲子, 홍범오행洪範五行, 팔괘납갑八卦納甲, 정음정양정국淨陰淨陽定局, 대현공大玄空, 소현공小玄空, 쌍산오행雙山五行, 팔요수八曜水, 황천살결黃泉殺訣, 오행생왕례五行生旺例, 지합支合, 간합干合:부화기오행附化氣五行

[신증新增]

십이궁항성소속十二宮恒星所屬:부십이생초附十二生肖, 정록正祿, 식신食神, 정관正官, 칠살七殺, 정재正財, 역마驛馬, 천을귀인天乙貴人, [그림]양귀재외순행陽貴在外順行, 음귀재내역행陰貴在內逆行, 둔월법遁月法, 둔시법遁時法, 역가비결曆家秘訣, 상장문喪葬門,

[신정만년도新整萬年圖]만년도萬年圖, 만년도인萬年圖引, 오천운五天運:십간화기천운유행十干化氣天運流行, 정육기定六氣:십이지신기화소재十二支神氣化所在, 육기응후六氣應候, 사천사지장결司天司地掌訣, 육기일시응후六氣日時應候

[혁사승복비법革邪勝復秘法]금정오극주산정국金精鰲極主山定局, 증보금정오극增補金精鰲極:정혈효위청탁定穴爻位清濁, 금정주산정국金精主山定局, 금정명암기도혈정국金精明暗氣到穴定局, 금화명암기도혈정일국金華明暗氣到穴定日局, 오천기치정한五天氣治定限, 칠군하강일七君下降日, 진태양전차眞太陽躔次, 태양주천太陽周天, 진

태양전차眞太陽躔次신법新法, 태양주천太陽周天, 진태음두모정국眞太陰斗母定局, 삼원백三元白(구궁도九宮圖, 연백年白, 월백月白, 일백日白:양둔陽遁, 일백日白:음둔陰遁, 시백時白:양둔陽遁, 시백時白:음둔陰遁), 연가존제이성정국年家尊帝二星定局, 월가존제이성정국月家尊帝二星定局, 일가존제이성정국日家尊帝二星定局, 시가존제이성정국時家尊帝二星定局, 삼기제성년월三奇帝星年月, 활록귀마기세기명정국活祿貴馬起歲起命定局, 사리제성압살정국四利帝星壓殺定局, 성마귀인정국星馬貴人定局, 자미제성정국紫微帝星定局, 개산황도년월일시총국蓋山黃道年月日時總局, 도천전운년월일시총국都天轉運年月日時總局, 진제성정국眞帝星定局, 통천규첩법通天竅捷法, 주마육임정국走馬六壬定局, 용운단시결龍運斷時訣, 용운기례龍運起例, 단룡운비박궁길흉결斷龍運飛泊宮吉凶訣, 운박영정국運泊永定局, 오산고운정식五山庫運定式:이좌혈증以坐穴證, 금산운기화년월일시조장동병용납음오행金山運忌火年月日時造葬同竝用納音五行(수조일竪造日, 안장일安葬日), 수산운기토년월일시水山運忌土年月日時(수조일竪造日, 안장일安葬日), 목산운기금년월일시木山運忌金年月日時(수조일竪造日, 안장일安葬日), 화산운기수년월일시 火山運忌水年月日時(수조일竪造日, 안장일安葬日), 토산운기목년월일시土山運忌木年月日時(수조일竪造日, 안장일安葬日) 팔산역마임관八山驛馬臨官, 장혈심천법葬穴深淺法, 축월참초토일逐月斬草土日, 논안장명폐대길論安葬鳴吠大吉, 축월안장길일逐月安葬吉日, 황흑도길흉정국黃黑道吉凶定局, 칠원복단일七元伏斷日, 이십팔숙길흉소관二十八宿吉凶所管, 건제십이신길흉建除十二神吉凶, 입관길시入棺吉時:선택選擇, 성복길일成服吉日(파토총기破土總忌, 천금정총기穿金井總忌, 안장총기安葬總忌), 주당도周堂圖, 육십일적호六十日的呼, 정충正沖, 동순충同旬沖(태세압본명太歲壓本命, 정상기방停喪忌方), 취토방取土方(제주불복방祭主不伏方, 장과葬課, 입지공망일入地空亡日, 냉지공망일冷地空亡日), 증보락광공망增補落壙空亡(순중공망旬中空亡, 삼형三刑, 원진살元

嗔殺, 밀일密日), 사금일四金日, 월가흉신月家凶神

〈하권〉

육갑천규도六甲天窺圖: 천분대법遷墳大法; 십이신총산十二神塚山, 묘룡墓龍(천우불수총길일天牛不守塚吉日, 천상천하대공망일天上天下大空亡日), 사혼입묘四魂入墓(고묘숙살故墓宿殺, 개총흉시開塚凶時, 지호불식일地虎不食日, 투수일偸修日, 세관교승歲官交承), 사시수족복배일四時首足腹背日, 이십사산좌국선택二十四山坐局選擇, 조명결造命訣, 취격聚格, 공격拱格, 장팔용藏八用, 한림원왕악연월선집翰林院王鶚年月選集, (기조문起造門, 전길일全吉日: 기조전용起造專用, 기조간신길년起造干辰吉年, 삼반길흉운분례三盤吉凶運分例, 십이명수조흉년十二命竪造凶年, 성조양택사정입국成造陽宅四正入局, 지운정국地運定局, 금루사각金樓四角, 동토動土, 기지基地, 정초定礎, 수주竪柱, 상량上樑, 개옥蓋屋, 파옥훼원破屋毁垣, 수조동토修造動土, 조문造門, 수문修門, 색문塞門, 조묘파쇄가造廟破碎歌, 신호귀곡일神號鬼哭日, 개지당開池塘, 천정일穿井日, 수정修井, 작측作厠, 수측修厠, 안대애安碓磑, 작마방作馬枋, 수마방修馬枋

[혼인문婚姻門]

납징정친納徵定親, 가취월嫁娶月, 월염月厭, 월염정국도月厭定局圖, 축월음양불장길일逐月陰陽不將吉日, 남녀본명생기법男女本命生氣法, 본궁변괘기례本宮變卦起例, 본궁本宮, 합혼폐개법合婚閉開法, 남녀구궁궁합男女九宮宮合, 오합일, 송례천복길일送禮天福吉日, 통용길일通用吉日, 사계길일四季吉日, 가취주당家娶周堂, 혼인총기일婚姻總忌日, 입택귀화入宅歸火, 이안주당移安周堂, 이거移居, 상관부임上官赴任, 상장길일上章吉日, 제사일祭祀日, 기복일祈福日 제수신일祭水神日, 재목일裁木日, 구의료병일求醫療病日, 구사일求嗣日, 진인구일進人口日, 납노비일納奴婢日, 연락일宴樂日, 입권교역立券交易, 출행일出行日, 상매흥판일商賣興販日,

행선일行船日, 언무교병偃武敎兵, 조장일造醬日, 마확비馬劐鼻, 천우비일穿牛鼻日, 납묘견일納猫犬日, 학기예學技藝, 벌목일伐木日, 제언색수일堤堰塞水日, 양잠기일養蠶忌日, 冠계, 합수목合壽木, 며행진인유혼년정국妙行眞人遊魂年定局, 수목안치壽木安置(세간길신歲干吉神, 세지길신歲支吉神, 월가길신月家吉神), 사대길일四大吉日, 대명상길일大明上吉日, 천사상길일天赦上吉日, 대투수일大偸修日 대보대투수일방大寶大偸修日方, 천롱일天聾日, 지아일地啞日(세간흉신歲干凶神, 세지흉신歲支凶神, 월가흉신月家凶神, 사대흉신四大凶神), 대살백호大殺白虎, 뇌정백호雷霆白虎, 월건동순괴강좌흉기일月建同旬魁罡坐凶忌日(소아살순역이국小兒殺順逆二局, 신황정명이살身皇定命二殺, 기왕망일氣往亡日, 팔산도침八山刀砧, 방정음부傍正陰符, 제복제가흉살制伏諸家凶殺, 산가묘운수극山家墓運受剋, 傍正陰符二殺 山家困龍 諸家官符 山家血刃 將軍箭 諸家羅候, 황천구퇴皇天灸退, 부천공망符天空亡, 타겁혈인打劫血刃, 태음살太陰殺, 삼살三殺, 좌살향살坐殺向殺, 구천주작九天朱雀, 대장군大將軍, 태세太歲, 팔산인침八山刃砧, 대모大耗, 화성 사리삼원기례火星四利三元起例, 황흑이도기례黃黑二道起例, 사대길시四大吉時, 귀인등천문시방貴人登天門時方, 일전日躔, 월장月將, 음귀시국양인정도陰貴時局陽人定圖, 정인시가定寅時歌, 정야시법定夜時法, 중성기中星記, 산실금기방産室禁忌方, 장태법藏胎法)

음양변론陰陽辨論(논시속정오행지비論時俗正五行之非:조장전서造葬全書, 공망명공망지비空亡命空亡之非:조장전서造葬全書, 논시속합일지비論時俗合日之非:조장전서造葬全書, 논사서지류論私書之謬:조장전서造葬全書, 논변일지류論辨日之謬:조장전서造葬全書, 논수방금기論修方禁忌:통통통서通通通書, 천구하식시天狗下食時:기제사忌祭祀, 논삼기자論三奇者, 논흉장법論凶葬法, 논수분배석가토등사論修墳排石加土等事, 논가취주당論嫁娶周堂, 요극둔계인편寥剋遯戒人篇, 피병오귀기례避病五鬼起例:선택選擇)

조정동趙廷棟《지리오결地理五訣》

제1장 오행나반五行羅盤 풍수지리風水地理

1 오행총론五行總論

1) 正五行, 2) 三合五行, 3) 四長生五行, 4) 雙山五行, 5) 元空五行, 6) 向上五行, 7) 元關同竅歌, 8) 貴人祿馬 a 八方天馬方位, b 借馬法, c 四局馬, 9) 正祿, 10) 三吉六秀와 催官貴人, 11) 貴人 * 貴人方位, 12) 九宮水法歌 *, 九宮水法補遺, 13) 하도낙서 복희선천팔괘 문왕후천팔괘 a 하도, b 천천팔괘, c 낙서, d 후천팔괘, 14) 쌍산오행24분금, 15) 나경 a 羅經盖面, b 나경10층

2 풍수론, 3 8山총론, 4 學지리입문법, 5 覆驗舊塋法, 6 看大地法, 7 看小地法, 8 지리총론 1) 3綱 2) 五常, 3) 四美, 4) 十惡不善

제2장 논룡생왕사절형상論龍生旺死絶形象

1 龍訣

1) 尋龍易曉訣 a 火局龍生旺死絶, b 水局龍生旺死絶, c 金局龍生旺死絶, d 木局龍生旺死絶, 2) 龍圖 a 廉作祖形圖 b 凶龍圖, c 吉龍圖, d 左旋右旋陰陽龍水論, 3) 騎龍圖, 4) 12龍理氣歌 a 火局龍生旺四格, b 水局龍生旺四格, c 木局龍生旺四格, d 金局龍生旺四格, 5) 龍分支干大幹小幹中支支中幹總論, 6) 幹龍支龍貴龍法 a 趨生趨旺 b 貧龍, c 賤龍, d 貴龍, e 富龍 8) 支中幹龍結局法

제3장 혈분음양부귀빈천穴分陰陽富貴貧賤

1 穴訣 2 穴訣幷言 1) 八卦穴論 a 老陽穴得出位殺圖, b 老陰穴得出位殺圖 c 太陽穴得出位殺圖 d 太陰穴得出位殺圖, e 中陽穴得出位殺圖, f 中陰穴得出位殺圖 g 少陽穴得出位殺圖 h 少陰穴得出位殺圖, 2) 五星穴 a 목성혈, b 화성혈, c 토성혈, d 금성혈, e 수성혈, 3) 窩鉗乳

突 a 와혈, b 감혈, c 유혈, d 돌혈 e 開口開手呑吐左右饒減圖 4) 盖粘依撞 a 盖穴, b 粘穴, c 依穴, d 撞穴 5) 凶穴 6) 橫龍穴訣, 7) 富貴貧賤穴法, a 부혈, b 귀혈, c 빈혈, d 천혈 8) 奇穴怪穴論 9) 八穴借庫法

제4장 사결砂訣

1 砂訣歌, 2 砂法指明 1) 貴人得位 a 木星귀인 b 火星귀인, c 土星귀인, d 金星귀인, e 水星귀인, f 福星귀인 g 臨官귀인, h 坐祿귀인, I 沐浴 冠帶 臨官귀인, 2) 文筆砂, 3) 庫櫃砂, 4) 天馬砂, 5) 印盒砂, 6) 紗帽 幞頭 席帽砂, 7) 蛾眉砂, 8) 旗鼓砂, 9) 案砂, 10) 先弓砂, 11) 朝拜砂, 12) 羅星砂, 13) 諸吉凶砂

제5장 수결水訣

1 水訣歌, 2 水法指明 1) 四局救貧水法圖 a 旺去迎生 b 生來會合, c 子生借庫消水 d 四局自旺衰方去水 救貧水法圖 e 四局帝旺歸絶 救貧水法圖 f 貴人祿馬 g 祿存消水, 2) 凶水 a 殺人大黃泉水法圖 b 倒沖墓庫黃泉水法圖 c 沖祿黃泉水法圖 d 生水破旺水法圖 e 旺水沖生圖 f 交如不及圖 1·2, g 生向沖冠帶圖 h 生向沖臨冠圖 i 旺向沖冠帶圖, 3) 五星水 a 金星水 b 木星水 c 水星水 d 火星水 e 土星水 4) 諸吉凶水

제6장 향결向訣

1 向訣歌, 2 向訣幷言 1) 火局龍水配合向論 a 正生向 b 正旺向, c 正墓向, d 正養向, e 自生向 f 自旺向 g 不發向, 2) 水局龍水配合向論 a 正生向 b 正旺向, c 正墓向, d 正養向, e 自生向 f 自旺向 g 不發向, 3) 金局龍水配合向論 a 正生向 b 正旺向, c 正墓向, d 正養向, e 自生向 f 自旺向 g 不發向, 4) 木局龍水配合向論 a 正生

向 b 正旺向, c 正墓向, d 正養向, e 自生向 f 自旺向 g 不發向, i 自旺沐浴消水 j 自生沐浴消水 k 衰向祿存消水 l 生向當面出水 m 胎向胎破出水

제7장 12수구길흉단법十二水口吉凶斷法

1 向向發微 1) 壬坐丙向 子坐午向 12水口 吉凶 2) 癸坐丁向 丑坐未向 12水口 吉凶 3) 艮坐坤向 寅坐申向 12水口 吉凶, 4) 甲坐庚向 卯坐酉向 12水口 吉凶, 5) 乙坐辛向 辰坐戌向 12水口 吉凶, 6) 巽坐乾向 巳座亥向 12水口 吉凶, 7) 丙坐壬向 午坐子向 12水口 吉凶, 8) 丁坐癸向 未坐丑向 12水口 吉凶, 9) 坤坐艮向 申坐寅向 12水口 吉凶, 10) 庚坐乙向 戌坐辰向 12水口 吉凶, 11) 辛坐乙向 戌坐辰向 12水口 吉凶, 12) 乾坐巽向 亥坐巳向 12水口 吉凶

제8장 평양요결平洋要訣

1 山地平洋총론, 2 平洋穴論 1) 平洋地補砂案貴人法, 2) 平洋地富歸丁壽四法, 3) 平洋貴人祿馬論 4) 平洋眞訣 * 五言金石, 5) 日講禪師 平洋訣, 6) 平洋穴法 35圖

이능화李能和(1930) ≪풍수사상의 연구≫

제1장 묘지에 관한 풍수사상

1 풍수술 지나支那 연원, 2 풍수술 조선 연원, 3 신라 묘지 풍수지설, 4 고려 묘지 풍수관념, 5 이조묘지 풍수관념, 1) 왕가 능원, 2) 민속 태장擇葬, 3) 묘지지송, 4) 이조인사 미신풍수 매인주자이식기비李朝人士迷信風水每引朱子以飾其非, 5) 남송 제유 대풍수설南宋諸儒對風水

[참고]

제2장 도성都城에 관한 역대 풍수설

신라 국도 풍수설, 고려 삼경청 도선설, 이태조 정도시 풍수설

제3장 군치郡治 풍수

제4장 사찰 풍수 즉 산천비보

고려조 비보사찰 개의도선풍수설皆依道詵風水說

제5장 양택 풍수

제6장 풍수 미신 잡칙

고려시대, 이조시대

제7장 도참 비기

이조 초엽 분기도참焚棄圖讖, 정감록자 후인지위조야鄭堪錄者後人之僞造也, 정감록 미신 시어정여립始於鄭汝立

제8장 오덕오운五德五運

제9장 음양 구기拘忌

1 역서 신살 기피, 2 생사生事 구기, 3 사사死事 구기, 4 제사祭事 구기, 5 연중年中 구기, 6 월중月中 구기, 7 일중日中 구기

제10장 제금수祭禽獸 미신

촌산지순村山智順(1931)≪조선의 풍수≫

제1편 조선의 풍수

제1장 풍수의 의의

1 풍수의 명칭, 2, 풍수의 목적, 3 풍수의 술어, 4 풍수의 구성, 5 풍수의 본질

제2장 풍수의 법술

1 법술의 가능, 2 간룡법, 3 장풍법, 4 득수법, 5 점혈법

제3장 풍수의 음양

1 총설, 2 음양오행설, 3 오행설, 4 풍수상의 음양오행의 적용

제4장 풍수의 유형

1 유형의 영향, 2 유형의 길흉, 3 유형의 종류(그 1) 단류형, 4 유형의 종류(그 2)복잡형, 5 풍수의 비보

제2편 묘지풍수(음택)

제1장 조선의 장묘葬墓

1 묘지풍수의 관념, 2 조선의 장법葬法, 3 조선의 분묘墳墓

제2장 조선의 묘제墓制

1 고대의 묘, 2 낙랑의 고분, 3 고구려의 고분, 4 백제의 고분, 5 신라의 고분, 6 가야의 고분, 7 고려의 고분, 8 이조의 왕릉, 9 조선의 부도

제3장 묘지풍수신앙

1 묘지풍수의 유래, 2 묘지풍수의 소응, 3 풍수에 의한 천묘

제4장 묘지풍수신앙의 영향

1 묘지풍수신앙의 개관, 2 암장, 3 금장, 4 범죄 및 생송

제3편 주거풍수(양기)

제1장 양기의 풍수

1 양기의 의의, 2 양기의 종류, 3 양기의 풍수

제2장 국도풍수

1 국역풍수, 2 국도풍수

제3장 경성의 풍수

1 경성의 개관, 2 고려의 남경, 3 전도奠都의 논의, 4 전도의 동기, 5 풍수의 전설

제4장 개성의 풍수

1 풍수의 도개성都開城, 2 송악과 왕씨의 조상, 3 마가갑摩訶岬과 貴種偉人, 4 만월대와 장풍국, 5 진압과 소응

제5장 도읍의 풍수

1 도읍과 진산, 2 도읍의 종류, 3 도읍의 염상厭勝, 4 비보탑

제6장 주택풍수

1 주택의 풍수, 2 길기吉基의 소응, 3 전선全鮮의 길지, 4 이거移居신앙

장태상張泰相(2000) 風水總論: 현공풍수학연구의 결정판

제1장 현공풍수

1 현공풍수에 대한 약사, 2 현공풍수는 누가 창시했나, 3 필자의 현공곤학기, 4 기인 심소훈 선생 일대기, 5 현공학이란 무엇인가, 6 현공풍수에 대한 재도전

제2장 형기론에 대한 논평

형기론에 대한 논평

제3장 양균송楊筠松 삼한수법정론三合水法正論

1 나경의 이해, 2 용수龍水배합법, 3 입향법立向法, 4 문고文庫, 차문고론借文庫論

제4장 숙도오행소사법요론宿度五行消砂法要論

1 운용방법, 2 분금법

제5장 동서사택법의 오류

1 역괘易卦풍수(팔택법)의 오류, 2 동서사택법의 생성원리, 3 팔택八宅방위, 4 팔택풍수(동서사택법) 평론

제6장 현공풍수지리학

1 현공학, 2 현공구성운행玄空九星運行, 3 일괘삼재一卦三才와 음양영정陰陽零正, 4 애성하괘挨星下卦, 5 지운地運과 인수囚囚, 6 반음反吟, 복음伏吟, 7 음양합십陰陽合十, 8 애성체괘挨星替卦, 9 성문결城門訣, 10 논삼반괘論三盤卦

제7장 현공풍수 증험

1 양택 비단秘斷 15조, 2 음택 비단 15조, 3 현공 대세 관법(망기법望氣法), 4 망기법으로 본 각국의 흥체興替

제8장 현공론으로 본 이씨조선의 흥망 약사

제9장 황제택경 개론

부록 현공81조성요단사법玄空八十一組星曜斷事訣